韓非子今註今譯（下）

邵增樺 註譯

臺灣商務印書館

目次

【下冊】

卷五

內儲說上——七術

【釋題】　儲，是蓄積以待用。說，說明，拿事例說明治術。儲說，就是蓄積各種事例，說明治術，以備人主採用。儲說分內外篇，內篇復分上下，外篇分左右，復分上下，共六篇。內外左右上下，只標名篇次，並沒有別的意義。內儲說上篇，乃說明人主所用控御臣下的七種治術，所以又標出「七術」。

【提要】　本篇主旨，在先提示人主所用的七種治術：眾端參觀、必賞明威、信賞盡能、一聽責下、疑詔詭使、挾知而問、倒言反事，再用事例挨次說明。立說為經，舉例為傳，體裁似取法墨辯的經與說。

主之所用也、七術，所察也、六微。㊀七術：一曰、眾端參觀，㊁二曰、必罰明威，㊂三曰、信賞盡能，㊃四曰、一聽責下，㊄五曰、疑詔詭使，㊅六曰、挾知而問，㊆七曰、倒言反事。㈧此七者、人主之所用也。

【今註】㈠六微：微，是伺察的意思。六微，是君主所宜伺察的六種事端。㈡眾端參觀：端，初只作耑，上象生形，下象其根，為草木剛剛出頭，故訓為始。絲頭曰端，事始曰端，又引伸為事。這裏眾端就是眾事，眾說。參觀，是參合眾說加以考察。㈢必罰明威：依法施罰，絕不寬縱，以顯示法律的威嚴。㈣信賞盡能：依法行賞，絕不失信，以鼓勵臣下竭盡才能。㈤一聽責下：一聽，高亨韓非子補箋以為是：「一一聽之。」責，責求，責成。責下，就是責求臣下陳述意見。㈥疑詔詭使：詔，命令。疑詔，是使臣下疑慮自己的命令。詭使，運用權詐的技術差遣屬下。㈦挾知而問：挾，是隱藏的意思。自己知道的事情，假裝不知道，而向臣屬詢問。㈧倒言反事：故意說相反的話，作相反的事，以試探所懷疑的人。

【今譯】君主用以治國的，有七種治術；應加考察的有六種隱患。七種治術，第一是眾端參觀，就是參合眾人的說法加以考察。第二是必罰明威，就是依法施罰，絕不寬縱，以顯示法律的威嚴。第三是信賞盡能，就是依法行賞，絕不失信，以鼓勵臣下使出全部的才能。第四是一聽責下，就是責成臣下陳述意見，一一聽取。第五是疑詔詭使，就是使臣下疑慮自己的命令，有所差遣，要運用權詐。第六是挾知而問，就是自己知道的事情，假裝不知道，而向臣屬詢問。第七是倒言反事，就是說相反的話，作相反的事，以試探所懷疑的人。以上七種，便是君主用來治國的方法呀。

經一、參觀——㈠觀聽不參，則誠不聞；㈡聽有門戶，則臣壅塞。㈢其說、在㈣侏儒之夢見竈，㈤哀公之稱「莫眾而迷。」故齊人見河伯，與惠子之言「亡其半」也。其患、在豎牛之餓叔孫，而江乙之說荊俗也。嗣公欲治不知，故使有敵。是以明主推積鐵之類，而察一市之患。

【今註】㈠經一參觀：一參觀三字，乾道本作「參觀一」，放在節後，現在依照迂評本放在節首，以醒眉目。各舊本在經七段以後，有「右經」二字，現在刪除，而在每節起首冠以經字，以別於傳。㈡觀聽不參二句：觀行聽言，不拿多種參合比對，便不知道真情實況。㈢聽有門戶二句：君主聽言，專由一人傳達，就像家宅的門戶一樣。這人如任意傳達與否，或作不真實的傳達，下情便無由上達。壅塞，蔽塞不通。㈣其說在：其，指前面所說的道理。說，說明，拿事例證明理論。在，言證明就在某某等故事當中。㈤侏儒之夢見竈等九事：均在傳一各該節中注釋。

【今譯】經一、參觀——君主觀行聽言，若不拿多種說法參合比對，便不知道真情實況；臣下進言，專由一人傳達，就像家宅的門戶一樣，下情便蔽塞不通。這種道理的說明，就在侏儒夢見竈火，魯哀公說不和眾人商議就要迷惑等故事當中。所以齊人能使齊王見到河伯，惠子說：被臣下脅迫的君主，一定是失去一半臣民的。這種災禍，就在豎牛餓死叔孫，江乙談論荊俗等故事當中。衛嗣公想把政治辨好，卻不懂治術，便扶持和重臣寵妾抗衡的勢力。所以英明的君主，推廣積鐵為室的道理，而詳察市言成虎的禍害。

經二、必罰——愛多者、則法不立，威寡者、則下侵上。㈠是以刑罰不必，則禁令不行。其說、在董子之行石邑，㈡與子產之教游吉也。故仲尼說隕霜，而殷法刑棄灰，將行去樂池，而公孫鞅重輕罪。是以麗水之金不守，㈢而積澤之火不救。成讙以太仁弱齊國，卜皮以慈惠亡魏王。管仲知之，故斷死人；嗣公知之，故買胥靡。

【今註】㈠愛多者二句：仁愛太過，一定常有寬縱，法度就難建立。威嚴不足，臣下不知畏懼，君主就被侵陵。㈡董子行石邑以下十二事：均在傳二各該節中注釋。㈢是以麗水之金不守：王先慎韓非子集解以為守當作止。實則守是保持不失。不守，就是仍有竊金的。守字不誤。

【今譯】經二、必罰——仁愛太過，法度就很難建立；威嚴不足，臣下便侵犯君上。假如刑罰不能堅確，禁令便無法推行。這種道理的說明，就在董閼于巡行石邑，鄭子產教導游吉等故事當中。所以孔子解說隕霜不殺菽草，殷法施刑棄灰道路。將行離開樂池，商鞅重罰輕罪。麗水的砂金常被竊盜，積澤的火災無人救止。成讙以為齊王太仁愛，齊國必定衰弱；卜皮以為魏王大慈惠，魏國終至滅亡。

齊管仲明白這種道理，所以處罰死屍；衛嗣公知道這種作用，所以購回逃犯。

經三、信賞——㊀賞譽薄而謾者，下不用；㊁賞譽厚而信者，下輕死。㊂其說、在文子稱若獸鹿。㊃故越王焚宮室，而吳起倚車轅。李悝斷訟以射，宋崇門以毀死。句踐知之，故式怒鼃；昭侯知之，故藏弊袴。厚賞之使人為賁、諸也；婦人之拾蠶，漁者之握鱣，足以效㊄之。

【今註】㊀信賞：各舊本都作賞譽。依篇首綱目和本節文義作信賞，予以改正。㊁賞譽薄而謾者下不用：譽，稱美，也是賞的方法。謾，欺騙，是說賞譽不確切。不用，不肯用命。㊂輕死：對於喪失生命，並不重視，就是樂於為君上效死。㊃文子稱若獸鹿等八事：均在傳三各該節中注釋。㊄足以效之：足以，各舊本作是以，俞樾諸子平議以為當作以是，實則是字當為足字的誤寫，茲予改正。效，是證明的意思。

【今譯】經三、信賞——獎賞既薄而又不確切，臣下便不肯用命；獎賞既厚而確切，臣下便樂於效死。這種道理的說明，就在文子把人比作獸鹿的故事當中。所以越王試焚宮室，吳起賞徙車轅，李悝用射箭決斷訟獄，宋君以居喪毀瘠拔擢崇門的巷人。句踐明白這種道理，所以在車上向發怒的青蛙行禮，昭侯知道這種作用，所以把破褲收藏起來等待送給有功的。厚賞能夠使人變得像孟賁和專諸一樣勇敢，婦人用手拾蠶，漁夫用手捕鱣，便足以證明了。

經四、一聽——一聽、則愚智分；責下、則人臣參。㊀其說、在索鄭與吹竽。㊁其患在申子之以趙紹、韓沓為嘗試。故公子汜議割河東，而應侯謀弛上黨。

【今註】㊀一聽則愚智分二句：分字和參字上面，各舊本均有不字。各家雖多方說解，均欠允洽。校釋以為兩不字都是衍文，予以刪除，所見極是。湣王聽竽，便是一聽而智愚分；鄭君召羣臣謀所以對魏，鄭公子便提出寶貴的意見，就是責下則人臣參。參，在人主是參聽，在人臣是參議，也就是參加議論。八經篇說：「聽不一，……則智愚不分。」「聽不參，則無以責下。」和這裏意思一致，不過，一為正說，一為反說。這裏所以衍不字，也許是由八經的文字而誤增的。㊁索鄭與吹竽以下五事：均在傳四各該節中注釋。

【今譯】經四、一聽——君主對於臣下的意見一一聽取，臣下的智愚就立刻分明；君主責求臣下進言，臣下便會提供意見。這種道理的說明，就在魏王索取鄭國，湣王一一聽竽的故事當中。不能一聽責下的弊害，就像申子利用趙紹和韓沓試探韓昭侯的意態，以成就私事。所以公子汜主張割讓河東的土地，應侯建議移轉上黨的兵力。

經五、詭使——數見、久待、而不任，姦則鹿散；㈠使人問他，則不鬻私。㈡是以龐敬還公大夫，㈢而戴讙詔視輼車，周主亡玉簪，商太宰論牛矢。

【今註】㈠數見二句：數，讀ㄕㄨㄛˋ，屢次。待，和侍字古通用，這裏作侍字解較妥。鹿散，太田方韓非子翼毳：「鹿善散善聚，故以為喻也。」㈡使人問他二句：問他，探聽他人他事。鬻，音ㄩˋ，是售的意思。則不鬻私，姦邪就不能施行。㈢龐敬還公大夫等四事：均在傳五各該節中注釋。詔視，是使視。牛矢，矢通屎。

【今譯】經五、詭使——常常召見一個人，使他陪侍很久，並不派他作事，互相勾結作壞事的人以為他受有秘密的使命，便像鹿一般的分散了。派人探聽相似相關的他事，姦邪的事情就不敢施行了。所以龐敬故意召還公大夫，戴讙使人伺察輼車，周主故意失落玉簪，商太宰責問牛矢。

經六、挾知——㈠挾知而問，則不知者至；㈡深知一物，則眾隱皆變。㈢其說、在昭侯之握一爪也。㈣故必審南門而三鄉得，周主索曲杖而羣臣懼，卜皮使庶子，西門豹佯遺轄。

【今註】㈠挾知：本節知字，各舊本均誤作智。顧廣圻韓非子識誤：「智，讀為知，下同。」篇首經文正作知，據改。今按智和知古多通用，墨子經說：「逃臣不智其處，狗犬不智其名。」戰國策秦策：「楚智橫門君之善用兵。」挾，是隱藏的意思。㊁不知者至：至，獲得。呂覽情欲：「理奚由至。」㊂深知一物二句：深知，十分瞭解。物，是事的意思。眾隱皆變：許多隱伏的事情，都變為顯露。㊃昭侯之握一爪以下五事：均在傳六各該節中注釋。

【今譯】經六、挾知——自己已經知道，假裝不知道而問人，可以獲得不知道的事。能夠精通一樣事物，許多隱伏的事物就會顯露出來。這種道理的說明，就在韓昭侯握著自己的手指甲，假說折斷一隻手指甲，不知掉在那裏，催促左右尋找的故事當中。所以必須知道南門外黃犢食苗，纔能獲得三鄉的實情；周主找到曲杖，而羣臣悚懼；卜皮派庶子交好御史的愛妾；西門豹假裝失去車軸兩頭的鐵鍵。

經七、倒言——倒言、反事，以嘗所疑，㊀則姦情得。故山陽讒樛豎，㊁淖齒為秦使，齊人欲為亂，子之以白馬，子產離訟者，嗣公過關吏。㊂

【今註】㊀以嘗所疑：試探自己所懷疑的人。㊁山陽讒樛豎以下六事：均在傳七各該節中注釋。㊂嗣公過關吏：關吏，各舊本均作關市。太田方韓非子翼毳：「市當作吏。」據改。過，是責備的意思。呂覽適威：「煩為教而過不識。」

【今譯】經七、倒言——故意說相反的話，作相反的事，以試探所懷疑的人，就可以把姦情偵查出來。所以山陽故意辱罵樛豎；淖齒教人假裝秦使；齊人打算作亂，先驅逐他親近的人；子之試驗左右的誠偽，乃詐稱看見白馬；子產分別試探爭訟的人；嗣公責備關吏的貪墨。

傳一——衛靈公之時，彌子瑕有寵，專於衛國。㈠侏儒有見於公者，曰：「臣之夢踐矣。」㈡公曰：「何夢？」對曰：「夢見竈，為見公也。」㈢公怒曰：「吾聞見人主者，夢見日，奚為見寡人而夢見竈？」對曰：「夫日兼燭天下，一物不能當也；人君兼燭一國，一人不能壅也。㈣故將見人主者，夢見日。夫竈、一人煬㈤焉，則後人無從見矣。今或者一人有煬君者乎？則臣雖夢見竈，不亦可乎！」㈥

【今註】㈠衛靈公之時三句：衛靈公，春秋時衛國的君主；彌子瑕，衛靈公的嬖臣，事詳本書說難篇。㈡侏儒有見於公者曰二句：侏儒，是身材特別短小的人，古以表演雜技，供人笑樂。踐，實現，應驗。或作淺，古可通用。㈢夢見竈二句：竈，炊穴，俗稱竈火。為，意猶乃字。俗語用「原來是」，乃推尋夢竈之所以。㈣對曰數句：燭，動詞，是照的意思。兼燭，意猶徧照，普照。當，讀第一聲，是遮蔽的意思。壅，音ㄩㄥˇ，是阻塞的意思。㈤煬：音ㄧㄤˊ或ㄧㄤˋ，意為炙火。炙火的人必然擋住竈火。㈥這件故事又見本書難四篇。

【今譯】傳一——從前衛靈公在位的時候，彌子瑕受寵愛，專攬衛國的權柄。有一個侏儒謁見衛靈公說：「我做的夢應驗了。」靈公說：「你夢見什麼？」侏儒回答說：「我夢見竈火，原來是要謁見君主。」靈公很生氣的說：「我聽說謁見君主的要夢見太陽，你為什麼謁見我卻夢見竈火呢？」侏儒回答說：「太陽普照天下，一個東西是不能遮蔽的；君主要普照全國，一個人是不能阻塞的，所以將要謁見君主便夢見太陽。至於竈火，一個人在前面炙火，便把後面的人擋住。也許有一個人擋住了你，那麼我夢見竈火，不是很恰當嗎？」

魯哀公問於孔子曰：㈠「鄙諺曰：莫眾而迷。今寡人舉事，與羣臣慮之，而國愈亂，其故何也？」㈡孔子對曰：「明主之問臣，一人知之，一人不知之也；如是者，明主在上，羣臣直議於下。㈢今羣臣無不一辭同軌乎季孫者，舉國盡化為一，君雖問境內之人，猶不免於亂也。」㈣

一曰：㈤晏子聘魯，㈥哀公問曰：「語曰：莫三人而迷。今寡人與一國慮之，魯不免於亂，何也？」晏子曰：「古之所謂莫三人而迷者，一人失之，二人得之，三人足以為眾矣。故曰：莫三人而迷。㈦今魯國之羣臣以千百數㈧，一言於季氏之私；㈨

人數非不衆，所言者一人也，安得三哉！」⑩

【今註】 ㊀魯哀公問於孔子曰：魯哀公，春秋時魯國的君主，魯定公的兒子，名蔣，在位二十七年。孔子，名丘，字仲尼，春秋時魯國人。魯定公時，曾為司寇，攝行相事。後周遊衛宋陳蔡諸國十四年，魯哀公十一年返魯，整理中國古代典籍，繼續教授生徒，為中華民族的大聖人。魯哀公十六年卒，年七十三。㊁鄙諺曰數句：諺，傳言。鄙諺，就是俗語。莫衆而迷，作事不和衆人商議就會迷惑。舉事，就是辦事。慮，謀慮。㊂明主之問臣數句：下面的一字，解作另外。如蟬，一名知了。人臣陳言，常有忌諱，若只有陳言的知道，另外的人都不知道，便可毫無忌諱，坦率提供意見。㊃今羣臣無不一辭同軌乎季孫者數句：一辭，是言語一致。軌，車轍，引伸為行事的準則。同軌，是行動一致。乎，介詞，用同於字。季孫，春秋時魯莊公弟季友的子孫，稱為季氏，亦稱季孫氏，世代掌握魯國的政權。魯哀公時，季康子專政。舉國，全國的人。盡化為一，言行都變得和季孫一樣。㊄一曰：儲說各篇中，偶用「一曰」二字另敍一件類似的事情。一曰以下的文字，或以為韓子記異聞，或以為韓子後學所彙集。㊅晏子聘魯：晏子，名嬰，字仲謚平，史稱晏平仲，春秋時齊國夷維人。事靈公、莊公、景公，節儉力行，是齊國著名的宰相。後人把他的行事和諫議，輯為晏子春秋。聘，訪問。禮記曲禮：「諸侯使大夫問於諸侯曰聘。」㊆晏子曰數句：和三人考慮事情，一個人的意見大致是錯的，兩個人的意見大致是對的，照兩個人的意見作，便不致迷惑。國語周語：「三人為衆。」㊇數：

讀第三聲，是計算的意思。㊈一言於季氏之私：一言，皆言。於，是如的意思。私，私意。㊉一曰以下的敍述，亦見於晏子春秋內篇問下第十三，文字稍有不同。

【今譯】　魯哀公問孔子道：「俗語說：『作事不和眾人計議就會迷惑。』現在寡人作事，都和羣臣考慮，可是國家更紊亂，這是什麼緣故呢？」孔子回答說：「英明的君主問臣下，只給他本人知道，不給另外的人知道。這樣，英明的君主在上，羣臣在下可以坦率的提供意見。現在羣臣的言論和行動，沒有不和季孫一致的，全國的人都變成季孫一樣，君主雖然遍問境內的人民，還是不能免於紊亂啊。」

另一說：晏子到魯國訪問，魯哀公向他問道：「俗語說：『作事不和三個人計議就會迷惑。』現在寡人和全國的人共同考慮，魯國還是那麼紊亂，這是什麼緣故呢？」晏子道：「古人所謂『作事不和三個人計議就會迷惑』，意思是一個人的意見大致是錯的，兩個人共同的意見大致是對的，三個人就可以算眾人，所以說『作事不和三個人計議就會迷惑』。現在魯國的羣臣要拿千百做單位來計算，說的話都像季氏的私意；人數並非不多，但說話的只是一個人，那裏來的三個人呢？」

齊人有謂齊王曰：「河伯、㊀大神也，王何不試與之遇乎？臣請使王遇之。」乃為壇場㊁大水之上，㊂而與王立之焉。有間，㊃大魚動，因曰：「此河伯。」

【今註】㊀河伯：河神，見莊子和楚辭等書。清泠傳：「馮夷，華陰潼鄉隄首人也。服八石得水仙，是為河伯。」八石是朱砯等八種石質藥物。㊁壇場：除地為場，築土使高為壇，是古人祭神的處所。㊂上：側畔。史記孔子世家：「唯子貢廬於冢上。」論語子罕：「子在川上。」㊃有間：間，讀第一聲或第四聲，是少時的意思。

【今譯】齊國有一個人向齊王說：「河伯是一位重要的神，王何不試求和他會見呢？我能設法使王會見。」就在大河旁邊開闢了一個廣場，上築高臺，和王站在臺上瞭望。不久，河裏有大魚游動，那人便說：「這就是河伯呀。」

張儀欲以秦、韓與魏之勢伐齊、荊，而惠施欲以齊、荊偃兵，二人爭之。㊀羣臣左右皆為張子言，而以攻齊、荊為利，而莫為惠子言。㊁王果聽張子，而以惠子言為不可。攻齊、荊事已定，惠子入見。王言曰：「先生毋言矣，攻齊、荊之事果利矣，一國盡以為然。」惠子因說：㊂「不可不察也。夫攻齊、荊之事也、誠利，一國盡以為利，是何智者之眾也！攻齊、荊之事誠不利，一國盡以為利，何愚者之眾也！凡謀者、疑也；疑也者、誠疑——以為可者半，以為不可者半。今一國盡以為可，是王

亡半也。劫主者、固亡其半者也。」㈣

【今註】㈠張儀欲以秦韓與魏之勢伐齊荊四句：張儀，戰國時魏國人，相秦惠王，遊說六國，使背蘇秦的縱約，連橫事秦。秦惠王死後，武王即位，羣臣讒毀張儀；六國又合縱叛秦，張儀去秦相魏，後來死在魏國。荊，楚國的舊稱。惠施，戰國時宋國人，在魏國做官，前後二十多年，曾做魏惠王的宰相。善於辯論，和莊周交好。下句的以字，是與的意思。偃，息止。偃兵，就是停止用兵。張儀在魏國的政敵是惠施和犀首，這段故事大概是在魏國。㈡羣臣左右皆為張子言三句：這裏兩個為字都讀第四聲，是幫助的意思。㈢因說：就王所言而勸說。說，讀ㄕㄨㄟˋ。㈣凡謀者疑也數句：疑，是是非不易決定。是非容易決定便不足構成疑惑，也無須和人計議。所以凡是值得計議的疑惑，必然有正反兩面的意見。沒有反面的意見，很可能是權姦作祟。亡，喪失。劫主，被臣下脅迫的君主。固，是必定的意思。

【今譯】張儀主張用秦國、韓國和魏國的兵力攻打齊國和楚國，惠施主張和齊楚兩國息兵修好，二人便為這件事爭論。魏王左右和羣臣都幫助張儀說話，認為攻打齊楚兩國有利益；卻沒有幫助惠施說話的。結果魏王聽信張儀的話，以為惠施的話是不對的。攻打齊楚兩國的事情已經決定，惠施又入宮見王。魏王說道：「先生不必再說了，攻打齊楚兩國確實有利益，全國臣民都以為是這樣。」惠施就勸告魏王說：「王必須再仔細考察考察。攻打齊楚兩國果真有利益，而全國臣民都以為有利益，魏國聰明的人怎麼這樣多呢？攻打齊楚兩國果真沒利益，而全國臣民都以為有利益，魏國愚笨的人怎麼這樣多呢？大凡事情需要計議，是因為有疑惑。所謂疑惑，確實值得疑惑的話，必然有正反兩面的意見，也就是以為對的一半，以為不對的一半。現在全國都以為攻打齊楚兩國是對的，這是王喪失了反面的一半啊。被臣下脅迫的君主，必定是喪失反面的一半的。」

叔孫相魯，貴而主斷。㈠其所愛者、曰豎牛，亦擅用叔孫之令。㈡叔孫有子、曰壬，㈢豎牛妬而欲殺之。因與壬游於魯君所㈣，魯君賜之玉環，壬拜受之而不敢佩，使豎牛請之叔孫。豎牛欺之曰：「吾已為爾請之矣，使爾佩之。」壬因佩之。豎牛因謂叔孫：「何不見壬於君乎？」叔孫曰：「孺子、何足見也！」㈤豎牛曰：「壬固已數見於君矣，君賜之玉環，壬已佩之矣。」叔孫召壬見之，而果佩之。叔孫怒而殺壬。壬兄曰丙，豎牛又妬而欲殺之。叔孫為丙鑄鐘，鐘成，丙不敢擊，使豎牛請之叔孫。㈥豎牛不為請，又欺之曰：「吾已為爾請之矣，使爾擊之。」丙因擊之。叔孫聞之曰：「丙不請而擅擊鐘，」怒而逐之。丙出走齊，居一年，豎牛為謝叔孫。㈦叔孫使豎牛召之，又不召而報之曰：「吾已召之矣，丙怒甚，不肯來。」叔孫大怒，使人殺之。二子已死，叔孫有病，豎牛因獨養之，而去左右，不內人，㈧曰：「叔孫不欲聞人聲，」因不食而餓死。叔孫已死，豎牛因不發喪㈨也，徙其府庫重寶空之，而奔齊。夫聽所信之言，而子父為人僇㈩，此不參之患也。㈡

【今註】㈠叔孫相魯二句：叔孫，春秋時魯國的大夫叔孫豹，謚穆子。貴，地位高。主斷，主持國事的決定。㈡其所愛者曰豎牛二句：叔孫豹的哥哥叔孫僑如，和魯成公的母親穆姜私通，想除去季孫氏和孟孫氏。叔孫豹逃往齊國，到庚宗，住在一個婦人家裏，後生一子。僑如事敗逃走，魯成公召叔孫豹，立以為叔孫氏。庚宗婦人攜子前來，長大以後，派他管理家政，稱為豎牛。擅，越權。㈢叔孫有子曰壬：叔孫豹在齊國時，娶國氏女，生孟丙和仲壬。㈣所：處所，指魯君的宮禁。㈤豎牛因謂叔孫曰四句：這裏兩個見字讀ㄒㄧㄢˋ，是使他顯露，也就是引見。㈥叔孫為丙鑄鐘四句：鐘，銅質的樂器，古時富貴人家食時擊鐘。鐘鑄成時，應祭神釁鐘，然後使用。請之叔孫，是向叔孫請問使用的日期。㈦豎牛為謝叔孫：為，讀第四聲，是替的意思。謝，是告訴、關說的意思。㈧不內人：不使別的人進入。內，讀ㄋㄚˋ，後多作納。㈨發喪：人死訃告親友。㈩僇：借為戮，是殺死的意思。㈡這件事見於左傳昭公四年，謂仲壬奔齊，孟丙被殺於戶外，和這裏不同。

【今譯】叔孫豹做魯國的宰相，地位尊貴，專權擅政。他寵愛的人名叫豎牛，也假借他的命令行事。叔孫有兩個兒子孟丙和仲壬，豎牛妒忌仲壬，想把他殺死，便和仲壬到魯君的宮禁觀看。魯君賜給仲壬一隻玉環，仲壬拜受後不敢佩帶，使豎牛向叔孫請示。豎牛欺騙他說：「我已經替你請示過了，教你佩帶。」仲壬就佩帶起來。豎牛便對叔孫說：「何不引仲壬謁見君主呢？」叔孫說：「小孩子，怎能引去謁見君主呢？」豎牛說：「仲壬早已見過君主幾次了，君主賜給他玉環，他已經佩帶起來。」叔孫把仲壬喚來一看，果然佩帶著玉環，非常忿怒，便把仲壬殺死。豎牛又妒忌仲壬的哥哥孟丙，也想把他殺死。叔孫為孟丙鑄造一個鐘，鐘鑄成後，孟丙不敢馬上使用，使豎牛向叔孫請示使用的日期。豎牛不替他請示，又欺騙他說：「我已經替你請示過了，教你趕快使用。」孟丙便邀請賓客，宴飲擊鐘。叔孫聽到說：「孟丙不來請示，竟敢擅自擊鐘。」非常生氣，便把他趕走。孟丙逃往齊國，過了一年，豎牛替他向叔孫關說。叔孫教豎牛召他回來。豎牛沒去召喚，卻向叔孫報告說：「我已召喚過了，孟丙很氣忿，不肯回來。」叔孫大發脾氣，便派人往齊國把他殺死。仲壬和孟丙死後，叔孫生病，豎牛獨自照料他，遣走左右僕妾，不許別人進入。他說：「叔孫病中不願意聽到人的聲音。」叔孫沒有飲食，便餓死了。叔孫死後，豎牛卻不發喪，把他府庫裏的珍寶全部搬走，便逃往齊國。叔孫聽從寵信的言語，以至父子三人都被害死，這就是不能參聽的災禍呀。

江乙為魏王使荊，㈠謂荊王曰：「臣入王之境內，聞王之國

俗，曰：『君子不蔽人之美，不言人之惡。』誠有之乎？」王曰：「有之。」「然則若白公之亂，㈡得無危乎！誠得如此，臣免死罪矣。」㈢

【今註】㈠江乙為魏王使荊：江乙，戰國時魏國人，後仕於楚。荊，楚國的舊稱。㈡白公之亂：白公，名勝，春秋時楚國太子建的兒子，隨伍子胥逃往吳國。令尹子西召回楚國，使居邊邑，稱為白公。後作亂，殺子西、子期，惠王逃匿。葉公子高攻白公，白公自殺。㈢這段故事又見戰國策楚策。

【今譯】江乙替魏王出使楚國，告訴楚王說：「我進入大王的境內，聽說貴國的習俗：『君子不掩蔽別人的好處，不談論別人的壞處。』真有這事嗎？」楚王說：「有的。」江乙說：「這樣，像白公的叛亂，怎能沒有危險呢？果真如此，官吏知情不報，都可以免除死罪了。」

衛嗣公重如耳，愛世姬，而恐其皆因其愛重而壅己也，乃貴薄疑以敵如耳，尊魏姬以耦世姬，曰：「以是相參也。」㈠嗣公知欲無壅，而未得其術也。夫不使賤得議貴，下必坐上，而必待勢重之鈞也，而後敢相議，則是益樹壅塞之臣也，嗣公之壅乃始。㈡

【今註】㊀衛嗣公重如耳數句：嗣公，各舊本作嗣君。王先慎韓非子集解：「君當作公。嗣公，衛平侯之子，秦貶其號為君。非此書未入秦作，必不從秦所貶為稱。」今按史記衛康叔世家：「成侯十一年，公孫鞅入秦。十六年，衛更貶號曰侯。二十九年，成侯卒，子平侯立。平侯八年卒，子嗣君立。嗣君五年，更貶號曰君，獨有濮陽。四十二年卒，子懷君立。懷君三十一年朝魏，魏囚殺懷君，更立嗣君弟，是為元君。……元君十四年，秦拔魏東地，初置東郡，更徙衛野王縣，而幷濮陽為東郡。」由這段文字可知：在衛嗣君祖父成侯時已貶號為侯，不復稱公。衛嗣君五年又貶號為君，不復稱侯。這時衛在魏國勢力之下，可以殺君立君。衛嗣君貶號以後約八十年，秦國的勢力纔到達東地。集解以為秦貶其號，大概不對。衛嗣公仍以依各舊本作衛嗣君為是。如耳，戰國時魏國人，曾仕於衛。世姬，顧廣圻韓非子識誤：「荀子注引世作泄，按世泄同字。薄疑，松皐圓定本韓非子纂聞以為「蓋初居趙，後乃仕衛。」魏姬，王先慎韓非子集解：「荀子注作魏妃。」壅，音ㄩㄥˇ，蔽塞。耦，音ㄡˇ，本為二人並耕，凡事物成雙亦曰耦。㊁夫不使賤得議貴數句：夫，是假若的意思。議，評論是非。坐，爭訟曲直。勢重，猶言權勢。鈞，同均，是平等的意思。樹，培植。乃，是便、於是的意思。

【今譯】衛嗣君重用如耳，寵愛世姬，又恐怕他們因為受到愛重而蒙蔽自己，便重用薄疑以對抗如耳，尊寵魏姬以匹敵世姬。他說：「我是用這種方法參較考察呀。」嗣君知道不要受蒙蔽，可是沒有想到適當的辦法。假若不使卑賤的能夠評論尊貴的，下級的能夠控訴上級的；卻一定要等權勢均平，然後敢於互相爭議，他們便多方勾結，蒙蔽君主，培植出更多蒙蔽君主的官吏。嗣君被壅蔽，從此便開始了。

夫矢來有鄉，㈠則積鐵以備一鄉；㈡矢來無鄉，則為鐵室㈢以盡備之；備之則體不傷。故彼以盡備之無傷，此以盡敵之無姦也。㈣

【今註】㈠夫矢來有鄉：夫，是假若的意思。鄉，同向，是方向的意思。㈡則積鐵以備一鄉：積鐵作為屏蔽，防備箭射來的方向。㈢鐵室：用鐵作成房屋，四面都有屏蔽。㈣故彼以盡備之無傷二句：彼，指防箭的。盡備，四面都防備。之，用猶而字。此，指防人的，也就是君主。敵，是抵禦的意思。盡敵，是對人人都加以防範。

【今譯】假若箭射來有一定的方向，就聚鐵作為屏蔽，防備那一個方向。假若箭射來沒有一定的方向，就作一個鐵房子，各方面都加以防備。這樣防備，身體就不會受傷了。所以防箭的，四面都加以防備，就不會受傷；君主對人人都加以防備，就沒有人為姦作惡了。

龐恭與太子質於邯鄲，㈠謂魏王曰：「今一人言市有虎，王信之乎？」曰：「不。」㈡「二人言市有虎，王信之乎？」曰：

「不。」「三人言市有虎，王信之乎？」王曰：「寡人信之。」龐恭曰：「夫市之無虎也明矣，然而三人言而成虎。今邯鄲之去魏也遠於市，議㊂臣者過於三人，願王察之。」龐恭從邯鄲反㊃，竟不得見。

【今註】㊀龐恭與太子質於邯鄲：戰國策魏策作龐葱，新序雜事二作龐恭，事類賦二十引恭作共，古字通用。本篇傳五，「龐敬，縣令也。」當是一人。質，讀第四聲，以人做抵押，而取信於對方。邯鄲，音ㄏㄢˊ ㄉㄢ，是趙國的都城，在今河北省邯鄲縣。㊁不：各舊本作不信。王先慎韓非子集解說：御覽、事類賦所引不信二字均作不，下同。王叔岷韓非子集解斠證：「按不下信字，乃淺人所加。不，讀為否。魏策二、新序雜事皆作否，御覽一九一引亦作否。」據刪信字。㊂議：非議，就是說壞話。㊃反：本為還的意思，後增辵作返。

【今譯】龐恭將要陪同魏太子往趙國的首都邯鄲做人質，向魏王說道：「現在有一個人說街市上有老虎，大王相信嗎？」魏王說：「不相信。」龐恭說：「兩個人說街市上有老虎，大王相信嗎？」魏王說：「不相信。」龐恭說：「三個人說街市上有老虎，大王相信嗎？」魏王說：「寡人相信了。」龐恭說：「街市上沒有老虎是很顯明的，可是三個人就說成街上有老虎。現在邯鄲距離魏國比街市遠，而毀謗臣的一定超過三個人，請大王仔細加以考察。」等到龐恭從邯鄲回來，終於連魏王的面也沒見到。

傳二——董閼于為趙上地守，㊀行石邑山中，見深澗，峭如牆，深百仞，㊁因問其旁鄉、左右，㊂曰：「人嘗有入此者乎？」對曰：「無有。」曰：「嬰兒、盲聾、狂悖之人，嘗有入此者乎？」對曰：「無有。」「牛馬、犬彘㊃，嘗有入此者乎？」對曰：「無有。」董閼于喟然太息㊄曰：「吾能治矣。使吾法之無赦，猶入澗之必死也，則人莫之敢犯也，何為不治？」

【今註】㊀董閼于為趙上地守：董閼于，春秋時晉國趙簡子（名鞅）的家臣。荀寅、范吉射打算攻擊趙氏，董閼于勸趙簡子早作防備。荀寅、范吉射失敗後，智躒派人告訴趙簡子：「荀寅、范吉射作亂，是董閼于引起來的。晉國有命令，首先發動禍亂的處死刑。」董閼于說：「假若我死後，晉國得到安寧，趙氏能夠穩固，我何必活著。」就自縊而死。後來趙氏把他奉祀在宗廟裏。閼，音ㄜˋ，或作安，二字古通。上地，似即上谷，在今河北省西北部。守，地方長官。㊁行石邑山中四句：行，巡行。石邑，是上地邑名。史記趙世家：武靈王二十一年，攻中山，取石邑。又張耳陳餘列傳：「李良已定常山，還報。趙王復使李良略太原。至石邑，秦兵塞井徑，未能前。」照這樣看，石邑應在今河北省獲鹿縣境，地近井徑。澗，說文：「山夾水也。」或謂有水曰澗，無水曰谿。或謂有水曰谿，無水曰谷。峭如牆，言山壁陡峻，像牆壁的直立。仞，古以八尺為仞，或曰七尺。㊂因問其旁鄉左右：因，用猶乃字。旁鄉，深澗附近的地方。左右，指隨行的人員。㊃彘：音ㄓˋ，是豬的意思。㊄喟然太息：太息，大聲歎氣。喟然，歎息的樣子。或謂喟是歎聲。

【今譯】 傳二——董閼于作趙氏上地的長官，巡行到石邑山中，看到一個澗谷，谷壁陡峻得像牆壁一樣，深度有百仞左右。就詢問他的隨員和附近的人們：「人曾有跌進這個澗谷的嗎？」回答說：「沒有。」又問：「小孩子、瞎子、聾子、精神失常的人，曾有跌進去的嗎？」回答說：「沒有。」又問：「牛馬豬狗有跌進去的嗎？」回答說：「沒有。」董閼于長聲歎息後說道：「我能夠治理人民了。假使侵犯我的法律，必須嚴刑，絕不寬赦，就像跌進這個澗谷，必死無疑，就沒有人敢犯法了。地方為什麼還不平治呢？」

子產相鄭，㊀病將死，謂游吉㊁曰：「我死後，子必㊂用鄭，必以嚴莅㊃人。夫火形嚴㊄，故人鮮灼；水形懦㊅，故人多溺。子必嚴子之形，無令溺子之懦。」子產死，游吉不肯嚴形。鄭少年相率為盜，處於雚澤㊆，將遂以為鄭禍。游吉率車騎與戰，一日一夜，僅能剋㊇之。游吉喟然嘆曰：「吾蚤行夫子之教，㊈必不悔至於此矣。」㊉

【今註】㊀子產相鄭：春秋時鄭國大夫公孫僑，字子產，住在東里，又稱東里子產。主持鄭國的政治四十多年，是當時最優良的大夫。鄭，是周宣王庶弟友的封國，約有今河南省中部黃河以南的地方，戰國時被韓國滅亡。㊁游吉：春秋時鄭國的大夫，又稱子太叔，繼子產主持鄭國的政治。㊂必：解作假如。史記鄭世家：「必以賢，則去疾不肖；必以順，則公子堅長。」㊃莅：音ㄌㄧˋ，又作涖，俗作蒞。左傳昭公六年：「臨之以敬，涖之以彊。」杜預注：「施之於事為涖。」孔穎達疏：「臨為居其上，俯視其民；涖謂有所施為，臨撫其民。」細玩注疏的意思，臨是察視，涖是作用。所以莅人應該就是治理人民。㊄形嚴：形勢威猛。㊅形懦：形勢柔弱。㊆萑澤：萑葦叢密的湖澤。萑，又作雈，音ㄏㄨㄢˊ，現在叫做荻，像葦，較細而中實。㊇剋：亦作尅，又通克，是戰勝的意思。㊈吾早行夫子之教：蚤，借為早。夫子，對先生長者的敬稱。㊉這段故事，亦見左傳昭公二十年，但文字頗有出入。

【今譯】子產做鄭國的宰相，病得要死的時候，告訴游吉說：「我死以後，假如你主持鄭國的政治，一定要使用猛烈的方法治理人民。火的形勢猛烈，所以被燒死的人很少；水的形勢柔弱，所以被淹死的人很多。你必須使用猛烈的方法，不要使人民因為你的柔弱而淹死。」子產死後，游吉不肯使用猛烈的方法，鄭國的年輕人羣起做盜匪，潛伏在萑葦叢密的湖澤裏面，打算即起作亂。游吉率領軍隊攻打他們，打了一日一夜，勉強戰勝。游吉長聲歎息後說道：「我假若早照子產的話實行，一定不會像現在這樣懊悔了。」

魯哀公問於仲尼曰：㈠「春秋之記曰：冬十二月、霣霜不殺菽，何為記此？」㈡仲尼對曰：「此言可以殺而不殺也。夫宜殺而不殺，桃李冬實。㈢天失道，草木猶犯干㈣之，而況於人君乎！」

【今註】㈠魯哀公問於仲尼曰：魯哀公，春秋時魯國的君主；仲尼，孔子的字，均詳本篇傳一注。㈡春秋之記曰四句：春秋，魯國史官的記錄，傳經孔子刪定。春秋僖公三十三年：「十有二月，……隕霜不殺草，李梅實。」王先慎韓非子集解，以為菽當作草。本篇經二「故仲尼說隕霜」，宋本注云：「仲尼對哀公言隕霜不殺草，則以宜殺而不殺故也。」可見所據舊本正作草。又春秋定公元年冬十月：「隕霜殺菽。」周曆十月是夏曆八月，北方田間尚有菽，十二月田間則無菽。這裏似以作草為是。霣，同隕，是降落的意思。殺，本為擊死，草木枯死凋謝，亦多用殺。㈢桃李冬實：桃李結實，應在春夏之交；冬日結實，是天時失常。桃，或作梅。㈣犯干：干，也是犯的意思。

【今譯】魯哀公問孔仲尼說：「春秋經記載：『冬季十二月下霜，草沒有枯死。』為什麼要記這種事？」孔仲尼回答說：「這是說應該毀滅而不毀滅。應該毀滅卻不毀滅，桃李又在冬天結成果實，這是天道運行的失常啊。天道運行失常，草木尚且要冒犯他，又何況君道失常呢？」

殷之法，刑棄灰於街者。㈠子貢㈡以為重，問之仲尼。仲尼曰：「知治之道也。夫棄灰於街，必掩人；㊂掩人，人必怒；怒則鬬，鬬必三族相殘也。㊃此殘三族之道也，雖刑之可也。且夫重罰者，人之所惡也；而無棄灰，人之所易也。使人行之㊄所易，而無離㊅所惡，此治之道也。」

一曰：殷之法，棄灰於公道者，斷其手。子貢曰：「棄灰之罪輕，斷手之罰重，古人何太毅㊆也？」曰：「無棄灰、所易也；斷手、所惡也。行所易，不關所惡；古人以為易，故行之。」

【今註】㊀殷之法，刑棄灰於街者：殷，商朝的都城，曾經多次遷徙。傳到盤庚，又遷都到殷，亦稱西亳，在今河南省偃師縣西，並改國號為殷。灰，灰燼。㊁子貢：姓端木，名賜，春秋時衛國人。孔子弟子，長於言語，又善貨殖。㊂夫棄灰於街必掩人：掩，人不防備而燒傷。王先慎韓非子集解：「初學記引掩作燔。」燔，是燒的意思。㊃鬬必三族相殘也：三族的說法有幾種：大戴禮保傅注：以父族、母族、妻族為三族。禮記仲尼燕居注：以父、子、孫為三族。史記秦本紀注：以父母、兄弟、妻子為三族。儀禮士昏禮注：以父昆弟、己昆弟、子昆弟為三族。殘，殺傷，毀滅。㊄之：用猶其字。㊅離：又作罹，是陷入、遭受的意思。㊆毅：說文，「妄怒也。一曰毅有決也。」這裏似可解作濫刑。宋本注，「酷也。」

【今譯】殷朝的法律，把灰燼棄置在街道上的要受刑。子貢以為太重，向孔子請問。孔子說：「這是懂得怎樣治理人民呀。把灰燼棄置在街道上，一定會傷害到人；傷害到人，人必然發怒；發怒就要爭鬬，爭鬬可能演變到出動三族的人相互殺傷。這是毀滅三族的因由，即便加以刑罰，也是很適當的。並且重刑是人所畏忌的；不在街道上棄置灰燼，是人所容易作到的。使人作容易作到的事，而不遭受他所畏忌的刑罰，這就是治理人民的好方法呀。」

另一說：殷朝的法律，把灰燼棄置在公路上的，砍掉他的手。子貢說：「棄灰的罪很輕，砍手的刑太重，古人怎麼這樣濫用刑罰呢？」孔子說：「不棄灰是容易作到的，砍掉手是人所畏忌的。使人行容易作到的事，不犯所畏忌的刑，古人認為是毫無困難的，所以殷朝實行這種法律。」

中山之相、樂池、以車百乘使趙，㈠選其客之有智能者以為將行，㈡中道而亂。樂池曰：「吾以公為有智能，而使公為將行，今中道而亂，何也？」客因辭而去，曰：「公不知治。有威足以服之，而利足以勸之，故能治之。今臣、君之少客㈢也。夫從少正長，㈣從賤治貴，而不得操其利害之柄以治之，此所以亂也。嘗試使臣：彼之善者，我能以為卿相；彼不善者，我得以斬其首；何故而不治！」

【今註】 ㊀中山之相樂池二句：中山，古國名，春秋時為鮮虞，後改為中山。在今河北省定縣一帶。魏文侯派樂羊滅中山，以太子擊駐守，而封樂羊於靈壽（中山所屬）。太子擊返魏，又封少子摯於中山，是為中山武公。中山相樂池或即樂羊的子孫。魏所封的中山，後為趙武靈王陸續吞併。乘，讀ㄕㄥˋ，車輛的單位。使，讀第四聲。使趙，是出使趙國。㊁將行：就是督率隨行人眾。㊂少客：少，讀第四聲，這裏包括年幼位低兩種意思。㊃從少正長：從，是自、由的意思。正，糾正。長，讀第三聲，年長。

【今譯】 中山國的宰相樂池，率領一百輛車，出使趙國，在他的客人當中，選擇一位最有智能的，督率隨行的車輛人眾，走到半路，秩序便紊亂了。樂池說：「我以為你有智能，纔派你督率隨行的車輛人眾，走到半路，秩序便紊亂了，這是什麼緣故呢？」這位客人便向樂池告辭求去道：「您不懂管理人的道理。有威力足以制服人，有利益足以鼓勵人，所以能夠管理人。現在我是您這裏一位年幼位低的客人，由年幼的糾正年長的，由卑賤的約制尊貴的，卻沒有掌握著給他利害的權柄，這就是紊亂的緣故啊。假定給我權柄，善良的我能使他們做卿相，搗亂的我能割下他們的人頭，怎麼會管理不好呢？」

公孫鞅㊀之法也，重輕罪。㊁重罪者，人之所難犯也；而小過者，人之所易去也。使人去其所易，無離㊂其所難，此治之道。

夫㊃小過不生，大罪不至，是人無罪，而亂不生也。一曰：公孫鞅曰：「行刑，重其輕者；輕者不至，重者不來，此謂以刑去刑。」㊄

【今註】㊀公孫鞅：戰國時衛國的公族，所以稱公孫鞅，亦稱衛鞅。輔佐秦孝公變法，秦國富強，封以商於十五邑，稱為商君，又稱商鞅。後被秦惠王車裂。商君以注重用法著稱，有商君書傳世。㊁重輕罪：對輕罪要從重刑罰。㊂離：又作罹，是陷入、遭受的意思。㊃夫：是假如的意思。㊄公孫鞅曰以下的文字：見商君書靳令篇。輕者，指輕罪；重者，指重罪。以刑去刑，就是尚書大禹謨「刑期於無刑」的意思。用重刑能使眾人不再犯罪，刑罰就可以棄置不用了。

【今譯】公孫鞅的法律，對輕罪要從重處罰。重罪是人所難犯的，小過是人所易去的。使人去掉他易去的小過，不要犯他難犯的重罪，這是治理人民的好方法。假如小罪不至發生，大罪必然絕跡，這樣人人不犯罪，社會便沒有禍亂了。

另一說：公孫鞅說：「施用刑罰，對於輕罪必須從重。輕罪不發生，重罪更沒人敢犯了。這就叫做利用重刑以達到不用刑罰的地步。」

荊南之地，麗水之中生金，人多竊采金。㊀采金之禁，得而輒辜磔於市，甚眾，壅離其水也，㈡而人竊金不止。夫罪、莫重辜磔於市，猶不止者，不必得也。㈢故今有人於此曰：「予汝天下，而殺汝身，」庸人不為也。夫有天下、大利也，猶不為者，知必死也。故不必得，則雖辜磔，竊金不止；知必死，雖予之天下，不為也。

【今註】㈠荊南之地三句：荊南，楚國南部。麗水，亦稱麗江，就是雲南省的金沙江，江中出砂金，所以有「金生麗水」的成語。采，採取，俗增手作採。㈡得而輒辜磔於市三句：得，捕獲竊金的人。而，是就的意思。輒，即刻。辜磔，音ㄍㄨ　ㄓㄜˊ，都是古代分裂肢體的酷刑。壅離，各家說法不同。孫楷第讀韓非子札記：「黃先生云：離，讀為遮迾之迾（ㄌㄧㄝˋ），漢鐃歌有壅離章，即壅離二字之例。諸說皆失之。」是壅離就是阻塞的意思。㈢夫罪莫重於辜磔於市三句：宋本注以為犯罪的不一定全被捉到，偶有逃掉的，所以人希望幸免而輕犯辜磔的重罪。

【今譯】楚國南部，麗水中產砂金，很多人偷偷去採取。官方的禁令，捉住就立即在街市上分屍，殺死的人很多，投入麗水，麗水都被壅塞了，但偷採砂金的人還是不停止。罪刑沒有比在街市上分屍更重的，偷採砂金的還是不停止，是因為不一定被捉到呀。現在假使有人說：「把天下給與你，可是要把你殺死。」即便最愚蠢的人也不肯這樣幹。擁有天下，是最大的利益，為什麼還不肯幹呢？知道必定被殺死呀。所以不一定被捉到，雖有分屍的酷刑，偷採砂金的仍繼續不止；知道必定要死，雖然把天下給與他，他也不會承諾的。

魯人燒積澤，天北風，火南倚，恐燒國，哀公懼，自將眾，趨救火。㈠左右無人，盡逐獸，而火不救。乃召問仲尼，仲尼曰：「夫逐獸者樂而無罰，救火者苦而無賞，此火之所以無救也。」哀公曰：「善。」仲尼曰：「事急，不及以賞。㈡救火者盡賞之，則國不足以賞於人，請徒行罰。」㈢哀公曰：「善。」於是仲尼乃下令曰：「不救火者，比降北之罪；逐獸者，比入禁之罪。」㈣令下未遍，而火已救矣。

【今註】㈠魯人燒積澤數句：積澤，應為澤名或地名，在魯國都城的北面。燒，是火田，放火焚燒草木而田獵。管子輕重：「齊之北澤燒，火光照堂下。」注：「獵而行火曰燒。」倚，偏有所近。冬季多北風，因而火勢向南延燒。國，指都城。孟子萬章下：「在國曰市井之臣，在野曰草莽之臣。」將，讀第四聲，是率領的意思。趣，讀ㄘㄨˋ，同促，是急促的意思。㈡不及以賞：以賞，用賞。王先慎韓非子集解，以為以賞是與賞。及，適當其時。這句話是說給與獎賞已不能適時。㈢請徒行罰：徒，是僅的意思。㈣不救火者四句：比，比擬，援照。北，戰敗。降北，戰敗投降。禁，太田方韓非子翼毳，以為古有虞衡之官，掌管山林川澤的厲禁。今按：禁為禁苑，君主養林木禽獸的地方。入禁，即擅入禁苑，獵取鳥獸，似較佳。

【今譯】　魯國人放火燒積澤的草木行獵，天氣正刮著北風，火勢向南延燒，眼看就要燒到都城。魯哀公很害怕，親自督率眾人，趕緊救火。哀公左右侍從的人，都去追趕野獸，沒有人參加救火，所以火遲遲不能救熄。哀公便趕快把孔子召來詢問。孔子說：「追趕野獸的享樂卻沒有處罰，救火的吃苦卻沒有賞賜，這就是火不能救熄的緣故。」哀公說：「你的話是對的。」孔子說：「事情很緊急，用賞已經來不及；並且救火的全獎賞，魯國的財富不夠賞人的，只用刑罰就行了。」哀公說：「很好！」命令於是孔子傳下哀公的命令：「不救火的比照戰敗降敵治罪；追趕野獸的，比照擅入禁苑治罪。」命令還沒傳遍，火已經救熄了。

成驩㊀謂齊王曰：「王太仁，太不忍人。」王曰：「太仁、太不忍人，非善名邪？」對曰：「此人臣之善也，非人主之所行也。夫人臣必仁而後可與謀，不忍人而後可與近也；不仁則不可與謀，忍人則不可與近也。」王曰：「然則寡人安所太仁，安所不忍人？」對曰：「王太仁於薛公㊁，而太不忍於諸田㊂。太仁薛公，則大臣無重；㊃太不忍諸田，則父兄犯法。大臣無重，則兵弱於外；父兄犯法，則政亂於內。兵弱於外，政亂於內，此亡國之本也。」

【今註】㈠成驩：人名，事蹟無考。㈡薛公：太田方韓非子翼毳以為是田嬰。齊威王少子，孟嘗君田文的父親，相齊二十餘年，封於薛，號靖郭君。㈢諸田：戰國時田氏篡齊，史稱田齊。諸田就是田齊的宗室。㈣大臣無重：各家解釋，均有未妥。無重和無前的語意一樣，無前，是無人比他更前，言最有勇氣；無重，是無人比他更重，言最有權勢。大臣為鞏固自己的權勢，每不惜假借外力，脅制君主，以至不能強硬對抗外國，所以後面說：「大臣無重，則兵弱於外。」

【今譯】成驩對齊王說：「王對人太仁慈，太不殘刻。」齊王說：「太仁慈，太不殘刻，這不是好話嗎？」成驩說：「這是人臣的好處，不是人主所宜行的。人臣要仁慈然後可以同他謀議，不殘刻然後可以和他親近，不仁慈就不可以同他謀議，殘刻就不可以和他親近。」齊王說：「那麼，寡人什麼地方太仁慈？什麼地方不殘刻？」成驩回答說：「王對薛公太仁慈，對田氏族人不殘刻。對薛公太仁慈，大臣權勢過重；對田氏族人不殘刻，父兄就會犯法。大臣權勢過重，對外兵力就要衰弱；田氏族人犯法，對內政治就要紊亂，這是亡國的根由呀。」

魏惠王㈠謂卜皮㈡曰：「子聞寡人之聲聞亦何如焉？」㈢對曰：

「臣聞王之慈惠也。」王欣然喜曰：「然則功且安至？」㊃對曰：「王之功至於亡。」㊄王曰：「慈惠、行善也，行之而亡，何也？」卜皮對曰：「夫慈者不忍，而惠者好與也。不忍，則不誅有過；好予，則不待有功而賞。有過不罪，無功受賞，雖亡不亦可乎！」

【今註】㊀魏惠王：戰國魏國的君主，魏武侯的兒子，名罃。本都安邑，後來遷都大梁，又稱梁惠王。㊁卜皮：尹桐陽韓子新釋，以為是魏國的官吏，本篇後面說「卜皮為縣令」。可能是子夏的後代。㊂子聞寡人之聲聞亦何如焉：聲聞，現在叫做名譽。聞，讀第四聲，亦作問。亦，用猶果字，俗謂究竟、到底。焉，語末助詞，表疑問。㊃功且安至：且，是將的意思，安，疑問代名詞。安至，就是發展到何種地步。㊄王之功至於亡：松皐圓定本韓非子纂聞：「刑賞俱濫，招亡之道。」

【今譯】魏惠王問卜皮：「你聽說寡人的名譽究竟怎樣呢？」卜皮回答說：「大家都稱道王很慈惠。」惠王聽了很高興的說：「那麼，我的功業會發展到怎樣地步？」卜皮回答說：「王的功業會發展到滅亡的地步。」惠王說：「慈惠是作好事，作好事卻要滅亡，這是什麼緣故呢？」卜皮回答說：「慈是不殘忍，惠是好施與。不殘忍，就不肯誅戮有罪的人；好施與，不等有功便行賞。有罪不罰，無功受賞，還不應該滅亡嗎？」

齊國好厚葬，布帛盡於衣衾，㈠材木盡於棺椁㈡。桓公患之，以告管仲曰：「布帛盡則無以為蔽，材木盡則無以為守備，而人厚葬之不休，禁之奈何？」㈢管仲對曰：「凡人之有為也，非名之，則利之也。」於是乃下令曰：「棺椁過度者戮其尸，㈣罪夫當喪者。㈤」夫戮尸無名，罪當喪者無利，人何故為之也！

【今註】㈠衣衾：死人入棺時的衣被。㈡棺椁：棺，盛斂死屍的木器；椁，音ㄍㄨㄛˇ，又作槨，棺外的套棺。㈢桓公患之數句：桓公，春秋時齊國的君主，春秋五霸的第一位。管仲，齊桓公的宰相，幫助齊桓公稱霸天下。蔽，指衣被帘帷等。守備，指武器、車船、柵壘等。㈣戮其尸：就是陳尸示眾。尸，借為屍。㈤罪夫當喪者：罪，用作動詞，是治罪的意思。夫，用同於字。當，是主的意思。當喪，物雙松讀韓非子，以為喪主。尹桐陽韓子新釋，以為適子。

【今譯】齊國人喜好厚葬，布帛都用去作衣衾，木材都用去作棺椁。齊桓公對這件事很憂慮，就告訴管仲：「布帛用盡，就沒有製造衣被帘帷的東西，木材用盡就沒有製造武器車船柵壘的東西，可是國人厚葬的風氣還不停息，怎樣加以禁止呢？」管仲回答說：「大凡人作事，不是用以求名，便是用以求利。」於是發下命令：「棺椁超過規定的便把死屍陳列示眾，並對喪主治罪。」陳屍示眾是不名譽的事，對喪主治罪是沒利益的事，這樣，人為什麼還要厚葬呢？

衛嗣公㊀之時，有胥靡逃之魏，因為襄王之后治病。㊁衛嗣公聞之，使人以五十金買之，五反而魏王不予，乃以左氏㊂易之。羣臣左右諫曰：「夫以一都買一胥靡，可乎？」公曰：「非子之所知也。夫治無小而亂無大。㊃法不立而誅不必，雖有十左氏無益也；法立而誅必，雖失十左氏，無害也。」魏王聞之曰：「立欲治，而不聽之，不祥。」因載而往，徒獻之。㊄

【今註】㊀衛嗣公：已見傳一注。㊁有胥靡逃之魏二句：胥靡，囚徒。之，是往的意思。襄王，魏惠王的兒子，名嗣。㊂左氏：宋本注以為是都邑的名稱。㊃夫治無小而亂無大：各家解釋均未妥。這句話的意思是：求治不注意小處，止亂不注意大處，是不對的。前半句是主體，後半句是陪襯。衛嗣公以重酬購胥靡，就是求治注意小處，所以後面說：「主欲治，而不聽之，不祥。」㊄徒獻之：就是獻出胥靡而不取金邑。徒，是空的意思，俗語就是「白白地」。

【今譯】衛嗣君的時候，有一個囚犯逃往魏國，因獲為魏襄王的王后治病。衛嗣君聽說後，派人拿五十斤黃金把他贖回。往返五次，魏王沒有允許；衛嗣君便提出用左氏邑交換那個囚犯。左右親信和朝廷官吏都勸諫說：「拿一個都邑交換一個囚犯，這事可以嗎？」衛嗣君說：「這不是你們所能瞭解的。假如求治不注意小處，止亂不注意大處，法律不能確立，誅罰不能貫徹，即便多有十個左氏也沒有益處；法律確立，誅罰貫徹，即便喪失十個左氏也沒有妨害。」魏王聽到這話，說道：「衛君想把國家治好，我不允許他的請求，這是不吉祥的。」就派車子把囚犯送回，獻給衛君，卻不接受黃金或左氏。

傳三——齊王問於文子㈠曰：「治國何如？」對曰：「夫賞罰之為道，利器也，君固握之，不可以示人。若如臣者，猶獸鹿㈡也，唯薦草而就。」㈢

【今註】㈠文子：事蹟未詳。㈡獸鹿：似即鹿類的獸，也就是食草的獸。正如蟲蟻，是像蟻的蟲，也就是小蟲。㈢唯薦草而就：唯，通惟。薦，從艸從廌會意，就是廌所吃的草。廌，音ㄓˋ，似鹿，一角。薦草，就是現在所謂牧草。就，奔赴。這句話是說：獸鹿只是奔赴薦草。

【今譯】傳三——齊王問文子說：「治國應當怎樣？」文子回答說：「賞罰的作用，是治國最有效的工具，君主必須牢牢掌握，不可輕易對人顯示。至於臣下，就像鹿一類的走獸，只是奔赴薦草罷了。」

越王問於大夫種曰：㈠「吾欲伐吳，可乎？」對曰：「可矣。吾賞厚而信，罰嚴而必，君欲知之，何不試焚宮室？」於是遂焚宮室，人莫救之。乃下令曰：「人之救火者，死、比死敵之賞；救火而不死者，比勝敵之賞；不救火者，比降北之罪。」㈡人之塗其體，㈢被濡衣㈣而赴火者，左三千人，右三千人，此知必勝之勢也。

【今註】㈠越王問於大夫種曰：越王，就是越王句踐，被吳王夫差困於會稽，忍辱求和，用文種范蠡，生聚教訓，終於滅吳稱霸。大夫種，就是文種，本為楚國人，在越國做大夫，和范蠡幫助越王句踐復仇滅吳，功成被殺。㈡比降北之罪：已見本篇傳二魯人燒積澤注。㈢塗其體：用防火藥物塗抹身體。㈣被濡衣：被，讀ㄆㄧ，通披。濡衣，用水浸濕的衣服，用以防火。

【今譯】越王句踐向大夫種問道：「我想攻打吳國，現在可以嗎？」大夫種回答說：「可以了。我們的賞賜優厚，又很確切；刑罰嚴厲，又能貫徹。君主要想明白我們的力量，何不焚燒宮室試驗試驗。」於是放火焚燒宮室，臣民沒有敢救火的。越王下令道：「大家必須趕緊救火，救火被燒死的，比照殺敵陣亡的賞賜；救火沒被燒死的，比照戰勝敵人的賞賜；不肯救火的，比照戰敗降敵的罰罪。」人都身體塗上藥物，穿起浸濕的衣服，趕緊救火的，左面有三千人，右面有三千人。由這種情勢，就知道攻打吳國必能獲勝了。

吳起為魏武侯西河之守，㊀秦有小亭㊁臨境，吳起欲攻之，不去則甚害田者，㊂去之則不足以徵甲兵。㊃於是乃倚一車轅於北門之外，而令之曰：「有能徙此於南門之外者，賜之上田上宅。」人莫之徙也。及有徙之者，還㊄賜之如令。俄又置一石赤菽於東門之外，㊅而令之曰：「有能徙此於西門之外者，賜之如初。」人爭徙之。乃下令曰：「明日且攻亭，有能先登者，仕之國大夫㊆，賜之上田上宅。」人爭趨之。於是攻亭，一朝而拔之。

【今註】㊀吳起為魏武侯西河之守：吳起，戰國時衛國人，善用兵。魏文侯用他做將軍，攻占秦國五個城，就派他做西河的長官。武侯即位，聽信讒言，把他召回。吳起逃往楚國。楚悼王用主國政，威震諸侯。悼王死，被枝解。魏武侯，文侯的兒子，名擊，在位十六年卒，他的兒子嗣立，就是魏惠王。西河，今陝西省大荔、澄城、郃陽、韓城一帶地，因在黃河以西，古稱西河。㊁亭：候亭，築亭駐兵伺候敵寇的處所。㊂害田者：妨害邊民的耕作。㊃不足以徵甲兵：不值得徵調軍隊。堅甲利兵，軍隊所用，以代表軍隊。㊄還：行返，就是遷徙車轅回來。一說讀ㄒㄩㄢˊ，是疾速的意思。㊅俄又置一石赤菽於東門之外：俄，不久的時間。石，讀ㄉㄢˋ，十斗為石，百斤亦稱為石。赤菽，就是赤豆。㊆國大夫：太田方韓非子翼毳引史記樊噲傳：「賜爵國大夫。」正義：「爵第六級也。」

【今譯】魏武侯時，吳起做西河的長官，秦國有一個小的候亭緊靠西河邊境，吳起很想攻占這候亭，不除去它時常擾害邊民的耕作，除去它又不值得徵調國家的軍隊。吳起便把一個車轅靠在北門外面，發布命令說：「有人能把這車轅移置到南門以外的，賞給他最好的田宅。」起初人民沒有出來移置的；後來有人移置到南門外面，便立刻按照命令給予賞賜。不久，又放置一石赤豆在東門外面，發布命令說：「有人能把這赤豆移置到西門以外的，賞賜還像上次一樣。」人民便爭先去移置。於是又發布命令說：「明天要攻打秦國的候亭，有能首先攻上候亭的，封他做國大夫，賞給他最好的田宅。」人民爭先前往，奮勇進攻，沒用多大功夫就把候亭攻占了。

李悝為魏文侯上地之守，㈠而欲人之善射也，乃下令曰：「人之有狐疑之訟者，令之射的：中之者勝，不中者負。」㈡令下，而人皆疾習射，日夜不休。及與秦人戰，大敗之，以人之善射也。

【今註】㈠李悝為魏文侯上地之守：李悝，即李克。悝，音ㄎㄨㄟ，悝克一聲之轉，古書通用。戰國時魏國人，子夏弟子，事魏文侯，建盡地力的方策，又創平糴法，魏以富強。漢書藝文志有李子三十二篇，又別出李克七篇。晉書刑法志：「律文起自李悝，撰次諸國法，著法經。」魏文侯，戰國時魏國第一位君主，名斯。以魏成為相，吳起為將，卜子夏、田子方、段干木為師友，國勢強盛。上地，似即上谷，為中山國土地。據史記魏世家，李克曾為中山相，守也是相的意思。㊁人之有狐疑之訟者四句；狐疑之訟，就是不易判決的訟案。狐性多疑，所以稱懷疑曰狐疑。的，箭靶的中心。中，這裏兩個中字都讀第四聲，是箭射到的意思。

【今譯】李悝做魏文侯上地的守相，想使人民都精於射箭，便發布命令：「人民有訴訟，凡是可疑不易判斷曲直的，都教他們比賽射箭，射中正鵠的作為勝訴，未能射中的作為敗訴。」命令傳出，人民便趕快練習射箭，日夜苦練，不肯休息。等到和秦國打仗，大敗秦兵，因為人民都精於射箭啊。

宋崇門之巷人，服喪而毀甚瘠，㊀上㊁以為慈愛於親，舉以為官師。㊂明年、人之所以毀死者，歲十餘人。子之服親喪者，為愛之也，而尚可以賞勸也，況君上之於民乎！

【今註】㊀宋崇門之巷人二句：宋，周朝國名，周封殷遺臣微子啟於宋，都商丘。崇門，莊子外物篇：「演門有親者死，以善毀爵為官師，其黨人毀而死者半。」成玄英疏：「東門也，亦有作寅者。」陸德明釋文：「宋城門名。」服喪，穿喪服。父母之喪，服喪三年，應閉戶讀禮，謝絕人事，在官解職，又稱居喪或守制。毀，哀毀，因悲傷而憔悴。瘠，消瘦。㊁上：指宋君。㊂官師：禮記祭法：「適士二廟，……官師一廟，……」孔穎達正義，以為適士是上士，官師是中士、下士。都是大夫以下的官吏。

【今譯】 宋國崇門有一個里巷的居民，因為居喪哀毀過度，身體非常消瘦。宋君認為他很孝順，便提拔他做官吏。第二年，人民由於哀毀而死的，全年有十多個人。兒子為父母服喪，是出於對父母的摯愛，還能用獎賞來勸勉，何況人民對於君主的忠心呢？

越王慮伐吳，欲人之輕死也，出見怒鼃，乃為之式。㊀從者曰：「奚㊁敬於此？」王曰：「為其有氣㊂故也。」明年、人之請以頭獻王者，歲十餘人。由此觀之，譽之足以勸人㊃矣。一曰：越王句踐見怒鼃而式之，御者曰：「何為式？」王曰：「鼃有氣如此，可無為式乎！」士人聞之曰：「鼃有氣，王猶為式，況士人之有勇者乎。」是歲，人有自剄㊄死，以其頭獻者。故越王將復吳而試其教：㊅燔臺而鼓之，㊆使民赴火者，賞在火也；臨江而鼓之，使人赴水者，賞在水也；臨戰而鼓之，使人絕頭刳腹㊇而無顧心者，賞在兵㊈也。又況據法而進賢，其功甚此矣。

【今註】 ㊀越王慮伐吳四句：輕死，把死亡看得不重要，就是勇於犧牲。鼃，同蛙，怒則腹鼓。式，又作軾，是敬禮的意思。古時男子站著乘車，敬禮時，俯身憑軾。㊁奚：疑問副詞，是為什麼的意思。㊂氣：激憤。人激憤則呼吸急促，俗語叫做生氣。㊃勸人：各本多作殺人，茲從迂評本。㊄自剄，剄，音ㄐㄧㄥˇ，斷頸。㊅復吳而試其教：復吳，對吳國復仇。試其教，試驗自己十五年教訓的功效。㊆燔臺而鼓之：燔，音ㄈㄢˊ，是燒的意思。臺，供眺望的高建築物。鼓之，擊鼓使之前進。古時行軍，進則擊鼓，退則鳴金。㊇刳腹：剖腹。刳，音ㄎㄨ。㊈兵：是打仗的意思。

【今譯】　越王句踐打算攻打吳國，想使人民都奮勇死戰，出行時看見鼓腹的怒蛙，便扶著車前橫木俯身行禮。侍從的人問道：「為什麼向怒蛙敬禮？」越王說：「因為它能激憤的緣故。」第二年，人民請求把頭奉獻國王的，全年有十多個人。這樣看來，稱譽是可以激勵人犧牲的。

另一說：越王句踐看見鼓腹的怒蛙，便在車上憑軾行禮。駕車的問道：「為什麼向怒蛙敬禮？」越王說：「蛙能這樣激憤，怎能不向它敬禮呢？」士人聽到這件事，都說：「蛙能激憤，王尚且向它敬禮，何況士能奮勇呢？」這一年，有自己割下頭來奉獻越王的。所以越王將要對吳國復仇，先試驗自己教訓的功效：放火燒臺，擊鼓使人救火，人民爭先救火，是因為救火有賞；站在江邊，擊鼓使人下水，人民爭先赴水，是因為赴水有賞；到作戰時，擊鼓使人前進，人民斷頭剖腹而無所顧慮，是因為打仗有賞。又何況依據法律，進用賢能，其鼓勵的效力，一定比式怒蛙要勝過很多呀。

韓昭侯使人藏弊袴，㊀侍者曰：「君亦不仁㊁矣。弊袴不以賜左右而藏之。」昭侯曰：「非子之所知也。吾聞之，明主愛一

嚬一笑，嚬有為嚬，而笑有為笑。㊂今夫袴，豈特㊃嚬笑哉！袴之與嚬笑，相去遠矣，吾必待有功者，故藏之未有予㊄也。」

【今註】㊀韓昭侯使人藏弊袴：韓昭侯，戰國時韓國的君主，懿侯的兒子，用申不害為相，實行法術，國內平治，諸侯不敢侵伐，在位二十六年。弊，同敝，是破的意思。㊁不仁：太田方韓非子翼毳，以為不仁是吝於財。仁者博施濟眾，所以吝於財為不仁。㊂吾聞之四句：之字各舊本在主字下，依松皐圓定本韓非子纂聞倒在吾聞下面，較佳。愛，吝惜。孟子梁惠王：「百姓皆以王為愛也。」嚬，音ㄆㄧㄣˊ，字又作顰，皺眉，表示憂煩。笑，表示喜悅。下面兩個為字都讀第四聲。太田方韓非子翼毳：「嚬笑，喜怒之小者，喜怒，賞罰之小者，明主慎之，不妄為也。」㊃特：是僅的意思。㊄予：讀第三聲，是賜與的意思。

【今譯】韓昭侯教近侍把自己不穿的破褲子收藏起來。近侍說：「君主太吝嗇了。破褲子不把它送給左右的人，還要收藏起來。」昭侯說：「這道理你們不懂。我聽說明主一顰一笑都吝惜，不肯輕易表示，必須有所為纔顰，有所為纔笑。現在那條破褲子，不僅像顰笑的作用啊。褲子和顰笑的作用相差太大了，我一定要等待有功的人，所以把它收藏起來不隨便給人。」

鱣㊀似蛇，蠶似蠋㊁。人見蛇則驚駭，見蠋則毛起㊂。然而婦

人拾蠶，漁者握鱣，利之所在，則忘其所惡㊃，皆為賁諸㊄。

【今註】㊀鱣：音ㄕㄢˋ，或作鱓，又作鱔。魚名，形狀像蛇，體赤黑色，腹部黃色，俗稱黃鱔。㊁蠋：音ㄓㄨˊ，本作蜀，俗又加虫作蠋。是蝶蛾類的幼蟲。形狀像蠶，有綠、黑、褐等色。㊂毛起：人當驚恐時，則寒毛豎起。㊃惡：讀ㄨˋ，解作畏懼。史記仲尼弟子列傳：「且王必惡越，臣請東見越王，令出兵以從。」㊄賁諸：孟賁、專諸，都是古代的勇士。孟賁，戰國時衛國人，能生拔牛角。專諸，春秋時吳國人，為公子光刺殺吳王僚。這節又見說林下篇。

【今譯】鱣魚像蛇，蠶像烏蠋。人看見蛇就駭怕，看見烏蠋寒毛就豎起。可是婦人用手拾蠶，漁夫用手捕鱣魚。人對於有利益的事，就忘記了畏懼，都像孟賁、專諸那樣勇敢。

傳四——魏王謂鄭王曰：「始鄭、梁、一國也，已而別，今願復得鄭而合之梁。」㊀鄭君患之，召羣臣而與之謀所以對魏。鄭公子謂鄭君曰：「此甚易應㊁也。君對魏曰：以鄭為故魏而可合也，則弊邑亦願得梁而合之鄭。」㊂魏王乃止。

【今註】㊀魏王謂鄭王曰數句：魏國本都安邑，魏惠王遷都大梁，亦稱為梁。韓國自韓哀侯滅鄭，徙都於鄭，所以韓亦稱鄭。韓宣惠王始稱王，在魏惠王稱王後約十年。這裏魏王可能是魏惠王，鄭王可能是韓宣惠王。始鄭梁一國也，就是韓魏原為一國，指趙韓魏三分晉國。已而，和既而一樣，是後來或不久的意思。㊁應：讀第四聲，和對都是回答的意思。㊂以鄭為故魏而可合也二句：為，介詞，解作與字。故，原來。而，假設連詞，解作假如。弊，謙詞多用敝，或用弊。

【今譯】傳四——魏王對韓王說：「從前韓國（鄭）和魏國（梁）是一個國家，後來纔分開，現在我希望能再把韓國併入魏國。」韓王非常焦急，便召集羣臣商量怎樣回答魏國。韓國的一位公子告訴韓王說：「這是很容易回答的。您可以對魏王說：假如以為韓國和魏國原來是一國，應該合併的話，那麼我們韓國也希望把魏國併入韓國。」韓王便照這樣回答魏王，魏王纔打消了這種念頭。

齊宣王使人吹竽，㊀必三百人。南郭處士㊁請為王吹竽，宣王說㊂之。廩食以數百人。㊃宣王死，湣王㊄立，好一一聽之，處士逃。

一曰：韓昭侯㊅曰：「吹竽者眾，吾無以知其善者。」田嚴㊆對曰：「一一而聽之。」

【今註】㊀齊宣王使人吹竽：齊宣王，戰國時齊國的君主，威王的兒子，名辟彊。竽，音ㄩ´，是竹製的樂器，笙類，有三十六簧。㊁南郭處士：處，讀第三聲。處士，就是平民。因住在南郭，便把南郭作姓。㊂說：同悅。㊃廩食以數百人：廩食，是由官廩供食。以，和已字本同。㊄湣王：齊宣王的兒子，名地，在位四十年。燕將樂毅攻入齊國，湣王輾轉逃到莒城，被楚將淖齒殺死。㈥韓昭侯：已見傳三韓昭侯使人藏弊袴節注。㈦田嚴：事蹟無考。

【今譯】齊宣王使人吹竽，必須三百人一齊吹。南郭處士請求為王吹竽，宣王也很高興的答應了，這時由官廩發給俸糧的已經有幾百人。宣王死後，湣王即位，吹竽時喜歡一個一個的聽，南郭處士就逃走了。

另一說：韓昭侯說：「吹竽的太多，我無法知道那一個吹的好。」田嚴回答說：「教他們一個一個吹來聽。」

趙令人因申子㈠於韓請兵，將以攻魏。申子欲言之君，而恐君之疑己外市㈡也，不則恐惡於趙。㈢乃令趙紹、韓沓嘗試君之動貌而後言之，㈣內則知昭侯㈤之意，外則有得趙之功。㈥

【今註】㈠申子：戰國時鄭國京邑人，本來是鄭國的低級官吏。韓哀侯吞併鄭國，傳至昭侯，用以為相，對內改善政治和教化，對外應接各國諸侯，韓國得以安定。申子的學問，以道家為本源，而特別注重法術。漢書藝文志法家載有申子六篇。宋時散逸，今有申子佚文輯本。㈡外市：市，是交易的場所，凡行同交易亦可稱市。外市，就是幫助外國，謀取利益。㈢不則恐惡於趙：不，讀否。不則，猶言不然。惡，讀ㄨ。惡於趙，被趙國憎恨。㈣乃令趙紹韓沓嘗試君之動貌而後言之：這大約是申子初相時的事情。戰國策韓策有近似的記載：「申子微謂趙卓、韓鼂，使各建議於王，申子微視王之所說以言之。」二人大約是韓國的官吏，姓名和本書稍有不同。動，變化。動貌，是神色的變化。戰國策齊策：「動於顏色」，就是這種意思。㊄昭侯：已見傳三韓昭侯使人藏弊袴節注。㊅得趙之功：獲得趙國的友善、感激。功，是效果。

【今譯】　趙國派人透過申子向韓國借兵，打算攻打魏國。申子想向韓國的君主建議，又恐怕君主懷疑自己幫助外國，謀取利益；否則又怕被趙國憎恨。於是使趙紹、韓沓，分別試探君主神色的變化，然後進言。對內知道了昭侯的意思，對外獲得了趙國的友善。

三國兵至函，秦王謂樓緩曰：「三國之兵深矣，寡人欲割河東而講，何如？」㊀對曰：「夫割河東，大費也；免國於患，大功也。此父兄㊁之任也，王何不召公子氾㊂而問焉？」王召公子氾而告之。對曰：「講亦悔，不講亦悔。王今㊃割河東而講，三國歸，王必曰：『三國固且㊄去矣，吾特以三城送之。㊅』不講，三國必入函，則國必大舉矣，王必大悔曰：『不獻三城也。』臣故曰：『王講亦悔，不講亦悔。』」王曰：「為我悔也，寧亡三城而悔，無危乃悔。寡人斷講矣。」㊆

【今註】㈠三國兵至函數句：三國，太田方韓非子翼毳，以為齊、魏、韓三國。盧文弨羣書拾補：「此見秦策，三國攻秦入函谷，秦王謂樓緩曰云云。」顧廣圻韓非子識誤：「藏本、今本、國下有兵字。此韓即函之譌，又脫谷字耳。下文亦當云入函谷。王上當依秦策有秦字。」函，就是函谷關，戰國時秦國所設，在今河南省靈寶縣西南。東自崤山，西至潼津，大山中裂，道路深險如函，所以叫做函谷關。秦王，秦昭襄王，秦武王異母弟，名稷。在位五十六年，國勢強盛。樓緩，戰國時趙人，事趙武靈王，王欲胡服，羣臣反對，樓緩獨予贊助。後入秦，相昭襄王。河東，黃河流經山西省西境，成南北向，在黃河以東地帶，稱為河東。講，和解。㈡父兄：指同姓老臣。㈢公子氾：戰國策秦策作公子池。㈣今：是假若的意思。㈤固且：固，本來。且，將要。㈥吾特以三城送之：特，解作卻。送之，是隨之而去。㈦為我悔也四句：松皐圓定本韓非子纂聞以為：為是若的意思。三城：武遂與韓，封陵與魏，齊城與齊。武遂、封陵在河東，齊城，無考。龍宇純韓非子集解補正：「為字無義，當作均，與策作鈞同。」斷，決定。戰國策秦策作「決」。

【今譯】齊韓魏三國攻打秦國，攻到函谷關，秦王告訴宰相樓緩說：「三國的攻勢已經很嚴重，我想割讓河東的土地和他們講和，你看怎麼樣？」樓緩回答說：「割讓河東，是很大的損失；免除國家的危難，是很大的利益，權衡這種大事，是同姓老臣的責任，王何不召見公子氾詢問呢？」秦王便召問公子氾。公子氾回答說：「講和要後悔，不講和也要後悔。王假若割讓河東講和，三國的軍隊撤退，王一定懊悔說：『三國的軍隊本來就要撤退了，我卻拿三個城給他們帶走。』假若不講和，三國就會攻進函谷關，必然要攻占很多土地，王一定非常懊悔說：『沒有割讓三城，以至造成這樣大的災難。』所以我說：『講和要後悔，不講和也要後悔。』」秦王說：「假如都要懊悔，我寧願喪失三個城而懊悔，絕不等國家危亡纔懊悔。我決定割讓三城講和了。」

應侯謂秦王曰：㊀「王得宛、葉、藍田、陽夏，㊁斷河內，㊂困梁、鄭，㊃所以未王者，趙未服也。弛上黨兵，而以臨東陽，則邯鄲口中虱也。㊄王拱而朝天下，㊅後者以兵中㊆之。然上黨之安樂，其處甚劇，臣恐弛之而不聽，奈何？」㊇王曰：「必弛易之矣。」㊈

【今註】㊀應侯謂秦王曰：應侯，就是范睢，本書作范且，字叔，戰國時魏國人。初事魏中大夫須賈，因從賈使齊，齊王賜以黃金牛酒，被魏相魏齊笞擊幾死。後改姓名為張祿入秦，以遠交近攻的政策，說秦昭襄王而為相，封應侯。秦王，就是秦昭襄王。㊁王得宛、葉、藍田、陽夏：史記穰侯列傳：秦昭王十五年，「又取楚之宛、葉。」宛，今河南省南陽縣。葉，故城在今河南省葉縣南三十里。藍田，故城在今陝西省藍田縣西三十里。陽夏，在今河南省太康縣。藍田、陽夏，原來也是楚國的地方。㊂斷河內：古稱河南省黃河以北曰河內，黃河以南曰河外。史記穰侯列傳：「為秦將攻魏，魏獻河東方四百里，拔魏之河內，取城大小六十餘。」㊃困梁鄭：梁、鄭，就是魏國和韓國，說見前面魏王謂鄭王節注。困，使受困苦，就是壓制的意思。㊄弛上黨兵三句：弛，讀移，就是移易的意思。上黨，是山西省東南部長治一帶高地，戰國是屬韓國。臨，猶言進攻。東陽：古以東陽為名的地方很多，但依當地形勢，似為今山西省黎城縣東方之東陽關，為繞道從北面攻邯鄲，所以下文說：「則邯鄲口中虱也。」否則即為今山東省恩縣西北之東陽城，為繞道東面攻邯鄲。邯鄲，就是現在河北省的邯鄲縣，是當時趙國的都城。虱，音尸，蝨的俗字，是寄生在人體和其他哺乳動物的小蟲。口中虱，言無可逃死。㊅王拱而朝天下：拱，拱手。朝，是見的意思，古多用於諸侯見天子，官吏見君主。㊆中：讀第四聲，傷害。如中風、中毒，都是這種意思。㊇上黨之安樂四句：之，是已的意思。處，讀第三聲，是處理。勮，字本作劇，從力，是用力過甚的意思。㊈史記韓世家：「桓惠王十年，秦擊我於太行，我上黨郡守（名馮亭）以上黨郡降趙。十四年，秦拔趙上黨，殺馬服子（趙括）率四十萬於長平。白起傳：韓趙恐，使蘇代厚幣說秦相應侯。應侯言於秦王，請許韓趙割地以和，王聽之。大概就是這段故事的緣由。

【今譯】　應侯告訴秦王說：「王已經獲得宛、葉、藍田、陽夏等重要城邑，割取河內廣大土地，壓制魏國和韓國，可是還未能做天下的王，就是因為趙國沒有降服啊。假如移轉上黨的守軍，向東陽推進，趙國的首都邯鄲，就像捉到嘴裏的虱子，是必死無疑的。到時王便可以拱手為禮，接受天下諸侯的朝謁；遲遲不來的，就派兵加以誅討。不過上黨已經安定，管理也費了很大力量，移轉那裏的守軍，恐怕王不會允許，這怎麼辦呢？」秦王說：「我決定移轉上黨的守軍了。」

傳五——龐敬、㊀縣令也，遣市者行，而召公大夫而還之，立有間，無以詔之，卒遣行。㊁市者以為令與公大夫有言，不相信，以至無姦。㊂

【今註】㊀龐敬：尹桐陽韓子新釋，以為就是本篇傳一的龐恭。㊁遣市者行數句：市，是買賣的場所。周禮地官所屬有司市，掌市之治教政刑，量度禁令。松皐圓定本韓非子纂聞，以為市者是管理市場事務的小吏，公大夫是市者的長官。間，讀第一聲或第四聲，是少時的意思。詔，告訴，自秦以後，用為以上告下的意思。卒，解作然後。㊂市者以為令與公大夫有言三句：令，縣令。市者懷疑縣令吩咐公大夫監察他們，便對公大夫加以提防，以至不敢營私舞弊。

【今譯】龐敬做縣令時，派遣公大夫率領管理市場的小吏們前往執行任務，馬上又把公大夫召回，並沒有什麼話吩咐，教他站了一會兒，然後前往。管理市場的小吏們，以為縣令對公大夫講了什麼話，便對公大夫加以提防，以至不敢營私舞弊。

戴驩、宋太宰，㊀夜使人曰：「吾聞數夜有乘轀車㊁至李史㊂門者，謹為我伺之。」使人報曰：「不見轀車，見有奉笥㊃而與李史語者，有間，李史受笥。」

【今註】㊀戴驩宋太宰：太宰，官名，猶後來的宰相或丞相。說林下篇說宋太宰貴而主斷，大概就是戴驩。㊁轀車：有帷蔽的車子。轀，音ㄨㄣ。㊂李史：李，借為理。管子法法：「皐陶為李。」李史，是掌刑獄的官吏。㊃奉笥：奉，是兩手持物，就是捧的意思。笥，音ㄙˋ，是方形有蓋的竹器。奉笥，意即行賄。

【今譯】宋國的太宰戴驩，晚上差遣人說道：「我聽說近幾天夜裏，有人坐著有帷幕的車子，到法官的門前，你替我調查調查。」被差遣的人回來報告：「沒看到有帷幕的車子，只看到有人捧著有蓋的竹器，在和法官談話。談了不久，法官便接受了那竹器。」

周主亡玉簪，㊀令吏求之，三日不能得也。周主令人求，而得之家人㊁之屋間。周主曰：「吾知吏之不事事㊂也，求簪三日不得之；吾令人求之，不移日㊃而得之。」於是吏皆聳懼，㊄以君為神明也。㊅

【今註】㊀周主亡玉簪：周主，各家無注。今按：主，就是君主。戰國時周分東西，稱東周君、西周君，這裏周主，可能是西周君或東周君、末句以君為神明可證。亡，失去。簪，音ㄗㄢ，連冠與髮的笄。㊁家人：猶言庶人，就是普通居民。㊂事事：猶言治事。上一事字是動詞，下一事字是名詞。㊃不移日：移，移動，變易。不移日，日尚未變易，就是還沒超過一天。㊄聳懼：或作悚懼，是驚畏的意思。㊅以君為神明：各舊本作以為君神明。

【今譯】 周主失落一隻玉簪，命令官吏去找，找了三天，沒有找到。周主另派親信尋找，在一個老百姓的屋裏找到。周主說：「我知道官吏都不認真辦事，玉簪三天都找不到，我派親信去找，不到一天就找到了。」因此官吏都很驚懼，以為周主像神明一樣。

商太宰使少庶子之市，㊀顧反而問之曰㊁：「何見於市？」對曰：「無見也。」太宰曰：「雖然，何見也？」對曰：「市南門之外甚眾牛車，僅可以行耳。」太宰因誡使者：「無敢告人吾所問於女㊂。」因召市吏而誚㊃之曰：「市門之外，何多牛屎？」市吏甚怪太宰知之疾也，乃悚懼其所也。㊄

【今註】 ㊀商太宰使少庶子之市：商太宰，宋為商後，商太宰就是宋太宰。說林上篇：子圉見孔子於商太宰，說林下篇：宋太宰貴而主斷，本篇上文及六微均作宋太宰戴驩，都是一人。少庶子，官名。之，是往的意思。㊁顧反而問之曰：顧，與但同意。反，本來是還的意思，後加辵作返。㊂女：讀ㄖㄨˇ，同汝。㊃誚：音ㄑㄧㄠˋ，譴責。㊄乃悚懼其所也：所，代名詞，代事物。這句話的意思是：市吏因而對自己的職責，知所懍懼。

【今譯】 商太宰派遣少庶子往市街辦事，但回來時詢問他：「你在市街看見些什麼事情？」少庶子回答說：「沒有看見什麼。」太宰說：「雖沒有看到重要的事情，看到些什麼普通的事情呢？」少庶子回答說：「市街南門外面有很多牛車，勉強可以通行。」太宰告誡少庶子：「我問你的話絕對不許告訴別人。」於是把市吏召來，責備他說：「市街南門外面，為什麼有許多牛糞？」市吏很奇怪此事太宰知道的這樣快，因而對於自己的職責恐懼謹慎了。

傳六——韓昭侯握爪，而佯亡一爪，㈠求之甚急，左右因割其爪而效㈡之。昭侯以此察左右之不誠。

【今註】㈠韓昭侯握爪二句：韓昭侯，已見本篇傳三注。爪，手指甲。佯亡，假說丟掉。㈡效：是奉獻的意思。

【今譯】傳六——韓昭侯握著自己的手指甲，假說折斷了一隻手指甲，不知掉在那裏，催促左右尋找。左右尋找不到，就把自己的手指甲翦下一隻，奉獻給昭侯。昭侯因此知道左右的不誠實。

韓昭侯使騎於縣，㈠使者報㈡，昭侯問曰：「何見也？」對曰：「無所見也。」昭侯曰：「雖然，何見？」曰：「南門之外，有黃犢食苗道左者。㈢」昭侯謂使者：「毋敢洩吾所問於女。」㈣乃下令曰：「當苗時，禁牛馬入人田中，固有令，㈤而吏不以為事，牛馬甚多入人田中，亟舉其數上之，不得，將重其罪。」㈥於是三鄉㈦舉而上之。昭侯曰：「未盡也。」復往審㈧之，乃得南門之外黃犢。吏以昭侯為明察，皆悚懼其所，而不敢為非。

【今註】㈠韓昭侯使騎於縣：韓昭侯，已見本篇傳三注。騎，讀ㄐㄧˋ，名詞，普通解作騎兵，實則人騎馬上均可稱騎。縣，春秋戰國時代，滅國而以為縣的很多。縣是懸的本字，意即懸而不封。又有的故意廢封設縣，如商鞅治秦，併小都、鄉、邑、聚為縣。總之，縣不是卿大夫的封土，而是國君直接管理的地方。㈡報：覆命。㈢有黃犢食苗道左者：犢，音ㄉㄨˊ，小牛。道左，道路的左邊。詩唐風有杕之杜：「生於道左。」鄭箋以道左為道東。如江東稱江左，山東稱山左。㈣毋敢洩吾所問於女：毋，禁止之詞，和勿和莫意思一樣。洩，洩露，字又作泄。女，同汝。㈤固有令：原有禁令。㈥亟舉其數上之三句：亟，音ㄐㄧˊ，是急速的意思。上，是進呈的意思。將，必定。㈦三鄉：鄉，方位。三鄉，指東西北三門外面。㈧審：仔細查究。

【今譯】韓昭侯派人騎著馬往縣區視察，使者回來報告，昭侯問道：「你看見些什麼事情？」使者回答說：「沒看見什麼。」昭侯說：「雖沒看到重要事情，看到些什麼普通事情呢？」使者回答說：「南門外面，有頭黃色的小牛在吃路邊的禾苗。」昭侯告誡使者說：「絕對不許把我問你的話洩露出去。」於是發下命令說：「當禾苗生長的時候，牛馬進入別人田裏，早有明令禁止。可是官吏們都不注意這種事，有很多牛馬跑到別人田裏吃禾苗，現在必須把這種事件的數目趕快查報上來，假如調查不出，一定從重處罰。」於是東北西三方面都把這種事件的數目報上。昭侯說：「還沒調查齊全。」又派人往各處仔細查究，才查出南門外小黃牛的事。官吏們認為昭侯非常明察，都對自己的職責恐懼謹慎，不敢作非分的事。

周主下令索曲杖，㈠吏求之數日不能得；周主私㈡使人求之，不移日而得之。乃謂吏曰：「吾知吏不事事也。曲杖甚易得也，而吏不能得；我令人求之，不移日而得之，豈可謂忠哉！」吏乃皆悚懼其所，而以君為神明。

【今註】㈠周主下令索曲杖：周主，已見傳五周主亡玉簪注。文字亦大同小異，似是一事的兩種傳說。索，是搜求的意思。曲杖，上端彎曲的手杖。㈡私：私自，自己暗中進行。

【今譯】周主下令搜求一隻上端彎曲的手杖，官吏們尋找了幾天，沒有找到。周主私自派人去尋找，不到一天就找到了。於是對官吏們說：「我知道你們都不認真辦事。上端彎曲的手杖是很容易找到的，你們卻找不到；我派人去尋找，不到一天就找到了，你們還能算對君主有忠心嗎？」從此，官吏們對於自己的職責都很恐懼謹慎，而把周主看得像神明一樣。

卜皮㈠為縣令，其御史㈡污穢而有愛妾，卜皮乃使少庶子佯愛之，以知御史陰情。㈢

【今註】㈠卜皮：已見傳二魏王謂卜皮曰注。㈡御史：古代為掌管文書法令的官吏，歷經演變而成為後世的諫官。顧廣圻韓非子識誤：「藏本、今本，史作吏，下文同。按吏字誤也。韓策云：『安邑之御史死。』」㈢卜皮乃使少庶子佯愛之二句：少庶子，官名。佯，假裝。之，指愛妾。陰，隱秘的事情。

【今譯】卜皮做縣令時，他的御史人格很卑污，而有一個愛妾。卜皮便教少庶子假意接近御史的愛妾，因而對御史隱秘的事情全部了解。

西門豹為鄴令，㈠佯亡其車轄㈡，令吏求之不能得，使人求之，而得之家人屋間。

【今註】㈠西門豹為鄴令：西門豹，戰國時魏國人。魏文侯時做鄴地的長官，破除河伯娶婦的迷信，又引漳水灌田，很有治績。鄴，邑名，故城在現今河南省臨漳縣西。㈡車轄：車軸兩頭的鐵鍵，豎貫軸頭，以防止車輪脫出。

【今譯】西門豹做鄴地的長官，假裝失落了車軸兩頭的鐵鍵，吩咐屬吏尋找，許久找不到。自己又派親信去找，在一位老百姓的屋裏找到了。

傳七——山陽君相衛，㈠聞王之疑己也，乃偽謗樛豎㈡以知之。

【今註】㈠山陽君相衛：「山陽」，各舊本作「陽山」。「衛」，乾道本迂評本作「謂」。顧廣圻韓非子識誤：「按謂當作韓，陽山當作山陽。戰國策韓策有『或謂山陽君曰：秦封君以山陽云云。』可為證。今本輒改為衛，謬甚。」㈡樛豎：樛，音ㄐㄧㄡ，是姓，豎，小臣。識誤：「樛豎，亦韓人。本書說林上及難一篇皆云：韓宣王謂樛留也。」

【今譯】傳七——山陽君做韓國的宰相，聽說韓王很懷疑自己，於是假意辱罵韓王的寵信樛豎，以探知韓王對自己的態度。

淖齒聞齊王之惡己也，㈠乃矯為秦使以知之。㈡

【今註】㈠淖齒聞齊王之惡己也：齊王，是齊湣王，齊宣王的兒子，名地。國力強盛，想吞滅周室做天子。燕將樂毅率領燕、秦、三晉的軍隊，大敗齊國；湣王輾轉逃到莒城。楚國派淖齒將兵救齊，湣王用以為相，後來被淖齒殺死。淖齒，或作卓齒。惡，讀ㄨˋ。㈡乃矯為秦使以知之：矯，詐稱。松皐圓定本韓非子纂聞：「謂使人詐為秦使者，佯譏淖齒，則齊王必且以情告之。」

【今譯】淖齒聽說齊王憎恨自己，於是教人假冒秦國的使臣，謁見齊王，以刺探齊王的心意。

齊人有欲為亂者，恐王知之，㈠因詐逐所愛者，令走王知之。㈡

【今註】㈠恐王知之：知，是發覺的意思。㈡因詐逐所愛者二句：走，是逃往的意思。為亂需要親信效命，一定不會驅逐喜愛的人。使王知道他驅逐所愛，便不會懷疑他作亂。俞樾諸子平議以為走字是衍文。

【今譯】齊國有一個人想造反，恐怕齊王發覺，於是假裝把他最親近的屬下趕走，教他逃到齊王那裏，使齊王知道，便不會懷疑他造反了。

子之相燕，㈠坐而佯言曰：「走出門者何？白馬也！」左右皆言不見，有一人走追之，報曰：「有。」子之以此知左右之不誠信。㈡

【今註】㈠子之相燕：子之，是戰國時燕王噲的宰相，掌握燕國的大權，利用蘇代和鹿毛壽（本書外儲說作潘壽），勸燕王噲讓國給子之，燕國大亂。齊人伐燕，燕王噲死，子之被醢。燕人共立太子平，就是燕昭王。㈡不誠信：藏本、迂評本作誠信不。不，讀ㄈㄡˇ，同否，似較好。

【今譯】子之做燕國的宰相，有一次坐著和左右的官吏們談話，忽然假意說：「是什麼東西走出門去啦？啊！是匹白馬呀！」左右都說沒看見；有一人趕快追出去看，回來報告說：「是有一匹白馬。」

子之因此知道左右誰誠實，誰不誠實。

有相與訟㊀者，子產離之，而無使得通辭，㊁倒其言以告而知之。㊂

【今註】㊀訟：到官府爭辯曲直，俗謂打官司。㊁子產離之二句：子產，已見傳二子產相鄭注。離之，使當事人隔離。通辭，是知曉對方的話。㊂倒其言以告而知之：顛倒甲方的話以訊問乙方，又顛倒乙方的話以訊問甲方。告，這裏解作問的意思。

【今譯】鄭國有到官府爭訟的，子產把當事人隔離，使他們無法知道對方說什麼話。顛倒甲方的話訊問乙方，又顛倒乙方的話訊問甲方，便知道事實的真象了。

衛嗣公使人為客過關市，關吏苛難之，因事關吏以金，關吏乃舍之。㊀嗣公謂關吏曰：「某時有客過而所，與汝金，而汝因遣之。」㊁關吏乃大恐，而以嗣公為明察。

【今註】㊀衛嗣公使人為客過關市四句：衛嗣公，已見傳一注。為，偽裝。客，客商，因商人必須往來各地販運。關，邊境所設的門。關市，似為邊關互市的處所。孟子梁惠王下「關市譏而不征。」王先慎韓非子集解，以關市為關吏的從者，似未妥。難，讀第四聲，是使之為難。苛難，就是多所留難。事，是進奉的意思。舍，讀第三聲，假借為捨，就是放棄留難的舉措。這裏兩吏字，各舊本作市，據太田方韓非子翼毳改。㈡某時有客過而所三句：而，第二人稱代名詞。而所，你所管理的地方。遣之，放他通行。

【今譯】　衛嗣公使人假扮客商經過關市，關吏多所留難；他就拿黃金奉送關吏，關吏纔不再阻擾。隨後嗣公告訴關吏說：「某一天，有客商行經你所管理的地方，奉送你若干黃金，你纔放他通行。」關吏於是非常恐懼，認為嗣公太明察了。

內儲說下——六微

【釋題】　本篇原為第十卷第三十一篇。內儲說下四字，已在前篇解釋。六微二字，各家都沒注解。今按：說文：「微，隱行也。」用作名詞是隱秘的事，用作動詞是隱秘行事，所以可以引伸為伺察，也就是暗中查訪。史記黥布列傳：「使人微驗淮南王。」游俠列傳：「使人微知賊處。」六微，就是人主必須伺察的六種事。

【提要】　本篇主旨，在先提示人主必須伺察的六種事項：權借在下、利異外借、託於似類、利害有反、參疑內爭、敵國廢置，再用事例挨次說明，體例和上篇一樣。惟經傳於六微之外，另有第七事，標題曰「廟攻」。王先愼韓非子集解：「經既明言六微，則不應有七字，此接上文而來，並不應另標廟攻二字。」這幾句話，乃綜論參疑、廢置兩節，後人誤予分出，現在仍予併合。

六微：一曰、權借在下，㈠二曰、利異外借，㈡三曰、託於似類，㈢四曰、利害有反，㈣五曰、參疑內爭，㈤六曰、敵國廢置。㈥——此六者，主之所察也。

【今註】㈠權借在下：把君權借與臣下應用，就是大權旁落的意思。㈡利異外借：君臣利益不同，臣每借外援以自重。臣借外援，君權必受侵害，所以必須伺察。㈢託於似類：人臣假託類似的事情，欺蒙君主，以成就自己的姦私。㈣利害有反：一件事情發生，有獲利的，必然有受害的；有受害的，也必然有獲利的。凡有利害的事情，都從相反的方面予以伺察，就可以明瞭事情的真因，而不致被臣下欺騙。㈤參疑內爭：參，讀ㄘㄢ，是三的動詞，即加入成三。能加入成三，必然相等或相近。疑，讀ㄋㄧˇ，借為擬，是相比相似的意思。參疑內爭，就是臣下勢位相等相似，便爭奪權力。㈥敵國廢置：敵國運用智計，使我廢棄或任用官吏，以謀對彼有利。

【今譯】君主有六種必須伺察的隱患：第一是權借在下，就是君權借與臣下運用。第二是利異外借，就是君臣利益不同，臣下每利用外援自重。第三是託於似類，就是臣下假託類似的事情，欺蒙君主，以成就自己的姦私。第四是利害有反，就是一件事情發生，有獲利的，必然有受害的；有受害的，也必然有獲利的，必須從利害相反的方面加以考慮。第五是參疑內爭，就是臣下勢位相似相等，便會爭奪權力。第六是敵國廢置，就是敵國運用智計，使我廢棄或任用官吏。這六種事項，是君主所必須注意伺察的。

經一、權借——㈠權勢不可以借人；上失其一，下以為百。㈡故臣得借則力多，力多則內外為用，內外為用則人主壅。㈢其說、在老聃之言失魚也。㈣是以故人富久語，而左右鬻懷刷。其患、在胥僮之諫厲公，與州侯之一言，而燕人浴矢也。

【今註】㈠權借：乾道本放在節後，現在依照迂評本放在節首。㈡上失其一二句：君主借與臣下一分權勢，臣下就做百分應用，任意作威作福。㈢故臣得借則力多三句：力多，勢力變大。內，指中央官吏；外，指地方官吏。為用，是被用的意思。壅，蔽塞。㈣其說在老聃之言失魚也：老聃，就是老子，姓李名耳字聃，春秋時楚國苦縣人。曾做周天子守藏室之史，或曰柱下史，大概是掌管圖籍的官吏。和孔子同時而年齡較長，孔子曾問禮於老子。著書上下篇，言道德之意五千餘言。失魚，是失淵的魚。老子第三十六章末後說：「魚不可脫於淵。國之利器，不可以示人。」老聃以下五事，均在傳一各該節中注釋。

【今譯】經一、權借——君主的權勢不可以借給臣下，君主借給臣下一分權勢，臣下就作百分應用。所以臣下得借君主的權勢，力量就變為強大；力量強大，中央和地方的官吏便都被運用；中央和地方的官吏都被運用，君主便被壅蔽了。這種道理的說明，就在老眀所說魚失於淵的比喻當中。所以靖郭君和故人久語，故人便因而富有；賞左右巾帨，左右便向人炫耀。這種災禍，便在胥僮勸諫厲公，眾口一詞衛護州侯，和燕人用狗屎洗浴的故事當中。

經二、利異——君臣之利異，故人臣莫忠。故臣利立，而主利滅。㈠是以姦臣者、召敵兵以內除，㈡舉外事以眩主；㈢苟成其私利，不顧國患。其說、在衛人之夫妻禱祝也。㈣故戴歇議子弟，而三桓攻昭公；公叔內齊軍，而翟黃召韓兵；太宰嚭說大夫種，大成午教申不害，司馬喜告趙王，呂倉規秦、楚，宋石遺衛君書，白圭教暴譴。

【今註】㈠君臣之利異四句：太田方韓非子翼毳：「臣利者，私也；主利者，公也。私道勝則臣利立，公道塞則主利滅。」㈡召敵兵以內除：是假借外兵以消除國內的政敵。㈢舉外事以眩主：是從事國際縱横與攻戰，以惑亂君主。㈣衛人之夫妻禱祝以下十一事：均在傳一各該節中注釋。

【今譯】經二、利異——君臣的利益不同，所以臣多數不肯盡忠。所以臣下的利益建立，則君主的利益便被侵奪。因此，姦臣便召引敵國軍隊，以消除國內的政敵，製造國際糾紛，以惑亂君主。只要能造成自己的利益，就不顧國家的災患。這種道理的說明，就在衛人夫妻向神祈禱的故事當中。所以戴歇反對荊王把子弟送到四鄰做官，魯國三桓聯合攻打昭公，韓相公叔請齊兵以固位，魏臣翟璜召韓兵以自重，吳國太宰嚭勸說大夫種，趙國大成午指教申不害，司馬喜把中山的事情報告趙王，呂倉諷示秦楚攻打魏國，宋石函請衛君互相規避，白圭連絡暴譴互相輔持。

經三、似類——似類之事，人主之所以失誅㊀，而大臣之所以成私也。是以門人捐水而夷射誅，㊁濟陽自矯而二人罪，司馬喜殺爰騫而季辛誅，鄭袖言惡臭而新人劓，費無忌教郄宛而令尹誅，陳需殺張壽而犀首走。故燒芻廥而中山罪，殺老儒而濟陽賞也。

【今註】㊀失誅：是誅罰錯誤。㊁門人捐水而夷射誅等八事：均在傳三各該節中注釋。

【今譯】經三、似類——類似的事情，最易使人迷惑，這便是君主誅罰錯誤，大臣成就姦私的緣故。所以門丁棄水在簷下，夷射便被殺戮；濟陽君假傳君命，兩個仇人便被處死；司馬喜殺死爰騫，中山君因而誅戮季辛；鄭袖說新人怕聞王臭，新人就被割掉鼻子；費無忌教郄宛陳兵，令尹便誅殺郄宛；陳需暗殺張壽，犀首便被逐走；焚燒儲存草料的場所，中山君就處罰賤公子；門客刺殺年老的儒生，濟陽君卻予以賞賜。

經四、有反——事起而有所利，其尸主之；有所害，必反察之。㈠是以明主之論也：國害，則省其利者；臣害，則察其反者。㈡其說、在楚兵至而陳需相，黍種貴而廩吏覆。是以昭奚恤執販茅，而僖侯譙其次，文公髮繞炙，而穰侯請立帝。㈢

【今註】㈠事起而有所利四句：尸，是主的意思。其尸，就是事主。主之，是做利益的主人，也就是獲得這種利益。反察，如事起而有所害，就要察究獲得利益的人。㈡是以明主之論也三句：論，是考慮、判斷的意思。省，讀ㄒㄧㄥˇ，是考察的意思。㈢楚兵至而陳需相以下六事：均在傳四各該節中注釋。

【今譯】經四、有反——一件事情發生，如有利益，當然歸事主享受；如有災害，必須察究獲得利益的人。因此明主考慮事情，國家受害，就要察究什麼人獲利；某臣受害，就要察究那個官獲利。這種道理的說明，就在楚兵攻魏，陳需做了魏國的宰相，黍種價貴，昭侯查出廩吏的弊竇等故事當中。所以草料被燒，昭奚恤便執問販賣茅草的；昭僖侯譴責宰臣的助手；晉文公究問堂下的內侍；秦國想稱帝，穰侯便請立齊王為東帝。

經五、參疑——參疑之勢，亂之所由生也，故明主慎之。㈠是以晉驪姬殺太子申生，㊁而鄭夫人用毒藥，衛州吁殺其君完，公子根取東周，王子職甚有寵，而商臣果作亂；嚴遂、韓廆爭，而哀侯果遇賊；田恆、闞止、戴驩、皇喜敵，而宋君、簡公殺。其說、在狐突之稱「二好，」與鄭昭之對「未生」也。

【今註】㊀參疑之勢三句：參疑之勢，就是權勢相等相似。疑，借為儗，讀ㄋㄧˇ。所由生，是產生的根源。本書說疑篇末節：「內寵並后，外寵貳政（就是亡徵篇的大臣兩重），枝子配適，大臣擬主，亂之道也。」就是這種意思。㊁晉驪姬殺太子申生以下十事：都在傳五各該節中注釋。

【今譯】經五、參疑——臣下權勢相等相似，是禍亂的根源，明主對這種事特別注意。所以晉國的驪姬便殺死太子申生，鄭國的夫人便毒害鄭君，衛州吁殺死桓公，周公子根分據東周，楚成王寵愛王子職，太子商臣便作亂；嚴遂和韓廆爭權，韓哀侯便被刺死；田恆和闞止相爭，齊簡被殺；戴驩和皇喜為敵，宋君遇害。這種道理的說明，就在狐突解說君主二好的危險，鄭昭回答太子未生等故事當中。

經六、廢置——敵之所務，在淫察而就靡；㊀人主不察，則敵廢置矣。㊁故文王資費仲，㊂而秦王患楚使，黎且去仲尼，而干象沮甘茂。是以子胥宣言而子常用，內美人而虞、虢亡，佯遺書而萇弘死，用雞豭而鄶傑盡。參疑廢置之事，明主絕之於內，而施之於外；資其輕者，輔其弱者，此謂廟攻。㊃參伍既用於內，觀聽又行於外，則敵偽得。㊄其說在秦侏儒之告惠文君也。故襄疵言襲鄴，而嗣公賜令席。

【今註】㊀敵之所務兩句：所務，急要的事情。淫，是惑亂。靡，借為糜，意思是糜爛，敗壞而不可收拾。就靡，漸趨敗壞。㊁則敵廢置矣：本國官吏的用舍廢立，都由敵國操縱。㊂文王資費仲以下十一事：均在傳六各該節注釋。㊃參疑廢置之事數句：絕之於內，不使敵施行參疑廢置的方法於本國；施之於外，我施行參疑廢置的方法於敵國。資其輕者，是幫助敵國權輕的；輔其弱者，是扶持敵國勢弱者。廟，本為朝拜先祖的處所。古代行禮必於廟，謀事必於廟。廟和朝初文皆作朝，字形一樣，字音也一樣。後世政治獨立，以朝為朝廷，讀ㄔㄠˊ；以廟為宗廟，讀ㄇㄧㄠˋ。所以廟字亦可解作朝堂。廟攻，就是在朝堂運用智計，以破壞敵國。㊄參伍既用於內三句：參伍，猶言三五，就是參合比對，以瞭解事情的真象。觀聽，猶言窺測刺探。敵偽得，就是敵人的狡詐可以全部明瞭。

【今譯】敵國最急要的事情，在於惑亂我國的視聽，使我國事日趨敗壞；君主若不認清這種手法，我國官吏的任用廢棄，便被敵國操縱了。所以文王資助費仲；秦王憂慮楚使；黎且除去孔子；干象阻遏甘茂；伍子胥向楚國宣言，子常便被重用；晉獻公獻納璧馬美女，虞國和虢國便被滅亡；晉叔向假裝遺失書信，萇弘便被殺死；鄭桓公偽殺雞豬盟誓，鄶國的豪傑全部犧牲。參疑和廢置的事情，明主不容敵國施行於本國，卻由本國施行於敵國，幫助敵國權輕的，扶持敵國勢弱的，這就叫做廟攻。既用參合比對的方法在國內防範，又用窺測刺探的方法在國外偵察，敵國的狡詐便能全部明瞭。這種道理的說明，就在秦侏儒報告楚國的陰謀，魏襄疵預言趙國的襲鄴，衛嗣公贈送縣令蓐席等故事當中。

傳一——勢重者、人主之淵也；君者、勢重之魚也。㈠魚失於淵，而不可復得也；人主失其勢重於臣，而不可復收也。古之人難正言，故託之於魚。㈡賞罰者、利器也，君操之以制臣，臣得之以壅主。故君先見所賞，則臣鬻之以為德；君先見所罰，則臣鬻之以為威。㈢故曰：「國之利器，不可以示人。」

【今註】㈠勢重者人主之淵也二句：勢重，就是權勢。本書喻老篇：「制在己曰重。」淵，深水。君，各舊本俱作臣。太田方韓非子翼毳：「臣當作君。」據改。㈡古之人難正言二句：正言，直言，明白的說出。託之於魚，就是把意思假借魚表示出來。㈢故君先見所賞四句：這裏兩個見字，都讀ㄒㄧㄢˋ，顯示。鬻，音ㄩˋ，是賣的意思。德，恩惠。

【今譯】傳一——權勢好比淵水，君主就像淵水裏的魚。魚離開淵水，就不易再行獲得；君主喪失權勢，被臣下取得，就不能再行收回。古人不願明言，所以把這種意思借魚表示出來。賞罰是治國最有效的工具，君主運用這種工具，就能控制臣下；臣下獲得這種工具，就能壅蔽君主。君主有意行賞，在事前顯示出來，臣下就用以表現自己的恩惠；君主有意行罰，在事前顯示出來，臣下就用以表現自己的威力。所以老明說：「治國的利器，不可輕易對人顯示。」

靖郭君㊀相齊，與故人久語，則故人富；懷左右刷，㊁則左右重。久語、懷刷，小資㊂也，猶以成富取重，㊃況於吏勢㊄乎！

【今註】㊀靖郭君：戰國時齊威王少子田嬰，相齊二十餘年，封於薛，號靖郭君。孟嘗君便是他的兒子。㊁懷左右刷：刷，本作㕞，從又持巾會意，尸聲。用作動詞，是拭除汙垢；用作名詞，是巾帨一類的東西。懷，是使歸向，也就是給與恩惠。㊂小資：小的賜與。㊃成富取重：各舊本只有成富二字。依顧廣圻韓非子識誤增取重二字。㊄吏勢：給官吏以權勢。

【今譯】靖郭君做齊國的宰相，和故人談話，歷時稍久，故人便變為富有。賞左右巾帨，左右便增加重量。談話稍久，賞給巾帨，都是很小的賜與，尚且能使故人變為富有，左右增加重量，又何況給與官吏權勢呢？

晉厲公㊀之時，六卿貴，㊁胥僮長魚矯㊂諫曰：「大臣貴重，敵主爭事，㊃外市樹黨，㊄下亂國法，上以劫主，而國不危者，

未嘗有也。」公曰：「善！」乃誅三卿㈥。胥僮長魚矯又諫曰：「夫同罪之人，偏誅而不盡，是懷怨而借之閒也。」㈦公曰：「吾一朝而夷三卿，予不忍盡也。」長魚矯對曰：「公不忍之，彼將忍公。」公不聽，居三月，諸卿作難㈧，遂殺厲公，而分其地。

【今註】㈠晉厲公：春秋時晉國的君主，景公的兒子，名壽曼。曾敗楚軍於鄢陵，後被欒書中行偃的黨徒殺死。㈡六卿貴：卿，古時的高級官吏。諸侯大國三卿；晉景公時，始作六卿。㈢胥僮長魚矯：都是晉厲公的嬖臣。㈣敵主爭事：權勢和君主相當，可以爭持國事。㈤外市樹黨：建立黨派，勾結外國以謀取利益。㈥三卿：指郤錡，郤犫、郤至。㈦夫同罪之人三句：夫，是若的意思。同罪，是共同犯，指欒書、中行偃。偏誅而不盡，只處罰一部分，而不全部處罰。懷怨，使他們心裏怨恨。閒，讀ㄐㄧㄢˋ，後多作間。借之閒，給予他們間隙。㈧作難：發動叛亂。難，讀第四聲。

【今譯】晉厲公的時候，六卿位高權重。胥僮、長魚矯勸諫厲公說：「大臣位高權重，抗衡君主，爭持國事，建立黨派，勾結外援，對下擾亂國法，對上迫脅君主，這樣國家還不滅亡，是從古未有的事。」厲公說：「很對！」於是殺戮郤錡、郤犫、郤至等三卿。胥僮、長魚矯又勸諫說：「假如共同犯罪的人，只殺戮一部分，而不全部處罰，這是使他們心懷怨恨，而給他們作亂的機會呀。」厲公說：「我一天就誅滅三卿，實在不忍心把六卿全部殺掉。」長魚矯說：「您不忍心殺掉他們，他們會忍心殺掉您。」厲公沒聽從他的意見。過了三個月，欒書、中行偃等發動叛亂，殺死厲公，並分取許多土地。

州侯㊀相荊，貴而主斷。㊁荊王疑之，因問左右。左右對曰：「無有。」㊂如出一口也。㊃

【今註】㊀州侯：楚襄王佞臣。戰國策楚策：「莊辛謂楚襄王曰：君王左州侯，右夏侯，……。」尹桐陽韓子新釋：「州，楚地名，在今湖北監利縣東北三十里。史記楚世家：『考烈王元年，納州於秦以平。』」㊁貴而主斷：貴，地位高。主斷，主持國事的決定，也就是專斷。㊂無有：松皐圓定本韓非子纂聞：「謂無專斷之事。」㊃如出一口也：大家的話像從一張嘴裏說出來的。就是眾口一辭的意思。

【今譯】州侯做楚國的宰相，地位尊崇，專權擅政。楚王對他很疑慮，便問左右的官吏，州侯是否專權擅政。左右的官吏都回答說：「沒有那種事。」就像一張嘴裏說出來的。

燕人無惑，故浴狗矢。㊀燕人，其妻有私通於士，其夫早自外而來，士適㊁出。夫曰：「何客也？」其妻曰：「無客。」問左

右，左右言：「無有。」如出一口。其妻曰：「公惑易㊂也，」因浴之以狗矢。

一曰：燕人李季好遠出，其妻有私通於士，季突至，士在內中，妻患之。㊃其室婦㊄曰：「令公子裸而解髮㊅，直出門，吾屬佯不見也。」於是公子從其計，疾走出門。季曰：「是何人也？」家室皆曰：「無有。」季曰：「吾見鬼乎？」婦人曰：「然。」「為之奈何？」曰：「取五牲㊆之矢浴之。」季曰：「諾。」乃浴以矢。一曰：浴以蘭湯。㊇

【今註】㈠燕人無惑二句：惑，惑疾，精神失常的病。古俗以惑疾為鬼魅作祟，浴以狗矢，可以治愈。故，故意。矢，通屎。㈡適：恰巧，正好。㈢惑易：物雙松讀韓非子：「謂病惑而視聽變易也。」今按：易解作怪異，不正常，較變易為佳。㈣季突至三句：突，忽然。內，寢室。患，憂愁。㈤室婦：說文：「婦，服也，從女持帚灑掃也。」室婦，似指家中的僕婦。㈥解髮：古人結髮；解髮，披散頭髮作鬼魅的樣子。㈦五牲：牛、羊、豕、犬、雞。牲或作姓。㈧浴以蘭湯：太田方韓非子翼毳：「蘭湯，以蘭草投湯，自清潔禱神，以拔除不祥也。」

【今譯】燕國有一個人，並沒有惑疾，故意拿狗屎攪到水裏洗浴。燕人的太太和一個士人私通，燕人早晨從外面回來，士人正好從室內走出。燕人問道：「走出去的是什麼客人？」他太太說：「沒有客人呀。」問家裏的僕役，僕役都說：「沒有客人呀。」大家的話像從一張嘴裏說出來的。他太太說：「您大概患有惑疾，視覺已經不正常了。」於是拿狗屎攪到水裏給他洗浴。

另一說：燕人李季，喜歡到遠處遊玩，他太太和一位士人私通。有一天，李季忽然回來，士人正在寢室裏面，他太太非常著急。他的老僕婦說：「使士人赤身露體，披散著頭髮，毫無顧忌的走出門去，我們都假裝沒看見。」士人就照她的說法，趕快走出門去。李季問道：「走出去的是什麼人呢？」家裏所有的人都說：「沒有人呀。」李季說「我看到鬼嗎？」僕婦說：「大概是罷！」李季說：「那怎麼辦呢？」僕婦說：「拿五種家畜的屎攪到水裏洗浴。」李季說：「好罷！」於是就拿家畜的屎攪到水裏給他洗浴。有人說是用蘭湯給他洗浴的。

傳二——衛人有夫妻禱者，而祝曰：「使我無故，得百束布！㊀」其夫曰：「何少也？」對曰：「益是，子將以買妾。」㊁

【今註】㊀使我無故二句：無故，沒有原因，就是不勞而獲。束，綑束。布帛以五匹為一束，或曰十匹。㊁其夫曰數句：少，讀第三聲。益是，是多於此數。子，第二人稱代名詞。將，乃表人事自然的結果，可解作會字。

【今譯】傳二——衛國有夫妻二人一塊兒向神明祈禱的，妻禱告說：「請神明幫助我們，不費勞力，就獲得一百束布。」丈夫說：「為什麼祈求的這樣少呢？」妻回答說：「超過這數目，你就會買妾了。」

荊王欲宦諸公子於四鄰，㈠戴歇㈡曰：「不可。」「宦公子於四鄰，四鄰必重之。」曰：「公子出者重，重則必為所重之國黨，則是教子於外市也，不便。」㈢

【今註】㈠荊王欲宦諸公子於四鄰：說林上魯穆公使公子或宦於晉，或宦於荊，和本篇相近。宦，是做官的意思。㈡戴歇：人名，事蹟未詳。㈢公子出者重四句：黨，幫助。市，交易。凡有謀求，行同交易，都叫做市。外市，就是勾結外國，謀求利益。不便，不適宜。

【今譯】楚王要派諸公子到四鄰去做官，戴歇說：「這是不可以的。」楚王說：「派公子到四鄰做官，鄰國一定倚重他們。」戴歇說：「公子出去做官便被倚重，被倚重一定給倚重他的國家幫忙，這是使子弟勾結外國，謀求私利，是很不適宜的。」

魯孟孫、叔孫、季孫相戮力劫昭公，遂奪其國，而擅其制。㈠魯三桓偪公，昭公攻季孫氏，而孟孫氏、叔孫氏相與謀曰：「救之乎？」叔孫氏之御者曰：㈡「我家臣也，安知公家？凡㈢有季孫與無季孫，於我孰利？」皆曰：「無季孫，必無叔孫。」「然則救之！」於是撞㊃西北隅而入。孟孫見叔孫之旗入，亦救之。三桓為一，昭公不勝，遂之齊，㊄死於乾侯。㊅

【今註】㊀魯孟孫叔孫季孫相戮力劫昭公三句：春秋時魯國的大夫孟孫、叔孫、季孫，都是魯桓公的子孫，勢力強大，稱為三家，亦稱三桓。戮，借為勠。戮力，是併力的意思。昭公，春秋時魯國的君主。襄公庶子，名裯。立二十五年，三家共攻昭公，昭公逃往齊國。後往晉國請求幫助回國，晉國把他安置在乾侯。在外流亡八年，死在乾侯。制，君命。擅制，猶言專政。㊁叔孫氏之御者曰：左傳昭公二十五年，作「叔孫氏之司馬鬷戾言於其眾曰。」㊂凡：大凡，猶言大概，大致。㊃撞：音ㄔㄨㄤˋ或ㄓㄨㄤˋ，是衝的意思。㊄遂之齊：各舊本作逐之。王先慎韓非子集解：「逐，當為遂字之誤；之下當有齊字。事見左傳。」之，是往的意思。㊅乾侯：春秋時晉邑名，在今河北省成安縣東南三十里。乾，讀ㄍㄢ。

【今譯】魯國的孟孫、叔孫、季孫三家，共同威逼魯昭公，就把昭公趕走，掌握了魯國的政權。由於三家脅制昭公，昭公圍攻季孫氏。孟孫氏和叔孫氏商量道：「救不救季孫氏呢？」叔孫氏的駕車的說：「我是叔孫氏的家臣，國家大事我不懂；大概說來，有季孫氏和沒有季孫氏，那種情形對我有好處？」大家都說：「沒有季孫氏，叔孫氏必然跟著就沒有了。」叔孫氏的駕車的說：「那麼，教季孫氏！」於是從西北方面衝進去。孟孫氏看到叔孫氏的旗幟已經進去，也率兵往救。三家的兵聚而為一，昭公不能抵敵，就逃往齊國，後來死在乾侯。

公叔相韓而有攻齊，公仲甚重於王，㊀公叔恐王之相公仲也，使齊韓約而攻魏，公叔因內齊軍於鄭，㊁以刼其君，以固其位，而信兩國之約。

【今註】㊀公叔相韓而有攻齊二句：公叔，史記韓世家、戰國策韓策，均作公叔伯嬰。有，讀第四聲，借為又。攻，借為工，是善的意思。公仲，戰國策韓策作公仲明，史記韓世家索隱：「公仲，韓相國，名侈。」㊁公叔因內齊軍於鄭：內，讀ㄋㄚˋ，同納，是使之進入的意思。鄭，韓哀侯滅鄭，徙都於鄭，所以韓亦稱鄭。這裏鄭就是韓國。

【今譯】公叔做韓國的宰相，又和齊國聯絡得很好。當時公仲最受韓王尊重，公叔恐怕韓王用公仲做宰相，便使齊韓兩國聯兵攻打魏國。公叔乘機把齊兵引進韓國，用以威脅韓王，鞏固自己的地位，並實踐兩國的約定。

翟璜、㊀魏王之臣也，而善於韓，乃召韓兵令之攻魏，因請為魏王搆㊁之，以自重也。

【今註】㊀翟璜：戰國時魏文侯的大臣，嘗薦吳起、西門豹、樂羊、李克、屈侯鮒諸賢才。各書或作翟黃。㊁搆：本作構，意為架屋，引伸為交結會合的意思。這裏解作講和。

【今譯】翟璜是魏國的官吏，又和韓國很親近，便暗中召請韓國的軍隊攻打魏國，然後替魏王向韓國講和，以提高自己的地位。

越王攻吳王，吳王謝而告服，越王欲許之。㊀范蠡、大夫種㊁曰：「不可。昔天以越與吳，吳不受。今天反夫差，亦天禍也；㊂以吳予越，再拜受之，不可許也。」太宰嚭遺大夫種書曰：㊃「狡兔盡則良犬烹，敵國滅則謀臣亡。大夫何不釋吳而患越㊄乎？」大夫種受書讀之，太息而歎曰：「殺之，越與吳同命！」㊅

【今註】㊀越王攻吳王三句：越王，是句踐；吳王，是夫差。陳奇猷韓非子集釋，以為吳下王字是衍文。謝，自認有罪。告，是請的意思。服，降服。㊁范蠡、大夫種：就是春秋時越國的大夫范蠡和文種，幫助越王句踐生聚教訓，滅吳雪恥。功成，范蠡隱避，文種被殺。㊂今天反夫差二句：天反夫差，天使夫差和以前相反，以前使夫差戰勝，現在使夫差戰敗。亦，就是。禍，動詞，降與災禍，也就是懲罰的意思。㊃太宰嚭遺大夫種書曰：太宰嚭，春秋時楚太宰伯州犂的孫子，逃到吳國做太宰。稱太宰嚭，亦稱伯嚭。吳王夫差擊敗越國，越王句踐派文種利用伯嚭求和。句踐滅吳，殺伯嚭。嚭，音ㄆㄧˇ。遺，讀ㄨㄟˋ，是送給的意思。㈤釋吳患越：釋，赦免。患，動詞使動式，就是使越國憂慮的意思。松皐圓定本韓非子纂聞：「吳存則為越患，謀臣猶見尊用也。」㈥殺之二句：尹桐陽韓子新釋：「言己身殺於越，及越之舉吳，皆為天之所命，不可強者。與同舉，拔也。」大夫種讀來書而長歎，大概也感到兔死狗烹的可能，但不肯放棄滅吳的既定政策，所以才說這幾句話。尹說是對的。

【今譯】越王句踐擊敗吳國，吳王夫差認罪請降，越王打算允許。范蠡和文種勸諫說：「不可以允許。從前天把越國賜給吳國，吳國沒有接受。現在天反轉使夫差戰敗，這就是天對他的懲罰。現在天把吳國賜給越國，越國應該再拜接受，絕不能允許吳國的請求。」吳國的太宰伯嚭寫信給文種說：「狡兔捕盡，獵狗就要煮死；敵國滅亡，謀臣就要被殺了。大夫何不赦免吳國，使越國有所顧慮呢？」文種接到信，看過後長聲歎息說：「我將來被殺，和越國吞滅吳國，這都是天意呀！」

大成午從趙謂申不害於韓曰：㈠「子以韓重我於趙，㈡請以趙重子於韓，是子有兩韓，我有兩趙。」

【今註】㈠大成午從趙謂申不害於韓曰：大成午，戰國時趙成侯的宰相，各舊本俱作大成牛。盧文弨羣書拾補：「韓策、史記趙世家、漢書古今人表，俱作大成午（史記成作戊）。」據改。申不害，韓昭侯的宰相。㈡子以韓重我於趙：各舊本以字上無子字。王先慎韓非子集解，以為當有子字，據補。

【今譯】 趙國的宰相大成午，從趙國往韓國，告訴韓國的宰相申不害說：「你拿韓國幫助我，增加我在趙國的勢力；我拿趙國幫助你，增加你在韓國的勢力。這樣，就等於你據有兩個韓國，我據有兩個趙國了。」

司馬喜、中山君之臣也，而善於趙，常以中山之謀，微㈡告趙王。

【今註】 ㈠司馬喜中山君之臣也：中山，古國名，春秋時為鮮虞，後改為中山，在今河北省定縣一帶。魏文侯滅中山，派太子擊駐守。太子擊返魏，又封他的少子摯於中山。魏所封的中山，為趙武靈王陸續吞併。司馬喜，戰國時中山國的官吏，曾三次為相。戰國策作司馬憙。㈡微：秘密，暗中。

【今譯】 司馬喜是中山君的官吏，又和趙國親善，常把中山國的計畫，暗中報告給趙王。

呂倉、㈠魏王之臣也，而善於秦、荊，微諷㈡秦、荊，令之攻魏，因請行和㈢，以自重也。

【今註】 ㈠呂倉：事蹟未詳。㈡微諷：暗中告訴。㈢行和：講和。

【今譯】 呂倉是魏國的官吏，又和秦楚兩國親善，暗中告訴秦楚兩國，教他們攻打魏國；然後請求幫魏國講和，以提高自己的地位。

宋石，魏將也，衛君、荊將也。兩國搆難，二子皆將。㊀宋石遺㊁衛君書曰：「二軍相當㊂，兩旗相望，唯毋一戰，必不兩存。㊃此乃兩主之事也，與子無私怨，善者相避也。㊄」

【今註】㊀宋石魏將也四句：宋石、衛君，事蹟均未詳。難，讀第四聲，是戰亂的意思。搆難，就是作戰。將，讀第四聲，統率軍隊。㊁遺：讀ㄨㄟˋ，是送給的意思。㊂當：讀第一聲，是對敵或相遇的意思。㊃唯毋一戰二句：唯毋一戰下面，各舊本重戰字。龍宇純韓非子集解補正：「下戰字衍。唯毋，猶若也。解詳周法高上古語法札記。」據刪下戰字。㊄善者相避也：假如認為我說的對，就互相迴避，不要交鋒。

【今譯】宋石是魏國的將領，衛君是楚國的將領。魏楚兩國作戰，宋石和衛君都統率軍隊出征。宋石寫信給衛君說：「兩國的軍隊布成陣式，雙方的旌旗彼此望見，假若真正作戰，一定不能兩全。這是兩國君主的事情，我和你並沒有私人的仇恨，你如認為我說的話是對的，我們就相互迴避罷。」

白圭相魏，㊀暴譴相韓。㊁白圭謂暴譴曰：「子以韓輔我於魏，我請以魏持㊂子於韓，臣㊃長用魏，子長用韓。」

【今註】㈠白圭相魏：白圭，戰國時魏人，或曰周人。曾為魏相，長於治生和治水，大約和梁惠王、惠施時間差不多。惟史記貨殖傳、鄒陽傳以為魏文侯時官吏，以至有戰國時前後有兩白圭的說法。㈡暴譴相韓：松皐圓定本韓非子纂聞：「暴，姓也，秦有暴鳶。又按說林篇張譴相韓，豈即此人？」㈢持：各舊本作待。孫楷第讀韓非子札記以為待當作持，據改。持是扶持的意思。㈣臣：周禮大宰：「以九職任萬民，……八曰臣妾，……。」鄭玄注：「臣妾，男女貧賤之稱。」古人對人談話，多自稱臣，以表示謙敬。不一定對君王纔自稱臣。

【今譯】白圭做魏國的宰相，暴譴做韓國的宰相。白圭告訴暴譴說：「你拿韓國幫助我，增加我在魏國的勢力；我拿魏國扶持你，提高你在韓國的地位。這樣，我可以永遠治理魏國，你可以永遠治理韓國。」

傳三——齊中大夫有夷射者，御飲於王，醉甚而出，倚於郎門。㈠門者刖跪請曰：「足下無意賜之餘瀝乎？」㈡夷射叱曰：「去！刑餘之人，何事乃敢乞飲長者。㈢」刖跪走退。及夷射去，刖跪因捐水郎門霤下，類溺者之狀。㈣明日、王出而訶㈤之，曰：「誰溺於是？」刖跪對曰：「臣不見也；雖然，昨日中大夫夷射立於此。」王因誅夷射而殺之。

【今註】㊀齊中大夫有夷射者四句：左傳定公二年及三年，載邾莊公與夷射姑飲酒事，和這段故事很相似，或因傳聞，邾誤為齊。御飲，是侍飲的意思。郎，通廊。廊，是殿旁的房屋，所以朝庭亦稱廊廟。郎門，似即宮殿的門。㊁門者刖跪請曰二句：門者，是守門的人。刖，音ㄩㄝˋ，是斷的意思。借為跀，是古代斷足的肉刑。跪，是足的意思。外儲說左下作刖危，危是跪的省字。大約門者曾受刖刑，便稱呼他為刖跪。餘瀝，就是餘酒。㊂何事乃敢乞飲長者：何事：猶言何故。乃，竟爾。長，讀ㄓㄤˇ，年高、位尊，都可稱長者。㊃刖跪因捐水郎門霤下二句：捐水，猶言棄水。霤，音ㄌㄧㄡˋ，本意為雨水從屋上流下。引伸為屋簷。類，是像的意思。溺：讀ㄋㄧˋ或ㄋㄧㄠˋ，小便。㊄訶：音ㄏㄜ，是怒罵的意思。

【今譯】傳三——齊國有一位中大夫名叫夷射，陪侍齊王吃酒，吃得大醉出來，倚靠宮門站著。守門的刖跪向他請求說：「您不能賞我點酒喝嗎？」夷射罵道：「滾開！受過刑的東西竟敢向大官討酒喝！」刖跪只好躲到一旁。等到夷射走後，刖跪就取些水倒在宮門的簷下，就像小便的樣子。第二天，齊王出來時看到，怒罵刖跪道：「誰在這裏小便？」刖跪回答說：「我不曾看見；不過昨天深夜，中大夫夷射曾站在這裏。」齊王便處罰夷射，把他殺死。

魏王臣二人不善濟陽君㊀，濟陽君因偽令人矯王命而謀攻己。㊁王使人問濟陽君曰：「誰與恨？」對曰：「無敢與恨；雖

然，嘗與二人不善，不足以至於此。㊂」王問左右，左右曰：「固然。」王因誅二人者。

【今註】㊀濟陽君：應為戰國時魏國的官吏，姓名事蹟未詳。㊁矯王命而謀攻己：矯，假託。攻，擊殺。㊂不足以至此：是說嫌怨很小，不會到謀殺的地步。

【今譯】魏王有兩位官吏和濟陽君有仇怨，濟陽君便派人假傳王命設計殺害自己。魏王聽到，派人詢問濟陽君：「你和誰有仇恨？」濟陽君回答說：「不敢和誰結仇恨；不過曾和某某二人不和睦，不會到謀害的地步。」魏王詢問左右的人，左右的人說：「情形確實是這樣」。魏王就把這兩位官吏處死。

季辛與爰騫㊀相怨，司馬喜㊁新與季辛惡，因微㊂令人殺爰騫，中山之君以為季辛也，因誅之。

【今註】㊀季辛、爰騫：大概是戰國時中山國的官吏。㊁司馬喜：戰國時中山國的官吏，曾三次為相。戰國策作司馬憙。㊂微：秘密，暗中。

【今譯】季辛和爰騫有仇恨，司馬喜新近又和季辛結怨，就派人秘密殺死爰騫。中山君以為是季辛主使的，就把季辛處死。

荊王所愛妾有鄭袖者，㈠荊王新得美女，鄭袖因教之曰：「王甚喜人之掩口也，為近王，㈡必掩口。」美女入見，近王，因掩口。王問其政，鄭袖曰：「此固言惡王之臭。㈢」及王與鄭袖、美女三人坐，袖因先誡御者曰：「王適有言，必亟聽從王言。」㈣美女前，近王甚，數掩口。㈤王悖然怒曰：「劓之！」御者因揄刀而劓美人。㈥

一曰：魏王遺㈦荊王美人，荊王甚悅之。夫人鄭袖知王悅愛之也，亦悅愛之甚於王，衣服玩好，㈧擇其所欲為之。㈨王曰：「夫人知我愛新人也，其悅愛之甚於寡人，此孝子之所以養親，忠臣之所以事君也。」夫人知王之不以己為妬也，因謂新人曰：「王甚悅愛子，然惡子之鼻，子見王常掩鼻，則王長幸子矣。」於是新人從之，每見王，常掩鼻。王謂夫人曰：「新人見寡人，常掩鼻，何也？」對曰：「不己知也。」㈩王強(一一)問之，對曰：「頃(一二)嘗言惡聞王臭。」王怒曰：「劓之。」夫人先誡御者曰：「王適有言，必可(一三)從命。」御者因揄刀而劓美人。

【今註】㊀荊王所愛妾有鄭袖者：荊王，是楚懷王。鄭袖，楚懷王幸姬。㊁為近王：為，假設連詞，是如的意思。㊂此固言惡王之臭：固言，就是固然，也就是必然、當然。惡，讀ㄨˋ，厭惡。㊃袖因先誡御者曰三句：誡，吩咐。御者，近侍。適，是若的意思。亟，讀ㄐㄧˊ，是急速的意思。㊄數掩口：數，讀ㄕㄨㄛˋ，屢次。掩口，用手遮住嘴。㊅王悖然怒曰三句：悖和勃古通用。勃然，神色改變的樣子，顧廣圻韓非子識誤，以為悖和怫同字。怫然，是忿怒的樣子。劓，音ㄧˋ，是割掉鼻子。揄，音ㄩˊ，引出。㊆遺：讀ㄨㄟˋ，送給。㊇玩好：愛玩嗜好的物品。㊈擇其所欲者為之：趙海金讀韓非子札記：「為猶與也，與謂賜與。」㊉不已知也：盧文弨羣書拾補：「己字疑衍。」王先慎韓非子集解：「己，即人己之己。不己知也，言我不知也，故王強問之。」太田方韓非子翼毳：「己，之字之誤，古書之己往往而誤。」龍宇純韓非子集解補正：「疑己當作已。爾雅釋詁：『已，此也。』不已知，即不此知，言不知此。」龍說較佳。⑪強：讀第三聲，是強迫的意思。⑫頃：時間過去不久，剛才。⑬可：王先慎韓非子集解：「當作亟。」陳奇猷韓非子集釋以為可是亟的壞字。

【今譯】楚王本來有一個愛妾叫鄭袖，新近又得到一個美女。鄭袖告訴她說：「楚王最喜歡人遮著嘴，你如接近王，一定要遮著嘴。」美女進見，走近王時，就遮住嘴。楚王詢問這是什麼緣故；鄭袖說：「這當然是討厭你的臭氣。」等到楚王和鄭袖、美女三人同坐時，鄭袖預先吩咐近侍說：「楚王如果講什麼話，必須立刻照辦。」美女上前，靠近王的身邊，頻頻遮嘴。楚王非常忿怒的說：「割掉她的鼻子！」近侍便抽出刀來，把美女的鼻子割掉了。

另一說：魏王送給楚王一個美女，楚王非常喜歡。夫人鄭袖知道楚王喜愛新人，也喜愛新人，喜愛的程度勝過楚王，衣服和裝飾珍玩等，都選擇她所愛好的贈送給他。楚王說：「夫人知道我愛新人，她比我更加喜愛，這是孝子事奉父母，忠臣事奉君主的方法呀。」鄭袖知道楚王認為自己並不嫉妒新人，就告訴新人說：「楚王非常喜愛你，但是不喜歡你的鼻子，你見王時，要常遮住鼻子，王就永遠寵幸你了。」新人便聽從他的話，每次見王，總是遮著鼻子。楚王告訴鄭袖說：「新人見寡人時，總是遮著鼻子，這是什麼緣故呢？」鄭袖回答說：「我不知道這是什麼緣故。」楚王嚴厲的追問，纔回答說：「她方才說怕聞王的臭氣。」楚王忿怒的說：「割掉她的鼻子！」鄭袖曾預先吩咐近侍：「楚王如果講什麼話，必須立刻照辦。」這時近侍便抽出刀來，把美人的鼻子割掉了。

費無極、荊令尹之近者也。㈠郄宛㈡新事令尹，令尹甚愛之。無極因謂令尹曰：「君愛宛甚，何不一為酒㈢其家？」令尹曰：「善。」因令之為具㈣於郄宛之家。無極教㈤宛曰：「令尹甚傲而好兵，子必謹敬，先亟陳兵堂下及門庭。㈥」宛因為之。令尹往而大驚，曰：「此何也？」無極曰：「君殆㈦去之，事未可知也。」令尹大怒，舉兵而誅㈧郄宛，遂殺之。

【今註】㈠費無極荊令尹之近者也：費無極，極，或作忌，春秋時楚國的大夫。嘗讒害太子建，因殺伍奢和伍尚。又讒殺郤宛。後為令尹囊瓦所殺。令尹，就是囊瓦，字子常，楚平王及昭王時，做楚國的令尹。近者，是近幸的人。㈡郤宛：字子惡，春秋時楚國的左尹，為人正直和順，被費無極所陷害。郤，是郤的俗字，音ㄒㄧˋ；惟河北郤姓似讀ㄑㄧㄝˋ。㈢為酒：設酒宴。㈣具：象雙手捧鼎之形，意為備成的肴饌。㈤教：是告訴的意思。㈥先亟陳兵堂下及門庭：亟，通極，是盡的意思。兵，兵器。這段故事見於左傳昭公二十七年，作取五甲五兵，寘諸門。㈦殆：王先慎韓非子集解以為是必的意思。校釋以為可作僅字解，君殆去之，就是您只好走開。㈧誅：討伐。

【今譯】　費無極是楚國令尹子常最親密的官吏。郤宛新近事奉令尹子常，令尹很喜歡他。費無極就對令尹說：「您很喜歡郤宛，何不往他家裏設酒飲宴呢？」令尹說：「好罷。」就派費無極在郤宛家裏預備酒肴。費無極告訴郤宛說：「令尹非常驕傲，又喜愛兵器，你必須小心接待，最好預先把你最好的兵器都陳設在堂下和門前，供令尹賞鑑。」郤宛就照這樣辦理。令尹一到郤宛家，非常驚訝的說：「這是作什麼呀？」費無極說：「您只好走開，事情的發展是很難預料的。」令尹非常忿怒，派軍隊攻打郤宛，就把他殺死了。

犀首與張壽為怨，㈠陳需新入，㈡不善犀首，因使人微殺㈢張壽。魏王以為犀首也，乃誅之。㈣

【今註】　㈠犀首與張壽為怨：犀首，戰國時魏國人，姓公孫名衍。是重要的縱橫家，和張儀是政敵，曾為魏相。張壽，事蹟未詳。為怨，是結仇，作對。㈡陳需新入：戰國策、史記，均作田需，曾為魏相。新入，是新入朝為官。㈢微殺：是暗殺的意思。㈣誅：是懲罰的意思，不一定是殺戮，所以經三說陳需殺張壽而犀首走。

【今譯】　犀首和張壽結仇，陳需新來做官，也和犀首不睦，就派人暗殺張壽。魏王以為是犀首暗殺的，便把犀首趕走。

中山㈠有賤公子，馬甚瘦，車甚弊㈡。左右有私不善者，乃為之請於王曰：「公子甚貧，馬甚瘦，王何不益之馬食？」王不許。左右因微令人夜燒芻廐，㈢王以為賤公子也，乃誅之。

【今註】　㈠中山：春秋時為鮮虞國，後改為中山，在今河北省定縣一帶。魏文侯滅中山，以太子擊駐守；太子擊返魏，又封少子摯於中山，是為中山武公。戰國策中山策：「犀首立五王，而中山後持。」大概魏相犀首發動五國相王，齊國反對中山稱王，所以中山稍後纔獲得王號。魏國所封的中山，後為趙武靈王陸續吞併。㈡弊：通敝，是破舊的意思。㈢左右因微令人夜燒芻廐：微，暗中。芻：餵牛馬的草。廐，音ㄐㄧㄡˋ，馬舍。顧廣圻韓非子識誤以為當依上文作廥。廥，音ㄎㄨㄞˋ，是藏芻稾的場所。

【今譯】　中山國有一個地位低賤的公子，馬很瘦弱，車很破舊。國王左右有和他有私仇的，便幫他向國王請求說：「某公子很貧苦，馬很瘦弱，王何不多賜給他一些草料呢？」國王沒允許。左右便暗中派人夜裏放火焚毀儲存草料的場所，國王以為是那個地位低賤的公子幹的，便把他處死。

魏有老儒，而不善濟陽君㊀。客有與老儒私怨者，因攻老儒殺之，以德㊁於濟陽君曰：「臣為其不善君也，故為君殺之。」濟陽君因不察㊂而賞之。

一曰：濟陽君有少庶子㊃者，不見知，㊄欲入愛於君。㊅齊使老儒掘藥於馬梨之山，濟陽少庶子欲以為功，入見於君曰：「齊使老儒掘藥於馬梨之山，名掘藥也，實間㊆君之國。君不殺之，是將以濟陽君抵罪於齊矣。臣請刺之。㊇」君曰：「可。」於是明日得之城陰㊈而刺之。濟陽君還親之。㊉

【今註】㊀濟陽君：似為戰國時魏國的官吏，姓名事蹟待考。㊁德：使人感德，就是討好。㊂不察：沒有察明門客本來和老儒有私怨。㊃少庶子：官名。㊄不見知：沒被賞識。㊅欲入愛於君：想獲得濟陽君的喜愛。入，是接受的意思。君下原有者字，似衍。㊆間：讀第四聲，是伺探的意思。㊇君不殺之三句：王先慎韓非子集解：「殺之上當有不字，無則義不可通。」據補。以，是使的意思。抵罪，依罪的輕重，處以相當的刑罰。這句話的意思是：這樣將使濟陽君由於齊國而被治罪。刺，是暗殺的意思。㊈城陰：尹桐陽韓子新釋：「城北也。」㊉濟陽君還親之：還字下各舊本有益字。王先慎韓非子集解以為不當有益字。據刪。還、同旋。

【今譯】魏國有個年老的儒生，不贊成濟陽君。濟陽君有個門客和老儒有私仇，就把老儒殺死，以討好濟陽君說：「我因為他不贊成您，所以替您把他殺死。」濟陽君沒察明事情的真因，就冒然給予獎賞。

另一說：濟陽君屬下有一位少庶子，沒有受到賞識，想討濟陽君的喜愛。齊國派遣一個年老的儒生到馬梨山採藥，少庶子想利用這件事來立功，就進見濟陽君說：「齊國派遣一個老儒到馬梨山採藥，名為採藥，實際是偵察我國的實情，您若不把他殺死，這將使您由於齊國的偵探而被治罪。我請求去刺殺這個人。」濟陽君說：「可以。」第二天，少庶子就在城的北面找到老儒而把他刺死。回來以後，濟陽君便對少庶子親近了。

傳四——陳需、㊀魏王之臣也，善於荊王，而令荊攻魏。荊攻魏，陳需因請為魏王行解㊁之，因以荊勢相魏。

【今註】㊀陳需：戰國時人，曾為魏相。戰國策、史記，均作田需。陳田二字、古通。㊁行解：猶言行成。解，是和解的意思。

【今譯】陳需是魏王的官吏，又和楚王交好，便教楚國攻打魏國。楚國既已出兵向魏國進攻，陳需請求替魏王和解，就利用楚國的力量，做了魏國的宰相。

韓昭侯㈠之時，黍種常貴甚，昭侯令人覆廩㈡，廩吏果竊黍種而糶之甚多。

【今註】㈠韓昭侯：已見內儲說上傳三注。㈡覆廩：覆，是查的意思。廩，儲存糧食的倉庫。

【今譯】韓昭侯的時候，黍種常常短缺，價格特別昂貴。昭侯派人切實檢查倉廩，果然發現廩吏偷竊黍種出售，數量已經很多。

昭奚恤㈠之用荊也，有燒倉廥窌者，㈡而不知其人，昭奚恤令吏執販茅者而問之，果燒也。㈢

【今註】㈠昭奚恤：戰國時楚國人，楚宣王時為令尹。㈡有燒倉廥窌者：倉，是藏穀的處所。廥，音ㄎㄨㄞˋ，是藏芻稾的處所。窌，各舊本作穽。顧廣圻韓非子識誤：「穽，當作窌。」窌音ㄐㄧㄠˋ，是藏物的地穴。㈢果燒也：也用猶者字。

【今譯】昭奚恤治理楚國時，有人放火焚燒儲積的糧秣，不知道是誰。昭奚恤派刑吏把販賣茅草的捉來審問，果然是放火的。

昭僖侯㊀之時，宰人上食，而羹中有生肝焉。㊁昭侯召宰人之次而誚之曰：「若何為置生肝寡人羹中？」㊂宰人頓首服死罪，㊃曰：「竊欲去尚宰人㊄也。」

一曰：僖侯浴，湯中有礫。㊅僖侯曰：「尚浴免，則有當代者乎？」㊆左右對曰：「有。」僖侯曰：「召而來；」㊇譙㊈之曰：「何為置礫湯中？」對曰：「尚浴免，則臣得代之，是以置礫湯中。」

【今註】㊀昭僖侯：尹桐陽韓子新釋：「韓昭侯也，韓策及呂覽謂之昭釐侯，釐僖聲轉通用。」古代兩字謚的君主，各書多只舉一字，所以韓昭僖侯又稱韓昭侯。韓昭侯的事蹟，已詳內儲說上傳三注。㊁宰人上食二句：宰人，似即膳夫。上，進呈。羹，音ㄍㄥ，用菜肉等作成的湯。㊂昭侯召宰人之次而誚之曰二句：次，助手。誚，音ㄑㄧㄠˋ，譴責。若，第二人稱代名詞。㊃宰人頓首服死罪：這裏宰人下面應有之次二字。服死罪，承認自己應處死罪。㊄尚宰人：尚，掌管。尚宰人，就是掌管君主膳食的官吏。㊅湯中有礫：湯，熱水。礫，音ㄌㄧˋ，小石。㊆尚浴免二句：尚浴，掌管君主沐浴的官吏。免，免職。代，繼任。㊇召而來：而，用猶之字。㊈譙：同誚。

【今譯】韓國昭僖侯的時候，膳夫進呈肴饌，肉羹裏有些生肝。昭侯把膳夫的副手召來，責問他說：

「你為什麼把生肝放在寡人的肉羹裏？」膳夫的副手趕快叩頭，承認自己該處死罪，說道：「我想除去膳夫啊。」

另一說：昭僖侯沐浴，熱水裏有小石子。僖侯說：「尚浴若免職，有應該繼任的人嗎？」左右回答說：「有。」僖侯說：「把他叫來。」他來到時，僖侯訶責他說：「你為什麼把小石子放在熱水裏？」他回答說：「尚浴若免職，我就可以繼任，所以把小石子放在熱水裏。」

晉文公㈠之時，宰臣上炙，㈡而有髮繞之。文公召宰人而譙㈢之曰：「女欲寡人之哽邪？奚為以髮繞炙。」㈣宰人頓首再拜，請㈤曰：「臣有死罪三：援礪砥刀，利猶干將也，㈥切肉肉斷，而髮不斷，臣之罪一也。援木而貫臠，㈦而不見髮，臣之罪二也。奉炙爐炭，火盡赤紅，而炙熟而髮不焦，臣之罪三也。㈧堂下得微有疾臣者乎？㈨」公曰：「善。」乃召其堂下而譙之，果然，乃誅之。

一曰：晉平公觴客，少庶子進炙而髮繞之，平公趣殺炮人，毋有反令。㈩炮人呼天曰：「嗟呼，臣有三罪，死而不自知乎！㈡」平公曰：「何謂也？」對曰：「臣刀之利，風靡骨斷，㊂而髮不斷，是臣之一死也。桑炭炙之，肉紅白而髮不焦，㊃是臣之二死也。炙熟、又重睫而視之，㊃髮繞炙而目不見，是臣之三死也。意者堂下其有翳憎臣者乎？殺臣不亦蚤乎！㊄」

【今註】㊀晉文公：春秋時晉獻公的兒子，名重耳。獻公寵愛驪姬，殺世子申生，重耳逃亡各國十九年，才獲得秦穆公的幫助，回國即位為文公。周襄王二十八年，楚成王圍攻宋國，文公出兵援救，在城濮擊敗楚國，成為諸侯的霸主。㊁宰臣上炙：宰臣，就是宰人、膳夫。上，進呈。炙，烤肉，是動詞，也用作名詞。㊂譙：音ㄑㄧㄠˊ，同誚，是譴責的意思。㊃女欲寡人之哽邪二句：女，讀ㄖㄨˇ，同汝。哽，音ㄍㄥˇ，食物下咽時阻塞。邪，讀ㄧㄝˊ，語末助詞，表疑問，俗作耶。為，讀第四聲。奚為，是為何的意思。㊄請：是告的意思。㊅援礪砥刀二句：援，是取的意思。礪和砥都是磨刀石，礪粗砥細；不過這裏砥用作動詞，是磨的意思。干將：寶劍名。春秋時吳國干將莫邪夫婦，鑄成二劍，陽劍叫干將，陰劍叫莫邪。㊆援木而貫臠：臠，音ㄌㄨㄢˊ，切成的肉塊。貫，是穿的意思。貫而燒叫做炙，裹而燒叫做炮。㊇奉炙爐炭四句：奉，是持的意思。奉炙爐炭，是拿肉在爐炭上烤。火盡赤紅，炭火全部是赤紅的，是說炭火燃燒正熾，火力甚足。焦，被火燒壞。㊈堂下得微有疾臣者乎：堂下，在宮殿外面侍奉的人。得微，猶言得無。疾：借為嫉，是妬恨的意思。㊉晉平公觴客四句：晉平公，春秋時晉國的君主，悼公的兒子，名彪。觴，音ㄕㄤ，本來是有酒的酒杯，用作動詞，是用觴請人吃酒。觴客，就是以酒燕客。少庶子，官名。趣，讀ㄘㄨˋ，同促，是趕快的意思。炮，讀ㄆㄠˊ，同庖。庖人，就是掌管膳食的官吏。毋，是無的意思。反，改變。毋有反令，就是命令絕不改變。㊁死而不自知乎：還不知道自己要被處死嗎？而，是尚的意思，俗語用還。㊂風靡骨斷：靡，是隨的意思。風靡，就是運刀的時候，有風隨起，也就是莊子徐无鬼所謂運斤成風之意。㊂桑炭炙之二句：桑炭，太田方韓非子翼毳：「詩（小雅白華），『樵彼桑薪』。鄭箋，『桑薪，薪之善者。』是桑炭，亦炭之善者也。」肉紅白，尹桐陽韓子新釋：「肉由紅而白乃大熟。」㊃又重睫而視之：重，讀ㄔㄨㄥˊ，是多的意思。睫，動目。㊄意者堂下其有翳憎臣者乎二句：意者，猶言或許。翳，是隱、暗中的意思。憎，忌恨。蚤，借為早。

【今譯】　晉文公的時候，膳夫送上烤肉，上面有根頭髮繞著。文公把膳夫召來，責備他說：「你想把我噎死嗎？為什麼拿頭髮繞在烤肉上？」膳夫叩頭報告說：「我有三項死罪：拿磨刀石磨刀，磨得像干將那樣鋒利，切肉時，肉斷頭髮卻沒斷，這是我第一項罪。拿木棍穿入肉塊，卻沒看到頭髮，這是我第二項罪。拿肉塊在爐炭上烤，炭火全部熾紅，肉烤熟頭髮卻沒燒焦，這是我第三項罪。也許堂下侍奉的人有妬恨我的罷！」文公說：「對！」把堂下侍奉的人召來，加以責問，果然是他幹的，便把他殺死。

另一說：晉平公宴客，少庶子送上烤肉，上面有根頭髮繞著。平公吩咐趕快殺死膳夫，絕不改變這項命令。膳夫大聲喊著天說道：「哎喲！我有三項死罪，還不知道自己要被處死嗎？」平公說：「你這話是什麼意思？」膳夫回答說：「我的刀非常鋒利，刀向下砍時，帶著呼呼的風，骨頭馬上折斷，頭髮卻沒砍斷，這是我第一項死罪。用上好的炭烤肉，把肉烤得由紅變白，頭髮卻沒燒焦，這是我第二項死罪。肉烤熟後，又屢屢轉動著眼珠查看，頭髮繞在烤肉上卻沒看見，這是我第三項死罪。或許堂下侍奉的人有暗中忌恨我的！沒有查問，就把我殺死，不是殺得太早嗎？」

穰侯㈠相秦而齊強，穰侯欲立秦為帝，而齊不聽，因請立齊為東帝，而不能成也。㈡

【今註】 ㈠穰侯：就是魏冉，戰國時秦昭王母宣太后異父弟。曾四登相位，封於穰，所以稱為穰侯。舉白起為將，先後攻打韓、魏、齊、楚等國，使秦國的勢力向東方擴展。後昭王用范雎為相，穰侯就封而死。㈡穰侯欲立秦為帝四句：據史記六國表、田完世家、戰國策齊策，秦昭王十九年，和齊湣王約為東西帝。蘇代說齊湣王：與秦為帝，則天下獨尊秦而輕齊；釋帝，則天下愛齊而憎秦。齊乃去帝而復為王，秦亦去帝號，所以說「而不能成也」。顧廣圻韓非子識誤，以為「不」當作「乃」，不對。

【今譯】 穰侯做秦國的宰相，齊國的勢力還很強盛，穰侯想立秦王為帝，齊國不同意，穰侯便請齊國立為東帝，可是因為利害相反的關係，沒有成功。

傳五——晉獻公之時，㈠驪姬貴，擬於后妻，㈡而欲以其子奚齊代太子申生，因患申生於君而殺之，㈢遂立奚齊為太子。

【今註】㈠晉獻公之時：晉獻公，春秋時晉國的君主，名詭諸。有子申生、重耳、夷吾等。獻公伐驪戎，獲驪姬，生奚齊，驪姬陪嫁的妹妹又生卓子。驪姬獲寵，設計陷害太子申生，重耳，夷吾等逃往國外，於是立奚齊為太子。獻公死後，晉大夫里克殺奚齊和卓子。㈡驪姬貴二句：貴，受寵愛。擬於后妻，和君主的正夫人地位相似。㈢因患申生於君而殺之：龍宇純韓非子集解補正：「按樂記注，患，害也。患害一聲之轉，患申生，猶言害申生。」

【今譯】傳五——晉獻公的時候，驪姬很受寵愛，地位和君主的正夫人一樣。驪姬想拿自己的兒子代替太子申生，便向獻公進讒言，把他殺死。於是奚齊立為太子。

鄭君已立太子矣，而有所愛美女欲以其子為後㈠，夫人怒，因用毒藥賊君殺之。㈡

【今註】㈠後：指儲君。㈡因用毒藥賊君殺之：賊，是害的意思。

【今譯】鄭國的君主已立太子，他所寵愛的美人想立自己的兒子為儲君，夫人心裏很恐懼，便用毒藥把鄭君害死。

衛州吁重於衛，㈠擬於君，羣臣百姓盡畏其勢重。州吁果殺其君，而奪之政。㈡

【今註】㈠衛州吁重於衛：州吁，衛莊公寵妾所生的公子，有寵而好兵。莊公死後，太子完立為桓公。州吁驕縱，襲殺桓公自立。衛國的老臣石碏，聯絡陳國，把他殺死。事見左傳隱公三年及四年。重於衛，在衛國很有權勢。㈡奪之政：之，意猶其字。

【今譯】公子州吁在衛國很有權勢，可以和君主相比，官吏和百姓都非常怕他。後來州吁果然殺死衛君，而奪獲衛國的政權。

公子朝、周太子也，弟公子根甚有寵於君，君死，遂以東周叛，分為兩國。㈠

【今註】㈠公子朝周太子也數句：本書難三篇有同樣的記載，不過公子朝作公子宰。參看難三篇人有設桓公隱節注。

【今譯】㈠公子朝是周君的太子，他的弟弟公子根很得周君的寵愛。周君死後，公子根便憑籍東周叛變，於是分成西周和東周兩國。

楚成王以商臣為太子，既而又欲置公子職，商臣作亂，遂攻殺成王。㈠

一曰：楚成王以商臣為太子，既欲置公子職。商臣聞之未察㈡也，乃為其傅潘崇曰：「奈何察之耶？」㈢潘崇曰：「饗江芊而勿敬也。」㈣太子聽之。江芊曰：「呼、役夫！宜君王之欲廢女而立職也。」㈤商臣曰：「信矣。」㈥潘崇曰：「能事之乎？」㈦曰：「不能。」「能之諸侯乎？」㈧曰：「不能。」「能舉大事乎？」㈨曰：「能。」於是乃起宿營之甲，㈩而攻成王。成王請食熊膰而死，㈡不許，遂自殺。

【今註】㈠楚成王以商臣為太子四句：楚成王，春秋時楚國的君主，楚文王的兒子，名惲，弒其兄莊敖即位。商臣，楚成王世子，弒成王自立，是為楚穆王。既而，不久，後來。置，是立的意思。公子職，商臣的庶弟。㈡察：賈子道術：「纖微皆審謂之察。」就是知道得很清楚。㈢乃為其傅潘崇曰二句：為，讀第四聲，通謂。潘崇，春秋時楚國的官吏，成王使傅太子商臣。奈何，是怎樣的意思。㈣饗江芊而勿敬也：饗，通享，待以酒食。江芊，左傳杜注：「成王妹，嫁於江。」史記以為成王寵妾。芊，音ㄇㄧˇ，或誤作芊，音ㄑㄧㄢ。㈤江芊曰三句：呼，怒斥的聲音。役夫，供使役的人，是一種賤稱。女，讀ㄖㄨˇ，同汝。㈥信矣：確實無誤。㈦能事之乎：能不能事奉公子職做君主？㈧能之諸侯乎：能不能逃往諸侯各國？之，是往的意思。㈨能舉大事乎：能不能發動大事？大事，指弒君。㈩乃起宿營之甲：起，發動。宿，宿衛，警衛宮禁。營，軍隊的住所。甲，穿甲的兵士。宿營之甲，就是禁衛軍。㈡請食熊膰而死：膰，音ㄈㄢˊ，通蹯。熊蹯，就是熊掌，很難煮熟。請食熊蹯而死，意在拖延時間，等待外面的救援。這件事見於左傳文公元年。

【今譯】　楚成王立商臣做太子，後來又想改立公子職。商臣便發動叛亂，率領軍隊圍攻成王，把他殺死。

另一說：楚成王立商臣做太子，後來又想改立公子職。商臣聽到這種消息，不知道是否確實，就告訴他的師傅潘崇說：「怎樣查證這事是否確實呢？」潘崇說：「請江芊吃酒而對她沒禮貌。」商臣就照這話辦理。江芊很氣忿的說：「呸！你這個奴才！無怪君主想廢掉你而改立公子職了。」商臣告訴潘崇說：「廢立的消息是確實的。」潘崇說：「你能事奉他嗎？」商臣說：「不能。」潘崇說：「你能逃避到外國嗎？」商臣說：「不能。」潘崇說：「你能發動叛亂嗎？」商臣說：「能。」於是率領禁衛軍圍攻成王。成王請求把熊掌煮熟，吃過再死，商臣不許，成王便上吊自殺了。

韓廆相韓哀侯，嚴遂重於君，二人甚相害也。嚴遂乃令人刺韓廆於朝，韓廆走君而抱之，遂刺韓廆而兼中哀侯。㈠

【今註】㊀韓廆相韓哀侯數句：今按史記韓世家、六國表、戰國策韓策及各書有關記載：嚴遂，字仲子，和韓相韓傀（本書說林上篇及戰國策均作傀，只有本篇作廆。韓傀就是俠累。）有仇，派聶政把他刺死，事在韓列侯三年。列侯生文侯，文侯生哀侯。哀侯六年，被韓嚴殺死（竹書紀年作韓山堅）。各書多誤以嚴遂即韓嚴，致將兩事相混。且謂「韓廆走君而抱之，遂刺韓廆而兼中哀侯。」

【今譯】韓廆做韓哀侯的宰相，嚴遂也很受哀侯尊重，二人相互忌恨，嚴遂便派刺客在朝堂上刺殺韓廆。韓廆趕快避到哀侯身邊，抱住哀公。刺客刺死韓廆，也連帶刺中哀侯。

田恆相齊，闞止重於簡公，二人相憎而欲相賊也。㊀田恆因行私惠以取其國，遂弒簡公而奪之政。㊁

【今註】㊀田恆相齊三句：田恆，春秋時齊國的卿。他的祖先陳公子完逃到齊國，改姓田氏，所以左傳稱為陳恒，史記則稱田常，卒諡成子。簡公，齊悼公的兒子，名壬。闞止，左傳作闞止，史記作監止，字子我。簡公寵信子我。田恆殺子我，並弒簡公而立平公。憎，憎恨。賊，殘害。㊁田恆因行私惠以取其國二句：本書二柄篇說：「田常上請爵祿而行之羣臣，下大斗斛而施於百姓。」奪之政，猶言奪其政。

【今譯】田恆做齊國的宰相，闞止也被簡公重用，二人互相仇視，進而互相殘害。田恆就施行私惠以收攬人心，殺死簡公而奪取政權。

戴驩為宋太宰，皇喜重於君，二人爭事而相害也，皇喜遂殺宋君而奪其政。㈠

【今註】㈠戴驩為宋太宰數句：太宰，官名，猶後來的宰相或丞相。內儲說上，說林上下所說的宋太宰和商太宰，大概都是戴驩。皇喜，字子罕，官司城，又稱司城子罕。春秋時樂喜亦稱司城子罕，是宋國的賢臣，不可相混。

【今譯】戴驩做宋國的太宰，皇喜也被宋君重用，二人因為爭權而互相殘害，皇喜便把宋君殺死，而奪取他的政權。

孤突曰：「國君好內，則太子危；好外，則相室危。」㈠

【今註】㈠孤突曰數句：狐突，字伯行，春秋時晉國的大夫，重耳的外祖父。晉獻公寵愛驪姬，使太子申生帥師伐東山皋落氏，狐突御戎。太子將戰，狐突勸諫說：「國君好艾，大夫殆；好內，適子殆，……。」見國語晉語。艾，借為外。韋昭注：「好外，是多嬖臣，嬖臣害正，故大夫殆。好內，是多嬖妾，嬖妾專寵，故嫡子殆。殆，危也。」

【今譯】晉國的大夫狐突說：「國君喜愛嬖妾，太子就危險了；喜愛幸臣，宰相就危險了。」

鄭君問鄭昭曰：「太子亦何如？」㈠對曰：「太子未生也。」君曰：「太子已置，而曰未生，何也？」對曰：「太子雖置，然而君之好色不已，所愛有子，君必愛之，愛之則必欲以為後，臣故曰：太子未生也。」

【今註】㈠鄭君問鄭昭曰二句：鄭昭，應為鄭國大夫，事蹟未詳。陳奇猷韓非子集釋以為本節和上文鄭君已立太子為一事。亦，是果、究竟的意思。

【今譯】鄭國的君主問鄭昭說：「太子究竟怎樣？」鄭昭回答說：「太子還沒降生呢！」君主說：「太子已經立定，你說還沒降生，這是什麼道理呀？」鄭昭回答說：「太子雖然已經立定，可是君主仍舊好色不已，寵愛的姬妾生了兒子，君主必然喜愛，喜愛就想立他做太子，所以我說太子還沒降生呢！」

傳六——文王資費仲而遊於紂之旁，㈠令之間㈡紂而亂其心。

【今註】㈠文王資費仲而遊於紂之旁：文王，就是周文王，姓姬名昌，商紂時為西伯，積善行仁，三分天下有其二，武王滅商，追尊為文王。資，給予財物。費仲，商紂的官吏，好利善諛。遊，做官。戰國策秦策：「王獨不聞吳人之遊楚者乎？」紂，商朝末代的天子，被周武王所滅。本書喻老篇，文王以玉版予費仲。㈡間：讀第四聲，意為反間，在敵人內部從事破壞工作。

【今譯】　周文王給予費仲財物，幫助他在商紂左右做官，使他做反間，惑亂商紂。

荊王使人之秦。秦王甚禮之。㈠王曰：「敵國有賢者，國之憂也。今荊王之使者甚賢，寡人患之。」㈡羣臣諫曰：「以王之賢聖與國之資厚，願荊王之賢人，王何不深知之而陰有之？荊以為外用也，則必誅之。」㈢

【今註】　㈠荊王使人之秦二句：荊，是楚國的舊稱。荊王，就是楚王。之，是往或到的意思。禮，以禮接待，表示尊敬。㈡敵國有賢者數句：憂，名詞，是禍患的意思。患，動詞，是憂愁的意思。㈢羣臣諫曰數句：願，尹桐陽韓子新釋：「願，念也。」念是常思，是念念不忘，也就是擔心，不放心。知，交好。深知，猶言深交。陰有，猶言隱有。荊使明屬荊王，而暗為秦王效力。外用，為外國所用。

【今譯】　楚王派遣使臣來到秦國，秦王對他非常敬重。秦王對羣臣說：「敵國有賢能，是我國的禍患。現在楚王的使臣是非常賢能的，我很憂慮這件事。」羣臣勸告：「憑藉大王的睿智，秦國的財富，假如擔心楚國的賢能，何不深相交結，使他暗中為我效力？楚王知道他給外國利用，一定會把他除掉。」

仲尼為政於魯，㊀道不拾遺，齊景公患之。㊁黎且㊂謂景公曰：「去仲尼，猶吹毛耳。君何不迎之以重祿高位，遺哀公女樂以驕榮其意？㊃哀公新樂之，必怠於政，仲尼必諫，諫必輕絕於魯。㊄」景公曰：「善。」乃令黎且以女樂二八㊅遺哀公，哀公樂之，果怠於政。仲尼諫，不聽，去而之楚。㊆

【今註】㊀仲尼為政於魯：仲尼，是孔子的字。為政，是辦理政事。孔子仕魯的年代，各書多有出入，經考訂為魯定公九年為中都宰，嗣為司寇，後攝行相事，十三年去魯適衛。㊁齊景公患之：齊景公，春秋時齊國的君主，莊公的弟弟，名杵臼，在位五十八年，患，憂慮。㊂黎且：春秋時齊國的大夫。史記孔子世家作黎鉏。且，應讀ㄐㄩ。㊃遺哀公女樂以驕榮其意：遺，讀ㄨㄟˋ，是贈送的意思。哀公，應為定公。女樂，歌伎。驕榮，驕縱迷惑。㊄哀公新樂之四句：新，借為親，是接近或喜愛的意思。怠，懈怠。輕絕於魯，輕易離開魯國。㊅二八：各本二八作六字。王先慎韓非子集解以為六字為二八之誤，據改。㊆去而之楚：史記孔子世家：「孔子遂適衛。」

【今譯】孔子治理魯國的時候，街上遺失的東西，都沒人拾取。齊景公很憂慮這件事。黎且對景公說：「要除去孔仲尼，就像吹毛一樣容易。您何不用重祿高位迎接他來齊國，並贈送魯定公女樂，使他驕縱迷惑呢？魯定公喜愛女樂，一定怠荒政治，孔仲尼必然觀諫，勸諫不聽，一定輕易離開魯國。」

景公說：「很好！」就派黎且把女樂十六人送給魯定公，定公喜愛女樂，果然不顧國政，孔子勸諫不聽，便往衛國去了。

楚王謂干象㈠曰：「吾欲以楚扶甘茂而相之秦，㈡可乎？」干象對曰：「不可。」王曰：「何也？」曰：「甘茂、少而事史舉先生——史舉、上蔡之監門也，大不事君，小不事家，以苛刻聞天下，茂事之順焉。㈢惠王之明，張儀之辯也，茂事之取十官㈣而免於罪，是茂賢也。」王曰：「相人敵國而相賢，其不可何也？」干象曰：「前時王使邵滑㈤之越，五年而能亡越，所以然者，越亂而楚治也。日者㈥知用之越，今忘之秦，不亦太亟忘㈦乎？」王曰：「然則為之奈何？」干象對曰：「不如用共立㈧。」王曰：「共立可相，何也？」對曰：「共立少見愛幸，長為貴卿，被王衣，含杜若，握玉環，以聽於朝，且利以亂秦矣。」㈨

【今註】㈠干象：應為戰國時楚國的大夫，事蹟未詳。史記甘茂傳作范蜎，今本戰國策楚策作范環。㈡吾欲以楚扶甘茂而相之秦：扶，幫助。甘茂，戰國時下蔡人，事秦武王為左相。㈢少而事史舉先生數句：史記甘茂傳：「事下蔡史舉先生，學百家之說。」上蔡，史記甘茂傳作下蔡。監門，守門的小吏。苛刻，對人要求繁細深刻，也就是過分嚴格。聞，著名。順，都合於史舉的要求。㈣取十官：是說升官的次數很多。㈤邵滑：應為戰國時楚國人而在越國做官的。王先慎韓非子集解：「史記甘茂傳，邵作召，賈誼新書亦作召，秦本紀作昭，楚策作卓，趙策作淖。召、昭、卓、淖，皆一聲之轉。李善文選過秦論注，引此亦作召，召邵古通。」㈥日者：猶言往日。㈦亟忘：亟，讀ㄐㄧˊ，是急的意思。戰國策楚策作「鉅速忘」。㈧共立：事蹟未詳。顧廣圻韓非子識誤：「策作公孫郝，史記云向壽，不同也。」㈨共立少見愛幸數句：被，讀ㄆㄧ或ㄆㄟ，通披。王衣，或謂當作玉衣。戰國策楚策：「夫公孫郝之於秦王親也，少與之同衣，長與之同車，被王衣以聽事，真大王之相已。王相之，楚之大利也。」據此，王衣沒有錯。杜若，香草名。聽於朝，是在朝堂治事。朝，讀ㄔㄠˊ。且，是必定的意思。

【今譯】　楚王告訴干象說：「我想拿楚國的力量幫助甘茂在秦國做宰相，可以嗎？」干象回答說：「不可以。」楚王說：「為什麼？」干象說：「甘茂幼年侍奉史舉做老師。史舉是上蔡一位看守城門的，大事不肯做諸侯的卿相，小事不肯做大夫的家臣，為人苛刻，毫不寬假，是天下著名的。可是甘茂侍奉他多年，卻沒有違忤的地方。以秦惠王的明察，張儀的善辯，甘茂侍奉他們，屢屢升官，卻從未獲罪，照這樣看，甘茂實在是個賢人。」楚王說：「幫助賢人做敵國的宰相，為什麼不可以呢？」干象說：「從前大王派邵滑往越國做官，五年便把越國消滅，為什麼能夠這樣呢？就是因越國紊亂而楚國健全呀。當初對越國知道使用這種策略，現在對秦國便忘記了，這不是忘記得太快了嗎？」楚王說：「那麼怎樣辦呢？」干象回答說：「不如幫助共立做秦國的宰相。」楚王說：「可以幫助共立做秦國的宰相，是什麼緣故呢？」干象回答說：「共立從小就被秦王所喜愛，長大又被任命做上卿，身上穿著王室的衣服，嘴裏含著香草，手裏拿著玉環，在朝堂裏辦事，完全是富貴公子的氣派，假如幫助他做秦國的宰相，一定能為楚國敗壞秦國的政治呀。」

吳攻㈠荊，子胥㈡使人宣言於荊曰：「子期用，㈢將擊之；子常㈣用，將去之。」荊人聞之，因用子常而退子期也。吳人擊之，遂勝之。

【今註】 ㈠攻：乾道本誤作政。㈡子胥：姓伍名員，春秋時楚國人。父奢兄尚，被楚平王殺死，子胥逃到吳國，輔佐吳王闔廬及夫差破楚降越。曾勸諫夫差勿許越成，又諫阻伐齊，夫差賜以屬鏤之劍自殺。㈢子期用：子期，楚平王的兒子、昭王的弟弟公子結。用，用事，當權主事。㈣子常：名囊瓦，是楚莊王的兒子子囊的孫兒。楚平王和昭王時為令尹。伍子胥帥領吳國的軍隊攻打楚國，子常三戰不克，逃往鄭國，吳國的軍隊便攻入郢都。

【今譯】 吳國攻打楚國，伍子胥向楚國人傳播說：「楚國若用子期統兵，我們決定繼續進攻；若用子常統兵，我們就打算撤退了。」楚國人聽到這話，便撤換子期，而用子常做大將。吳國的軍隊奮勇出擊，便把楚國打敗。

晉獻公欲伐虞、虢，㊀乃遺之屈產之乘，垂棘之璧，女樂二八，以熒其意，而亂其政。㊁

【今註】㊀晉獻公欲伐虞虢：晉獻公，春秋時晉國的君主，武公的兒子，名詭諸。吞滅虞虢諸小國，晉始強大。在位二十六年。虞，周朝國名，周武王封虞仲於虞，故城在今山西省平陸縣東北六十里。春秋時被晉國吞併。虢，音ㄍㄨㄛˊ，周朝國名，周武王弟虢仲的封國，在今陝西省寶雞縣東。後平王東遷，徙於上陽，號為南虢，故城在今河南省陝縣東南。另一枝徙居下陽，號為北虢，在今山西省平陸縣境。先後被晉獻公吞滅。㊁乃遺之屈產之乘數句：遺，音ㄨㄟˋ，是贈送的意思。屈產之乘，左傳和穀梁傳注，都以為是屈邑所產的馬，只有公羊傳何休注說屈產是地名，今山西省石樓縣東南四里有屈產泉，那一帶是出名馬的地方。乘，讀ㄕㄥˋ，意為物數，車一輛，馬一匹，都可稱乘。垂棘，是地名，出美玉，今為何地，待考。二八，各本作六字，據王先慎韓非子集解校改。熒，是迷惑的意思。各舊本都作榮，據王先慎韓非子集解校改。

【今譯】晉獻公想要攻打虞國和虢國，便贈送虞公屈產的名馬，垂棘的美玉，以及女樂十六人，以迷惑他的心意，敗壞他的政治。

叔向之讒萇弘也，㊀為萇弘書，謂叔向曰：「子為我謂晉君，所與君期者，時可矣，何不亟以兵來？」㈡因佯遺㈢其書周君之庭，而急去行。周以萇弘為賣周也，乃誅萇弘而殺之。

【今註】㈠叔向之讒萇弘也：叔向，春秋時晉國的大夫羊舌肸，字叔向，亦稱叔肸。能以禮讓為國，孔子稱為古之遺直。萇弘，春秋時周天子的大夫。周天子的卿士劉文公和晉國的范氏世為婚姻，范氏和中行氏的變亂，周人可能有些牽連。萇弘事劉文公，便成了這件事的犧牲者。可能死的冤枉，所以有藏其血，三年而化為碧的傳說。王先慎韓非子集解：「王渭曰：困學紀聞謂此時叔向死已久。」㈡為萇弘書數句：為萇弘書，是偽造一封信，託名萇弘，以致叔向。期，要約。亟，讀ㄐㄧˊ，是急速的意思。㈢佯遺：假裝遺失。

【今譯】晉國的大夫叔向陷害萇弘，寫了一封萇弘送交叔向的假信，裏面說：「你替我告訴晉君，和晉君相約的事情，時機已經成熟了，為什麼還不趕快派兵來？」叔向假裝把這封假信遺失在周天子的殿上，便匆匆忙忙的離開了。周天子看到這封信，以為萇弘出賣周室，便把他處死。

鄭桓公將欲襲鄶，㈠先問鄶之豪傑、良臣、辯智、果敢之士，盡舉其姓名，擇鄶之良田賂之，為官爵之名而書之，因為設壇場郭門之外而埋之，釁之以雞豭，若盟狀。㈡鄶君以為內難㈢也，而盡殺其良臣。桓公襲鄶，遂取之。

【今註】㈠鄭桓公將欲襲鄶：鄭桓公，周厲王少子，宣王母弟，名友，封於鄭（在今陝西省華縣西北）。幽王時為司徒，知天下將亂，移民於虢鄶兩國間。犬戎弒幽王，幷殺桓公。他的兒子武公，取虢鄶二國地建國，稱為新鄭，戰國時為韓所滅。鄶，音ㄎㄨㄞˋ，周朝國名，在今河南省密縣東北。㈡盡舉其姓名數句：舉，舊本多作與，俞樾諸子平議以為當作舉，據改。實則與為雙手舉舟以授人，舟是授受的器具，所以與本可訓為舉。賂，財物，用作動詞，是贈送財物。為官爵，揑造官爵的名稱。壇場，除地為場，築土使高為壇，是古人祭神的處所。釁，音ㄒㄧㄣˋ，殺牲薦血以祭祀。豭，音ㄐㄧㄚ，雄豬。盟，向神明宣誓。㈢內難：猶言內亂。難，讀第四聲。

【今譯】鄭桓公打算襲擊鄶國，預先問明鄶國的英雄、良臣、有智辯的、有膽識的，把他們的姓名都寫出來，選擇鄶國的良田贈送給他們，揑造官爵的名稱加以記注，在鄶國的郊外設置壇場，把寫好姓名、良田、官爵的文件埋在地下，灑些雞和豬的血，假作盟誓過的樣子。鄶國的君主發現這件事，以為國內這些人要作亂，便把英雄良臣等通通殺掉。鄭桓公派兵襲擊鄶國，就把鄶國吞滅了。

秦侏儒善於荊王，而陰有善荊王左右，而內重於惠文君。㈠荊適㈡有謀，侏儒常先聞之，以告惠文君。

【今註】㊀秦侏儒善於荊王三句：侏儒，是身材特別短小的人，古以表演雜技，供人笑樂。荊王，就是楚王。陰，暗中。有，讀一ㄡˋ，同又。惠文君，就是秦惠王，名駟，秦孝公的兒子。惠文君十三年，秦始稱王。㊁適：是若的意思。

【今譯】秦國有一個侏儒，和楚王很要好，又暗中結交楚王的近臣，因而受到惠文君的重視。楚國若有什麼計謀，侏儒常常早些知道，報告惠文君。

鄴令、襄疵陰善趙王左右，㊀趙王謀襲鄴，襄疵常輒㊁聞而先言之魏王。魏王備之，趙乃輟行㊂。

【今註】㊀鄴令襄疵陰善趙王左右：鄴，邑名，故城在今河南省臨漳縣西，當時屬魏國。襄疵，應為魏國的官吏，事蹟未詳。陰善，是暗中結交。㊁輒：即刻。㊂輟行：各舊本作輒還。王念孫讀書雜志：「輒還當作輟行，言趙王知魏王之有備而止其行也。輟字既譌為輒，後人不得其解，故輒行改為輒還。不知上言趙謀襲鄴，則兵尚未出，不得言還也。」據改。

【今譯】魏國的鄴令襄疵暗中結交趙王的近侍，趙王計畫偷襲鄴地時，襄疵每每馬上知道，預先報告魏王。魏王加以防備，趙王偷襲的計畫便作罷了。

衛嗣公㊀之時，有人於縣令之左右。縣令發蓐，而席弊甚。㊁嗣

公還令人遺之席，㊂曰：「吾聞汝今者發蓐，而席弊甚，賜汝席。」縣令大驚，以君為神也。

【今註】㊀衛嗣公：戰國時衛國的君主，詳見內儲說上傳一注。㊁縣令發蓐二句：發，是展布、鋪設的意思。蓐，音ㄖㄨˋ，坐臥的薦席，後多作褥。用莞作的叫席，用稾作的叫薦。弊，本應作敝，是破舊、敗壞的意思。㊂嗣公還令人遺之席：還，讀ㄒㄩㄢˊ，是疾速的意思。遺，讀ㄨㄟˋ，是贈送的意思。

【今譯】衛嗣君的時候，派人在縣令左右任事。縣令鋪設薦蓐，莞席非常破舊。嗣君趕快派人送給他一些莞席，告訴他說：「我聽說你最近鋪設薦蓐，莞席非常破舊，所以送給你一些莞席。」縣令非常驚訝，以為嗣君和神明差不多。

外儲說左上

【釋題】本篇原為第十一卷第三十二篇。外儲說左上五字，已在內儲說上說明，不再煩贅。

【提要】外儲說各篇體例，和內儲說相同，只是沒有節目。本篇主旨，在以事例說明六種主術：一、聽言觀行不可美其辯而賢其遠。二、聽言不以功用為目的之弊害。三、國事不可一意仿效先王。四、名利不可施於居學之士。五、人主躬親而不責成的弊害。六、積信而後可以行法。篇中有佚文，如鄭縣人卜子妻買鼈節，僅見於傳，而不見於經。又有衍文，如內儲說上子產離訟者、嗣公過關市兩節傳文，乾道本、迂評本、藏本都複出於篇末，茲予刪除。

經一、——㈠明主之道，如有若之應宓子㈡也。時主之聽言也，美其辯；其觀行也，賢其遠。㈢故羣臣士民之道言者迂弘，其行身也離世。㈣其說、在田鳩對荊王也。故墨子為木鳶，謳癸築武宮。夫藥酒忠言，明君聖主㈤之所獨知也。

【今註】 ㈠經一：各舊本只有一、二等數字，不過有的在經後標「右經」二字，茲於節首都冠以經字，藉醒眉目。㈡有若之應宓子：連下文共五事，都在傳一各該節中注釋。㈢時主之聽言也四句：時主，各舊本均作明主，明字顯為誤寫，各家以為應作世主、暗主或時主，茲改為時主。美，贊美。辯，巧言。賢，尊崇。遠，高遠。㈣故羣臣士民之道言者迂弘二句：道，動詞，是說的意思。道言，就是發表言論。迂，是遠的意思。弘，通闊，是廣的意思。迂弘，猶言迂闊。行身，就是活動，行為。離世，不切合世情。㈤明君聖主：王先慎韓非子集解，以為當作知者明主，以後面傳文做證明。

【今譯】 經一——英明的君主辦理政治，就像有若回答宓子賤的話一樣。現在一般的君主，聽取言論，贊賞巧辯的；觀察品行，崇敬高遠的。所以官吏士民說話都力求迂闊，行事都不切世情。這種道理的說明，就在田鳩對答楚王的故事當中。所以墨子製作木鳶，並不以為奇巧；謳癸歌唱，鼓舞修築武宮，實效也不很大。那藥酒和忠言的作用，只有智者和明主纔能真正了解呀。

經二、——人主之聽言也，不以功用為的，則說者多棘刺、白馬之說；㈠不以儀的為關，則射者皆如羿也。㈡人主於說也，皆如燕王學道也；而長說者，皆如鄭人爭年也。是以言有纖察微難，而非務也；㈢故秉、惠、宋、墨、皆畫策也。㈣論有迂深閎大，非用也；㈤故魏、長、瞻、陳、莊、皆鬼魅也。㈥行有拂難堅确，非功也；㈦故務、卞、鮑、介、墨翟、皆堅瓠也。㈧且虞慶詘匠而屋壞，范且窮工而弓折。是故求其誠者，非歸餉也不可。㈨

【今註】㈠棘刺、白馬之說：連下文共十事，都在傳二各該節中注釋。㈡不以儀的為關二句：儀的，是箭靶的中心。關，似即目標。因為關隘為用兵的目標，儀的是習射的目標。羿，音一ˋ，夏朝有窮國的君主，最善射箭，奪取夏相的帝位，後為寒浞所殺。㈢言有纖察微難二句：纖，是細的意思。微難，隱微艱難的事物。㈣故秉惠宋墨皆畫策也：秉，各舊本作李。松皐圓定本韓非子纂聞，以為是李克，也就是李悝；物雙松讀韓非子，以為是李眲。顧廣圻韓非子識誤，以為當作季，就是季良，也就是季梁。這裏「纖察微難而非務也」，是指斥辯者；李悝是法家，李眲和季梁是道家，自然不對。李，大概是秉字的誤寫。公孫龍，字子秉，戰國時趙國人，曾在平原君家裏做門客，和惠施是當時最有名的辯者。莊子徐无鬼篇：「莊子曰：然則儒、墨、楊、秉四，與夫子（惠施）為五，果孰是邪？」莊子已拿秉字代表公孫龍，且以與儒、墨、楊、惠施並稱，李是秉的誤寫，應該是對的。惠，是惠施，戰國時宋國人，在魏國做官前後二十多年，曾做魏惠王的宰相，善於辯論，和莊周交好。宋，指宋鈃，和宋牼、宋榮子大概是一個人，莊子天下篇和尹文並列，荀子非十二子和墨翟並列，應該和名家接近。墨，這裏不是指墨翟本人，是墨家注重辯論的學派，也就是「別墨」。莊子天下篇：「相里勤之弟子，五侯之徒，南方之墨者，苦獲、已齒、鄧陵子之屬，俱誦墨經，而倍譎不同，相謂別墨。以堅白同異之辯相訾，以觭偶不仵之辭相應。」這裏的墨，就是指這一派。畫策，有文彩的馬箠，精美而無實用。㊄論有迂深閎大非用也：迂深閎大，就是深遠廣大。非用，無實際功用。這是指道家。㊅故魏長瞻陳莊皆鬼魅也：魏、長、瞻、陳、莊，各舊本作畏震瞻車狀，這大概是漢初或兩晉六朝道家正盛時，為其宗師諱所改。顧廣圻韓非子識誤：「畏，當作魏，魏牟也，聲近誤。震，當作楚。瞻，瞻何。莊子讓王篇釋文云：瞻子，賢人也，淮南作詹。車，當作陳，陳駢也，形近誤。狀皆，當作皆狀。」識誤以畏為魏，車為陳，應該是對的。漢書藝文志有公子牟四篇，田子二十五篇。公子牟就是魏牟，田子就是陳駢，都是道家。惟以震為楚，而楚子漢書藝文志列為法家，恐怕不對。疑震當作長，漢書藝文志道家列有長盧子九篇。狀當作莊，漢書藝文志道家列有莊子五十二篇。鬼魅，虛幻無定形，可以任意造作。㊆行有拂難堅确非功也：行有，各舊本作言而，顧廣圻韓非子識誤：「當作行有。」據改。拂難，猶言犯難。難，讀第四聲。确，音ㄑㄩㄝˋ，是石堅，字又作確。非功，沒有功效。㈧故務卞鮑介墨翟皆堅瓠也：務卞，是務光和卞隨，都是夏商間的高士，商湯滅夏，以天下讓卞隨，卞隨不受，自投於桐水而死。又讓務光，務光負石自沈於盧水。事見莊子讓王篇。鮑，是鮑焦，春秋時高士，潔身非世，荷擔採樵，拾橡充食，不臣天子，不友諸侯。子貢諷以非其政者不履其地，汙其君者不受其利。便抱樹枯死。介，是介之推，春秋時晉國人，追隨晉文公流亡各國十九年。文公返國為君，賞從亡諸人，沒有封賞之推。之推便和母親隱於緜山。墨翟，戰國初期魯國人，倡尊天、事鬼、兼愛、非攻等說，與儒家並稱顯學。公輸般為楚王造雲梯，預備攻打宋國。墨子從魯國出發，裂裳裹足，行十日十夜到達楚國，終獲阻楚攻宋。越王曾以故吳地方五百里迎墨子，楚惠王欲以書社五百里封墨子，墨子均不受。堅瓠，亦以喻無用。㈨是故欲求其誠者二句：誠，是真實的意思。餉，是食的意思。傳二作饟，字同。

【今譯】　經二——人主聽取言論，假如不以功用為目的，遊說的人多半要講用棘刺刻母猴，白馬非馬等虛偽的說詞；射箭不拿正鵠做標準，射箭的便都是羿一樣的名手了。人主對於遊說，都像燕王學道一樣，疏於審辨；而言談冗贅的，都像鄭人爭年一樣，喋喋不休。有的言語剖析精詳，但並非急務，所以公孫龍、惠施、宋鈃、別墨，都是彩繪的馬箠。有的理論深遠廣大，但沒有功用，所以魏牟、長盧子、瞻何、陳駢、莊周，都是畫中的鬼魅；有的行為果敢堅貞，但不生效驗，所以務光、卞隨、鮑焦、介之推、墨翟，都是堅厚的巨瓠。並且虞慶雖說服匠人，而房屋傾毀；范且雖難倒工人，而弓弩斷折。所以要求實效，塵飯塗羹是不行的，非回家吃飯不可。

經三、——挾夫相為則責望，自為則事行。㊀故父子或怨譙，取庸作者進美羹。㊁說、在文公之先宣言、與句踐之稱如皇也。故桓公藏蔡怒而攻楚，吳起懷戰實㊂而吮傷。且先王之賦頌、鍾鼎之銘，皆播吾之迹，華山之博也。㊃然先王所期者、利也。所用者、力也，築社之諺，自辭說也。㊄請許學者而行宛曼於先王，或者不宜今乎？如是、不能更也。㊅鄭縣人得車軛也，衛人佐弋也，卜子妻寫弊褲也，而其少者也。㊆先王之言，有其所為小、而世意之大者，有其所為大、而世意之小者，未可必知也。㊇說、在宋人之解書、與梁人之讀記也。故先王有郢書，而後世多燕說。夫不適國事，而謀先王，㊈皆歸取度者也。

【今註】㊀挾夫相為則責望二句：挾，本為夾在腋下，引伸為藏，藏在心裏就是懷的意思。夫，助詞。為，讀第四聲。責望，是責難怨望。仁人利濟他人，不希望還報；常人利濟他人，希望還報，這就是相為，因而產生責難與怨望。若單純自為，收穫全歸自己享受，便能積極工作，事情自然容易成功。慎子說：「用人之自為，不用人之為我，則莫不可得而用矣。」又說：「人皆自為而不能為人，故君人者使其自為用，而不使為我用。」可以和這兩句話，互相發明。㈡故父子或怨譙二句：譙，各舊本作譟，顧廣圻韓非子識誤，以為當依傳三作譙，據改。譙，讀ㄑㄧㄠˋ，同誚，是譴責的意思。取，是求取。庸，借為傭，是雇工。作，是操作。進，是奉與。羹，音ㄍㄥ，是有汁的肉菜。父子怨誚等十六事，都在傳三各該節中注釋。㈢戰實：各舊本作瘳實。陶小石讀韓非子札記，以為瘳是戰字的誤寫。戰實，就是戰果的意思。據改。㈣且先王之賦頌四句：賦頌，都是詩文體裁的名稱，多用以歌功頌德。鍾，借為鐘。鐘鼎，古代金屬製成的器具，上面多刻鏤文字，這種文字，後世稱為鐘鼎文，亦稱金文。銘，也是文體的名稱，古代多刻在器物上面，內容多為稱揚與警戒。松皐圓定本韓非子纂聞：「賦頌箴銘之類，率皆稱頌過實，後世不知，而謂實有其事耳。」㈤自辭說也：自，各舊本作目。王先慎韓非子集解，以為是自字的誤寫。自辭說，就是自為解說，以資掩飾，而真心只是用力求利。據改。㈥請許學者而行宛曼於先王三句：請許，猶言試使。學者，大概指儒家。宛曼，太田方韓非子翼毳：「宛，涴同，又與汙通。曼，謾、漫通，皆渺茫廣遠也。」於，解作如。更，讀第一聲，是變更的意思。不能更，就是不能因時制宜。㈦而其少者也：而，等立連詞。少，讀第四聲。日人物雙松讀韓非子：「即傳侍長者飲事，而語意過簡。且傳買鼈事不見於經，或有缺文。」㈧先王之言數句：為，讀第四聲，借作謂。所為，就是所謂。意，測度，俗多用億，或用臆。㈨而謀先王：就是根據先王的設施來謀畫。尹桐陽韓子新釋：「謀，模也。」就是模仿先王的意思，也是對的。

【今譯】　經三——人類作事，若存有人己相為的觀念，就難免對人責怪、怨望；若單純自為，事情就容易成功了。所以父親和兒子，有時也會責怪、怨望；想使雇工盡力操作，也肯供應精美的肴饌。這種道理的說明，就在晉文公討伐宋國，先宣稱宋君無道；越國攻打吳國，先傳揚吳王築臺等故事當中。所以齊桓公隱藏對蔡國的忿怒，而先攻打楚國；吳起企望戰勝的果實，而為士兵吮癰。並且先王的賦頌，和刻在鐘鼎的箴銘，都和播吾的足迹、華山的博具一樣，不過是自為的宣傳呀。照這樣說，先王所希求的，不過自己的利益，所使用的，也是人民的力量，晉文公引用築社的諺語，完全是為自己的行為作掩飾。現在，若任由學者實行先王那渺茫的辦法，也許是很不適宜的。這就是不能因時制宜呀。像鄭縣人不認識駕馬的車軛，衛國人幫助射鳥而把鳥趕走，卜子的太太把新褲毀成舊的，以及少年模仿長者飲酒，都是拘泥而不知變通的毛病啊。先王的言語，有的用意很淺，世人卻看得很深；有的用意很深，世人卻看得很淺，未必都能有正確的了解呀。這種道理的說明，就在宋人解書和梁人讀記的故事當中。所以先王有像郢人那樣的書信，後世便有許多像燕相國那樣的解說。不求適合當前的國事，一意取法先王，就和鄭人買鞋子，不曉得用自己的腳試驗，而回家去取量好的尺碼一樣。

經四、——利之所在，民歸之；名之所彰，士死之。㊀是以功外於法，而賞加焉，則上不能得所利於下；名外於法，而譽加焉，則士勸名而不畜於君。㊁故中章、胥己仕，而中牟之民棄田圃而隨文學者，邑之半；㊂平公腓痛足痺而不敢壞坐，晉國之辭仕託者，國之錘。此三士者、言襲法，則官府之籍也；行中事，則如令之民也，二君之禮太甚。㊃若言離法而行遠功，則繩外民也，二君又何禮之？禮之，當亡。㊄且居學之士，國無事不用力，有難不被甲；禮之，則惰耕戰之功，不禮，則害主上之法。㊅國安則尊顯，危則為屈公之威，人主奚得於居學之士哉！故明主論李疵視中山也。㊆

【今註】㊀利之所在四句：利之所在，就是可以獲利的事情。彰，顯著。名之所彰，就是可以顯名的事情。死之，冒死求取。㊁是以功外於法數句：外於法，就是不合於法。加，是施與。焉，代名詞，用同之字。勸名，盡力求名。不畜於君，不肯受君主的豢養。畜，讀ㄒㄩˋ。㊂故中章胥己仕數句：中章胥己仕，連下文共四事，都在傳四各該節中注釋。㊃此三士者數句：三士，指中章、胥己、叔向。襲法，猶言合法。籍，記載法令的簡牘。中，讀第四聲。中事，合於事例。如令，依照法令。㊄若言離法而行遠功四句：離法，猶言違法。遠，讀第四聲，是遠離的意思。遠功，猶言無功。二君：趙襄子和晉平公。㊅且居學之士數句：居學，松皐圓定本韓非子纂聞，以為學而不仕者。被，讀ㄆㄧ或ㄆㄟ，通披。被甲，是穿起戰衣，意即作戰。害，各舊本作周。盧文弨羣書拾補：「周，當是害之譌。」據改。㊆國安則尊顯四句：威，王先慎韓非子集解：「威，即畏，威畏同字。奚，疑問代名詞，是何的意思。論，讀第二聲，通掄，是選擇、採納的意思。

【今譯】　經四——可以獲利的事，人民便努力追求；可以顯名的事，才士便冒死爭取。不合法度的功業，還要給與獎賞，君主便不能獲得臣下的利益；不合法度的名聲，還要給與稱揚，才士便努力求名而不受君主的豢養。所以王登推薦中章和胥己做了中大夫，中牟的人民，放棄田園，研習儒學的，要占全邑的半數。叔向和晉平公談論國事，平公腿痠痛，腳麻痺，還不敢改變端坐的姿勢。晉國，辭去官職祿養，向叔向學習的，幾達三分之一。中章、胥己、叔向等三人，假若言語遵循法度，不過是官府的典籍，行事依照成規，不過是守法的良民，兩位君主對他們的禮敬已經過分。假若他們的言語不合法度，行事沒有功用，便是國家法制以外的人民，兩位君主何必禮敬他們。禮敬這樣的人，國家一定會滅亡的。並且有些不願出仕的學人，國家無事時，不肯出力作事，國家有難時，又不能從軍打仗；對他們禮敬，就荒廢耕戰的工作，不對他們禮敬，就非議主上的法度；國家太平，他們就享受尊榮，國家危難，就像屈公一樣，貪生怕死，人主對於不願出仕的學人，能得到什麼好處呢？所以趙國的明主採納李疵偵察中山國的報告啊。

經五、——詩曰：「不躬不親，庶民不信。」㈠說之以無衣紫，援之以鄭簡、宋襄，責之以尊厚耕戰。㈡夫不明分，不責誠，而以躬親洫下，㈢且為下走、睡臥，與夫揜弊微服。㈣孔丘不知，故稱猶盂；鄒君不知，故先自僇。明主之道，如叔向之賦祿、與昭侯之奚聽也。

【今註】㊀不躬不親二句：見詩小雅節南山，原文為「弗躬弗親，庶民弗信。」躬和親都是親自去作。庶，是眾多的意思。庶民，就是人民、百姓。㊁說之以無衣紫三句：說字上，各舊本有傳字，似為傳字的誤寫。傳，指後面的傳文。說，解說。緩，高亨韓非子補箋：「緩當作援，形近而譌。」援，是引以為證。責，責求。這裏三個之字，都是指上面的詩句。尊厚耕戰，太田方韓非子翼毳：「謂人君處尊厚之勢而自耕戰也。」衣紫等八事，都在傳五各該節中注釋。㊂夫不明分三句：夫，假設連詞。分，讀第四聲。明分，就是認清職權。誠，通成。責誠，就是責求功效。涖，音ㄌㄧˋ，是臨視的意思。字又作莅或作蒞。涖下，就是監督臣下。㊃且為下走睡臥二句：且，解作必。揜，音ㄧㄢˇ。揜弊，就是掩蔽。指吏盡揄刀削其押券升石之計。微服，貧賤的服著。

【今譯】經五——詩經節南山篇說：「君主不親自實行，百姓就不會相信。」在傳文裏，就用齊桓公不再穿紫衣來解說，拿鄭簡公和宋襄公的故事來證明，並責求以君主的富貴從事耕戰。假如不認清職權，責求功效，並親自監督臣下，一定會像齊景公下車奔走，魏昭王讀法睡臥，官吏揄刀削券，君主改變服飾啊。孔丘不懂治術，認為君主像盂，人民像水；鄒君不懂治術，放棄權威不用，自己先受處罰。英明的君主治理國家，就像叔向授予祿賞，全憑功勞的多少；韓昭侯不聽請謁，只依法度行事。

經六、——小信成則大信立，故明主積㈠於信。賞罰不信，則禁令不行。說、在文公之攻原，與箕鄭救饑也。㈡是以吳起須㈢故人而食，文侯會虞人而獵。故明主表信，如曾子殺彘也。患、在厲王擊警鼓，與李悝謾兩和也。㈣

【今註】㈠積：累積。㈡文公之攻原等七事：都在傳六各該節中注釋。㈢須：是等待的意思。㈣李悝謾兩和：謾，是欺騙的意思。和，是古時軍門兩邊的柱子，又叫做桓或華。這裏兩和是指軍隊的左右兩翼。

【今譯】經六——小信用有成就，大信用纔能建立，所以英明的君主繼續不斷的建立信用。賞罰沒有信用，禁令就不能實行。這種道理的說明，就在晉文公攻打原城，箕鄭解救饑荒等故事當中。所以吳起等候故人，一同進餐；魏文侯會合虞人，如期行獵。因此明主表現信用，要像曾子殺豬，不肯欺騙孩子。假若不講信用，災禍就和楚厲王擊打警鼓，李悝欺騙兩翼的官兵一樣。

傳一——宓子賤治單父，㈠有若㈡見之，曰：「子何臞㈢也？」宓子曰：「君不知不齊不肖，使治單父，官事急，心憂之，故臞也。」有若曰：「昔者舜鼓五絃，歌南風之詩，㈣而天下治。

今以單父之細也，治之而憂，治天下將奈何乎？故有術而御之，身坐廟堂之上，有處女子之色，無害於治；無術而御之，身雖瘁臞，猶未有益。」㊄

【今註】㊀宓子賤治單父：宓，讀ㄈㄨˊ，又作虙。宓子賤，名不齊，春秋時魯國人，孔子弟子。單父，春秋時魯邑，在今山東省單縣南。單，讀ㄕㄢˋ。㊁有若：春秋時魯國人，字子有，孔子弟子。㊂臞：音ㄑㄩˊ，字亦作癯，是瘦的意思。㊃昔者舜鼓五絃二句：鼓，彈奏。禮記樂記：「舜作五絃之琴以歌南風。」南風，詩名，據孔子家語所載：「南風之薰兮，可以解吾民之慍兮；南風之時兮，可以阜吾民之財兮。」㊄故有術而御之數句：御，是治理的意思。廟堂就是朝堂。處女子之色，謂容態閑靜像處女一樣。瘁，音ㄘㄨㄟˋ，勞瘁。太田方韓非子翼毳：「疑此經傳宜在第五經傳之首，何者？第一經言尚實用而詘虛辭也。而此章是有術之君不躬親下事之事，故以為錯誤也。」

【今譯】宓子賤治理單父時，有若會見他，驚異的問道：「你為什麼這樣消瘦呢？」宓子賤回答說：「君主不知道不齊沒有才幹，派我治理單父，公事繁忙，心中憂慮，所以變消瘦了。」有若說：「從前虞舜彈著五絃琴，唱著南風的詩，就把天下治理好了。現在單父這樣小，治理時尚且憂慮，怎麼治理天下呢？所以有法術治理人民，自己坐在朝堂上面，容態閑靜，就像處女一樣，也不會影響到政治；沒有法術治理人民，自己雖然勞瘁消瘦，還是無益的。」

楚王謂田鳩曰：㈠「墨子者、顯學也，其身體則可，其言多不辯，何也？」㈡曰：「昔秦伯嫁其女於晉公子，為之飾裝，從衣文之媵七十人；㈢至晉，晉人愛其妾，而賤公女。此可謂善嫁妾，而未可謂善嫁女也。楚人有賣其珠於鄭者，為木蘭之櫝，薰以桂椒，綴以珠玉，飾以玫瑰，輯以翡翠。鄭人買其櫝，而還其珠。此可謂善賣櫝矣，未可謂善鬻珠也。㈣今世之談也，皆道辯說文辭之言，人主覽其文，而忘其用。㈤墨子之說，傳先王之道，論聖人之言，以宣告人。若辯其辭，則恐人懷其文，忘其用，直以文害用也。㈥此與楚人鬻珠、秦伯嫁女同類，故其言多不辯。」

【今註】㈠楚王謂田鳩曰：田鳩，戰國時齊國人，墨子後學。漢書藝文志墨家列有田俅子三卷。呂覽首時：「田鳩欲見秦惠王，留秦三年弗得見。客有言之於楚者，往見楚王，楚王悅之，與將軍之節以如秦，因見秦王。」楚王，應該是楚懷王；和田鳩談話，大概就在這個時候。㈡墨子者顯學也四句：墨子，已見本篇經二注八。顯學，是著名的學者。體，動詞，是行的意思。辯，是巧言。㈢昔秦伯嫁其女於晉公子三句：尹桐陽韓子新釋，以秦伯為秦穆公，女為懷嬴，晉公子為重耳。為，讀第四聲。飾裝，是備辦豪華的嫁妝。衣，讀第四聲，這裏用作動詞，是穿著的意思。文，是有文彩的衣服，也就是錦繡的衣服。媵，音一ㄥˋ，是古代陪同出嫁的女子。㈣楚人有賣其珠於鄭者數句：木蘭，樹木名，皮似桂而香，形狀像楠，去皮不死。櫝，音ㄉㄨˊ，是藏東西的匣子。薰，通熏，是用火煙熏灼物品，使變熟或變香。桂椒，都是香料。玫瑰，是紫色的寶石。翡翠，是綠色的寶石。輯，應作緝，是縫連的意思。鬻，讀ㄩˋ，是賣的意思。㈤今世之談也四句：談也，猶言談者。道，動詞，是道說的意思。辯說，是言語很巧妙。文辭，辭致很美麗。㈥墨子之說數句：宣告，是普遍告訴。懷，是喜愛的意思。直，各舊本無用字，於直字絕句。顧廣圻韓非子識誤：「直上當有用字。」據增。直字連下讀，是只、不過的意思。

【今譯】　楚王對田鳩說：「墨子是一位非常著名的學者，他自身行事是很好的，他的言詞多半不美妙，這是什麼緣故呢？」田鳩回答說：「從前秦伯把女兒嫁給晉公子，替她備辦豪華的嫁妝，又選了七十個美女，穿起錦繡的衣服。陪嫁過去作妾媵。到了晉國，晉國人喜愛陪嫁的妾媵，卻看輕秦伯的女兒。這可以算是善於嫁妾，卻不能算是善於嫁女。有一個楚國人到鄭國去賣珍珠，用木蘭作了一個盛珍珠的匣子，用桂椒等香料熏得香香的，匣子外面有珠玉作裝飾，還鑲嵌著紫玫瑰和綠翡翠。鄭國人買了他的匣子，卻退還了他的珍珠。這可以算是善於賣匣子，卻不能算是善於賣珍珠啊。現在發表言論的人，都講說巧妙美麗的言辭，做君主的，只喜歡這些言辭的美妙，卻忽略了這些言辭的作用。墨子的言論，傳授先王的道術，發揮聖人的意旨，普遍的曉喻眾人。假若修飾美妙的言辭，恐怕人們只喜愛他言辭的美妙，而忽略了他言辭的作用，這無異以虛文損害實用，和楚人賣珍珠、秦伯嫁女兒是一樣的。所以他的言辭多半不美妙。」

墨子為木鳶，三年而成，蜚一日而敗。㈠弟子曰：「先生之巧，至能使木鳶飛。」墨子曰：「吾不如為車輗㈡者巧也，用咫尺㈢之木，不費一朝之事，而引三十石之任，㈣致遠力多，久於歲數。今我為鳶，三年成，蜚一日而敗。」惠子聞之曰：「墨子大巧，巧為輗，拙為鳶。」㈤

【今註】㈠墨子為木鳶三句：墨子，已見本篇經二注八。鳶，音ㄩㄢ，是一種猛禽，大致像鷹，俗稱鷂鷹。木鳶，也許就像現在的風箏。蜚，通飛。敗，毀壞。㈡輗：音ㄋㄧˊ，大車轅端橫木，用以縛軛駕馬。㈢咫尺：咫，周尺八寸。咫尺，表示很短。㈣而引三十石之任：引，牽引而使前進。石，讀ㄉㄢˋ，古以百二十斤為石，今以一百公斤為一公石，任，名詞，指運送的物品。㈤惠子聞之曰四句：惠子，就是惠施，已見內儲說上傳一張儀欲以秦韓與魏之勢伐齊荊節注一。巧為輗，是以作輗為巧；拙為鳶，是以作鳶為拙。

【今譯】墨子製作一個木鳶，三年纔成功，飛了一天就壞了。他的弟子們說：「先生的技藝太巧妙了，竟至能使木鳶飛翔的地步。」墨子說：「這還不如製作車輗的巧妙，用短短的木料，不消一天的工作，就能產生很大的力量，而拖運三千多斤的重載，到達遙遠的地方，並且應用幾年，也不會壞。現在我製作木鳶，三年纔成功，飛了一天就壞了。」惠子聽到這件事說道：「墨子是最懂技巧的，他認為作車輗是巧妙的，作木鳶是拙笨的。」

宋王與齊王仇也，築武宮，謳癸倡，行者止觀，築者不倦。㊀王聞，召而賜之。對曰：「師射稽之謳，又賢於癸。」㊁王召射稽使之謳，行者不止，築者知倦。㊂王曰：「行者不止，築者知倦，其謳不勝如㊃癸美，何也？」對曰：「王試度其功。」癸四板，射稽八板。「擿其堅。」癸五寸，射稽二寸。㊄

【今註】㊀宋王與齊王仇也數句：與，解作為（ㄨㄟˋ），與齊王仇，是為了齊王的仇恨。武宮，是講武的宮室。謳，音ㄡ，歌唱。這裏是唱鼓勵工作的歌。謳癸，是謳者名癸。倡，讀第四聲，借為唱。㊁師射稽之謳二句：射稽，人名。又，是更（ㄍㄥˋ）的意思。賢，勝過。㊂築者知倦：知，現出。呂覽自知：「文侯不悅，知於顏色。」㊃勝如：猶言勝於，比較勝過。㊄王試度其功數句：度，讀ㄉㄨㄛˋ，量度。功，成效。板，古用板築土為牆，以板計算牆的面積。一板，長一丈，廣二尺，或曰廣一尺二寸。不過時地不同，也有尺度的差別。擿，讀ㄊㄧˋ，迂評注：「入堅也。」大概是以金器穿入，試驗所築的牆堅實的程度。

【今譯】宋王為了齊王的仇恨，建築習武的宮室，謳癸在場地唱歌，走路的都停下來參觀，作工的也不曉得疲倦。宋王聽說這種情形，便把謳癸召來，給予賞賜。謳癸說：「我的師父射稽唱歌，比我更好。」宋王便把射稽召來，使他到建築武宮的場地唱歌，走路的並不停下來參觀，作工的現出了疲倦的樣子。宋王說：「走路的不停下來參觀，作工的現出了疲倦的樣子，照這樣看，射稽唱歌不比謳癸好，這是什麼緣故呢？」主持工作的人回答說：「請王測度築牆的功效看看！」測度的結果：謳癸唱歌築四板，射稽唱歌築八板。「再拿金器穿入，試驗堅實的程度。」謳癸唱歌時所築的牆，可以穿入五寸，射稽唱歌時所築的牆，只能穿入二寸。

夫良藥苦於口，而智者勸㈠而飲之，知其入而已己疾也。㈡忠言拂於耳，㈢而明主聽之，知其可以致功也。

【今註】㈠勸：勉強。㈡知其入而已己疾也：已，是止的意思。下一字為己，是自己的意思。㈢拂於耳：拂，是逆的意思。拂於耳，就聽到使人不愉快。

【今譯】優良的藥吃時覺得很苦，可是聰明人能夠勉強吃下，因為知道吃下可以治好自己的病。忠直的話聽時覺得難受，可是英明的君主能夠儘量聽從，因為知道聽從可以成就功業啊。

傳二——宋人有請為燕王以棘刺之端為母猴者，㈠必三月齋㈡，

然後能觀之，燕王因以三乘養之。㊂右御治工㊃謂王曰：「臣聞人主無十日不燕㊄之齋。今知王不能久齋，以觀無用之器也，故以三月為期。凡刻削者、以其所以削㊅必小。今臣、冶人也，無以為之削。此不然物也，㊆王必察之。」王因囚而問之，果妄，乃殺之。冶人又謂王曰：「計無度量，㊇言談之士多棘刺之說也。」

一曰：燕王好微巧㊈，衛人請以棘刺之端為母猴，燕王說之，養之以五乘之奉。㊉王曰：「吾試觀客為棘刺之母猴。」客曰：「人主欲觀之，必半歲不入宮，不飲酒食肉，雨霽日出，視之晏陰之間，⑪而棘刺之母猴乃可見也。」燕王因養衛人，不能觀其母猴。鄭有臺下之冶者，謂燕王曰：「臣為削者也，諸微物必以削削之，而所削必大於削。今棘刺之端，不容削鋒；削鋒難以治棘刺之端。王試觀客之削，則能與不能可知也。」⑫王曰：「善。」謂衛人曰：「客為棘削之？」⑬曰：「以削。」王曰：「吾欲觀見之。」⑭客曰：「臣請之舍取之。」⑮因逃。

【今註】㊀宋人有請為燕王以棘刺之端為母猴者：棘，音ㄐㄧˊ，像棗樹而矮小叢生。刺，植物莖上的芒，末端比針尖還細，本作朿，後又作刺。母猴，就是沐猴、獼猴。呂氏春秋察傳：「故狗似玃，玃似母猴，母猴似人。」王叔岷韓非子集解斠證：「母、沐、獼，並語之轉，母，非謂牝者。」㈡齋：是戒潔的意思。古人在祭祀前，沐浴更衣，不飲酒，不茹葷，戒絕妄念妄動，以示虔敬。㈢燕王以三乘養之：周禮地官小司徒：「四井為邑，四邑為丘，四丘為甸，……。」釋名釋州國：「甸，乘也，出兵車一乘。」按丘十六井，甸六十四井。乘，讀ㄕㄥˋ，甸亦讀ㄕㄥˋ。㈣右御冶工：御，近侍。冶，鎔鑄金屬。松皐圓定本韓非子纂聞：「冶工，冶人，時為右御。」㈤燕：與宴、讌通，是會飲的意思。㈥所以削：用來刻削的工具，就是刻刀。㈦此不然物也：這是不真實的事，也就是騙人的事。然，如此。物，事。㈧計無度量：對於提供的計策沒有多加考慮，度量，讀ㄉㄨㄛˋㄌㄧㄤˊ。㈨微巧：精細的工藝品。㈩燕王說之二句：說，讀ㄩㄝˋ，借為悅。奉，同俸。㈡雨霽日出二句：雨霽，是雨止的意思。晏陰之間，是日光照射不到的地方。㈢鄭有臺下之冶者數句：臺下，大概是鄭國的地名。臣為削者也，削，名詞，就是刻刀，諸微物必以削削之，上削是名詞，下削是動詞。所削必大於削，所削，是被削的物品，削，是刻刀。削鋒，刻刀的尖端。王試觀客之削，削是刻刀。㈢客為棘削之：顧廣圻韓非子識誤：「削，當作刺。之下當有『母猴何以』四字。」陳奇猷韓非子集釋以為當作：「客為棘刺之母猴何以治之」，似得其實。㈣吾欲觀見之：顧廣圻韓非子識誤以為見字衍。㈤臣請之舍取之：上之字是往的意思。下之字代刻刀。

【今譯】　傳二——有一個宋國人，請求為燕王在棘刺的尖端刻一隻獼猴，燕王必須齋戒三月，然後纔能看見。燕王便拿三乘的俸祿供養他。右御原本是個鐵匠，對燕王說：「我聽說君主沒有十天不宴飲的齋戒。這個宋國人知道王不會為了觀看沒用的器物，而長久的齋戒，所以規定三個月的期限。大凡雕刻器物，所用的刻刀必須比雕刻的器物小。我原本是鐵匠，可是無法作這樣小的刻刀。這是騙人的事，王必須加以考察。」王把這個宋國人捉來審問，果然是騙人的，就把他殺死。右御又告訴燕王說：「對於提供的計策若不仔細考量，遊說的人會有很多在棘刺尖端刻獼猴一類的說辭。」

另一說：燕王愛好精細的工藝品，有一個衛國客人請求在棘刺的尖端刻一隻獼猴，燕王非常高興，拿五乘的俸祿供養他。燕王說：「我很想看看客人在棘刺尖端雕刻獼猴。」客人說：「王若想觀看雕刻獼猴，必須半年不進後宮，不飲酒吃肉，等雨止日出時，在陽光照射不到的地方，棘刺尖端雕刻的獼猴纔能看見。」燕王就養著衛國的客人，可是無法看見棘刺尖端雕刻的獼猴。有一個鄭國臺下的鐵匠對燕王說：「我是作刻刀的，許多細微的器物必須用刻刀雕刻，而且雕刻的器物一定比刻刀大。現在棘刺的尖端根本不能容受刀鋒，刀鋒怎能把棘刺的尖端雕刻成器物呢？王教客人把刻刀拿出來看看，能不能在棘刺的尖端雕刻獼猴，就可以知道了。」燕王說：「對的！」就對衛國的客人說：「你在棘刺的尖端雕刻獼猴使用什麼工具？」客人回答說：「用刻刀。」燕王說：「我要看一看！」客人說：「我回客館取來給王看。」就乘機逃走了。

兒說㈠宋人、善辯者也，持「白馬非馬」也，㈡服齊稷下之辯

者。㊂乘白馬而過關，則顧白馬之賦。㊃故籍之虛辭，則能勝一國；考實按形，不能謾於一人。㊄

【今註】 ㊀兒說：宋元王時人，曾為宋大夫。兒，讀ㄋㄧˊ，通作倪。說，似應讀ㄩㄝˋ。㊁持白馬非馬也：持，是主張的意思。白馬非馬，為名家公孫龍學說的重要部分，兒說亦予以主張。㊂服齊稷下之辯者：史記田完世家：「宣王喜文學遊說之士，……皆賜列第為上大夫，不治而議論，是以齊稷下學士復盛，且數百千人。」稷下，即稷山的下面，有古齊城，齊城西門名稷門，有學士館，所以稱為稷下學士。稷山，在今山東省臨淄縣西南。服，使屈服。㊃則顧白馬之賦：顧，通雇，是報償的意思。賦，是稅。過關，是得到便利；納稅，便是報償。陳奇猷韓非子集釋，以為這句話衍白字，意謂騎白馬過關，仍須納馬的稅，並不因為白馬而有差別。所見甚是。㊄故籍之虛辭四句：籍，通藉。之，用同於字。按，也是考察的意思。考實按形，就是考察形體和實質。謾，欺騙。

【今譯】 兒說是宋國一個善辯的人，主張「白馬非馬」的議論，齊國稷下善辯的人都認輸了。有一次他騎著白馬過關，卻照納馬的關稅。所以單憑空言，可以戰勝全國；若考察形狀和實質，一個人都不能欺騙。

夫新砥礪殺矢，彀弩而射，雖冥而妄發，其端未嘗不中秋毫也。㈠然而莫能復其處，㈡不可謂善射，無常儀的也。設五寸之的，引十步之遠，非羿、逢蒙不能必全者，有常儀的也。㈢有度難，而無度易也。有常儀的，則羿、逢蒙以五寸為巧；無常儀的，則以妄發而中秋毫為拙。故無度而應之，則辯士繁說；設度而持之，雖知者猶畏失也，不敢妄言。今人主聽說，不應之以度，而說其辯；不度之以功，而譽其行，而不入關。㈣此人主所以長欺，而說者所以長養也。」

【今註】 ㈠夫新砥礪殺矢四句：砥礪，動詞，是磨的意思。殺矢，周禮考工記：「冶氏為殺矢。」鄭玄注：「用諸田獵之矢也。」彀，音ㄍㄡˋ，把弓拉滿。冥，通瞑，閉著眼睛。秋毫，比喻細小的事物。㈡莫能復其處：不能再射中已經射中的地方。復，是再、又的意思。㈢設五寸之的四句：的，箭靶的中心。引，開弓。羿，已見本篇傳二注。逢蒙，夏朝善射箭的人。學射於羿，以為天下只有羿比自己射得好，便把羿殺死。㈣故無度以應之數句：應，讀第四聲，是應付的意思。說，讀ㄕㄨㄟˋ。持，執而不釋。知，讀第四聲，同智。而說其辯的說字讀ㄩㄝˋ。而不入關，就是像射箭不能中的一樣。而，解作如。

【今譯】 剛把箭鏃磨好，拉開弓發射，雖然閉著眼亂射，箭鏃未嘗不可以射中細微的東西；但是再射時，便不能射中原處，這不能稱為善射箭，因為沒有固定的目標。設置一個五寸大的箭靶，從十步遠的地方發射，不是羿和逢蒙那樣的高手便不能全部射中，因為有固定的目標啊。有法度就難，沒有法度就容易。有固定的目標，羿和逢蒙射中五寸大的箭靶便算巧妙；沒有固定的目標，隨便亂射，即便射中極細微的東西，也算拙笨。所以沒有法度應付人，說客就會大放厥詞；若設有法度，並且嚴格執行，即便才智極高的人，也怕言多必失，而不敢亂說話了。現在君主聽人遊說，不拿法度來應付，就喜歡他們的口才；不以功效來審察，就贊美他們的行事，這就像射箭射不到箭靶一樣。這就是君主永遠受欺騙，說客永遠被供養的緣故啊。

客有教燕王為不死之道者，王使人學之，所使學者未及學，而客死。王大怒，誅之；王不知客之欺己，而誅學者之晚也。夫信不然之物，㊀而誅無罪之臣，不察之患也。且人所急，無如其身，㊁不能自使其身無死，安能使王長生哉！㊂

【今註】㊀不然之物：已見本篇宋人有請為燕王以棘刺之端為母猴節注七。㊁且人所急二句：所急，急要的事。其身，自己的生命。㊂列子說符篇也載有這件事。

【今譯】有一個客人請求教導燕王長生不老的方法，燕王派人向他學習，派去的人還沒學好，客人便死了。燕王非常生氣，就把派去的人殺死。燕王不知道客人欺騙自己，卻處罰派去的人學習得太慢了。相信騙人的事情，殺戮無罪的臣下，這是不仔細考察的過錯呀。人類急要的事情，莫過於自己的生命，這位客人不能使自身不死，怎麼能夠使國王長生呢？

鄭人有相與爭年㈠者，一人曰：「吾與堯同年；」其一人曰：「我與黃帝之兄同年。」訟此而不決，以後息者為勝耳。㈡

【今註】㈠爭年：爭論年齡的大小。㈡訟此而不決二句：訟，爭論是非，用手叫做爭，用言叫做訟。決，決定勝敗。息，停止。

【今譯】鄭國有兩個人爭論年齡的大小，一個人說：「我和堯同年。」另一個人說：「我和黃帝的哥哥同年。」這樣爭論無法解決，最後停止爭論的就算勝利了。

客有為周君畫筴者，㈠三年而成，君觀之，與髹筴者同狀，㈡周君大怒。畫筴者曰：「築十板之牆，鑿八尺之牖，而以日始出時，加之其上而觀。」㈢周君為之，望見其狀，盡成龍蛇禽獸車馬，萬物之狀備具，周君大悅。此畫筴之功，非不微難也，然其用與素髹筴同。㈣

【今註】㈠客有為周君畫筴者：周君，戰國後期，周室微弱已極，又分為東西，稱東周君與西周君。

這裏周君，大概就是東周君或西周君。筴，通策，或以為馬箠，或以為簡策。今按似為手杖。㈡與髹筴者同狀：髹，音ㄒㄧㄡ，是以漆塗物。字本作髤，俗作髹。㈢築十版之牆四句：版，同板。古用板築土為牆，以板計算牆的面積。長一丈，廣二尺為一板，或曰廣一尺二寸。十板之牆，就是高二丈。牖，音ㄧㄡˇ，窗洞。以，用猶於字。㈣此畫策之功三句：功，功夫，指所用的力量與成就。素，不加修飾。素髹，只塗漆，不畫花樣。

【今譯】有一個客人替周君彩畫手杖，三年纔畫成功。周君一看，和油漆的手杖一樣，非常生氣。畫手杖的客人說：「要修築一堵兩丈高的牆，上面開一個八尺平方的窗口，把手杖放在窗口，借早晨平射的陽光觀看，纔能看出牠的美麗。」周君就照他的話辦理，看到手杖上面，龍蛇、禽獸、車馬、……萬物的形狀，差不多都具備了，周君非常高興。這枝手杖彩畫的功夫，並不是不精細艱難，可是實際的功用和只用漆塗的手杖沒有什麼不同啊。

客有為齊王畫者，齊王問曰：「畫孰㈠最難者？」曰：「犬馬最難。」「孰最易者？」曰：「鬼魅㈡最易。」夫犬馬、人所知也，旦暮罄於前，不可不類之，㈢故難。鬼魅、無形者，不罄於前，故易之也。

【今註】㈠孰：是何的意思。㈡魅：音ㄇㄟˋ，老物精。㈢旦暮罄於前二句：旦暮，是從早到晚。

罄，是皆的意思。詩小雅天保：「罄無不宜。」罄於前，就是都在眼前。盧文弨羣書拾補，以為罄俔同意，俔訓為見，似可不必。不類，各舊本無不字，校釋增不字，較為易解。類，是像的意思。

【今譯】有一個客人給齊王畫畫，齊王問他：「畫什麼最難？」他回答說：「畫犬馬最難。」齊王又問：「畫什麼最容易？」他回答說：「畫鬼魅最容易。」犬馬是人最熟悉的東西，從早到晚都在眼前，畫的不能不像，所以難畫。鬼魅是無形的，誰也沒見過，所以容易畫。

齊有居士田仲者，㊀宋人屈穀見之，㊁曰：「穀聞先生之義，不恃仰人而食。今穀有巨瓠㊂，堅如石，厚而無竅㊃，獻之！」仲曰：「夫瓠所貴者，謂其可以盛也。今厚而無竅，則不可以盛物；堅如石，則不可以剖而斟。吾無以瓠為也！」㊄曰：「然、穀將欲棄之。」今田仲不恃仰人而食，亦無益人之國，亦堅瓠之類也。

【今註】㊀齊有居士田仲者：居士，隱居不仕的人。田仲，盧文弨羣書拾補，以為就是陳仲子。據孟子及各書所載，仲子是田齊的世家，哥哥名戴，食祿萬鍾。仲子認為哥哥的俸祿是不義的，避兄離母，住在於陵，自己織鞋子，太太績麻，自謀生活。在當時是一個很有名的人。㊁宋人屈穀見之：屈穀，事蹟未詳。盧文弨羣書拾補：「文選七命注，引穀作轂，下有往字，之下有謂之二字。」㊂

瓠：音ㄏㄨˋ，俗名葫蘆，嫩時可食，長老晒乾，可以貯酒，又可鋸為二瓢。㈣竅：音ㄑㄧㄠˋ，是孔的意思。㈤夫瓠所貴者數句：謂，和為（ㄨㄟˋ）古多通用。盛，讀ㄔㄥˊ，用器具裝東西。斟，音ㄓㄣ，用杓舀水。無以瓠為，沒有事給瓠作，也就是要這個葫蘆沒用處。

【今譯】 齊國有一位居士名叫田仲，宋國的屈穀前往拜訪他，對他說道：「我聽說先生的主張，是絕不仰仗他人來生活。我有一個大葫蘆，像石頭一般堅硬，表皮很厚，不易穿孔，現在把它奉獻給先生。」田仲說：「葫蘆的可貴，就是因為它能夠盛東西。假如表皮很厚，不易穿孔，就不能盛酒漿；像石頭一般堅硬，就不能剖成瓢舀水，我要這個葫蘆有什麼用處呢？」屈穀說：「你說的很對，這樣的葫蘆沒用處，我打算把牠丟掉。」現在田仲不仰仗人來生活，可是對於國家也沒有用處，這和堅硬的葫蘆一樣啊。

虞慶㈠為屋，謂匠人曰：「屋大尊。」㈡匠人對曰：「此新屋也，塗濡而椽生。夫濡塗重而生椽橈，以橈椽任重塗，此宜卑。」㈢虞慶曰：「不然。更日久，㈣則塗乾而椽燥。塗乾則輕，椽燥則直，以直椽任燥塗，此益尊。」匠人詘，㈤為之而屋壞。

一曰：虞慶將為屋，匠人曰：「材生而塗濡，夫材生則橈，塗濡則重，以橈任重，今雖成，久必壞。」虞慶曰：「材乾則直，塗乾則輕。今誠得乾，日以輕直，雖久必不壞。」匠人詘，作之成，有間、㈥屋果壞。

【今註】㈠虞慶：慶，通卿。虞卿，戰國時遊說之士，曾為趙上卿。這段故事，又見於呂氏春秋別類篇、淮南子人間訓，不過呂氏春秋作高陽應，淮南子作高陽魋。㈡屋大尊：尊，是高的意思。大，是動詞。大尊，猶言加高，和後面益尊同義。㈢此新屋也數句：塗，是泥，古用以敷屋頂，後來用瓦。濡，音ㄖㄨˊ，是溼的意思。椽，音ㄔㄨㄢˊ，架在梁上的方木，又叫做桷，用以承泥或瓦。生，是新的意思，尚未到乾燥合用的程度。橈，音ㄋㄠˊ，是彎曲的意思。㈣更日久：更，讀ㄍㄥ，是經歷的意思。㈤匠人詘：詘，讀ㄑㄩ，借為屈，這裏是辭窮的意思。㈥有間：間，讀第一聲，意為少時。有，是助詞。

【今譯】虞慶蓋房子，告訴匠人說：「房子要加高些。」匠人回答說：「這是蓋新房子，房頂的泥土是溼的，木椽是新的，溼的泥土是重的，新的木椽很容易變彎曲，以彎曲的木椽，承擔重的泥土，是很危險的，所以應該蓋低些。」虞慶說：「你的話是不對的。經過的時光稍久，泥土和木椽都變為乾燥，泥土乾燥就減輕，木椽乾燥就挺直，以直的木椽承擔乾的泥土，便不會有危險，這是可以加高的。」匠人無辭以對，就照他的意思建造，結果房子倒坍了。

另一說：虞慶打算蓋房子，匠人說：「木材是新砍伐的，泥土是溼的，新的木材會彎曲，溼的泥土分量重，以彎曲的木材，承擔重的泥土，現在雖然蓋成，日久一定倒坍。」虞慶說：「木材乾燥就挺直，泥土乾燥就減輕。假如房子蓋成，木材泥土變乾，木材漸直，泥土漸輕，雖然經過長久的時光，也不會倒坍的。」匠人無辭以對，就照他的意思蓋成功，不久，房子果然倒坍了。

范且曰：「弓之折，必於其盡也，不於其始也。㈠夫工人張弓也，伏檠三旬而蹈弦，一日犯機，是節之其始，而暴之其盡也，焉得無折？㈡且㈢張弓不然。伏檠一日而蹈弦，三旬而犯機，是暴之其始，而節之其盡也。」工人窮㈣也，為之，弓折。㈤

【今註】㈠范且曰四句：且，讀ㄐㄩ。范且，就是范睢，戰國時魏國人。初事魏中大夫須賈，因從賈使齊，受齊王牛酒等物，被魏相魏齊笞擊幾死。後改姓名為張祿入秦，以遠交近攻的政策，說秦昭襄王而為相，封應侯。盡，是到最後的時候。㈡夫工人張弓也數句：張弓，本來是施弓弦的意思，這裏似乎是製作弓。檠，音ㄑㄧㄥˊ，是輔正弓弩的器具。伏檠，就是把弓背放在檠裏輔正。蹈弦，施弦。機，弩牙，弩上發矢的東西。犯機，觸動弩牙發矢。節，節制動作，也就是謹慎的工作。暴，急迫。焉得，猶言何能。㈢且：假設連詞。㈣窮：是辭窮，無話辯白。㈤本節原文不誤。各家改正意未允洽。

【今譯】　范且說：「弓臂的折斷，都是在最後的時候，而不是在開始的時候。工人製作時，先把弓背放在檠裏輔正，三十天以後纔施弦，再過一天便觸動弩牙發射，這是開始的時候謹慎，最後的階段急迫，弓背怎能不折斷呢？假如製作弓時不這樣，把弓臂放在檠裏輔正，一天以後便施弦，再過三十天纔觸動弩牙發射，這是開始的時候急迫，最後的階段謹慎，豈不可以避免折斷？」弓匠無話辯白，就照范且的意思去作，結果，弓臂都折斷了。

范且虞慶之言，皆文辯辭勝，而反事之情，人主說而不禁，此所以敗也。㈠夫不謀治強之功，而豔乎辯說文麗之聲，是卻有術之士，而任壞屋、折弓也。㈡故人主之於國事也，皆不達乎工匠之構屋張弓也。然而士窮乎范且虞慶者，為虛辭其無用而勝，實事其無易而窮也。㈢人主多無用之辯，而少無易之言，此所以亂也。㈣今世之為范且、虞慶者不輟，而人主說之不止，是貴敗折之類，而以知術之人為工匠也。㈤工匠不得施其技巧，故屋壞弓折；知術之人不得行其方術，故國亂而主危。

【今註】　㈠范且虞慶之言數句：文辯辭勝，就是文辭美妙。反事之情，就是和事實相反。說，讀ㄩㄝˋ，借為悅。㈡夫不謀治強之功四句：豔，動詞，是羨慕的意思。辯說文麗之聲，就是巧妙美麗的言語。

卻，是拒絕的意思。㊂然而士窮乎范且虞慶者三句：窮，窘住。乎，介詞，用同於字，表被動。為，讀第四聲，是因為的意思。其，用猶之字。而，轉接連詞，解作反而。無易，不可變易。㊃人主多無用之辯三句：多，稱譽，採用。少，訾毀，捨棄。㊄今世之為范且虞慶者不輟四句：輟，音ㄔㄨㄛˋ，停止。說，讀ㄩㄝˋ，借為悅。貴，尊重。

【今譯】范且和虞慶說的話，都言辭美妙，卻和實事相反，君主喜歡聽這類的話，而不予禁止，這就是失敗的因素啊。假如不謀求安寧強盛的績效，卻愛慕巧妙美麗的言辭，這是拒絕深明治術的賢才，而信任毀屋折弓的狂士呀。所以一般君主對於國事，都像范且和虞慶一樣，根本不懂蓋房子作弓的道理。可是很多人被范且虞慶說服，這是因為無用的虛辭反而美麗，不能改變的實事易被曲解。君主採用無用的辯辭，揚棄不能改變的實話，這就是國家衰亂的緣故啊。現在范且虞慶一類的人不斷的出現，君主也永遠喜歡這樣的人，這無異尊重毀屋折弓的狂士，卻把深明治術的賢才看成工匠。工匠不能應用技巧，所以屋壞弓折，賢士不能實行道術，所以國家衰亂，君主危殆啊。

夫嬰兒相與戲也，以塵為飯，以塗為羹，以木為胾，然至日晚必歸饟者，塵飯塗羹，可以戲，而不可食也。㊀夫稱上古之傳頌，辯而不慤，道先王仁義，而不能正國者，此亦可以戲，而不可以為治也。㊁夫慕仁義而弱亂者，三晉也；㊂不慕仁義而治強者，秦也；然而秦強而未帝者，治未畢也。

【今註】㊀夫嬰兒相與戲也數句：戲，遊戲。塵，是土。塗，是泥。羹，有湯的肉菜。胾，音ㄗˋ，是沒有骨頭而方正的肉塊。饟，音ㄒㄧㄤˇ，同餉。歸饟，就是回家吃飯。㊁夫稱上古之傳頌數句：傳頌，傳述贊頌的史事。辯，巧言。慤，音ㄑㄩㄝˋ，確實。正，動詞，是使變為正。正國，就是治國。㊂夫慕仁義而弱亂者三晉也：慕，向慕。三晉，春秋時趙魏韓三家，世為晉卿，慢慢強大，到戰國時，瓜分晉國，各自獨立，稱為三晉。

【今譯】小孩子在一塊兒遊戲，拿塵土當飯，拿爛泥當菜，拿木頭當肉塊，但是到天色暗了，一定要回家吃飯，因為土飯泥菜只能玩，不能吃呀。講述上古傳頌的史事，好聽但不確實；稱道先王仁義的聖德，卻不能治理國家，這也只能遊戲，不能實行呀。喜愛仁義而國家弱亂的是三晉，不喜愛仁義而國家治強的是秦國，秦國雖然治強，卻未能領導天下，是因為治術還沒完備呀。

傳三——人為嬰兒也，父母養之簡，子長而怨。子盛壯成人，其供養薄，父母怒而誚之。㊀子父、至親也。而或譙或怨者，皆挾相為，而不周於為己也。㊁夫買庸而播耕者，主人費家而美食，調錢布而求易者，非愛庸客也，曰：如是，耕者且深，耨者且熟云也。㊂庸客致力而疾耘耕，盡功而正畦陌㊃者，非愛主人也，曰：如是，羹且美，錢布且易云也。此其養功力，有父子之澤矣，而必周於用者，皆挾自為心也。故人行事施予，以利之為心，則越人易和；以害之為心，則父子離且怨。㊄

【今註】㊀人為嬰兒也數句：簡，慢忽，不周到。長，讀第三聲，是年歲大的意思。盛壯，都是長大的意思。誚，音ㄑㄧㄠˋ，譴責，字又作譙。㊁皆挾相為而不周於為己也：挾相為，已見本篇經三注一。周，是備的意思，也是合的意思。㊂夫買庸而播耕者數句：買，各舊本作賣。松皇圓定本韓非子纂聞，以為應作買。據改。庸，指為傭，是傭工。買庸，就是僱用傭工。播，播種。播耕，就是耕種。費家，耗費家財。調，是籌集或選擇。錢布，都是貨幣。易，是善的意思。曰，本節兩個曰字，都是用以解釋上文的意思，並不是真正說話。且，這裏四個且字都解作將，俗語是會的意思。熟，精細。云，如此。㊃正畦陌：猶言正經界。畦，音ㄒㄧ，是田的分區。陌，音ㄇㄛˋ，田間小路。㊄故人行施予數句：予，讀第三聲，同與。利之、害之，兩之字都是代名詞，猶言利他、害他。越，我國東南沿海的民族，古以為異族，所以拿越人比喻疏遠而漠不關心的人。且，等列連詞，解作又，或，而且。

【今譯】傳三——人當小孩子的時候，父母對他的養育疏略，他長大了便怨恨。兒子長大成人，對父母的供奉微薄，父母便生氣而加以責備。父親和兒子，是最近的親屬，還有的責備兒子，有的怨恨父親，這都由於存有人己相為的觀念，而感覺別人給與自己的不夠周備啊。那些僱人種田的，主人耗費家財，供給精美的膳食；籌集良好的錢布，發放工資，這不是喜愛傭人，因為這樣耕田就會深，除草就會細呀。傭人努力耕田除草，盡心整理畦陌，也不是喜愛主人，因為這樣飯菜就會精美，錢布就會良好呀。這純粹是供給和功力的交換，有父子的恩情，還必求滿足自己的需要，都是存有自為的心理啊。所以人類在社會上行事和施與，總存著利人的心，最疏遠的越人也容易親和；總存著損人的心，最親近的父子也要疏遠而且怨恨了。

文公伐宋，㈠乃先宣言曰：「吾聞宋君無道，蔑侮長老，㈡分財不中，㈢教令不信，余來為民誅之。」

【今註】㈠文公伐宋：顧廣圻韓非子識誤：「公當作王，宋當作崇，見說苑指武篇。」王先愼韓非子集解：「經亦作文公，疑非文王伐崇事。」今按晉文公未伐宋，衛文公、鄭文公、魯文公等均弱小，顧說似是。㈡蔑侮長老：蔑侮，都是輕慢的意思。蔑，音ㄇㄧㄝˋ。長老，都是年高的意思。長，讀ㄓㄤˇ。㈢分財不中：中，讀第一聲，是不偏、均平的意思。

【今譯】文公攻打宋國，預先宣揚說：「我聽說宋國的君主無道，不尊重長老，分財物不公平，發布教令不守信用，我來為人民誅滅這個暴君。」

越伐吳，乃先宣言曰：「我聞吳王築如皇㈠之臺，掘淵泉之池，㈡罷苦百姓，㈢煎靡財貨，㈣以盡民力，余來為民誅之。」

【今註】㈠如皇：韓子迂評以為臺名。松皐圓定本韓非子纂聞以為姑蘇二字的殘缺。㈡淵泉之池：各舊本作深池。王先慎韓非子集解據太平御覽一百七十七引改。㈢罷苦百姓：罷，讀ㄆㄧˊ，借為疲。罷苦，就是勞苦的意思。㈣煎靡財貨：煎，火乾，可引伸為盡。靡，也是盡的意思。煎靡財貨，把財貨消耗淨盡。

【今譯】越王攻打吳國，預先傳揚說：「我聽說吳王建築如皇臺，挖掘淵泉池，辛苦百姓，浪費財物，人力物力，差不多要用盡了，我是來為人民誅滅暴君的。」

蔡女為桓公妻，㈠桓公與之乘舟，夫人蕩舟，桓公大懼，禁之不止，怒而出之。乃且復召之，㈡因復更嫁之。㈢桓公大怒，將伐蔡。仲父諫曰：「夫以寢席之戲，不足以伐人之國，功業不可冀也，請無以此為稽也。」㈣桓公不聽。仲父曰：「必不得已，楚之菁茅㈤不貢於天子三年矣，君不如舉兵為天子伐楚。楚服，因還襲蔡，曰：『余為天子伐楚，而蔡不以兵聽從，因遂滅之。』此義於名，㈥而利於實。故必有為天子誅之名，而有㈦報讎之實。」

【今註】㈠蔡女為桓公妻：桓公，春秋時齊國的君主，春秋五霸的第一位。蔡，周武王弟叔度的封國，故城在今河南省上蔡縣西南。傳到平侯，土地被楚國侵奪，周平王又封平侯於新蔡。傳到昭侯，又因避楚遷到吳國的州來，是為下蔡，就是現在安徽省鳳臺縣。後被楚國吞滅。蔡女，蔡繆侯的妹妹。㈡桓公與之乘舟數句：夫人，即蔡女。蕩，搖動。出，古謂逐妻為出。乃，轉接連詞，解作卻、可是。且，解作將、打算。㈢因復更嫁之：更，讀第一聲。更嫁，蔡繆侯改嫁蔡女。復，陶小石讀韓非子札記：「下復字涉上而衍。因上當有蔡字。」㈣仲父諫曰數句：仲父，齊桓公對管仲的尊稱。寢席，指共寢席的人。冀，是希望。稽，是計的意思。桓公的計慮在伐蔡，所以管仲勸他無以此為計。㈤菁茅：菁，音ㄐㄧㄥ。菁茅，香草，古用以滲酒，是楚國對天子的貢品。㈥此義於名：是說出師的名很正當。㈦而有：猶乃有，始有。

【今譯】蔡繆侯的妹妹嫁給齊桓公做夫人，桓公和她坐著船遊玩，她故意搖動船身，桓公非常害怕，禁止她搖動，她還不肯停止，桓公賭氣把她休回蔡國，可是打算過些日子再召她回來。蔡侯沒注意桓公的真意，就把她改嫁了。桓公非常忿怒，打算率領軍隊攻打蔡國。管仲勸諫桓公說：「因為夫妻開玩笑，不能攻打別人的國家，這樣，大功大業便沒希望了，請您不要這樣計慮。」桓公不肯聽從。管仲又說：「您一定要攻打蔡國的話，楚國已經三年沒向天子貢獻菁茅，您最好率領軍隊替天子討伐楚國。楚國服從以後，回來順便襲取蔡國，就說：『我替天子討伐楚國，蔡國卻不派兵參加，所以就把他滅掉』。這樣名義既然正當，實際又有利益。所以必須有為天子伐罪的名義，纔有報復私仇的實質。」

吳起為魏將而攻中山，㊀軍人有病疽㊁者，吳起跪而自吮㊂其膿，傷者之母立泣。人問曰：「將軍於若子㊃如是，尚何為而泣！」對曰：「吳起吮其父之創㊄而父死，今是子又將死也，吾是以泣。」

【今註】㊀吳起為魏將而攻中山：吳起，戰國時衛國人。善用兵，為魏文侯將，曾助樂羊攻滅中山，又曾攻占秦國五個城，而為西河守。武侯即位，把他召回。起逃往楚國，楚悼王用主國政。楚悼王死，起被枝解。中山，春秋時為鮮虞國，後改為中山，在今河北省定縣一帶。魏文侯滅中山，派太子擊駐守。太子擊返魏，又封少子摯於中山。魏所封的中山，為趙武靈王陸續吞併。㊁疽：音ㄐㄩ，大膿瘡。㊂吮：音ㄕㄨㄣˇ，用嘴吸。㊃若子：你的兒子，若，第二人稱代名詞。㊄創：讀第一聲，同瘡。

【今譯】吳起做魏國的將領，奉命攻打中山，有一個兵士生大膿瘡，吳起跪著親自替他吸膿，兵士的母親看見，馬上就哭起來。有人問她：「將軍對你的兒子這樣好，你為什麼還要哭呢？」她回答說：「吳起曾吸過他父親的大膿瘡，他父親戰死；現在這個兒子又要戰死，所以我哭啊。」

趙主父令工施鉤梯而緣播吾，㊀刻疎㊁人迹其上，廣三尺，長五尺，而勒㊂之曰：「主父常㊃遊於此。」

【今註】㊀趙主父令工施鉤梯而緣播吾：趙主父，就是趙武靈王，戰國時趙國的君主。胡服騎射，兵力強勁，拓土日廣。在位二十七年，傳位給少子何，自號主父。長子章作亂失敗，逃往沙丘宮依主父。公子成、李兌率兵圍沙丘宮，主父餓死。鉤梯，亦稱鉤援，古代攻城的器具，以梯倚城相鉤引而上。緣，攀緣而上。播吾，戰國時趙的番吾邑，漢置蒲吾縣，就是現在河北省平山縣。縣西北有房山，王先慎韓非子集解以為就是主父派工人施鉤梯處。㊁刻疎：疎，字又作疏，也是刻的意思。㊂勒：刻識。㊃常：通嘗。

【今譯】趙主父派工人用鉤梯攀登播吾山，在上面刻了一些腳印，寬三尺，長五尺，又刻石記載道：「主父曾到這裏遊玩」。

秦昭王令工施鉤梯而上華山，㊀以松柏之心為博，箭長八尺，棊長八寸，而勒之曰：「昭王嘗與天神博於此矣。」㊁

【今註】㊀秦昭王令工施鉤梯而上華山：秦昭王，就是秦昭襄王，戰國時秦國的君主，名稷。先後用魏冉、范雎為相，採用范雎遠交近攻的政策；並用白起為將，屢次攻破諸侯的軍隊。滅西周，取九鼎，國勢大盛。在位五十六年。鉤梯，見前節注。華山，在陝西省華陰縣南，就是五嶽當中的西嶽。華，讀第四聲。㊁以松柏之心為博數句：松柏之心，就是把松柏等木材去掉外層，只用裏層，質堅多油，不易腐損。博，又作簙，是古時的一種局戲，有六箸十二棊。這裏兩個博字，上為名詞，是博具；下為動詞，是對博。箭，大概就是六箸；棊，大概就是十二棊。平常的箸和棊，不可能長到八尺，大到八寸，這是昭王誇與天神對博，所以用長大的博具。

【今譯】秦昭王派工人用鉤梯攀登華山，用松木柏木的裏層作成博具，箭有八尺長，棊有八寸大，又刻石記載道：昭王曾和天神在這裏對博。

文公反國至河，㊀令：「籩豆捐之，席蓐捐之，手足胼胝，面目黧黑者後之。」㊁咎犯㊂聞之而夜哭。公曰：「寡人出亡二十年，乃今得反國，咎氏聞之，不喜而哭，意㊃不欲寡人反國邪？」犯對曰：「籩豆、所以食也，而君捐之，席蓐、所以臥也，而君棄之；手足胼胝、面目黧黑，勞有功者也，而君後之。今臣與在後，中不勝其哀，故哭。且臣為君行詐偽以反國者眾矣，臣尚自惡也，而況於君？」㊄再拜而辭。文公止之，曰：「諺曰：『築社者、攓撅而置之，端冕而祀之。』今子與我取之，而不與我治之；與我置之，而不與我祀之，焉可！」㊅乃解左驂盟於河。㊆

【今註】㊀文公反國至河：文公，春秋時晉獻公的兒子，名重耳。獻公寵愛驪姬，殺世子申生，重耳逃亡各國十九年，纔獲得秦穆公的幫助，回國做了君主，就是晉文公。後在城濮擊敗楚國，成為諸侯的霸主。反，是歸的意思，後增辵作返。河，黃河。文公返國，在今山西省臨晉縣附近渡河。㊁籩豆捐之四句：籩豆，都是古代的食器，竹製叫籩，木製叫豆；豆盛濕物，籩盛乾物。席蓐，臥具。蓐，音ㄖㄨˋ，後多作褥。捐，捨棄。胼胝，音ㄆㄧㄢˊ　ㄓ，因過於勞動，手足久受摩擦，所生堅厚的皮。黧黑，黧音ㄌㄧˊ，也是黑的意思，或曰黑黃色。後，行次在後。㊂咎犯：春秋時晉國的大夫狐偃，字子犯，是晉文公的舅父，所以稱為舅犯，咎借為舅，又作咎犯。從文公流亡各國十九年，文公回國即位，咎犯的謀略為多。㊃意：通作抑，疑詞，是或的意思。㊄今臣與在後數句：與，用猶以字。中，心中。勝，讀第一聲，是力能擔受。惡，讀ㄨˋ，憎恨。㊅諺曰數句：諺，傳言，是古語或俗語的意思。社，是土神；祭祀土神的處所，也叫做社。攓，字書沒有這個字，松皐圓定本韓非子纂聞改為攘字。攘撅，音ㄑㄧㄢ　ㄐㄩㄝˊ，是把長衣服提得高高的，以便工作。端冕，是古代的禮衣和禮帽。這幾句話的意思是：築社時大家提起衣服工作，顧不得禮容，築成時穿起禮衣，戴上禮帽祭祀，纔注重禮容。比喻流亡各國時，多行詐偽，以求返國，情勢不得不那樣。㈦乃解左驂盟於河：驂，音ㄘㄢ，古代駕車的馬，在中間的叫做服，在兩旁的叫做騑，也叫做驂。一說，在左叫做驂，在右叫做騑。盟，殺牲歃血，誓於神明。盟於河，是向河神宣誓，絕不辜負舅氏。

【今譯】　晉文公回國時，走到黃河邊，下令把籩豆拋棄，把席蓐丟掉，手腳生有厚皮，面目又黃又黑的走在後面。咎犯聽到這話，夜裏便哭起來。文公說：「我流亡各國二十年，現在纔能回國，舅氏聽了這種話，不但不高興，反而哭起來，莫非不願意我回國嗎？」咎犯回答說：「籩豆是用來進食的，您把牠拋棄；席蓐是用來寢臥的，您把牠丟掉；手腳生有厚皮，面目又黃又黑，是勞苦功高的，您使他們走在後面。我因為要走在後面，心裏悲痛得無法忍受，所以哭起來。並且在這段漫長的流亡的日子裏，我為您謀求返國所作的詭詐的事太多了，我自己尚且不滿意，您更不用說了。」說完以後，便向文公行禮告辭。文公挽留他說：「俗語說：『建築社廟，大家撩起破衣來工作；建築完成，大家穿起禮服來祭祀。』現在你幫我一同取得晉國，卻不幫我一同治理；就像和我一同建築社廟，卻不和我一同祭祀一樣，怎麼可以呢？」於是解下車子左邊的馬殺掉，向河神歃血宣誓，絕不辜負舅氏。

鄭縣人有得車軛者，㈠而不知其名，問人曰：「此何種也？」㈡對曰：「此車軛也。」俄㈢又復得一，問人曰：「此是何種也？」對

曰：「此車軛也。」問者大怒曰：「曩者㊃曰車軛，今又曰車軛，是何眾也？此女㊄欺我也！」遂與之鬬。

【今註】㊀鄭縣人有得車軛者：鄭縣，大約是韓哀侯攻滅鄭國後稱為鄭縣。車軛，車轅前端控制牛馬頸項的木質器具。軛，音ㄜˋ。㊁此何種也：種，讀第三聲，凡物相同相似的叫做一種。這裏何種，就是何物的意思。㊂俄：讀ㄜˊ，是不久的意思。㊃曩者：曩，音ㄋㄤˇ。曩者，是從前的意思。㊄女：讀ㄖㄨˇ，同汝。

【今譯】鄭縣有個人撿到一隻車軛，不知道它的名稱，便找人詢問：「這是什麼東西？」那人回答說：「這是車軛。」沒有多久，他又撿到一隻，又找那人詢問：「這是什麼東西？」那人回答說：「這是車軛。」他非常生氣的說：「前些時問你，你說是車軛；現在問你，你又說是車軛，車軛怎麼這樣多呢？這明明是你在欺騙我。」就和那人打起來。

衛人有佐弋㊀者，鳥至，因先以其褘麾之，㊁鳥驚而不射也。㊂

【今註】㊀佐弋：弋，音ㄧˋ，是用繩繫箭射鳥。佐弋，幫助弋射。㊁因先以其褘麾之：因，解作就。褘，讀ㄩㄢ，是幞頭，就是包頭巾。麾，音ㄏㄨㄟ，是招引的意思。㊂鳥驚而不射也：鳥害怕飛走，反而射不到了。

【今譯】　衛國有個人幫助獵人弋射，看到鳥，就先用自己的頭巾向鳥招引，鳥害怕而飛走，獵人反而射不到了。

鄭縣人卜子使其妻為袴，㈠其妻問曰：「今袴何如？」夫曰：「象吾故袴。」㈡妻因毀新，令如故袴。

【今註】　㈠鄭縣人卜子使其妻為袴：卜，是姓，子，是尊稱。袴，音ㄎㄨˋ，是下身的衣服，字又作褲。㈡象吾故袴：象，仿照。故，是舊的意思。

【今譯】　鄭縣有位卜先生，教他太太給他作袴子。太太問道。「新袴子怎樣作？」卜先生說：「仿照我的舊袴子。」太太就把新袴弄破，使它和舊袴一樣。

鄭縣人卜子妻之市㈠，買鼈㈡以歸，過潁水㈢，以為渴也，因縱而飲之，遂亡㈣其鼈。

【今註】　㈠之市：之，動詞，是往的意思。市，集市，定期交易的場所。㈡鼈：龜一類的動物，俗稱甲魚。㈢潁水：發源河南省登封縣潁谷，東南流，到安徽省內的正陽關入淮水。㈣亡：逃走。

【今譯】　鄭縣人卜先生的太太趕集，買了一隻甲魚。回家路過潁水時，以為鼈需要喝水了，便放牠到水邊喝水，鼈就逃走了。

夫少者侍長者飲，長者飲，亦自飲也㈠。

一曰：魯人有自喜㈡者，見長年飲酒不能釂則唾之，㈢亦效唾之。

一曰：宋人有少者欲效善，見長者飲無餘，非堪酒飲也，而亦欲盡之。㈣

【今註】㈠夫少者侍長者飲二句：夫，發語詞。少，在本節都讀第四聲。長，在本節都讀ㄓㄤˇ。侍，是卑幼陪從尊長。㈡自喜：猶言自愛，想使自己樣樣作好。㈢不能釂則唾之：釂，音ㄐㄧㄠˋ，盡爵，就是俗語乾杯。唾，音ㄊㄨㄛˋ，吐去嘴裏的東西。㈣非堪酒飲也二句：堪，各舊本作斟。松皐圓定本韓非子纂聞改斟為堪。王先慎韓非子集解：「非下九字，御覽引作亦自飲而盡之六字。」

【今譯】少年陪同長者飲酒，長者飲酒，少年也跟著飲酒。

有一說：魯國有一個人，樣樣都想作好，看到長者飲酒，不能乾杯時就吐掉，他也把嘴裏的酒吐掉。

又有一說：宋國有一個人，想學習禮貌，看到長者乾杯，他根本沒有酒量，也要跟著乾杯。

書曰：「紳之束之。」宋人有治者，因重帶自紳束也。㈠人曰：「是何也？」對曰：「書言之固然。」㈡

【今註】㊀書曰四句：書，太田方韓非子翼毳：「周書陰符之類，非尚書也。」紳束，是雙聲聯緜字，紳亦當解作束。治，研習。重，讀ㄔㄨㄥˊ，重疊。帶，紳帶，古人用以束腰，多餘部分垂下做裝飾。重帶，就是束兩條紳帶。上文紳之束之，是用引伸義，指修身而言；下文重帶自紳束，乃誤解為本義。㊁固然：本來如此。

【今譯】古書裏面：「紳之束之。」意思是要人對自己的品行多加約束。有一個宋國人研習古書，誤解了這句話的意思，就用兩條紳帶束在腰裏。有人問他：「這是什麼道理？」他回答說：「周書本來是這樣說的。」

書曰：「既雕既琢，還歸其樸。」㊀梁人有治者，動作言學，舉事於文，曰難之，顧失其實。㊁人曰：「是何也？」對曰：「書言之固然。」

【今註】㊀書曰三句：王先慎韓非子集解：「書當作記，涉上文而誤。下書言之固然，亦當作記言之固然。經言宋人之讀書與梁人之解記，若下不作記字，則經不分別言矣。」記，記載事物的書籍。既雕既琢，都是刻鏤美麗的花樣。樸，本為未經製作雕飾的木料，亦以指人類或事物的本然狀態。既雕既琢，是雕後又琢，多所雕飾。還歸其樸，是說多所雕飾，並無益處，最好返回本然狀態。㊁梁人有治者數句：梁，戰國時國名，魏惠王徙都大梁，改魏稱梁。大梁，今河南省開封市。治，研習。舉，是全的意思。事，動詞，是從事。文，美麗的修飾。日，各舊本作曰，據顧廣圻韓非子識誤改。日難之，是說繁文縟節，日益加難。顧，但是。失其實，是說梁人儘量修飾自己的作為，完全變為虛偽，而喪失了自己的本真。大概梁人只注意既雕既琢，而忽略了還歸其樸，致生誤解。

【今譯】　古書裏面說：「雕刻以後，又加琢磨，最好返回本然的狀態。」有一個梁國人研讀這兩句話，動作、言語、學習，都儘量加以修飾，繁文縟節，一天比一天困難，但這不是那兩句話的真意。有人問他：「為什麼要這樣作呢？」他回答說：「古書本來是這樣說的。」

郢人有遺燕相國書者，㈠夜書，火不明，因謂持燭者曰：「舉燭」云，㈡而過書㈢「舉燭。」「舉燭」非書意也。燕相受書而說之，㈣曰：「舉燭者、尚明也，尚明也者、舉賢而任之。」㈤燕相白王，㈥王大悅，國以治。治則治矣，非書意也。今世學者，多似此類。

【今註】　㈠郢人有遺燕相國書者：郢，音一ㄥˇ，春秋時楚國的首都，在今湖北江陵縣。遺，讀ㄨㄟˋ，給與。㈡舉燭云：舉燭，是把燭火拿高些。云，語末助詞，無義。㈢過書：就是誤寫的意思。㈣說之：解說舉燭的意思。㈤舉燭者尚明也二句：尚，注重。舉燭的意思，就是注重光明。光明則隱微畢現，自可察舉賢能而予以重用。㈥白王：報告國王。

【今譯】　楚國的郢都有一個人寫信給燕相國，夜裏書寫，嫌燭光不夠明亮，就吩咐拿燭火的人：「舉燭！」嘴裏這樣說，筆不覺就把這兩個字寫下來。「舉燭」是誤寫的，並不是信裏的意思。燕相國接到信，覺得「舉燭」二字很奇怪，便用盡心思來解說：「舉燭，是注重光明的意思；注重光明，就會察舉賢才，予以重用。」燕相國把這種意思報告燕王，燕王非常高興。燕國因此平治。燕國雖然因此平治，可是這並不是信裏的意思。現在許多研讀古書的人，都像這類的事。

鄭人有欲買履者，先自度其足，而置之其坐。㊀至之市，而忘操之；㊁已得履，乃曰：「吾忘持度㊂，反歸取之。」及反，市罷，遂不得履。人曰：「何不試之以足？」曰：「甯信度，無自信也。」㊃

【今註】　㊀鄭人有欲買履者三句：欲買，各舊本作且置，且是將要，置是購置，本無不妥。王先慎韓非子集解據太平御覽改為欲買，姑從集解，取其易曉。履，鞋子。度，讀ㄉㄨㄛˋ，動詞，是量的意思。坐，用作名詞，是座位的意思，後多用座。㊁至之市而忘操之：上面的之字是動詞，是往的意思。操，是拿著。下面的之字是代名詞，代量好的尺寸。㊂度：讀ㄉㄨˋ，名詞，是量好的尺寸、式樣。㊃甯信度兩句：甯，願詞，拿兩種事物作比較，而選擇其中的一種。這是比喻只知取法先王，不求適合當前國事的儒者。

【今譯】鄭國有一個人想買鞋子，先量一量自己的腳，把量好的式樣放在自己的座席上。等到趕集的時候，卻忘記帶著。已經找到賣鞋子的，纔說：「我忘記把量好的式樣帶來。」便趕快回家去取。等再趕到市場，集市已經散了，因而沒有買到鞋子。有人問他：「為什麼不用自己的腳試一試？」他回答說：「寧可相信式樣，不要相信自己呀。」

傳四——王登為中牟令，㈠上言於襄主㈡曰：「中牟有士曰中章、胥己者，㈢其身甚修，㈣其學甚博，君何不舉之？」主曰：「子見之，㈤我將以為中大夫。」㈥相室㈦諫曰：「中大夫、晉重列㈧也，今無功而受，非晉國之故。㈨君其耳，而未之目邪？」㈩襄主曰：「我取登，既耳而目之矣；登之所取，又耳而目之，是耳目人終㈡無已也。」王登一日而見二中大夫，予之田宅。中牟之人棄其田耘，㈢賣宅圃，而隨文學㈢者，邑之半。

【今註】㈠王登為中牟令：王登，顧廣圻韓非子識誤：「王當作壬，呂氏春秋知度篇作任，壬任同字。」本書說林上篇載任章勸魏宣子與智伯地，或仕魏，後又仕趙。中牟，春秋時晉邑，約在今河北省邢臺和邯鄲中間，就是論語陽貨「佛肸以中牟叛」的中牟，不是現在河南省的中牟縣。㈡襄主：就是趙襄子，春秋時晉國的卿，趙簡子的兒子，名毋恤。㈢中牟有士曰中章胥己者：「中章胥己」，呂氏春秋知度篇作「膽胥己」。王先慎韓非子集解：「中章、胥己，二人名，下文一日而見二中大夫，是其證。呂作膽，則為一人，誤。」㈣其身甚修：身，人格品節。修，善美。㈤子見之：見，讀ㄒㄧㄢˋ，意為引見。㈥我將以為中大夫：以，各舊本無。王先慎韓非子集解以為上奪以字，據補。㈦相室：就是家臣。㈧重列：猶言要職。列，是位次的意思。㈨晉國之故：各舊本作晉臣之意。盧文弨羣書拾補：「呂覽作晉國之故。」據改。故，故法，成例。㈩君其耳而未之目邪：其，意猶殆字。耳目，這裏都用作動詞，就是聞和見的意思。邪，讀ㄧㄝˊ，俗作耶，這裏是語末助詞，同也字。㈡終：迂評本作絕。盧文弨羣書拾補：「絕，呂作終。」㈢田耘：田，用作動詞，讀ㄉㄧㄢˋ，是耕作的意思。詩齊風甫田：「無田甫田。」耘，是除草的意思。㈢隨文學：是研習儒學的意思。

【今譯】　傳四——王登做中牟的長官，向趙襄子進言：「中牟有兩個士人，名叫中章和胥己，人格很完美，學問很淵博，您何不拔用他們？」趙襄子說：「你把他們帶來，我打算用他們做中大夫。」襄子的家臣勸諫說：「中大夫是晉國重要的職位，現在他們未曾立功便獲得，這和晉國舊制是不合的。對於中章和胥己您不過是耳聞，又不曾親眼察視。」趙襄子說：「我選用王登時，既有耳聞，又曾親眼察視；王登推薦的人，又要耳聞目察，這樣耳聞目察便永遠沒完了。」王登一天就薦用兩個中大夫，又都獲賞田宅。中牟人放棄耕耘，變賣田園，而努力研習經典的，幾乎占全邑的半數。

叔向御坐平公請事，㈠公腓痛足痺，轉筋而不敢壞坐。㈡晉國

聞之，皆曰：「叔向、賢者，平公禮之，轉筋而不敢壞坐。」晉國之辭仕託、慕叔向者，國之錘矣。㊂

【今註】㊀叔向御坐平公請事：叔向，春秋時晉國的大夫羊舌肸，字叔向，亦稱叔肸，能以禮讓為國，孔子稱為古之遺直。御坐，猶言侍坐。平公，春秋時晉國的君主，悼公的兒子，名彪。㊁公腓痛足痺二句：腓，音ㄈㄟˋ，脛後肉，俗叫腳肚。痺，音ㄅㄧˋ，麻痺。筋，這裏指筋絡，和骨節相連的筋肉。轉筋，就是轉動小腿和腳的關節，使活絡以減輕痺痛。壞坐，改變端坐的姿勢。㊂晉國之辭仕託慕叔向者二句：仕，居官任事。託，僅受養而不必任事。慕，說文：「習也。」段注：「習其事者，必中心好之。」錘，古重量名，重八銖，二十四銖為兩。如以國為兩，則錘是三分之一。王先慎韓非子集解，以錘為垂之誤。國之錘猶國之半。高亨韓非子補箋：「古者謂三分之一為垂。淮南子原道訓篇：文王砥德修政三年，而天下二垂歸之。高注文王三分天下有其二，是其證。」

【今譯】叔向坐在平公旁邊，和平公談論國事，平公因為坐久，小腿痠痛，兩腳麻痺，暗中活動腿腳的關節，卻不敢改變端坐的姿勢。晉國人聽到這件事，都說：「叔向是賢人，平公對他很敬重，坐得腿腳痠痛麻痺，只暗中活動腿腳的關節，卻不敢改變端坐的姿勢。」於是晉國辭去官職祿養而向叔向學習的，差不多有三分之一。

鄭縣人有屈公者，㈠聞敵恐，因死；㈡恐已，㈢因生。

【今註】㈠鄭縣人有屈公者：鄭縣，已見本篇傳三注。屈公，太田方韓非子翼毳，以為撓屈怯懦，因稱屈公，如愚公之類。㈡因死：因恐懼敵人幾至於死，極言其膽怯。㈢恐已：恐懼的事情過去。已，終止。

【今譯】鄭縣有一位屈公，聽說敵人要來，恐懼得失去了知覺，就像死人一樣；恐懼的事情過去，便又甦醒過來。

趙主父使李疵視中山可攻不也，㈠還報曰：「中山可伐也，君不亟伐，將後齊燕。」㈡主父曰：「何故可攻？」李疵對曰：「其君見好巖穴之士，㈢所傾蓋與車以見窮閭隘巷之士以十數，㈣伉禮下布衣之士以百數矣。㈤」君曰：「以子言論，㈥是賢君也，安可攻？」疵曰：「不然。夫好顯巖穴之士而朝之，則戰士怠於行陳；上尊學者，下士居朝，則農夫惰於田。㈦戰士怠於行陳者，則兵弱也；農夫惰於田者，則國貧也。兵弱於敵，國貧於內，而不亡者，未有之也，伐之不亦宜乎！」主父曰：「善。」

舉兵而伐中山，遂滅之。

【今註】㊀趙主父使李疵視中山可攻不也：趙主父，已見本篇傳三注。李疵，人名，事蹟未詳。中山，已見本篇傳三注。不，讀ㄈㄡˇ，與否同。㊁君不亟伐二句：亟，讀ㄐㄧˊ，是趕快的意思。將後齊燕，言恐齊燕先伐中山。㊂見好巖穴之士：對山林隱士交好，親近。巖，也是山洞的意思。㊃所傾蓋與車以見窮閭隘巷之士以十數：蓋，車上的傘蓋，既以蔽日雨，亦以表尊榮。傾蓋，就是除去傘蓋，不御蓋。與車，猶言以車，也就是乘車。窮閭和隘巷同意，是寒陋的住宅區。數，讀第三聲，是計算多少的意思。㊄伉禮下布衣之士以百數矣：伉，音ㄎㄤˋ，是對等的意思。伉禮，就是以平等的禮節相待。下，謙敬。布衣之士，指平民。我國古時平民穿麻布衣服，有官職或年老纔能穿絲製品。㊅以子言論：以你的話來論斷。這裏言是名詞，論是動詞。㊆夫好顯巖穴之士而朝之四句：顯，使之著明，這裏可解作尊崇。朝，讀ㄔㄠˊ，古朋輩過訪，亦可用朝，不限定臣見君。行陳，讀ㄏㄤˊ ㄓㄣˋ，軍隊的布置，這裏解作戰事。下士，所下之士。居朝，使在朝廷做官。

【今譯】趙主父派李疵前往中山，看看可否攻打，李疵回來報告說：「中山可以攻打。您若不趕快出兵，齊國和燕國就要搶先了。」主父說：「為什麼可以攻打呢？」李疵說：「中山國的君主喜歡接近隱居的人，他坐著車子，除下車蓋，所造訪的隱居陋巷的君子有幾十個；以平等的禮節，所結交的布衣之士有幾百個。」主父說：「拿你的話來論斷，這是一位賢君，怎麼可以攻打呢？」李疵說：

「君主尊崇隱士，親自前往拜訪，戰士便不願意打仗；君主看重書生，用他們在朝為官，農夫便不努力耕作。戰士不願意打仗，軍隊就疲弱，農夫不努力耕作，國家就貧乏。平時國內貧乏，戰時軍隊疲弱，沒有不滅亡的。攻打中山，不是很適當嗎？」主父說：「對！」便出兵攻打中山，把他吞併。

傳五——齊桓公好服紫，㈠一國盡服紫。當是時也，五素不得一紫，㈡桓公患之，謂管仲㈢曰：「寡人好服紫，紫貴甚，一國百姓好服紫不已，寡人奈何？」管仲曰：「君欲止之，何不試勿衣紫也！」㈣公曰「諾。」謂左右曰：「吾甚惡紫之臭。」於是左右適有衣紫而進者，公必曰：「少卻，吾惡紫臭。」㈤於是日、郎中莫衣紫，其明日、國中莫衣紫，三日、境內莫衣紫也。㈥一曰：齊王好衣紫，齊人皆好也。齊國五素不得一紫，齊王患紫貴。傅說王曰：㈦「詩云：『不躬不親，庶民不信。㈧』今王欲民無衣紫者，王請自解紫衣而朝。羣臣有紫衣進者，曰：『盍遠，寡人惡紫臭。』」是日也，郎中莫衣紫；是月也，國中莫衣紫；是歲也，境內莫衣紫。

【今註】㈠齊桓公好服紫：齊桓公，春秋時齊國的君主，春秋五霸的第一位。服，動詞，穿衣服。

紫，是紫色的衣服。㈡五素不得一紫：五匹素帛換不到一匹紫帛。素，白色的絲織品。㈢管仲：春秋時潁上人，名夷吾，字仲，謚敬，又稱為管敬仲。輔佐齊桓公，富國強兵，尊王攘夷，稱霸天下。㈣君欲止之二句：各舊本無「止之」二字，或無「欲止之」三字，茲依王先慎韓非子集解校補。衣，用作動詞，讀第四聲，是穿衣的意思。㈤公曰諾數句：公曰諾，各舊本在紫臭下。這幾句是敍事，不像管仲的話，今倒於謂左右曰之上，文意較為明順。惡，音ㄨˋ，是厭惡的意思。適，解作若。㈥於是日數句：郎中，郎門裏面，也就是宮中，詳見內儲說下傳三注。國中，首都裏面。境內，邊界以內，也就是全國。㈦傳說王曰：傅，輔導的官。如太傅、少傅。又詩大雅崧高：「王命傅御。」鄭箋：「貳王治事，謂冢宰也。」說，讀ㄕㄨㄟˋ，是勸告的意思。㈧不躬不親二句：已見本篇經五注釋。

【今譯】　傳五——齊桓公喜歡穿紫色衣服，全國都趨向穿紫衣服，以至五匹素帛換不到一匹紫帛。桓公非常憂慮，便對管仲說：「我喜歡穿紫衣服，紫色的衣料天天在漲價，全國的百姓還是紛紛穿紫，不肯罷休，這怎麼辦呢？」管仲回答說：「君主要想戢止這種風氣，何不自己先不要穿紫衣服。」桓公說：「好罷！」就告訴左右近臣說：「我很厭惡紫色的氣味。」左右若有穿紫衣服晉謁的，他必定說：「退後些！我厭惡紫色的氣味。」當天宮廷便沒人穿紫衣服，第二天首都便沒人穿紫衣服，第三天全國便沒人穿紫衣服。

另一說：齊王喜歡穿紫衣服，齊國人都喜歡穿紫衣服，以至五匹素帛換不到一匹紫帛，齊王憂慮紫帛的價錢太貴了。傅相勸告齊王道：「詩經裏面說：『事情若不親自實行，百姓便不信從。』現在要使百姓不穿紫衣服，請君王換掉紫衣服上朝，官吏們有穿紫衣進謁的，就說：『走遠些！我厭惡紫色的氣味。』」這一天，宮廷便沒人穿紫衣服。這一月，首都便沒人穿紫衣服。這一年，全國便沒人穿紫衣服。

鄭簡公㈠謂子產㈡曰：「國小、迫於荊晉之間，今城郭不完，兵甲不備，不可以待不虞。」㈢子產曰：「臣閉其外也已遠矣，而守其內也已固矣，雖國小，猶不危之也，㈣君其勿憂！」是以沒簡公身無患。

一曰：子產相鄭，簡公謂子產曰：「飲酒不樂，俎豆不大，鐘鼓竽瑟不鳴，㈤寡人之事也。㈥國家不定，百姓不治，耕戰不輯睦，㈦亦子之罪。㈧子有職，寡人亦有職，各守其職。」子產退而為政五年，國無盜賊，道不拾遺，桃棗蔭於街者莫有援也，㈨錐刀遺道三日可反，㈩三年不變，民無飢也。⑪

【今註】㈠鄭簡公：春秋時鄭國的君主，釐公的兒子，名嘉，在位三十六年。㈡子產：春秋時鄭國大夫公孫僑，字子產，住在東里，又稱東里子產。輔佐鄭簡公、定公四十餘年，是當時最優良的大夫。㊂國小數句：荊，楚國的舊稱。今，是假若的意思。完，堅好。兵甲，兵器甲冑，這裏指軍務。待，防備。不虞，意外的災難。㊃子產曰數句：閉其外，就是在國外阻遏。守其內，是在國內防守。這裏兩個其字，都作於字解釋。之，王先慎韓非子集解以為衍文。㊄飲酒不樂三句：指宴饗祭祀禮樂之事。俎豆，是古時祭祀盛物的兩種禮器。大，豐盛。竽，音ㄩˊ，是笙類的樂器。㊅寡人之事也：各舊本也作不一。顧廣圻韓非子識誤：「之下當有罪字，事上當有脫字，未詳。」日人太田方韓非子翼毳：「說苑『不二』二字作『也』，是。」日人物雙松讀韓非子，以為不一乃謂其職繁多。㊆輯睦：猶言和睦。㊇亦子之罪：亦，是乃的意思。㊈桃棗蔭於街者莫有援也：蔭，音ㄧㄣˋ，覆蔽。援，攀摘。這句話是說桃棗等果樹，枝條伸展到街道的上面，行人也沒有攀摘果實的。⑩錐刀遺道三日可反：錐刀，小物。三日可反，即便過三數日，還能找回來。⑪三年不變二句。變，災變，古人以災變為天帝對人主的譴告。民無飢也，猶言民無飢者。

【今譯】　鄭簡公對子產說：「鄭國很小，又夾在晉楚兩大強國的當中，假如城郭不堅固，兵甲不齊備，便不能應付意外的事故。」子產回答說：「我已經在國外遙遙遏阻，在國內牢牢防守，國雖然很小，還是沒有危險的，君主無須憂慮。」所以直到簡公沒世，沒有外患。

另一說：子產做鄭國的宰相，鄭簡公告訴他說：「宴饗飲酒不能盡歡，祭祀俎豆不夠豐盛，禮樂不能夠施行，這是我的過錯；國家不安定，百姓無秩序，耕作戰鬬都不能協和，這是你的罪過。我有我的職責，你有你的職責，我們要謹守自己的職責。」子產聽了這番話以後，主持鄭國的政治五年，國內盜賊絕迹，路上沒人拾取遺失的財物，桃棗等果樹的枝條伸展到街道上面，行人也沒有攀摘果實的，錐刀等小東西丟在外面，過了三五天還能找回來，三年當中沒有災變發生，人民也沒有挨餓的。

宋襄公與楚人戰於涿谷上，宋人既成列矣，楚人未及濟。㊀右司馬購強㊁趨而諫曰：「楚人眾而宋人寡，請使楚人半涉未成列而擊之，必敗。」襄公曰：「寡人聞君子曰：不重傷，不擒二毛，不推人於險，不迫人於阨，不鼓不成列。㊂今楚未濟而擊之，害義；請使楚人畢涉成陳而後鼓士進之。」右司馬曰：「君不愛宋民，腹心不完，特為義耳。」㊃公曰：「不反列，且行法。」㊄右司馬反列，楚人已成列撰陳㊅矣，公乃鼓之。宋人大敗，公傷股，三日而死。㊆此乃慕仁義之禍。夫必恃人主之自躬親，而後民聽從，是則將令人主耕以為食、服戰雁行也，民乃肯耕戰，則人主不泰危乎？而人臣不泰安乎？㊇

【今註】㊀宋襄公與楚人戰於涿谷上三句：宋襄公，春秋時宋國的君主，桓公的兒子，名茲父，好言仁義。繼齊桓公為盟主，被楚成王擊敗，受傷而死。涿谷，左傳作泓，公羊傳作泓之陽，穀梁傳作泓水之上。泓，水名，在今河南省柘城縣。成列，布成陣勢。未及濟，尚未全部渡過泓水，左傳作未既濟。㈡右司馬購強：據左傳應為公子目夷，字子魚，宋襄公庶兄。㈢寡人聞君子曰數句：重，讀ㄓㄨㄥˋ，是再的意思。不重傷，是不殘害已經受傷的。二毛，是頭髮有黑白兩種顏色的人，也就是年老的人。鼓，擊鼓。軍法以鼓戰，以金止。不鼓不成列，就是在敵人尚未擺好陣式時，不向他攻擊。㈣君不愛宋民三句：腹心，詩周南兔罝：「赳赳武夫，公侯腹心。」這裏比喻將士。特，是只的意思。㈤不反列二句：反列，回到隊伍裏。且，將要。行法，以軍法處置。㈥撰陳：就是布陣。撰，是具辦的意思。陳，讀ㄓㄣˋ，同陣。㈦三日而死：據春秋泓之戰在僖公二十二年十一月，宋襄公死於二十三年五月。㈧是則將令人主耕以為食數句：食，各舊本作上，據王先慎韓非子集解校改。雁行，謂君主躬親作戰，與士卒如雁行排列。或謂猶顏行，指在前面的戰士。泰，是過甚的意思。

【今譯】　宋襄公和楚國在涿谷作戰，宋國的軍隊已經擺好陣勢，楚國的軍隊正在渡河。宋國的右司馬購強趕到襄公面前獻計道：「楚國的軍隊多，宋國的軍隊少，請趁楚軍還在陸續渡河，尚未擺好陣勢，麾軍進擊，一定可以把他們擊敗。」襄公說：「我聽君子說過：『不殺傷已經受傷的，不俘虜頭髮斑白的，不驅迫敵人到危險的地方，不摧殘敵人在困阨的環境，敵人還沒擺好陣勢，不能擊鼓進擊。』現楚軍還在陸續渡河，我們取巧進擊，這是損害仁義的。可等楚軍全部渡河，擺好陣勢，然後擊鼓令士卒進擊。」右司馬道：「君主這種作法，是不愛護宋國的人民，不顧全自己的將士，只求仁義的虛名罷了。」襄公道：「你若不趕快回到隊伍裏，我就以軍法處置。」右司馬回到隊伍裏，楚國的軍隊已經擺好陣勢，襄公吩咐擊鼓進軍。兩軍交戰，宋軍大敗，襄公腿部受傷，過了三天就死了。

這就是向慕仁義的災禍呀。一切事情必須人主親自領導，人民纔會聽從，那麼就要讓人主親自種田，親自當兵，人民纔肯種田作戰，這樣人主豈不太危險，人臣豈不太安逸了嗎？

齊景公游少海，㈠傳騎從中來謁曰：「嬰疾甚、且死，恐公後之。」㈡景公遽起，傳騎又至。景公趨駕煩且之乘，使騶子韓樞御之。㈢行數步，以騶為不疾，奪轡代之御；可數百步，以馬為不進，釋車而走。㈣以煩且之良、而騶子韓樞之巧，而以為不如下走也。㈤

【今註】㈠齊景公游少海：齊景公，春秋時齊國的君主，靈公的兒子，莊公的異母弟，名杵臼。崔杼弒莊公，立為君主。好營宮室狗馬，重徵賦稅，濫用刑罰。在位五十八年。少海，王先慎韓非子集解以為即渤海。㈡傳騎從中來謁曰四句：傳騎，就是驛騎，讀ㄓㄨㄢˋ ㄐㄧˋ。中，是都中。謁，報告。嬰，是晏嬰，春秋時齊國夷維人，字仲謚平，史稱晏平仲。事靈公、莊公、景公，節儉力行，是齊國著名的宰相。且，將要。後之，趕不上見面。㈢景公趨駕煩且之乘二句：趨，讀ㄘㄨˋ，趕快。煩且，晏子春秋作繁駔，大概是良馬名。乘，讀ㄕㄥˋ，是車輛的意思。騶子，是掌管車馬的官。韓樞，人名，善於駕車。㈣可數百步三句：可，約略。釋，捨棄。㈤以煩且之良三句：上面的而字是等立連詞，解作與；下面的而字是轉接連詞，解作卻。下走，謂下車步行。

【今譯】　齊景公往遊少海，驛騎從首都趕來報告說：「晏嬰病重，快要死了，君主若不從速回去，恐怕見不到了。」景公聽說，即刻起身，又有驛騎趕到。景公吩咐趕快以煩且駕車，由騶子韓樞御車。走了不遠，以為騶子御車太慢，奪過馬韁，自己御車；走了幾百步，又以為馬跑得不快，便下車步行。以煩且腳力之快，韓樞御車之巧，景公卻以為不如下車步行。

魏昭王欲與官事，謂孟嘗君曰：「寡人欲與官事。」㊀君曰：「王欲與官事，則何不試習讀法？」昭王讀法十餘簡㊁，而睡臥矣。王曰：「寡人不能讀此法。」夫不躬親其勢柄，而欲為人臣所宜為者也，睡不亦宜乎！

一曰：田嬰相齊，㊂人有說王者曰：「終歲之計，王不一以數日之間自聽之，則無以知吏之姦邪得失也。」㊃王曰：「善。」田嬰聞之，即遽請於王而聽其計，王將聽之矣。田嬰令官具押券斗石參升之計，㊄王自聽計，計不勝聽，罷食後復坐，不復暮食矣。㊅田嬰復謂曰：「羣臣所終歲日夜不敢偷怠之事也，王以一日聽之，則羣臣有為勸勉矣。」王曰：「諾。」俄而王已睡矣，吏盡揄刀削其押券升石之計。㊆王自聽之，亂乃始生。㊇

【今註】 ㈠ 魏昭王欲與官事三句：魏昭王，哀王的兒子，名遫，在位十九年。與，讀第四聲，是干預的意思。官事，官司分掌的事情。孟嘗君，就是戰國時齊國的宰相田文，繼承父親田嬰封於薛，招致賢士食客數千人。齊湣王滅宋益驕，欲去孟嘗君。孟嘗君恐，避往魏國，魏昭王用以為相。㈡ 簡：古代寫字的竹板。㈢ 田嬰相齊：田嬰，戰國時齊威王少子，相齊宣王，封於薛，號靖郭君。是孟嘗君田文的父親。㈣ 人有說王者曰四句：說，讀ㄕㄨㄟˋ，是勸告的意思。計，賬簿。一，是皆的意思。以，用同於字。聽，是審察的意思。㈤ 田嬰令官具押券斗石參升之計：押券，大概就是收支憑證，曾經畫押的。參升，孫詒讓札迻疑為衍文。太田方韓非子翼毳：「參疑區誤，參古作厽，酷似品字，因逸匚歟！」據左傳昭公三年：「齊舊四量，豆區釜鍾，四升為豆，各自其四，以登於釜，釜十則鍾。」區是齊國的量器，四升是一豆，四豆是一區，四區是一釜，十釜是一鍾。㈥ 王自聽計四句：勝，讀第一聲，是盡的意思。罷食後，是吃完午飯以後。㈦ 俄而王已睡矣二句：俄而，不久。揄，音ㄩˊ，是引的意思。㈧ 本節（田嬰相齊），各舊本在外儲說右下傳四入齊則獨聞涫鹵節後，茲依定本韓非子纂聞、韓非子翼毳移置在這裏。

【今譯】 魏昭王想干預官司的職事，告訴宰相孟嘗君說：「我想干預官司的職事。」孟嘗君說：「君主要想干預官司的職事，何不先試著研讀法典呢？」昭王研讀法典十幾頁，已經困倦得睡著了。昭王事後說：「我不能研讀這些法典。」不親自掌握國家的大權，卻想作官吏應該作的事情，當然要困倦得睡著了。

另一說：田嬰作齊國的宰相，有人勸告齊王說：年終決算的賬目，君主若不在幾天以內全部加以審察，便無法知道官吏的姦邪得失。齊王說：「好！」田嬰聽到這個消息，趕快請求齊王審察年終決算的賬目，齊王便決定審察。田嬰吩咐官吏備好糧食收支的賬冊和憑證，由齊王親自審察。賬冊憑證太多，不易全部察完，吃過午飯，又坐下來審察，連晚飯都沒功夫吃。田嬰又告訴齊王說：「官吏們一年到頭晝夜忙碌不敢懈怠的工作，君王一天便審察清楚，他們就會更加奮勉了。」齊王漫應說：「是！」沒有多久，便睡著了。官吏們都拿起刀來改削賬冊和憑證。齊王親自審察賬目，弊端便從此發生了。

孔子㈠曰：「為人君者猶盂㈡也，民猶水也，盂方水方，盂圜㈢水圜。」

【今註】㈠孔子：名丘，字仲尼，春秋時魯國人。是整理中國古代文化，教育生徒和後世的大聖人。㈡盂：盛飲食的器具。㈢圜：讀ㄩㄢˊ，同圓。

【今譯】孔子說：「君主好像盂，人民好像盂裏面的水。盂是方的，水就變成方形；盂是圓的，水就變成圓形。」

鄒君好服長纓，㈠左右皆服長纓，纓甚貴，鄒君患之，問左

右。左右曰：「君好服，百姓亦多服，是以貴。」君因先自斷其纓而出，國中皆不服長纓。君不能下令以為百姓服度㊁以禁之，乃斷纓出以示民，是先戮以莅民也。㊂

【今註】㊀鄒君好服長纓：鄒，周朝國名，本稱邾，又稱邾婁，後改為鄒。被楚國吞併。在現今山東省鄒縣。服，穿著衣服。纓，帽帶，結於頤下。長纓，大概是帽帶較長，使結餘的部分垂下，做為裝飾。㊁服度：服裝的制度。㊂是先戮以莅民也：戮，治罪。莅民，就是臨民，治理人民。

【今譯】鄒國的君主喜歡結長帽帶，左右的官吏也都喜歡結長帽帶，長帽帶的價錢非常貴，鄒君很焦急，問左右的官吏怎麼辦？左右的官吏說：「君主喜歡結長帽帶，百姓也多半喜歡結長帽帶，所以價錢貴了。」鄒君就先翦短自己的帽帶，出外給百姓看，國內的百姓便都不再結長帽帶了。君主不能下令規定百姓的服制，而嚴禁違反服制的，卻先翦短自己的帽帶出外給百姓看，這是先處罰自己，然後治理人民啊。

叔向賦祿，㊀功多者受多，功少者受少。

【今註】㊀叔向賦祿：叔向，春秋時晉國的大夫羊舌肸，字叔向。詳見本篇傳四注。賦，授與。祿，是賞賜。各舊本作獵，據太田方韓非子翼毳改。

【今譯】 叔向辦理晉國的政治，授與官吏祿賞，功多的獲得的多，功少的獲得的少。

韓昭侯㈠謂申子㈡曰：「法度甚不易行也。」申子曰：「法者、見功而與賞，因能而授官。今君設法度，而聽左右之請㈢，此所以難行也。」昭侯曰：「吾自今以來，㈣知行法矣，寡人奚聽矣？」㈤一日、申子請仕其從兄官，昭侯曰：「非所學於子也。聽子之謁，敗子之道乎？亡其用子之謁？」㈥申子辟舍請罪。㈦

【今註】 ㈠韓昭侯：戰國時韓國的君主，懿侯的兒子。用申不害為相，實行法術，國內平治，諸侯不敢侵伐。在位二十六年。㈡申子：名不害，戰國時鄭國京邑人。韓滅鄭，昭侯時用以為相，國治兵強。申子的學問，本於黃老，而特別注重刑名，著有申子，宋時散失，今有申子佚文輯本。㈢請：請託，以私事相求。㈣自今以來：猶言自今以後。㈤寡人奚聽矣：奚，疑問副詞，是為什麼的意思。矣，語末助詞，表疑問。奚聽矣，是反問的語氣，實際是不聽的意思。㈥昭侯曰數句：謁，請託。亡其用子之謁，顧廣圻韓非子識誤：「按韓策云：『又亡其行子之術而廢子之謁乎？』此有脫文。」王引之經傳釋詞，以為又字後人所加，亡其，猶抑字的意思。㈦辟舍請罪：辟，同避。舍，是所止之處。如申子謁見昭侯，曾經賜坐，這就是離開座位，請求君主治罪，和避席差不多。

【今譯】 韓昭侯對申子說：「法度很不容易實行呀！」申子說：「法度是看到誰有功勞便給與獎賞，

曉得誰有才能便擢授官職。現在君主設立法度，而聽從左右的請託，所以法度便不容易實行了。」昭侯說：「我從今以後，知道怎樣實行法度，不會再聽從左右的請託了。」後來有一天，申子請求任用他的堂兄為官，昭侯說：「這不是你教給我的治術呀。我聽從你的請託，而敗壞你的治術呢？還是貫徹你的治術，而拒絕你的請託呢？」申子趕快離開坐位請求治罪。

傳六——晉文公攻原，㊀裹十日糧，㊁遂與大夫期㊂十日。至原十日，而原不下，擊金而退，罷兵而去。㊃士有從原中出者，曰：「原三日即下矣。」羣臣左右諫曰：「夫原之食絕力盡矣，君姑待之。」公曰：「吾與士期十日，不去，是亡㊄吾信也，得原失信，吾不為也。」遂罷兵而去。原人聞，曰：「有君如彼其信，可無歸乎！」乃降公。孔子聞而記之曰：「攻原得衛者，信也。」

【今註】㊀晉文公攻原：晉文公，春秋時晉國的君主，已詳本篇傳三注。原，周畿內邑，故城在今河南省濟源縣西北。王子帶之亂，周襄王出奔到鄭國。晉文公幫助襄王復位，誅王子帶。襄王賜文公陽樊、溫、原、攢茅等四邑，原人不服，所以晉文公攻原。㊁裹十日糧：攜帶十天的糧食。十日，左傳、國語，均作三日。㊂期：約定時期。㊃至原十日四句：而，是猶的意思。下，克服。擊金，敲鑼，是古代退兵的信號。㈤亡：喪失。㈥衛：周朝國名，康叔的後代，這時建都在楚丘，在今河南省滑縣。

【今譯】 傳六——晉文公攻打原城，帶著十天的糧食，就和將士們約定只打十天仗。攻打了十天，原城還沒攻下，便敲鑼收兵，準備回去。有從原城出來的人說：「再攻打三天，原人就降服了。」文公的近侍和將領們都說：「原城已經食絕力盡了，請君主稍等幾天再撤兵。」文公說：「我和將士們約定只打十天仗，若不撤兵，便是失信，得原失信。我是不作的。」就撤兵回去。原人聽到這種情形，都說：「有那樣守信的君主，還能不歸順嗎？」便向文公投降。衛國人聽到這件事情，也說：「有那樣守信的君主，還能不服從嗎？」也向文公投降。孔子聽到，便記載下來說：「攻打原城，因而獲得衛國，只是因為守信啊！」

文公問箕鄭曰：「救饑奈何？」對曰：「信。」㈠公曰：「安信？」對曰：「信名，信事，信義。㈡信名，則羣臣守職，善惡不踰，百事不怠；㈢信事，則不失天時，百姓不偷；㈣信義，則近親勸勉，而遠者歸之矣。」㈤

【今註】 ㈠文公問箕鄭曰四句：文公，是晉文公。箕鄭，是晉國的卿，令狐之役，任上軍將，留守國中。饑，各舊本作餓，松皇圓定本韓非子纂聞以為宜作饑，據改。信，是真實，無所差爽。㈡信名信事信義：信事信義四字，各舊本無。俞樾諸子平議以為信名之下，當有信事信義四字，據補。㊂信名四句：信名，猶言信於名。名是百官的稱號，有某官的名，就責以某官的實，官吏自然謹守職分。㊃信事三句：信事，猶言信於事，對於農事認真操作，自然能夠配合天時。偷，各舊本作踰，定本韓非子纂聞以為宜作偷，涉上文善惡不踰而誤，據改。偷是苟且的意思。㊄信義三句：信義，猶言信於義。救助急難便是義行。認真救助急難，便能近勸遠歸。

【今譯】　晉文公問箕鄭道：「怎樣救濟饑荒？」箕鄭回答說：「最主要的是講求信。」文公說：「什麼事講求信呢？」箕鄭說：「對於名號、農事、道義都要講求信。對於名號講求信，依照名號責求實質，官吏就能謹守職分，無論善惡，都不敢踰越法度，各種工作都不會延誤敗壞。對於農事講求信，就能完全配合天時，百姓不會苟且荒怠。對於道義講求信，儘量救助急難，親近的就會奮勉，疏遠的就會歸附了。」

吳起出遇故人，而止之食。㊀故人曰：「諾，今返而御。㊁」吳子曰：「待公而食。」故人至暮不來，起不食而待之。明日早，令人求故人，故人來，方與之食。

【今註】　㊀吳起出遇故人二句：吳起，已見本篇傳三注。止之食，是留他吃飯。㊁今返而御：今，這裏解作即，猶俗語馬上。御，是進用的意思。

【今譯】　吳起出門時，遇見一位老朋友，就留他在家裏吃飯。朋友說：「好罷！我馬上回來吃飯。」吳起說：「我等你一同吃。」朋友到天黑還沒來，吳起也不吃飯等待他。第二天早晨，派人去尋找那位朋友，朋友來了，纔和他一同進食。

魏文侯與虞人期獵，㈠是日會天疾風，㈡左右止，文侯不聽，曰：「不可。以風疾之故而失信，吾不為也。」遂自驅車往，犯風而罷虞人。㈢

【今註】　㈠魏文侯與虞人期獵：魏文侯，戰國時魏國第一位君主，詳見內儲說上傳三。虞人，掌山澤苑囿的官。期獵，約定日期行獵。㈡是日會天疾風：是日，各舊本作明日，戰國策魏策作是日，據改。會，恰遇。疾風，強烈的風。㈢犯風而罷虞人：犯風，猶言冒風。罷，停止，或免官。罷虞人，可有兩種解釋：一、告訴虞人停止行獵；二、虞人失信，免除他的官職。這兩種解釋，都和經六「會虞人而獵」不合，且守信的意思，不大完滿。疑罷為會字之誤。

【今譯】　魏文侯和虞人約定日期打獵，到了那天，恰遇刮大風的天氣。近侍勸阻文侯，文侯不肯聽從。他說：「不可以！因為風大而失信，我是不作的。」便趕快駕車前往，冒著大風，會合虞人行獵。

曾子之妻之市，㈠其子隨之而泣，其母曰：「女還，顧反，為女

殺彘。」㈡妻道市來，㈢曾子欲捕彘殺之，妻止之曰：「特㈣與嬰兒戲耳。」曾子曰：「嬰兒非與戲也。㈤嬰兒非有知也，待父母而學者也，聽父母之教。今子欺之，是教子欺也。母欺子，子而不信其母，非所以成教也。」遂烹彘也。

【今註】㈠曾子之妻之市：曾子，名參，字子輿，春秋時魯國南武城人。孔子弟子，領悟儒學一貫的道理，傳授給子思，述大學，作孝經，後世稱為宗聖。這句話的下一之字是動詞，是往的意思。㈡女還二句：這裏兩個女字都讀ㄖㄨˇ，同汝。顧，也是反的意思。又可視為語首助詞。彘，音ㄓˋ，就是豬。㈢妻道市來：道，各舊本作適，陶小石讀韓非子札記以為應作道，道是由的意思，據改。㈣特：是只、不過的意思。㈤嬰兒非與戲也：非與戲，是不可與戲。

【今譯】曾子的太太往市場買東西，她的兒子哭鬧著要跟去。媽媽對兒子說：「你回去！等我回來，殺豬給你吃。」曾子的太太從市場回來，曾子便要把豬捉來殺掉。曾子的太太阻止他說：「我不過是和小孩子說著玩的。」曾子說：「不可以和小孩子說著玩。小孩子沒有知識，要向父母學習，聽從父母的教導。現在你欺騙他，不是教導他欺騙嗎？媽媽欺騙兒子，兒子就不相信媽媽，這不是教導兒子的方法呀。」就把豬殺掉，煮給兒子吃。

楚厲王有警鼓，與百姓為戒；㈠飲酒醉，過而擊，㈡民大驚。使人止之曰：「吾醉而與左右戲，過而擊之也。」民皆罷。居數月，有警，擊鼓而民不赴。乃更令明號，㈢而民信之。

【今註】㈠楚厲王有警鼓二句：這兩句各舊本作：「楚厲王有警，為鼓以與百姓為戍。」茲依王先慎韓非子集解校改。楚厲王，史記楚世家中沒有楚厲王，只載有「蚡冒十七年卒，蚡冒弟熊通弒殺蚡冒子而代立，是為武王。」本書和氏篇說：「及厲王薨，武王即位。」或蚡冒追謚為厲王。警鼓，報告緊急消息所擊的鼓。㈡過而擊：是誤擊警鼓。也就是沒有緊急消息而擊警鼓。擊下各舊本有之也二字，據王先慎韓非子集解校刪。㈢更令明號：重新申明號令。

【今譯】楚厲王設置警鼓，以便號令百姓警戒緊急事故。有一次吃醉了酒，誤擊警鼓，百姓便紛紛出動。厲王派人阻止他們說：「我吃醉了酒，和左右的人玩笑，而誤擊警鼓。」百姓便恢復常態。過了幾個月，突然有緊急事故發生，厲王又擊警鼓，百姓沒有出動的。厲王只得重新申明號令，百姓纔相信了。

李悝警其兩和，曰：「謹警，敵人旦暮且至擊汝。」㈠如是者再三，而敵不至。兩和懈，而不信李悝。居數月，秦人來襲之，至幾奪其軍。㊁此不信之患也。

一曰：李悝與秦人戰，謂左和曰：「速上，右和已上矣。」又馳而至右和曰：「左和已上矣。」左右和曰：「上矣。」㊂於是皆爭上。其明年與秦人戰，秦人襲之，至幾奪其軍。此不信之患也。

【今註】㊀李悝警其兩和曰三句：李悝，就是李克，戰國時魏國人，事魏文侯，建盡地力的方策，又創平糴法，魏以富強。詳見內儲說上傳三。和是古時軍門兩邊的柱子，又稱為桓或華。兩和，指左翼、右翼的軍隊。上面的警字是告誡，下面的警字是戒備。旦暮，由旦至暮，是時間不久的意思。且，是將要的意思。㊁至幾奪其軍：至，猶俗言以至於，表示事情發展的結果。奪，是喪失的意思。㊂左右和曰上矣：王先慎韓非子集解，以為涉上而衍。太田方韓非子翼毳，以為曰字當作已。實則曰上矣三字，乃左右和回答李悝，沒有錯誤，也不是衍文。

【今譯】李悝告誡左右兩翼的部隊說：「要小心防備，敵人不久就要向你們襲擊了。」告誡了幾次，敵人也沒有來。左右兩翼的部隊慢慢鬆懈，而不相信李悝的話，過了幾個月，秦國的軍隊突然來襲擊，差點兒全軍覆沒，這就是說話不真實的災害啊。

又一說：李悝和秦國的軍隊作戰，對左翼的部隊說：「趕快前進！右翼的部隊已經前進了。」又趕去對右翼的部隊說：「左翼的部隊已經前進了。」左右兩翼的部隊都說：「趕快前進呀！」於是爭先恐後的殺過去。到了第二年，李悝又和秦國作戰，秦國的軍隊向他突襲，他差點兒全軍覆沒，這就是說話不真實的災害啊。

外儲說左下

【釋題】本篇原為第十二卷第三十三篇。下字，乾道本、迂評本、藏本脫，茲從趙本、凌本。外諸說左下五字的意思，已在內儲說上解釋，不再煩贅。

【提要】本篇主旨，在以事例說明六種主術：一、賞罰當於功罪，則人臣不德君，亦不怨上。二、用人須恃勢恃術，而不恃信。三、人主的成敗不在所與居，在所與謀。四、不聽左右之言，因能而授祿，錄功而與官。五、人臣不可太侈太儉，推舉須公正而不相比周。六、公室卑則忌直言，私行勝則少公功。本篇文字，有些脫佚與錯入：如孔子御坐、趙簡子謂車席太美、費仲說紂、齊宣王問匡倩諸事，只見於傳，不見於經，可證經文有脫佚。如孔子議晏嬰事，只見於經，不見於傳，可證傳文有脫佚。又如傳四桓公問置吏於管仲和傳五鄭縣人賣豚事，既不見於經文，又與傳義不相連屬，可證傳文有錯入。

經一、——以罪受誅，人不怨上，跀危生子皋。㈠以功受賞，臣不德君，㈡翟璜操右契而乘軒。㈢襄王不知，故昭卯五乘而履屩。㈣上不過任，臣不誣能，即臣將為夫少室周。㈤

【今註】㈠跀危生子皋：跀，音ㄩㄝˋ，是古代斷足的肉刑，經傳多用刖。危，是跪的省字，跪是足的意思。大概古代受跀刑的稱為跀跪。生，使動式，是救活的意思。乾道本、藏本作坐，迂評本作逃，茲從趙本、凌本。王先慎韓非子集解：「作生是也，與坐形近而誤。」子皋，說苑至公篇作子羔，孔子家語致思篇作季羔，就是孔子弟子高柴，春秋時衛國人，一說齊國人，曾為衛國的士師。㈡臣不德君：德，動詞，是感恩的意思。㈢翟璜操右契而乘軒：翟璜，戰國時魏文侯的大臣，嘗薦吳起、西門豹、樂羊、李克、屈侯鮒諸賢才。各書或作翟黃。翟，讀ㄓㄞˊ或ㄓㄜˊ。契，也叫做券，猶現在所謂合同。契分為二，是為左右契，亦稱左右券，各執其一以為信。松皐圓定本韓非子纂聞：「韓策注：左契待合而已，右契可以責取。」操右契而乘軒，是說有功應當受乘軒的賞賜，就像拿著右券可以責取。軒，是有屏蔽的車子。㈣襄王不知二句：襄王，戰國時魏國的君主，魏惠王的兒子，名嗣。知，讀第一聲。不知，不知功大當厚賞。昭卯，俞樾諸子平議：「昭，當作明。明卯，即孟卯也，又作芒卯。明、孟、芒，古音俱同。……今作昭者，蓋與明形似義同，因而致誤。」芒卯，戰國時魏將。五乘，周禮地官小司徒：「四井為邑，四邑為丘，四丘為甸，……。」釋名釋州國：「甸，乘也，出兵車一乘。」按丘十六井，甸六十四井。乘，讀ㄕㄥˋ，甸，亦讀ㄕㄥˋ。履，音ㄌㄩˇ，或ㄌㄧˇ，用作動詞，是穿鞋的意思。屩，音ㄐㄩㄝˊ，草鞋。芒卯功大賞薄，就像富人穿草鞋一樣。㈤上不過任三句：過任，猶誤任，就是不善用人。誣能，是以無能為有能。即，古與則通用。夫，各舊本作失。顧廣圻韓非子識誤：「失當作夫，在為字上。」失當作夫是對的，而應在為字下，用為指示形容詞，解作那。少室周，人名，姓少室，名周。

【今譯】 經一——因為有罪而受刑，人民不會怨恨上位，所以刖跪救護子羔的生命。因為有功而獲賞，官吏不必感激君主，所以翟璜好像應分乘坐軒車。魏襄王不懂有大功應當厚賞，所以昭卯只獲五乘的賞賜，就像富人穿草鞋一樣。君上能夠善用人才，臣下也不虛飾才能求用，官吏們都會變成少室周那樣。

經二、——恃勢而不恃信，故東郭牙議管仲。恃術而不恃信，故渾軒非文公。㈠故有術之主，信賞以盡能，必罰以禁邪，雖有駁行，必得所利。㈡簡主之相陽虎，㈢哀公問一足。㈣

【今註】 ㈠恃勢而不恃信四句：勢，是國家最高的權力，術，是統馭官吏的方法，信，是官吏對君主的忠誠。官吏的忠誠未必可靠，所以君要恃勢恃術來控制他們。東郭牙，春秋時齊國諫官。渾軒，王先慎韓非子集解說：梁玉繩以為就是春秋時鄭國的大夫渾罕，子產作丘賦，非議子產的人。軒罕古通，應讀ㄏㄢˇ。文公，是晉文公。㊁雖有駮行二句：駮，音ㄅㄛˊ，字又作駁，馬色不純。駮行，舛誤的行徑。利，功用。㊂簡主之相陽虎：簡主，春秋時晉卿趙鞅，滅范氏及中行氏而掌握晉國的政權，奉邑和諸侯差不多。他的曾孫趙籍，與韓魏列為諸侯，三分晉國。卒謚簡，史稱趙簡子。陽虎，字貨，春秋時魯國季孫氏的家臣，後來掌握季孫氏的大權，想除去孟孫、叔孫、季孫三家，失敗後逃往齊國，後又逃往晉國，事趙簡子。㊃哀公問一足：哀公，春秋時魯國的君主，名蔣，在位二十七年。一足，哀公誤為只有一隻腳，實際是有一種長處就足夠了。

【今譯】經二——君主治理國家，要倚靠自己的權力，不要倚靠官吏的忠信，所以東郭牙議論管仲。要倚靠自己的治術，不要倚靠官吏的忠信，所以渾軒非難晉文公。有功必賞，使才能儘量發展；有罪必罰，使姦邪不敢妄為，雖然人格有些缺憾，也一定能獲得他的功用。所以趙簡子用陽虎為相，魯哀公問夔為何一足。

經三、——失臣主之理，則文王自履而矜。㊀不易朝燕之處，則季孫終身莊而遇賊。㊁

【今註】㊀失臣主之理二句：理就是道。臣主之理，指君臣間的正常關係。履，動詞，是繫履的意思。矜，自賢，也就是說自己作得對。㊁不易朝燕之處二句：朝，讀ㄔㄠˊ，是上朝見君。燕，是退朝休息。處，讀第三聲，是指上朝和燕居的態度、狀況。燕居的態度應該安閒，上朝的態度應該莊重。這句話是說燕居和上朝的態度沒有什麼兩樣，都是很莊重的。季孫，大概是季孫斯，春秋時魯國的權臣，卒謚桓，史稱季桓子。史記魯世家：陽虎曾囚季桓子。後又欲盡殺三桓適（ㄉㄧˊ），而更立所善庶子，載季桓子，將殺之；桓子詐而得脫。莊，莊重。賊，殺害。按經三文字有缺漏，後面傳文有孔子御坐、趙簡子謂車席泰美、費仲說紂、齊宣王問匡倩四節，經文都沒有提到。

【今譯】經三——不講君臣的禮節，周文王就自繫鞋帶，還說自己作得很對。閒居和上朝的態度沒有分別，季桓子一生這樣莊重，卻幾乎被人殺害。

經四、——利所禁，禁所利，雖神不行；譽所罪，毀所賞，雖堯不治。夫為門而不使入，委利而不使進，㈠亂之所以產也。齊侯不聽左右，魏主不聽毀譽，而明察照羣臣，則鉅不費金，孱不用璧。㈡西門豹請復治鄴，足以知之。㈢猶盜嬰兒之矜裘，與跀危子榮衣，㈣子綽左右畫，㈤去蟻驅蠅，㈥安得無桓公之憂索官，與宣王之患臞㈦馬也？

【今註】㈠委利而不使進：委，蓄積。委利和為門相對，或解作棄置。進，前行，取必前行，這裏可解作求取。㈡則鉅不費金二句：鉅者和孱者都是假設以為人名，鉅者大概是剛強的，孱者大概是懦弱的，都不是做官的材料。費金、用璧，均謂賄賂。㈢西門豹請復治鄴二句：西門豹，戰國時魏國人。魏文侯時為鄴令，興修水利，破除河伯娶婦的惡俗，為我國古代優良的官吏。鄴，今河南省臨漳縣。足知，可知左右能為害國家。㊃猶盜嬰兒之矜裘二句：盜者的兒子誇示他父親皮衣有尾，刖者的兒子顯耀他父親冬能衣袴，借喻毀譽是不足信的。㊄子綽左右畫：子綽，人名，事迹未詳。陳奇猷韓非子集釋：「蓋喻明法度與聽請謁不能並存也。」㊅去蟻驅蠅：松皐圓定本韓非子纂聞：「以喻偏聽左右而禁姦邪，則邪姦愈彰。」㊆臞：音ㄑㄩˊ，字又作癯，是瘠瘦的意思。

【今譯】　經四——禁止的事反能獲利，獲利的事反予禁止，即便神明也無法施行；懲罰的人反加稱譽，獎賞的人反予詆毀，即便唐堯也不能治理。造成門戶卻不讓人進入，蓄積財利卻不給人求取，禍亂就由此發生。假使齊侯不聽左右的言語，魏君不受毀譽的作用，而明察徧及羣臣，鉅者就不會拿黃金，孱者就不會用玉璧，以求取官職。由西門豹請求再度治鄴，便可以明白左右的影響了。他們的毀譽，就和盜者的兒子誇示他父親皮衣有尾，跀者的兒子顯示他父親冬能衣袴差不多。子綽說：左手畫方，右手畫圓，不能兩成。以肉去蟻，以魚驅蠅，愈多愈來。這樣，怎能不像齊桓公憂慮求官的太多，韓宣王憂慮馬太瘦呢？

經五、——臣以卑、儉為行，則爵不足以觀賞；寵光無節，則臣下侵偪。㊀說、在苗賁皇非獻伯，孔子議晏嬰。㊁故仲尼論管仲與孫叔敖。而出入之容變，陽虎之言見其臣也；㊂而簡主之應人臣也，失主術。㈣朋黨相和，㈤臣下得欲，則人主孤；群臣公舉，下不相和，則人主明。陽虎將為趙武之賢、解狐之公，㈥而簡主以為枳棘，非所以教國也。㈦

【今註】㈠臣以卑儉為行四句：以卑儉為行，就是性行謙卑節儉。行，讀第四聲。觀，乾道本、趙本、凌本作勸，茲從迂評本、張本。觀賞，猶言示賞，表示獎勵。寵光，君主給與官吏的榮寵。㈡孔子議晏嬰：王先慎韓非子集解：「孔子議晏嬰條今奪。北堂書鈔一百二十九、御覽六百八十九、事類十二引韓子曰：『晏嬰相齊，妾不衣帛，馬不食粟。』當即此條佚文。」㈢出入之容變二句：這兩句是倒裝為文，依正常順序，為「陽虎之言見其臣，而出入之容變也。」陽虎在魯國和齊國，都曾推薦屬下三人為官，等到離開時，都背叛了陽虎，所以說出入之容變。見，讀ㄒㄧㄢˋ，是引見、推舉的意思。容，狀態。㈣而簡主之應人臣也失主術：應，讀第四聲，是回答的意思。失主術，不合於君主的治術。㈤朋黨相和：就是結成黨派，狼狽為姦的意思。和，讀第四聲，本意為聲相應，行動相應，亦可用和。㈥陽虎將為趙武之賢二句：這是說君主有治術以控御臣下，陽虎也會變成趙武那樣賢良，解狐那樣公正。㈦而簡主以為枳棘二句：枳棘，音ㄓˇ ㄐㄧˊ，都是多刺的樹木，用來比喻邪惡的人。教國，就是教導國人的意思。

【今譯】經五——臣下的性行謙卑儉僕，爵祿就不易顯示獎勵；官吏的榮寵沒有節制，君主就要受到威迫。這種道理的說明，就在苗賁皇非難獻伯，孔子議論晏嬰的故事當中。所以孔子又說管仲太奢侈，威迫君上；孫叔敖太儉樸，威迫屬下。陽虎告訴趙簡子，他在魯國和齊國，都曾推薦三個屬下給君主，到他離開的時候，便都背叛了。趙簡子回答陽虎，用培植枳棘作比喻，這是不合君主治術的。朋黨狼狽為姦，官吏們都達成私願，君主便孤立無助；官吏們秉公薦賢，都不會勾串營私，君主便明照全國。君主有治術，陽虎也會變成趙武那樣賢良，解狐那樣公正。趙簡子說陽虎培植枳棘，這不是教導國人的辦法呀。

經六、——公室卑，則忌直言；私行勝，則少公功。㈠說在文子之直言，武子之用杖；㈡子產忠諫，子國譙怒。㈢梁車用法，而成侯收璽；㈣管仲以公，而封人㈤謗怨。

【今註】㈠公室卑四句：公室，指君主。忌，避忌。私行，是私恩私誼。勝，過甚。少公功，對君主的效益減少。㈡說在文子之直言二句：春秋時晉國的大夫士會，食采於隨，稱為隨會，又封於范，卒謚武子，稱范武子。他的兒子士燮，卒謚文子，稱范文子。㈢子產忠諫二句：子產，是春秋時鄭國的大夫公孫僑。子國，是子產的父親。譙怒，是責罵的意思。譙，讀ㄑㄧㄠˋ，同誚。㈣梁車用法二句：梁車，人名。成侯，戰國時趙國的君主，敬侯的兒子，名種，在位二十五年。璽，音ㄒㄧˇ，古諸侯卿大夫的印章通稱璽，自秦以後，只有天子的印信稱璽。㈤封人：是管理國家疆界的官吏。各舊本作國人。松皐圓定本韓非子纂聞，依傳文及舊注改正，茲據改。

【今譯】 經六——君主的權勢低落，官吏就要避忌直言；私人的情誼過盛，就會減少對君主的效益。這種道理，由於范文子說真實的話，武子用手杖打他；子產忠誠勸諫，子國嚴予責罵；梁車對姊姊用法，趙成侯收回他的印信；管仲秉公用人，綺烏封人因而怨謗，便足以說明了。

傳一——孔子相衛，㈠弟子子皐為獄吏，刖人足，所刖者守門。人有惡孔子於衛君者，曰：「仲尼欲作亂。」㈡衛君欲執孔子，孔子走，弟子皆逃，子皐後門㈢，刖危引之而逃之門下室中，㈣吏追不得。夜半、子皐問刖危曰：「吾不能虧㈤主之法令，而親刖子之足，是子報仇之時也；而子何故乃肯逃我？我何以得此於子？」刖危曰：「吾斷足也，固吾罪當之，不可奈何！然方公之治臣獄㈥也，公傾側法令，㈦先後臣以言，㈧欲臣之免也甚，而臣知之。及獄決罪定，公憱然㈨不悅，形於顏色，臣見又知之。非私臣而然也，夫天性人心固然也。此臣之所以悅而德公也。」㈩孔子曰：「善為吏者樹德，不能為吏者樹怨。概者、平量者也，吏者、平法者也，治國者不可失平也。」⑪

【今註】㊀孔子相衛：論語和左傳都沒有孔子相衛的記載。孔子於魯哀公十一年（衛出公九年）去衛返魯，十五年衛亂，十六年孔子卒。衛亂前後，孔子不在那裏，是很顯然的事。孔文子的兒子孔悝，那時繼承他父親做衛國的卿，被脅迫逐出公輒，立蒯聵，是為莊公。孔子相衛，大概是孔悝的誤傳。悝，讀ㄎㄨㄟ。㊁人有惡孔子於衛君者二句：惡，讀ㄨˋ，是讒毀的意思。仲尼二字，各舊本作尼，茲從松皐圓定本韓非子纂聞補仲字。㊂後門：各舊本作從出門。從當作後，出字衍。門，用作動詞，是閉門的意思。後門，後於閉門，也就是門閉不得出入。㊃跀危引之而逃之門下室中：逃之，猶言逃於。㊄虧：損毀。㊅治臣獄：乾道本、迂評本作獄治臣，趙本、凌本、張本作欲治臣。陶小石讀韓非子札記：「當作治臣獄，下文傾側法令云云，正治獄時事。張、趙本改獄為欲，於文不安，不可從也。」據改。㊆傾側法令：多方援引法令，求能曲全。㊇先後臣以言：以言先臣，是拿話來啟導；以言後臣，是用話來成全，總之是對犯人答話予以導助。㊈愀然：憂愁的樣子。愀，音ㄑㄨˇ，通蹙。㊉非私臣而然也三句：私，偏愛，偏利。德，動詞，是感恩的意思。㊀孔子曰數句：王先慎韓非子集解：「此下當接孔子曰云云，今錯簡在後，另為一條。說苑此下接孔子聞之曰云云是也。」松皐圓定本韓非子纂聞已移置本節後面，現在也根據王說移置。概，平斗斛的工具。量，讀ㄌㄧㄤˋ，是計算容積的器具。

【今譯】傳一——孔子做衛國的宰相，他的學生子皋做管刑獄的官吏，砍掉一個人的腳，那人後來便做看守城門的。有人在衛君面前讒害孔子說：「孔仲尼要作亂了。」衛君即將捉拿孔子，孔子逃走，他的學生也都跟著逃走。子皋逃到城門，城門已經關閉，被砍掉腳的跀跪引他逃到城門旁邊的房子裏，追趕的官吏沒有把他捉住。到了夜半，子皋問跀跪：「我不能破壞衛君的法令，便把你的腳砍掉，現在正是你報仇的機會，你為什麼反而引我逃匿？我怎麼能夠獲得你這樣的救助？」跀跪回答說：「我被砍掉腳，本來是我罪該如此，無法可想的。可是當您審判的時候，您多方援引法令，拿話對我啟導成全，很想使我免除罪刑，我知道。等到判定罪刑，您心裏非常憂苦，由臉色透露出來，我也知道。這並不是對我有所偏私，是您天生的仁愛心原本是這樣的。因此，我很願意報答您的好意。」孔子說：「善於做官的施德惠，不善做官的結仇怨。概是平容量的，官是平法度的，治理國家的不能不使法度公平。」

田子方從齊之魏，㊀望翟黃乘軒騎駕出，方以為文侯也，移車異路而避之，則徒翟黃也。㊁方問曰：「子奚乘是車也？」㊂曰：「君謀欲伐中山，臣薦翟角而謀得；㊃果且伐之，臣薦樂羊而中山拔；㊄得中山，憂欲治之，臣薦李克㊅而中山治；是以君賜此車。」方曰：「寵之稱㊆功尚薄。」

【今註】㊀田子方從齊之魏：田子方，戰國時魏國人，魏文侯事以師禮，稱為仁人。之，動詞，是往的意思。㊁望翟黃乘軒騎駕出四句：宋本注：「既乘軒車，又有輕騎。」文侯，戰國時魏國的第一位君主，名斯。任用賢能，國勢強盛。異路，走另外一條路。則，是乃的意思。徒，是但、僅、不過的意思。㊂子奚乘是車也：奚，疑問副詞，是為什麼的意思。是車，此車，指軒車。㊃君謀欲伐中山二句：中山，古國名，春秋時為鮮虞，後改為中山，在今河北省定縣一帶。魏文侯滅中山，派太子擊駐守。太子擊返魏，又封他的少子摯於中山。魏所封的中山，為趙武靈王陸續吞併。翟角，戰國初期魏國的官吏，定策伐中山。後為將，敗齊師於龍澤。得，適當。㊄果且伐之二句：果且，猶言既而。樂羊，戰國初期魏文侯的將領，為魏滅中山，封於靈壽。拔，攻而取得的意思。㊅李克：戰國時魏國人，子夏弟子，事魏文侯，為中山相。曾建盡地力的方策，又創平糴法，魏以富強。㊆稱：讀ㄔㄥˋ或ㄔㄣˋ，是適合、相當的意思。

【今譯】　田子方從齊國到魏國，看見翟黃坐著軒車，隨著騎從出來。子方以為是魏文侯，準備把車轉到另一條路讓避，經過探詢，不過是翟黃罷了，子方便問他：「你為什麼坐這種車子？」翟黃回答說：「君主打算攻打中山，我推薦翟角，計畫得非常妥當；隨後進兵攻打，我推薦樂羊，便把中山占領；占領中山以後，憂慮怎樣治理，我推薦李克，便把中山治理好，所以君主賜給我坐這種車子。」子方說：「賜給榮寵要和功勞相當，這還嫌太薄呀。」

秦、韓攻魏，昭卯西說，而秦韓罷；齊荊攻魏，卯東說，而齊荊罷。㊀魏襄王養之以五乘。㊁卯曰：「伯夷以將軍葬於首陽山之下，㊂而天下曰：夫以伯夷之賢，與其稱仁，而以將軍葬，是手足不掩也。㊃今臣罷四國之兵，而王乃與臣五乘，猶贏縢而履蹻。」㊄

【今註】 ㊀秦韓攻魏數句：這裏兩個說字都讀ㄕㄨㄟˋ，是遊說的意思。罷，罷兵。荊，是楚國的舊稱。㊁魏襄王養之以五乘：舊本五乘下有將軍二字。顧廣圻韓非子識誤：「五乘句絕，將軍二字當衍，涉下文而誤。」據刪。㊂伯夷以將軍葬於首陽山之下：伯夷和叔齊，是商朝末年孤竹國君主的長子和三子。父親死時，遺命由叔齊繼承君位。兄弟互相推讓，相繼出走，打算投奔西伯姬昌（後追尊為周文王）。西伯死後，他的兒子姬發伐紂，伯夷叔齊攔住他的馬勸諫。姬發滅紂，自為天子，便是周武王。伯夷叔齊認為這是可恥的事，便不食周朝的俸祿，餓死在首陽山。將軍，大概是一軍的主領，古以萬二千五百人為軍，是一鄉所出的兵，平時的鄉大夫，就是戰時的將軍。首陽山，說法很多，以山西省永濟縣南的雷首山較為近實。松皐圓定本韓非子纂聞：「此策士假託之說，非實有此事也。謂己功大而賞祿薄。譬如伯夷節高而葬之以卑官，反足為污耳。」㊃是手足不掩也：尹桐陽韓子新釋：「謂其葬薄。」㊄猶贏縢而履蹻：贏縢，各舊本作贏勝。顧廣圻韓非子識誤：「贏勝當作贏縢，形相近也。」松皐圓定本韓非子纂聞：「贏，宜作贏；縢，元作勝，誤。秦策，贏縢履屩。」贏，音ㄌㄟˊ，通纍，動詞，是纏繫的意思。縢，音ㄊㄥˊ，就是行縢，又叫行纏，為了行路便利，用布纏裹小腿，就像現在軍人用的裹腿。贏縢履蹻，都是貧賤的行裝，用以比喻襄王的賞賜太微薄。

【今譯】　秦國和韓國攻打魏國，昭卯往西面遊說，秦國和韓國就撤兵了；齊國和楚國攻打魏國，昭卯往東面遊說，齊國和楚國就撤兵了。於是魏襄王拿五乘的俸祿供養昭卯。昭卯說：「伯夷，按照將軍的禮節埋葬在首陽山下，天下的人都說：拿伯夷那樣高尚的人格，和仁義的稱譽，卻拿將軍的禮節埋葬，這簡直是連他的手腳都沒有掩埋起來。現在我使四國的兵撤退，而王只賜給我五乘的俸祿，拿這和我的功績比量，就和人打裹腿穿草鞋一樣。」

少室周者、古之貞廉愨㈠者也，為趙襄主力士，㈡與中牟徐子角力，㈢不若也，入言之襄主以自代也。襄主曰：「子之處，人之所欲也，㈣何為言徐子以自代？」曰：「臣以力事君者也，今徐子力多臣，臣不以自代，恐他人言之而為罪也。」㈤一曰：少室周為襄主驂乘，至晉陽，有力士牛子耕，與角力而不勝。㈥周言於主曰：「主之所以使臣驂乘者，以臣多力也，今有多力於臣者，願進之。」

【今註】　㈠愨：音くㄩㄝˋ，是質誠的意思。㈡為趙襄主力士：趙襄主，春秋時晉國的卿，簡子趙鞅的兒子，名無恤。和韓魏合力滅智伯，分掉他的土地，三家更為強大。卒謚襄子。力士，膂力強大的人，古代權貴多用來做侍衛。㊂與中牟徐子角力：中牟，史記趙世家：「獻侯（趙襄子姪孫）少即位，治中牟。」這是晉國的中牟，當然不是現在河南省的中牟縣，地點似在今河北省邢臺、邯鄲中間，未能確考。或謂在今河南省湯陰縣。角力，是比賽勇力。㊃子之處人之所欲也：子之處，猶言子所處，也就是你現在所占的地位。處，讀第三聲。少室周的地位是車右，和君主同車，最為親近，是大家所羨慕的。㊄恐他人言之而為罪也：為，解作有。罪，宋本注：「蔽賢之罪也。」㊅少室周為襄主驂乘數句：為，讀第四聲，是替、給的意思。驂乘，讀ㄘㄢ　ㄕㄥˋ，亦作參乘，又稱陪乘。太田方韓非子翼毳：「驂乘，車右也。古者乘車，尊者居左，御者居中，選多力者為車右，故曰驂，驂之言參也。」下面的驂乘，各舊本作騎乘，顧廣圻韓非子識誤以為騎當作驂，據改。晉陽，就是現在山西省太原縣。春秋時趙氏曾都晉陽。國語晉語也有這件事的記載，不過襄主作趙簡子，牛子耕作牛談。

【今譯】　少室周是古時一個廉潔忠誠的人，給趙襄子做力士，和中牟人徐子較量勇力，輸給徐子，便回去向襄子推薦他代替自己。襄子說：「你的地位是大家所羨慕的，為什麼要推薦徐子來代替呢？」少室周說：「我是以勇力伺候君主的，現在徐子的勇力比我好，我若不推薦他來代替自己，恐怕別人向君主報告，我就有蔽賢的罪過了。」

另一說：少室周給趙襄子作驂乘，到晉陽時，和力士牛子耕角力，少室周輸了，就去對襄子說：「您所以用我做驂乘，是因為我有勇力，現在有人比我的勇力好，我願推薦他做驂乘。」

傳二——齊桓公將立管仲為仲父，㈠令羣臣曰：「寡人將立管仲為仲父，善者入門而左，不善者入門而右。㈡」東郭牙㈢中門而立。公曰：「寡人立管仲為仲父，令曰：善者左，不善者右，今子何為中門而立？」牙曰：「以管仲之智、為能謀天下乎？」公曰：「能。」「以斷、為敢行大事乎？」公曰：「敢。」牙曰：「若智㈣能謀天下，斷敢行大事，君因專屬之以國柄焉；㈤以管仲之能，乘公之勢，㈥以治齊國，得無危乎？」公曰：「善。」乃令隰朋㈦治內，管仲治外，以相參㈧。

【今註】㈠齊桓公將立管仲為仲父：各舊本無為仲父三字，松皐圓定本韓非子纂聞：「元脫此三字，說苑作立仲父。」茲據補。齊桓公，春秋時齊國的君主，名小白。管仲，春秋時潁上人，名夷吾，字仲，謚敬，所以又稱為管敬仲。齊桓公用管仲做宰相，富國強兵，尊王攘夷，屢次召集諸侯會盟，使動亂的天下漸有秩序，成為諸侯霸主，因尊稱管仲為仲父。仲是管子的字，父是尊稱。㈡善者入門而左二句：善者、不善者，是以為善者，或以為不善者，就像現在說贊成的，或不贊成的。㈢東郭牙：齊大夫，犯顏極諫，立為諫臣。㈣若智：各舊本作君知。顧廣圻韓非子識誤：「君當作若，知即智字。」據改。㈤君因專屬之以國柄焉：因，是就的意思。屬，讀ㄓㄨˇ，託付。專屬，就是只託付一個人。國柄，是國家的政權。㈥乘公之勢：乘，讀第二聲，是因、憑借的意思。㈦隰朋：春秋時齊國的大夫，幫助管仲輔佐齊桓公稱霸天下。隰，音ㄒㄧˊ。㈧相參：是分其權勢以相牽制。

【今譯】 傳二——齊桓公打算尊管仲為仲父，吩咐羣臣說：「我打算尊管仲為仲父，贊成的進門站在左邊，不贊成的進門站在右邊。」東郭牙站在門的當中。桓公說：「我打算尊管仲為仲父，告訴大家贊成的站在左邊，不贊成的站在右邊，你為什麼站在門當中呢？」東郭牙回答說：「您以為管仲的智慧能籌度天下嗎？」桓公說：「能！」「您以為管仲的決斷敢發動大事嗎？」桓公說：「敢！」東郭牙說：「假若他的智慧能籌度天下，決斷敢發動大事，您就把國家的權勢付託他一個人；以管仲的才幹，憑借您的權勢，治理齊國，不是很危險嗎？」桓公說：「這話很對！」於是令隰朋主持內政，管仲辦理外交，把權勢分開，而互相牽制。

晉文公出亡，㈠箕鄭挈壺餐而從，㈡迷而失道，與公相失，飢而道泣，寢餓㈢而不敢食。及文公反國，舉兵攻原，克而拔之。㈣文公曰：「夫輕忍飢餒之患，而必全壺餐，是將不以原叛。」㈤乃舉以為原令，大夫渾軒㈥聞而非之，曰：「以不動壺餐之故，知其不以原叛也，不亦無術乎！故明主者、不恃其不我叛也，恃吾不可叛也；不恃其不我欺也，恃吾不可欺也。」

【今註】 ㈠晉文公出亡：晉文公是春秋時晉獻公的兒子，名重耳。獻公寵愛驪姬，殺世子申生，重耳逃亡各國十九年，才獲得秦穆公的幫助，回國即位為文公。在城濮擊敗楚國，成為諸侯的霸主。㈡箕鄭挈壺餐以從：箕鄭，春秋時晉國的箕大夫，晉文公蒐於清原，始作五軍，使趙衰將新上軍，箕鄭為佐。據左傳僖公二十五年，以壺飧從，餒而弗食的是趙衰，做原大夫的也是趙衰。挈，音ㄑㄧㄝˋ，是提的意思。飧，音ㄙㄨㄣ，俗作飱，是水和飯。餐，音ㄘㄢ，又讀ㄙㄨㄣ，通飧。㈢寢餓：寢是病臥，餓而至寢，是極言其餓。㈣及文公反國三句：反，本來就是還的意思，後又增辵作返。原，周畿內邑，故城在今河南省濟源縣西北。克，戰勝。拔，取得。文公攻原，詳見外儲說左上傳六。㈤夫輕忍飢餒之患三句：夫，人稱代名詞，解作他，代箕鄭。輕，看輕。餒，音ㄋㄟˇ，也是飢餓的意思。患，痛苦。將，解作必。㈥渾軒：即鄭大夫渾罕。

【今譯】 晉文公在國外逃亡，箕鄭提著一壺飯跟在後面，走迷了路，和文公失散，腹內飢餓，在路邊哭泣，強忍著飢餓而不敢吃壺裏的飯。等到文公回國做了君主，出兵攻打原城，打勝後便把原城取得。文公說：「箕鄭強忍著飢餓，不敢動用壺內的食物，這一定不會憑借原城造反。」就提拔他做原城的大夫。鄭國有名的大夫渾軒聽到這事。就非議文公說：「因為沒動用壺內食物的緣故，就相信他不會憑借原城造反，不是太沒有治術嗎！所以明主用人，不倚靠他不背叛我，要倚靠我不能背叛；不倚靠人不欺騙我，要倚靠我不能欺騙呀。」

陽虎議曰：「主賢明，則悉心以事之；不肖，則飾姦而試之。」㊀逐於魯，疑於齊，走而之趙，趙簡主迎而相之。左右曰：「虎善竊人國政，何故相也？」簡主曰：「陽虎務取之，我務守之。」遂執術而御之，陽虎不敢為非，以善事簡主，興主之強，㊁幾至於霸也。

【今註】㊀則飾姦而試之：飾姦，是隱蔽自己的邪惡。試，是試探的意思。㊁興主之強：興主，是使君主發展。之，是至的意思。之強，是至於強大。

【今譯】陽虎議論說：「君主假若賢明，就竭盡心力事奉他；假若庸碌，就隱蔽邪惡試探他。」他在魯國作事，被驅逐出來；逃到齊國，又被疑忌；最後投奔趙氏，趙簡子迎接他作宰相。簡子的左右說：「陽虎最善於竊取國政，您為什麼用他做宰相呢？」簡子說：「陽虎會盡力竊取國政，我會盡力保守。」就用權術控制陽虎，陽虎不敢為非作歹，而且好好事奉簡子，使趙氏發展，至於強大，幾乎稱霸天下。

魯哀公問於孔子曰：「吾聞古者有夔一足，其果信有一足乎？」㊀孔子對曰：「不也，夔非一足也。夔者、忿戾惡心，人多不說喜也。㊁雖然，其所以得免於人害者，以其信也。人皆曰獨此一，足矣；㊂夔非一足也，一而足也。」哀公曰：「審而是，固足矣。」㊃

一曰：哀公問於孔子曰：「吾聞夔一足，信乎？」曰：「夔、人也，何故一足？彼其無他異，而獨通於聲。㊄堯曰：夔、一而足矣，使為樂正。㊅故君子曰：夔有一、足，非一足也。」

【今註】㊀吾聞古者有夔一足二句：夔，堯、舜時的樂官。古者有夔一足，陳奇猷韓非子集釋：「謂古有夔其人，僅有一足。」果信，都是真實的意思。㊁孔子對曰數句：不，讀ㄈㄡˇ，同否。忿戾惡心，是心情急躁，態度暴戾。說，讀ㄩㄝˋ，借為悅。㊂獨此一足矣：獨，是僅、只的意思。此一，指信。足，足夠，本節足字有兩種意思，一為手足之足，一為足夠之足。㊃審而是二句：審，確實。而，解作如。而是，就是如此。固，是的確的意思。㊄彼其無他異二句：其，句中助詞。聲，音樂。㊅樂正：是古代掌管音樂的官。

【今譯】魯哀公問孔子說：「我聽說古時有一個名字叫夔的只有一足，他果真是一足嗎？」孔子回答說：「不是的，夔並不是只有一足。夔性情急躁，態度暴戾，人多半不喜歡他。雖說這樣，卻不會被人傷害，因為他是最誠信的人。大家都說：『只有這一種優點，已經足夠了。』夔不是只有一足，乃是只有這一種優點就足夠了。」哀公說：「真像這樣的話，的確足夠了。」另一說：魯哀公問孔子說：「我聽說夔只有一足，是真的嗎？」孔子回答說：「夔是一個人，怎麼會只有一足呢？他沒有別的優點，只是精通音律。唐堯說：『夔有一種優點就足夠了。』便派他做樂正。所以有君子這樣說：『夔有一種優點就足夠了，並不是只有一隻足呀。』」

傳三——文王伐崇，至鳳黃虛，韤繫解，因自結。㈠太公望曰：「何為也？」㈡王曰：「上君與處，皆其師，中皆其友，下盡其使也。㈢今皆先君之臣，故無可使也。㈣」一曰：晉文公與楚戰，至黃鳳之陵，履繫解，因自結之。㈤左右曰：「不可以使人乎？」公曰：「吾聞上君所與居，皆其所畏也；中君之所與居，皆其所愛也；下君之所與居，皆其所侮也。㈥寡人雖不肖，先君之人皆在，是以難之也。」

【今註】㈠文王伐崇四句：文王，姓姬名昌，是周武王的父親。商紂時，為西伯，施行仁政，三分天下有其二。周武王滅紂，追尊為文王。崇，商朝國名，在今陝西省鄠縣東面。崇侯虎曾譖文王。虛，同墟，是大丘的意思。黃和皇音同。鳳黃虛，大概是山丘的名稱。韤，音ㄨㄚˋ，又作襪，足衣。韤繫，就是襪帶。這件事呂氏春秋不苟篇和帝王世紀都說是周武王的事。㈡太公望曰二句：太公望，就是姜尚，他的先代封在呂，又稱為呂尚。周文王立以為師，武王尊為師尚父。武王滅紂，統有天下，姜尚的謀畫居多，封於齊。為，讀第四聲。㊂上君與處皆其師三句：各舊本無上字。顧廣圻韓非子識誤：「君上當有上字。」據補。中皆其友，就是中君與處皆其友的省略。下皆其使，也是同樣的句法。處，讀第三聲，是在一起生活、共事。㊃今皆先君之臣二句：是說現在這些官吏，都是先君的舊臣，都是師友的材料，不能指使他們結襪帶。㊄一曰數句：晉文公，已見本篇傳二注。陵，也是山丘的意思。㊅吾聞上君所與居數句：畏，敬服。愛，友愛。侮，輕慢。

【今譯】　傳三——周文王攻打崇國，走到鳳黃虛，襪帶散開，就自己把它結好。太公望說：「為什麼要自己結襪帶呢？」文王說：「上等君主用來幫助作事的，都是師傅；中等君主用來幫助作事的，都是朋友；下等君主用來幫助作事的，都是僕役。現在這些官吏，都是先君的舊臣，所以沒有可以指使結襪帶的。」

另一說：晉文公和楚國作戰，走到黃鳳陵，鞋帶散開，就自己把它結好。左右的官吏說：「不可以指使別人結嗎？」文公說：「我聽說：上等君主和他在一起，都是所敬畏的；中等君主和他在一起，都是所友愛的；下等君主和他在一起，都是所輕慢的。我雖然沒有才德，先君的舊臣都在這裏，不能指使他們結鞋帶呀。」

季孫好士，終身莊，居處㊀衣服常如朝廷。而季孫適懈，有過

失，而不能長為也。㊁故客以為厭易㊂己，相與怨之，遂殺季孫。故君子去泰去甚。㊃

一曰：南宮敬子問顏涿聚曰：㊄「季孫養孔子之徒，所朝服與坐者以十數，而遇賊，何也？」㊅曰：「昔周成王近優侏儒以逞其意，㊆而與君子斷事，是以能成其欲於天下。今季孫養孔子之徒，所朝服而與坐者以十數，而與優侏儒斷事，是以遇賊。故曰：不在所與居，在所與謀也。」

【今註】㊀居處：是在家裏生活。處，讀第三聲。㊁而季孫適懈三句：適懈，偶然懈怠。有過失，是有不端莊的過失。㊂厭易：憎惡輕慢。㊃去泰去甚：泰甚都是過甚的意思。老子第二十九章：「是以聖人去甚，去奢，去泰。」㊄南宮敬子問於顏涿聚曰：南宮敬子，似即南宮敬叔，為魯權臣孟僖子的兒子仲孫閱。顏涿聚，本書十過篇載顏涿聚勸諫田成子事，詳十過篇注。㊅季孫養孔子之徒四句：孔子之徒，指冉有、季路等。數，讀第三聲。賊，指陽虎載季桓子，將殺之；桓子詐而得脫。實際並沒殺死。㊆昔周成王近優侏儒以逞其意：周成王，是武王的兒子，名誦。即位時年幼，周公攝政，制禮作樂，營東都洛邑，周朝的政事，大體完成，所以謚為成王。優，是奏樂歌舞的人，亦稱俳、倡。侏儒，是身體短小的人，古多用以表演滑稽，供人笑樂。逞，是暢快的意思。

【今譯】 季桓子喜好養士，生活態度是很端莊的，平日家居服裝都像在朝廷一樣。但偶爾懈怠，也有疏失的地方，並不能永遠那樣端莊。因此，當他疏失的時候，門客便以為他厭惡自己，輕慢自己，怨恨的越來越多，就共同謀殺季桓子。所以君子對任何事情都不能過甚。

另一說：南宮敬子向顏涿聚問道：「季桓子供養孔子的門徒，穿起朝服和他們坐談的有十多個，可是被人所謀害，這是什麼緣故呢？」顏涿聚回答說：「從前周成王經常接近倡優侏儒尋樂，可是要和君子解決政事，所以能把天下治好。現在季桓子供養孔子的門徒，穿起朝服和他們坐談的有十多個，卻和倡優侏儒解決事情，所以被人謀害。因此有人說：事情的成敗，不在於一起生活的人，而在於共同謀畫的人。」

孔子御坐於魯哀公，㊀哀公賜之桃與黍，哀公請用，仲尼先飯黍而後啗桃，㊁左右皆掩口而笑。哀公曰：「黍者、非飯之也，以雪桃也。」㊂仲尼對曰：「丘知之矣。夫黍者、五穀之長也，祭先王為上盛。㊃果蓏㊄有六，而桃為下，祭先王不得入廟。丘之聞也，君子以賤雪貴，不聞以貴雪賤。今以五穀之長，雪果蓏之下，是以上雪下也。㊅丘以為妨義，故不敢以先於宗廟之盛也。」

【今註】㊀孔子御坐於魯哀公：孔子，名丘，字仲尼。御坐，就是侍坐。魯哀公，已見本篇經二注。㊁仲尼先飯黍而後啗桃：飯，動詞，是食的意思。啗，音ㄉㄢˋ，也是食的意思，通啖。㊂以雪桃也：雪，是除的意思。雪桃，黍性黏，用以黏去桃毛。㊃夫黍者五穀之長也二句：五穀，說法很多，這裏大概指的是管子所說的黍、秫、菽、麥、稻。長，讀ㄓㄤˇ，是為首的。盛，讀ㄔㄥˊ，黍稷在器，荀子禮論：「饗尚玄尊而用酒醴，先黍稷而飯稻粱。」足見黍是饗祭的上盛。㊄果蓏：果，木實。蓏，音ㄌㄨㄛˇ，草實。㊅是以上雪下也：以，各舊本作從。陶小石讀韓非子札記：「從當為以，因以誤為从，又寫為從耳。」據改。

【今譯】孔子侍坐在魯哀公旁邊，哀公賜給他桃子和黍飯，請他食用。孔子先把黍飯吃下，然後吃桃子，左右伺候的人都掩著嘴發笑。哀公說：「黍飯不是吃的，是用來拭去桃毛的。」孔子說：「丘已知道。黍是五穀的首位，祭先王時是上等祭品。重要的果蓏有六種，桃子卻是下品，祭先王是不能作為祭品的。我聽說過，君子以賤雪貴，沒聽說過以貴雪賤。現在用五穀的首位，來雪果蓏的下品，這是拿上等東西服侍下等東西，我以為是妨害正道的，所以不敢把桃子看得比宗廟的上等祭品還重要。」

趙簡子謂左右曰：「車席泰美。夫冠雖賤，頭必戴之；屨雖貴，足必履之。㊀今車席如此，太美，吾將何屨以履之？夫美下而耗上，㊁妨義之本也。」

【今註】㊀趙簡子謂左右曰數句：趙簡子，已見本篇經二注。貴賤，指價值的高低。㊁夫美下而耗上：宋本注云：「言席美則履又當美，履美衣又當美，累美不已，則居上彌有所費也。」

【今譯】趙簡子告訴左右的人說：「車席太美了。帽子雖然粗劣，頭必須戴著；鞋子雖然高貴，腳必須穿著。現在車席像這樣，太美了，我將穿什麼鞋子踩在上面呢？車席美，鞋子跟著美，服飾、冠弁也必須更加耗費，美下而耗上，這是妨害正道的根由啊。」

費仲說紂曰：㊀「西伯昌賢，百姓悅之，諸侯附焉，不可不誅；不誅、必為殷患。」㊁紂曰：「子言義主，何可誅！」費仲曰：「冠雖穿弊，㊂必戴於頭；履雖五采，必踐之於地。今西伯昌、人臣也，修義而人向之，卒為天下患，其必昌乎！人臣不以其賢為其主，非可不誅也。㊃且主而誅臣，焉有過？」紂曰：「夫仁義者、上所以勸下也。今昌好仁義，誅之不可。」三說不用，㊄故亡。

【今註】㊀費仲說紂曰：費仲，商紂的官吏，善諛好利。說，讀ㄕㄨㄟˋ，是勸告的意思。紂，是商朝末代的帝王，嗜酒好色，暴虐無道，為周武王誅滅。㊁西伯昌賢數句：西伯昌，姓姬名昌，是周武王的父親，商紂時，為西伯，施行仁政，三分天下有其二。周武王滅商，追尊為文王。㊂冠雖穿弊：穿和弊都是破敗的意思。莊子山木：「衣弊履穿。」㊃人臣不以其賢為其主二句：人臣不，各舊本或作人人不，或作夫人不，或作人人欲。顧廣圻韓非子識誤：「下人字當作臣，今本不作欲，誤。」據改。為，讀第四聲，是幫助的意思。非，解作不。這兩句的意思是：人臣不拿他的賢能來輔助主上，不能不把他殺掉。人臣，指西伯。㊄三說不用：費仲勸諫三次，商紂沒有採納。說，讀ㄕㄨㄟˋ。

【今譯】　費仲勸諫商紂說：「西伯昌很賢能，百姓都愛戴他，諸侯都親附他，不能不把他殺掉；不殺掉，一定成為商朝的禍害。」商紂說：「你既說他是個好諸侯，怎麼可以殺掉呢？」費仲說：「帽子雖然破舊，必須戴在頭上；鞋子雖然華美，必須踩在地下。現在西伯昌是一個諸侯，施行仁義，人民都歸向他：將來成為天下的禍害，一定是西伯昌呀！人臣不拿他的賢能來輔助主上，不能不把他殺掉。而且主上殺臣下，是沒有罪過的。」商紂說：「仁義是主上勉勵臣下的，現在西伯昌喜好施行仁義，殺掉他是不對的。」費仲三次勸諫，商紂都沒採納，所以終久被滅亡了。

齊宣王問匡倩曰：「儒者博乎？」曰：「不也。」㊀王曰：「何也？」匡倩對曰：「博者貴梟，勝者必殺梟，殺梟者是殺所

貴也，儒者以為害義，故不博也。」㊁又問曰：「儒者弋㊂乎？」曰：「不也。弋者、從下害於上者也，是從下傷君也，儒者以為害義，故不弋。」又問：「儒者鼓瑟乎？」曰：「不也。夫瑟以小絃為大聲，以大絃為小聲，是大小易序，貴賤易位，儒者以為害義，故不鼓也。」宣王曰：「善。」仲尼曰：「與其使民諂下也，寧使民諂上。」㊃

【今註】㊀齊宣王問匡倩曰三句：齊宣王，戰國時齊國的君主，齊威王的兒子，名辟彊。曾攻滅燕國。又喜文學遊說之士，在稷下設有講堂，期會議論，為戰國時學術中心。在位十九年。匡倩，人名，事迹未詳。不知是否孟子書中所謂匡章，曾為齊宣王將兵滅燕。博，是我國古時的一種局戲，方法已不得確知，也可能隨著時代有些演變。不，讀ㄈㄡˇ，同否。㊁博者貴梟數句：梁啟雄韓子淺解：「史記魏世家：『博之所以貴梟者，便則食，不便則止。』歸納史記和韓書：博弈中有刻梟形的棋子，博者甲乙雙方都要殺食對方的梟形棋子，能把對方的梟形棋子殺了就算贏。」㊂弋：用繩繫矢射鳥。㊃與其使民諂下也二句：宋本注：「諂下則朋黨，諂上則尊敬。」這大概是引孔子的話，來說明匡倩是諂上的。

【今譯】齊宣王問匡倩說：「儒生從事博戲嗎？」匡倩說：「不！」宣王說：「為什麼？」匡倩說：

「博戲以梟棋為尊貴，殺掉梟棋就算贏。殺梟便是殺尊貴的，儒生以為這是妨害正道的，所以不從事博戲。」宣王又問：「儒生弋射飛鳥嗎？」匡倩說：「不！弋射是由下面傷害在上面的，有如從下面傷害君主，儒生以為這是妨害正道的，所以不弋射飛鳥。」又問：「儒生彈奏瑟樂嗎？」匡倩說：「不！瑟以小絃發大聲，以大絃發小聲，這是改變大小的秩序，更易貴賤的位置，儒生以為這是妨害正道的，所以不彈奏瑟樂。」宣王說：「很對！」孔仲尼說過：「與其使人諂媚臣下，寧可使人諂媚君上。」

傳四——鉅者、齊之居士，孱者、魏之居士。㊀齊魏之君不明，不能親照境內，而聽左右之言，故二子費金璧而求入仕㊁也。

【今註】㊀鉅者齊之居士二句：鉅者、孱者，已在本篇經四注釋。居士，尚未出仕的士人。㊁入仕：入政途為官。

【今譯】傳四——鉅某是齊國的居士，孱某是魏國的居士。齊國和魏國的君主明智不夠，不能親自察照全國，卻聽信左右的話，所以這兩個人便用黃金和玉璧求取官職。

西門豹為鄴令，清剋潔慤，秋毫之端無私利也，而甚簡左右，左右因相與比周而惡之。㊀居期年、上計，君收其璽。㊁豹自請

曰：「臣昔者不知所以治鄴，今臣得矣，願請璽復以治鄴；不當、請伏斧鑕之罪。㊂」文侯不忍，而復與之。㊃豹因重斂百姓，急事左右。期年上計，文侯迎而拜之。豹對曰：「往年臣為君治鄴，而君奪臣璽；今臣為左右治鄴，而君拜臣，臣不能治矣。」遂納璽而去。文侯不受，曰：「寡人曩㊄不知子，今知矣，願子勉為寡人治之。」遂不受。㊅

【今註】㊀西門豹為鄴令數句：西門豹為鄴令，已在本篇經四注釋。剋，字又作尅，通刻，是約束自己的意思。慤，音ㄑㄩㄝˋ，誠實。秋毫之端，是鳥獸秋天新生細毛的尖端，極言細微。簡，慢忽。比周，比是近，周是密，是說小人互相親近，阿黨營私。比，讀第四聲。惡，讀ㄨˋ，是讒毀的意思。㊁居期年三句：期，讀ㄐㄧ，是復至其時。期年，一週年。上計，地方官每歲終向中央報告文書、會計、行政成就等。璽，音ㄒㄧˇ，古為印信的通稱；秦朝以後，專指帝王的印信。奪璽，收回印信，就是免官。㊂請伏斧鑕之罪：鑕，亦作質，就是椹。斧鑕，是古代腰斬的刑具。行刑時使犯人伏在鑕上，用斧來斬斷。或以為就是鍘刀。伏罪，是受刑的意思。㊃文侯不忍二句：文侯，就是魏文侯，已見傳一注。而復與之，就又把印信交給他。㊄曩：音ㄋㄤˇ，是從前的意思。㊅遂不受：終於沒接受他繳還的印信。

【今譯】西門豹做鄴縣的縣令，清廉刻苦而誠謹，一點也不為私利打算，可是對魏文侯的左右卻不肯奉承；文侯的左右便聯合起來毀謗他。這樣過了一年，他進京報告施政情形，文侯就收回他的印信，把他免職。西門豹請求說：「我從前不知道怎樣治理鄴縣，現在知道了；想請君主發還印信，再去治理鄴縣。若再治理不好，情願接受死刑的處分。」文侯不忍拒絕，就又把印信給他。西門豹回去，就儘量搜刮百姓，加緊賄賂文侯左右的人。一年後又進京報告；文侯親自迎接他，向他拜謝。西門豹說：「上年我替君主治理鄴縣，君主收回我的印信；今年我替君主左右治理鄴縣，君主卻向我拜謝，我不能再治理鄴縣了。」說完話，繳還印信就要走。文侯不肯接受，說：「我以前不了解你，現在了解了，希望你好好為我治理鄴縣！」終於沒接受他繳還的印信。

齊有狗盜之子，與刖危子戲而相誇。㈠盜子曰：「吾父之裘獨有尾。」㈡危子曰：「吾父獨冬不失袴。」㈢

【今註】㈠齊有狗盜之子二句：狗盜，是穿狗皮所作的裘，假裝成狗的樣子，晚上進入人家，盜取財物，以減少人的懷疑。史記孟嘗君傳：「客有能為狗盜者，夜為狗以入秦宮藏中。」刖危，已在本篇經一中注釋。㈡吾父之裘獨有尾：盧文弨羣書拾補：「狗盜像狗以入人家，故後有尾。」㈢吾父獨冬不失袴：袴，音ㄎㄨˋ，俗作褲。袴是脛衣，俗稱套袴，冬加於脛以禦寒。失袴，是無袴。不失袴，是有袴。冬無袴，是貧窮的人。古代受過肉刑的還要服役，本篇救子皐的刖跪便是一例。服役便有公家的補給，所以刖跪雖窮，尚能冬天有禦寒的套袴。盧文弨羣書拾補：「廢疾之人，上給其袴，故云然。」

【今譯】 齊國有一個狗盜的兒子，和一個刖跪的兒子，嬉笑著相互誇口。狗盜的兒子說：「只有我父親的皮衣上有尾巴。」刖危的兒子說：「只有我父親到了冬天有上面發給的套袴穿。」

子綽曰：「人莫能左畫方，而右畫圓也。」㊀

【今註】 ㊀本書功名篇：「右手畫圓，左手畫方，不能兩成。」

【今譯】 子綽說：「沒有人能夠同時左手畫方形，右手畫圓形啊。」

以肉去蟻，蟻愈多；以魚驅蠅，蠅愈至。㊀

【今註】 ㊀王先慎韓非子集解：「舊連上，今提行。御覽九百四十四引作『以火去蛾蛾愈多，以魚毆蠅蠅愈至。』又九百四十七引作『以骨去蟻蟻愈多，以肉驅蠅蠅愈至。』意林肉作骨，藝文類聚九十七引亦作骨。」

【今譯】 用肉防範螞蟻，螞蟻更會增多；拿魚驅除蒼蠅，蒼蠅越要趕來。

桓公謂管仲曰：㊀「官少而索㊁者眾，寡人憂之。」管仲曰：

「君無聽左右之請，因能而授㊂祿，錄㊃功而與官，則莫敢索官，君何患焉㊄！」

【今註】㊀齊桓公謂管仲曰：齊桓公和管仲的事，已見本篇傳二注。㊁索：是求的意思。㊂授：各舊本作受。王先愼韓非子集解：「意林受作授。」茲據改。㊃錄：是詳記的意思。㊄焉：用同於是，兼介詞「於」與代名詞「是」兩詞之用。

【今譯】齊桓公對管仲說：「官位少，求官的很多，我非常焦慮。」管仲回答說：「君主不要聽從左右的請求，按照才能給俸祿，察核功勞授官職，就沒有人敢來求官了。君主何必為這事焦慮呢？」

韓宣王㊀曰：「吾馬茹粟多矣，甚臞何也？㊁寡人患之。」周市㊂對曰：「使騶盡粟以食，㊃雖無肥，不可得也；名為多與之，其實少。雖無臞，亦不可得也。主不審其情實，坐而患之，馬猶不肥也。㊄」

【今註】㊀韓宣王：大概就是韓威侯，昭侯的兒子。威侯八年，韓始稱王。史記韓世家和六國表均作宣惠王。在位二十一年。㊁吾馬茹粟多矣二句：茹，各舊本作菽。高亨韓非子補箋：「菽當為茹，形近而譌。說文：『茹，飤（飼）馬也。』方言：『茹，食也。』」據改。陳奇猷韓非子集釋：「菽，即豆菽也，謂吾馬有充分之菽粟。高說非。」臞，音ㄑㄩˊ，是瘦的意思，字亦作癯。㊂周市：人名，事迹未詳。㊃使騶盡粟以食：使，假設連詞。騶，主管車馬的人。食，讀ㄙˋ，同飼。全句的意思是：假使管馬的拿粟全部餵養馬。㊄主不審其情實三句：審，仔細察究。情，也是真實的意思。坐，不行動。

【今譯】韓宣王說：「我的馬餵的糧食已經很多，為什麼還是那樣瘦呢？我很憂慮這件事。」周市回答說：「假如管馬的拿所領的糧食全部給馬吃，希望馬不肥，是辦不到的；表面是多給馬吃，實際給馬吃的卻很少，希望馬不瘦，也是辦不到的。君主不審察這件事的實情，只憂慮而不想辦法，馬仍舊是不會肥的。」

桓公問置吏於管仲，㊀管仲曰：「辯察於辭，清潔於貨，習人情，夷吾不如弦商，請立以為大理。㊁登降肅讓，以明禮待賓，臣不如隰朋，請立以為大行。㊂墾草𠜂邑，辟地生粟，臣不如甯戚，請立以為大田。㊃三軍既成陳，使士視死如歸，臣不如公子成父，請立以為大司馬。㊄犯顏極諫，臣不如東郭牙，請立以為諫臣。㊅治齊，此五子足矣；將欲㊆霸王，夷吾在此。」

【今註】㊀桓公問置吏於管仲：本節與管子小匡篇略同，大概是後人節取其詞而附記於此，所以既不見於經，又與上文文意不相連繫。齊桓公和管仲的事，已見本篇傳二注。置吏，安置官吏。㈡辯察於辭數句：辯，同辨。辯察於辭，是對言辭的情偽能夠分辨清楚。清潔於貨，是對於財貨不貪污。夷吾，管仲名夷吾，字仲。弦商，人名。盧文弨羣書拾補：「商字，新序雜事四作寧；呂氏春秋勿躬篇誤作章。」顧廣圻韓非子識誤：「管子云賓胥無。」大理，是總管刑獄的官。㈢登降肅讓四句：登降肅讓，指古代朝聘會盟，升降殿廷壇坫的禮節。肅讓，就是揖讓，是賓主相見的禮節。明禮，是禮節周備。隰明，春秋時齊國的大夫。隰，音ㄒㄧˊ。大行，是總管禮儀和應接賓客的官。㈣墾草𠊱邑四句：墾草，是開荒的意思。𠊱邑，各舊本作仞邑。俞樾諸子平議：「仞當作𠊱（創），謂𠊱造其邑也。作仞者，字之誤。舊注訓仞為入，未詳其義。新序載此事正作𠊱邑，當據以訂正。」據改。辟，讀ㄆㄧˋ，同闢。甯戚，各舊本作甯武，據盧文弨羣書拾補改。春秋時衛國人，家貧，為人挽車。到了齊國，飯牛而歌。齊桓公聽到，認為他是賢才，拜為上卿。大田，是總管農事的官。㈤三軍既成陳四句：陳，讀ㄓㄣˋ，後多作陣，是軍隊的行列。公子成父，人名，事迹未詳。呂氏春秋和管子作王子城父，晏子春秋和新序作王子成甫。大司馬，是總管武事的官。㈥犯顏極諫三句：犯顏，觸犯尊上的顏色，就是惹他生氣發怒。極諫，就是知無不言，言無不盡的意思。東郭牙，春秋時齊國的大夫。㈦將欲：猶言若欲。

【今譯】　齊桓公問管仲怎樣安排官吏。管仲回答說：「對於言辭，能夠察辨情偽；對於財貨，能夠廉潔不苟；又能熟習人情事故，我不如弦商，請任命他做大理。朝聘會盟，升降周旋，應接賓客，禮數周備，我不如隰朋，請任命他做大行。墾治草萊，創設都邑，開闢田畝，生產糧食，我不如甯戚，請任命他做大田。軍隊列成陣勢，使戰士奮勇殺敵，視死如歸，我不如公子成父，請任命他做大司馬。儘量勸諫君主，不怕觸犯君主的怒氣，我不如東郭牙，請任命他做諫官。治理齊國，有這五個人已經夠了；若欲稱霸稱王，領導天下，有夷吾在這裏備用。」

傳五——孟獻伯相晉，㊀堂下生藿藜，門外長荊棘，食不二味，坐不重席，㊁無衣帛之妾，居不粟馬，㊂出不從車。叔向㊃聞之，以告苗賁皇㊄。賁皇非之，曰：「是出主之爵祿以附下也。」㊅一曰：孟獻伯拜上卿，叔向往賀，門有御車，馬不食禾，㊆向曰：「子無二馬二輿，何也？」㊇獻伯曰：「吾觀國人尚有飢色，是以不秣馬；班白者多徒行，㊈故不二輿。」向曰：「吾始賀子之拜卿，今賀子之儉也。」向出語苗賁皇曰：「助吾賀獻伯之儉也。」苗子曰：「何賀焉！夫爵祿旂車㊉、所以異功伐，㊁別賢不肖也。故晉國之法：上大夫二輿二乘，中大夫二輿一乘，下大夫專乘，此明等級也。且夫卿必有軍事，是故修車馬。㊂比卒乘，㊂以備戎事，有難則以備不虞，平夷則以給朝事。㊃今亂晉國之政，乏不虞之備，以成節儉，以潔私名，獻伯之儉也可與？又何賀！」

【今註】㊀盂獻伯相晉：各舊本盂字作孟，晉字作魯。顧廣圻韓非子識誤：「孟當作盂，盂者晉邑，杜預注太原盂縣是也。獻伯，晉卿，盂其食邑，以配謚而稱之，猶隨武子之比矣。魯當作晉。」茲據改。㊁坐不重席：古人坐臥時墊在下面的編織物，一重叫做筵，重在上面的叫做席。重，讀ㄔㄨㄥˊ。㊂居不粟馬：居，在家，就是不使用馬的時候。粟馬，是拿糧食餵馬。㊃叔向：春秋時晉國的大夫羊舌肸，字叔向，亦稱叔肸。能以禮讓為國，孔子稱為古之遺直。㊄苗賁皇：春秋時楚令尹鬬椒的兒子。鬬椒謀叛被殺，賁皇逃到晉國，食采於苗，便以苗為氏。鄢陵之戰，曾向晉侯進言，擊敗楚國。㊅是出主之爵祿以附下也：出，拋棄。附，親附。附下，使屬下親附，也就是取悅屬下。㊆門有御車二句：各舊本御下無車字。顧廣圻韓非子識誤：「御下當有車字。」據補。御，是用的意思。御車，即經常乘坐的車。食，讀ㄙˋ，同飼。禾，穀物。㊇子無二馬二輿何也：顧廣圻韓非子識誤：「二字當作秣。」王先慎韓非子集解：「御覽引作子無二輿，馬不食禾，何也？與此異。」秣，拿穀物餵馬。輿，本來是轎子；有轎，供人乘坐的車子，也叫做輿。㊈班白者多徒行：班，借為斑。班白，髮半白。孟子作頒白。徒行，就是步行。㊉旂車：或作旂章。依下文輿乘的等級，以作車為是。旂和車是兩種事。旌旗車乘都是表識貴賤的。⑪異功伐：異，分別。伐，也是功的意思。⑫修車馬：

舊本多作循。津田鳳卿韓非子解詁：「趙世楷本循作修，治也。朱子韓文考異云：『唐人書修近循，故訛。』」據改。㊂比卒乘：卒乘，謂軍隊。步曰卒，車曰乘。乘，讀ㄕㄥˋ。比，比擬，意即給卒乘來比擬。㊃有難則以備不虞二句：難，讀第四聲，是禍亂的意思。不虞，猶言意外。平夷，猶言平時。夷，也是平的意思。給朝事，津田鳳卿韓非子解詁：「國家無事，以供朝參之用。」

【今譯】 傳五——孟獻伯做晉國的宰相，堂前生雜草，門外長荊棘，吃飯沒有兩樣菜肴，坐位沒有雙重墊席，姬妾不穿綢緞，在家時不拿糧食餵馬，出門時不要隨從車輛。叔向聽到這種情形，便去告訴苗賁皇。苗賁皇非難他說：「這是拋棄君主所賜的爵祿以討好屬下呀！」

另一說：晉國孟獻伯晉為上卿，叔向前往道賀，看見他門前只有一輛經常乘坐的車子，馬不餵穀物。叔向說：「你怎麼沒有兩輛坐車？馬為什麼不餵穀物？」孟獻伯回答說：「我看到許多國人尚有飢餓的臉色，所以馬不餵穀物；頭髮斑白的老人多半步行，所以我不置備兩輛坐車。」叔向說：「我起先來賀你晉為上卿，現在更要賀你的儉約了。」叔向離開孟獻伯家，把這種情形告訴苗賁皇，並且說：「跟著我祝賀獻伯的儉約罷！」苗賁皇說：「這有什麼可賀的！國家制定爵祿和旂車，是用來分別人臣功勞的大小和才德的高下的，所以晉國的法度，上大夫兩輛坐車，兩輛軍車，中大夫兩輛坐車，一輛軍車，下大夫只有一輛軍車，這是表明官吏的等級的。並且做卿的必須主持軍事，所以修治車馬，改善軍隊，以便應敵制勝，有亂足以防備意外，平時可以應用朝參。現在獻伯破壞晉國的法度，疏懈意外的防備，以成就一己的儉德，修潔個人的名譽，獻伯的節儉可以嗎？有什麼可賀的呢？」

管仲相齊，㈠曰：「臣貴矣，然而臣貧。」桓公曰：「使子有三歸之家。」㈡曰：「臣富矣，然而臣卑。」桓公使立於高、國之上。㈢曰：「臣尊矣，然而臣疏。」㈣乃立為仲父。㈤孔子聞而非之，曰：「泰侈偪上。」㈥

一曰：管仲父出，朱蓋青衣，㈦置鼓而歸，㈧庭有陳鼎，㈨家有三歸。孔子曰：「良大夫也，其侈偪上。」

【今註】㈠管仲相齊：已見本篇傳二注。㈡三歸之家：舊說多以為一娶三姓，或以三歸為臺名。郭嵩燾養知書屋文集釋三歸以為市租，管子輕重乙篇：「與民量其重，計其贏，民得其十，君得其三。」三歸，是市租應歸公的。日人太田方韓非子翼毳，以三歸為三百乘之誤。據管子乘為六里的土地。古制天子萬乘，諸侯千乘，大夫百乘。管子有三百乘，遠過大夫的俸祿。㈢使立於高國之上：高、國，是春秋時齊國的兩大貴族，都是太公望的子孫，世代為卿。據左傳莊公九年的記載，這時的高子是高傒。國歸父可能稍晚，歸父的父親名懿仲。㈣然而臣疏：疏，是關係疏遠。管仲不是齊國的公族，所以這樣說。㈤乃立為仲父：仲是管子的字，父是尊稱。㈥泰侈偪上：過分豪侈就會威迫君上。㈦朱蓋青衣：蓋是車蓋，建於車上，形狀像傘，陰以禦雨，晴以蔽日。衣是車帷，由蓋四週下垂，又叫做幨（襜）。㈧置鼓而歸：置，設備。宋本注：「自朝歸，設鼓吹之樂。」太田方韓非子翼毳，以為歸通饋，饋是食的意思。置鼓而饋，是說每食奏樂。㊈陳鼎：大概是燕飲祭祀陳列牲牢食品的鼎俎之類。

【今譯】管仲做了齊國的宰相說：「我雖然被重用，可是我還貧窮。」桓公說：「我使你家收取三成市租。」管仲說：「我已經富有，可是我還卑微。」桓公便使他位在高子國子之上。管仲說：「我的地位已經崇高，可是我的關係仍舊疏遠。」桓公便尊稱他為仲父。孔子聽說這樣的事，非難他說：「過分豪侈便會威迫君上。」

另一說：管仲出門，車上有紅色的傘蓋，青色的襜帷；吃飯必然奏樂，庭中有陳列牲牢食品的鼎俎，家裏有三成市租的收入。孔子說：「管仲是一位優良的大夫，不過他的豪侈威迫到君上。」

孫叔敖㊀相楚，棧車牝馬，㊁糲飯菜羹，㊂枯魚之膳，㊃冬羔裘，夏葛衣，㊄面有飢色，則良大夫也，其儉偪下。㊅

【今註】㊀孫叔敖：春秋時楚國人，兒時曾殺兩頭蛇，年長後代虞丘為楚相，三月大治，楚莊王便稱霸天下。㊁棧車牝馬：棧車，用竹木編製的車子。牝，音ㄆㄧㄣˋ，雌性的禽獸。㊂糲飯菜羹：糲，音ㄌㄧˋ，米不精，俗謂糙米。飯，各舊本作餅，王念孫讀書雜志以為飯字之誤。初學記、太平御覽、北堂書鈔所引，均作糲飯。據改。菜羹，就是菜湯。㊃枯魚之膳：枯魚，就是鹹魚。之，是為的意思。膳，指魚肉之類的肴饌。㊄夏葛衣：葛，多年生蔓草，莖的纖維可織布，以製夏衣。㊅則良大夫也二句：則，用猶乃字。這兩句話應為孔子說的，則字上疑有脫誤。

【今譯】 孫叔敖做楚國的宰相，乘坐的是牝馬柴車，吃的是粗飯菜湯，用鹹魚當肴饌，冬天穿羊羔皮襖，夏天穿葛布衣衫，臉上有飢餓的顏色。是一位優良的大夫，不過他的儉樸威迫到屬下。

陽虎去齊走趙，㈠簡主問曰：「吾聞子善樹人。」㈡虎曰：「臣居魯，樹三人，皆為令尹；㈢及虎抵罪㈣於魯，皆搜索於虎也。臣居齊，薦三人，一人得近王，一人為縣令，一人為候吏㈤。及臣得罪，近王者不見臣，縣令者迎臣執縛，候吏者追臣至境上，不及而止。虎不善樹人。」主俛㈥而笑曰：「夫樹橘柚者，食之則甘，嗅之則香；樹枳棘㈦者，成而刺人。故君子慎所樹。」

【今註】 ㈠陽虎去齊走趙：已見本篇經二注。㈡簡主問曰二句：簡主已見本篇經二注。樹人，培植人。㈢令尹：都是管事的官。松皐圓定本韓非子纂聞以為指縣令，和楚國稱卿相為令尹不同。㈣抵罪：謂犯罪應受相當的處罰。㈤候吏：主斥候的官吏，和迎送賓客的候人不同。㈥俛：本音ㄇㄧㄢˇ，後多讀ㄈㄨˇ，同俯，是低頭的意思。㈦枳棘，都是多刺的樹木。

【今譯】 陽虎從齊國逃走，來到趙國，趙簡子向他問道：「我聽說你善於培植人？」陽虎回答說：「我在魯國的時候，培植過三個人，都做了管事的官吏；等我在魯國犯了罪，他們都用盡力量搜捕我。我在齊國的時候，推薦過三個人，一個成了君主的親信，一個當了縣令，一個做了候吏。等我犯了罪，君主的親信不肯和我見面，縣令迎頭截捕我，候吏追趕我，直到齊國的邊界才罷休。我不善於培植人。」趙簡子低下頭笑著說：「栽培橘柚的，吃著是甜的，聞著是香的；栽培枳棘的，長成就刺人。所以君子對於培植人很謹慎。」

中牟㈠無令，晉平公問趙武曰：㈡「中牟、晉國之股肱，邯鄲之肩髀，㈢寡人欲得其良令也，誰使而可？」武曰：「邢伯子㈣可。」公曰：「非子之讎也？」曰：「私讎不入公門。」㈤公又問曰：「中府㈥之令，誰使而可？」曰：「臣子可。」故曰：外舉不避讎，內舉不避子。㈦趙武所薦四十六人，及武死，各就賓位，其無私德若此也。㈧平公問叔向㈨曰：「羣臣孰賢？」曰：「趙武。」公曰：「子黨於師人。」㈩對曰：「武、立如不勝衣，⑪言如不出口，⑫然其所舉士也數十人，皆令得其意，⑬而公家甚賴之。及武子之生也不利於家，⑭死不託於孤，⑮臣敢以為賢也。」

【今註】㈠中牟：春秋時晉邑，約在今河北省邢臺和邯鄲中間，就是論語陽貨「佛肸以中牟叛」的中牟，不是現在河南省的中牟縣。㈡晉平公問趙武曰：晉平公，春秋時晉國的君主，悼公的兒子，名彪。趙武，亦稱趙孟，春秋時晉國的卿。父朔為屠岸賈所殺，朔妻遺腹生武，賴程嬰公孫杵臼救護，得免於難。後相晉平公，進用賢臣，減輕諸侯會聘的禮物，消弭諸侯間的兵爭。卒謚文。㈢晉國之股肱二句：晉國，各舊本作三國。藤澤南岳評釋韓非子全書：「按三恐晉誤。」茲據改。邯鄲，本為衛邑，後入於晉。至趙簡子時，據有邯鄲，趙敬侯遂自晉陽徙都邯鄲。股肱、肩髀，都是比喻要地。肱，音ㄍㄨㄥ，臂自肘至腕。髀，音ㄅㄧˋ，說文段注：「股外曰髀，髀上曰髖。」現在生理學髀和髖多渾言。㈣邢伯子：似為邢伯的兒子。邢伯，晉國的大夫，和趙武同時。左傳襄公十八年晉入齊平陰之戰：「邢伯告中行伯曰：『有班馬之聲，齊師其遁。』」這時是晉平公三年，中行獻子（荀偃）將中軍，趙武將上軍。㈤私讎不入公門：公門，就是君主的門。這句話是說為君主考慮國事，要把自己的恩怨拋開。㈥中府：君主藏寶物的地方。穀梁傳僖公二年：「如受我幣，而借吾道，則是我取之中府，而藏之外府。」㈦外舉不避讎二句：推薦疏遠的人不迴避仇家，推薦親近的人不迴避兒子。㈧及武死三句：就賓位，謂往弔武喪，都就賓客席位，並不親密如部屬私人那樣。私德，謂私恩私情。㈨叔向：已見本篇孟獻伯相晉節注。㈩子黨於師人：黨，偏袒。師人，新序雜事四作「子黨於子之師也。」人字或為也字之誤。師，是將帥的意思。⑪立如不勝衣：站著好像撐不起衣服。是說態度很柔弱。勝，讀ㄕㄥ，是能夠擔任的意思。⑫言如不出口：說話好像張不開嘴巴。是說言語很遲訥，不好多嘴。⑬皆令得其意：乾道本、趙本、凌本無令字，茲從迂評本、藏本。盧文弨羣書拾補：「令得其意，皆可以盡其材也。」㈣及武子之生也不利於家：及，王先慎韓非子集解據太平御覽改為況字，茲仍從舊本。及是等立連詞，連上下兩長句，可作並且解釋。武子，今按：趙武諡文子，這裏子字是衍文，當刪。㈤死不託於孤：言死時不以孤兒託付君主。

【今譯】　中牟沒有長官，晉平公問趙武道：「中牟是晉國的要衝，邯鄲的關隘，我想選派一位優秀的長官，誰最適當呢？」趙武回答說：「邢伯的兒子最適當。」平公說：「邢伯不是你的仇家嗎？」趙武說：「為君主考慮國事不能介入私人的仇怨。」平公又問道：「中府的長官，選派誰最適當？」趙武說：「我的兒子最適當。」所以說：推薦疏遠的人不迴避仇家，推薦親近的人不迴避兒子。趙武先後向君主推薦了四十六個人，等到趙武死後，他們前往弔祭，都站在賓客的席位，沒有一個是他的私暱，他推薦人才，一秉大公，沒有私情私惠是這樣啊。

後來平公問叔向道：「晉國的大臣誰最好？」叔向回答說：「趙武。」平公說：「你是偏袒你的將帥呀。」叔向說：「趙武，站著柔弱得好像撐不起衣服，說話遲訥得好像張不開嘴巴；可是他推薦了幾十個人才，都能使他們儘量發展自己的抱負，國家的降盛便全靠他們的力量。並且趙武生時不為私家營求利益，死時沒把孤兒託付君主，因此，我覺得他是晉國最好的大臣啊。」

解狐薦其讎於簡主以為相，㈠其讎以為且幸釋己㈡也，乃因往拜謝。狐乃引弓逆而射之，㈢曰：「夫薦汝、公也，以汝能當之也。夫讎汝、吾私怨也，不以私怨汝之故壅㈣汝於吾君。故私怨不入公門。」

一曰：解狐舉邢伯柳為上黨守，㈤柳往謝之，曰：「子釋罪，敢不再拜。」曰：「舉子、公也，怨子、私也。子往矣，怨子如初！」

【今註】㈠解狐薦其讎於簡主以為相：解狐，春秋時晉國的大夫。左傳襄公三年，史記晉世家，均載祁奚請老，薦其讎解狐自代，事在晉悼公之世，呂氏春秋去私篇則以悼公為平公。簡主，當為趙簡子，已見本篇經二注。簡子用事於晉頃公之世，解狐恐早已謝世。本篇當係傳聞有誤。解，讀ㄒㄧㄝˋ。㈡釋己：對自己的仇恨已經消除。㈢狐乃引弓逆而射之：逆，各舊本作送，王先慎韓非子集解據藝文類聚、太平御覽改為迎字。王叔岷韓非子集解斠證：「按送當作逆，字之誤也。說文：逆，迎也。故御覽引作迎。」據改。㈣壅：各舊本作擁。盧文弨羣書拾補：「擁，當作壅。」據改。壅，同壅，是蔽塞的意思。㈤解狐舉邢伯柳為上黨守：邢伯柳，以時間論，可能就是前節所說平陰之戰中的邢伯。上黨，地名，即今山西省東南部長治一帶高地。黨是處所。上黨就是最高的地方。春秋時屬晉國，戰國時大致屬韓國。秦國攻韓，韓上黨守馮亭以城市邑十七降趙。後秦拔趙上黨，坑趙降卒四十餘萬於長平。

【今譯】解狐向趙簡子推薦他的仇家做輔相，仇家以為解狐對自己的仇怨已經消除了，就前往拜謝。解狐出迎，拉開弓把箭向他射去，說：「推薦你是為公，因為你能勝任。怨恨你是為私，我不能因為私怨在君主面前壅蔽你。所以說：為君主考慮國事，不能介入私人的仇怨。」另一說：解狐推薦邢伯柳做上黨的長官，邢伯柳前往道謝，說：「你寬赦我的罪過，我怎敢不來拜謝？」解狐說：「推薦你，是為公；怨恨你，是為私。你去罷，怨恨你還和原來一樣！」

鄭縣人賣豚，人問其價，曰：「道遠日暮，安暇語汝！」㈠

【今註】㈠王先慎韓非子集解：「此條不見上經，疑南面篇文錯簡在此。」鄭縣，大約是韓哀侯攻滅鄭國後，改稱為鄭縣。語，讀第四聲，是告訴的意思。

【今譯】鄭縣有個人賣小豬，有人問他價錢；他說：「路遠，天色又晚了，那有空告訴你！」

傳六——范文子喜直言，武子擊之以杖，㈠曰：㈡「夫直議者、不為人所容。㈢無所容則危身；非徒危身，又將危父。」

【今註】㈠范文子喜直言二句：范文子和武子，已見經六注釋。㈡曰：各舊本無。依吳汝綸點勘韓非子讀本及松皐圓定本韓非子纂聞補。王先慎韓非子集解以夫字當作曰，未可從。㈢不為人所容：不能被人包容。

【今譯】　傳六——范文子喜好說直話，他的父親范武子用枴杖打他，說：「說直話的不能被人包容。不能被人包容，自身就要受危害；不僅自身受危害，還會連累到父親。」

子產㈠者、子國㈡之子也。子產忠於鄭君，子國譙怒㈢之，曰：「夫介異於人臣，㈣而獨忠於主，主賢明、能聽汝，不明、將不汝聽。㈤聽與不聽，未可必知，而汝已離於羣臣。離於羣臣，則必危汝身矣；非徒危己也，又且危父矣。」㈥

【今註】㈠子產：春秋時鄭國的大夫公孫僑，字子產，主持鄭國的政治四十多年，是當時最優良的大夫。㈡子國：春秋時鄭穆公的兒子公子發，字子國。曾做鄭國的司馬，是子產的父親。㈢譙怒：是責罵的意思。譙，讀ㄑㄧㄠˋ，同誚。㈣夫介異於羣臣：夫，解作若。介，是梗直的意思。㈤將不汝聽：將，解作則。不汝聽，就是不聽汝。上面有否定副詞，賓語多倒在動詞之上。㈥太田方韓非子翼毳：「左傳（襄公八年）：『鄭獲蔡司馬公子燮，鄭人皆喜，惟子產不順…………子國怒之。』韓子所傳，蓋即此事異聞也。」

【今譯】　子產是子國的兒子，子產對鄭國的君主效忠，子國責罵他說：「假如過分梗直，不隨和一般官吏，只效忠君主，君主賢明，能夠聽從你的話；若不賢明，就不聽從你的話了。君主是否聽從，還不一定曉得，你卻已經和羣臣分離了。和羣臣分離，你自身必受危害；不僅自身必受危害，還要連累到父親。」

梁車新為鄴令，㊀其姊往看之，暮而後門，㊁因踰郭而入，車遂刖其足。趙成侯㊂以為不慈，奪之璽而免之令。㊃

【今註】㊀梁車新為鄴令：梁車，人名，事迹未詳。鄴，春秋時齊邑，桓公所築。魏文侯任西門豹為鄴令，趙成侯稍後於魏文侯，或鄴於此時曾屬趙。曹魏、前秦、後趙、東魏、北齊，均曾以為首都。故城在今河南省臨漳縣西。新，開始。㊁暮而後門：各舊本作後門閉。王先慎韓非子集解據白孔六帖改為後至閉門。松皐圓定本韓非子纂聞以為閉字衍。今按門為動詞，義為閉門。後門，是後於閉門，也就是到時城門已閉。茲刪閉字。㊂趙成侯：已見經六注釋。㊃奪之璽而免之令：這裏兩之字，均用如其字。

【今譯】梁車開始做鄴縣縣令的時候，他的姊姊去看望他，天色已晚，城門已經關閉，便爬城牆進去。梁車依法處以刖刑。趙成侯得知，認為梁車沒有同胞手足的慈愛，就把他的官印收回，而免去他的縣令。

管仲束縛，㊀自魯之齊，道而飢渴，過綺烏封人而乞食焉，㊁封人跪而食㊂之，甚敬。封人因竊謂仲曰：「適㊃幸及齊不死而用齊，將何以報我？㊄」曰：「如子之言，我且賢之用，能之使，勞之論，㊅我何以報子！」封人怨之。

【今註】㊀管仲束縛：齊國公孫無知之亂，公子糾和公子小白爭位，管仲為公子糾射小白中鉤。及小白立為桓公，要求魯國殺死公子糾，而把管仲召忽送給齊國殺戮。召忽自殺，管仲便被縛送於齊。㊁過綺烏封人而乞食焉：綺烏，大概是齊魯邊境的地名。封人，是管邊界的官吏。㊂食：讀ㄙˋ，拿食物給人吃。㊃適：用猶若字。㊄將何以報我：各舊本無以字，依下文「我何以報子」補。㊅我且賢之用三句：且，是將的意思。這裏三個之字都是句中助詞，作用是把賓語倒在動詞前面。這三句是說我將用賢、使能、論功。論，是選拔的意思。

【今譯】管仲被拘繫，由魯國送往齊國，在路上又飢又渴，經過綺烏時，向那裏管邊界的官吏討些食物。那位官吏跪著奉獻給他，非常恭敬。於是私自對管仲說：「您到齊國，假如僥幸不死，而被重用，你將怎樣報答我呢？」管仲回答說：「果真像你所說的，我能主持齊國的政治，將要拔擢有德的，用任使有能的，選取有功的，我怎樣報答你呢？」那位官吏從此便怨恨管仲。

外儲說右上

【釋題】本篇原為第十三卷第十四篇。外儲說右上五字的意思，已在內儲說上解釋。

【提要】 本篇主旨，在以事例說明三種主術：一、勢不足以化則除之，是說君主須極端任勢；二、好惡見則下有因，辭言通則臣難言，是說君主須無為，又須獨斷；三、大臣為猛狗，左右皆社鼠，則主術不行，是說君主刑賞，須不避親貴，法行所愛。

君所以治臣者有三：

經一、——勢不足以化，則除之。師曠之對，晏子之說，皆舍勢之易也，而道行之難，是與走逐獸也，未知除患。㊀患之可除，在子夏之說春秋也：「善持勢者、蚤絕其姦萌。」㊁故季孫讓仲尼以遇勢，而況錯之於君乎！㊂是以太公望殺狂矞，而臧獲不乘驥。㊃嗣公㊄知之，故不駕鹿。薛公知之，故與二欒博。㊅此皆知同異之反也。㊆故明主之牧臣也，說在畜烏。㊇

【今註】 ㊀師曠之對數句：師曠，春秋時晉國優良的樂官，字子野。晏子，名嬰，字仲謚平，史稱晏平仲，春秋時齊國夷維人，事靈公、莊公、景公，節儉力行，是齊國有名的宰相。後人把他的行事和諫議，輯為晏子春秋。舍，各舊本作合。據顧廣圻韓非子識誤校改，借為捨，讀第三聲。道，是由的意思。與走逐獸，各舊本作與獸逐走。陶小石讀韓非子札記：「當作與走逐獸。與以古通用。與走逐獸者，以走逐獸也。」據改。㊁患之可除四句：可，應當。子夏，姓卜名商，春秋時衛國人。孔子弟子，長於文學。後講學西河，傳詩及春秋公穀二傳，魏文侯事以師禮。春秋，經書名，是孔子據魯史所制作，編年記事，自魯隱公元年，至魯哀公十四年，凡十二公，二百四十二年。蚤，借為早。萌，本為草發芽，引伸為事始。㊂故季孫讓仲尼二句：季孫，依傳文是季康子，名肥。今按：魯定公九年，孔子始仕魯。十年，定公與齊景公會郟谷，孔子相。十二年，孔子見信於季孫，仲由為季氏宰。齊來歸女樂，季桓子受之。十三年，孔子去魯適衛。這裏的季孫似應為季桓子，名斯；季康子應該在魯哀公的時代。仲尼，是孔子的字。讓，是責備的意思。遇，各家說法很多，均未妥洽。今按：國語齊語：「復整其士卒，以與王遇。」高誘注：「遇，敵也。」似尚可通。惟細玩後面的傳文，或為侵字之誤。錯，通措，是施行的意思。㊃是以太公望殺狂矞二句：太公望，本姓姜，先代封於呂，子孫又以呂為氏，名尚，或謂名望，字尚父。輔佐周武王滅商，封於齊國。太公，大概是齊國人對他的尊稱。狂矞，齊國東海的隱士。臧獲，古時用以稱奴婢。㊄嗣公：戰國時衛國的君主，衛平侯的兒子。衛自成侯貶號為侯，嗣公五年更貶號為君，獨有濮陽，四十二年卒。㊅薛公知之二句：薛公，姓田名文，戰國時齊國的宰相，封於薛，號孟嘗君。招致天下賢士，食客常數千人。二欒，王先慎韓非子集解，以為叚欒為孿，孿，是雙生子。博，是古時的一種局戲。㊆此皆知同異之反也：此，指子夏以下諸人。同異，松平康國韓非子國字解：「猶言利害也。」㊇故明主之牧臣也二句：牧，本為放飼牲畜，引伸為治理的意思。畜烏，烏各舊本多作焉。王先慎韓非子集解，以焉為烏字形近而譌。」據改。

【今譯】　君主控馭官吏的重要方法有三種：

經一——權勢不能使官吏改善，就把他剷除。師曠回答齊景公，晏嬰勸告齊景公，都是放棄君主權勢極易作到的，而採用很難實行的，這就像跳下車子，徒步追趕野獸，完全不懂禍害是應該剷除的。禍害應該及早剷除的道理，子夏講述春秋說得很好：「善於掌握權勢的，要趁早消滅禍亂的萌芽。」子路行私惠，侵害季孫的權勢，季孫便責備他的老師孔子，又何況侵害君主的權勢呢？所以狂矞不肯事君，太公便把他殺戮；駿馬不受控馭，賤役也不會乘用。衛君懂得這種道理，所以駕馬而不駕鹿，薛公也懂得這種道理，所以召孿生兄弟博戲。這幾位都知道君臣的利害是相反的。所以英明的君主控馭官吏，畜烏斷翎，便是最好的說明了。

經二、——人主者、利害之軺轂也；射者眾，故人主共矣。㈠是以好惡見，則下有因，而人主惑矣；辭言通，則臣難言，而主不神矣。㈡說、在申子之言六慎，與唐易之言弋也。㈢患、在國羊之請變，與宣王之太息也。㈣明之以靖郭氏之獻十珥也，與甘茂之道穴聞也。㈤堂谿公知術，故問玉巵；㈥昭侯能術，故以聽獨寢。㈦明主之道，在申子之勸獨斷也。

【今註】㈠人主者利害之軺轂也三句：松皐圓定本韓非子纂聞、高亨韓非子補箋等，都以「軺轂」

宜作「招轂」，招轂是射箭的質。今按：軺，音ㄧㄠˊ，是小車，一馬所駕的車。轂，音ㄍㄨˇ，是車輪中心貫軸的圓圈。軺轂，就是車轂。車子由輪向轂集中的直木叫做輻，老子：「三十輻，共一轂。」所以由中心向四面八方伸展叫做輻射，由四面八方向中心聚合叫做輻輳。射，不必解作射箭；可解為猜度，求取，如射策，射覆，射利等。共，是君主的權勢為大臣所共有。這三句的意思是：君主是臣民利害的中心，臣民的利害都是由君主發出的，就像車轂有許多輻向各方伸展一樣，大臣都隨時猜度君主的意向，以便作威作福，所以君主的權勢便和大臣共有了。㈡是以好惡見數句：見，讀ㄒㄧㄢˋ，是顯露的意思。因，因依，是揣摩君主的心理而予以適應。通，洩漏。難言，因君主不能保密，官吏便不願進言。主不神，因官吏不願進言，君主便不能吸收眾人的智慧，而具最高的智慧，像神明一樣。㈢說在申子之言六慎二句：申子，名不害，戰國時鄭國的低級官吏，韓滅鄭，事韓昭侯，為相十五年，國治兵強，未受諸侯侵略，為名法家。漢志法家著錄申子六篇，久已散佚，今有申子佚文輯本。六慎，詳傳二。唐易，漢書古今人表中上有唐易子，本篇傳二唐易鞠，鞠也許是他的名字。弋，音ㄧˋ，用繩繫箭射鳥。㈣患在國羊之請變二句：患，弊病。國羊，人名，事蹟未詳。宣王，戰國時韓國的君主，昭侯的兒子，史記韓世家及六國表均作宣惠王。太息，大聲歎氣。㈤明之以靖郭氏之獻十珥也二句：明，表明，證明。靖郭氏，戰國時齊國人，齊威王的小兒子田嬰，封於薛，稱靖郭君，相齊二十多年，有子四十餘人，孟嘗君田文便是他的子嗣。珥，音ㄦˇ，用珠玉作的耳飾。甘茂，戰國時下蔡人，事秦惠文王，秦武王時為左丞相，昭襄王時，逃往齊國。道穴聞，由牆的洞穴聽到。㈥堂谿公知術二句：堂谿公，今按：史記吳泰伯世家：「闔廬弟夫槩見秦越交敗吳，吳王留楚不去，夫槩亡歸吳，而自立為王。闔廬聞之，乃引兵歸攻夫槩，夫槩敗奔楚。昭王乃得以九月復入郢，而封夫槩於堂谿，為堂谿氏。」堂谿公當為夫槩的後代。尹桐陽韓子新釋：「（堂谿）韓地，今河南西平縣有棠谿村，是其地。」依本篇堂谿公為韓昭侯時人，問田篇則記載他和韓子的對話，韓昭侯卒於公元前三三〇年，韓非約生於公元前二八一年，堂谿公如長壽，或得見韓非子。巵，音ㄓ，酒器。㈦昭侯能術二句：能，是善的意思。以聽獨寢，由於聽了堂谿公的話，每有大事，便獨自睡覺。

【今譯】　經二——君主是臣民利害的中心，臣民的利害都是由君主發出的，就像車轂有許多輻向各方伸展一樣。大臣隨時猜度君主的意向，以作威作福，君主的權勢便和大臣共有了。所以君主顯露好惡，官吏便適應君主的心理，君主便被迷惑；君主洩漏臣僚的機謀，官吏便不肯進言，君主便無法吸收眾人的智慧，而像神祇一樣明智。這種道理的說明，就在申子講六慎，唐易談弋鳥的故事當中。假如君主不知注意，就會有國羊請求改過，宣王大聲歎息的毛病發生。靖郭君奉獻十隻玉珥，以測知齊王的所愛；甘茂潛鑿秦王秘室，由壁穴偷聽秦王談話，便是很好的例證。堂谿公通曉主術，所以請問沒底的玉巵可否盛水；韓昭侯善用主術，由於聽了堂谿公的話，每有大事，便獨自睡覺。明主的治術，最重要的，就在申子的勸告，國家大事必須君主自己裁決呀。

經三、——術之不行，有故；不殺其狗，則酒酸。夫國亦有狗，

且左右皆社鼠也。人主無堯之再誅，㈠與莊王之應太子，㈡而皆有薄媼之決蔡嫗也，㈢如是不能以教歌之法先揆之。㈣吳起之出愛妻，文公之斬顛頡，皆違其情者也。㈤故能使人彈疽者，必其忍痛者也。㈥

【今註】㈠人主無堯之再誅：堯，中國古代的聖王，後讓位給舜。再誅，指因鯀和共工諫阻讓位給舜，而殺鯀於羽山之郊，流共工於幽州之都。㈡與莊王之應太子：莊王，春秋時楚國的君主，名侶，是楚穆王的兒子。勵精圖治，在邲擊敗晉國，為春秋五霸之一，應，讀第四聲，是回答的意思。太子，大約是後來繼位的共王審。㈢而皆有薄媼之決蔡嫗也：薄媼和兒子薄疑商妥家事，還要由蔡嫗卜筮，才算決定。比喻君主背後都有代為決策的人。媼，音ㄠˇ；嫗，音ㄩˋ，都是老婦的通稱。㈣如是不能以教歌之法先揆之：如是，各舊本作知貴，據太田方韓非子翼毳校改。揆，考量。㈤吳起之出愛妻三句：吳起，戰國時衛國人，善用兵。魏文侯用他做將軍，攻占秦國五個城，就派他做西河守。武侯聽信讒言，把他召回。吳起逃往楚國。楚悼王用他主持國政，威震諸侯。悼王死，被枝解。文公，春秋時晉獻公的兒子，名重耳，獻公寵愛驪姬，殺世子申生，重耳逃亡各國十九年，才獲得秦穆公的幫助，回國即位為文公。楚成王攻打宋國，文公出兵援救，在城濮擊敗楚國，成為諸侯的霸主。顛頡，春秋時晉國人，跟隨晉文公流亡各國十九年，回國後為大夫。城濮之戰，顛頡違令焚燬曹國大夫僖負羈的房屋，文公把他殺死示眾。本篇所載殺顛頡的事實，和左傳不同。違其情，因守法而違反人情。㈥故能使人彈疽者二句：疽，音ㄐㄩ，大膿瘡。彈疽，就是用石針刺破。大膿瘡，是古時的一種外科手術。其，解作為。

【今譯】經三——主術的不能施行是有緣故的。賣酒的畜養猛狗，顧客不敢上門，酒就變酸。國家的權臣就像猛狗，左右近臣又都像社鼠。君主假如沒有像唐堯一再誅罰諫臣，和莊王嚴辭回答太子的意志，就會像薄媼一樣，家事都由巫婆決定了。這樣，君主對於官吏進言，便不能用教歌的方法，考量是否合用。吳起休掉愛妻，晉文殺死顛頡，都是為了守法而違反人情啊。所以能夠給人用石針刺破癰疽的，一定是能夠忍受痛苦以除病害的人。

傳一——賞之、譽之，不勸㈠；罰之、毀之，不畏；四者加焉不變，則除之。㈡

【今註】㈠不勸：勸，盡力、努力。㈡四者加焉不變則除之：焉，用猶之字。則字下各舊本有其字。王先慎韓非子集解，以為其字衍，據刪。今按：其，可解作應當，或必須。

【今譯】傳一——君主對於臣民，稱譽，獎賞，他都不努力；詆毀，懲罰，他都不畏懼。這四種辦法對他毫無作用，就必須把他除掉。

齊景公之晉，從平公飲，師曠侍坐。㈠始坐、景公問政於師曠曰：「太師將奚以教寡人？」㈡師曠曰：「君必惠民而已。」中坐，㈢酒酣，將出，又復問政於師曠曰：「太師奚以教寡人？」曰：「君必惠民而已矣。」景公出之舍，師曠送之，又問政於師曠。師曠曰：「君必惠民而已矣。」景公歸思，未醒，而得師曠之所謂：㈣「公子尾、公子夏者，吾之二弟也，甚得齊民，家富貴，而民說之，擬於公室，此危吾位者也。今謂我惠民者，使我與二弟爭民邪？」㈤於是反國，發廩粟以賦眾貧，散府財以賜孤寡，㈥倉無陳粟，府無餘財，宮婦不御者出嫁之，㈦七十受祿米，鬻德施惠於民也，已與二弟爭民。㈧居二年，二弟出走，公子夏逃楚，公子尾走晉。

【今註】㈠齊景公之晉三句：齊景公，春秋時齊國的君主，靈公的兒子，莊公的異母弟，名杵臼。崔杼弒莊公，立為君主。好營宮室狗馬，重征賦稅，濫用刑罰。在位五十八年。之，動詞，是往的意思。晉，周朝唐叔虞的封國，盛時約有今山西省南部和河北省南部一帶，後為韓、趙、魏三家所瓜分。平公，春秋時晉國的君主，悼公的兒子，名彪。㈡太師將奚以教寡人：太師，古時樂官的首領。

奚，疑問代名詞，是何事的意思。㊂中坐：在宴飲中。㊃景公歸思三句：歸，是回到館舍。未醒，酒還沒醒。所謂，就是師曠所說「惠民」的意義。㊄公子尾公子夏者數句：吾，各舊本作景公。龍宇純韓非子集解補正：「自公子尾之下，皆景公自道之語，不得自稱景公。景公二字當作吾。」據改。今按：公子高的兒子公孫蠆字子尾，公子欒的兒子公孫竈字子雅，都是齊惠公的孫子，於景公為叔輩，這裏稱公子，又說是景公的弟弟，當係傳聞有誤。王先慎韓非子集解：「子夏，左傳作子雅，古雅夏通用。」說，讀悅。㊅發廩粟以賦眾貧二句：賦，給與。散府財，迂評本作散餘財，乾道本、趙本、凌本作散府餘財。俞樾諸子平議：「餘字衍文。散府財與發廩粟相對為文，不當有餘字，涉下文府無餘財而衍。」據刪。㊆宮婦不御者出嫁之：獨斷：「天子所進曰御。凡衣服加於身，飲食入於口，妃妾接於寢，皆曰御。」㊇鬻德施惠於民也二句：鬻，讀ㄩ丶，是賣的意思。鬻德，也就是施惠。施惠，乾道本、趙本、凌本倒，茲從迂評本。已，解作以。民，乾道本脫，茲從迂評本、趙本、凌本。

【今譯】　齊景公到晉國訪問，和晉平公飲酒，師曠坐在一旁侍奉。開始飲宴的時候，景公向師曠請問治理國家的方法說：「太師拿什麼指教我呀？」師曠說：「您必須對人民施與恩惠罷了。」飲宴當中，酒吃得非常痛快，景公將要告辭的時候，又向師曠請問治理國家的方法說：「太師拿什麼指教我呀？」師曠說：「您必須對人民施與恩惠罷了。」景公辭出，師曠送他回館舍，景公又向師曠請問治理國家的方法。師曠說：「您必須對人民施與恩惠罷了。」景公回到館舍，仔細思量，還沒等到酒醒，就想出師曠所說對人民施與恩惠的道理。「公子尾和公子夏，是我兩個弟弟，他們的富貴，幾乎可和公室相比，常對齊國人民行惠，齊國人民都很喜愛他們，這會動搖我的君位呀。現在師曠勸告我對人民施與恩惠，是使我和兩個弟弟爭取人民呀。」因此景公回國以後，拿出倉廩裏的糧食給與貧苦的民眾，分散府庫的錢財給與無依的孤寡，倉廩裏沒有陳年的糧食，府庫裏沒有多餘的錢財，宮中的婦女未獲親幸的都給他們嫁人，七十歲以上的老人都可以領取祿米，多方對人民施惠，以和兩個弟弟爭取人民。這樣過了兩年，兩個弟弟便逃往國外，公子夏逃到楚國，公子尾逃到晉國。

景公與晏子游於少海，登柏寢之台，而還望其國曰：「美哉，泱泱乎，堂堂乎，後世將孰有此？」㊀晏子對曰：「其田氏乎！」㊁景公曰：「寡人有此國也，而曰田氏有之何也？」晏子對曰：「夫田氏甚得齊民。其於民也，上之請爵祿行諸大臣，下之私大斗斛區釜以出貸，小斗斛區釜以收之。㊂殺一牛，取一豆肉，餘以食士。㊃終歲、布帛取二制焉，餘以衣士。㊄故市木之價，不加貴於山；澤之魚鹽龜鼈嬴蚌，不加貴於海。㊅君重斂，而田氏厚施。齊嘗大饑，道旁餓死者不可勝數也，父子相牽而趨田氏者，不聞不生。故周齊之民相與歌之曰：『謳乎、其已乎！苞乎、其往歸田子乎！』㊆詩曰：『雖無德與女，式歌且舞。』㊇今田氏之德，而民歌舞之，民往歸之矣。㊈故曰：『其田氏乎！』」公泫然出涕曰：㊉「不亦悲乎！寡人有國，而田氏有之，今為之奈何？」晏子對曰：「君何患焉！若君欲奪之，則近賢而遠不肖，治其煩亂，緩其刑罰，振貧窮而恤孤寡，㊁行恩惠而給不足，民將歸君，則雖有十田氏，其如君何！」

【今註】㊀景公與晏子游於少海數句：少海，外儲說左上「齊景公游少海」，王先慎韓非子集解，以為少海即渤海。柏寢之臺，左傳昭公二十六年作路寢。史記齊世家：「景公坐柏寢臺嘆曰。」封禪書：「少君曰：此器桓公十年陳於柏寢。」正義：「在今青州千乘縣東北。」千乘故城，在今山東省高苑縣東北二十五里。泱，音一ㄤ。泱泱，是大的樣子。堂堂，是盛的樣子。㊁其田氏乎：其，大概，恐怕。田氏，春秋時陳公子完以國難逃到齊國，改姓田氏，子孫世代做齊國的卿。傳到田常，弒齊簡公，立平公，獨掌齊國的大權，卒謚成子。傳到田和，列為諸侯。和子午，便把齊國全部吞併。松皐圓定本韓非子纂聞：「田下元有成字，從（史記齊世家）正義刪，下七處同。」今按：齊景公前期，田氏為桓子無宇，後期為釐子田乞，悼公四年田乞卒，成子田常始代立。小斗大斗，是景公九年晏子對叔向的話，又見於景公三十二年晏子勸諫景公的話，應該是桓子田無宇的事（史記以為是釐子田乞的事），成字顯有錯誤。均據刪。㊂上之請爵祿行諸大臣三句：上之，猶言大者，所以上待大臣；下之，猶言小者，所以下待庶民。行諸，猶言行於。斗斛區釜，太田方韓非子翼毳：「皆量名。十升曰斗，十斗曰斛，一斗六升曰區，六斗四升曰釜。」左傳昭公三年：「齊舊四量，豆、區、釜、鍾，四升為豆，各自其四，以登於釜，釜十則鍾。陳氏三量皆登一焉，鍾乃大矣。以家量貸，而以公量收之。」區，讀ㄡ。貸，借給。㊃殺一牛三句：豆，盛肉的器具。取一豆肉，是說所取很少。食，讀ㄙˋ，是拿食物給人吃。㊄布帛取二制焉二句：周禮內宰：「出其度量淳制。」鄭注：淳，杜子春讀為純，純為幅廣，制為匹長。儀禮既夕禮：「贈用制幣。」鄭注：「丈八尺曰制。」二制，是三丈六尺。衣，讀第四聲，是穿的意思。㊅故市木之價四句：羸，讀ㄌㄨㄛˊ，同螺。不加貴，物價不增高，和在山在海時一樣。㊆故周齊之民相與歌之曰數句：周齊，各舊本作周秦。顧廣圻韓非子識誤：「秦，當作齊。周，遍也。謂遍齊國之人也。」據改。史記田敬仲完世家所記的歌詞是：「嫗乎，採芑，歸乎田成子。」嫗，當為謳字的誤寫。謳，是同聲歌唱。其已乎，已似應作芑。芑，音ㄑㄧˇ，菜名。詩小雅采芑，是讚美方叔南征的詩。苞，是草木叢生，這裏似指眾人聚合。㊇詩曰三句：這是詩小雅車舝裏的詞句。與，解作有。女，讀為汝。式，語首助詞。這兩句的意思是說：我的德行雖然不足以獲得你（自謙），也應該一同歌舞。㊈今田氏之德三句：歌舞之，各舊本作之歌舞。王先慎韓非子集解，以為當作歌舞之，據改。民往，各舊本作民德。趙金海讀韓非子札記：「德字當作往。」據改。㊉公泫然出涕曰：泫，音ㄒㄩㄢˋ，垂淚的樣子。涕，眼淚。⑪振貧窮而恤孤寡：振，拯救。後賑濟多作賑。恤，也是救濟的意思。

【今譯】　齊景公和晏子到少海遊玩，上到柏寢臺的上面，回轉頭望著齊國說：「太好了！又廣大，又繁盛，將來誰會享有這個國家呢？」晏子回答說：「恐怕是田氏罷！」景公說：「我正在統治這個國家，你卻說田氏將會享有，是什麼道理呢？」晏子回答說：「因為田氏很得民心。他對於齊國的臣民，大的方面，向君主請求爵祿，給與官吏；小的方面，私自製作較大的斗斛區釜等量器，把糧食借給人民，卻用公定較小的量器收回。殺一隻牛，自己只取一豆牛肉，其餘的都給部屬門客們食用。到年終歲暮，征來的布帛，自己只取三丈六尺，其餘的都送給部屬門客們縫製衣服。所以集市上的木材，不比山上價高；池澤裏的魚鹽龜鼈螺蚌等物，不比海邊昂貴。君主對人民加重徵斂，田氏對人民卻儘量施與。齊國有一次嚴重的饑荒，道旁餓死的人無法計算，人民扶老攜幼投奔田氏的，沒聽說有餓死的。所以齊國的人民，到處都在歌唱：『唱呀！大家唱呀，唱那採芑的歌。大家湊合在一起，前往歸附田氏罷！』詩經小雅車舝那篇詩裏說：『我的德行雖然不足以獲得你，也應該一同歌舞。』現在田氏的德行，人民已在為他歌舞，眼看都要前往歸附了。所以我說將來享有這個國家的，『恐怕是田氏罷！』」景公憂苦的淌下眼淚說：「這不是太可悲哀了嗎！我所統治的國家，要歸田氏享有，現在怎麼辦呢？」晏子回答說：「君主何必這樣憂慮呢？假如您想保持這個國家，就要親近賢良，疏遠姦佞，消弭騷亂，寬緩刑罰，救助貧窮，周濟孤寡，普施恩惠，補給短絀，人民都會擁護君主，即便有十個田氏，能夠把君主怎樣呢？」

或曰：景公不知用勢，而師曠晏子不知除患。夫獵者託車輿之安，用六馬之足，使王良佐轡，則身不勞，而易及輕獸矣。㈠今釋車輿之利，捐六馬之足、與王良之御，而下走逐獸，則雖樓季之足，無時及獸矣。㈡託良馬固車，則臧獲有餘。國者、君之車也，勢者、君之馬也。夫不處勢以禁誅擅愛之臣，㈢而必德厚以與下齊行以爭民，㈣是皆不乘君之車，不因馬之利，舍車而下走者也。㈤故曰：景公不知用勢之主也，而師曠、晏子不知除患之臣也。

【今註】㈠夫獵者託車輿之安數句：輿，也是車的意思。六馬，古制天子的車駕六馬，這裏只是說六馬駕車，腳力更為迅速。王良，春秋時晉國人，最善御車。轡，音ㄆㄟˋ，馬韁。佐轡，就是御車。輕獸，行走輕捷的獸類。㈡今釋車輿之利數句：釋，拋置。捐，放棄。樓季，又見五蠹篇。大概是古時善走的人。史記李斯列傳集解：「許慎曰：樓季，魏文侯之弟。」無時及獸，是沒有追及野獸的時候。㈢夫不處勢以禁誅擅愛之臣：夫，用猶若字。處，讀第三聲，是施用的意思。禁誅，是禁止並誅罰。擅愛，是擅自施行惠愛。㈣而必德厚以與下齊行以爭民：厚，是多的意思。德厚，是多行德惠。下，各舊本作天下。顧廣圻韓非子識誤：「天字衍。」據刪。下，是臣下。齊行，猶言同行，就是臣行惠，君也行惠。民，乾道本、趙本、凌本作名。茲從迂評本。㈤舍車而下走者也：乾道本無舍字。王先慎韓非子集解，據太平御覽六百二十四引文增釋字。茲從迂評本、趙本、凌本。

【今譯】 有人說：齊景公不曉得運用權勢，師曠和晏子不曉得消除禍害。打獵的憑藉車輛的安穩，應用六馬的腳力，使像王良那樣的好手駕車，自己不必辛苦，就很容易獵獲奔走輕速的野獸了。假如拋置車輛的方便，放棄六馬的腳力，不用好手駕車，卻徒步追趕野獸，即便像樓季那樣善走，也沒有獵獲野獸的時候。憑借優良的馬匹和堅固的車輛，即便蠢笨的奴才，也能獵獲野獸而有餘力。國家，便是君主的車輛，權勢便是君主的馬匹。假如不運用權勢，以禁止並誅罰擅自施行惠愛的官吏，而必須多施德澤，和官吏同樣，以爭取人民，這都是不乘坐君主的車輛，不利用馬匹的腳力，而下車徒步追趕野獸啊。所以說：齊景公是不曉得運用權勢的君主，師曠和晏子是不曉得消除禍害的官吏呀。

子夏曰：「春秋之記臣弒君、子弒父者，以十數矣，皆非一日之積也，有漸而至矣。」㈠凡姦者、行久而成積，積成而力多，力多而能殺，故明主蚤絕之。㈡今田常之亂，有漸見矣，而君不誅。晏子不使其君禁侵陵之臣，而使其主行惠，故簡公受其禍。㈢故子夏曰：「善持勢者，蚤絕姦之萌。」

【今註】 ㈠子夏曰數句：子夏、春秋，已見經一注二。這裏兩弒字，乾道本、趙本、凌本作殺，茲從迂評本。數，讀第三聲。以十數，是拿十作單位計算。積，累積。有，用猶乃字。漸，徐進。㈡力多而能殺二句：殺，亦應作弒。蚤，借為早。㈢故簡公受其禍：春秋時齊國的君主，悼公的兒子，名壬。即位四年，被田常所弒。

【今譯】　子夏說：「春秋經裏記載官吏殺死君主，兒子殺死父親的，要拿十作單位來計算，這都不是一朝一夕所形成的，是慢慢演變纔到這種地步。」凡作姦逆的事情，時間長久就會結成黨與，結成黨與力量就會強大，力量強大就要作亂弒君了，所以英明的君主一定趁早予以消滅。就像田常作亂，早就有端倪透露出來，可是君主沒有及早誅除。晏子不請君主禁阻侵奪君權的官吏，卻勸君主施行恩惠，以致簡公受到災禍。所以子夏說：「善於掌握權勢的，要趁早消滅禍亂的萌芽。」

季孫相魯，子路為郈令。㈠魯以五月起眾為長溝，當此之為，子路以其私秩粟為漿飯，要作溝者於五父之衢而飡之。㈡孔子聞之，使子貢㈢往覆其飯，擊毀其器，曰「魯君有民，子奚為乃飡之！」㈣子路怫然怒，攘肱而入，請曰：「夫子疾由之為仁義乎！㈤所學於夫子者、仁義也；仁義者、與天下共其所有，而同其利者也。今以由之秩粟而飡民，其不可，何也？」孔子曰：「由之野也！吾以女知之，女徒未及也，㈥女故如是之不知禮也！女之飡之，為愛之也。夫禮、天子愛天下，諸侯愛境內，大夫愛官職，士愛其家；過其所愛曰侵。今魯君有民，而子擅愛之，是子侵也，不亦誣乎！」㊆言未卒，而季孫使者至，讓曰：「肥也起民而使之，先生使弟子令徒役而飡之，將奪肥之民邪？」㊇孔子駕而去魯。以孔子之賢，㊈而季孫非魯君也，以人臣之資，假人主之術，蚤禁於未形，而子路不得行其私惠，而害不得生，況人主乎？以景公之勢，而禁田常之侵也，則必無劫弒之患矣。

【今註】㊀季孫相魯二句：季孫，已見傳一注三。子路，姓仲，名由，春秋時魯國人。孔子弟子，好勇力。曾為季氏宰，後來做衛大夫孔悝的邑宰，死於衛國的變亂。郈，音ㄏㄡˋ，春秋時魯國的邑名，在今山東省東平縣境。說苑臣術篇作蒲令。蒲是衛邑，就是現在河北省長垣縣治，那就和季孫無關。㊁魯以五月起眾為長溝四句：以，用猶於字。起眾，發動民眾。為長溝，是用以備水患。為，王先慎韓非子集解，據太平御覽八百四十九引改為時。為，是役的意思。秩粟，就是官祿。漿飯，飯中加水，北方人稱為水飯。要，讀第一聲，是約集的意思。五父衢，魯國道名，在今山東省曲阜縣東南。禮記檀弓：「孔子少孤，不知其父墓，殯於五父之衢。」飡，讀為飧（ㄙㄨㄣ），是勸食的意思。㊂子貢：姓端木，名賜，春秋時衛國人。孔子弟子，有口才，能料事，又善貨殖。曾仕魯衛，聘享諸侯，頗著聲譽。㊃子奚為乃湌之：為，讀第四聲。奚為，是為何的意思。乃湌，猶言而湌。㊄子路怫然怒四句：怫，音ㄈㄨˊ。怫然，忿怒的樣子。肱，音ㄍㄨㄥ，臂從肘到腕的部分。攘，除去。攘肱，猶言攘臂，是捋起袖子，露出胳膊。請，是問的意思。疾，憎惡。㊅由之野也四句：野，粗魯，沒禮貌。女，都讀為汝。徒，解作乃、卻。㊆不亦誣乎：誣，謬亂。㊇讓曰四句：讓，責備。肥，季康子名肥。徒役，都是供使令服勞役的人。㊈以孔子之賢：陳奇猷韓非子集釋：「以孔子之賢，文義不完。疑而下有脫文，其義當為『以孔子之賢，而不能先使子路無行惠。』然後言『季孫非魯君也』云云，於文始通。」

【今譯】 季孫氏做魯國的宰相，派子路做郈邑的長官。魯國在五月間發動民眾挖掘一條很長的溝渠，用以防備水患。在工事進行中，子路拿自己的祿米作成水飯，約集挖溝的到五父衢食用。孔子聽到這件事，派遣子貢前往，把水飯倒掉，把盛器打碎，說：「這些挖溝的，都是魯國君主的子民，你為什麼作飯給他們食用？」子路非常氣忿，捋起袖子就去尋找孔子。向孔子質問說：「老師憎惡我施行仁義嗎？我從老師學來的就是仁義，所謂仁義，就是把自己的所有和天下人共有，共同享受它的利益。現在拿我自己的祿米給挖溝的食用，這有什麼不對呢？」孔子說：「仲由！你太粗魯了！我以為你瞭解這種道理，你卻還沒瞭解，所以你這樣沒有禮貌。你拿自己的祿米給他們食用，是為愛顧他們。不過照禮制說：天子愛顧天下的人民，諸侯愛顧國內的人民，大夫愛顧自己管轄的人民，士愛顧自己的家屬，超越自己愛顧的範圍叫做侵權。現在魯國君主所有的人民，你卻擅自愛顧他們，這是你侵犯魯君的權力，不是非常荒謬嗎！」話還沒說完，季孫的使者已經來到，責備孔子說：「我發動民眾挖掘溝渠，先生卻使你的弟子約集挖溝的給他們吃飯，莫非想要奪取我的人民嗎？」孔子聽後，便乘車離開魯國。以孔子的賢智，不能使子路不行私惠。季孫並非魯國的君主，以大臣的地位，假借君主的治術，在事態尚未形成便先予禁阻，子路就不能施行私惠，禍亂也就不會發生，何況君主呢？以齊景公的勢位，早些禁阻田氏侵權，一定不會有劫弒的災禍呀。

太公望東封於齊，齊東海上有居士曰狂矞、華士昆弟二人者，㊀立議㊁曰：「吾不臣天子，不友諸侯，耕作而食之，掘井而飲之，吾無求於人也。無上之名，無君之祿，不事仕而事力。㊂」太公望至於營丘，使吏執殺之，以為首誅。㊃周公旦從魯聞之，發急傳而問之，曰：「夫二子、賢者也，今日饗國而殺賢者，何也？」㊄太公望曰：「是昆弟二人立議曰：『吾不臣天子，不友諸侯，耕作而食之，掘井而飲之，吾無求於人也。無上之名，無君之祿，不事仕而事力。』彼不臣天子者，是望不得而臣也；不友諸侯者，是望不得而使也；耕作而食之，掘井而飲之，無求於人者，是望不得以賞罰勸禁也。且無上名，雖知不為望用；㊅不仰君祿，雖賢不為望功。不仕則不治，不任則不忠。㊆且先王之所以使其臣民者，非爵祿則刑罰也。今四者不足以使之，則望當誰為君乎？㊇不服兵革而顯，不親耕耨而名，又非所以教於國也。㊈今有馬於此，如驥之狀者，⑩天下之至良者也。然而驅之不前，卻之不止，⑪左之不左，右之不右，則臧獲雖賤，不託其足。臧獲之所願託其足於驥者，以驥之可以追利辟害⑫也。今不為人用，臧獲雖賤，不託其足焉。已自謂以為世之賢士，⑬而不為主用，行極賢而不用於君，此非明主之所臣也，亦驥之不可左右矣，是以誅之。」

一曰：太公望東封於齊，海上有賢者狂矞，太公望聞之，往請焉，三卻馬於門，而狂矞不報見也，太公望誅之。⑭當是時也，周公旦在魯，馳往止之，比至，⑮已誅之矣。周公旦曰：「狂矞、天下賢者也，夫子何為誅之？」太公望曰：「狂矞也，議不臣天子，不友諸侯，吾恐其亂法易教⑯也，故以為首誅。今有馬於此，形容似驥也，然馳之不往，引之不前，雖臧獲不託足以旋其軫也。㊆」

【今註】 ㊀齊東海上有居士曰狂矞、華士昆弟二人者：上，側畔。居士，就是隱士。狂矞、華士，都是隱士的名字。顧廣圻韓非子識誤：「論衡非韓篇，矞作譎；荀子宥坐篇，楊注引此士作仕。」昆弟，就是兄弟。㊁立議：議，通義。立議，建立學說，遵照實行。㊂無上之名三句：無上之名，沒有居於人上的名稱，就是沒有官爵。事仕，是為官的意思。㊃太公望至於營丘三句：營丘，在今山東省昌樂縣東南。執殺，就是捕殺。首誅，最先誅戮的人。㊄周公旦從魯聞之數句：周公旦，姓姬名旦，周文王的兒子，武王的弟弟。輔佐武王滅紂，封於魯。武王崩逝，成王年幼，周公攝政，平定武庚的叛亂，制定禮樂制度，天下大治。卒於周成王十一年。傳，是驛車。急傳，猶今言快遞。饗，通享。饗國，就是享有國家。㊅雖知不為望用：知，讀為智。㊆不仕則不治二句：不治，是不治事。不任，是不任職。㊇則望當誰為君乎：當，是將的意思。誰，是何的意思。誰為君，就是怎樣做君主。㊈不服兵革而顯三句：服，是用的意思。兵，兵器。革，去毛的獸皮，用作甲冑。兵革，猶言甲兵、金革。顯，貴顯，有官位。親，親自。耕耨，犁田和除草。耨，音ㄋㄡˋ。名，指賢士、高士的美名。㊉如驥之狀者：像千里馬那樣。驥，駿馬，千里馬。⑪卻之不止：卻，使退卻。⑫追利辟害：追求利益，逃避災害。辟，讀ㄅㄧˋ，同避。⑬已自謂以為世之賢士：已，是既的意思。⑭太公望聞之數句：請，拜訪。卻，是止的意思。三卻馬於門，就是三次把車馬停在他的門前。報，酬答。不報見，就是不拿一次會見來酬答。㊄比至：猶言及至。㊅易教：變易教化。㊆然馳之不往三句：馳，使它奔走，就是驅策的意思。引之不前，龍宇純韓非子集解補正：「按前字誤，當為前之反義字。上文卻之不止；外儲說右下：引而卻之，又，引所以退之也，並其證。」前，應為止字。以旋，乾道本作於，迂評本、凌本作以施。松皐圓定本韓非子纂聞：「旋，一作施，非。晉語注：還軫，猶旋車也。還，音旋。」今按：軫，本為車前後兩端像枕的橫木，引伸為車的通稱。施其軫，猶施於軫，就是用以駕車。旋是施字的誤寫。松皐圓氏的說法不對。

【今譯】　太公望被封在東方的齊國，齊國東海邊上有兄弟兩位隱士，名叫狂矞和華士，他們提出的主張說：「我們不事奉天子，不交往諸侯，自己種田來吃飯，自己挖井來喝水，對人沒有需求。不要官爵的名稱，不受君主的俸祿，不願從政，只願勞力。」太公望一到齊國的首都營丘，便派遣吏役把他們捉來殺掉，這是太公望到齊國最先殺戮的人。周公旦在魯國聽到消息，便派人乘加急的驛車到齊國質問：「這兩位隱士，是人格高尚的賢哲，現在你做了國家的君主，卻濫殺賢哲，是什麼道理呢？」太公望回答說：「他們兄弟二人提出的主張說：『我們不事奉天子，不交往諸侯，自己種田來吃飯，自己挖井來喝水，對人沒有需求。不要官爵的名稱，不受君主的俸祿，不願從政，只願勞力。』他們不事奉天子，我便不能用他們為臣；不交往諸侯，我便不能使他們辦事；自己種田來吃飯，挖井來喝水，對人沒有需求，我便不能用賞罰勸勉或禁阻。並且不要官爵的名稱，雖然明智卻不給我使用；不受君主的俸祿，雖然賢良卻不為我立功。不從政便不能治事，不任職就不能效忠。再說先王使令臣民，不是用爵祿，就是用刑罰。假如這四種方法都沒有作用，那麼我將怎樣做君主呢？不作戰能得官吏的顯位，不種田卻有賢士的美名，這也不是教導人民的辦法呀。現在這裏有一匹馬，樣子就像天下最好的千里馬。可是驅策它不肯前進，勒抑它不肯停止，使它左轉不肯向左，使它右轉不肯向右，即便卑賤的奴才也不願利用它的腳力。一般人願意利用千里馬的腳力，是因為它腳力迅速，可以幫助人追求利益和逃避災害。假如不肯給人役使，奴才雖然卑賤，也不會利用它的腳力呀。既然自己以為是天下的賢士，卻不肯做官任事，人格雖然很好，而不為君主效力，這不是明主需要的官吏，就像無法控馭的千里馬一樣，所以把他們殺掉。」

又一說：太公望被封在東方的齊國，齊國海邊有一位賢士名叫狂矞，太公望聽說以後，便前往訪問，三次把車馬停在他的門前，他卻不肯出來會見，太公望便把他殺掉。當這個時候，周公旦在魯國，趕快到齊國勸阻這件事，等他到達齊國，狂矞早已被殺死了。周公旦說：「狂矞是天下有名的賢士，您為什麼把他殺掉？」太公望回答說：「狂矞提出的主張：不事奉天子，不交往諸侯，我害怕他擾亂法制，影響教化，所以首先把他殺掉。現在這裏有一匹馬，樣子很像千里馬，可是驅策它不肯前進，勒抑它不肯停止，即便蠢笨的奴才也不肯用它駕車來乘坐趕路啊。」

如耳說衛嗣公，衛嗣公說而太息。㊀左右曰：「公何為不相

也？」㈡公曰：「夫馬似鹿者，而題之千金。然而有千金之馬，而無千金之鹿者，馬為人用，而鹿不為人用也。㈢今如耳、萬乘之相也，㈣外有大國之意，其心不在衛，雖辯智亦不為寡人用，吾是以不相也。」

【今註】㈠如耳說衛嗣公二句：如耳，戰國時魏國人，曾在衛國做官，衛嗣公，已見經一注五。上一說字，讀ㄕㄨㄟˋ。下一說字，讀為悅。㈡公何為不相也：為，讀第四聲。相，讀第四聲，是用如耳做宰相。㈢夫馬似鹿者數句：夫，假若。題，品評價值。各舊本有千金作有百金，無千金作無一金。據陶小石讀韓非子札記改。㈣今如耳萬乘之相也：乘，讀ㄕㄥˋ，是車輛的單位。萬乘，是有萬輛兵車的大國。

【今譯】如耳勸說衛嗣公，嗣公非常高興，卻發出長聲歎氣。左右侍奉的人說：「君主既然喜愛如耳，為什麼不給他做宰相呢？」嗣公說：「假如馬的樣子像鹿，可以有千金的評價。但是有人拿千金買馬，卻沒人拿千金買鹿，因為馬可以給人使用，鹿卻不能給人使用啊。現在如耳的才具，可以做萬乘大國的宰相，早有出仕大國的志向，目標不是小小的衛國，他雖然有智慧，有辯給，但不甘心給我使用，所以我不給他做宰相。」

薛公之相魏昭侯也，左右有欒子者，曰陽胡、潘，其於王甚重，而不為薛公，薛公患之。㈠於是乃召與之博，予之人百金，令之昆弟博，俄又益之人二百金。㈡方博有閒，謁者言客張季在門，公怫然怒，撫兵而授謁者，㈢曰：「殺之，吾聞季之不為文也」。立有閒，時季羽在側，曰：「不然。竊聞季為公甚，顧其人陰未聞耳。」㈣乃輟不殺客而大禮之，曰「曩者、㈤聞季之不為文也，故欲殺之；今誠為文也，豈忘季哉！」告廩獻千石之粟，告府獻五百金，告騶獻良馬固車二乘，因令奄將宮人之美妾二十人幷遺季也。㈥欒子因相謂曰：「為公者必利，不為公者必害，吾曹何愛不為公！㈦」因私競勸而遂為之。㈧薛公以人臣之勢，假人主之術也，而害不得生，況錯之人主乎！

【今註】㈠薛公之相魏昭侯也數句：薛公、欒子，已見經一注六。魏昭侯，戰國時魏國的君主，哀王的兒子，名遬。侯，應作王。陽胡、潘，大概是陽胡、陽潘的省文。為，讀第四聲，是幫助的意思。㈡於是乃召與之博四句：予之、令之、益之，三之字都是指欒子。人，是每人。俄，不久。㈢方博有閒數句：有閒，是少時。謁者，管理晉謁事務的人，就是傳達。張季，人名。張季下各舊本多有之子二字。王先慎韓非子集解：「張榜本無之子二字。」據刪。撫兵，拿起兵器。㊃立有閒數句：季羽，尹桐陽韓子新釋，以為是張季的黨與。顧，是但的意思。陰，隱密，暗中。未聞，是沒有被聞，就是不宣揚。㊄曩者：從前。曩，音ㄋㄤˇ。㊅告廩獻千石之粟四句：廩，廩吏。石，讀ㄉㄢˋ，容量的名稱，十斗為石。府，庫吏。騶，音ㄗㄡ，廐吏。騶字下舊本有私廐二字，大概是注解混入正文的，茲予刪除。奄，讀ㄧㄢ，同閹，是宦豎。將，是送的意思。宮人，松皐圓定本韓非子纂聞，以為是宮中的誤寫。遺，讀ㄨㄟˋ，是餽贈的意思。㊆吾曹何愛不為公：吾曹，是我等、我們。愛，是吝惜自己的財物或力量。㊇因私競勸而遂為之：就私下爭相勸勉終於幫助薛公。

【今譯】　薛公田文做魏昭王的宰相，昭王左右有孿生兄弟陽胡和陽潘，很受昭王愛重，卻不肯幫助薛公，薛公非常憂慮。於是把他們召來，一同賭博，給他們每人百金；不久又加給他們每人二百金，使他們兄弟相賭。賭了一會兒，傳達來報告門客張季請求謁見；薛公馬上改變臉色，拿起寶劍交給傳達說：「把他殺掉，我聽說他一向不肯幫助我。」大家愣了片刻，有一位張季的好友在旁邊，對薛公說：「這話是不公道的。我聽說張季最肯為您效力，不過他是暗中幫助，絕不宣揚罷了。」因此薛公沒殺張季，反而對他特別尊重，說：「從前我聽說你不肯幫助我，所以我想殺掉你；現在纔知道你確實在幫助我，我不會忘記你的。」隨後吩咐廩吏奉送糧食一千石，庫吏送錢財五百金，廐吏奉送良馬固車兩輛，就便又派宦豎選宮中二十位美女一併贈與張季。兩位孿生兄弟談論說：「幫助薛公的一定會得利，不幫助薛公的一定會受害，我們為什麼要吝惜自己的力量而不幫助薛公呢？」於是私下爭相勸勉，以後便多方為薛公效力。薛公以大臣的地位，假借君主的治術，就能使災害不會發生，何況君主施行這種治術呢？

夫馴烏者、斷其下翎，則必恃人而食，焉得不馴乎？㈠夫明主畜臣亦然，令臣不得不利君之祿，不得無服上之名。㈡夫利君之祿，服上之名，焉得不服？

【今註】㈠夫馴烏者斷其下翎三句：烏下原無者字，翎原作頷。據太平御覽九百二十，事類賦十九引增者字，改頷為翎。馴，是使鳥獸順服。翎，是鳥翅膀上的長羽。下，是末端。焉得，是何能。㈡夫明主畜臣亦然數句：利君之祿，是享受君主的俸祿。服上之名，是充任君主的官爵。

【今譯】養烏的要把它翅膀上羽毛的末端翦去，使它必須靠人飼養，它怎能不順服呢？明主畜養官吏也是這樣，使官吏不能不享受君主的俸祿，不能不充任君主的官爵。享受君主的俸祿，充任君主的官爵，怎能不順服呢？

傳二——申子曰：「上明見，人備之；其不明見，人惑之。其知見，人飾之，不知見，人匿之。其無欲見，人司之；其有欲見，人餌之。㈠故曰：吾無從知之，惟無為可以規之。」㈡

一曰：申子曰：「慎而言也，人且和女；慎而行也，人且隨女。而有知見也，人且匿女；而無知見也，人且意女。女有知也，人且臧女；女無知也，人且行女。㊂故曰：惟無為可以規之。」

【今註】㊀申子曰數句：申子，已見經一注三。上，指君主。明，明察。見，這裏六個見字都讀為現。備，防備。惑，迷惑。知，讀為智。飾，修飾，增加華美。匿，音ㄋㄧˋ，隱藏姦邪。欲，嗜欲。司，讀為伺，是窺察的意思。餌，引誘。㊁故曰三句：太田方韓非子翼毳：「規，闚、窺通。管子君臣篇：大臣假於女之能，以規主之情。尹文子：術者，人主之所密用，羣下不得妄規。」太田方氏的意思，似乎是臣下窺主，大概不對。今按：吾，指君主。之，指臣下適應君主種種巧詐的方法，也就是經二所謂好惡見下將有因的因。規是規避的意思。這兩句的意思是：我無法盡知官吏適應君主種種巧詐的方法，只有清靜無為可以避免他們的揣摩適應。㊂慎而言也數句：而，這裏四個而字都是人稱代名詞，讀第三聲，解作你。和，各舊本作知。俞樾諸子平議：「知當作和，字之誤也。和與下隨字相為韻，下文匿與意、臧與行，皆相為韻。若作知，則首句失其韻矣。」太田方韓非子翼毳：「隨，古音惰，與和字叶。列子：慎爾言，將有和之；慎爾行，將有隨之。可證知當作和。」據改。且，是將的意思。女，這裏都讀為汝。知見，讀為智現。意，揣度。臧、行，太田方韓非子翼毳：「如論語用則行，舍則藏之藏行。」

【今譯】 傳二——申子說：「君主顯露出明察，官吏就會防備他，君主顯露出不明察，官吏就會熒惑他。君主顯露出智慧，官吏就增飾華美；君主顯露出沒智慧，官吏就隱匿姦邪。君主顯露出沒嗜欲，官吏就窺伺他；君主顯露出有嗜欲，官吏就引誘他。所以說：我無法盡知官吏適應君主種種巧詐的方法，只有清靜無為可以避免他們的揣摩與適應。」

又一說：申子說：「你謹慎說話，人們就要附和你；你謹慎作事，人們就要追隨你。你顯出有智慧，人們就要躲避你；你顯出沒智慧，人們就要揣度你。你真正有智慧，人們就要對你隱藏；你真正沒智慧，人們就要對你施行。所以說：只有清靜無為可以避免人們的揣摩與適應。」

田子方問唐易鞠曰：「弋者何慎？」㊀對曰：「鳥以數百目視子，子以二目御之，子謹周子廩。」㊁田子方曰：「善、子加之弋，我加之國。」㊂鄭長者㊃聞之，曰：「田子方知欲為廩，而未得所以為廩；夫虛無無見者，廩也。」㊄

一曰：齊宣王㊅問弋於唐易子，曰：「弋者奚貴？」唐易子曰：「在於謹廩。」王曰：「何謂謹廩？」對曰：「鳥以數十目視人，人以二目視鳥，奈何其不謹廩也？故曰在於謹廩也。」王曰：「然則為天下何以異此廩？今人主以二目視一國，一國

以萬目視人主，將何以自為麋乎？」對曰：「鄭長者有言曰：夫虛靜無為而無見也，其可以為此麋乎！」

【今註】㈠田子方問唐易鞠曰二句：田子方，戰國時魏國人。文侯以為師，稱為仁。唐易鞠、弋，都已見經二注三。㈡鳥以數百目視子三句：御，瞰望。戰國策秦策：「秦楚必相御也。」周，使周密。麋，太田方韓非子翼毳：「管子戒篇：『桓公明日弋在麋。』潘岳射雉賦：『飛鳴薄麋。』注：『麋，翳中飲食處，今俗呼翳名曰倉也。』禮記月令：『羅網畢翳。』注：『翳，射者所以自隱也。』」這是說：麋就是翳，也叫做倉，是古代射鳥時隱蔽自己身體的東西。㈢子加之弋二句：加，是施的意思。㈣鄭長者：戰國時鄭國人，不知道他的姓名。漢書藝文志道家有鄭長者一篇。難二篇亦稱引鄭長者的言語。㈤夫虛無無見者麋也：虛無，就是有而若無，實而若虛。見讀為現。陶小石讀韓非子札記：「案麋也上當有『所以為』三字，承上知欲為麋而未得所以為麋而言。下文云：『鄭長者有言曰，夫虛靜無為而無見也，其可以為此麋乎。』文義正與此相同。」㈥齊宣王：戰國時齊國的賢君，威王的兒子，名辟彊，在位十九年。

【今譯】田子方問唐易鞠說：「射鳥的人最謹慎的是什麼？」唐易鞠回答說：「鳥拿幾百隻眼睛注視你，你拿兩隻眼睛窺望它們，你要把隱身的麋安排得特別周密。」田子方說：「太好了！你把這種道理應用在射鳥，我把這種道理應用在治國。」鄭長者聽到這番話，說：「田子方知道君主要作隱身的慶，卻不知道怎樣作法；君主有若無，實若虛，一切意欲都不顯露出來，這就是君主作慶的方法呀。」

又一說：齊宣王向唐易子問弋射的道理說：「弋射最注重的是什麼？」唐易子回答說：「弋射最注重的就是謹密安排隱身的慶。」宣王說：「什麼叫做謹密安排隱身的慶？」唐易子回答說：「鳥拿幾十隻眼睛注視人，人拿兩隻眼睛注視鳥，這怎能不謹密安排隱身的慶呢？所以我說弋射最注重的就是謹密安排隱身的慶呀。」宣王說：「照這樣說，治理天下和弋射也沒有什麼不同，君主拿兩隻眼睛看全國，全國的人拿萬隻眼睛看君主，君主要怎樣為自己安排隱身的慶呢？」唐易子又回答說：「鄭長者曾說過：君主虛靜無為，一切意欲都不顯露出來，大概就可安排好隱身的慶了。」

國羊重於鄭君，聞君之惡己也，㈠侍飲，因先謂君曰：㈡「臣適不幸而有過，㈢願君幸而告之。臣請變更，則臣免死罪矣。」

【今註】㈠聞君之惡己也：惡，讀ㄨˋ，是憎惡的意思。㈡因先謂君曰：因，用猶則。㈢臣適不幸而有過：適，是若的意思。

【今譯】國羊被鄭國君主重用，聽說君主憎惡自己，在陪伴君主飲酒的時候，就先對君主說：「假若我不幸作錯事，希望君主隨時告訴我，我馬上改過，這樣我就不至陷溺太深，而獲死罪了。」

客有說韓宣王，㈠宣王說而太息。左右引王之說之，以先告客以為德。㈡

【今註】㈠客有說韓宣王：說，讀ㄕㄨㄟˋ。㈡宣王說而太息三句：這裏兩個說字，都讀為悅。引，是取的意思，俗語用拿。以，乾道本、趙本、凌本作曰，茲從迂評本。德，恩惠。

【今譯】有一位賓客勸說韓宣王，結束以後，宣王很喜歡他的意見，便發出歎美的聲音。左右的人便拿宣王喜歡的情形，趕快告訴賓客，作為自己對他的恩惠。

靖郭君之相齊也，㈠王后死，未知所置，㈡乃獻玉珥以知之。一曰：薛公相齊，齊威王夫人死，㈢中有十孺子皆貴於王，㈣薛公欲知王所欲立，而請置一人以為夫人。王聽之，則是說行於王，而重於置夫人也；王不聽，是說不行，而輕於置夫人也。㈤欲先知王之所欲置，以勸王置之。於是為十玉珥，而美其一而獻之。王以賦十孺子。㈥明日坐視㈦美珥之所在，而勸王以為夫人。

【今註】㈠靖郭君之相齊也：已見經二、注五。㈡未知所置：置，是立的意思。㈢齊威王夫人死：齊威王，戰國時齊國的君主，桓公午的兒子，名因齊。封即墨大夫，烹阿大夫，國勢很盛。夫人，禮曲禮：「天子之妃曰后，諸侯曰夫人。」㈣中有十孺子皆貴於王：中，宮中。孺子，稱謂錄：「王公至士民妾通得稱孺子。」貴，親幸。㈤王聽之數句：這裏兩個說字都讀ㄕㄨㄟˋ。重於置夫人，是由於立夫人被君王看重。輕於置夫人，是由於置夫人被君王看輕。㈥王以賦十孺子：賦，給與。㈦坐視：坐，是不行動。坐視，猶言靜觀、默視。

【今譯】靖郭君田嬰做齊國的宰相，齊國的王后逝世，不知道齊王要立那一位姬妾為后，於是用奉獻玉珥的方法測度出來。

又一說：薛公田嬰做齊國的宰相，齊威王的夫人逝世，宮中有十位姬妾都受威王親幸，薛公想知道威王準備立那一位做夫人，以便向威王請求。假使威王聽從，就顯示自己的勸說發生作用，由於立夫人而被威王看重；假使威王不聽從，就顯示自己的勸說不發生作用，由於立夫人而被威王看輕。所以想先知道威王的意向，以便勸說威王立她做夫人。因此他預備了十副玉珥，而把一副製作的特別美麗一同奉獻給威王。威王便把十副玉珥分賜十位姬妾。到了第二天，薛公默視誰戴著那副最美麗的玉珥，便勸說威王立她做夫人。

甘茂相秦惠王，惠王愛公孫衍，與之間有所言，曰：「寡人將相子。」㈠甘茂之吏道穴聞之，㈡以告甘茂。甘茂入見王，曰：「王得賢相，臣敢再拜賀。㈢」王曰：「寡人託國於子，安更得賢相？」㊃對曰：「將相犀首。」王曰：「子安聞之？」對曰：「犀首告臣。」王怒犀首之泄，乃逐之。

一曰：犀首、天下之善將也，梁王之臣也，秦王欲得之與治天下。㊄犀首曰：「衍其臣人者也，不敢離主之國。」㊅居期年，犀首抵罪於梁王，㊆逃而入秦，秦王甚善之。樗里疾、㊇秦之將也，恐犀首之代之將也，鑿穴於王之所常隱語者。㊈俄而王果與犀首計曰：「吾欲攻韓奚如？」㊉犀首曰：「秋可矣。」王曰：「吾欲以國累子，(一一)子必勿泄也。」犀首反走再拜曰：(一二)「受命。」於是樗里疾已道穴聽之矣。郎中皆曰：(一三)「兵秋起攻韓，犀首為將。」於是日也，郎中盡知之；於是月也，境內盡知之。王召樗里疾曰：「是何匈匈也！何道出？」(一四)樗里疾曰：「似犀首也。」王曰：「吾無與犀首言也，其犀首何哉？」(一五)樗里疾曰：「犀首也羈旅新抵罪，其心孤，是言自嫁於眾。(一六)」王曰：「然。」使人召犀首，已逃諸侯矣。

【今註】 ㊀甘茂相秦王數句：甘茂，戰國時下蔡人。先事秦惠王，武王時始為相。曾為秦平定蜀地，攻占宜陽。昭王時逃往齊國，後來死在魏國。秦惠王，秦孝公的兒子，名駟。滅蜀，魏納上郡十五縣，又取楚漢中地六百里，開始稱王。在位二十七年。公孫衍，又稱犀首，戰國時魏國人。是重要的縱橫家，和張儀是政敵。曾做魏國的宰相；後來到秦國，秦王想用他做宰相，被甘茂所遏阻。閒，讀第四聲，是偶然的意思。㊁甘茂之吏道穴聞之：道，是由的意思。㊂臣敢再拜賀：敢，表敬的助動詞，只存形式，實無敢字的意義。㊃安更得賢相：安，是何的意思。更，讀第四聲，是再的意思。㊄犀首天下之善將也三句：善將，猶言良將。梁，戰國時魏國因徙都大梁，改稱為梁。與，用猶以。㊅犀首曰三句：其，用猶乃字。臣人，各舊本誤作人臣，致使者字無義，茲改為臣人，則全句可通。主，指梁王。㊆居期年二句：期，讀ㄐㄧ，是又到那個時候。期年，就是一周年。抵，相當。抵罪，依犯罪的輕重，治以相當的刑罰。㊇樗里疾：戰國時秦國人，秦惠王異母弟。滑稽多智，秦人稱為智囊，攻打魏、趙、楚等有功，遂為右丞相。㊈鑿穴於王之所常隱語者：所常隱語，就是經常密談的宮室。㊉俄而王果與犀首計曰二句：俄，不久。計，謀畫。奚如，猶言何如。㊀吾欲以國累子：我打算拿國事麻煩你，是付託的客氣話。㊂犀首反走再拜曰：反走，是退步的意思。㊂郎中皆曰：郎，通廊，是殿旁的房屋，所以朝廷亦稱郎廟。郎中，就是朝中的官吏。㊃是何匈匈也二句：匈匈，同詾詾，是喧擾的意思。何道出，是何由說出這種言語。㊄吾無與犀首言也二句：無語，猶言未語。其犀首，猶言其為犀首。㊅是言自嫁於眾：物雙松讀韓非子：「謂欲以此言求媚於眾也。」

【今譯】 甘茂做秦惠王的宰相，惠王很喜愛公孫衍，偶然和公孫衍談話說：「我打算任用你做宰相。」甘茂的屬吏從牆壁的孔穴聽到這種話，趕快報告甘茂。甘茂便進宮謁見惠王說：「君王選得一位好宰相，我向你行禮祝賀。」惠王說：「我已把秦國付託給你，怎能再選得好宰相？」甘茂回答說：「君王打算任用犀首做宰相。」惠王說：「你怎樣聽說的？」甘茂回答說：「犀首告訴我的。」惠王對犀首洩漏機密，非常生氣，就把他驅逐出境了。

又一說：犀首是天下最善用兵的，已經在梁王那裏做官，秦王很想重用他，以統治天下。犀首說：「我是臣事梁王的，不敢離開梁國。」過了一年，犀首因要被梁王治罪，逃到秦國，秦王對他非常優待。樗里疾是秦國的大將，恐怕犀首代替自己的地位，便把秦王經常密談的宮室鑿了一個孔穴，隨時偷聽。過了沒有多久，秦王果然和犀首秘密商議說：「我打算攻打韓國，你看好不好？」犀首說：「到秋天就可以了。」秦王說：「我打算拿國事煩勞你，你千萬不要泄漏！」犀首向後退了幾步，跪倒行禮說：「我願意接受君王的命令。」這些話樗里疾已由孔穴聽到，朝廷裏的官吏說：「到秋天秦國就出兵攻打韓國，由犀首做大將。」這一天，朝廷裏的官吏都知道了；這一月，全國的人民都知道了。秦王召見樗里疾說：「官吏和人民為什麼這樣喧鬧呀？攻韓的消息是怎樣傳出的？」樗里疾說：「好像是由犀首傳出的。」秦王說：「我並沒有和犀首談過這種事，而由犀首傳出是什麼緣故呢？」樗里疾說：「犀首近時在魏國獲罪，逃到秦國作客，心裏感覺很孤獨，說這些話是向人討好的。」秦王說：「對！」派人去召犀首來見，犀首已經逃往別國了。

堂谿公謂昭侯曰：「今有千金之玉卮，通而無當，可以盛水乎？」㊀昭侯曰：「不可。」「有瓦器而不漏，可以盛酒乎？」昭侯曰：「可。」對曰：「夫瓦器、至賤也，不漏可以盛酒；雖有千金之玉卮，至貴而無當，漏不可盛水，則人孰注漿哉！㊁今為人主而漏其羣臣之語，是猶無當之玉卮也，雖其聖智，㊂莫盡其術，為其漏也。」昭侯曰：「然。」昭侯聞堂谿公之言，自此之後，欲發天下之大事，未嘗不獨寢，恐夢言㊃而使人知其謀也。

一曰：堂谿公見昭侯曰：「今有白玉之卮而無當，有瓦卮而有當，君渴將何以飲？」君曰：「以瓦卮。」堂谿公曰：「白玉之卮美，而君不以飲者，以其無當邪？」君曰：「然。」堂谿公曰：「為人主而漏泄其羣臣之語，譬猶玉卮之無當也。㊄」堂谿公每見而出，昭侯必獨臥，惟恐夢言泄於妻妾。

【今註】㊀堂谿公謂昭侯曰四句：堂谿公，已見經二、注六。昭侯，戰國時韓國的君主，懿侯的兒子。用申不害為相，國內大治，諸侯不敢侵伐。在位二十六年。通，貫通。無當，無底。盛，讀ㄔㄥˊ，是受物的意思。㊁則人孰注漿哉：注漿，注入水漿。㊂雖其聖智：其，用猶有。㊃夢言：

就是囈語，是熟睡時因下意識作用而說出的話。㊄譬猶玉巵之無當也：也，王先慎韓非子集解：「各舊本無。據藝文類聚、御覽引補。」

【今譯】堂谿公問韓昭侯：「假如有一隻玉杯，沒有底，上下貫通，可以盛水嗎？」昭侯說：「不能。」堂谿公又問：「有一隻瓦杯，有底不會漏水，可以盛酒嗎？」昭侯說：「可以。」堂谿公說：「瓦杯是價值很低的東西，沒有漏洞就可以盛酒；玉杯雖然價值千金，可是沒有底，不可以盛水，有哪個用它盛飲料呢？假如做君主的，官吏進言，便隨時洩漏出去，這就像沒底的玉杯，雖然有很高的智慧，也不能充分運用主術，就是因為他洩漏機密呀。」昭侯說：「你說的很對！」昭侯自從聽了堂谿公的話以後，要想發動有關天下的重大事件，都是自己單獨睡覺，惟恐夢中說話，被妃妾聽到，洩漏出去，使外人知道他的計畫呀。

又一說：堂谿公謁見韓昭侯說：「假如有一隻玉杯沒有底，有一隻瓦杯有底，您需要喝酒時，用那一隻杯子？」昭侯說：「用瓦杯。」堂谿公說：「玉杯很美麗，您卻不用它喝酒，是不是因為它沒有底呀？」昭侯說：「是的。」堂谿公說：「做君主的，官吏進言，便隨時洩漏出去，就像玉杯沒有底呀。」從此以後，堂谿公每次進見昭侯出來，昭侯便單獨睡覺，惟恐夢中說話，被妃妾聽到，洩漏出去。

申子曰：「獨視者謂明，獨聽者謂聰，能獨斷者故可以為天下王。」㊀

【今註】㈠申子曰數句：申子，已見經一、注三。獨視，只有自己一人能看到，別人看不到。故，迂評本無。茲從乾道本、趙本、凌本。王，乾道本、趙本、凌本作主。顧廣圻韓非子識誤：「主當作王，與上文明聽韻。」

【今譯】申子說：「有些事情，別人看不清，只有自己能夠看清，這叫做明；別人聽不懂，只有自己能夠聽懂，這叫做聰。遇到事情，都能夠自行決斷，就可以領導天下而做帝王了。」

傳三——宋人有酤酒者，㈠升概甚平，遇客甚謹，為酒甚美，縣幟甚高，然而不售，酒酸。㈡怪其故，問其所知閭長者楊倩。㈢倩曰：「汝狗猛邪！」曰：「狗猛，則酒何故而不售？」曰：「人畏焉。或令孺子懷錢挈壺罋而往酤，㈣而狗迓而齕之，㈤此酒所以酸而不售也。」夫國亦有狗。有道之士，懷其術而欲以明萬乘之主，㈥大臣為猛狗，迎而齕之，此人主之所以蔽脅㈦，而有道之士所以不用也。故桓公問管仲曰：「治國最奚患？」㈧對曰：「最患社鼠矣。」公曰：「何患社鼠哉？」對曰：「君亦見夫為社者乎？樹木而塗之，鼠穿其間，掘穴託其中，燻之則恐焚木，灌之則恐塗阤，此社鼠之所以不得也。㈨今人君之左右，出則為勢重而收利於民，入則比周而蔽惡於君；(一〇)內間主之情以告外，(一一)外內為重，諸臣百吏以為富，吏不誅則亂法，誅之則君不安，據而有之，此亦國之社鼠也。故人臣執柄而擅禁，(一二)明為己者必利，不為己者必害，此亦猛狗也。夫大臣為猛狗，而齕有道之士矣；左右又為社鼠而間主之情，人主不覺，如此主焉得無壅(一三)，國焉得無亡乎！」

一曰：宋之酤酒者、有莊氏者，其酒常美。或使僕往酤莊氏之酒，其狗齕人，使者不敢往，乃酤佗家之酒。問曰：「何為不酤莊氏之酒？」對曰：「今日莊氏之酒酸。」故曰：不殺其狗則酒酸。

一曰：桓公問管仲曰：「治國何患？」對曰：「最苦社鼠。夫社、樹木(一四)而塗之，鼠因自託也；燻之則木焚，灌之則塗阤，此所以苦於社鼠也。今人君左右，出則為勢重以收利於民，入則比周謾侮(一五)蔽惡以欺於君，不誅則亂法，誅之則人主危，據而有之，此亦社鼠也。故人臣執柄擅禁，明為己者必利，不為己者必害，亦猛狗也，故左右為社鼠，用事者為猛狗，則術不行矣。」

【今註】㊀宋人有酤酒者：宋，周朝國名。周封殷遺臣微子啟於宋，都商丘。盛時有現在河南省東部、山東省西部、江蘇省北部一帶的地方，後被齊、魏、楚三國所瓜分。酤，音ㄍㄨ，買酒、賣酒都叫做酤。㊁升概甚平四句：升概，猶言分量。古以升斗計算酒的多少，概是平升斗的器具。遇客，招待顧客。縣，讀ㄒㄩㄢˊ，後多作懸。幟，讀ㄓˋ，酒旗，也叫酒帘、酒望子，是賣酒的標識。㊂問其所知閭長者楊倩：知，親近，熟習。閭，人民聚居的地方，猶言鄉里。長，讀ㄓㄤˇ。長者，是老人家。楊倩，是人名，事蹟未詳。㊃或令孺子懷錢挈壺罋而往酤：孺子，就是童子。懷，放在懷中。挈，音ㄑㄧㄝˋ，是提著的意思。壺罋，都是盛酒或水的器具。罋，字或作甕，作瓮，音ㄨㄥˋ。㊄而狗迓而齕之：迓，音ㄧㄚˋ，是迎的意思。齕，音ㄏㄜˊ，是咬的意思。㊅懷其術欲以明萬乘之主：明，使他理解。乘，讀ㄕㄥˋ，是車輛的單位。萬乘，是有萬輛兵車的大國。㊆蔽脅：是蒙蔽和脅迫。㊇故桓公問管仲曰二句：故，從前。桓公，春秋時齊國的君主，名小白，是春秋五霸的第一位。管仲，名夷吾，字仲，謚敬，所以也稱管敬仲。齊桓公用他做宰相，整理政治軍事，使齊國富強，稱霸天下。奚患，害怕的是什麼。㊈對曰最患社鼠矣數句：為社，是立社。古代以二十五家為社，社樹木以祭土神，就像現在的土地廟。論語八佾：「哀公問社於宰我，宰我對曰：『夏后氏以松，殷人以柏，周人以栗。』」朱熹注：「三代之社不同者，古者立社，各樹其土之所宜木以為主也。」陁，音ㄕˇ，通作陁。塗陁，是所塗顏色壞落的意思。⑩入則比周而蔽惡於君：比周，比是近，周是密，因謂惡人結黨營私曰比周。蔽惡於君，在君主面前，隱蔽醜惡的事情。⑪內間主之情以告外：間，讀第四聲，是偵察的意思。⑫故人臣執柄而擅禁：柄，權柄。擅禁，是專擅為禁令。⑬壅：音ㄩㄥˇ，阻塞，蒙蔽。⑭樹木：各舊本無樹字。高亨韓非子補箋：「社下當有樹字，轉寫脫去，上文云樹木而塗之，即其證。」據補。⑮謾侮：都是看輕、不敬重的意思。謾，借為慢。⑯王先慎韓非子集解：「說本晏子春秋內篇問上，桓公管仲作景公晏子。」

【今譯】　傳三——宋國有一個賣酒的，酒的味道很好，分量也很準確，接待顧客又很周到，酒旗掛得也很高，可是酒老賣不出，結果酒都變酸了。他覺得很奇怪，問他所熟識的鄉里裏面的老人家楊倩。楊倩說：「你家裏的狗很厲害嗎？」他說：「狗厲害，酒為什麼賣不出去呢？」楊倩說：「人害怕呀！有的人教小孩子帶了錢提著酒壺來買酒，狗就迎上去咬他，這就是酒賣不出去以至變酸的緣故啊。」一個國家也有狗，有道術的人帶著他的方略想勸說大國的君主，大臣就像猛狗一樣，迎上去咬他，這就是君主受蒙蔽受脅制，而有道術的人不能被重用的緣故了。從前齊桓公問管仲：「治理國家最害怕的是什麼？」管仲回答說：「最害怕的是社鼠。」桓公說：「為什麼最害怕的是社鼠呢？」管仲又回答說：「君主看到過立社的事嗎？把一根木材樹立在那裏，外面塗上美麗的色彩，老鼠鑽進木材，挖成洞穴，住在裏面。用火來燻它，又怕燒毀木材；用水來灌它，又怕浸壞色彩，這就是社鼠很難除去的道理啊。現在君主左右的親信，到外面做出很有勢力的樣子而勒索人民的財物；在宮裏就結黨營私，隱蔽君主的耳目，偵察君主的心意和行動，告訴外面的官吏，內外互相倚重，收受許多官吏的賄賂，以增加自己的財富。執法的官吏，不誅戮他們，就破壞了法律；誅戮他們，君主心裏又不安穩，他們盤據著重要的地方，這就是國家的社鼠啊。現在做大臣的掌握權勢，專擅禁令，表示幫助我的一定獲利，不幫助我的一定受害，這就是國家的猛狗啊。大臣既然做猛狗，而咬害有道術的人，左右親信又做社鼠，而偵察君主的情形，君主卻毫不知覺。這樣，君主怎能不受蒙蔽？國家又怎能不滅亡呢？」

又一說：宋國有一位賣酒的莊氏，他做的酒很好喝。有人派遣僕役往購莊氏的酒。莊氏的狗很厲害，常咬買酒的人。僕役不敢前往，就隨便買了別家的酒。主人一喝，發覺味道不對，便問僕役：「為什麼不買莊氏的酒？」僕役回答說：「現在莊氏的酒都已變酸了。」所以說：不殺掉猛狗，酒就會變酸的。又有一說：齊桓公問管仲：「治理國家最害怕的是什麼？」管仲回答說：「最害怕的就是社鼠。古人立社，樹立一根木材，外面塗上美麗的色彩，老鼠就鑽進木材，寄住在裏面。用火來熏它，又怕燒毀木材；用水來灌它，又怕浸壞色彩，這就是最害怕社鼠的緣故啊。現在君主左右的親信，到外面做出很有勢力的樣子而勒索人民的財物，在宮裏就結黨營私，輕慢君主而予以欺騙。不誅戮他們，就破壞國家的法律；誅戮他們，君主的地位生命可能發生危險。他們盤據著重要的地方，這就是國家的社鼠啊。現在做大臣的掌握權勢，專擅禁令，表示幫助我的一定獲利，不幫助我的一定受害，這就是國家的猛狗啊。因為左右親信做社鼠，執政大臣做猛狗，治術便不易施行了。」

堯欲傳天下於舜，㊀鯀諫曰：「不祥哉！孰以天下而傳之於匹夫乎！」㊁堯不聽，舉兵而誅殺鯀於羽山之郊。㊂共工㊃又諫曰：「孰以天下而傳之於匹夫乎！」堯不聽，又舉兵而流共工於幽州之都。㊄於是天下莫敢言無傳天下於舜。仲尼㊅聞之曰：「堯之知舜之賢，非其難者也；夫至乎誅諫者，必傳之舜，乃其難也。」一曰：不以其所疑，敗其所察，則難也。㊆

【今註】㊀堯欲傳天下於舜：堯和舜都是中國古代最優良的天子。堯國號唐，史稱唐堯。晚年讓位於舜。舜，堯晚年使攝政，後受禪為天子，國號虞，史稱虞舜。後讓位於禹。㊁鯀諫曰三句：鯀，音ㄍㄨㄣˇ，是夏禹的父親，堯時治水無功，被誅在羽山。祥，是善的意思。孰，疑問副詞，是為何的意思。匹夫，是平民。㊂舉兵而誅殺鯀於羽山之郊：羽山，胡渭禹貢錐指：「山東蓬萊縣東南有羽山，寰宇記云：即殛鯀處。」郊，是境地的意思。㊃共工：堯舜時的工官，荒淫怠事，舜把他流放到幽州。㊄又舉兵而流共工於幽州之都：流，王先慎韓非子集解：「各舊本作誅，據御覽六百四十五引改，尚書孟子並作流。」流，放逐有罪的人。幽州，今河北省東北部及遼寧一帶地。都，是人所聚居的地方。㊅仲尼：孔子的字。㊆一曰四句：這和其他各節另述一傳說的故事不同，只記孔子評語傳聞的異說。不以其所疑，其指說者；敗其所察，其指堯。察，是識察，明察。

【今譯】唐堯打算把天子的地位讓給舜，鯀勸諫說：「不好啊！怎麼能把天子的地位傳給一位平民呢？」唐堯不聽從他的勸諫，並且派兵把他誅殺在羽山的附近。共工又勸諫說：「怎麼能把天子的地位傳給一位平民呢？」唐堯不聽從他的勸諫，又派兵把他驅逐到幽州的聚落。從此沒有人敢再說不要把天子的地位傳給舜的話了。孔子聽到這件事說：「唐堯認識舜的賢能，並不是很困難的，為了一定把天子的地位傳給舜，以至於誅殺諫阻的人，卻十分不易啊！」又一說：孔子的評論是這樣的：「不因為眾人的疑慮，而破壞自己的明察，是非常不易的。」

荊莊王有茅門之法，曰：「羣臣大夫諸公子入朝，馬蹏踐霤者，廷理斬其輈，戮其御。」㈠於是太子入朝，馬蹏踐霤，廷理斬其輈，戮其御。太子怒，入為王泣曰：「為我誅戮廷理！」王曰：「法者、所以敬宗廟、尊社稷；故能立法從令，尊敬社稷者，社稷之臣也，焉可誅也？㈡夫犯法廢令，不尊敬社稷者，是臣乘君，下尚校也。㈢臣乘君，則主失威；下尚校，則上位危。威失位危，社稷不守，君將何以遺子孫！」於是太子乃還走，避舍露宿三日，北面再拜請死罪。

一曰：楚王急召太子。楚國之法，車不得至茆門。天雨，廷中有潦，㊃太子遂驅車至於茆門。廷理曰：「車至茆門，非法也。」㊄太子曰：「王召急，不得須㊅無潦。」遂驅之。㊆廷理舉殳㊇而擊其馬，敗其駕。太子入為王泣曰：「廷中多潦，驅車至茆門，廷理曰：非法也，舉殳擊臣馬，敗臣駕，王必誅之。」王曰：「前有老主而不踰，後有儲君而不屬，矜矣㊈。是真吾守法之臣也。」乃益爵二級，而開後門出太子，勿復過。

【今註】㊀荊莊王有茅門之法數句：荊，是楚國的舊稱。莊王，已見經三、注二。茅門，孫詒讓札迻，以為茅門就是雉門。雉門，是諸侯宮殿的南門。雉，古文作鮷，或省作弟，與茅形近而誤。太平御覽六百三十八引正作弟，可證。本節後面又作茆，茆，通茅。蹏，同蹄。霤，音ㄌㄧㄡˋ，是屋簷下承受雨水的設施。廷理，執法的官吏。說苑至公：「子文召廷理而責之曰：凡立廷理者，將以司犯王令而察觸國法也。」輈，音ㄓㄡ，駕車的木器。大車左右兩木直而平叫做轅，小車中間一木曲而上叫做輈。㊁法者所以敬宗廟尊社稷數句：宗廟，是古代天子諸侯祭祀祖先的宮室。社稷，是祭土神穀神的地方。古代建國，必立社稷，所以以社稷為國家的代稱。滅亡別國，就要毀滅他的宗廟和社稷。國語越語：「君若曰：吾將殘汝社稷，滅汝宗廟，寡人請死。」社稷之臣，是關係國家安危的重臣。㊂是臣乘君下尚校也：乘，讀ㄔㄥˊ，松皐圓定本韓非子纂聞，訓為陵，陵是侵犯的意思。校，讀ㄐㄧㄠˋ，是亢的意思，亢就是違抗。尚，同上。㊃廷中有潦：廷，王宮垣內階前平地。潦，音ㄌㄠˋ，是雨後的集水。㊄車至茆門非法也：車至茆門，各舊本作車不得至茆門。不得二字，因涉上文而衍，茲予刪除。㊅須：是等待的意思。㊆遂驅之：就策馬至茆門。㊇殳：音ㄕㄨ，是古代的一種兵器。㊈前有老主而不踰三句：踰，踰越國法。儲君，太子，將來繼承君位的。屬，讀ㄓㄨˇ，是連結、依附的意思。矜，王先愼韓非子集解：「矜與賢聲相近，古通假。文子上仁篇，矜與賢韻。矜矣，猶賢矣，此楚王贊美廷理也。」

【今譯】　楚莊王制定茅門的法律：「大臣、百官以及諸公子進入朝堂，馬蹄踏到簷下承受雨水的地方，廷理就砍斷他的車轅，殺死他的車夫。」過了不久，太子進入朝堂，馬蹄踏到簷下承水的地方，廷理就砍斷他的車轅，殺死他的車夫。太子非常生氣，就跑進朝堂向莊王哭著說：「請為我殺戮廷理！」莊王回答說：「國家的法律，是為敬禮宗廟，尊崇社稷的。所以能夠樹立法律，執行命令，尊崇社稷的，便是關係國家安危的重臣，怎麼可以殺戮呢？假如違背法律，破壞禁令，不尊崇社稷，便是官吏欺凌君王，臣下違抗主上啊。官吏欺凌君王，君王的權勢就要喪失；臣下違抗主上，主上的地位就要動搖。權勢喪失，地位動搖，國家便很難保持，我將拿什麼傳給子孫呢？」太子聽了這話，氣忿難平，退出朝堂後，便逃離宮舍，在野外流浪了三天三夜，纔醒悟過來，又回到朝堂，向莊王行禮，請求治自己最嚴重的罪。

又一說：楚王有緊急的事召太子來。楚國的法律，大臣、百官以及諸公子的車子都不能駛到茆門。天氣剛下過雨，殿前平地上積有雨水，太子便吩咐把車子駛到茆門。廷理勸阻說：「車子駛到茆門，是犯法的。」太子說：「國王有急事召見，不能等待殿前的積水晾乾。」就吩咐車夫駕車到茆門。廷理便舉起兵器，刺傷他的馬，擊毀他的車。太子便跑進朝堂向楚王哭著說：「朝堂前面有很多積水，我吩咐駛車到茆門，廷理說：『這是犯法的。』便舉起兵器，刺傷我的馬，擊毀我的車，父王必須把他殺死！」楚王說：「當前有老邁的君主，他絕不疏慢；將來有繼位的君主，他絕不攀附，這是國家的賢良，是真能執法的官吏啊。」於是晉升廷理兩級爵位；而把廟堂的後門打開，放太子出去，不讓他再穿越茆門。

衛嗣君謂薄疑曰：「子小寡人之國，以為不足仕邪？寡人力能仕子，請進爵以子為上卿。」乃進田萬頃。㊀薄子曰：「疑之母親疑，以疑為能相萬乘所不窕也。㊁然疑家巫有蔡嫗者，疑母甚愛信之，屬之家事焉。㊂疑智足以言家事，疑母盡以聽疑也。然已與疑言者，亦必復決之於蔡嫗也。故論疑之智能，以疑為能相萬乘而不窕也；論其親，則子母之間也；然猶不免議之於蔡嫗也。今疑之於人主也，非子母之親也；而人主皆有蔡嫗。人主之蔡嫗，必其重人也；㊃重人者、能行私者也。夫行私者、

繩之外也；而疑之所言，法之內也。繩之外、與法之內，讎也，不相受也。」㊄

一曰：衛君之晉，謂薄疑曰：「吾欲與子皆行㊅。」薄疑曰：「媼也在中，請歸與媼計之。」衛君自請薄媼，薄媼曰：「疑、君之臣也，君有意從之，甚善。」衛君曰：「吾以請之媼，㊆媼許我矣。」薄疑歸言之媼也，曰：「衛君之愛疑奚與媼？」㊇媼曰：「不如吾愛子也。」「衛君之賢疑奚與媼也？」曰：「不如吾賢子也。」「媼與疑計家事已決矣，乃更請決之於卜者蔡嫗。今衛君從疑而行，雖與疑決計，必與他蔡嫗敗之，如果則疑不得長為臣矣。」

【今註】㊀衛嗣君謂薄疑曰數句：衛嗣君，已見經一、注五。薄疑，松皇圓定本韓非子纂聞：「淮南說山訓：『薄疑說衛嗣君以王術。』呂氏春秋：『衛嗣君欲重稅，薄疑止之。』外儲說右下：『薄疑謂趙簡主。』蓋初居趙，後乃事衛。」今按：薄疑上距趙簡主百餘年，簡主疑為肅侯之誤。小，是嫌小的意思。邪，各舊本作則，屬下讀。陶小石讀韓非子札記：「則當為邪，屬上讀之。邪字俗書作耶，因誤為則耳。」據改。㊁薄子曰三句：親疑，猶言愛疑。萬乘，有萬輛兵車的大國。乘，讀

ㄕㄥˋ。窕，讀ㄊㄧㄠˇ，左傳昭公十一年：「小者不窕。」杜注：「窕，細不滿。」所不窕，是力尚有餘。㊂屬之家事焉：屬，讀ㄓㄨˇ，是託付的意思。㊃必其重人也：其，解作其為。重人，是有權勢的人。㊄夫行私者數句：繩之外，猶言法之外，也就是不合法。讎，借為仇，是敵對的意思。不相受，就是不相容。㊅皆行：就是同行。皆，通偕。㊆吾以請之媼：以，通已。㊇衛君之愛奚與媼：奚，何如。奚與媼，是比媼何如的意思。

【今譯】　衛嗣君告訴薄疑說：「你覺得我的國家太小，不值得出仕嗎？我有權力給你出仕，請你充任最高的上卿。」馬上給與他萬頃土地的俸祿。薄疑回答說：「我的母親很喜愛我，以為我的才幹擔當大國的宰相還有餘。可是我家有一位巫婆蔡嫗，我母親很相信她，把家事都委託她經管。我的智慧足以解決家事，我母親也肯聽從我的話，可是已經和我談好的事，還必須由蔡嫗卜筮來決定。若以我的智能來說，以為我擔當大國的宰相還有餘；若以我的關係來說，是母親和兒子，可是還不免由蔡嫗作決定。現在我對於君主，沒有母子的關係，可是君主的左右都有蔡嫗。君主的蔡嫗，一定是權勢很大的人。權勢很大的人，就能拿私意行事。拿私意行事，是違法的；我所提供的意見，是守法的。違法和守法，是彼此衝突，不能相容的。」

又一說：衛國的君主要到晉國訪問，告訴薄疑說：「我打算帶你一同前往。」疑說：「我家裏有老母，請求回家和老母商量商量。」衛君親往向薄媼要求，薄媼說：「薄疑是您君主的官吏，君主有意帶他做隨員，那太好了。」衛君隨後告訴薄疑說：「我已向薄媼要求，薄媼已經答應了。」薄疑回家對薄媼說：「衛君愛我比母親怎樣？」薄媼說：「不如我愛你。」薄疑說：「衛君認為我有才幹比母親怎樣？」薄媼說：「不如我認為你有才幹。」薄疑說：「母親和我商量好家事，卻又請求蔡嫗卜筮來決定。現在衛君帶我做隨員往晉國，雖然和我商量計畫，一定又和像蔡嫗那樣的人毀棄這計畫，這樣，我便不能長期做衛君的官吏了。」

夫教歌者、使先呼而詘之，㊀其聲反清徵者，乃教之。㊁一曰：教歌者先揆以法，㊂疾呼中宮，徐呼中徵；㊃疾不中宮，徐不中徵，不可謂教。㊄

【今註】㊀使先呼而詘之：呼，發聲喊叫。詘，音ㄑㄩ，是曲折變化的意思。㊁其聲反清徵者乃教之：反清徵，松皐圓定本韓非子纂聞：「反者，變濁為清，變宮為徵之謂也。」徵，讀ㄓˇ，是中國古時五音之一。乃，然後，猶俗語這纔。㊂先揆以法：揆，音ㄎㄨㄟˊ，是量度的意思。法，指音律。㊃疾呼中宮二句：中，都讀第四聲，是合的意思。宮和徵，都是中國古代五音之一。徵，讀ㄓˇ。㊄不可謂教：猶言不可以教。

【今譯】　教人唱歌，要先使他發聲喊叫，並須曲折變化，能夠由濁變清，由宮變徵的，然後予以教導。

又一說：教人唱歌，先拿音律予以量度，急速發聲，要合於宮調；緩慢發聲，要合於徵調。急速發聲，不合宮調；緩慢發聲，不合徵調，便不可以教導。

吳起、衛左氏中人也，使其妻織組，而幅狹於度，吳子使更之。㊀其妻曰：「諾。」及成，復度之，果不中度，㊁吳子大怒。其妻對曰：「吾始經之，而不可更也。」㊂吳子出之，其妻請其兄而索入。㊃其兄曰：「吳子、為法者也，其為法也，且欲以與萬乘致功，必先踐之妻妾，然後行之，子毋幾索入矣。」㊄其妻之弟又重於衛君，乃因以衛君之重請吳子，吳子不聽，遂去衛而之荊也。㊅

一曰：吳起示其妻以組，曰：「子為我織組，令之如是。」組已就效之，其組異善。㊆起曰：「使子為組，令之如是，而今也異善，何也？」其妻曰：「用財若一也，加務善之。」㊇吳起曰：「非語也。」使之衣歸。㊈其父往請之，吳起曰：「起家無虛言。」

【今註】㊀吳起衛左氏中人也四句：吳起，已見經三、注五。衛，周武王少弟康叔的封國，約有現在河北省最南部和河南省北部一帶地。左氏中，大概是衛國的地名，不知現在那裏。組，是絲織的有花紋的帶子，寬的作綬帶，仄的作冠纓。幅，是組的寬度。狹於度，是比要求的寬度仄。更，讀第一聲，是改的意思。㈡復度之二句：上一度字是動詞，是量的意思。下一度字是名詞，是要求的寬度。中，讀第四聲，是合的意思。㈢吾始經之二句：經，是織時的直線。用作動詞，是安排經線。組的寬度，在於經的多少。經安排定，便不能改變寬度了。㈣吳子出之二句：出，是出妻，又叫休妻。索，是求的意思。索入，是請求再回吳子家裏。㈤其為法也數句：且欲，是將欲。與，解作為。萬乘，指大國。乘，讀ㄕㄥˋ。致功，建立事功。踐，實行。幾，讀第四聲，通冀，是希望的意思。㈥其妻之弟又重於衛君四句：又，讀為有。重，權勢。之荊，是往楚國。今按：史記孫子吳起列傳：載吳起去衛，與其母齧臂而盟：「起不為卿相，不復入衛。……乃之魯學兵法，以事魯君。」往楚國是事魯事魏以後的事。㈦組已就而效之二句：效，松皐圓定本韓非子纂聞，以為是呈致的意思。高亨韓非子補箋，以為是考驗的意思。異善，是特別好。㈧用財若一也二句：財，通材，就是材料。若一，是完全相同。加務，猶言加工。㈨吳起曰三句：語，太田方韓非子翼毳：「當為吾言二字，言非吾所命也。」衣，讀第四聲，用作動詞。衣歸，就是換換衣服回娘家。

【今譯】　吳起是衛國左氏中的人，吩咐他太太織絲帶，她所織的寬度比他要求的仄一點兒，吳起使她改寬些。她說：「好！」等到織成功，吳起量一量，還是不合他的要求，吳起就大發脾氣。她回答說：「我開始安排經線就這樣，所以無法再改寬。」吳起便把她休棄，送回娘家。她拜託哥哥出面請求再回吳家。她哥哥說：「吳起是要製作法度的。他製作法度，是要為萬乘大國建立事功，必須先從妻妾實行，然後推行到國家。你請求再回吳家是沒有希望的。」她的弟弟在衛君那裏很有權勢，便利用衛君的權勢向吳起請求，吳起也不肯聽從，就離開衛國往楚國去了。

又一說：吳起拿一條絲帶給他太太說：「你給我織一條絲帶，使它和這條一樣。」她把絲帶織成，奉獻給吳起，那絲帶卻特別精美。吳起說：「我使你織絲帶，要和這條一樣，現在你所織的卻特別精美，是什麼道理呢？」她說：「用的材料是相同的，是由於加工而使它精美的。」吳起說：「這和我的吩咐不一致。」就教她換換衣服回娘家。她的父親前往吳家請求，吳起說：「我吳起家裏從來沒有虛誕不實的話。」

晉文公問於狐偃曰：㊀「寡人甘肥周於堂，卮酒豆肉集於宮，壺酒不清，生肉不布，殺一牛徧為國中，一歲之功盡以衣士卒，其足以戰民乎？」㊁狐子曰：「不足。」文公曰：「吾弛關市之征，㊂而緩刑罰，其足以戰民乎？」狐子曰：「不足。」文公曰：「吾民之有喪資者，寡人親使郎中視事，㊃有罪者、赦之，貧窮不足者、與之，其足以戰民乎？」狐子對曰：「不足。此皆所以慎產也，而戰之者殺之也。民之從公也，為慎產也，公因而逆殺之，失所以為從公矣。」㊄曰：「然則何如足以戰民乎！」狐子對曰：「令無得不戰。」公曰：「無得不戰奈何？」狐子對曰：「信賞必罰，其足以戰。」公曰：「刑罰之極安至？」對曰：「不辟親貴，㈥法行所愛。」文公曰：「善。」明日、令田於圃陸，期以日中為期，後期者行軍法焉。㈦於是公有所愛者、曰顛頡，後期，吏請其罪，文公隕涕而憂。㈧吏曰：「請用事焉。」㈨遂斬顛頡之脊，以徇百姓，㈩以明法之信也。而後百姓皆懼，曰：「君於顛頡之貴重如彼甚也，而君猶行法焉，況於我則何有矣。」文公見民之可戰也，於是遂興兵伐原，㈡克之；伐衛，東其畝，取五鹿；㈢攻陽；勝虢；㈢伐曹；南圍鄭，反之陴；罷宋圍；還與荊人戰城濮，大敗荊人。㈣返為踐土之盟，遂成衡雍之義。㈤一舉而八有功，所以然者，無他故異物，從狐偃之謀，假顛頡之脊也。

【今註】㈠晉文公問於狐偃曰：晉文公，已見經三、注五。狐偃，春秋時晉國的大夫，字子犯，是晉文公的舅父，所以稱為舅犯，咎借為舅，又作咎犯。從文公流亡各國十九年，文公回國即位，破楚定霸，咎犯的謀略居多。㈡寡人甘肥周於堂數句：甘肥，是甘美的食物。周，是遍設。堂，古代叫做堂，秦以後叫做殿。卮，酒器；豆，食器。宮，是寢處的房屋。清，酒釀造的時間越久，味越厚而色越清。壺酒不清，是釀成即飲。布，陳列。生肉不布，是屠後即食。這四句是形容宴飲軍民的頻繁與熱鬧。徧為，乾道本、趙本、凌本作徧於，茲從迂評本。徧為國中，是說殺牛都城裏的人民都能享受。為，讀第四聲。功，指女工。衣，讀第四聲。衣士卒，使士卒穿著。戰民，是使民作戰。㊂吾弛關市之征：弛，音ㄕˇ或ㄔˇ，是放寬或解除的意思。關，是道路的關口；市，是買賣的商場。征，是徵稅的意思。㊃吾民之有喪資者二句：資，于省吾雙劍誃諸子新證，以為資齊古通。齊衰，讀ㄗㄘㄨㄟ，喪服。喪齊，就是喪事的意思。郎中，官名，視事，就是弔唁。㊄此皆所以慎產也數句：孫詒讓札迻：「慎，讀為順；產，與生義同，字通。迎殺，迎當為逆。慎產者，言文公所言皆為順其生之事；逆殺者，言戰為逆而殺之之事。順逆生殺，文正相對也。」逆，各舊本作迎，茲依札迻校改。㊅不辟親貴：辟，讀為避。㊆今田於圃陸三句：田，借為畋，是打獵的意思。圃陸，劉師培韓非子斠補：「左傳僖公二十七年作被廬。」被廬，晉地，應在晉東南境。上一期字是動詞，是約定的意思。下兩期字是名詞，是時期的意思。㊇於是公有所愛者曰顛頡四句：顛頡，已見經三、注五。隕涕，是落淚的意思。㊈請用事焉：用事，猶言行刑。㊉遂斬顛頡之脊二句：松皐圓定本韓非子纂聞：「腰斬者伏鑕上，故曰斬脊。」徇，讀ㄒㄩㄣˋ，是行示的意思。⑪於是遂興兵伐原：原，在今河南省北部濟源縣西北。晉文公伐原，見左傳魯僖公二十五年。⑫伐衛三句：衛，已見前節注一。東其畝，使衛國田壟東西行，以便晉國行軍。五鹿，衛地，在今河北省濮陽縣南。左傳僖公二十八年：「（晉侯）侵曹伐衛，正月戊申，取五鹿。」㊂攻陽勝虢：顧廣圻韓非子識誤：「陽，即陽樊；勝虢，未詳。」左傳僖公二十五年：「與之陽樊、溫、原、欑茅之田，晉於是始啟南陽。陽樊人不服，……乃出其民。」㊃伐曹數句：左傳僖公二十七年冬，楚成王圍宋。宋人往晉國告急。二十八年春，晉文公為了救宋，攻進曹國的首都，拘執曹伯。晉楚戰於城濮，戰敗楚軍，宋圍以解。還，是又的意思。荊，是楚國的舊稱。城濮，在今河南省陳留縣；一說就是山東省濮縣東南六十里的臨濮集。南圍鄭，反之陴，國語晉語：「文公誅觀狀以伐鄭，反其陴。」言晉文公誅曹觀狀之罪，還而伐鄭。之，用猶其。陴，音ㄆㄧˊ，城上女牆。反之陴，就是毀棄鄭國城上女牆，以削減鄭國守望防禦的作用。㊄返為踐土之盟二句：成，各舊本作城，據盧文弨羣書拾補改。春秋僖公二十八年：「五月癸丑，公會晉侯、齊侯、宋公、蔡侯、鄭伯、衛子、莒子，盟於踐土。」踐土，鄭地，在今河南省廣武縣東北。衡雍，鄭地，今河南省原武縣西北五里有衡雍城。呂覽：尊天子於衡雍。注：晉侯率諸侯朝天子於衡雍。義，謂推尊周室，以取義名。

【今譯】　晉文公問狐偃說：「我把甘美的食物遍設在殿堂，卮酒豆肉盛集於宮室，酒隨釀隨喝，肉隨屠隨吃，經常宴飲文武臣僚；殺一隻牛，首都的人民都能分享，整年織成的布，全給士卒穿著，這樣能夠指使人民作戰嗎？」狐偃說：「不能夠。」文公說：「我減免關口和市場的稅課，寬緩罪犯的刑罰，這樣能夠指使人民作戰嗎？」狐偃說：「不能夠。」文公說：「人民家裏有喪事的，我派郎中去弔唁；不幸犯法的，我儘量予以赦宥；家裏貧窮，生活艱苦的，我設法予以濟助，這樣能夠指使人民作戰嗎？」狐偃回答說：「不能夠。這些都是增進人民生活的；指使人民作戰，卻是毀滅人民生活的。人民服從君主，為了增進生活；君主卻相反的毀滅他們的生活，這便違背人民服從君主的意願了。」文公說：「那麼怎樣纔能指使人民作戰呢？」狐偃回答說：「使人民不得不戰。」文公說：「使人民不得不戰，辦法怎樣？」狐偃回答說：「有功必賞，有罪必罰，大概就能夠指使人民作戰了。」文公說：「刑罰的標準應該作到怎樣？」狐偃回答說：「不迴避親貴，對最喜愛的人，一樣施行刑罰。」文公說：「很好。」第二天，便發出命令，在圃陸會獵，約定日正當中集合，遲到的依照軍法處置。這時文公有一位最喜愛的官吏顛頡遲到，執法的官吏請求治他的罪，文公淌著眼淚拿不定主意。執法的官吏說：「請君主趕快下令用刑！」文公便下令腰斬顛頡，巡迴示眾，以顯示執法是這樣的嚴明。這次以後，人民對於文公執法的嚴明，都很畏懼的說：「君主對於顛頡，是那樣的愛重，尚且處以極刑，何況我們，君主還有什麼顧慮呢？」文公看到人民已可指使作戰，於是出兵攻打原城，予以占領；攻打衛國，使衛國田壟全向東西，以便晉國行軍，並將五鹿奪取；攻取陽樊；戰勝虢國；侵入曹國的首都；包圍鄭國，毀棄鄭國城上的女牆；解除宋國的圍困；又和楚國在城濮作戰，大敗楚軍。歸途在踐土和諸侯會盟，率領諸侯在衡雍朝見天子，獲得推尊周室的義名。一次出兵，建立了八項功業，所以能有這樣的成就，並沒有什麼特殊的事故，只是聽從狐偃的計謀，借用顛頡的腰脊呀。

夫痤疽㈠之痛也，非刺骨髓，則煩心不可支也；非知是，不能使人以半寸砥石彈之。㈡今人主之於治亦然，非不知有苦則安；欲治其國，非知是，不能聽聖智而誅亂臣。亂臣者，必重人；重人者，必人主所甚親愛也；人主所甚親愛也者，是同堅白也。㈢夫以布衣之資，欲以離人主之堅白所愛，是猶以解左髀說右髀者，是身必死而說不行者也。㈣

【今註】㈠痤疽：讀ㄘㄨㄛˊ、ㄐㄩ，就是癰疽，大膿瘡。㈡非知是不能使人以半寸砥石彈之：非知是，各舊本作非如是。顧廣圻韓非子識誤：「如，當作知，下同。」砥，讀ㄉㄧˇ或ㄓˇ，用作動詞，是磨的意思。砥石，是磨成的石針，古人稱為砭，也叫做石。彈，讀ㄊㄢˊ，是擊的意思，這裏可解作刺。㈢是同堅白也：高亨韓非子補箋：「墨子經上：『堅白，不相外也。』此言人主與其所甚親愛者，如堅白之不可離耳。」㈣是猶以解左髀說右髀者二句：猶以，乾道本作以，趙本、凌本作猶，茲從迂評本。解，剖分。髀，音ㄅㄧˋ，是膝以上的大腿骨。說，都讀ㄕㄨㄟˋ。門無子韓子迂評：「人主之於重人，猶左右髀也，今說右髀曰必解左髀去患，右髀必不聽。」

【今譯】生大膿瘡的疼痛，若不用石針深深刺入，予以治療，就會焦躁得不能支持。病人要不懂這種道理，便不肯給人用半寸長的石針把它刺開。君主治理國事，也是這樣，並非不懂有痛苦纔有安適；要治理國家，不懂這種道理，便不能聽從聖智，而誅除亂臣。亂臣，一定是有權勢的人。有權勢的人，一定是君主最親愛的人。君主最親愛的人，就像石頭的堅和白是不能分離的。假如拿一個平民的身分，要想分離君主親愛到不能分離的人，就像拿砍掉左腿來勸告右腿聽從，這種勸告一定不能實行，而且還得送掉自己的生命啊。

外儲說右下

【釋題】本篇原為第十四卷第三十五篇。外儲說右下五字的意思，已在內儲說上解釋。

【提要】本篇主旨，在以事例說明五種主術：一、君主不可和官吏共賞罰；二、君主要確切賞罰，不必對臣民私愛；臣民要效死立功，不必對君主私忠；三、不輕信士徒的言談，要嚴禁擬似的事端；四、君主要有御術，守法責成以立功，治吏不治民；五、因事之理，有術以御，就會不勞而成功。

經一、——賞罰共，㈠則禁令不行。何以明之？明之以造父於期。㈡子罕為出彘，田恆為圃池，故宋君、簡公弒。㈢患、在王良造父之共車，田連成竅之共琴也。㈣

【今註】㈠賞罰共：是君主和大臣同操賞罰的大權。㈡明之以造父於期：造父，是周朝善於御車的，為周穆王御車有功，封於趙城，便是後來晉國趙氏的祖先。松皐圓定本韓非子纂聞，引秦策：「造父為齊王駙駕。」和本篇下文：「王良之弟子駕，云取千里，遇造父之弟子，造父之弟子曰：馬不千里。」疑造父為春秋另一善御者，和王良是同時的人。於期，就是王良，春秋時晉國人，為趙簡子御車。本篇傳一作王子於期，喻老篇作王於期，或作王子期，左傳作郵無恤。大約王良，字於期，子和于形近，誤作子期。食采於郵，亦稱郵良。無恤和於期聲近，所以又作郵無恤。㊂子罕為出彘三句：子罕，戰國時宋國的司城皇喜，字子罕。本書內儲說下：皇喜與戴驩爭權，遂殺宋君而奪其政。五蠹、二柄、說疑等篇，也都有子罕取宋的記述。皇喜是宋戴公的子孫，所以稱為戴氏。戴氏纂宋，韓詩外傳、淮南子、說苑諸書，也有這種說法。彘，音ㄓˋ，是豬的意思。出彘，是大豬突然奔出，而使馬驚懼。田恆，春秋時齊國的權臣。他的祖先陳公子完逃到齊國，改姓田氏，左傳稱為陳恆，史記則稱田常。他弒齊簡公，立平公，專齊政。田恆曾孫和立為諸侯，和子午遂代有齊國。圃池，田恆施惠齊民，就像以圃池的水飲渴馬。㊃田連成竅之共琴也：陳奇猷韓非子集釋：「琴操水仙操云：『伯牙學琴於成連先生。』成、連當即田連、成竅二人，則田連、成竅亦春秋時人也。」竅，音ㄑㄧㄠˋ。

【今譯】　經一——賞罰的權柄和大臣共同掌握，禁令便不能實行。拿什麼來證明呢？拿造父和於期的事就可以證明。造父御車，大豬突然奔出，造父便無法駕御；於期駙駕，馬經過圃池，於期便失卻控制。子罕行罰，就像大豬突然奔出；田恆施惠，就像馬經過圃池，所以宋君和齊簡公便被殺了。這種弊害的根由，在於王良和造父共同駕車，田連和成竅共同操琴啊。

經二、——治強生於法，弱亂生於阿㊀；君明於此，則正賞罰而非仁下也。爵祿生於功，誅罰生於罪；臣明於此，則盡死力而非忠君也。君通於不仁，臣通於不忠，㊁則可以王矣。昭襄知主情，而不發五苑。㊂田鮪知臣情，故教田章，㊃而公儀辭魚。㊄

【今註】㊀阿：是偏私的意思。㊁君通於不仁二句：通，是洞曉的意思。不仁，是君無私恩。不忠，是臣無私忠。㊂昭襄知主情二句：昭襄，戰國時秦國的君主，秦武王異母弟，名稷。用魏冉范雎為相，白起為將，攻破諸侯，滅東周西周，國勢強盛。在位五十六年，卒謚昭襄，史又稱昭王或襄王。主情，做君主的道理，在於正賞罰，不在行私愛。苑，君主培養草木鳥獸的地方。㊃田鮪知臣情二句：田鮪、田章，都是人名，事迹未詳。臣情，做臣下的道理，在於求立功，不在私忠於上。鮪，音ㄨㄟˇ。㊄而公儀辭魚：公儀休，戰國初期魯國人，相魯穆公，奉法循理，史記循吏傳載有他辭魚的故事。或作公孫儀，是錯誤的。

【今譯】經二——國家的治強是由於守法；衰亂是由於偏私，君主明白這種道理，就要確切賞罰，而不能對臣民私愛。臣民的爵祿是由於立功，誅罰是由於犯罪，臣民明白這種道理，就要效死立功，而不必對君主私忠。君主懂得守法而無須私愛，官吏懂得立功而不必私忠，就可以統治天下了。秦昭襄王知道做君主的道理，所以不肯發放五苑的蔬果，救濟百姓；田鮪知道做官吏的道理，所以教導兒子田章，先利君國。魯國的宰相公儀休因此也就謝絕人民獻魚了。

經三、——人主鑒於外也，㊀而外事不得不成，㊁故蘇代非齊王。㊂人主鑒於士也，㊃而居者不適不顯，㊄故潘壽言禹情。㊅人主無所覺悟。㊆方吾知之，故恐同衣族，而況借於權乎？㊇吳章知之，故說以佯，而況借於誠乎？㊈趙王惡虎目而壅。㊉明主之道，如周行人之卻衛侯也。㊁

【今註】㊀人主鑒於外也：人主，各舊本作明主者。松皐圓定本韓非子纂聞：「人，元作明，寫者誤。」依下文當作人主，者字衍，據改。鑒，本意是鏡子，引伸為拿別人的事作為法戒。外，指外國的事。㊁而外事不得不成：所舉外事不能適應內情便不能成功。得，是適應的意思。㊂故蘇代非齊王：蘇代，戰國時洛陽人，蘇秦的弟弟，也是當時有名的縱橫家。齊王，應為齊宣王，依史記田完世家及六國表則為齊湣王。㊃人主鑒於士也：士，乾道本、魏本、凌本作上，迂評本，藏本作士。王先慎韓非子集解：「上字不誤，上，謂上古也。蘇代非齊，潘壽言禹，一橫說，一豎說，兩事比勘，語極明顯。」陶小石讀韓非子札記：「案後說云：『夫人主之所以鏡照者，諸侯之士徒也。』又云：『人主之所以淺娋者，巖穴之士徒也。』則藏本不誤。」似以陶說為是。㊃而居者不適不顯：

隱居之士的言論，不適合時情便不能通顯。㈥故潘壽言禹情：潘壽，史記燕世家作鹿毛壽。禹情，指禹讓位給益的情形。㈦人主無所覺悟：是說君不悟鑒於外和鑒於士都可能墮人術中。㈧方吾知之三句：方吾，人名，事迹未詳。衣族，各舊本作衣於族。松皐圓定本韓非子纂聞：「族上元衍於字，形似而衍。」據刪。禮記坊記：「君不與同姓同車，與異姓同車不同服，示民不嫌也。」㈨吳章知之三句：吳章，人名，事迹未詳。說，讀ㄕㄨㄟˋ。佯，是假裝的意思。㈩趙王惡虎目而壅：趙王，大概是趙孝成王。惡，讀ㄨˋ，是憎惡的意思。壅，音ㄩㄥˇ，是阻蔽的意思。㈡如周行人之卻衛侯也：行人，古代的官名，掌管朝覲聘問的事情，就像現在的外交官。衛侯，據史記衛世家，衛文公名燬。

【今譯】　經三——做君主的常用外國的事情作為榜樣，可是外國的事情，不能適應國內的情形，便不會生效，所以蘇代便向燕王噲非議齊王不肯信任大臣。做君主的常用士徒的言論改進國事，可是隱士的言論不能切合當時的景況，便不會通顯，所以潘壽便談論夏禹傳位給益的故事。君主不明瞭這種道理，便會陷入別人的狡計。方吾懂得這種道理，所以他說：君主不願和人穿同樣的衣服，或和同姓的人在一起，以免引起誤會，怎能把權柄給人行使呢？吳章懂得這種道理，所以勸告君主不可假裝愛憎，以免被人利用，又怎能把真意示人呢？趙王憎惡老虎那兇惡的眼睛，卻不知除去眼睛像老虎的人，而被壅蔽。英明的君主治理國家，應該像周天子的行人，衛侯用的名號不對，便不許他入朝。

經四、——人主者、守法責成以立功者也。聞有吏雖亂而有

獨善之民，不聞有亂民而有獨治之吏，㈠故明主治吏不治民。說、在搖木之本，與引網之綱。㈡故失火之嗇夫，不可不論也。㈢故所御術者，如造父之御驚馬。㈣是以說在椎鍛平夷，榜檠矯直。㈤不然，敗在淖齒用齊戮閔王，李兌用趙餓主父也。㈥

【今註】㈠聞有吏雖亂而有獨善之民二句：聽說官吏雖然毀法亂紀，卻有保持善良的人民；沒聽說人民犯法作亂，卻能辨好政治的官吏。㈡說在搖木之本二句：宋本注：「搖木本則葉動，引網綱則萬目張，吏正則國治矣。」㈢故失火之嗇夫二句：嗇，音ㄙㄜˋ。嗇夫，古代的鄉官。論，評量賞罰。論也下，各舊本有「救火者，吏操壺走火，則一人之用也；操鞭使人，則役萬夫」二十二字。顧廣圻韓非子識誤，松皐圓定本韓非子纂聞，都以為舊注誤入正文，據刪。㈣故所御術者二句：御術，各舊本作遇術。依下文「有術而御之，無術而御之」，遇當為御字，據改。御，字或作馭。御術，就是控馭官吏的方法。御驚馬的御字，各舊本亦作遇，茲併改為御。馬字下各舊本有「牽馬推車則不能進，代御持轡持筴則馬咸騖矣」十九字。顧廣圻韓非子識誤、松皐圓定本韓非子纂聞，都以為舊注誤入正文，據刪。㈤是以說在椎鍛平夷二句：椎鍛，都是擊物的器具。平，動詞，治之使平。夷，是平的意思。榜檠，讀ㄆㄥˊ　ㄑㄧㄥˊ，都是輔正弓弩的器具。陳奇猷韓非子集釋：「平夷，謂平之使夷；矯直，謂矯之使直。」㈥敗在淖齒用齊戮閔王二句：敗，是災禍的意思。閔王，又作湣王，戰國時齊國的君主，宣王的兒子，名地。燕將樂毅率燕、秦、三晉諸國的軍隊攻打齊國，齊國大敗，閔王逃到莒城。楚國派淖齒將兵救齊，閔王用以為相，後來便被淖齒殺死。李兌，戰國時趙國的大臣。趙武靈王傳位給少子何，是為惠文王，而自稱為主父；封長子章為安陽君。不久，章起兵作亂，公子成和李兌把他打敗。章逃往沙丘宮，想靠主父庇護。公子成李兌率兵圍沙丘宮，殺公子章，主父欲出不得，便餓死在沙丘宮裏。

【今譯】　經四——做君主的要嚴守法度，責求成效，而建立功業。只聽說官吏雖然毀法亂紀，卻有保持善良的人民；沒聽說人民犯法作亂，而有辦好政治的官吏，所以英明的君主，只須把官吏治好，並不直接治理人民。這種道理就拿搖木本而萬葉動，引網綱則萬目張來說明。所以親自拿著盛水的器具救火的鄉官，是應該受責罰的。君主運用治術，就像造父駕御驚馬，不用牽馬推車，只須拉住馬轡，揚起馬鞭，馬就都向前奔走了。這種道理，就拿用椎鍛搥平器物，用榜檠矯正弓弩來說明。假如不這樣作，就會形成淖齒在齊國做官，而把齊閔王殺掉；李兌在趙國做官，而把趙主父餓死那樣的災禍呀。

經五、——因事之理，則不勞而成。故茲鄭之踞轅而歌，以上高梁也。㈠其患、在趙簡主稅，吏請輕重；㈡薄疑之言國中飽，簡主喜而府庫虛，百姓餓而姦吏富也。㈢故桓公巡民，而管

仲省腐財怨女。㈣不然，敗在延陵乘馬不能進，造父過之而為之泣也。㈤

【今註】㈠故茲鄭之踞轅而歌二句：茲鄭，人名，事迹未詳。踞，垂足坐。歌，是唱鼓勵大家出力的歌。梁，橋梁。今按：北人稱山上有路通過曰梁，梁似即嶺字的意思。論語鄉黨：「山梁雌雉。」亦應作山嶺解。㈡趙簡主稅二句：趙簡主，春秋時晉卿趙鞅，滅范氏及中行氏而掌握晉國的政權，奉邑和諸侯差不多。他的曾孫趙籍，與韓魏列為諸侯，三分晉國。卒謚簡，史稱趙簡子。稅，是派吏收稅。輕重，是稅率的高低。㈢薄疑之言國中飽三句：薄疑，人名。淮南說山訓「薄疑說衛嗣君以王術。」呂氏春秋士容論務大，也有薄疑說衛嗣君以王術的記載，有始覽務本有薄疑應衛嗣君以無重稅。本書外儲說右上有薄疑說衛嗣君，人主皆有蔡嫗。是薄疑為戰國衛嗣君時的人，上距趙簡子百餘年，簡主疑為衛嗣君或趙肅侯之誤。中飽，松皐圓定本韓非子纂聞：「中，如字。上空國帑，下竭民產，而姦吏居間致富也。」簡主卻誤解為君主富有。㈣故桓公巡民二句：桓公，春秋齊國的君主，春秋五霸的第一位。巡民，是巡視民間。管仲，春秋時潁上人，名夷吾，字仲，謚敬，又稱為管敬仲。輔佐齊桓公，富國強兵，尊王攘夷，稱霸天下。省，讀ㄒㄧㄥˇ，是明瞭的意思。腐財，是腐壞的貨財。怨女，是年長未嫁的女子。㈤敗在延陵乘馬不能進二句：延陵卓子，人名，事迹未詳。敗，各舊本作則。松皐圓定本韓非子纂聞：「敗，元作則，從上文正。」宋本注：「前礙飾，後礙錯，既不得前卻，遂旁而佚。造父見之而泣，猶賞罰失必致敗也。」由此可證則為敗字的誤寫，依纂聞校改。陶小石讀韓非子札記，以為不得進下依說當有退字，所見甚是。

【今譯】經五——按照道理作事，不用費力，就能成功。所以茲鄭拖著車子爬山坡，他只坐在車轅上唱著鼓勵大家出力的歌，走路的人便幫助他把車子拖上山坡了。不能按照道理作事，一定發生弊害，就像趙簡主派官吏收稅，官吏向他請示稅率的高低，他卻沒有嚴格的指示。薄疑說：這樣，君主的國家便會「中飽」。簡主聽了，非常高興，他的府庫卻日益空虛；百姓漸受饑餓，姦吏卻更為富有。齊桓公巡視民間，把看到的異事告訴管仲；管仲馬上領悟，這是由於府庫有很多陳腐的貨財，宮掖有很多未嫁的婦女。如果不懂這種道理，就會有延陵卓子御馬的弊病，前不得進，後不得退，馬便向旁邊奔走；善御的造父看見，悲傷的流下了眼淚。

傳一——造父御四馬，馳騾周旋，而恣欲於馬者，擅轡筴之制也。㊀然馬驚於出彘、而造父不能禁制者，非轡筴之嚴不足也，威分於出彘也。㊁王子於期為駙駕，轡筴不用，而擇欲於馬者，擅芻水之利也。㊂然馬過於圃池，而駙駕敗者，非芻水之利不足也，德分於圃池也。㊃故王良、造父、天下之善御者也，然而使王良操左革而叱咤之，使造父操右革而鞭笞之，㊄馬不能行十里，共故也。田連、成竅、天下之善鼓琴者也，㈥然而田連鼓上，成竅擫下，㈦而不能成曲，亦共故也。夫以王良、造父之巧，共轡而御，不能使馬，人主安能與其臣共權以為治？以田連、成竅之巧，共琴而不能成曲，人主又安能與其臣共勢以成功乎？

一曰：造父為齊王駙駕，渴馬服成，㈧效駕圃中，㈨渴馬見圃池，去車走池，駕敗。王子於期為趙簡主取道爭千里之表，㈩其始發也，彘伏溝中，王子於期齊轡筴而進之，㈡彘突出於溝中，馬驚駕敗。

【今註】㈠造父御四馬四句：造父，已見本篇經一注二。四馬，古人一輛車駕四匹馬，稱之為駟。馳驟，都是奔馳的意思。周旋，都是旋轉的意思。恣欲於馬，是使馬完全照自己的意思行動。這四字各舊本重，據松皐圓定本韓非子纂聞校刪。擅，握有。轡，音ㄆㄟˋ，是馬韁。筴，讀ㄘㄜˋ，馬鞭，字多作策。之，用猶以字。㈡非轡筴之嚴不足也二句：嚴，威力。威分於出彘，是轡策的威力，被突然奔出的大豬分散了。㈢王子於期為駙駕四句：王子於期，已見本篇經一注二。為駙駕，是駕馭副車。擇欲於馬者，是選取馬所喜歡的東西誘導它。芻，飼養牛馬的草。㈣然馬過於圃池四句：圃池，是果菜園裏蓄水的地方，有很多的水草。德，給馬的好處。㊄然而使王良操左革而叱咤之二句：革，孫詒讓札迻：「革、勒，古字通。說文：勒，馬頭勒銜也。」就是所謂馬絡頭，是用以繫馬轡的。叱咤，音ㄔˋ ㄓㄚˋ，是發怒呼叫的聲音。笞，音ㄔ，本為打人的竹板，這裏用作動詞，是打的意思。㊅田連成竅天下之善鼓琴者也：田連成竅，已見經一注四。這句裏的之字，各舊本無。王先慎韓非子集解：「依上文善上有之字。」據補。㊆擫：音一ㄝˋ，字或作擪，是用一指按的意思。各舊本作檝，顧廣圻韓非子識誤，以為當依文選琴賦注引作擫。據改。㊇渴馬服成：服，是習的意思。使馬忍渴，養成習慣。㊈效駕圃中：在果菜園裏試驗駕車。㊉王子於期為趙簡主取道爭千里之表：趙簡主，已見經五注二。取，借為趣，是疾行的意思。取道，在路上競馳。表，是外的意思。或謂：借為標，就是目的物。⑪齊轡策而進之：齊，猶俗言一齊，也就是並用的意思。這句話是說轡勒鞭策並用，使馬前進。

【今譯】　傳一——造父駕馭四匹馬拖的車子，奔馳旋轉，能使馬完全照自己的意思，這是由於握有轡勒和鞭策來控制它們呀。可是馬因為大豬突然奔出而驚慌，造父便不能控制，這不是轡勒和鞭策的威力不夠，是威力被突然奔出的大豬分散了。王於期駕馭副車，不用轡勒和鞭策，而拿馬最喜歡的東西誘導它，由於握有草和水的給與呀。可是馬經過果菜園裏的蓄水池附近，副車便不能控制，這不是草和水的給與不夠，是好處被蓄水池的水草分散了。王良和造父是天下最善御車的，可是使王良拿著左面的轡勒大聲呵斥，使造父拿著右面的轡勒盡力鞭策，車馬連十里的路程都走不到，這是由於共同駕馭的緣故呀。田連和成竅是天下最善彈琴的，可是使田連彈著上部的琴絃，使成竅按著下部的琴絃，便彈奏不成歌曲，這也是共同彈奏的緣故呀。以王良和造父御車的技巧，共同拿著轡勒駕車，無法控制四馬，君主怎能和大臣共掌權柄治理國家呢？以田連和成竅彈琴的技巧，共同用一張琴彈奏，不能彈成歌曲，君主怎能和大臣同操威勢建立功業呢？

另一說：造父給齊王駕馭副車，使馬忍渴，養成習慣，在果菜園裏試驗駕車，忍渴的馬看到果菜園裏的蓄水池，便丟開車子跑到池邊喝水，試驗駕車失敗。王於期給趙簡主駕車在路上奔馳，爭取遠在千里的標的，剛出發的時候，有一隻大豬臥在路旁水溝裏面，王於期轡勒鞭策一齊使用，使馬迅速前進，大豬突然從水溝裏奔出，馬因驚惶而亂跑，駕車便失敗了。

司城子罕謂宋君曰：㈠「慶賞賜與，㈡民之所喜也，君自行之；殺戮誅罰，民之所惡也，臣請當之。」㈢宋君曰：「諾。」於是出威令㈣，誅大臣，君曰：「問子罕」也。於是大臣畏之，細民㈤歸之。處期年，㈥子罕殺宋君而奪政。故子罕為出彘，以奪其君國。㈦

【今註】 ㈠司城子罕謂宋君曰：已見經一注三。㈡慶賞賜與：慶，也是賞的意思。㈢殺戮誅罰三句：誅，也是罰的意思。惡，讀ㄨˋ。當，讀第一聲，是擔任的意思。㈣威令：就是嚴厲的命令。㈣細民：

一般人民。㈥處期年：猶言居期年。處，讀第三聲。期，讀ㄐㄧ，是復至其日。期年，一周年。㈦故子罕為出彘二句：宋本注云：「罕用刑服國，是猶出彘用威懼馬。」

【今譯】司城子罕告訴宋國的君主說：「獎賞賜與，是人民所喜愛的，由君主自己施行；殺戮刑罰，是人民所憎恨的，由下臣皇喜擔當。」宋國的君主說：「好罷！」以後發布嚴厲的命令，誅罰大臣，君主便說：「去問司城子罕。」因此大臣都畏懼子罕，人民都歸向子罕。這樣過了一年，子罕便殺掉君主而取得宋國的政權。所以子罕掌握殺戮刑罰的權勢，使官吏和人民畏懼，就像突然奔出的大豬使馬驚惶，因而奪獲君主的國家。

簡公在上位，罰重而誅嚴，厚賦斂而殺戮民。田恆設慈愛，明寬厚。簡公以齊民為渴馬，不以恩加民，而田恆以仁厚為圃池也。㈠

一曰：造父為齊王駙馬，以渴服馬，百日而服成，請效駕齊王。王曰：「效駕於圃中」。造父驅車入圃，馬見圃池而走，雖造父不能禁。造父以渴服馬久矣，今馬見池，駻㈡而走，雖造父不能治。今簡公之以法禁其眾久矣，而田恆利之，是田恆傾圃池而示渴民也。㈢

一曰：王子於期為宋君為千里之逐，已駕，察手吻文㊃且發矣，驅而前之，輪中繩，引而卻之，馬掩迹；㊄拊而發之，彘逸出於竇中，馬退而卻，筴不能進前也；馬駻而走，轡不能止也。㊅一曰：司城子罕謂宋君曰：「慶賞賜予者、民之所好也，君自行之；誅罰殺戮者、民之所惡也，臣請當之。」於是戮細民而誅大臣，君曰：「與子罕議之。」居期年，民知殺生之命制於子罕也，故一國歸焉。故子罕劫宋君而奪其政，法不能禁也。故曰子罕為出彘，而田恆㊆為圃池也。今㊇令王良造父共車，人操一邊轡而入門閭，㊈駕必敗而道不至也。令田連成竅共琴，人撫一紘而揮，㊉則音必敗、曲不遂㊁矣。

【今註】㊀簡公在上位數句：簡公和田恆的事情，已見經一注三。田恆，乾道本、趙本、凌本作田成恆，茲從迂評本，下同。王先慎韓非子集解：「經無成字，成乃其謚，此作成恆複。」設慈愛，猶言施行慈愛。㊁駻：音ㄏㄢˋ，是凶悍的意思。㊂是田恆傾圃池而示渴民也：傾，是盡的意思。傾圃池，是拿圃池裏全部的水。示，顯示，給人看。㊃察手吻文：各家解釋多未洽。陳奇猷韓非子集釋：「案察即擦，文即紋，皆古今字。察手吻文者，蓋謂御者為使其兩手執轡牢固，先以口吻手，手為涎所濕潤，手有紋，故曰吻文。手既濕潤，然後兩手磨擦，故曰察手。察手吻文之法，不但執轡繩如此，農夫執鋤，匠人執斧皆如此，蓋為增加磨擦力之故也。」㊄驅而前之四句：中，讀第四聲，是合的意思。輪中繩，是車輪的運轉合於法度。馬掩迹，是引馬後退時，馬足仍踐在剛踏過的足跡，毫不錯亂。㊅拊而發之數句：拊，音ㄈㄨˇ，是擊的意思。逸，是奔的意思。竇，借為瀆，是溝的意思。㊆田進前，陳奇猷韓非子集釋，以為二字當衍其一。止，乾道本、趙本、凌本作正，茲從迂評本。㊆田恆：乾道本、趙本、凌本作田成常，迂評本作田恆，茲依經文作田恆。㊇今：乾道本無，茲從迂評本、趙本、凌本。㊈人操一邊轡而入門閭：王先慎韓非子集解：「入，當作出。」㊉人撫一絃而揮：撫，用手按著。揮，手振動，也就是彈奏。⑪遂：是完成的意思。

【今譯】　齊簡公做君主，刑罰嚴峻，重徵賦稅，濫殺人民。田恆卻施行仁愛，顯示寬厚。齊簡公使齊國的人民變成渴馬，而不施與恩惠；田恆卻用仁厚作為蓄水池呀。

另一說：造父給齊王駕馭副車，使馬練習忍渴，經過一百天，養成了忍渴的習慣，就請求為齊王試驗駕車。齊王說：「到果菜園裏試駕。」造父駕馭著車進入果菜園，馬看到園裏的蓄水池，就盡力奔向前去，造父無法控阻。造父訓練馬忍渴，已經很久，可是馬見到蓄水池，便猛烈的奔去，雖然善御的造父也不能控制。齊簡公用嚴刑峻法壓制人民已經很久，田恆卻多方給他們利益，這是田恆儘量拿蓄水池裏的水顯示給受渴的人民呀。

另一說：王於期為宋國的君主從事千里路程的競賽，車馬已經駕好，他用嘴吻過兩手，用涎液使手潤濕，然後兩手磨擦，拿起馬鞭和馬轡，準備出發。趕著馬向前試試，車輪的運轉很正常；拉著馬退後試試，馬的腳步沒錯亂，便用馬鞭擊在馬的臀部，使它趕緊奔馳。這時有一隻大豬突然從路旁水溝裏奔出，馬驚惶的退卻，用馬鞭不能使它前進；馬凶猛的奔走，用馬轡無法使它停止。

另一說：司城子罕告訴宋國的君主說：「獎賞賜與，是人民所喜愛的，由君主自己施行；刑罰殺戮，是人民所憎恨的，由下臣皇喜擔當。」以後所有殺戮人民誅罰大臣的事，君主都說：「和子罕商量。」這樣過了一年，人民知道生殺的命令都由子罕決定，全國人民便歸向子罕。子罕能夠脅制君主，奪取政權，是宋君的法術不能防阻姦逆的緣故啊。所以說子罕就像突然奔出的大豬，田恆就像果菜園裏的蓄水池呀。假如使王良和造父共同駕車，一人執掌一邊的轡勒，行出里門，走上大道，一定駕馭失敗，而不能到達目的；使田連和成竅共同彈琴，一人按著一面的琴弦，自行彈奏，一定彈奏失敗，而不能完成歌曲呀。

傳二——秦昭王有病，百姓里買牛而家為王禱。㈠公孫述㈡出見之，入賀王曰：「百姓乃皆里買牛為王禱。」㈢王使人問之，果有之。王曰：「訾之人二甲。㈣夫非令而擅禱者，是愛寡人也。夫愛寡人，寡人亦且改法而心與之相循者，㈤是法不立；法不立，亂亡之道也。不如人罰二甲，而復與為治。」㈥

一曰：秦襄王病，百姓為之禱；病愈，殺牛塞禱。㈦郎中閻遏、公孫衍㈧出見之，曰：「非社臘之時也，奚自殺牛而祠社？」㈨怪而問之，百姓曰：「人主病，為之禱；今病愈，殺牛塞禱。」閻遏、公孫衍說，㈩見王拜賀曰：「過堯舜矣。」㈡王驚曰：「何謂也？」對曰：「堯、舜其民未至為之禱也。今王病而民以牛禱，病愈殺牛塞禱，故臣竊以王為過堯舜也。」王因使人問之，何里為之，訾其里正與伍老屯二甲。閻遏、公孫衍媿不敢言。㈢居數月，王飲酒酣樂，閻遏、公孫衍謂王曰：「前時臣竊以王為過堯舜，非直敢諛也。㈢堯、舜病，且其民未至為之禱也。今王病而民以牛禱，病愈殺牛塞禱。今乃訾其里正與伍老出二甲，臣竊怪之。」王曰：「子何故不知於此！彼民之所以為我用者，非以吾愛之為我用者也，以吾勢之為我用者也。吾釋勢與民相收，若是，吾適不愛，而民因不為我用也，故遂絕愛道也。㈣」

【今註】㈠秦昭王有病二句：秦昭王，已見經二注三。百姓里買牛而家為王禱，百姓每里合資買牛，每家分一些牛肉，為昭襄王拜神祈禱。里，古時以二十五家為一里。禱，求神保祐病趕快痊癒。㈡公孫述：人名，是昭襄王侍衛的官吏。㈢百姓乃皆里買牛為王禱：乃，是竟的意思，表示意外。依上文為上應有家字。㈣訾之人二甲：訾，高亨韓非子補箋：「訾，借為貲。說文：『貲，小罰，以財自贖。』漢律：『民不繇，貲錢二十二。』是貲之本義為罰。訾之人二甲，謂罰其人出二甲也。」二甲，是兩套戰甲。㈤寡人亦且改法而心與之相循者：我也要改變法律，心裏和他們相互愛慕依順。㈥而復與為治：是藉這個機會施行法治。復與，猶言因以。㈦病愈二句：愈，病痊。或作癒，作瘉。殺牛塞禱，王先慎韓非子集解：「塞賽義同。」是報答神明賜福的意思。㈧閻遏公孫衍：都是人名，秦昭襄王侍衛的官吏。公孫衍，上文作公孫述。㈨非社臘之時也二句：社，春祭土神。臘，冬至後三戌臘祭百神。臘，是合的意思，合祭諸神。臘祭行於十二月，所以稱十二月為臘月。奚自，是為什麼。祠，動詞，是祭祀的意思。㈩說：讀ㄩㄝˋ，借為悅。㈡過堯舜矣：堯舜，就是唐堯和虞舜，都是中國上古的天子，堯禪位給舜，舜禪位給禹。儒家推崇堯舜為最偉大的聖人，帝王的極則。㈢訾其里正與伍老出二甲二句：里正和伍老都是鄉官，大約就是後世的里長和伍長。出二甲，各舊本作屯二甲。高亨韓非子補箋：「屯，當為出，形近而譌，言罰其里正伍老，使出二甲也。」據改。媿，慚媿。或從心作愧。㈢非直敢諛也：直，故意。史記留侯世家：「直墮其履橋下。」或解作實。諛，音ㄩˊ，是諂媚奉承的意思。㈣吾釋勢與民相收數句：釋，乾道本誤作適，茲從迂評本、藏本、趙本、凌本。俞樾諸子平議：「釋適聲近，又涉下句有適字，故乾道本誤為適勢。」釋，是捨棄的意思。收，是收取、收買，使和自己接近，作對自己有利的事。適不愛，是偶然不愛，也就是有時不愛。因，解作就。遂，是盡的意思。絕愛道，是斷絕和人民以愛相收的途徑。

【今譯】傳二——秦昭襄王有病，有些地方每里聚錢買隻牛，每家分一些牛肉，為昭襄王拜神祈禱。昭襄王的侍衛公孫述出宮，看到這種情形，入宮向昭襄王慶賀說：「人民竟至各里都聚錢買牛為王拜神祈禱。」昭襄王派人到各地調查，果然有這種情形。說道：「罰他們每人兩套戰甲。沒有命令就擅自為我拜神祈禱，這是對我愛慕。他們對我愛慕，我也要改變法度，和他們相互愛慕依順，這樣，法度便不能確立。法度不能確立，便是國家亂亡的根由。不如罰他們每人兩套戰甲，借這個機會厲行法治。」

另一說：秦昭襄王有病，人民都為他拜神祈禱；等到病癒以後，大家便殺牛謝神。郎中閻遏和公孫衍出宮，看到這種情形，相互的說：「這不是社祭和臘祭的時節，為什麼殺牛祭神呢？」覺得很奇怪，便向人民探詢。有人說：「君主有病，人民為他祈禱，現在君主病癒，這是神靈保祐，人民便殺牛謝神。」閻遏和公孫衍非常高興，便晉謁昭襄王慶賀說：「大王的盛德超過唐堯和虞舜了。」昭襄王驚訝的說：「你們說的是什麼意思？」閻遏公孫衍回答說：「唐堯虞舜生病，人民還沒有為他們向神靈祈禱。現在大王生病，人民向神靈祈禱；大王病癒，便殺牛謝神，所以我們以為大王的盛德超過唐堯和虞舜了。」昭襄王聽了這話，就派人調查，那些里為王祈禱，就罰里正和伍老兩套戰甲。閻遏和公孫衍覺得很慚愧，不敢再說話。過了幾個月，有一次昭襄王喝酒，非常暢快，閻遏公孫衍向他說：

「幾個月前，我們說大王的盛德超過唐堯和虞舜，絕不敢故意奉承。唐堯虞舜生病，人民還不至為他們向神靈祈禱。現在大王生病，人民卻向神靈祈禱，大王病癒，便殺牛謝神。大王反而罰那些里正和伍老兩套戰甲，我們覺得非常奇怪。」昭襄王說：「你們怎麼連這種道理都不懂！人民所以給我役使，不是因為我愛顧他們，是因為我有權勢纔給我役使啊。我放棄權勢，和人民相互收取，這樣，我偶然不愛顧他們，他們就不願給我役使，所以治理人民，要把慈愛的途徑全部斷絕呀。」

秦大饑，應侯請曰：「五苑之草著蔬菜橡果棗栗足以活民，請發之。」㊀昭襄王曰：「吾秦法使民有功而受賞，有罪而受誅。今發五苑之蔬果者，使民有功與無功俱賞也。夫使民有功與無功俱賞者，此亂之道也。夫發五苑而亂，不如棄棗蔬而治。」一曰：今發五苑之蓏蔬棗栗足以活民，㊁是使民有功與無功爭取也。夫生而亂，不如死而治，大夫其釋之。㊂

【今註】㊀應侯請曰三句：應侯，就是范睢，戰國時魏國人，在魏國因事被笞逐，改姓名為張祿，秘密進入秦國，以遠交近攻的計策說昭襄王，做了秦國的宰相，封為應侯。草著，宋本注：「謂草木著地而生也。」俞樾諸子平議，以為著字衍文。王先慎韓非子集解並以藝文類聚太平御覽事類賦初學記引文作證，刪著字及橡下果字。陳奇猷韓非子集釋：「舊注固非，俞說亦謬。此文草著一類，蔬菜一類，橡果一類，棗栗一類，若刪著字則文句不倫，著，疑著字形近之誤。說文：『著，蒿類。』蓋大饑之歲，草著亦足為食料以充飢也。類書臆改，不可引據。」今按：著也許是薯或藷形近的誤寫，本為野生，後經栽培供食用。橡，樹名，果實可供食用。㊁今發五苑之蓏蔬棗栗足以活民：今，各舊本作令。松皇圓定本韓非子纂聞：「今，作令誤。」依上文當作今，據改。蓏，音ㄌㄨㄛˇ，在樹叫果，在地叫蓏。㊂大夫其釋之：其，命令副詞，解作應當或必須。釋，放棄。

【今譯】　秦國發生嚴重饑荒，應侯向秦王說：「五處園囿裏的草薯、蔬菜、橡實、棗栗等可以食用的東西，請求發給貧苦的人民，以救濟他們的生命。」昭襄王說：「我們秦國的法度，使人民有功的受賞，有罪的受罰。假如把五處園囿的蔬果發給貧民的話，是使人民有功和無功都能獲得賞賜。使人民有功和無功都能獲得賞賜，這是國家動亂的緣由。與其把五處園囿裏可以食用的東西發給貧民，而使國家動亂，不如丟掉那東西而使國家平治。」

另一說：昭襄王回答應侯：「假若把五處園囿裏的瓜蔬棗栗等發給貧民，以救濟他們的生命，這是人民有功和無功都能爭取國王的賜與。與其讓部分人民生存而使國家動亂，不如讓他們死去而使國家平治，大夫務必放棄這種意見，不要再說了。」

田鮪教其子田章曰：㊀「欲利而身，先利而君；欲富而家，先富而國。」㊁

一曰：田鮪教其子田章曰：「主賣官爵，臣賣智力。㊂故曰自恃無恃人。㊃」

【今註】㊀田鮪教其子田章曰：已見經二注四。㊁欲利其身四句：這裏四個而字，都是人稱代名詞，作你解釋。㊂主賣官爵二句：官吏拿智慧和力量換取君主的官爵，就像交易買賣一樣。本書難一篇：「臣盡死力，以與君市；君垂爵祿，以與臣市。」就是這種意思。㊃故曰自恃無恃人：王先慎韓非子集解：「各舊本無曰字，據御覽引補。」今按：無曰字亦可。

【今譯】田鮪教導他的兒子田章說：「要想謀取自身的利益，須先謀取君主的利益；要想謀取家庭的豐足，須先謀取國家的豐足。」

另一說：田鮪教他的兒子田章說：「君主出售官爵，官吏出售智力。所以要靠自己立功獲得官爵，不必企望君的恩賜。」

公儀休相魯，㊀而嗜魚，一國盡爭買魚而獻之，公儀子不受。其弟諫曰：㊁「夫子㊂嗜魚而不受者，何也？」對曰：「夫唯嗜魚，故不受也。夫即㊃受魚，必有下人之色；㊄有下人之色，則枉於法；枉於法，則免於相。免於相，此不必能致我魚，㊅我又

不能自給魚。即無受魚，而不免於相。雖嗜魚，我能長自給魚。」此明夫恃人不如自恃也；明於人之為己者，不如己之自為也。㈦

【今註】㈠公儀休相魯：已見經二注五。㈡其弟諫曰：弟，王先愼韓非子集解：「韓詩外傳與此同，淮南子作弟子誤。」今按：史記循吏列傳作客。㈢夫子：夫，發語詞。子，代名詞。㈣夫即：都是假若的意思。㈤必有下人之色：下人，對人自覺卑下，遷就人。色，情態。㈥此不必能致我魚：致我魚，就是送給我魚。㈦此明夫恃人不如自恃也三句：夫，用猶於字。為，都讀第四聲，是幫助的意思。

【今譯】公儀休做了魯國的宰相，非常喜好吃魚，全國的人搶先買魚奉獻給他，公儀休都謝絕了。他的弟弟勸諫說：「您喜好吃魚，卻不肯接受獻魚，是什麼道理呢？」他回答說：「正因為我喜好吃魚，纔不接受別人獻魚呀。假若接受別人獻魚，一定會有遷就別人的意態；有遷就別人的意態，就是損害法度；損害法度，就要喪失相位。喪失相位，別人一定不再獻魚給我，我沒有宰相的俸祿，又不能天天自己買魚。假如不接受別人獻魚，就不至喪失相位，我雖然喜好吃魚，可以拿宰相的俸祿天天自己買魚。」由此可知，公儀休明白靠別人不如靠自己，明白人助不如自助的道理呀。

傳三——子之相燕，貴而主斷。蘇代為齊使燕，燕王問之曰：「齊王亦何如主也？」㈠對曰：「必不霸矣。」燕王曰：「何也？」對曰：「昔桓公之霸也，內事屬鮑叔，外事屬管仲。桓公被髮而御婦人，日遊於市。㈡今齊王不信其大臣。」於是燕王因益大信子之。子之聞之，使人遺蘇代金百鎰，而聽其所使之。㈢

一曰：蘇代為秦使燕，見無益子之，則必不得事而還，貢賜又不出，於是見燕王乃譽齊王。㈣燕王曰：「齊王何若是之賢也！則將必王乎？」蘇代曰：「救亡不暇，安得王哉？」燕王曰：「何也？」曰：「其任所愛不均。」㈤燕王曰：「其亡何也？」曰：「昔者、齊桓公愛管仲，置以為仲父，㈥內事理焉，外事斷焉，舉國而歸之。故一匡天下，九合諸侯。㈦今齊任所愛不均，是以知其亡也。」燕王曰：「今吾任子之，天下未之聞也？」㈧於是明日張朝而聽子之。㈨

【今註】㈠子之相燕數句：子之，是戰國時燕王噲的宰相，掌握燕國的大權，利用蘇代和潘壽，勸燕王噲讓國給自己，燕國大亂。齊人伐燕，燕王噲死，子之被醢。燕人共立太子平，就是燕昭王。主斷，負責決定國家大事。蘇代、齊王，都已見經三注三。燕王，燕字各舊本不重。依文義應重，戰國策燕策正作燕王，據改。㈡昔桓公之霸也數句：桓公，春秋時齊國的君主，襄公的弟弟，名小白。襄公無道，由鮑叔牙輔佐，出奔莒國。襄公被弒，回國即位，鮑叔牙推薦管仲為相，富國強兵，成為春秋五霸的第一位。屬，付託。鮑叔，就是鮑叔牙，春秋時齊國人，齊桓公時為大夫。管仲，春秋時潁上人，名夷吾，字仲，謚敬，所以也稱敬仲。輔佐齊桓公，稱霸天下。被，讀ㄆㄧ，通披。披髮，是不束髮戴冠，極言其放浪。御，是進奉於君主。獨斷：「凡衣服加於身，飲食入於口，妃妾接於寢，皆曰御。」市，在宮中設置的市肆。本書難二篇說：「齊桓公宮中二市，婦閭二百，被髮而御婦人。」戰國策東周策說：「宮中七市，女閭七百。」㈢使人遺蘇代金百鎰二句：遺，讀ㄨㄟˋ，是贈送的意思。鎰，音一ˋ，古代以二十兩或二十四兩為鎰。而聽其所使之，戰國策燕策無之字。聽，讀第四聲，是任憑的意思。㈣蘇代為秦使燕數句：陳奇猷韓非子集釋：「秦，仍當作齊。蘇代終身未嘗入秦，當無為秦使燕之事。且下文以齊言，而不以秦言，亦為自齊來燕之證。」見，解作知道。益，使他獲益，也就是幫助。得事，是事有成就。貢賜，貢也是賜的意思，見爾雅釋詁。孔子弟子端木賜，字子貢，可為證明。㈤其任所愛不均：陳奇猷韓非子集釋：「均，借為鈞。鈞，重也。」㈥置以為仲父：置，是立的意思。仲父，齊桓公尊稱管仲為仲父，仲，是字；父，是尊敬的稱呼。㈦故一匡天下二句：一，助詞。匡，糾正。九，是許多的意思。這兩句的意思，是使動亂的天下，走上正道，多次召集諸侯會盟。㈧天下未之聞也：未之聞，就是未聞之。上面有否定副詞，賓語應倒在動詞的上面。也，語末助詞，表反詰。用猶邪、耶。㊈於是明日張朝而聽子之：朝，讀ㄔㄠˊ，古時君主辦事的地方。張朝，安排朝會。聽子之，是使子之裁決國事。聽，讀第四聲。

【今譯】　傳三——子之做燕國的宰相，地位崇高，並且負責決定國家大事。蘇代為齊國出使燕國，燕王噲問他說：「齊王是怎樣的君主呀？」蘇代回答說：「一定不能稱霸天下。」燕王噲說：「為什麼？」蘇代回答說：「從前齊桓公稱霸天下，對內的事交給鮑叔，對外的事交給管仲。桓公卻披散著頭髮和婦女廝混，天天在宮裏的市肆作樂。現在的齊王卻不像桓公那樣信任他的大臣。」因此燕王噲就更加信任子之。子之聽到這件事，便派人送給蘇代黃金百鎰，任憑蘇代怎樣使用。

另一說：蘇代為齊國出使燕國，知道不幫助子之，一定毫無成就回齊國，自己也得不到賞賜，因此謁見燕王時便極力稱贊齊王。燕王說：「齊王怎麼這樣好呀！一定會統治天下嗎？」蘇代說：「齊王挽救自身的危亡都不易，怎麼能統治天下呢？」燕王說：「這是什麼道理呢？」蘇代說：「他不能絕對信任所喜愛的人。」燕王說：「你說齊國要危亡又是什麼緣故呢？」蘇代說：「從前齊桓公喜愛管仲，尊崇他為仲父，對內的事由他處理，對外的事由他決定，把整個國家全交付給他。所以能多次召集諸侯會盟，使動亂的天下走向正道。現在齊王不能絕對信任所喜愛的人，因此，我知道齊國就要危亡了。」燕王說：「現在我很信任子之，難道天下的人們沒聽到說嗎？」因此第二天便安排朝會，由子之裁決國家大事。

潘壽㈠謂燕王曰：「王不如以國讓子之。人所以謂堯賢者，以其讓天下於許由㈡，許由必不受也，則是堯有讓許由之名，而實不失天下也。今王以國讓子之，子之必不受也，則是王有讓子之之名，而與堯同行也。㈢」於是燕王因舉國而屬子之，子之大重。

一曰：潘壽、隱者，燕使人聘之。潘壽見燕王曰：「臣恐子之之如益也！」王曰：「何益哉？」㈣對曰：「古者、禹死，將傳天下於益，啟之人因相與攻益而立啟。今王信愛子之，將傳國子之，太子之人盡懷印，為子之之人無一人在朝廷者。㈤王不幸棄羣臣，㈥則子之亦益也。」王因收吏璽，自三百石以上皆效之子之，㈦子之大重。夫人主之所以鏡照者，諸侯之士徒也；今諸侯之士徒，皆私門之黨也。人主之所以自淺娋者，巖穴之士徒也；今巖穴之士徒，皆私門之舍人也。㈧是何也？奪褫之資，㈨在子之也。

一曰：燕王欲傳國於子之也，問之潘壽。對曰：「禹愛益而任天下於益，已而以啟人為吏，及老，而以啟為不足任天下，故傳天下於益，而勢重盡在於啟也。⑩已而啟與友黨攻益，而奪之天下，㈡是禹名傳天下於益，而實令啟自取之也。此禹之不及堯舜明矣。今王欲傳之子之，而吏無非太子之人者也，是名傳之，而實令太子自取之也。」燕王乃收璽，自三百石以上皆效之子之，子之遂重。㈢

【今註】㈠ 潘壽：已見經三注六。㈡ 許由：上古的高士，唐堯讓天下給他，不肯接受，逃到箕山隱遯。㈢ 而與堯同行也：行，讀第四聲，是德行的意思。㈣ 潘壽見燕王曰四句：益，虞夏時代管山澤的官吏。夏禹臨死，讓位給益；諸侯不擁護益，而擁護禹的兒子啟，便造成傳子的局面。何益，燕王不知益是人名，所以問何益，什麼利益？㈤ 太子之人盡懷印二句：懷印，是身上帶著印，指做官。為，讀第二聲，用猶而字。或讀第四聲，解作幫助。㈥ 棄羣臣：指君主崩逝。棄，離去。㈦ 王因收吏璽二句：璽，音ㄒㄧˇ，是印的意思。秦以前諸侯卿大夫用的印都可稱璽，秦以後天子用的印纔稱為璽。石，讀ㄉㄢˋ，十斗為石。古代官職的高低，以稟食的多寡做標準。三百石以上，指歲祿在三百石以上的官吏。效，是獻的意思。㈧ 人主之所以自淺娋者四句：淺娋，迂評本、趙本、凌本作羽翼。今按：娋，音ㄕㄠ，小侵也。見說文。淺娋，似即漸漸影響改變的意思。羽翼，疑係臆改。巖穴，山洞。嚴穴之士徒，指山林裏的隱士們。舍人，是門客的意思。㈨奪褫之資：指罷黜的權柄。褫，音ㄔˇ，本意為奪去衣服。㈩而勢重盡在於啟也：勢重，猶言權勢。㈡而奪之天下：之，用猶其字。㈢子之遂重：子之，乾道本、趙本、凌本不重，茲從張本、迂評本。

【今譯】　潘壽告訴燕王說：「大王最好把國家讓給子之。人們為什麼稱贊唐堯偉大？就是因為他能把天下讓給許由，其實許由絕對不肯接受，這樣，唐堯就獲得讓天下的美名，實際卻沒有喪失天下。假如大王把燕國讓給子之，子之也一定不肯接受，這樣，大王就有讓國的美名，人格的偉大，就和唐堯差不多了。」因此，燕王就把所有國家大事都交付給子之，子之的權勢就很大了。

另一說：潘壽是一位隱士，燕王派人把他請來。潘壽晉見燕王說：「我恐怕子之會像益那樣？」燕王說：「你說什麼利益呀？」潘壽回答說：「古代夏禹死時，把天下讓給一位大臣名叫益，夏禹的兒子啟的黨徒就一起攻打益，而擁立啟做天子。現在大王的確喜愛子之，打算把燕國傳給他，可是太子的黨徒都在朝中做官，子之的黨徒卻都不在朝中。有一天大王離棄羣臣，子之的命運也會和益一樣啊。」因此，燕王便把歲祿三百石以上的官吏的印信收回，全部交給子之，子之的權勢就很大了。君主拿外國的事情作為法戒，是靠各國的遊士；現在各國的遊士，都變成私家的黨與。君主拿別人的意見影響自己，是靠隱居的賢士；現在隱居的賢士，都變成私家的門客。這是什麼緣故呢？罷黜官吏的權柄操在子之手中啊。

另一說：燕王打算把國家傳給子之，向潘壽詢問。潘壽回答說：「從前夏禹很喜愛益，把天下大事都交給益處理，卻任用他的兒子啟的黨徒做官吏。等到夏禹年老，覺得啟不能擔當天下大事，便把天下傳給益，可是天下的權勢都掌握在啟的手中。後來啟便和自己的黨徒攻打益，而奪取天下。這樣，夏禹名義是傳天下給益，實際是使啟自行奪取，夏禹的人格不及堯舜偉大，是非常顯明的。現在大王要把燕國傳給子之，可是朝中官吏都是太子的黨徒，這也是名義傳國給子之，實際使太子自行奪取呀。」於是燕王把歲祿三百石以上的官吏的印信收回，全部交給子之，子之的權勢就很大了。

方吾子曰：「吾聞之，古禮、行不與同服者同車，居不與同族者共家，㊀而況君人者乃借其權而外其勢㊁乎！」

【今註】㊀方吾子曰四句：已見經三注八。各舊本無居字。顧廣圻韓非子識誤：「不上當有居字。」據補。㊁外其勢：外，是遺棄的意思。

【今譯】方吾子說：「我聽說：古代的禮制，君主出行不和穿同樣衣服的人同坐一輛車子，居住不和同族的人住在一處房子，惟恐人民誤會別人具有自己的威勢，又何況把君主的權柄借給官吏，把君主的威勢輕易拋棄呢？」

吳章謂韓宣王曰：㊀「人主不可佯愛人，一日不可復憎；不可以佯憎人，一日不可復愛也。㊁故佯愛佯憎之徵見，則諛者因資

而毀譽之，雖有明主不能復收，而況於以誠借人也！」㊂

一曰：吳章曰：「人主不佯愛憎人；佯愛人，不得復憎也；佯憎人，不得復愛也。」㊃

【今註】 ㊀吳章謂韓宣王曰：吳章，已見經三注九。韓宣王，史記韓世家作宣惠王，韓昭侯的兒子，在位二十一年。㊁人主不可佯愛人四句：佯，字本作陽，是外表的意思。外表這樣，心裏並不這樣，俗謂假裝。一日，解作異日。㊂故佯憎佯愛之徵見四句：徵，徵象。見，讀ㄒㄧㄢˋ，顯露。資，是藉的意思。收，收藏，收回。㊃一曰數句：各舊本在前節「奪褫之資，在子之也」的後面，一曰二字作故。茲依松皋圓定本韓非子纂聞改故字為一曰二字，移置在本節的後面。

【今譯】 吳章告訴韓宣王說：「做君主的不可以假裝喜愛人，假裝喜愛某人，來日便不能再憎恨他；不可以假裝憎恨人，假裝憎恨某人，來日便不能再喜愛他。所以假裝喜愛或憎恨的徵象顯露出來，諂諛的人就利用這種徵象稱贊他或毀謗他，即便英明的君主，也不能把假裝的喜愛或憎恨收回，又何況把真意示人呢？」

另一說：吳章說：「做君主的不可以假裝喜愛或憎惡人：假裝喜愛某人，便不能再憎恨他；假裝憎恨某人，便不能再喜愛他。」

趙王遊於圃中，左右以兔與虎而輟之，虎盻然環其眼。㊀王曰：「可惡哉，虎目也！」左右曰：「平陽君之目可惡過此，㊁見此未有害也，見平陽君之目如此者，則必死矣。」其明日、平陽君聞之，使人殺言者，而王不誅也。

【今註】㊀左右以兔與虎而輟之二句：王先慎韓非子集解依太平御覽九百七、事類賦二十三引文，輟下增之虎二字，虎字屬下讀。據增。以兔與虎而輟之，是拿兔餵虎，又停止不與，故意戲弄老虎，給趙王看。盻，音ㄒㄧˋ，是恨視的意思。環，楊樹達積微居讀書記：環與圜通。環其眼，就是瞪眼。㊁平陽君之目可惡過此：平陽君，太田方韓非子翼毳：「史記趙世家：惠文王二十七年，封趙豹為平陽君。注：惠文王母弟。按此趙王，即惠文王之子孝成王也。平陽君者，孝成王之叔父也。」惡，讀ㄨˋ。

【今譯】趙孝成王到苑囿裏遊玩，侍衛拿著兔子餵老虎，卻遲遲不肯給它，老虎怒恨的瞪著眼。趙王說：「老虎眼睛的樣子太可恨了！」侍衛說：「平陽君的眼睛比這更可恨。看到老虎的眼睛這樣，還不至受害；看到平陽君的眼睛這樣，就會被殺了。」第二天，平陽君聽到這件事，便派人殺死說這話的侍衛，趙王卻沒有處罰他。

衛君入朝於周，㈠周行人問其號。㈡對曰：「衛侯辟疆。」周行人卻之，曰：「諸侯不得與天子同號。」衛君乃自更曰「衛侯燬」，而後內之。㈢仲尼聞之曰：「遠哉、禁偪！虛名不以借人，況實事乎？」㈣

【今註】㈠衛君入朝於周：據史記衛世家，衛文公名燬，戴公的弟弟。這裏所說的衛君，應該是衛文公。朝，讀ㄔㄠˊ，是謁見的意思。諸侯謁見天子，官吏謁見君主，都叫做朝。㈡周行人問其號：行人，官名，掌理朝覲聘問的事情。號，名號。㈢對曰數句：王先慎韓非子集解：「諸侯辟疆，諸侯燬，兩諸字皆涉諸侯不得與天子同號句而誤，諸當作衛。」史記衛世家集解引賈誼書，正作衛侯，據改，辟，讀ㄆㄧˋ，是開闢的意思。疆，田界，國界。封建時代，諸侯國界，乃天子所封，立封（聚土以為標識）於疆為界，諸侯不應自行開闢，所以說諸侯不得與天子同號。更，讀第一聲，是改變。內，讀ㄋㄚˋ，是使他進入，後多用納。㈣仲尼聞之曰四句：仲尼，是孔子的字。偪，陳奇猷韓非子集釋：「偪，借為匹。禁偪，猶言禁止匹擬。」虛名，衛君名辟疆，實不應辟疆，所以說是虛名。

【今譯】衛君前往謁見周天子，周行人詢問他的名號。衛君回答說：「衛侯辟疆。」周行人拒絕他謁見說：「諸侯不能使用天子的稱謂。」衛君就自行改變說：「衛侯燬」，周行人纔讓他進入謁見。孔仲尼聽到這件事說：「周行人防禁僭擬太深遠了！虛名都不給人借用，更不要說實權了。」

傳四——搖木者、一一攝其葉，㈠則勞而不偏；左右拊其本，㈡而葉偏搖矣。臨淵而搖木，鳥驚而高，魚恐而下。㈢善張網者、引其綱。若一一攝萬目而後得，則是勞而難；引其綱，而魚已囊矣。㈣故吏者、民之本綱也，故聖人治吏不治民。㈤

【今註】㈠一一攝其葉：攝，牽引。㈡左右拊其本：拊，擊動。廣雅釋木：「本，幹也。」㈢臨淵而搖木三句：臨淵，靠近深淵。高，高飛。下，深入。這兩句大概是說搖木的作用很大。㈣善張網者引其綱數句：張網，捕魚時使網張開。綱，是繫網的大繩。目，用細繩織成的很多網孔。得，是能達張網捕魚的目的。若，乾道本作不。王先慎韓非子集解，據太平御覽八百三十四引，重「一一攝萬目而後得」八字。茲從迂評本、趙本、凌本。囊，動詞，是魚入網內。㈤故吏者民之本綱也二句：本綱下，各舊本有者字，茲依淵鑑類函引刪。治吏，宋本注：「治吏猶引綱，理人猶張目。」太田方韓非子翼毳：「後漢書百官志注：武王問太公，願聞治亂之要。太公曰，其本在吏。」

【今譯】傳四——搖動樹木，若一片一片牽引樹葉，費很多力氣，也不能使樹葉普偏搖動；若從左右兩面掊擊樹幹，樹葉就全部搖動了。走近淵水，搖動岸上的樹木，鳥兒驚恐便飛向空中，魚兒懼怕便沉入水底。會張網捕魚的，只須牽動繫網的大繩。假若一個一個牽引網目，纔能使網張開，那是多麼艱難而吃力；牽引繫網的大繩，自然就網目盡張，魚兒入網了。官吏對於人民，就像樹葉的本，魚網的綱，所以聖主只治理官吏，而不直接治理人民。

救火者、令吏挈壺甕而走火，㈠則一人之用也；操鞭箠指麾而趣使人，則制萬夫。㈡是以聖人不親細民，明主不躬小事。㈢

【今註】㈠令吏挈壺甕而走火：令吏，都是官吏的意思。挈，音ㄑ一ㄝˋ，是提的意思。壺甕，都是盛水的器具。甕，音ㄨㄥˋ。走，釋名：「徐行曰步，疾行曰趨，疾趨曰走。」走火，是趕往救火。㈡操鞭箠指麾而趣使人二句：操，拿著。鞭箠，都是打馬的用具，也用以打人。箠，音ㄔㄨㄟˊ。趣，讀ㄘㄨˋ，是急促的意思。制，是控馭的意思。㈢是以聖人不親細民二句：親、躬，都是親自辦理的意思。細民，是普通人民。

【今譯】救火的時候，官吏拿著壺甕等盛器，趕忙取水灌救，這不過是一個人的作用。拿著鞭箠等刑具，催促民眾救火，就可以指揮上萬的人。所以聖王不親身治理百姓，明主不躬自處理小事。

造父方耨，見有子父乘車過者，㈠馬驚而不行，其子下車牽馬，父下推車，請造父助之推車。㈡造父因收器，綴而寄載之，援其子之乘，乃始檢轡持筴，未之用也，而馬咸騖矣。㈢使造父而不能御，雖盡力勞身助之推車，馬猶不肯行也。今使身佚、且寄載，有德於人者，有術而御之也。㈣故國者、君之車也，勢者、君之馬也。無術以御之，身雖勞，猶不免亂。有術以御之，身處佚樂之地，又致帝王之功也。

【今註】㈠造父方耨二句：造父，已見經一注二。耨，音ㄋㄡˋ，鋤田。見，乾道本、迂評本、藏本作得；趙本、凌本作時。俞樾諸子平議：「得，當作見，因古得字作㝵，故得與見往往相混。」據改。㈡父下推車二句：父下，各舊本作父子，據松皐圓定本韓非子纂聞改子為下。助之，各舊本作助我。太田方韓非子翼毳：「淵鑑類函御條，我作之。」據改。㈢造父因收器數句：器，是耨具。綴，各舊本作輟，輟是停止的意思。陶小石讀韓非子札記：「輟，當作叕。說文：『叕，綴聯也。』綴而寄載之，謂綴聯其田器而載之車上也。下文云：『今使身佚且寄載』，寄載別為一事，明指田器言也。」輟綴因形近聲同而誤，據改。寄載，託人載運。援，攀引而上。乘，讀ㄕㄥˋ，車子。檢，約束。檢轡，是用轡勒約束馬。筴，同策，是馬箠的意思。咸騖，乾道本、藏本作轡騖，趙本、凌本、迂評本作轡騖。按經中原有『執轡持筴則馬咸騖矣』句，是注文誤入正文的，這句注文，大概是由本節取出，所以太田方韓非子翼毳、松皐圓定本韓非子纂聞、陶小石讀韓非子札記，都認為應依這句注文校正。據改。咸騖，是四馬俱進。㈣今使身佚且寄載三句：佚，通逸，是安逸的意思。身佚，指不必推車。寄載，指寄載耨器。有德於人，指代御有功於乘車的父子。

【今譯】　造父正在耘田，看見父子二人駕著車子從附近經過，馬因驚恐不肯前進，兒子便下來牽馬，父親便下來推車，並懇求造父幫助推車。造父便收拾農具，把它捆好，放到車上，扳上他們的車子，就拉起馬韁，舉起馬鞭，還沒真正使用，駕車的馬便一齊迅速的奔走。假使造父不善駕車，即便用盡力量辛辛苦苦的幫助他們推車，馬還是不肯奔走的。現在造父身體安逸，農具給車子載運，又對父子二人有恩惠，就是因為有駕車的法術啊。國家好比君主的車子，權勢好比君主的馬匹。沒有法術駕馭，自身雖然辛勞，國家還是要混亂的。有法術駕馭，不僅自身生活在安樂的環境當中，又能獲致統治天下的功業啊。

椎鍛者、所以平不夷也，榜檠者、所以矯不直也。聖人之為法也，所以平不夷，矯不直也。㊀

【今註】㊀椎鍛、平夷、榜檠、矯直：均已見經四注五。

【今譯】　椎鍛，都是擊物的工具，用以擣平不平的東西；榜檠，都是輔正弓弩的工具，用以矯正不直的東西。聖人創制法度，就是用以擣平不平的事物，矯正不直的行為呀。

淖齒之用齊也，擢閔王之筋；李兌之用趙也，餓殺主父。㊀此二君者、皆不能用其椎鍛榜檠，故身死為戮，㊁而為天下笑。

一曰：入齊，則獨聞淖齒，而不聞齊王；入趙，則獨聞李兌，而不聞趙王。故曰：人主者不操術，則威勢輕，而臣擅名。㊂一曰：武靈王使惠文王蒞政，李兌為相，武靈王不以身躬親殺生之柄，故劫於李兌。㊃

【今註】㊀淖齒之用齊也四句：已見經四注六。擢，音ㄓㄨㄛˊ，是引抽的意思。筋，肌肉著骨處的膠質。擢筋，意在使他的骨肉分離。㊁故身死為戮：戮，是辱的意思。㊂而臣擅名：擅，是據有的意思。㊃武靈王使惠文王蒞政數句：武靈王，戰國趙國的君主，趙肅侯的兒子，名雍。在位時，胡服騎射，國勢強盛，疆土大拓。後傳位於少子何，是為惠文王。餘參看經五注六。蒞，音ㄌㄧˋ，施之於事。字又作涖、莅。武靈王上，各舊本有田嬰相齊一節，和本節意旨，毫無關聯，依松皐圓定本韓非子纂聞移於外儲說左上魏昭王欲與官事節後。

【今譯】淖齒在齊國被重用，把齊閔王的筋抽出；李兌在趙國被重用，把趙主父餓死。這兩位國君，都是不能應用他們的椎鍛，以擣平不平的事物；應用他們的榜檠，以矯正不直的行為，所以生命被殺死，人格受玷辱，而被天下後世的人所嗤笑。

另一說：進入齊國，只聽到人講說淖齒，卻聽不到人講說齊王；進入趙國，只聽到人講說李兌，卻聽不到人講說趙王。所以說：君主若不應用治術，威勢就會變輕，大臣便要專享盛名了。

另一說：趙武靈王讓位，使惠文王主持國政，李兌做宰相。武靈王不再親身掌握生殺的權柄，所以被李兌劫持以至餓死了。

傳五——茲鄭子引輦上高梁，而不能支。茲鄭踞轅而歌，前者止，後者趨，輦乃上。㊀使茲鄭無術以致人，則身雖絕力至死，㊁輦猶不上也。今身不至勞苦，而輦以上者，有術以致人之故也。

【今註】㊀茲鄭子引輦上高梁數句：已見經五注一。輦，音ㄋㄧㄢˇ，用人力拖的車子。支，是勝任的意思。前者止，是走在前面的停下來幫助拖車。後者趨，是走在後面的緊趕幾步幫助推車。㊁絕力至死：絕力，猶言盡力、極力。

【今譯】傳五——茲鄭子拖著車子要爬上很高的山坡，可是靠他自己的力氣是絕不可能的。於是坐在車轅上唱起鼓勵大家用力的歌，走在前面的，便停下來幫助拖車，走在後面的，便緊趕幾步幫助推車，他的車子很快便被拖上山坡。假使茲鄭沒有方法招致眾人，自己即便用盡力氣以至累死，車子還是不能拖上山坡。現在他自己並沒勞苦，車子便拖上山坡，這就是有方法招致眾人的緣故啊。

趙簡主出稅者，吏請輕重。㊀簡主曰：「勿輕勿重，重則利入

於上，若輕則利歸於民，吏無私利而正矣。」㊁薄疑謂趙簡主曰：「君之國中飽。」簡主欣然而喜，曰：「何如焉。」對曰：「府庫空虛於上，百姓貧餓於下，然而姦吏富矣。」㊂

【今註】㊀趙簡主出稅者二句：已見經五注二。㊁吏無私而正矣：正，是善、適當的意思。㊂薄疑謂趙簡主曰數句：已見經五注三。

【今譯】趙簡主派屬吏出去收稅，屬吏向他請示稅率的高低。簡主說：「不要過低，也不要過高，過高財利就集中到君主，過低財利就分散於人民，只要中間官吏沒有私弊就好了。」薄疑告訴趙簡主說：「君主的國家是『中飽』的。」簡主聽了，非常高興的問：「怎樣『中飽』呢？」薄疑回答說：「上面君主的府庫空虛，下面百姓貧窮饑餓，可是姦邪的官吏卻日益富有了。」

齊桓公微服以巡民家，人有年老而自養者，桓公問其故。對曰：「臣有子三人，家貧無以妻之，傭未及反。」㊀桓公歸，以告管仲。管仲曰：「畜積有腐棄之財，則人飢餓；宮中有怨女，則民無妻。」㊁桓公曰：「善。」乃論宮中有婦人而嫁之，下令於民曰：「丈夫二十而室，婦人十五而嫁。」㊂一曰：桓公微服而行於民間，有鹿門稷者行年七十而無妻。㊃桓公問管仲曰：「有民老而無妻者乎？」管仲曰：「有鹿門稷者行年七十矣，而無妻。」桓公曰：「何以令之有妻？」管仲曰：「臣聞之，上有積財，則民必匱乏㊄於下；宮中有怨女，則有老而無妻者。」桓公曰：「善。」令於宮中，女子未嘗御，出嫁之。乃令男子年二十而室，女年十五而嫁，則內無怨女，外無曠夫。㊅

【今註】㊀齊桓公微服以巡民家數句：齊桓公，已見經五注四。微服，改換常服，使人認不出來。自養，就是自己供養自己，不靠兒子供養。妻，讀第四聲，用作動詞，是為娶妻的意思。傭，受僱工作。㊁管仲曰數句：已見經五注四。㊂桓公曰善數句：論，是考察的意思。婦人，依下節婦人下當有未嘗御三字。御，指妃妾接於寢。室，動詞，是娶妻的意思。㊃有鹿門稷者行年七十而無妻：鹿門稷，人名，事迹未詳。行年，是經歷的年歲。㊄匱乏：匱，音ㄎㄨㄟˋ，也是空乏的意思。㊅曠夫：男子壯而無妻的。

【今譯】齊桓公改換普通服裝巡視民家，看到一位老人自己工作來維持生活，就問他這是什麼緣故。

老人回答說：「我有三個兒子，因為家裏貧窮，沒法為他們娶妻，被僱給人作苦工，還沒回來。」桓公回到朝中，把這件事告訴管仲。管仲說：「府庫有很多腐棄的貨財，人民就會挨餓；宮中有很多未嫁的婦女，人民就會無妻。」桓公說：「你的意見太好了！」於是考察宮中的婦女，沒有接近過君主，都給她們嫁人；並下令給人民：「男子二十歲就要娶妻，女子十五歲就要嫁人。」另一說：齊桓公改換普通服裝到民間巡視，看到有一個名叫鹿門稷的，已經七十歲還沒娶妻。回來向管仲詢問：「人民有到老年還沒娶妻的嗎？」管仲回答說：「有一個名叫鹿門稷的，七十歲還沒娶妻。」桓公說：「怎樣能使他們有妻？」管仲回答說：「我聽說，君主有積蓄的貨財，人民就會過窮乏的生活；宮中有未嫁的婦女，民間就會有無妻的老人。」齊桓公說：「很好！」於是命令宮中婦女，沒接近過君主的，都給她們出嫁。又命令男子二十歲就要娶妻，女子十五歲就要嫁人，所以閨中沒有長而未嫁的婦女，社會沒有壯而無妻的男子。

延陵卓子乘蒼龍挑文之乘，㈠鉤飾在前，㈡錯錣在後，㈢馬欲進則鉤飾禁之，欲退則錯錣貫之，馬因旁出。造父過而為之泣涕，曰：「古之治人亦然矣。夫賞、所以勸之，而毀存焉；罰、所以禁之，而譽加焉。㈣民中立而不知所由，此亦聖人之所為泣也。」

一曰：延陵卓子乘蒼龍與翟文之乘，前則有錯飾，㊄後則有利錣，進則引之，退則筴之，馬前不得進，後不得退，遂避而逸，因下抽刀而刎其腳。造父見之而泣，終日不食，因仰天而歎，曰：「筴、所以進之也，錯飾在前；引、所以退之也，利錣在後。今人主以其清潔也進之，以其不適左右也退之；以其公正也譽之，以其不聽從也廢之。民懼中立，而不知所由，此聖人之所為泣也。」

【今註】㊀延陵卓子乘蒼龍挑文之乘：延陵卓子，人名，事迹未詳。乘，上一乘字是動詞，讀ㄔㄥˊ，是駕馭的意思；下一乘字是名詞，讀ㄕㄥˋ，是車輛馬匹的單位。龍，周禮庾人：「馬八尺以上為龍。」蒼龍，就是蒼色高大的馬。挑文，俞樾諸子平議：「挑，當讀為翟。下文『一曰延陵卓子乘蒼龍與翟文之乘』，注云『馬有翟之文』是也。」翟，音ㄉㄧˊ，長尾的山雉，山雉的長羽也叫做翟。翟文，是馬有像雉尾那樣的花紋。㊁鉤飾在前：太田方韓非子翼毳：「鉤，婁頷之鉤也。」婁，是維繫牛馬的意思。婁頷，好像就是絡頭之類。高亨韓非子補箋：「飾，當借為勒。」說文：「勒，馬頭絡銜也。」㊂錯錣在後：松皐圓定本韓非子纂聞，以為錯，應讀為策。錣，音ㄔㄨㄛˋ或ㄓㄨㄟˋ，馬策頂端有利鍼，馬不前進時，用來擊刺它。㊃夫賞所以勸之數句：法家以為毀譽應和賞罰相應，若毀譽和賞罰相反，人民就不知所措了。㊄錯飾：松皐圓定本韓非子纂聞：「錯，宜作鉤。」

【今譯】 延陵卓子駕馭青色有雉尾花紋的龍馬，馬的前頭有絡銜，後面有鍼策，馬要前進，絡銜禁阻它，馬要後退，鍼策擊刺它，馬便向旁邊奔走。造父從那裏經過，看到這種情形，不覺淌下眼淚，感慨的說：「從前治理人民也和這差不多：用獎賞勸勉人民，可是所獎賞的常常是受毀謗的；用刑罰禁阻人民，可是所刑罰的常常是受稱譽的。這樣，人民便停留在當中不知怎樣纔好，這也是聖人看到要淌眼淚的事情啊。」

另一說：延陵卓子駕馭青色有雉尾花紋的龍馬，前頭有絡銜，後面有鍼策，馬要前進，絡銜牽引它，馬要後退，鍼策擊刺它，馬既不能前進，又不能後退，就向旁邊奔走逃避。延陵卓子便下車，拔出刀來，把馬腳砍掉。造父看到這種情形，不覺淌下眼淚，整天沒吃東西，仰面朝天歎息著說：「鞭策是使馬前進的，可是前面有絡銜禁阻；繮繩是使馬後退的，可是後面有鍼策擊刺。現在做君主的，由於某人清高而予以推獎，可是因為不能適應左右而予以黜退；由於某人的公正而予以稱譽，可是因為不能聽從吩咐而予以廢棄。人民便疑懼而停留在當中，不知怎樣纔好，這也是聖人看到要淌眼淚的事情啊。」

卷六

說　林上

【釋題】本篇原為第七卷第二十二篇。說，讀ㄕㄨㄟˋ，意為勸說，用言語勸人聽從自己的意見。林，本為樹木聚生，別種事物會聚，亦稱為林，如士林、詞林等。春秋戰國時代，士人競尚遊說，韓子便把勸說的故事，採集成篇，以供遊說的參考，名為說林。又以篇幅較多，而分上下兩篇。

【提要】本篇彙集三十四個勸說的故事，每一故事為一節，各有其意義，而均能啟迪人的神智。

湯以伐桀，㈠而恐天下言己為貪也，因乃讓天下於務光㈡。而恐務光之受之也，乃使人說㈢務光曰：「湯殺君，而欲傳惡聲㈣於子，故讓天下於子。」務光因自投於河。

【今註】㈠湯以伐桀：湯，本來是夏朝的諸侯，始居於亳。桀，夏朝末代的天子，名癸，暴虐無道，諸侯多叛夏歸湯。湯起兵滅夏，自為天子，便建立了商朝。以，同已。㈡務光：夏商間高士。湯滅夏，以天下讓務光，務光負石自沈於盧水。事見莊子讓王篇。㈢說：讀ㄕㄨㄟˋ，勸告。㈣惡聲：指弒君的壞名聲。

【今譯】　湯把夏桀誅滅以後，恐怕天下的人說自己伐桀是為貪利，於是把天下讓給務光。又恐怕務光真的接受，就暗中使人對務光說：「湯殺掉天子，想把這種罪名轉嫁給你，所以把天下讓給你。」務光便跳河自殺了。

秦武王令甘茂擇所欲為於僕與行，㈠孟卯㈡曰：「公不如為僕。公所長者、使也，公雖為僕，王猶使之於公也。公佩僕璽，㈢而為行事，是兼官也。」

【今註】　㈠秦武王令甘茂擇所欲為於僕與行：秦武王，戰國時秦國的君主，惠文王的兒子，名蕩，在位四年。甘茂，戰國時下蔡人，事秦惠文王和武王。武王時，曾為左相。僕，是太僕，管輿馬的官吏。行，是行人，管聘問的官吏。各舊本作「行事」，俞樾諸子平議，以「事」字為衍文。據刪。㈡孟卯：一作芒卯，曾為魏相，有賢名。㈢璽：音ㄒㄧˇ，印信。古時諸侯、卿、大夫的印信，都可稱璽；秦朝以後，只有天子的印信稱璽。

【今譯】　秦武王吩咐甘茂在太僕和行人兩個官職中選擇一個。孟卯對甘茂說：「你最好做太僕。做行人是你的專長，你雖然做了太僕，王還會派你做行人的事。你佩帶太僕的印信，還做行人的事務，這是兼任兩個官職呀。」

子圉見孔子於商太宰，孔子出，子圉入，請問客。㈠太宰曰：「吾已見孔子，則視子猶蚤蝨之細者也，吾今見之於君。」㈡子圉恐孔子貴於君也，因謂太宰曰：「君已見孔子，亦將視子猶蚤蝨也。」太宰因弗復見也。㈢

【今註】㈠子圉見孔子於商太宰四句：子圉，似為宋國一位官吏的字，姓名待考。見，讀ㄒㄧㄢˋ，意為引見。商太宰，宋為商後，就是宋太宰。或即內儲說上宋太宰戴驩。請問客，客指孔子，就是問太宰覺得孔子人品怎樣。㈡吾已見孔子三句：上面的見字讀ㄐㄧㄢˋ，意為晤見；下面的見字讀ㄒㄧㄢˋ，意為引見。蚤蝨，音ㄗㄠˇ　ㄕ，是寄生在人和哺乳動物身上的兩種小蟲，俗語叫做跳蚤和蝨子。細，是小的意思。今，是即的意思。㈢因謂太宰曰四句：因，是就的意思。這裏兩個見字都讀ㄒㄧㄢˋ。

【今譯】子圉引孔子謁見宋國的太宰，孔子從太宰的房裏出來，子圉便進去，問剛才接見的客人怎樣。太宰說：「我會見孔子以後，看你就像最藐小的跳蚤蝨子一樣，我馬上就向君主引見。」子圉恐怕孔子將被宋國的君主大用，就告訴太宰說：「你向君主引見孔子以後，君主也會看你像跳蚤蝨子一樣。」太宰就不再引見孔子。

魏惠王為臼里之盟，將復立於天子。㈠彭喜謂鄭君曰㈡：「君勿聽。大國惡㈢有天子，小國利之。若君與大不聽，魏焉能與小立之？」

【今註】㈠魏惠王為臼里之盟二句：魏惠王，戰國時魏侯罃，晚年稱王。本都安邑，後遷大梁，所以又稱梁惠王。臼里，地名，韓策作九里。盟，古代諸侯相會，殺牲歃血，向神明宣誓。復立於天子，就是恢復周天子原來的地位。戰國時七國強大，已不把周天子放在眼裏，魏惠王乃有像齊桓晉文當霸主的意圖。㈡彭喜謂鄭君曰：彭喜，人名，事蹟未詳。鄭君，韓哀侯滅鄭後，徙都於鄭，所以韓亦稱鄭。史記魏世家：「惠王十五年，魯、衛、宋、鄭君來朝。」索引：「鄭者，韓昭侯也。」㈢惡：讀ㄨˋ，憎惡。

【今譯】魏惠王召集諸侯在臼里會盟，預備恢復周天子的地位。彭喜對韓國的君主說：「君主不要聽從。大國憎惡有天子，小國希望有天子。假若君主和大國不贊助這件事，魏國怎能和小國恢復天子的地位呢？」

晉人伐邢，齊桓公將救之。㈠鮑叔曰：「太蚤。邢不亡，晉不敝；晉不敝，齊不重。且夫持危之功，不如存亡之德大。君不如晚救之以敝晉，其實利；待邢亡而復存之，其名美。」㊁桓公乃弗救。

【今註】㊀晉人伐邢二句：晉，周成王弟叔虞的封國，盛時約有今山西省南部及河北省南部地方。邢，周朝國名，周公之子所封，春秋時為衛國所滅。在今河北省邢臺縣西南。齊桓公，春秋時齊國的君主，春秋五霸的第一位，詳見難一篇第三節注。日人松皐圓定本韓非子纂聞：「春秋莊三十一年，狄犯邢，次年齊人救邢，此云晉人者謬。」㊁鮑叔曰數句：鮑叔，亦稱鮑叔牙，春秋時齊大夫。少與管仲友善，鮑叔事齊桓公，管仲事公子糾。公子糾死，鮑叔向桓公推薦管仲。管仲輔佐齊桓公，稱霸天下。蚤、借為早。敝、疲憊、力竭。其實利，各舊本作齊實利，據王先慎韓非子集解改。其名美，各舊本作其名實美，據顧廣圻韓非子識誤刪實字。

【今譯】晉國攻打邢國，齊桓公將要派兵援救邢國。鮑叔說：「太早了。邢國不曾滅亡，晉國還沒疲憊；晉國還沒疲憊，齊國便沒威力。並且援救危險的國家，不如恢復滅亡的國家德惠大。君主最好稍遲再去援救，使晉國疲憊，這樣實利更多；等邢國滅亡，再幫助她恢復，這樣名聲更美。」桓公便不去援救邢國。

子胥出走，邊候得之。㊀子胥曰：「上索我者，以我有美珠

也；今我已亡之矣，我且曰子取吞之。」㈡候因釋之。㈢

【今註】㈠子胥出走二句：子胥，姓伍名員，春秋時楚國人。父奢兄尚，被楚平王殺死，子胥逃到吳國，輔佐吳王闔廬攻入楚國的首都。時平王已死，掘墓鞭屍，以報殺害父兄的仇恨。後來曾勸諫吳王夫差勿許越成，又諫阻伐齊，吳王夫差賜以屬鏤之劍，使自剄死。候，斥候，伺望敵人。這件事戰國策燕策以子胥為張丑；吳越春秋亦作伍子胥。㈡子胥曰數句：索，緝捕。亡，失落。且，將要。㈢候因釋之：怕楚王剖腹取珠。

【今譯】伍子胥從楚國逃走，邊境斥候的人把他捉住。子胥說：「楚王要捉拿我，因我有顆寶貴的珍珠，現在我已經失去，我將要向楚王說，是你拿去吞入腹中。」斥候的就把他釋放了

慶封為亂於齊，而欲走越。㈠其族人曰：「晉近，奚不之晉？」㈡慶封曰：「越遠，利以避難。」族人曰：「變是心㈢也，居晉而可；不變是心也，雖遠越，其㈣可以安乎？」

【今註】㈠慶封為亂於齊二句：慶封，春秋時齊國的大夫，字子家，和崔杼弒齊莊公而立景公，又攻滅崔氏。後作亂失敗，逃往魯國，又逃往吳國。楚靈王伐吳，被殺。事見左傳襄公二十八年。越，春秋時國名，有今浙江省大部分土地。越王句踐滅吳稱霸，擴及江浙兩省全部和山東省南部，後滅於

楚。㊁奚不之晉：奚，疑問副詞，為何。之，是往的意思。㊂是心：這種心思，指作亂的心思。㊃其：反詰副詞，用同豈字。

【今譯】 慶封在齊國作亂失敗，打算逃往越國。他同族的人說：「晉國近，為什麼不逃往晉國呢？」慶封說：「越國遠，避難是最安全的。」同族的人說：「若改變了這種心思，住在晉國便無妨；若不改變這種心思，即便比越國更遠的地方，能夠安全嗎？」

智伯索地於魏宣子，㊀魏宣子弗予。任章㊁曰：「何故不予？」宣子曰：「無故請地，故弗予。」任章曰：「無故索地，鄰國必恐。彼重欲無厭，㊂天下必懼。君予之地，智伯必驕而輕敵，鄰邦必懼而相親。以相親之兵，待輕敵之國，則智伯之命不長矣。周書㊃曰：『將欲敗之，必姑㊄輔之；將欲取之，必姑予之。』君不如予之，以驕智伯。且君何釋以天下圖智氏，而獨以吾國為智氏質乎？」㊅君曰：「善。」乃與之萬戶之邑，智伯大悅。因索地於趙，弗與；因圍晉陽，韓魏反之外，趙氏應之內，智氏自亡。㊆

【今註】 ㊀智伯索地於魏宣子：春秋時，晉國范氏、中行氏、智氏（亦作知氏）、韓、趙、魏六家，世代為卿，並掌國政。范氏、中行氏滅亡，智伯強大專政，向韓、魏請求讓地，韓魏允許；向趙氏請求讓地，趙氏拒絕，便率領韓魏圍趙襄子於晉陽。趙襄子反與韓魏合謀滅智伯。智伯，名瑤。魏宣子，戰國策作魏桓子，名駒。㈡任章：或作任增、任登。㈢重欲無厭：重欲，就是多欲。厭，滿足，後多作饜。㈣周書：王先慎韓非子集解：「王應麟疑此為蘇秦所讀周書陰符之類。」日人太田方韓非子翼毳：「玉海引通史云：周書與尚書相類，即孔子刊約百篇之外，凡為七十一章。」㈤姑：暫且。㈥且君何釋以天下圖智氏二句：釋，是捨的意思，就是棄置不用。質，射侯，練習射箭的目標。這兩句的意思是：你為什麼放棄率領天下人毀滅智氏，卻把我們一國作為智氏侵奪的目標呢？㈦因圍晉陽四句：晉陽，當時趙氏的都城，今山西省太原縣。這裏兩個之字，作於字解。自，是因的意思，戰國策魏策作「遂」。

【今譯】　智伯向魏宣子要求土地，魏宣子不肯給。任章說：「為什麼不給他呢？」魏宣子說：「無故來要求土地，所以不給他。」任章說：「無故要求土地，鄰國必定害怕；欲望太多，永遠沒有滿足，天下必定恐懼。你給他土地，智伯必定驕傲而輕視敵人，鄰國必定恐懼而互相親近。以互相親近的兵，對輕視敵人的國，智氏的壽命就不會長久了。周書裏面說：『將要毀滅他，必先輔助他；打算獲得他，必先給與他。』你最好給他土地，使他驕傲。並且你為什麼放棄率領天下毀滅智氏的方法，卻使我們一國作為智氏侵奪的目標呢？」魏宣子說：「對！」就把有一萬戶居民的大縣割給智伯，智伯非常高興。又向趙氏要求土地，趙氏不肯給與，智伯就率領軍隊包圍了晉陽。韓魏在外面反叛，趙氏在裏面響應，智氏就滅亡了。

秦康公㊀築臺三年。荊㊁人起兵，將欲以兵攻齊。任妄曰：「饑召兵，疾召兵，勞召兵，亂召兵。㊂君築臺三年，今荊人起兵將攻齊，臣恐其攻齊為聲，㊃而以襲秦為實也，不如備之。」戍㊄東邊，荊人輟㊅行。

【今註】㊀秦康公：春秋時秦國的君主，秦穆公的兒子，名罃，在位十二年。㊁荊：楚國的舊稱。㊂任妄曰數句：任妄，人名，事蹟未詳。召，召致。召兵，就是召致他國的侵略。㊃攻齊為聲：就是以攻齊為名。㊄戍：音ㄕㄨˋ，以兵防守。㊅輟：停止。

【今譯】秦康公修築偉大的臺觀，三年還沒完工。楚國出動軍隊，將要攻打齊國。任妄向康公說：「饑荒可以召致兵禍，疾疫可以召致兵禍，勞役可以召致兵禍，內亂可以召致兵禍。君主役使人民築臺，已經三年，現在楚國出兵攻打齊國，我恐怕他們以攻打齊國為名，而實際是要偷襲秦國，最好加以防備。」康公便派兵防守東面的邊界，楚國便停止攻打齊國的舉動。

齊攻宋，宋使臧孫子南求救於荊，荊王大悅，許救之甚勸。㊀臧孫子憂而反，其御曰：「索救而得，今子有憂色，何也？」臧孫子曰：「宋小而齊大，夫救小宋而惡於大齊，㊁此人之所憂也，而荊王說，必以堅我也。㊂我堅而齊敝，荊之所利也。」臧孫子乃歸。㊃齊人拔五城於宋，而荊救不至。

【今註】㊀齊攻宋四句：齊，周朝國名。周武王封姜尚於齊，都臨淄；入戰國時為田氏篡奪。盛時約有今山東省大部及河北省東南部土地，後滅於秦。宋，周朝國名，周封殷遺臣微子啟於宋，都商丘。戰國時被齊、魏、楚三國瓜分。臧孫子，人名，事蹟未詳，戰國策宋策作臧子。荊，楚國的舊稱。勸，盡力。各舊本作歡，形近而誤，依宋策改為勸。㊁惡於大齊：被齊國憎恨，也就是和齊國結怨。惡，讀ㄨˋ。㊂而荊王說二句：說，讀ㄩㄝˋ，喜悅。堅我，就是使我堅守。㊃臧孫子乃歸：乃，用猶已字。這句話是說臧孫子回來以後。

【今譯】齊國攻打宋國，宋國使臧孫子往南向楚國求救。楚王聽到求救的話，非常高興，馬上答應全力救宋。臧孫子回國時憂形於色。他的車夫說：「現在求救已經成功，你反而滿臉憂愁的樣子，是什麼道理呢？」臧孫子回答說：「宋是小國，齊是大國，援救小的宋國而得罪大的齊國，這是一般人都要憂慮的事；楚王卻非常高興，這一定是要我國堅守啊。我國堅守，消耗齊國的戰力，這是對楚國有利的。」臧孫子回到宋國以後，齊國接連攻占宋國五個城，楚國的救兵還沒有蹤影。

魏文侯借道於趙而攻中山，㈠趙肅侯㈡將不許。趙刻㈢曰：「君過矣。魏攻中山而弗能取，則魏必罷，㈣罷則魏輕，魏輕則趙重。魏拔中山，必不能越趙而有中山也，是用兵者魏也，而得利者趙也。君必許之。許之而大勸，㈤彼將知君利之也，必將輟行。君不如借之道，示以不得已也。」

【今註】㈠魏文侯借道於趙而攻中山：魏文侯，戰國時魏國第一位君主，名斯。以魏成為相，吳起為將，卜子夏、田子方、段干木等為師友，國勢強盛。中山，國名，春秋時為鮮虞，後改為中山，在今河北省定縣一帶。魏文侯滅中山，派太子擊駐守。太子擊返魏，又封他的少子摰於中山。魏所封的中山，為趙武靈王陸續侵併。㈡趙肅侯：日人松皐圓定本韓非子纂聞：「策（戰國策趙策）無肅字。魏文、趙肅，相去殆六十年，宜作烈侯為正。」㈢趙刻：人名，事蹟未詳。戰國策趙策作趙利。㈣魏攻中山而弗能取二句：而，是假如的意思。罷，讀ㄆㄧˊ，借為疲。㈤勸：各舊本作歡，依戰國策趙策改為勸。

【今譯】魏文侯要攻打中山，向趙國借路通過。趙侯打算不答應。趙刻說：「君主不答應是錯誤的。魏國攻打中山，假如不能攻下，必定疲憊，魏國疲憊力量便減弱，這就等於趙國的力量增強了。魏國攻占中山，一定不能越過趙國統治中山，這樣用兵的是魏國，得到利益的是趙國，君主必須答應他。

但是答應得太痛快，他就會知道君主想取得攻中山的利益，一定要停止這件事。最好借通路給他，同時表示是為兩國的邦交勉強答應的。」

鴟夷子皮事田成子，㈠田成子去齊，走而之燕，鴟夷子皮負傳而從。㈡至望邑㈢，子皮曰：「子獨不聞涸澤之蛇乎？㈣澤涸，蛇將徙，有小蛇謂大蛇曰：『子行而我隨之，人以為蛇之行者耳，必有殺子。不如相銜負我以行，㈤人必以我為神君㈥也。』乃相銜負以越公道而行，人皆避之曰『神君也』。今子美而我惡，以子為我上客，千乘之君也；以子為我使者，萬乘之卿也。子不如為我舍人。」㈦田成子因負傳而隨之，至逆旅㈧，逆旅之父待之甚敬，因獻酒肉。

【今註】㈠鴟夷子皮事田成子：田成子，春秋時齊國的卿田常，謚成子。弒齊簡公，立平公。鴟夷子皮，田常的徒屬。日人松皐圓定本韓非子纂聞：「春秋末，稱鴟夷子皮者有三：一楚之賢人，說苑云，『鴟夷子皮日待於屈春是也，一齊之商人，詭稱范蠡變姓名者，太史列之貨殖傳是也。又一即田氏之黨人也。』淮南氾論訓：『私門成黨，而公道不行，故使田常、鴟夷子皮得成其難。』注，殺簡公之難也。」㈡負傳而從：傳，讀ㄓㄨㄢˋ，是古時度越關津的憑證，刻木為符合，或用繒帛，後稱

「過所」，大概就像現在的護照。㊂望邑：地名，今址未詳。㊃子獨不聞涸澤之蛇乎？獨，反詰副詞，用同「豈」或「寧」字。涸，音ㄏㄜˊ或ㄏㄠˋ，是水乾竭的意思。㊄不如相銜負我以行：負，以背任物。銜，以口含物。相，有時是交互，有時是對人，如實不相瞞。這句話的意思是：最好你背負我，我用嘴銜著你的背走路。㊅神君：就是神的意思。君是尊稱，用以稱人，亦以稱神，如東君，湘君等。㊆以子為我上客數句：以，假如。乘，車輛的單位。古代天子有兵車萬乘，諸侯有兵車千乘。君，古時天子、諸侯、卿大夫有土地的都可稱君。這裏似指大夫。舍人，古代王公貴人左右親近的通稱。㊇逆旅：客舍。

【今譯】　鴟夷子皮侍奉田成子，田成子離開齊國，逃往燕國，子皮背著過所跟在後面。走到望邑，子皮對成子說：「你沒聽過水澤乾涸水蛇遷移的故事嗎？水澤乾涸了，水蛇打算遷移，有一條小蛇對大蛇說：『你在前面領路，我跟著你走，人們看到，以為蛇在出行，一定要把你殺死。最好你把我負在背上，我銜著你的頸子走路，人們看到，一定以為我是神君，便不敢殺害我們。』就照小蛇說的辦法，經由大道前行，人們看到，都說這是神君走路，便趕快避開了。現在你的儀表堂皇，我的像貌醜陋，假如你作我賓客，我就像諸侯的大夫；假如你作我的侍從，我就像天子的卿相。你最好暫時做我的侍從罷。」田成子便反轉來做他的侍從，背著過所跟在後面，走進客店，客店的主人對他非常恭敬，就奉獻酒肉給他們享用。

溫人之周，周不納客。㈠問之曰：「客耶？」對曰：「主人。」問其巷而不知也，㈡吏因囚之。君使人問之曰：「子非周人也。而自謂非客，何也？」對曰：「臣少也誦詩曰：『普天之下，莫非王土；率土之濱，莫非王臣。』㈢今君天子，則我天子之臣也。豈有為人之臣，而又為之客哉？故曰主人也。」君使出之。㈣

【今註】㈠溫人之周二句：溫，本東周畿內邑。晉文公納周襄王，平王子帶之亂，襄王以陽樊、溫、原、攢茅賜與晉國，晉以狐溱為溫大夫。三家分晉，溫是魏國的地方。戰國後期，割與秦國。在今河南省溫縣西南。之，是往的意思。周，應為東周首都洛陽。納，使之進入。㈡問其巷而不知也：巷，里中道，直為街，曲為巷。而，轉接連詞，是卻的意思。各舊本巷下有人字，王先慎韓非子集解據東周策刪。實則問其巷人，就是問他所說的那條巷內的人，加以考驗，他卻都不認識。亦可通。㈢臣少也誦詩曰數句：詩，是詩經。這幾句詩見於小雅北山篇。普，是徧的意思。率，讀ㄕㄨㄞˋ或ㄕㄨㄛˋ，是循的意思。濱，本意是水邊，這裏是土地的邊緣。臣，古時官吏人民對君主都稱臣，這裏指人民。㈣出之：放他出獄。

【今譯】有一個溫地人到東周，東周人不接待外來的客人。問他說：「你是客人罷？」他回答說：

「我是主人。」問他住的里巷，他卻回答不出，官吏就把他囚禁起來。周天子派人審問他說：「你不是東周人，自己卻說不是客人，是什麼緣故呢？」他回答說：「我年輕的時候讀詩經，北山篇曾說：『整個天下，都是天子的土地，沿著土地的邊緣以內，都是天子的臣民。』現在您做天子，我就是天子的臣民，那有做臣民而又做賓客的道理呢？所以我說是主人。」周天子就教官吏把他釋放了。

韓宣王謂樛留曰：「吾欲兩用公仲、公叔，其可乎？」㊀對曰：「不可。晉用六卿而國分，㊁簡公兩用田成、闞止而簡公殺，㊂魏兩用犀首、張儀而西河之外亡。㊃今㊄王兩用之，其多力者樹其黨，寡力者借外權㊅。羣臣有內樹黨以驕主，有外為交以列地㊆，則王之國危矣。」

【今註】㊀韓宣王謂樛留曰三句：韓宣王，史記韓世家及六國表均作宣惠王。樛留，韓人。樛，音ㄐㄧㄡ。公仲，戰國策韓策作公仲明。史記韓世家索引：「公仲，韓相國，名侈。」公叔，史記韓世家、戰國策韓策均作公叔伯嬰。㊁晉用六卿而國分：春秋時，晉國范氏、中行氏、智氏、韓、趙、魏六家，世代為卿，並掌國政。范氏、中行氏滅亡，智伯率領韓魏圍趙襄子於晉陽。趙襄子反與韓魏合謀滅智伯。後韓趙魏三分晉國。㊂簡公兩用田成闞止而簡公殺：田成，已見本篇鴟夷子皮事田成子註。闞止，字子我，史記齊世家作監止。齊大夫諸御鞅曾勸諫齊簡公：陳（田氏原出陳氏）闞不能並立，只能選用一個。簡公不聽。後田成殺闞止，又弒簡公。事見左傳哀公十四年。㊃魏兩用犀首張儀而西河之外亡：張儀，戰國時魏國人，和蘇秦同向鬼谷子學習。相秦惠王，以連橫遊說六國，使背從約事秦。秦武王立，各國畔秦合從，張儀便離開秦國往魏國，曾為魏相。犀首，就是公孫衍，戰國時魏國人，和張儀有惡感，曾相魏秦等國。西河，就是龍門一帶的黃河。黃河以西今陝西省大荔、宜川等地，亦稱西河。㊄今：假設連詞，意猶「若」字。㊅借外權：借外國的勢力以為援助。㊆列地：各舊本作削地。王念孫讀書雜誌：「削地，當為列地。列，古裂字。」據改。

【今譯】　韓宣王告訴樛留說：「我打算同時重用公仲和公叔二人，這可以嗎？」樛留回答說：「不可以。晉國同時重用六卿，國家便被瓜分；齊國同時重用田成和闞止，簡公便被殺死；魏國同時重用犀首和張儀，黃河迤西的土地便喪失。假如王同時重用公仲和公叔，力量大的就樹立黨派，力量小的就援引外力。官吏在內樹立黨派，以傲慢君主，對外援引外力，以分取土地，君王的國家就很危險了。」

紹績昧㊀醉寐，而亡其裘。宋君曰：「醉足以亡裘乎？」對曰：「桀以醉亡天下，㊁而況亡裘乎？㊂康誥㊃曰：『毋彝酒。』㊄彝酒者、常酒也；常酒者、天子失天下，匹夫失其身。」

【今註】　㊀紹績昧：人名，事蹟未詳。㊁桀以醉亡天下：桀，夏朝末代的帝王，名癸，暴虐無道。

韓詩外傳、新序記載他為酒池糟隄。後被商湯滅亡。㊂而況亡裘乎：這句話各舊本只有一「而」字。王叔岷韓非子斠證：「按而字非衍文，依御覽四九七引，而下脫『況亡裘乎』四字。」據補。㊃康誥：尚書篇名。康叔，名封，周武王同母少弟，起初封在康地，所以稱為康叔。周公平定武庚的叛亂，成王徙封康叔於衛，作康誥、酒誥。誥，音ㄍㄠˋ，是告戒的文字。㊄毋彝酒：這句話在尚書酒誥裏，酒誥也是告戒康叔的文字，韓子因誤為康誥，彝，音ㄧˊ，是常的意思。毋彝酒，就是不要常常喝酒。

【今譯】　紹績昧喝醉酒睡著了，便將皮衣失去。宋國君主問他說：「酒醉能夠失去皮衣嗎？」他回答說：「夏桀酒醉可以失去天下，又何況皮衣呢？康誥裏面說：『毋彝酒。』彝酒，就是常常喝酒。常常喝酒，天子就會失去天下，庶民就會毀壞自己。」

管仲、隰朋從桓公伐孤竹，㊀春往冬反，迷惑失道。管仲曰：「老馬之智可用也。」乃放老馬而隨之，遂得道。行山中無水，隰朋曰：「蟻冬居山之陽，夏居山之陰。蟻壤一寸，而仞有水。」㊁乃掘地，遂得水。以管仲之聖而隰朋之智，至其所不知，不難師於老馬與蟻。今人不知以其愚心而師聖人之智，不亦過乎？

【今註】㊀管仲隰朋從桓公伐孤竹：桓公，春秋時齊國的君主，春秋五霸的第一位。管仲，齊桓公的宰相。詳見難一篇第三節注。隰朋，春秋時齊國的大夫，幫助管仲輔佐齊桓公稱霸天下。隰，音丅ㄧˊ。孤竹，商周時代的國名，在今河北省盧龍縣至熱河省朝陽縣一帶。㊁隰朋曰數句：陽指山南，冬天比較暖；陰指山北，夏天比較涼。蟻壤，就是蟻穴外的封土，又叫蟻封、蟻蛭。日人松皐圓定本韓非子纂聞：「謂蟻封高一寸，則其下深仞必得水也。」仞，是一人的長度，有七尺、八尺、五尺六寸諸說，大概因時因地而異。

【今譯】管仲和隰朋跟隨齊桓公攻打孤竹，春天去的，到冬天纔回來，迷失道路。管仲說：「可以利用老馬的智慧。」於是放老馬前行，大家跟著走，就找到了道路。走到深山裏沒有水，隰朋說：「螞蟻冬天住在山的南面，夏天住在山的北面，蟻穴外的封土有一寸高的話，掘下七尺一定有水。」於是在有蟻封的地方挖掘，果然得到了水。以管仲的聖明和隰朋的睿智，遇到不知道的事情，還肯師取老馬和螞蟻的智慧；當今的人，不知道以自己的愚心，師取聖人的智慧，不是很錯誤嗎？

有獻不死之藥於荊王者，謁者操之以入。㊀中射之士㊁問曰：「可食乎？」曰：「可。」因奪而食之。王大怒，使人殺中射之士。中射之士使人說王曰：「臣問謁者，曰：可食，臣故食之，㊂是臣無罪，而罪在謁者也。且客獻不死之藥，臣食之，而王殺臣，是死藥也，是客欺王也。夫殺無罪之人，而明人之欺王也，不如釋臣。」王乃不殺。

【今註】㈠有獻不死之藥於荊王者二句：荊，是楚國的舊稱。謁者，官名，掌管有關進謁君主的事務。操，拿著。㈡中射之士：周禮夏官有射人。中國古代重視射箭，天子、諸侯、大夫、士，都要學習，並隨時舉行大射、賓射、燕射、鄉射、澤宮之射等射禮。中射之士，似即在王宮從事射禮工作的人。㈢臣問謁者三句：戰國策楚策，臣問謁者下重「謁者」二字。可食，謁者的意思是說：「這是可以吃的東西。」中射之士卻認為：「你可以吃。」

【今譯】有人向楚王奉獻長生不死的藥，謁者拿著藥走進去。中射之士問他說：「可以吃嗎？」謁者說：「可以吃。」中射之士便奪過去吃了。楚王非常生氣，便吩咐左右把他殺死。中射之士託人代向楚王說：「我問謁者『可以吃嗎？』謁者說『可以吃』，我才吃的。所以我是沒罪的，有罪的是謁者。而且客人奉獻的是長生不死的藥，我吃了，王把我殺死，豈不變成死藥？這是客人欺騙國王啊。殺死無罪的人，而證明人欺騙國王，還不如把我釋放為好。」楚王便把他釋放了。

田駟欺鄒君，㈠鄒君將使人殺之。田駟恐，告惠子。㈡惠子見鄒君曰：「今有人見君，則睞㈢其一目，奚如？」君曰：「我必殺之。」惠子曰：「瞽、㈣兩目瞚，君奚為不殺？」君曰：「不能勿瞚。」惠子曰：「田駟東慢齊侯，南欺荊王，㈤駟之欺人，瞽也，君奚怨焉？」鄒君乃不殺。

【今註】 ㈠田駟欺鄒君：田駟，人名，事蹟未詳。鄒，春秋時為邾國，戰國時改為鄒，在今山東省鄒縣東南，後被楚國滅亡。㈡惠子：當即惠施，戰國時宋國人，在魏國做官，前後二十多年，曾做魏惠王的宰相。善於辯論，和莊子交好。漢書藝文志名家有惠子一篇，久已散佚。㈢瞚：音ㄐㄧㄝˊ，又作睫，本為眼毛，用作動詞可解作交睫，就是閉眼。王先慎韓非子集解謂御覽三百六十六引作睞。睞，音ㄉㄧㄝˊ，是閉目的意思。㈣瞽：瞎子。古時樂官都是瞎子。㈤田駟東慢齊侯二句：慢，通謾，是欺騙的意思。齊侯，應為齊威王。齊威王晚年纔稱王，這件事大約發生在齊威王稱王以前，所以說東慢齊侯。荊，楚國的舊稱。荊王，應為楚宣王。當時齊楚是強大的國家。

【今譯】 田駟欺騙鄒國的君主，鄒君要派人把他殺死。田駟很害怕，便去告訴惠子。惠子謁見鄒君說：「假如有人謁見君主時，閉著一隻眼睛，君主預備怎樣呢？」鄒君說：「我一定把他殺死。」惠子說：「樂官的兩隻眼睛都閉著，君主為什麼不把他們殺死呢？」鄒君說：「他們的眼睛不能不閉著呀。」惠子說：「田駟東面欺騙齊侯，南面欺騙楚王，以欺騙人為常，就和瞎子經常閉著眼睛一樣，君主何必恨他呢？」鄒君便不殺田駟了。

魯穆公使眾公子或宦於晉，或宦於荊。㊀犁鉏㊁曰：「假人於越而救溺子，越人雖善遊，㊂子必不生矣。失火而取水於海，海水雖多，火必不滅矣，遠水不救近火也。今晉與荊雖強，而齊近，魯患其不救乎！」

【今註】㊀魯穆公使眾公子或宦於晉二句：魯穆公，戰國時魯國的君主，魯元公的兒子，名顯，在位三十三年，宦，是做官的意思。荊，是楚國的舊稱。王先慎韓非子集解說：「欲結援晉楚，故使公子宦焉。」㊁犁鉏：史記齊世家作犁鉏，本書內儲說下作犁且，本來是齊國的官吏，也許後來在魯國。㊂遊：通游。

【今譯】魯穆公使公子們有的到晉國做官，有的到楚國做官。犁鉏說：「往越國請人來救跌到水裏的孩子，越國人雖然善於游泳，孩子必定不能救活。失火到海裏取水，海水雖然很多，火必定不能撲滅，這就是遠水不救近火呀。現在晉國和楚國雖然強大，可是齊國距離魯國太近，魯國的外患，恐怕不易解救呀！」

嚴遂不善周君，周君患之。馮沮曰：「嚴遂相，而韓傀貴於君，不如行賊於韓傀，則君必以為嚴氏也。」㊀

【今註】㈠嚴遂不善周君數句：今按史記韓世家、六國表、戰國策韓策及各書有關記載：嚴遂，字仲子，和韓相韓傀（就是俠累）有仇，派聶政把他刺死，事在韓列侯三年。列侯生文侯，文侯生哀侯。哀侯六年，被韓嚴殺死。各書多誤以嚴遂即韓嚴，致將兩事相混。本節說：「嚴遂相，而韓傀貴於君。」地位又互相倒置。馮沮，顧廣圻韓非子識誤，以為就是戰國策東周之馮且，那麼周君就是東周君。東周策載：「嚴氏為賊，而陽豎與焉，道周，周君留之十四日，載以乘車駟馬而遣之。」照這段話，韓傀被刺，東周或有關係。行賊，是暗殺的意思。

【今譯】嚴遂忌恨周君，周君很擔憂。馮沮向周君進言說：「嚴遂做韓國的宰相，韓傀卻受韓國君主的尊重。最好派人暗殺韓傀，韓國君主一定以為是嚴遂主使的。」

張譴相韓，病將死，公乘無正懷三十金而問其疾。居一月，君問張譴曰：「若子死，將誰使代子？」答曰：「無正重法而畏上。雖然，不如公子食我之得民也。」張譴死，因相公乘無正。㈠

【今註】㈠張譴相韓數句：張譴、公乘無正、公子食我，都是人名，事蹟均未詳。將，是當的意思。畏，是敬畏的意思。

【今譯】張譴做韓國的宰相，病到將死時，公乘無正暗中攜帶黃金三十斤去探病。過了一月，韓國的君主問張譴說：「倘若你病死，應當派誰代替你？」張譴回答說：「公乘無正守法而敬畏君主，可是不如公子食我得民心。」張譴死後，韓國的君主就派公乘無正做宰相。

樂羊為魏將而攻中山，㈠其子在中山，中山之君烹其子而遺之羹，㈡樂羊坐於幕下而啜之，㈢盡一杯。文侯謂堵師贊㈣曰：「樂羊以我故，而食其子之肉。」答曰：「其子而食之，㈤且誰不食？」樂羊罷㈥中山，文侯賞其功而疑其心。孟孫獵得麑，使秦西巴持之歸，㈦其母隨之而啼，秦西巴弗忍而與之。孟孫適㈧至而求麑，答曰：「余弗忍，而與其母。」孟孫大怒，逐之。居三月，復召以為其子傅。其御曰：「曩㈨將罪之，今召以為子傅，何也？」孟孫曰：「夫不忍麑，又且忍吾子乎？」㈩故曰：巧詐不如拙誠。樂羊以有功見疑，秦西巴以有罪益信。

【今註】㈠樂羊為魏將而攻中山：中山，古國名，已見本篇魏文侯借道於趙而攻中山注。樂，讀ㄩㄝˋ。樂羊，戰國初期魏文侯的將領，為魏攻滅中山，封於靈壽。㈡烹其子而遺之羹：烹，音ㄆㄥ，是煮的意思。遺，讀ㄨㄟˋ，是送給的意思。羹，音ㄍㄥ，用菜肉等作成的湯。㈢樂羊坐於幕下而啜之：幕下，軍帳裏面。啜，音ㄔㄨㄛˋ，是吃的意思。㈣堵師贊：人名，事蹟未詳。戰國策魏策作覩師贊。㊄其子而食之：而，是尚且的意思。㊅罷：是歸來的意思。㊆孟孫獵得麑二句：孟孫，春秋時魯桓公子慶父的子孫稱孟孫氏。麑，音ㄋㄧˊ，小鹿。秦西巴，似為孟孫氏家臣。㊇適：是剛才的意思。㊈曩：音ㄋㄤˇ，昔時。㊉夫不忍麑二句：夫，人稱代名詞，是他的意思。又，是何的意思。又且，怎麼會。

【今譯】 樂羊做魏國的將領，去攻打中山。他的兒子那時在中山，中山的國君把他的兒子煮死，做成肉羹，送給樂羊。樂羊坐在軍帳裏吃，把一碗都吃光。魏文侯對堵師贊說：「樂羊因為我的緣故，而吃他兒子的肉。」堵師贊回答說：「兒子的肉尚且肯吃，還有誰的肉不肯吃呢？」樂羊滅掉中山回來，文侯獎賞他的功勞，但是懷疑他的衷誠了。孟孫打獵，獲得一隻小鹿，使秦西巴帶回去。母鹿跟著悲啼，秦西巴不忍，就把小鹿還給牠帶回去。孟孫剛回到家就向秦西巴要小鹿。秦西巴說：「母鹿跟著悲啼，我實在不忍心，就把小鹿還給牠了。」孟孫非常生氣，就把秦西巴趕走。過了三個月，又把他喚回來做兒子的師傅。孟孫的車夫問道：「以前你要懲罰他，現在又喚他回來做你的兒子的師傅，這是什麼道理呢？」孟孫說：「他不忍心小鹿受苦，怎麼會忍心我的兒子受苦呢？」所以說：巧妙的詐偽不如愚拙的誠實。樂羊因為立功而引起懷疑，秦西巴因為獲罪而更被相信。

曾從子、㊀善相劍㊁者也。衛君怨吳王，㊂曾從子曰：「吳王好劍，臣相劍者也，臣請為吳王相劍，拔而示之，因為君刺之。」衛君曰：「子之為是也，非緣義也，為利也。吳強而富，衛弱而貧，子必㈣往。吾恐子為吳王用之於我也。」乃逐之。

【今註】㈠曾從子：人名，事蹟未詳。㈡相劍：鑒別寶劍的優劣。相，讀第四聲。㈢衛君怨吳王：今按左傳哀公十二年：「吳徵會於衛。初，衛人殺吳行人且姚而懼，謀於行人子羽。子羽曰：『吳方無道，無乃辱吾君，不如止也。』」本節大概就是這時的事。吳王是夫差，衛君是出公。㈣必：假如。

【今譯】曾從子善於鑒別寶劍的優劣。衛君怨恨吳王，曾從子向衛君說：「吳王愛好寶劍，我是鑒別寶劍的，請求前往吳國，替吳王鑒別寶劍的優劣，拔劍給他看時，乘機替君主把他刺死。」衛君說：「你想作這件事，不是由於正義，是想我給你些利益。吳國強大富足，衛國弱小貧困，你假如前往吳國，我恐怕你為吳王回來刺殺我哩。」於是把他趕走。

紂為象箸而箕子怖，以為象箸必不盛羹於土鉶，則必犀玉之杯；㈠玉杯象箸必不盛菽藿㈡，則必旄象豹胎；㈢旄象豹胎，必不衣短褐而舍茅茨之下，㈣則必錦衣九重㈤、高臺廣室也。稱此以往，㈥則天下不足矣。聖人見微以知明，見端以知末，㈦故見

象箸而怖，知天下不足也。

【今註】㊀紂為象箸而箕子怖三句：紂，商朝末代的帝王，嗜酒好色，暴虐無道，被周武王誅滅。象箸，用象牙作成的筷子。箕子，商紂的叔父。商紂無道，箕子勸諫不聽；武王滅商，封於朝鮮。鉶，音ㄒㄧㄥˊ，羹器。盛，讀ㄔㄥˊ，用器具裝東西。犀，犀牛的角，質極堅緻，可以製器具。杯，古代盛羹或注酒的器具都可以稱杯。俗又作盃。㊁菽藿：菽，是豆類的總名。藿，音ㄏㄨㄛˋ，是豆葉。菽藿，意思就是粗菜。㊂旄象豹胎：旄，音ㄇㄠˊ，旄牛，就是犛牛。豹胎，今按徐幹七喻：「大宛之犧，三江之鮭，雲鶬水鵠，熊蹯豹胎。」豹胎似即豹的胎兒，以與熊蹯為對。㊃必不衣短褐而舍茅茨之下：衣，讀第四聲，是穿的意思。短褐，或謂應作裋褐或豎褐，乃僮豎所穿的粗服，短而且狹，所以也稱為短褐。舍，本意為客舍，引伸為居住。茅，草名，可蓋屋製繩。茨，是用茅草蓋屋；用作名詞，就是屋蓋。㊄九重：喻帝王所居。楚辭九辯：「君之門以九重。」重，讀ㄔㄨㄥˊ。㊅稱此以往二句：稱，讀ㄔㄥˋ或ㄔㄣˋ，是配合的意思。照這樣向各方面推求配合的事物，那麼天下所有珍貴的東西都不能滿足他的欲望。往，或作求。㊆聖人見微以知明二句：微，本意為隱行，就是尚在潛伏中。明，是顯著的意思。各舊本作萌，萌是發芽，就是已經開始發展。顧廣圻韓非子識誤以為「萌當作明」較佳。端，是開始；末，是終局。

【今譯】商紂製作象牙的筷子，箕子便有無限的憂懼。以為既用象牙的筷子，就不會把肉菜盛在土製的器具裏面，一定要用犀角玉石製的杯盤。犀角玉石製的杯盤，就不會盛豆葉等粗菜，一定要盛牛象豹胎等美味。既吃牛象豹胎等美味，就不會穿麻布作的衣服，住茅草蓋的房屋；一定要穿錦繡的衣服，住深奧的宮院，有廣大的房屋，高峻的臺榭。照這樣向各方面發展，天下所有珍貴的東西都不能滿足他的欲望了。聖人看到潛伏的因素，就知道顯著的情形；看到事實的開端，就知道將來的結局。所以看到商紂製作象牙的筷子，便有無限的憂懼，而知道天下所有珍貴的東西，都不能滿足他的欲望了。

周公旦已勝殷，將攻商蓋。㊀辛公甲㊁曰：「大難攻，小易服，不如服眾小以劫大。」乃攻九夷㊂，而商蓋服矣。

【今註】㊀周公旦已勝殷二句：周公旦，周武王的弟弟，姓姬名旦。武王誅滅殷紂，把殷商餘民，封給紂子武庚，以續殷祀，就和諸侯一樣，並派管叔、蔡叔予以監視。武王死後，成王年幼，周公旦攝政，管叔、蔡叔幫助武庚作亂；淮夷、徐、奄，也羣起叛周。周公東征，討平武庚，殺管叔，放蔡叔，以武庚餘民封康叔為衛君，又封微子啟為宋君。勝殷，指討平武庚。商蓋，就是商庵，周公誅滅的叛國，地在今山東曲阜城東二里。奄，說文作郁，段注：單呼曰奄，絫呼曰商奄。……左傳昭公九年：「蒲姑、商奄，吾東土也。」定公四年：「因商奄之民，命於伯禽，而封於少皞之虛。」今按「蓋」古文作「盇」，或古人因形似而誤寫。㊁辛公甲：王先慎韓非子集解以為就是辛甲，周武王太史，見左傳襄公四年。㊂九夷：大概古代東夷略分九部。這裏似指淮夷，淮河附近到海邊的夷人。

【今譯】周公旦誅滅武庚以後，打算攻打商蓋。辛公甲說：「大國難以攻下，小國容易降服，最好先制服許多小國，以威脅大國。」周公旦於是先征討淮夷各部落，商蓋便降服了。

紂為長夜之飲，㈠懽以失日，㈡問其左右，盡不知也，乃使人問箕子㈢。箕子謂其徒㈣曰：「為天下主，而一國皆失日，天下其危㈤矣。一國皆不知，而我獨知之，吾其危矣。辭㈥以醉而不知。」

【今註】㈠長夜之飲：論衡語增篇：「傳語紂為長夜之飲，言坐深室之中，閉窗舉燭，故曰長夜。」似為推測之詞。今按長夜之飲，乃增長夜飲時間，就是不分晝夜，飲酒作樂，不理政事。㈡懽以失日：謂不分晝夜，飲酒作樂，不知時光到了那月那日。懽，同歡。各舊本誤作懼，據顧廣圻韓非子識誤改。㈢箕子：已見本篇紂為象箸而箕子怖註。㈣徒：侍者。㈤其危：將要毀滅。㈥辭：告訴。

【今譯】商紂不分晝夜的飲酒作樂，歡樂得忘記了時日，詢問左右的人，大家都不知道，於是派人去問箕子。箕子對他的侍者說：「做天下的主人，使天下的人都忘記了時日，天下就要毀滅了。天下的人都不知道時日，只有我知道，我就要毀滅了。你告訴來人我吃醉了，也不知道。」

魯人身善織屨，妻善織縞，而欲徙於越。㈠或謂之曰：「子必窮矣。」魯人曰：「何也？」曰：「屨為履之也，而越人跣行；㈡縞為冠之也，而越人翦髮。㈢以子之所長，游於不用之國，欲使無窮。其㈣可得乎！」

【今註】㈠魯人身善織屨三句：魯，周朝周公旦的封國，都曲阜，盛時有今山東西南部迄江蘇沛縣安徽泗縣一帶地，後被楚國吞併。身，是自身的意思。屨，音ㄐㄩˋ，鞋子。縞，音ㄍㄠˇ，白色生絹，古人多用以製冠。越，夏朝少康封他的庶子於會稽，有今浙江杭縣以南往東到海的土地。春秋後期，越王句踐滅吳稱霸，便據有江浙兩省和山東南部，後被楚國滅亡。㈡跣行：赤腳走路。跣，音ㄒㄧㄢˇ。㈢翦髮：各舊本作被髮。據王叔岷韓非子集解斠證改。㈣其：反詰副詞，用猶豈字。

【今譯】魯國有一個人，自己善於織鞋子，太太善於織生絹，卻想遷居到越國。某人對他說：「你一定要受窮的。」那個魯國人說：「為什麼呢？」某人說：「鞋子是腳穿的，可是越國人赤腳走路，不穿鞋子；絹帽是頭戴的，可是越國人翦掉頭髮，不戴帽子。以你們優長的技術，遷往不用那些製品的地方，想不受窮，怎麼行呢？」

陳軫貴於魏王，㈠惠子㈡曰：「必善事左右。夫楊、橫樹之即生，㈢倒樹之即生，折而樹之又生。然使十人樹之，而一人拔之，則毋生楊矣。夫以十人之眾，樹易生之物，而不勝一人者，何也？樹之難，而去之易也。子雖工㈣自樹於王，而㈤欲去子者眾，子必危矣。」

【今註】㈠陳軫貴於魏王：陳軫，戰國時遊士，曾仕秦，後仕楚，又曾遊說魏韓趙燕齊合從，駐軍魏韓，以抗禦秦國。戰國策魏策：以為這段故事是田需的事。田需曾為魏相，死在魏襄王九年。陳軫似為田需之誤。㈡惠子：應為惠施，已見本篇田駟欺鄒君註。㈢夫楊橫樹之即生：楊，楊柳科植物，枝下垂為柳，上挺為楊，插技極易成活。樹，用作動詞，是栽種的意思。㈣工：是善的意思。㈤而：假設連詞，用猶如字。

【今譯】陳軫被魏王重用。惠子對他說：「你必須好好接納君主親近的人。譬如楊樹，橫著種可以活，倒著種可以活，折斷了種也可以活。可是使十個人種，一個人拔，就沒有成活的楊樹了。以十個人這麼多，去種容易成活的樹，卻抵不過一個人的拔除，這是什麼緣故呢？因為栽種艱難，而拔除容易呀。你雖然在君王面前善於栽種自己，假如要拔除你的很多，你的地位一定是很危險的。」

魯季孫新弒其君，吳起仕焉。㈠或謂起曰：「夫死者始死而血，已血而衄，已衄而灰，已灰而土，及其土也，無可為者矣。㈡今

季孫乃始血，其毋乃未可知也。」吳起因去之晉。㊂

【今註】㊀魯季孫新弒其君二句：季孫，春秋時魯桓公庶子慶父、叔牙、季友的子孫，稱孟孫、叔孫、季孫，為魯國三大豪族，合稱三桓，又稱三家。而季孫氏尤為強大，世專魯政。吳起，春秋後期衛國人，擅長用兵。初為魯將，後事魏文侯，攻占秦國五個城，文侯用為西河守。武侯即位，聽信讒言，吳起逃往楚國。楚悼王用他主持國政，威震諸侯。楚悼王死，宗室大臣攻殺吳起。焉，代名詞，代季孫。今按吳起仕魯，應在魯元公死後，魯穆公初年，各書沒有魯季孫弒君的記載。㊁夫死者始死而血數句：血，用作動詞，意為流血。衄，音ㄋㄩˋ或ㄋㄧㄡˋ，本意為鼻出血，引伸為敗血。無可為者矣，言不能為祟。古人以為人死後鬼魂可以為祟，人被殺就流血，流血就腐壞，變成灰末，化為土壤，鬼魂便不能為祟了。以今日來看，為祟的不是鬼魂，是他生前的關係和作用，時間既久，這種關係作用便消失了。㊂吳起去之晉：據史記孫子吳起列傳，吳起離開魯國，往事魏文侯，是因為魯君對他懷疑，和這裏的說法不同。之，是往的意思。吳起事魏文侯，約在文侯十六年前後，文侯二十二年始與韓趙列為諸侯，這裏說「因去之晉」，也是對的。

【今譯】魯國的季孫新近殺死魯君，吳起便在他下面做官。有人對吳起說：「人剛被殺便流血，流血後便腐壞，腐壞後變成灰末，灰末化為土壤，等到化為土壤，就不能作祟了。現在季孫弒君，剛剛流血，這事的發展只怕還不能預料哩！」吳起聽了，就離開魯國，前往晉國。

隰斯彌㈠見田成子㈡。田成子與登臺四望，三面皆暢，㈢南望，隰子家之樹蔽之。田成子亦不言。隰子歸，使人伐之。斧離數創；㈣隰子止之。其相室曰：「何變之數也？」㈤隰子曰：「古者有諺曰：『知淵中之魚者不祥。』㈥夫田子將有大事，而我示之知微，㈦我必危矣。不伐樹，未有罪也；知人之所不言，其罪大矣。」乃不伐也。

【今註】㈠隰斯彌：人名，大概是春秋戰國間齊國的官吏。隰，音ㄒㄧˊ。㈡田成子：春秋後期，齊卿田常弒簡公，立平公，專齊政，卒謚成子。傳至田和，列為諸侯。和子午便把齊國全部併有。㈢暢：通暢，就是沒有遮蔽的東西。㈣斧離數創：用斧頭砍了幾下。離，本意為分離，使之分離，便引伸為割或砍的意思。數，讀ㄕㄨˋ。創，讀第一聲，是傷痕的意思。㈤其相室曰二句：相室，就是家臣。數，讀ㄙㄨˋ，就是速的意思。㈥古有諺曰二句：列子說符篇：「周諺有言：察見淵魚者不祥，智料隱匿者有殃。」㈦示之知微：顯示能夠看出隱微的事。

【今譯】隰斯彌謁見田成子，田成子和他登臺向四面眺望，三面都很空曠，只有向南面望時，被隰子家裏的樹木遮蔽住了。田成子沒有說什麼。隰子回到家裏，便派人把樹砍掉；斧頭才砍了幾下，隰子又教他停止。隰子的家臣說：「怎麼改變的這樣快呢？」隰子說：「古時有句成語：『視力能夠看出深淵裏的魚，這是不吉利的。』田成子打算發動重大事故，我卻顯示能夠看出隱微的事，一定會有災禍的。不砍掉樹木沒有罪過，知道人不肯說明的心事，這罪過就大了。」於是不再砍伐樹木。

楊子過於宋東之逆旅，㊀有妾二人，其惡者貴，美者賤，㊁楊子問其故。逆旅之父答曰：「美者自美，吾不知其美也；惡者自惡，吾不知其惡也。」楊子謂弟子曰：「行賢而去自賢之心，焉往而不美。」

【今註】㊀楊子過於宋東之逆旅：楊子，大概是楊朱，字子居，春秋時衛國人。莊子山木篇作陽子。宋，周朝國名。周成王封殷遺臣微子啟於宋，都商丘，戰國時為齊、魏、楚所滅。逆旅，旅館。㊁其惡者貴二句：惡，貌醜。貴，被愛重。賤，被輕賤。

【今譯】楊子行經宋國東部的一家旅館，旅館的主人有兩個妾，主人喜歡醜陋的，不喜歡美麗的。楊子問他這是什麼緣故？旅館的主人回答說：「那個美麗的，以為自己美麗而驕傲，我便不感覺她美麗；那個醜陋的，以為自己醜陋而柔順，我便不感覺她醜陋。」楊子告訴他的學生說：「品行優美，再去掉驕矜的心理，到那裏不受人愛重呢？」

衛人嫁其子㊀而教之曰：「必私積聚。為人婦而出，常也；其成居，幸也。」㈡其子因私積聚，其姑以為多私而出之。其子所以反者，倍其所以嫁。其父不自罪於教子非也，而自知其益富。㈢今人臣之處官者，皆是類也。㈣

【今註】㈠衛人嫁其子：衛，周武王少弟康叔的封國，大約有現在河南省北部和河北省南部一帶地方。子，女兒，古人對於所生男女都稱子。詩大雅大明：「長子維行」，便是指莘國的長女太姒。㈡為婦人而出二句：出，被夫家休棄。常，是常有的事。成，是終的意思。成居，就是共同生活到老。㈢其子所以反者四句：所以反，是帶回來的財物。知，讀第四聲，同智。㈣今人之處官者二句：處官，就是做官辦事。這兩句是指行賄求官，專事聚歛，終被革職的事。

【今譯】衛國有一個人嫁女兒，教導女兒說：「一定要私自積蓄。做妻子的被休棄，是常有的事；共同生活到老，那是幸運。」他的女兒便私自積蓄；婆婆因為她私蓄太多而把她休棄。女兒帶回來的財物，要比當時的嫁妝多一倍。父親不責備自己教導女兒的錯誤，反而覺得自己非常聰明，因為比以前更加富有了。現在一般官吏作事，都是這一類的。

魯丹三說中山之君而不受也，㈠因散五十金，事其左右。復見，未語，而君與之食。魯丹出而不反舍，遂去中山。其御曰：

「及見，乃始善我，㈡何故去之？」魯丹曰：「夫㈢以人言善我，必以人言罪我。」未出境，而公子惡㈣之曰：「為趙來間㈤中山。」君因索而罪之。

【今註】㈠魯丹三說中山之君而不受也：魯丹，人名，事蹟未詳。說，讀ㄕㄨㄟˋ，遊說，貢獻意見。中山，國名，已詳本篇魏文侯借道於趙而攻中山注。㈡及見乃始善我：及，是連續的意思，或作反。乃，是已經。㈢夫：人稱代名詞，用猶彼字。㈣惡：讀ㄨˋ，是讒毀的意思。㈤間：讀ㄐㄧㄢˋ，作間諜，刺探敵情。

【今譯】魯丹三次向中山國的君主貢獻意見，都沒有被接受，他就拿五十金分給君主左右親近的人。再去進見，還沒開口，君主就賜予酒食。魯丹出來後，沒回旅舍，便離開中山。他的車夫說：「連續進見，君主已開始賞識我們，為什麼要離去呢？」魯丹說：「他因為旁人的話賞識我，也一定因為旁人的話誅罰我。」魯丹還沒走出國境，中山的公子就讒毀他說：「魯丹是為趙國來做間諜的。」中山的君主便下令搜捕魯丹治罪。

田伯鼎好士而存其君，㈠白公好士而亂荊，㈡其好士則同，其所以好士之為則異。㈢公孫支自刖而尊百里，㈣豎刁自宮而諂桓公，㊄其自刑則同，其所以自刑之為則異。慧子㊅曰：「狂者東走，逐者亦東走，其東走則同，其所以東走之為則異。」故曰：同事之人，不可不審察也。

【今註】 ㊀田伯鼎好士而存其君：田伯鼎，人名，好士存君，事實待考。㊁白公好士而亂荊：楚平王無道，伍奢勸諫，和他的長子伍尚被殺，次子伍員（伍子胥）和太子建逃到鄭國。太子建在鄭國謀亂被殺，伍員和太子建的兒子勝逃到吳國。後楚惠王召勝，使居楚邊邑，號為白公。白公好勇而陰養死士，為亂失敗自殺。荊，是楚國的舊稱。㊂其所以好士之為則異：各舊本無「好士之」三字，王先慎韓非子集解依下文句法補。為，讀第四聲，是緣故、用意的意思。㊃公孫支自刖而尊百里：支，各舊本作友，盧文弨羣書拾補以為「友當作支」。左傳作枝。公孫枝，字子桑，春秋時秦國優良的大夫，薦孟明於秦穆公，穆公便稱霸西戎。事見左傳文公三年。百里，指孟明，姓百里，名視，是百里奚的兒子。自刖事未詳。㊄豎刁自宮而諂桓公：豎刁，春秋時齊國人。因齊桓公好女色，便自行割勢到宮裏服務，以接近齊桓公。後與易牙開方亂齊。㊅慧子：盧文弨羣書拾補，以為就是惠施，已見本篇田駟欺鄒君注。

【今譯】 田伯鼎好養士而保全了君主，白公勝好養士而擾亂了楚國，他們喜歡養士是相同的，但是養士的用意就不同了。公孫支砍掉自己的腳而推舉百里視，豎刁割去自己的勢以諂媚齊桓公，殘毀自己的身體是相同的，但是殘毀身體的用意就不同了。惠子說：「狂人向東跑，追趕的人也向東跑，向東跑是相同的，但是向東跑的用意就不同了。」所以說：對於作同樣事情的人，也不能不詳加考察呀。

說　林下

【釋題】本篇原為第八卷第二十三篇。題解已見上篇，大概因為篇幅較多，而分為上下兩篇。

【提要】本篇彙集三十七個有關勸說的故事，每一故事為一節，各有其意義，而都能啟迪人的神智。

伯樂教二人相踶馬，相與之簡子廄觀馬。㈠一人舉踶馬，其一人從後而循之，三撫其尻，而馬不踶，此自以為失相。㈡其一人曰：「子非失相也。此其為馬也，踒肩而腫膝。㈢夫踶馬也者，舉後而任前，㈣腫膝不可任也，故後不舉。子巧於相踶馬，而拙於任腫膝。㈤」夫事有必歸，㈥而以有所腫膝而不任，智者之所獨知也。惠子曰：「置猿於柙中，則與豚同。㈦」故勢不便，非所以逞能也。㈧

【今註】㈠伯樂教人相踶馬二句：伯樂，左傳哀公二年杜注以為就是王良。王良，字無恤，食邑於郵，所以又稱郵良、郵無恤。淮南子和漢書古今人表則以王良、伯樂為二人。王良善御馬，伯樂善相馬。本書各篇亦似以王良、伯樂為二人。相，讀第四聲，是觀察鑑別的意思。踶，音ㄉㄧˋ，今多作踢，讀ㄊㄧ，以足蹴物，俗謂馬用後足踢人為尥蹶子（ㄌㄧㄠˋ ㄐㄩㄝˇ ・ㄗ）。之，是往或到的意思。簡子，春秋時晉國的卿趙鞅，謚簡子。廄，音ㄐㄧㄡˋ，馬舍。㊁一人舉踶馬數句：舉，選出。循，借為巡，是往來察看的意思。尻，音ㄎㄠ，脊骨的末端，就是坐骨。此，此人，就是舉踶馬的人。失相，觀察錯誤。㊂踒肩而腫膝：踒，音ㄨㄛ。說文：「足跌也。」段注：「跌者，骨委屈失其常。」日人蒲阪圓增讀韓非子以為「短肩」。腫，肉暴長。㊃舉後而任前：舉後足而使前足擔負全身的重量。任，使之擔負。㊄而拙於任腫膝：俞樾諸子平議，以「任」為「在」字的誤寫，「在」是察的意思。高亨韓非子補箋，以為「任」亦有察意。㊅歸：歸結，事情的結局。㊆惠子曰三句：惠子，當即惠施，已見說林上篇田駟欺鄒君注。柙，音ㄒㄧㄚˊ，關閉獸類的欄檻。豚，音ㄊㄨㄣˊ，小豬。㊇非所以逞能也：所以，這裏是可以的意思。逞能，儘量發揮他的能力。

【今譯】　伯樂教導兩個人鑑別愛踢人的馬，兩個人一同前往趙簡子的馬廄裏看馬。其中一人指出一匹是愛踢人的馬，另外一人在那匹馬後面來回察看，幾次撫摸牠的尻部，那匹馬並沒有踢人。指出那匹馬的人以為自己看錯了。另外那人說：「你沒有看錯，這匹馬前肩受過傷，骨頭沒有完全長好，前肢膝蓋有些腫大。馬踢人時須舉起後蹄，全身的重量要由前肢支持。這匹馬前肢膝蓋腫大，不能支持全身的重量，所以後蹄便不能舉起踢人，你鑑別愛踢人的馬是很精明的，卻沒注意察看牠前肢腫大的膝蓋。」一切事情都有必然的結局，前肢膝蓋腫大，便不能支持全身的重量，只有智慧高的人才能理會呀。惠子說：「把猿猴關閉在籠子裏面，就和小豬差不多。」所以形勢不利時，就不能逞能了。

衛將軍文子㊀見曾子㊁，曾子不起，而延於坐席，正身於奧。㊂文子謂其御曰：「曾子、愚人也哉！以我為君子也，君子安可毋敬也？以我為暴人也，暴人安可侮也？曾子不僇，命也。」㊃

【今註】㊀衛將軍文子：大戴禮有衛將軍文子篇，記衛將軍文子和子貢談論孔門弟子顏淵、仲由、曾參等的品行。禮記檀弓，記「將軍文子之喪，……子游觀之，……」陳奇猷韓非子集釋，以為是北宮佗，謚文子。今按左傳襄公三十一年載「北宮文子相衛襄公以如楚。」春秋昭公十一年載季孫意如和衛北宮佗等會於厥憖。子貢生於魯昭公二十二年，曾參生於魯定公五年，都不大可能和北宮佗見面談話，錯誤是很顯明的。大戴禮盧注：「文子，衛卿也，名彌牟。」孔疏案世本，「衛靈公生昭子郢，郢生文子木。彌牟或為木的字。孔子於衛靈公、出公之際在衛國，衛將軍文子較孔子稍晚，和孔門弟子年輩差不多，則為衛靈公的孫子文子木大致是對的。㊁曾子：名參，字子輿，春秋時魯國南武城人。孔子弟子，傳述孔道，後世稱為宗聖。㊂曾子不起三句：起，本意為發步，這裏似是出來迎接。延於坐席，就是讓他坐在席上。奧，室內西南隅，是最尊貴的地位，這裏可解作上位。正身於奧，就是端坐上位。㊃曾子不僇命也：僇，是挫辱的意思。命，日人松皐圓定本韓非子纂聞：「宜作夲，形之誤也。夲，即幸字。」實則命是天意，也就是俗所謂運氣。

【今譯】　衛將軍文子拜訪曾子，曾子沒有出來迎接，讓他坐在席上，自己端坐上位。文子告辭出來，告訴他的車夫說：「曾子是一個愚蠢的人。認為我是賢德的人，對賢德的人怎能不予敬重？認為我是暴戾的人，對暴戾的人怎能加以侮慢？曾子沒有受到挫辱，那是運氣。」

鳥有翢翢者，重首而屈尾，將欲飲於河則必顛，乃銜其羽而飲之。㊀人之所有飲不足者，不可不索其羽也。㊁

【今註】　㊀鳥有翢翢者四句：翢翢，亦作周周，鳥名。曲尾，尾向上翹起。羽，鳥長毛，大概指翹起的尾長毛。銜其尾，用嘴含住毛使向下，以維持飲水時身體的平衡。㊁人之所有飲不足者：之，假若。飲不足，指欲求不能滿足。索其羽，從自己的羽毛尋求辦法。這裏羽毛指自己各種所有物。

【今譯】　有一種鳥名叫翢翢，頭很重，尾巴向上翹起，要想站在河邊飲水，一定向前跌下，牠便用嘴銜住尾巴上的長毛，然後飲水。人假如要想飲水而不能滿足，便不能不從自己的羽毛上尋求辦法呀。

鱣㊀似蛇，蠶似蠋㊁。人見蛇則驚駭，見蠋則毛起。漁者持㊂鱣，婦人拾蠶，利之所在，皆為賁諸㊃。

【今註】㊀鱣：音ㄕㄢˋ，或作鱓，又作鱔，魚名，形狀像蛇，體赤褐色，腹部黃色，俗稱黃鱔。㊁蠋：音ㄓㄨˊ，本作蜀，俗又加虫作蠋。是蛾蝶類的幼蟲，形狀像蠶，大如手指，有綠、黑、褐等色。㊂持：事類賦二十九引作取，本書七術篇作握，說苑叢談篇亦作持。㊃賁諸：孟賁、專諸，都是古代的勇士。孟賁，戰國時衛國人，能生拔牛角。專諸，春秋時吳國人，為公子光刺殺吳王僚。

【今譯】鱣魚像蛇，蠶像烏蠋。人看見蛇就駭怕，看見烏蠋寒毛就豎起。可是漁夫捕鱣魚，婦人用手拾蠶。對於有利益的事，大家都像孟賁、專諸那樣勇敢。

伯樂㊀教其所憎者相千里之馬，教其所愛者相駑馬。千里之馬時一㊁，其利緩；駑馬日售，其利急。此周書所謂「下言而上用者惑也。」㊂

【今註】㊀伯樂：已見本篇第一節注。㊁時一：時，間或，偶然。時一就是偶然見到一個。㊂此周書所謂下言而上用者惑也：孫詒讓札迻：「此所引蓋逸周書佚文。淮南子氾論云：『昔者周書有言曰：「上言者下用也，下言者上用也。上言者常也，下言者權也。」』高注：『用，可否相濟也。常，君常也。權，謀也，謀度事宜，不失其道。』兩文同出一源，而意恉皆不甚明晰。以高說推之，似謂上言而下用之者，為事之常；下言而上用之者，則為權宜暫用。權與常相對為文。故文子道德篇亦云：『上言者常用也，下言者權用也。』即隱襲淮南語，尚得其恉。此云下言而上用者惑也，惑古字言上用之不可為常耳。」今按淮南子所引周書文字，大意是：上級的話是要下級實行的，下級的話是給上級採用的。上級的話要下級實行是經常的，下級的話被上級採用是偶然的。這裏，下言指相馬的意見；上用，指有地位的人採用他的意見購買千里馬。

【今譯】伯樂教導他所憎惡的人鑑別千里馬，教導他所喜愛的人鑑別普通的馬。千里馬間或見到一匹，獲利很慢；普通的馬天天買賣，獲利很快。這就是周書所說：「下級的話被上級採用是偶然的。」

桓赫㊀曰：「刻削之道，鼻莫如大，目莫如小。鼻大可小，小不可大也；目小可大，大不可小也。舉事亦然，為其後可復者也，則事寡敗矣。」㊁

【今註】㊀桓赫：顧廣圻韓非子識誤以為桓也許是杜字的誤為。杜赫，周人，曾以安天下說周昭文君。㊁舉事亦然三句：舉事，就是辦事。為其後，各舊本作為其不，王先愼韓非子集解據張榜本改。為，這裏用猶如字。為其後可復，意思是：假如事後可以再加修改。

【今譯】桓赫說：「雕刻的方法，鼻子最好刻大些，眼睛最好刻小些。鼻子大可以改小，小便不能改大；眼睛小可以改大，大便不能改小。辦事也是這樣，假如事後可以再加修改，就很少失敗了。」

崇侯、惡來知不適紂之誅也，而不見武王之滅之也；㊀比干、子胥知其君之必亡也，而不知身之死也。㊀故曰：崇侯惡來知心而不知事，比干子胥知事而不知心。聖人其㊁備矣。

【今註】㊀崇侯惡來知不適紂之誅也二句：崇，商朝國名，在今陝西省鄠縣東。崇侯虎曾向商紂讒西伯昌。惡來，商紂的官吏，蜚廉的兒子。蜚廉善走，惡來有力，父子俱以材力事商紂。紂，是商朝末代的帝王，嗜酒好色，暴虐無道，被周武王誅滅。適，王先慎韓非子集解以為當讀為敵，解作犯的意思。今按仍應讀ㄕˋ，適是順從。武王，名發，繼父昌為西伯。商紂暴虐，率領諸侯誅滅商紂，代有天下，便建立周朝，謚曰武。㊁比干子胥知其君之必亡也二句：比干，商紂的叔父，封於比，所以稱比干。商紂淫亂不止，比干勸諫，被殺剖心。子胥，就是伍員，事蹟已見說林上篇子胥出走節注。㊂其：是殆、大概的意思。

【今譯】崇侯和惡來知道不順從商紂便被誅戮，但是沒料到天下被周武覆滅；比干和子胥知道國家必將覆滅，但是沒想到自己先被殺戮。所以說：崇侯和惡來知道君主的心理，卻不知道國事的興廢；比干和子胥知道國事的興廢，卻不知道君主的心理。聖人大概是兩樣兼備的。

宋太宰貴而主斷，季子將見宋君。㊀梁子聞之曰：「語必可與太宰三坐乎？不然，將不免。」㊁季子因說以貴生而輕國。㊂

【今註】㈠宋太宰貴而主斷二句：宋太宰，大概就是內儲說上宋太宰戴驩，說林上篇作商太宰。季子，身世未詳。㈡梁子聞之曰三句：梁子，身世未詳。可與，猶言可以。三，用作動詞，為加入成三，後多作參。參坐，就是在座。這句話是說：你講話必須可以讓太宰在座。意即太宰在座，亦無不妥。不免，不免禍災。㈢貴生而輕國：貴生，各舊本作「貴主」。顧廣圻韓非子識誤以為當作「貴生」，呂氏春秋有貴生篇。這句話的意思是勸宋君注重養生，看輕國事。這話對太宰專權是有利的。

【今譯】宋太宰位高而專權。季子將要晉謁宋君，梁子聽到這消息，告訴季子說：「你講話必須可以讓太宰在座呀！不這樣，會有災禍的。」季子便勸宋君注重養生，而看輕國事。

楊朱之弟楊布，㈠衣素衣而出，天雨，解素衣，衣緇衣而反，㈡其狗不知而吠之。楊布怒，將擊之。楊朱曰：「子毋擊也，子亦猶是。曩者使女狗白而往，㈢黑而來，子豈能毋怪哉！」

【今註】㈠楊朱之弟楊布：楊朱，字子居，或謂曾學於老子，或謂後於墨子。學說主為我，拔一毛而利天下不為。莊子各篇作陽子居。楊布，事蹟未詳。㈡衣素衣而出四句：上「衣」字都讀第四聲，動詞，是穿的意思。緇，音ㄗ，黑色的綢子。反，回來，後多作返。㈢曩者使女狗白而往：曩，音ㄋㄤˇ，從前，剛才。使，假使。女，讀ㄖㄨˇ，後多作汝。

【今譯】楊朱的弟弟楊布，穿著白色的衣服出門，遇到下雨，就脫去白色的衣服，穿著黑色的衣服回來。他的狗不認識，便向他亂叫。楊布很生氣，拿起木棍要打牠。楊朱說：「你不必打牠，你也是這樣，假使你的狗剛才跑出去是白色的，回來時變成黑色的，你怎能不疑怪呢？」

惠子㊀曰：羿執抉持扞，操弓關機，越人爭為持的；㊁弱子扞弓，慈母入室閉戶。㊂故曰：可必，則越人不疑㊃羿；不可必，則慈母逃弱子。

【今註】㊀惠子：就是惠施，已見說林上篇田駟欺鄒君注。㊁羿執抉持扞三句：羿，音ㄧˋ，夏朝有窮國的君主，最善於射箭，篡奪夏相天子的地位，後被寒浞所殺。抉，各舊本作鞅，王念孫讀書雜志餘編以為當作決。決，就是韘（ㄕㄜˋ），射箭的用器，著於右手大指，用以鉤弦，又作玦，大概就是所謂扳指。扞，音ㄏㄢˋ，就是韝（ㄍㄡ），也叫做拾，又叫做遂，是射箭時著於左臂的臂衣，用以扞臂。關，讀ㄨㄢ，同彎。機，弩牙，主弩的放發。關機，就是引動弩牙。越，古以胡越比喻疏遠，應看作種族的名稱，指東南沿海比較落後的民族。的，讀ㄉㄧˋ，本為箭靶的中心，這裏是指箭靶。㊂弱子扞弓二句：弱子，小孩子。扜，各舊本作扞，王念孫讀書雜志餘編以為當作扜，音ㄩ。扜弓，是引弓的意思。㊃疑：是恐懼的意思。

【今譯】惠子說：「羿戴起扳指，著上臂衣，拿起弓箭，引動弩牙，最疏遠的越人都爭著給他拿箭靶；小孩子拉弓射箭，最親愛的母親也要逃到屋裏，把門關起。所以說：可以確定中的，就是越人對羿也不疑懼；不能確定中的，就是慈母對兒子也要躲避。」

桓公問管仲曰：「富有涯乎？」㈠答曰：「水之以涯，其無水者也；富之以涯，其富已足者也。㈡人不能自止於足而亡，其富之涯乎！」㈢

【今註】㈠桓公問管仲曰二句：桓公，春秋時齊國的君主；管仲，齊桓公的宰相，已見難一篇第三節注。涯，本意為水邊，引伸為各種事物的邊際。㈡答曰數句：之，助詞。以，是及的意思。其，是則的意思。㈢人不能自止於足而亡二句：亡，死亡。王先慎韓非子集解，以為「而亡」連下讀，「亡讀為忘，謂欲富無厭，故忘其涯。」不好。其，是大概的意思。

【今譯】齊桓公問管仲說：「富有邊際嗎？」管仲回答說：「水到邊際，就是沒水的地方。富到邊際，就是已經覺得滿足。可是一般人到應該滿足的時候，還不能停止對富的營求，而自取敗亡，這大概就是富的邊際了。」

宋之富賈有監止子者，與人爭買百金之璞玉，因佯失而毀之，負其百金，而理其毀瑕，得千溢焉。㈠事有舉之而有敗，而賢其毋舉之者，負之時也。㈡

【今註】㊀宋之富賈有監止子者數句：宋，周朝國名，已見說林上篇齊攻宋節注。賈，音ㄍㄨˇ，商人，行賣叫商，坐賣叫賈。監止子，人名，事蹟未詳。百金，古以金一鎰（二十兩或二十四兩）為一金，或金一斤為一金。璞玉，未經琢磨的玉石。佯失，假裝失手。負，孫詒讓札迻：「負其百金者，謂償其值百金。負猶後世言賠也。」理，治玉。瑕，玉病。溢，後多作鎰。㊁事有舉之而有敗三句：上面的「有」字，是或的意思。賢，勝過。其，解作於。時，孫楷第讀韓非子札記解作「是」字。日人松皐圓定本韓非子纂聞：「謂舉事者或有始敗終利者，人見其始敗，乃以無舉者為賢，不知此乃聰慧如監止子者百金得千鎰之時也。」

【今譯】宋國有一個富商監止子，和人爭買一塊售價百金的璞玉，便假裝失手，把牠摔壞，拿百金賠與售主，然後把摔壞的璞玉磨治成器物，獲金千鎰。世人偶有把事辦壞，反而比沒辦壞要好些，監止子拿百金賠償璞玉就是這種情形呀。

有欲以御見荊王者，眾騶妒之，因曰：「臣能撽鹿。」㊀見王，王為御，不及鹿，自御及之。王善其御也，乃言眾騶妒之。

【今註】㊀有欲以御見荊王者三句：荊，楚國的舊稱。騶，音ㄗㄡ，主管車馬的人。撽，同擊，或謂同儌、邀，要擊。

【今譯】有人想謁見楚王請求給他駕車子，可是許多駕車的忌妒他。他便說：「我駕車能追擊跑得最快的鹿。」因而得見楚王。楚王自己駕車，沒追到鹿；然後由他駕車，果然追到鹿了。楚王對他駕車，大為嘉許，他便說出許多駕車的忌妒他，才用追鹿的方法求見。

荊令公子將伐陳，㊀丈人送之曰：「晉強，不可不慎也。」㊁公子曰：「丈人奚憂？吾為丈人破晉。」丈人曰：「可，吾方廬陳南門之外。㊂」公子曰：「是何也？」曰：「我笑句踐也，為人之如是其易也，己獨何為密密十年難乎？」㊃

【今註】㊀荊令公子將伐陳：荊，楚國。公子，王先慎韓非子集解，據左傳哀公十七年，認為是公孫朝。公孫朝是令尹子西的兒子。將，讀第四聲，是統率的意思。陳，國名，周武王封虞舜的後代胡公於陳，都宛丘（今河南省淮陽縣），後為楚國所滅。㊁丈人送之曰三句：丈人，老人的通稱。晉，周成王弟叔虞的封國，是春秋時北方的大國，後被韓趙魏三家所分。㊂吾方廬陳南門之外：方，是將要的意思。廬，動詞，是居住的意思。㊃我笑句踐也三句：句踐，春秋時越國的君主，被吳王夫差戰敗，圍困於會稽山上。用大夫范蠡文種的計策，忍辱求和，生聚教訓，終於滅吳稱霸。為，施為。為人，對人征伐。之，假使。己，指句踐。密密，劉師培韓非子斠補以為猶言密勿，就是黽勉的意思。今按吳王夫差北會諸侯於黃池，越王句踐率領軍隊打敗吳國，殺吳太子，為魯哀公十三年，在公孫朝滅陳以前。越圍吳，在魯哀公二十年，滅吳在魯哀公二十二年，則在公孫朝滅陳以後。

【今譯】　楚國派公孫朝率領軍隊去攻打陳國，有一位老人送行說：「北方的晉國很強大，不能不當心。」公孫朝說：「您老人家何必多慮，我一定打敗晉國給您看看。」老人說：「很好！我馬上遷居到陳國的南門外。」公孫朝說：「這是為什麼呢？」老人說：「我要譏笑越王句踐，討滅別國這樣容易，自己為什麼奮勉十年那樣艱苦呢？」

堯以天下讓於許由，許由逃之，㈠舍於家人，家人藏其皮冠。㈡夫棄天下，而藏其皮冠，是不知許由者也。

【今註】　㈠堯以天下讓於許由二句：堯，就是唐堯，中國古代的聖王，晚年讓位給舜。許由，古代的高士，堯讓天下給他，不肯接受，逃到箕山隱遯。㈡舍於家人二句：家人，猶言庶人。漢書惠帝紀：「見蘭陵家人井中。」注，「言庶人之家。」又欒布傳：「彭越為家人時。」注，「言編戶之人也。」尹桐陽韓子新釋以為稼人，就是農家。沒有根據。藏其皮冠：因為怕被許由偷去。

【今譯】　堯把天下讓給許由，許由逃走，寄宿在一位老百姓家裏，老百姓便把自己的皮帽子收藏起來。許由放棄天下不要，這位老百姓卻防範他偷自己的皮帽子，這真是不了解許由的為人啊。

三蝨相與訟，㈠一蝨過之，曰：「訟者奚說？」㈡三蝨曰：「爭肥饒之地。」一蝨曰：「若亦不患臘之至而茅之燥耳，㈢若又奚

患？」於是乃相與聚嘬其母而食之。彘臞，人乃弗殺。㊃

【今註】㊀三蝨相與訟：蝨，音ㄕ，蟲名，寄生在人體和其他哺乳動物身上，吸食他們的血液。訟，爭論是非。㊁訟者奚說：爭論是什麼道理。㊂若亦不患臘之至而茅之燥耳：若，第二人稱代名詞，是你們的意思。患，憂慮。臘，祭祀的名稱，冬至後第三個戌日合祭百神。茅，是菅類的草。燥，本意為乾，使之乾就是烤。㊃於是乃相與聚嘬其母而食之三句：嘬，音ㄗㄨㄛ或ㄔㄨㄞˋ，是聚食或吸食的意思。母，日人松皐圓定本韓非子纂聞以為彘是蝨所由生，所以稱為母。陳奇猷韓非子集釋以為母是血字之訛。彘，音ㄓˋ，就是豬。臞，音ㄑㄩˊ，字又作癯，是瘦的意思。

【今譯】寄生在一隻豬身上的三個蝨子在一起爭吵，另外一個蝨子走過，問牠們說：「你們爭吵什麼？」三個蝨子說：「爭肥美的地方。」另外那個蝨子說：「你們不怕臘祭到來，殺掉豬點茅草來烤，還怕什麼呢？」三個蝨子聽了，便聯合起來，一齊吸食豬的血，豬慢慢變瘦，人便沒有殺掉那隻豬。

蟲有蚘㊀者，一身兩口，爭相齕㊁也，遂相殺，因自殺。人臣之爭事而亡其國者，皆蚘類也。

【今註】㊀蚘：音ㄏㄨㄟˇ，同虺，是一種毒蟲。㊁齕：音ㄏㄜˊ，是咬的意思。

【今譯】有一種蟲叫做蚘，一個身子兩張嘴，為了爭食而互咬，接著就拼命，結果便把自己咬死。

一個國家的官吏互相爭鬪，而招致滅亡，都是和蜾蟲同類的。

宮有堊，器有滌，則潔矣。㊀行身亦然，無滌堊之地，則寡非矣。㊁

【今註】㊀宮有堊三句：宮，房屋，古時貴賤都可稱宮，秦漢以後，只有帝王的房屋稱宮。有，是假如的意思。堊，音ㄜˋ，本為白色土，用作動詞，是以白粉塗飾。滌，音ㄉㄧˊ，用水沖洗。㊁行身亦然三句：行身，猶言生活或處世。非，是不合理，過錯。

【今譯】宮室如加以粉飾，器具如加以洗滌，就清潔了。人類的生活也是這樣，如沒有須加洗滌粉飾的地方，過錯就很少了。

公子糾將為亂，桓公使使者視之。㊀使者報曰：「笑不樂，視不見，㊁必為亂。」乃使魯人殺之。

【今註】㊀公子糾將為亂二句：公子糾，齊僖公的兒子，襄公的庶弟，桓公的庶兄。齊襄公無道，鮑叔牙奉公子小白逃到莒國。公孫無知弒襄公自立，管仲、召忽奉公子糾逃到魯國。等到雍林人殺公孫無知，公子小白先回齊國做君主，這就是齊桓公。魯國派兵送公子糾回國，齊桓公擊敗魯國，要求魯國殺死公子糾，把管仲、召忽送回齊國殺戮。照這段文字看來，齊桓公要求魯國殺死公子糾以前，曾經派人探視公子糾是否仍有奪位的意圖，才採取行動。㊁笑不樂視不見：顯示別有所思。

【今譯】　公子糾打算作亂，齊桓公派人前往探視，回來報告說：「公子糾笑時並不是真正高興，注視時並沒看清前面的東西，一定會作亂的。」齊桓公這纔要求魯國把公子糾殺死。

公孫弘斷髮而為越王騎，公孫喜使人絕之，曰：「吾不與子為昆弟矣。」㊀公孫弘曰：「我斷髮，子斷頸而為人用兵。我將謂子何！」周南之戰，公孫喜死焉。㊁

【今註】㊀公孫弘斷髮而為越王騎三句：公孫弘，日人松皐圓定本韓非子纂聞：「中山策吳注：按戰國有兩公孫弘，一在齊，為孟嘗君見秦昭王者；一在中山，與漢平津（漢公孫弘封平津侯）為三。韓子所言，又一人也。」斷髮，截髮使短。中原諸國蓄髮，越人斷髮文身，是野蠻的風俗。越王，或為越王無彊，或稍後。楚威王敗越，殺越王無彊，盡收舊日吳國的土地，直到浙江；越國退江南海濱。騎，讀ㄐㄧˋ，大概是騎馬服役的官吏。公孫喜，公孫弘的弟兄，韓國的將領。公孫弘從越俗，公孫喜認為是恥辱。昆弟，猶言兄弟。㊁周南之戰二句：日人松皐圓定本韓非子纂聞：「周之南界，即伊闕也。史記（韓世家）：『韓僖（釐）王三年，使公孫喜率周魏之師攻秦；秦敗我二十四萬，虜喜於伊闕。』」焉，解作「之」字。

【今譯】　公孫弘翦掉頭髮做越王的騎士，公孫喜派人去聲明和他斷絕關係說：「我從此不再和你做兄弟了。」公孫弘說：「我不過翦掉頭髮，你卻割斷頸項給人用兵，我將說你什麼呢？」伊闕那次戰事，公孫喜果然被殺死。

有與悍者鄰，欲賣宅而避之。人曰：「是其貫、將滿矣，子姑待之。」㊀答曰：「吾恐其以我滿貫也。」遂去之。故曰：物之幾者，非所靡也。㊁

【今註】㊀是其貫將滿矣二句：是，龍宇純韓非子集解補正，以為是和視古時音同通用，這裏作視字解。貫將滿，尚書泰誓：「商罪貫盈，天命誅之。」貫是穿錢的繩子，罪惡的累積，也像錢貫穿錢，有時積滿，當獲天誅。姑，暫且。㊁物之幾者二句：物，是事的意思。幾，危險。所，是可的意思。靡，詩王風黍離：「行邁靡靡」，靡靡，猶言遲遲。

【今譯】某甲和凶悍的人做鄰居，想把房子賣掉避開他。有人對某甲說：「看他的惡貫，就快積滿了，你姑且等著罷。」某甲回答說：「我恐怕他拿我來積滿他的惡貫呀。」就趕快賣掉他的房子搬家了。所以說：危險的事，是不能拖拖沓沓的。

孔子謂弟子曰：「孰能導子西之釣名也？」子貢曰：「賜也能。」乃導之，不復疑也。㊀孔子曰：「寬哉不被於利，絜哉民

性有恆。曲為曲，直為直，子西不免。」㈡白公之難，㈢子西死焉。故曰：直於行者，曲於欲。㈣

【今註】㈠孔子謂弟子曰數句：子西，楚平王庶子，楚昭王的庶兄公子申，做楚國的令尹，白公勝叛亂被殺。釣名，求取名譽。子貢，姓端木，名賜，春秋時衛國人，孔子弟子，長於言語，又善貨殖。㈡孔子曰數句：寬，胸懷遠大。被，是蔽的意思。絜，同潔，品行純潔。民性，其人的性向，指子西。有恆，有常，堅定不移。不免，不能避免災禍。子西不免上面各舊本有「孔子曰」三字，日人松皐圓定本韓非子纂聞以為衍文，據刪。王先慎韓非子集解以上文孔子曰為子西曰，就是不知道這裏「孔子曰」三字為衍文的緣故。㈢白公之難：白公，名勝，春秋時楚國太子建的兒子，隨伍子胥逃往吳國。令尹子西召回楚國，使居邊邑，稱為白公。後作亂，殺子西、子期。葉公子高攻白公、白公自殺。㈣直於行者曲於欲：品行正直，欲望就要受到損折。行，讀第四聲。欲，指地位、金錢、壽命等。

【今譯】孔子對他的學生們說：「誰能勸告令尹子西注意求名呢？」子貢說：「賜能夠。」於是前往勸告子西，毫不疑慮。孔子說：「子西胸懷遠大，不會被財利蒙蔽，品行純潔，心向能堅定不移，對就是對，錯就是錯。不過他是不能避免災禍的。」以後白公勝作亂，子西果然被殺。所以說：品行正直，欲望就要受到損折。

晉中行文子㊀出亡，過於縣邑㊁。從者曰：「此嗇夫，公之故人，公奚不休舍？且待後車。」㊂文子曰：「吾嘗好音，此人遺我鳴琴；吾好珮，此人遺我玉環。是不振我過者也，以求容於我者。吾恐其以我求容於人也。」㊃乃去之。果收文子後車二乘，而獻之其君矣。

【今註】㊀中行文子：春秋時晉國的卿荀林父將中行（讀ㄏㄤˊ），後以官為氏。他的曾孫荀寅，謚文，所以稱中行文子。晉定公時，荀寅和范吉射攻打趙鞅，荀躒奉定公以伐范氏、中行氏，荀寅和范吉射奔朝歌，後又逃往齊國。㊁縣邑：都是地方的名稱，後多稱縣為邑。㊂此嗇夫四句：嗇夫，古時的鄉官。奚，疑問副詞，為什麼。休舍，都是止息的意思。且，用同以字。㊃吾嘗好音數句：遺，讀ㄨㄟˋ，贈與。鳴琴，琴能發聲，所以稱為鳴琴。珮，佩帶的玉飾。不振，各舊本無「不」字，日人松皐圓定本韓非子纂聞以為振上脫「不」字，據補。振，是救的意思。容，喜悅。

【今譯】晉國中行文子逃走，經過一個縣邑。隨從的人說：「這裏的嗇夫是你的舊屬，你為什麼不暫住一宵，休息休息，以等待後面的車輛呢？」文子說：「從前我喜好音樂，這人便送給我鳴琴；喜好玉飾，這人便送給我玉環。照這樣看，他是不肯補救我的過錯，以求取我的喜悅的。現在我恐怕他要利用我以求取別人的喜悅了。」就趕快離開那地方。這人果然截取後面兩輛運送財物的車子，獻給晉國的君主。

周趮謂宮他曰：㈠「為我謂齊王曰：以齊資我於魏，請以魏事王。」㈡宮他曰：「不可。是示之無魏也，齊王必不資於無魏者，而以怨有魏者。㈢公不如曰，以王之所欲，臣請以魏聽王。齊王必以公為有魏也，必因公，是公有齊也，因以有齊魏矣。㈣」

【今註】 ㈠周趮謂宮他曰：趮，音ㄗㄠˋ，後多作躁。周趮，魏人。顧廣圻韓非子識誤：「趮，魏策作肖，按又作霄，皆同字。」宮他，人名，事蹟未詳。㈡以齊資我於魏二句：以，是若的意思。資我於魏，幫助我在魏國取得權勢。請，表敬副詞。㈢宮他曰數句：無魏，在魏國沒權勢。有魏，在魏國有權勢。㈣齊王必以公為有魏也四句：因，是依賴的意思。有齊魏，顧廣圻韓非子識誤：「有齊，當作齊有。策云，以齊有魏也，可證。」今按：「齊」字應為衍文。周趮的目的在於自己有魏。照這樣說，便可以有齊；既為齊所重，因而可達有魏的目的。周趮絕不會希望齊有魏。顧說不對。

【今譯】 周趮向宮他說：「請替我告訴齊王：『假若齊國幫助我在魏國取得權勢，我便讓魏國事奉齊國。』」宮他說：「不行！這是顯示你在魏國沒有權勢。齊王絕不會幫助在魏國沒有權勢的，而使在魏國有權勢的人怨恨。你不如說：『王喜歡怎樣，我都能讓魏王聽從。』這樣齊王以為你在魏國有權勢，一定要依賴你；你便在齊國取得權勢，因而也能在魏國取得權勢。」

白圭謂宋大尹曰：㊀「君長、自知政，㊁公無事矣。今君、少主也，而務名，不如令荊㊂賀君之孝也，則君不奪公位，㊃而大敬重公，則公常用宋㊄矣。」

【今註】㊀白圭謂宋大尹曰：白圭，戰國時魏國人，有的說是周人。在魏國做官還比惠施用魏、孟子遊梁要早些，長於治生和治水。宋，周朝國名。大尹，各舊本作令尹。日人太田方韓非子翼毳以為戰國策作大尹，令尹是楚國的官名，宋國無令尹。左傳哀公二十六年杜注：「大尹，近官有寵者。」㊁君長自知政：長，讀第三聲，動詞，是成長的意思。知政，猶言主政。㊂荊：楚國的舊稱。㊃不奪公位：日人太田方韓非子翼毳：「策作不奪太后之事，蓋太后聞政，而大尹攝事也。」㊄用宋：主持宋國的政治。

【今譯】白圭告訴宋國的大尹說：「宋君長大後，要親自主持國政，你就不能管事了。現在宋君年紀還小，可是很想求得好名譽，最好請楚國來祝賀宋君孝順太后，太后信賴你，宋君便不會免除你的官職，並且特別敬重你，你就可以長期治理宋國了。」

管仲、鮑叔相謂曰：「君亂甚矣，必失國。齊國之諸公子，其可輔者，非公子糾，則小白也。與子人事一人焉，先達者相收。」㊀管仲乃從公子糾、鮑叔從小白。國人果弒君，小白先入為君，魯人拘管仲而效㊁之，鮑叔言而相之。故諺㊂曰：「巫咸雖善祝，不能自祓也；㊃秦醫雖善除，不能自彈也。㊄」以管仲之聖，而待鮑叔之助，此鄙諺所謂「虜自賣裘而不售，㊅士自譽辯而不信」者也。

【今註】㊀管仲鮑叔相謂曰數句：事實已見難一篇第三節注。君亂甚矣，齊襄公，僖公的兒子，名諸兒。私通他的妹妹魯桓公夫人文姜，使彭生拉殺魯桓公；又欺騙大臣，所以說亂甚。人事一人，上面的人字是每人，也就是各的意思。先達，是先顯貴的意思。收，是收錄、拔擢的意思。㊁效：是獻的意思。㊂諺：俗所傳言。㊃巫咸雖善祝二句：巫咸，古人說法不大一致。尚書君奭：「巫咸乂王家。」楚辭：「巫咸將夕降兮。」大約是殷中宗（太戊）的官吏，是較早的巫者。祝，祈禱。祓，音ㄈㄨˊ，祭以除惡。㊄秦醫雖善除二句：秦醫，史記扁鵲傳說，扁鵲，姓秦，名越人。除，是治的意思。彈，讀ㄊㄢˊ。本書六反篇：「彈痤者痛。」彈痤，就是用石針刺破膿瘡，使膿血流出。㊅虜自賣裘而不售：虜，奴隸。奴隸賣裘，人以為贓物而不肯買。

【今譯】管仲和鮑叔商議說：「國君太昏亂了，一定要喪失君位。齊國的公子，可以輔佐為君的，不是公子糾，便是小白。我們每人侍奉一位，先出頭的要提拔沒出頭的。」於是管仲追隨公子糾，鮑叔追隨公子小白。公孫無知弒齊襄公，雍林人又殺死無知，小白從莒國先回到齊國做了君主，魯國人捉住管仲獻給齊國，鮑叔便推薦管仲做了宰相。所以古語說：「巫咸雖然善於祈禱，卻不能祓除自己的災禍；秦醫雖然善於醫病，卻不能彈治自己的膿瘡。」以管仲的聖智，尚須鮑叔幫助，這就是俗語說的「奴隸出賣自己的皮衣沒人肯買，士子稱讚自己的口才沒人相信」啊。

荊王伐吳，吳使沮衛蹶融犒於荊師，㊀荊將軍曰：「縛之，殺以釁鼓㊁。」問之曰：「汝來，卜乎？」答曰「卜。」「卜吉乎？」曰：「吉。」荊人曰：「今荊將以女釁鼓，其何也？」答曰：「是故其所以吉也。吳使人來也，固視將軍。將軍怒，將深溝高壘；㊂將軍不怒，將懈怠。今也將軍殺臣，則吳必警守㊃矣。且國之卜，非為一臣卜。夫殺一臣，而存一國，其不言吉何也！且死者無知，則以臣釁鼓無益也；死者有知也，臣將當戰之時，臣使鼓不鳴。」荊人因不殺也。

【今註】㊀荊王伐吳二句：荊，楚國的舊稱。吳，周朝國名，為泰伯後裔，盛時有今淮泗以南至浙江省北部土地，傳到吳王夫差，被越國吞滅。這段故事見於左傳昭公五年，沮衛蹶融作蹶由。楊樹達積微居讀書記：「案說苑奉使篇秦楚轂兵章事略同。」犒，音ㄎㄠˋ。犒師，送酒食財物慰勞軍人。㈡釁鼓：釁，音ㄒㄧㄣˋ，古時新製鐘鼓等，殺牲以血塗坼隙叫做釁。大概有時殺俘虜釁鼓，所以俘虜被殺，多稱釁鼓。㈢深溝高壘：喻防禦堅固。壘，是軍壁；溝，是壁外的溝塹。㈣警守：加意防守。

【今譯】　楚王率領軍隊攻打吳國，吳國派沮衛蹶融前往勞軍。楚國的將軍說：「把他綑起來殺掉，拿他的血塗鼓。」接著問他說：「你來勞軍占卜過嗎？」他回答說：「占卜過。」「吉利嗎？」「吉利。」楚國人說：「現在楚國將要殺掉你，用你的血塗鼓，占卜為什麼不靈驗呢？」他回答說：「這正是吉利呀。吳國派人來勞軍，本來是要窺探將軍的意思。將軍發怒，吳國就要挖深溝塹，加高營壘，作好防禦工作；將軍不發怒，就不必那樣緊張。假如將軍把我殺掉，吳國一定要盡力防守了。並且國家占卜，是為整個國家的吉凶，不是為一個官吏的吉凶，犧牲一個官吏，保全整個國家，怎能不說是吉利呢？再說，假如人死後沒有靈性，拿我的血塗鼓有什麼益處呢？假如人死後有靈性，在兩軍交戰的時候，我一定使你們的戰鼓敲不響。」楚國便沒有殺害他。

知伯將伐仇由，而道難不通，乃鑄大鐘遺仇由之君。㈠仇由之君大說，除道將內之。㈡赤章曼枝㈢曰：「不可。此小之所以事大也，而今也大以來，卒必隨之，不可內也。」仇由之君不聽，遂內之。赤章曼枝因斷轂㈣而驅，至於齊七月，㈤而仇由亡矣。

【今註】 ㊀ 知伯將伐仇由三句：知伯（亦作智伯），名瑤，是晉國六卿之一，滅范氏及中行氏，最為強大。率韓魏圍趙襄子於晉陽。趙襄子和韓魏合謀反滅知伯。仇由，各書或作仇猶、仇首、仇繇、厹由，春秋時國名，在今山西省盂縣東北。盂縣有腥河，就是仇猶水，東流經仇猶山，上有仇猶君的廟宇。遺，讀ㄨㄟˋ，是贈給的意思。㊁ 仇由之君大說二句：說，讀ㄩㄝˋ，同悅。除，修治。除道，就是修路。內，讀ㄋㄚˋ，同納。㊂ 赤章曼枝：人名，應為仇由的官吏，事蹟未詳。㊃ 斷轂：轂，音ㄍㄨˇ，車輻中心的圓木，輻湊其外，軸貫其中。山中道狹，所以把車轂減短，以求車行迅速而順利。㊄ 七月：顧廣圻韓非子識誤，以為當作七日。

【今譯】 知伯打算攻打仇由，可是道路艱險，不便通行，於是鑄了一個很大的鐘，贈給仇由的君主。仇由的君主非常高興，便整修道路，預備把大鐘運來。赤章曼枝說：「不行！這是小國事奉大國的辦法，現在大國反而送給小國，軍隊一定緊跟著就來了，不要把大鐘運進來。」仇由的君主不肯聽從，終於修好道路，把大鐘運進來。赤章曼枝就把車轂截短，趕快逃往齊國。到達齊國七天，仇由就被滅亡了。

越已勝吳，又索卒於荊而攻晉。㊀左史倚相謂荊王曰：㊁「夫越破吳，豪士死，銳卒盡，大甲㊂傷。今又索卒以攻晉，示我不病㊃也，不如起師與分吳。」荊王曰：「善。」因起師而從越。

越王怒，將擊之。大夫種㊄曰：「不可。吾豪士盡，大甲傷，我與戰必不克，㊅不如賂之。」乃割露山之陰五百里以賂之。㊆

【今註】㊀越已勝吳二句：越，春秋時國名，有今浙江省大部分土地。越王句踐滅吳稱霸，差不多擴展到江浙兩省全部，和山東省南部，後滅於楚。吳，周朝國名，盛時有今淮泗以南至浙江省北部土地，傳到吳王夫差，被越國吞滅。荊，楚國的舊稱。楚國陸續吞併四十多國，是春秋時代南方的大國，在滅越以前，已有湖北湖南兩省及豫皖贛川陝黔桂等省部分土地。晉，周朝國名，先後併吞將近三十國，是春秋時代北方的大國，盛時有今山西河北兩省南部，及河南陝西部分土地。㊁左史倚相謂荊王曰：日人松皐圓定本韓非子纂聞：「倚相，見左傳昭公十六年（應為十二年），至此已五十八年。荊王，惠王也。」㊂大甲：日人太田方韓非子翼毳：「被大甲中程式者。漢書刑法志：『魏氏武卒衣三屬之甲。』服虔曰：『作大甲三屬，竟人身也。』」所謂三屬，一披於肩，叫做披膊；中綴於胸，叫做胸鎧；下垂兩旁，叫做腿裙。那麼大甲就是全副鎧甲的軍人。今按甲是穿鎧甲的軍人，大是高級的或重要的，大甲似可解作將領。又大甲或為兵甲之誤，指武器。㊃病：疲憊。㊄大夫種：春秋時越國的大夫文種。和范蠡幫助越王句踐復仇滅吳，功成被殺。㊅克：戰勝。㊆乃割露山之陰五百里以賂之：露山之陰，就是露山以北的地方。露山，未詳所指。史記越世家：「句踐已平吳，以兵北渡淮，與齊晉諸侯會於徐州，致貢於周。周元王賜句踐胙，命為伯。句踐已去，渡淮南，以淮上地與楚。」

【今譯】越國戰勝吳國以後，又向楚國借兵，幫助攻打晉國。左史倚相對楚王說：「越國擊滅吳國，精兵已經用盡，勇士已經死光，將領多數傷損，現在又向我國借兵，幫助攻打晉國，這是顯示越國還沒疲憊。最好趁這時機出兵，分取吳國的土地。」楚王說：「對！」於是派兵向越軍出動。越王非常忿怒，打算攻擊楚國的軍隊。大夫文種說：「不能這樣！我國勇士已經死光，將領多數傷損，和楚國作戰，一定不能制勝，不如給他一些好處。」便割露山以北五百里的土地給楚國。

荊伐陳，吳救之，軍間三十里，雨十日，夜星。㈠左史倚相謂子期曰：㈡「雨十日，甲輯而兵聚，㈢吳人必至，不如備之。」乃為陳。陳未成也，而吳人至，見荊陳而反。㈣左史曰：「吳反覆㈤六十里，其君子必休，小人必食。㈥我行三十里擊之，必可敗也。」乃從之，遂破吳軍。

【今註】㈠荊伐陳數句：荊、陳、吳，都是國名，已見本篇各節注。間，讀第四聲，是距離的意思。夜星，星借為姓，姓就是晴，晝晴從日，夜晴從夕。說苑指武篇也有這段故事，作「雨十日十夜晴。」實則解作到了晚上，天空星星出現了，似無不可。㈡左史倚相謂子期曰：左史倚相已見前節注。子期楚昭王庶兄公子結，令尹子西的弟弟，與子西同為白公勝所殺。左傳作子期，史記作子綦。㈢甲輯而兵聚：因雨不戰，甲冑兵器都集聚未用。輯，是聚集的意思。㈣乃為陳四句：陳，讀ㄓㄣˋ，軍隊排列的形勢，後多作陣。這裏三個陳字，上兩陳字為名詞；下一陳字為動詞，是佈陣的意思。㈤反覆：或作反復，是來回的意思。㈥其君子必休二句：尹桐陽韓子新釋：「君子，謂軍吏；小人，士卒也。」

【今譯】　楚國攻打陳國，吳國出兵援救陳國，兩軍相距三十里。接連下了十天雨，這天晚上天晴了。左史倚相對子期說：「接連下了十天雨，甲冑和武器都收集起來，忽然晚上天晴，吳國的軍隊一定會來偷襲，最好加以防備。」於是楚軍擺起陣勢。還沒擺好，吳國的軍隊果然來到，看見楚軍擺陣勢，便回去了。左史說：「吳國的軍隊來回要走六十里，軍官一定要休息，兵士一定要進食，我軍走三十里去攻打，一定能把他們擊敗。」子期照左史的意見進攻，便大敗吳軍。

韓趙相與為難，韓索兵於魏，曰：「願借師以伐趙。」㈠魏文侯㈡曰：「寡人與趙兄弟，不可以從。」趙又索兵攻韓，文侯曰：「寡人與韓兄弟，不敢從。」二國不得兵，怒而反。已乃知文侯以搆於己，乃皆朝魏。㈢

【今註】　㈠韓趙相與為難三句：韓、趙、魏，本為春秋時晉國的三家，進入戰國的時候，魏文侯斯、趙烈侯籍、韓景侯虔，三分晉國，列為諸侯。趙國有現在河北省南部、山西省東部、河南省最北部的土地，都晉陽（在今山西省太原縣北）。魏國有現在河南省北部、和山西省西南部的土地，都安邑（在今山西省夏縣北），後遷大梁（今河南省開封市）。韓國有現在陝西省東部和河南省西北部的土地，都平陽（今山西省臨汾縣），後遷陽翟（今河南省禹縣），又遷新鄭（今河南省新鄭縣）。難，讀第四聲，是仇敵的意思。為難，就是結仇，衝突。㊁魏文侯：戰國時魏國第一位君主，詳見說林上篇魏文侯借道於趙節注。㊂已乃知文侯以搆於己二句：已，事畢。乃，纔。以，解作為。搆，顧廣圻韓非子識誤：「策作講。按搆講同字（古音同）。」講解作和解，應讀ㄍㄡˋ，字亦作媾。朝，讀ㄔㄠˊ，謁見，諸侯謁見天子，官吏謁見君主，或謁見所尊敬的人，都可用朝。

【今譯】　韓國和趙國發生衝突，韓國派人向魏國借兵說：「請借給我國一些軍隊攻打趙國。」魏文侯回答說：「我和趙國的君主就像兄弟一樣，不能從命。」趙國也派人向魏國借兵攻打韓國。魏文侯回答說：「我和韓國的君主就像兄弟一樣，不敢從命。」韓趙兩國的使臣借不到兵，就非常氣忿的回國了。事後纔知道魏文侯是在替他們和解，兩國的君主便都來朝見魏文侯。

齊伐魯，索讒鼎，魯以其贗往。㊀齊人曰：「贗也。」魯人曰：「真也。」齊人曰：「使樂正子春㊁來，吾將聽子。」魯君請樂正子春。樂正子春曰：「胡㊂不以其真往也？」君曰：「我愛之。」答曰：「臣亦愛臣之信。」

【今註】㊀齊伐魯三句：齊、魯，都是周朝國名，詳見說林上篇齊攻宋節和魯人身善織屨節注。讒鼎，左傳昭公三年：「讒鼎之銘曰：『昧旦丕顯，後世猶怠。』」正義以為一說為疾讒之鼎；一說讒為地名，禹鑄九鼎於甘讒之地，故名讒鼎。各書或作岑鼎，或作崇鼎。贗，音一ㄢˋ，字又作贋，是假的物品。㊁樂正子春：曾子弟子，傳孝道。顧廣圻韓非子識誤：呂覽、新序以樂正子春為柳下惠。㊂胡：疑問副詞，是為何、何故的意思。

【今譯】齊國攻打魯國，向魯國索取讒鼎，魯國把假的送去。齊國人說：「是假的。」魯國人說：「是真的。」齊國人說：「叫樂正子春來說，我們就相信了。」魯國的君主請樂正子春去說。樂正子春說：「為什麼不把真的送去呢？」魯國的君主說：「我喜歡讒鼎，捨不得送去。」樂正子春回答說：「我也喜愛我的誠信。」

韓咎立為君，未定也。弟在周，周欲重之，而恐韓之不立也。㊀綦毋恢㊁曰：「不若以車百乘送之，得立，因曰為戒；不立，則曰來效賊也。」㊂

【今註】㊀韓咎立為君未定也四句：韓咎，韓襄王的兒子公子咎。史記韓世家和戰國策韓策，對於這件事的記載，不大明晰。大概太子嬰、公子咎、公子蟣蝨（戰國策作幾瑟）都是韓襄王的兒子。太子嬰死，咎和蟣蝨爭為太子。當時蟣蝨在楚國作人質，秦國聽信蘇代的計謀，要求楚國送回蟣蝨，以謀國際間的運用。楚國沒有送回幾蝨。韓襄王去世，公子咎即位，就是韓釐王。這裏說「弟在周」，可能是在楚之誤。重，讀ㄓㄨㄥˋ，就是使幾蝨尊貴，也就是幫助幾蝨做韓國的君主。韓之，各舊本作韓咎，誤。㈡綦毋恢：人名，事蹟未詳。綦，音ㄑㄧˊ。綦毋，複姓。㈢不若以車百乘送之數句：乘，讀ㄕㄥˋ，車輛的單位。得立，是幾蝨能夠立為韓國的君主。因曰為戒，就說是保護幾蝨的。不立，是幾蝨不能立為韓國的君主，韓國的君主便是公子咎，幾蝨就變成爭位的叛逆。則曰來效賊也，就說是來解送叛逆的。效，是奉獻的意思。這樣，無論成敗，都可以討好韓國的君主。

【今譯】　韓襄王去世，韓咎立為君主還沒有穩定。韓咎的弟弟幾蝨在周國，周國打算幫助他做君主，又怕韓國的臣民不擁護。綦毋恢說：最好派一百輛兵車送幾蝨回韓國，幾蝨能夠立為君主，就說派兵車是保護他的；幾蝨不能立為君主，就向韓咎說派兵車是來解送叛逆的。

靖郭君將城薛，客多以諫者。㈠靖郭君謂謁者㈡曰：「毋為客通。」齊人有請見者曰：「臣請三言而已，過三言，臣請烹。」㈢靖郭君因見之。客趨進曰：「海大魚，」因反走。靖郭君曰：「請聞其說㈣。」客曰：「臣不敢以死為戲。」靖郭君曰：「願為寡人言之，」答曰：「君聞大魚乎？網不能止，繳不能絓也，蕩而失水，螻蟻得意焉。㈤今夫齊，亦君之海也。君長有齊，奚以薛為？君失齊，雖隆㈥薛城至於天，猶無益也。」靖郭君曰：「善。」乃輟不城薛。

【今註】㈠靖郭君將城薛二句：靖郭君，姓田名嬰，是齊威王的少子，孟嘗君的父親。曾為齊相，封在薛地，在今山東省滕縣東南。城，動詞。城薛，就是建築薛城。客，春秋戰國時，各國的高級官吏，爭相羅致人才，優予供養，以供談說奔走，這些人叫做客，也叫食客或門客。㈡謁者：管理進謁事務的人，就是傳達。㈢臣請三言而已三句：臣，臣和僕、妾，是古時男女為人服役的人，談話時多以自稱。三言，就是三字。烹，音ㄆㄥ，煮死，是古時殺人的酷刑。㈣說：名詞，是道理的意思。㈤網不能止四句：繳，讀ㄓㄨㄛˊ，生絲縷，繫在箭上射鳥的，這裏指釣絲。絓，借為掛，掛又作挂。蕩，水流動，這裏是魚游蕩。失水，是離開水。螻蟻，螻蛄和螞蟻，是說很小的蟲子。得意，想怎樣都能作到。這裏是說小蟲可任意殘食大魚。㈥隆：動詞，築高。

【今譯】靖郭君打算建築薛城，有許多門客勸阻。靖郭君吩咐傳達說：「不要替他們通報。」齊國有個人求見說：「我請求謁見，只講三個字，超過三個字，情願被煮死。」靖郭君便接見他。這個客人趕快走到靖郭君面前說：「海大魚」，說完轉身就走。靖郭君說：「你這句話是什麼意思呀？」這個客人說：「我不敢拿死當兒戲。」靖郭君說：「請你給我解說解說！」這個客人回答說：「您聽說過海裏最大的魚嗎？網捕不到，繳釣不住，可是游蕩而離開了水，便被螻蛄螞蟻所殘食。現在齊國就是您的海，您永遠在齊國有權勢，要薛城作什麼呢？假如您在齊國失去權勢，即便把薛城建築得像天那樣高，還是沒用啊。」靖郭君說：「你說的很對。」便停止建築薛城了。

荊王弟在秦，秦不出也。中射之士曰：「資臣百金，臣能出之。」㊀因載百金之晉，見叔向㊁曰：「荊王弟在秦，秦不出也，請以百金委㊂。」叔向受金，而以見之晉平公曰：「可以城壺丘矣。」㊃平公曰：「何也？」對曰：「荊王弟在秦，秦不出也，是秦惡荊㊄也，必不敢禁我城壺丘。若禁之，我曰為我出荊王之弟，吾不城也。彼如出之，可以德荊㊅；彼不出，是卒惡也，必不敢禁我城壺丘矣。」公曰：「善。」乃城壺丘。謂秦公曰：「為我出荊王之弟，吾不城也。」秦因出之。荊王大說，以鍊金百鎰遺晉。㊆

【今註】㊀荊王弟在秦數句：說苑權謀篇：「楚公子午使於秦，秦囚之，其弟獻三百金於晉叔向。」荊王，以時間算，大概是楚靈王。中射之士，似為在王宮從事射禮工作的人，詳見說林上篇有獻不死之藥於荊王者注。資，動詞，是給與的意思。百金，古以金一鎰（二十兩或二十四兩）為一金，或金一斤為一金。㊁叔向：春秋時晉國的大夫羊舌肸，字叔向，學識廣博，能以禮讓為國，孔子稱為「古之遺直」。㊂委：以事相託。㊃叔向受金三句：見，讀ㄒㄧㄢˋ，引見。晉平公，春秋時晉國的君主，晉悼公的兒子，名彪。壺丘，就是瓠丘。左傳襄公元年：「彭城降晉，晉人以宋五大夫在彭城者歸，寘諸瓠丘。」瓠丘，在今山西省垣曲縣，南臨黃河。城壺丘，就是在壺丘築城，以便攻守。㊄惡荊：和楚國結仇。惡，讀ㄨˋ。㊅德荊：向楚國示惠，討好楚國。㊆荊王大說二句：說，同悅。鍊，冶金使精。鍊金，就是上好的金。遺，讀ㄨㄟˋ，贈與。

【今譯】　楚王的弟弟在秦國，秦國不放他回來。楚國有一個管射禮的官吏說：「給我黃金百斤，我能使秦國把他放回來。」於是帶著黃金百斤前往晉國，謁見叔向說：「楚王的弟弟在秦國，秦國不肯放他回來，現在拿黃金百斤拜託你想辦法。」叔向接受了黃金，就引他謁見晉平公說：「我們可以建築壺丘城了。」晉平公說：「為什麼呢？」叔向回答說：「楚王的弟弟在秦國，秦國不肯放他回國。秦國和楚國結仇，一定不敢干涉我們建築壺丘城。假若干涉，我們就說：為我們把楚王的弟弟放回，我們就不建築壺丘城。秦國果真把楚王的弟弟放回，我們可以討好楚國；假若不肯放回，那是和楚國長期為敵，一定不敢干涉我們建築壺丘城。」晉平公說：「對！」便派人建築壺丘城，並且告訴秦國說：「為我放回楚王的弟弟，我就不築城了。」秦國只好把楚王的弟弟放回。楚王非常高興，就拿最好的黃金一百鎰贈給晉國。

闔廬攻郢，㊀戰三勝，問子胥曰：「可以退乎？」子胥對曰：

「溺人者一飲而止，則無遂者，以其不休也，不如乘之以沈之。」㊁

【今註】㊀闔廬攻郢：闔廬，一作闔閭，春秋時吳王諸樊的兒子，名光，使專諸刺殺吳王僚自立。用孫武、伍子胥為將，大敗楚國，攻入郢都。後來和越王句踐作戰，在檇李戰敗，傷指而死。郢，音一ㄥˇ，春秋時楚國的首都，在今湖北省江陵縣。㊁子胥對曰數句：子胥，就是伍員，詳見說林上篇子胥出走節注。溺人，使人淹死。遂，完成。各舊本或作逆，或作溺，據顧廣圻韓非子識誤改。下應重「遂者」二字。乘，讀ㄔㄥˊ，趁機。

【今譯】吳王闔廬向楚國的郢都進攻，戰勝三次。問伍子胥說：「可以退兵了嗎？」伍子胥回答說：「要淹死人，只使他喝一口水就停止，那是不會淹死的。淹死的是由於使他不停的喝水。現在對於楚國，最好趁這機會使他沈沒。」

鄭人有一子將宦，㊀謂其家曰：「必築壞牆，是不善人將竊。」其巷人亦云。不時築，㊁而人果竊之，以其子為智，以巷人告者為盜。

【今註】㊀鄭人有一子將宦：鄭，周宣王的弟弟友的封國，約有今河南省中部，後被韓國吞滅。本書說難篇也有這段故事，不過鄭人作宋有富人。宦，習為職事。朱駿聲說文通訓定聲：「宦，猶今試用學習之官也。」㊁不時築：時，時間副詞，是及時的意思。劉淇助字辨略訓為「即」字。

【今譯】鄭國有一個人，他的兒子要出外學習做官，對家裏的人說：「園牆坍壞的地方必須趕快修好；不修好壞人會來偷東西。」有一位同巷的人也這樣說。鄭人沒有及時修好，果然有人來偷去許多東西。鄭人認為他兒子很聰明，卻懷疑勸他修牆的那位同巷的人是竊賊。

十過

【釋題】本篇原為第三卷第十篇。十過，是說辨理國事有十種重要的過失，足以危身亡國。

【提要】本篇主旨，在以古事證明小忠、小利、行僻、好音、貪愎、耽於女樂、離內遠遊、不聽忠臣、內不量力、國小無禮等十種重要過失。先在篇首總舉十過的項目，然後分節用古事加以解說，體例和儲說相似。所述古事，多見他書：如小忠節，又見本書飾邪篇，左傳成公十六年，呂覽權勳篇，淮南子人間訓，說苑敬慎篇；小利節，又見左傳僖公二年及五年，公羊傳，穀梁傳，呂覽權勳篇，淮南子人間訓，新序善謀篇；行僻節，又見左傳昭公四年；好音節，又見史記樂書，論衡感虛篇；貪愎節，又見國語，國策，淮南子人間訓，說苑權謀篇；女樂節，又見韓詩外傳，呂覽不苟篇，史記秦本記，說苑反質篇；離內遠遊節，又見說苑正諫篇；不聽忠臣節，又見呂覽貴公篇及知接篇，管子戒篇，列子力命篇，莊子徐无鬼篇，淮南子精神訓，說苑權謀篇，史記齊世家；內不量力節，又見國策；國小無禮節，又見左傳僖公二十三年及二十八年，國語，呂覽上德篇，淮南子人間訓及道德訓，史記晉世家。本篇旨趣，和韓非思想，大體相合，惟語多枝亢，有人懷疑未必出於韓非之手。

十過：一曰、行小忠，則大忠之賊也。二曰、顧小利，則大利之殘也。三曰、行僻自用，無禮諸侯，則亡身之至也。㈠四曰、不務聽治，而好五音，則窮身之事也。㈡五曰、貪愎㈢喜利，則滅國殺身之本也。六曰、耽於女樂，㈣不顧國政，則亡國之禍也。七曰、離內遠遊，㈤而忽於諫士，則危身之道也。八曰、過而不聽於忠臣，而獨行其意，則滅高名為人笑之始也。九曰、內不量力，外恃諸侯，則削國之患也。十曰、國小無禮，不用諫臣，則絕世之勢也。㈥

【今註】㈠一曰行小忠數句：賊和殘，都是損害敗壞的意思。行僻自用，是行為乖僻，固執己見。至，陶小石讀韓非子札記，疑為主字的誤寫。亡身之至，就是毀滅生命的主要因素。今按：至，就是到達的意思。這裏三個之字，都是句中助詞，作用是把賓語倒在動詞上面。大忠之賊，是賊大忠。大利之殘，是殘大利，亡身之至，就是至亡身。㈡不務聽治三句：聽，讀第四聲。聽治，處理國事。

好，讀第四聲。五音，宮商角徵羽五種音調，這裏指音樂。窮身，身受困阨。㊂貪愎：愎，音ㄅㄧˋ，很戾，任性行事，不聽諫言。㊃耽於女樂：耽，過樂。女樂，歌妓。樂，讀ㄩㄝˋ。㊄離內遠遊：內，指首都以內。㊅絕世之勢：世，父死子繼。絕世，就是滅亡，不能子孫相傳。勢，形勢，現象。

【今譯】　辨理國事有十種重要的過失：第一種是實行小忠，就能敗壞大忠。第二種是貪圖小利，就要損害大利。第三種是固執己意，行為乖僻，對待諸侯，不按禮制，就會走向毀滅自己的道路。第四種是不注意辨理國事，卻儘量享受音樂，這是使自己遭受困阨的事。第五種是貪婪狠戾，就成為滅國殺身的根由。第六種是迷戀女樂，不理朝政，就會招致亡國的災禍。第七種是離開首都，到遠方遨遊，忽略臣下的勸諫，這是危害生命的作法。第八種是做錯了事，不聽從忠臣的直言，卻一意孤行，這就是敗壞名譽，受人譏笑的開端。第九種是不考量國內的力量，而依賴國外的諸侯，這是削弱國家的災患。第十種是國家弱小，卻顢頇無禮，不採納諫臣的意見，這是亡國絕世的現象啊。

奚謂㊀小忠？昔者、楚共王與晉厲公戰於鄢陵，楚師敗，而共王傷其目。㊁酣戰之時，司馬子反渴而求飲，豎穀陽操觴酒而進之。㊂子反曰：「嘻㊃、退，酒也。」豎穀陽曰：「非酒也。」子反受而飲之。子反之為人也，嗜酒而甘之，㊄弗能絕於口，而醉。戰既罷，共王欲復戰，令人召司馬子反，司馬子反辭以心疾。共王駕而自往，入其幄㈥中，聞酒臭而還，曰：「今日之戰，不穀親傷，㈦所恃者司馬也。而司馬又醉如此，是亡楚國之社稷，而不恤吾眾也。不穀無與復戰矣。㈧」於是還師而去，斬司馬子反以為大戮㈨。故豎穀陽之進酒，不以讎子反也，㈩其心忠愛之，而適足以殺之。故曰：行小忠，則大忠之賊也。

【今註】㈠奚謂：奚，疑問代名詞，代事情。奚謂，猶言何謂。㈡楚共王與晉厲公戰於鄢陵三句：楚共王，春秋時楚國的君主，莊王的兒子，名審。晉厲公，春秋時晉國的君主，景公的兒子，名壽曼。鄭國背叛晉國，而和楚國訂盟，晉厲公率領軍隊攻打鄭國，楚共王救鄭，戰於鄢陵。晉國擊敗楚國，射傷共王的眼睛。鄢陵，春秋時鄭國的地名，就是現在河南省鄢陵縣。㈢酣戰之時三句：酣，音ㄏㄢ，本為酒已暢足。酣戰，是戰事正烈。司馬子反，春秋時楚國的公子側，字子反，官司馬，鄢陵之戰將中軍。豎，音ㄕㄨˋ，小使。穀陽，小使的名字，淮南子人間訓、呂覽權動篇作陽穀。操，是拿的意思。觴，酒杯。觴酒，就是一杯酒。㈣嘻：音ㄒㄧ，驚怒所發的聲音。㈤嗜酒而甘之：嗜，音ㄕˋ，愛好。而，是如的意思。甘，動詞，是覺得味美的意思。㈥幄：音ㄨㄛˋ，軍帳。㈦不穀親傷：不穀，君主自謙的稱謂。親，親身。㈧是亡楚國之社稷三句：亡，借為忘。社是土神，稷是穀神，古代有國的祭社稷，以社稷的存亡，表示國家的存亡，所以社稷便用為國家的代稱。恤，愛惜。

與，用同以字。㈨大戮：殺死陳屍示眾。㈩不以讎子反也：不，解作非。讎，解作恨。

【今譯】　什麼叫做小忠？從前楚共王和晉厲公在鄢陵打仗，楚軍打敗，楚共王的眼睛被射傷。當戰爭最激烈的時候，楚國的司馬子反口渴了，向左右要水喝。豎穀陽拿了一大杯酒送給他。子反說：「噯！拿走！這是酒呀！」豎穀陽說：「不是酒。」子反便接過來喝了。子反生性最愛喝酒，假如覺得酒味道好，便喝起來沒完，所以這次又喝得酩酊大醉。戰事停頓下來，楚共王想整理部隊再行反攻，派人把司馬子反召來；子反拿心痛來推辭。共王親自乘車往看子反，走進他的帳幕，聞到酒的氣味，退回來說：「今天交戰，我自己受了傷，戰事要靠司馬主持；可是司馬又醉成這個樣子，這簡直是不注重楚國的社稷，不愛惜楚國的人民，我沒法再打下去了。」於是班師回國，殺掉司馬子反，並陳屍示眾。豎穀陽拿酒給子反喝，並不是疾恨子反，他心裏對子反是很忠愛的，可是正好把他害死。所以說：實行小忠，就能敗壞大忠。

奚謂顧小利？昔者、晉獻公欲假道於虞以伐虢，㈠荀息㈡曰：「君其以垂棘之璧、與屈產之乘，賂虞公，㈢求假道焉，必假我道。」君曰：「垂棘之璧，吾先君之寶也；屈產之乘，寡人之駿馬也。若受吾幣，不假之道，將奈何？㈣」荀息曰：「彼不假我道，必不敢受我幣。若受我幣，而假我道，則是寶猶取之內府，而藏之外府也；馬猶取之內廐，而著之外廐也。㈤君勿憂。」君曰「諾。」乃使荀息以垂棘之璧、與屈產之乘，賂虞公，而求假道焉。虞公貪，利其璧與馬，而欲許之。宮之奇㈥諫曰：「不可許。夫虞之有虢也，如車之有輔，輔依車，車亦依輔，虞虢之勢正是也。㈦若假之道，則虢朝亡，而虞夕從之矣。不可，願勿許。」虞公弗聽，遂假之道。荀息伐虢克之；還反處三年，興兵伐虞又克之。㈧荀息牽馬操璧而報獻公，㈨獻公說曰：「璧則猶是也，雖然馬齒亦益長矣。」㈩故虞公之兵殆而地削㈡者，何也？愛小利而不虞㈢其害。故曰：顧小利，則大利之殘也。

【今註】㈠晉獻公欲假道於虞以伐虢：晉獻公，春秋時晉國的君主，武公的兒子，名詭諸。吞滅虞虢等小國，晉國開始強大。在位二十六年。虞，周朝國名，周武王封虞仲於虞，故城在今山西省平陸縣東北六十里。春秋時被晉國吞併。虢，音ㄍㄨㄛˊ，周朝國名，周武王弟虢仲所封，在今陝西省寶雞縣東。後平王東遷，徙於上陽，號為南虢，故城在今河南省陝縣東南。另一枝徙居下陽，號為北虢，在今山西省平陸縣境。先後被晉獻公吞滅。㈡荀息：春秋時晉國的大夫，字叔，輔佐晉獻公滅虞虢。

獻公死後，輔佐奚齊和卓子，被里克所殺。㊂君其以垂棘之璧與屈產之乘賂虞公：其，是若的意思。垂棘，地名，出美玉，現為何地，待考。屈產之乘，左傳和穀梁傳注，都以為屈邑所產的馬，只有何休公羊傳注說屈產是地名，今山西省石樓縣東南四里有屈產泉，那一帶是出名馬的地方。乘讀ㄕㄥˋ，意為物數，車一輛，馬一匹，都可稱乘。賂，財物。用作動詞，是贈送財物。㊃若受吾幣三句：幣，本意為帛，古多用為餽贈的禮物，所以引伸為禮物的統稱。儀禮士相見禮：「凡執幣者不趨。」賈公彥疏：「玉、馬、皮、圭、璧、帛皆稱幣。」不假之道，猶言不假以道。㊄則是寶猶取之內府四句：府，是儲藏財物的處所。廄，音ㄐㄧㄡˋ，養馬的處所。內府、內廄，似指宮內的府、廄；外府、外廄，似指宮外的府、廄。著，讀ㄓㄨㄛˊ，是放置的意思。㊅宮之奇：春秋時虞國的大夫。㊆夫虞之有虢也數句：輔，據名義考為車兩旁木，所以夾車。究竟是怎樣的東西，現已無從確考。左傳杜注：「輔，頰輔；車，牙車。」大概不對。相依，相互依賴，而生作用。㊇荀息伐虢克之三句：俞樾諸子平議：「伐虢下脫克字，下云又克之，正承此而言。」據補。還反，龍宇純韓非子集解補正：「還反為疊韻連語，猶單言還也。詩曰：不能還反。淮南曰：還反伐虞。皆以還反連讀。處，讀第三聲。㊈荀息牽馬操璧而報獻公：操璧，猶言持璧。報，是反的意思，也就是送還。㊉獻公說曰三句：說，讀ㄩㄝˋ，借為悅。則，解作猶，也就是還。猶，解作似。是，這樣。馬齒，太田方韓非子翼毳：「馬以齒占歲，故謂馬年為齒。」長，讀第三聲，是老的意思。益長，是漸老。㊁兵殆地削：軍隊被毀滅，土地被侵奪。㊂虞：顧慮。

【今譯】 什麼叫做貪圖小利？從前晉獻公打算向虞國借路攻打虢國，大夫荀息說：「您假如拿垂棘所出的玉璧，和屈產所出的良馬，餽贈虞公，請求借路，他一定會答應的。」獻公說：「垂棘的玉璧，是先君的寶物；屈產的良馬，是寡人的駿足。他若收了我們的禮物，不答應借路，怎麼辦呢？」荀息說：「他若不肯答應借路，一定不敢接受我們的禮物。他若接受我們的禮物，答應借路，那麼玉璧就和從內庫取出，藏在外庫一樣；良馬就和從內廐牽出，養在外廐一樣，您不必擔心！」獻公說：「好罷！」就派荀息拿垂棘的玉璧和屈產的良馬，送給虞公，請求借路。虞公生性好貨，很想得到玉璧和良馬，打算答應借路給晉國。宮之奇勸諫說：「不能答應！虞國有虢國，就像車子有兩旁的夾木，夾木依靠車子而存在，車子依靠夾木而行駛，虞虢兩國的情勢，正是這樣。假若借路給晉國，虢國早晨滅亡，虞國晚上就跟著滅亡了。這是不可以的，請不要答應晉國！」虞公沒有接受宮之奇的勸諫，便答應借路給晉國。荀息率領軍隊攻打虢國，把他吞滅；回來休息三年，又起兵攻打虞國，也把他吞滅。荀息牽著良馬，捧著玉璧，送還獻公。獻公很高興的說道：「玉璧還是這樣子，可是良馬的年歲快老了。」虞公的軍隊被毀滅，土地被侵奪，是什麼緣故呢？就是貪圖小利而沒有考慮後患。所以說：貪圖小利，就要損害大利。

奚謂行僻？昔者、楚靈王為申之會，宋太子後至，執而囚之，狎徐君，拘齊慶封。㊀中射士㊁諫曰：「合諸侯，不可無禮，此存亡之機也。昔者、桀為有戎之會，而有緡叛之；㊂紂為黎丘之蒐，而戎狄叛之，㊃由無禮也。君其圖之。」君不聽，遂行其意。居未期年，㊄靈王南遊，羣臣從而劫之，靈王餓而死乾溪㊅之上。故曰行僻自用，無禮諸侯，則亡身之至也。

【今註】㊀楚靈王為申之會數句：楚靈王，春秋時楚國的君主，共王的次子，名圍。弒郟敖自立，會諸侯於申。後子比、棄疾等為亂，靈王自縊。申，春秋時楚國的地名，今河南省南陽縣北二十里有申城。宋太子，名佐，宋平公的兒子，後嗣立為元公。狎，侮慢。徐君，徐國的君主，是吳國的外甥，楚靈王懷疑他有二心，便把他捉起來。徐是子爵國，故城在今安徽省泗縣北面。慶封，春秋時齊國的大夫，幫助崔杼弒莊公，立景公。景公想誅除慶封，慶封逃到吳國。楚靈王率諸侯兵攻打吳國，執殺慶封。㊁中射士：周禮夏官有射人。中國古代重視射箭，隨時舉行射禮。中射士，似即在王宮從事射禮工作的人。㊂桀為有戎之會二句：桀，夏朝末代的暴君。竹書紀年：「十一年，會諸侯於仍，有緡氏逃歸，遂滅有緡。」有戎，有，助詞，戎，左傳作仍，古國名，地在今山東省濟寧縣。緡，音ㄇㄧㄣˊ，古國名，地在今山東省金鄉縣東北。㊃紂為黎丘之蒐二句：顧廣圻韓非子識誤：「蒐下，當依史記左傳補『而東夷叛之；幽王為太室之盟』二句。此上下二事各脫其半也。」紂，商朝末代的暴君。竹書紀年：「四年大蒐於黎。」蒐，音ㄙㄡ，春獵。黎丘，史記楚世家作黎山，左傳昭公四年作黎。黎，東夷國名，今地待考。幽王，周宣王的兒子，名宮湦。寵愛褒姒，生子伯服；廢申后和太子宜臼。申侯和犬戎攻殺幽王於驪山下。竹書紀年：「十年春，王及諸侯盟於太室。十一年春，申人、鄫人及犬戎入宗周弒王。」太室，就是嵩山，在河南省登封縣北。㊄居未期年：期，讀ㄐ一，是復至其日。期年，一周年。松皐圓定本韓非子纂聞：「申會在魯昭四年，乾谿之難在十三年，此云未期年，誤。」㊅乾谿：楚東境地，在今安徽省亳縣東南七十里。

【今譯】什麼叫做行為乖僻？從前楚靈王召集諸侯在申地會盟，宋國太子佐遲到，就把他拘禁起來，又侮慢徐國的君主，捕殺齊大夫慶封。中射士勸諫靈王說：「召集諸侯會盟，不能沒有禮貌，這是國家存亡的關鍵啊。從前夏桀召集諸侯在有戎會盟，有緡便背叛他；商紂召集諸侯在黎丘田獵，東夷便背叛他，周幽王召集諸侯在太室會盟，戎狄便背叛他，都是由於無禮所致。請大王多加考慮！」靈王不聽從他的言論，一意孤行。過了不到一年，靈王南遊，羣臣用武力逼迫他去位，靈王便餓死在乾谿一帶。所以說：固執己意，行為乖僻，對待諸侯，不按禮制，就會走向毀滅自己的道路。

奚謂好音？昔者、衛靈公將之晉，至濮水之上，稅車而放馬，設舍以宿，夜分而聞鼓新聲者而說之，使人問左右，盡報弗聞。㊀乃召師涓㊁而告之曰：「有鼓新聲者，使人問左右，盡報弗聞，其狀似鬼神，子為我聽而寫㊂之。」師涓曰：「諾。」因靜坐撫琴㊃而寫之。師涓明日報曰：「臣得之矣，而未習也，請復一宿習之。」㊄靈公曰：「諾」。因復留宿，明日而習之，遂去之晉。晉平公觴之於施夷之臺，㊅酒酣，靈公起曰：「有新聲，願請以示。」㊆平公曰：「善。」乃召師涓，令坐師曠之旁，援琴鼓之。㊇未終，師曠撫止之曰：「此亡國之聲，不可遂也。」㊈平公曰：「此奚道出？」㊉師曠曰：「此師延之所作，與紂為靡靡之樂也。⑪及武王伐紂，師延東走，至於濮水而自投。故聞此聲者，必於濮水之上。先聞此聲者，其國必削，不可遂。」平公曰：「寡人所好者音也，子其使遂之。」師涓鼓究⑫之。平公問師曠曰：「此所謂何聲也？」師曠曰：「此所謂清商也。」⑬公曰：「清商、固最悲乎？」師曠曰：「不如清徵。」⑭公曰：「清徵可得而聞乎？」師曠曰：「不可。古之得聽清徵者，皆有德義之君也。今吾君德薄，不足以聽。」平公曰：「寡人之所好者音也，願試聽之。」師曠不得已，援琴而鼓：一奏之，有玄鶴二八道南方來，集於郎門之垝，再奏之而列，三奏之，延頸而鳴，舒翼而舞，音中宮商之聲，聲聞於天。平公大說，坐者皆喜。㊄平公提觴而起，為師曠壽，反坐而問曰：「音莫悲於清徵乎？」㊅師曠曰：「不如清角。」平公曰：「清角可得而聞乎？」師曠曰：「不可。昔者、黃帝合鬼神於泰山之上，駕象車而六蛟龍，畢方並鎋，蚩尤居前，風伯進掃，雨師灑道，虎狼在前，鬼神在後，騰蛇伏地，鳳皇覆上，大合鬼神，作為清角。㊆今吾君德薄，不足聽之，聽之將恐有敗。」平公曰：「寡人老矣，所好者音也，願遂聽之。」師曠不得已而鼓之：一奏之，有玄雲從西北方起；再奏之，大風至，大雨隨之，裂帷幕，破俎豆，隳廊瓦，㊇坐者散走。平公恐懼，伏於廊室之間。晉國大旱，赤地㊈三年。平公之身遂癃病。㊉故曰不務聽治，而好五音不已，則窮身之事也。

【今註】㊀衛靈公將之晉數句：衛靈公，春秋時衛國的君主，襄公的兒子，名元。在位四十二年。之，是往的意思。濮水，本黃河分流，舊道由今河南省封丘縣東北流，經延津、滑縣，河北省濮陽縣，至山東省濮縣，注鉅野澤。後黃河遷決，便堙塞了。稅，似應讀ㄊㄨㄛ，借為挩，後多用脫，就是解脫的意思。稅車，就是把馬從車上卸下。放馬，給馬在田野吃草。舍，客居。設舍，安排行館。夜分，就是夜半。鼓，彈奏。聲，音樂。說，讀ㄩㄝˋ，借為悅。㈡師涓：春秋時衛靈公的樂官。古樂官稱師，涓是名。㈢寫：是仿製的意思。㈣撫琴：就是彈琴。撫，用手按。㈤師涓明日報曰四句：得之，是能奏此曲。習，熟練。復，是再的意思。一宿，就是一夜。㈥晉平公觴之於施夷之臺：晉平公，春秋時晉國的君主，悼公的兒子，名彪。觴，本意是盛有酒的酒杯，用作動詞，是請人吃酒。施夷之臺，即左傳昭公八年晉侯所築虒祁之宮。史記樂書作施惠。方輿紀要說：「宮在今山西曲沃縣西南四十九里，新絳縣南六里。」㈦酒酣四句：酣，音ㄏㄢ，是酒已暢足。起，站立。示，表現，演奏。㈧令坐師曠之旁二句：師曠，春秋晉國的樂官，字子野。援，是取的意思。㈨師曠撫止之曰三句：撫止，是按住師涓的手，阻止他彈奏。遂，完成，終了。㈩此奚道出：這樂曲從那裏來的。道，是從的意思。㈡此師延之所作二句：師延，商紂時樂官。史記殷本紀、漢書古今人表，師延誤作師涓。與紂，猶言為紂。靡靡之樂，就是樂曲所表達的為頹唐放浪，只顧眼前享受的意味。㈢究：完畢，終了。㈢平公問師曠曰四句：聲，指宮、商、角、徵、羽五聲，亦稱五音，係按聲音的清濁高下分成的。宮，最下最濁；商，次下次濁；角，在清濁高下之間；徵，次高次清；羽，最高最清。清商，是較清的商聲。㈣清徵：徵，五聲之一，讀ㄓˇ。㈤一奏之數句：玄鶴，鶴千歲則變蒼，又二千歲則變黑，謂之玄鶴。見古今注。二八，是十六的意思。太田方韓非子翼毳：「八雙二列也。」道，是從的意思。郎，通廊。廊是殿旁的房屋，所以朝庭亦稱廊廟。郎門，似即宮殿的門。

垝，音ㄍㄨㄟˇ，壞牆。這裏似為危字的誤寫。危，棟上，俗謂屋脊。列，動詞，排成行列。延頸，伸長脖頸。舒翼，張開翅膀。中，讀第四聲，是相合的意思。說，讀ㄩㄝˋ，借為悅。㈥平公提觴而起四句：提，是持的意思。起，起立。壽，敬酒。反坐，是又坐下來。㈦昔者黃帝合鬼神於泰山之上數句：黃帝，中華民族遠古最偉大的帝王，據說姓公孫，又姓姬，名軒轅。是中華民族歷史年代的開始，也是中華民族文明進步的開始。泰山，在山東省泰安縣北，亦稱岱宗，是五嶽當中的東嶽。古代帝王，多封禪泰山。象車，解作以馴象駕車，或以象牙飾車，都不妥當。大概是形狀類似車，實際並非人間所乘的車輛。宋書符瑞志：「象車者，山之精也，王者德澤流洽四境則出。」駕，這裏解作乘。蛟，也是龍一類的動物。六蛟龍，就是用六條蛟龍挽車。古代天子車駕六馬。畢方，廣雅以為木神；山海經謂為怪鳥。並，讀ㄅㄤˋ，傍，或作並，是靠近的意思。鎋，音ㄒㄧㄚˊ，或作轄，是車軸兩頭的鐵鍵。這句話是說畢方在車兩旁照料。蚩尤，是遠古一位神怪人物，形狀在人獸之間，有神異的能力，或以為是一個部族的首領，或以為是普通人。風伯，是風神。雨師，是雨神。騰蛇，或作螣蛇，是龍一類的動物，能起雲霧而遊其中。㈧破俎豆二句：俎豆，是祭祀宴享盛物的器具。隳，音ㄏㄨㄟ，是毀壞的意思。廊瓦，指宮殿上面的瓦。㈨赤地：赤，空無所有。赤地，因天旱田裏沒有任何作物。㈩癃病：淮南子覽冥訓注：「篤疾。」周禮小司徒注：「廢疾。」大概就是很嚴重而不能任事的病。

【今譯】　什麼叫做愛好音樂呢？從前衛靈公前往晉國，走到濮水邊上，卸下車子給馬吃草，安排行館住下來。到了夜半，聽到有人彈奏新的樂曲，覺得非常好聽，使人詢問左右侍從，都說沒有聽到。於是把樂官師涓召來，告訴他說：「我聽到有人彈奏新的樂曲，使人詢問左右侍從，都回答說沒有聽到，莫非是鬼神所奏出的，你仔細聽聽，給我摹擬下來。」師涓回答說：「好罷！」就靜坐彈琴，摹擬這支新的樂曲。第二天，師涓回報說：「我已經學會了，可是還不熟練，請再練習一夜。」靈公說：「好罷！」便又留宿一夜，第三天已經熟練，就離開濮水，前往晉國。晉平公在施夷臺上設宴，款待衛靈公。酒喝到暢足的時候，靈公站起來說道：「有一支新的樂曲，請演奏給您聽聽。」平公說：「好！」便把師涓召來，教他坐在師曠旁邊，拿琴彈奏。還沒彈完，師曠按住師涓的手，予以阻止說：「這是亡國的樂曲，不能彈完。」平公說：「這樂曲是從那裏來的？」師曠說：「這是師延所作，是給商紂作的靡靡之樂啊。等到武王伐紂，師延向東逃走，逃到濮水，投水而死。所以這支樂曲，一定是在濮水邊上聽來的。先聽到這支樂曲的，他的國家一定要衰落，不能彈完啊！」平公說：「我最喜愛的就是音樂，你讓他彈完這支樂曲罷！」師涓便把這支樂曲彈畢。平公向師曠問道：「這支樂曲是什麼聲調呢？」師曠回答說：「這就是所謂清商聲呀。」平公說：「清商是最淒涼的嗎？」師曠說：「還不如清徵。」平公說：「清徵可以聽聽嗎？」師曠說：「不可以！古代獲聽清徵的，都是德義極高的君主。現在君主的德義還不夠高，不可以聽。」平公說：「我最喜愛的就是音樂，很想聽一聽。」師曠不得已，便拿過琴來彈奏。第一次彈奏，有十六隻玄鶴從南面飛來，落在郎門的屋脊上；第二次彈奏，玄鶴便排成行列；第三次彈奏，玄鶴便伸長脖頸鳴叫，張開翅膀飛舞，聲音好像宮商的樂曲，天上都能聽到。平公大喜，在座的都很高興。平公站起身來，拿著酒杯向師曠敬酒，又坐下來問道：「聲調當中沒有比清徵更淒涼的嗎？」師曠回答說：「還不如清角。」平公說：「清角可以聽聽嗎？」師曠說：「不可以！從前黃帝在泰山和鬼神聚會，坐著象車，由六隻蛟龍牽挽，畢方在車旁照料，蚩尤在車前開路，風伯掃地，雨師灑水，虎狼在前面保護，鬼神在後面隨侍，騰蛇匍匐地上，鳳凰翱翔空中，鬼神紛紛會集，纔作成清角的樂曲。現在君主的德義還不夠高，不可以聽，聽了恐怕要有災禍。」平公說：「我已經衰老，平生最喜愛的就是音樂，很想達成一聽清角的願望。」師曠不得已，便彈奏清角的樂曲。開始彈奏，有烏雲從西北方升起；繼續彈奏，狂風吹來，接著就下暴雨，帷幕吹裂，俎豆跌碎，廊廟的瓦片不停的飄落，在座的紛紛逃散。平公非常恐懼，蜷伏宮殿的內室。從此晉國久旱不雨，三年田裏沒有作物；平公也身患重病，不能治事。所以說：不注意辨理國事，卻儘量享受音樂，這是使自己遭受困阨的事啊。

奚謂貪愎？昔者、智伯瑤率趙韓魏而伐范中行滅之，㈠反歸休兵數年，因令人請地於韓，韓康子㈡欲勿許。段規㈢諫曰：「不可不與也。夫智伯之為人也，好利而驁愎㈣。彼來請地而弗與，則移兵於韓必矣。君其與之。與之彼狃，又將請地他國，他國且有不聽，不聽則智伯必加之兵。㈤如是，韓可以免於患，而待其事之變。」康子曰：「諾。」因令使者致萬家之縣一於智伯。智伯說，(六)又令人請地於魏，魏宣子(七)欲弗與。趙葭(八)諫曰：「彼請地於韓，韓與之。今請地於魏，魏弗與，則是魏內自強，而外怒智伯也。如弗予，其措兵(九)於魏必矣，不如予之。」宣子曰：「諾。」因令人致萬家之縣一於智伯。智伯又令人之趙，請蔡皋狼(一〇)之地，趙襄子(一一)弗與。智伯因陰約韓魏，將以伐趙。襄子召張孟談(一二)而告之，曰：「夫智伯之為人也，陽親而陰疏，三使韓魏，而寡人不與(一三)焉，其措兵於寡人必矣。今吾安居(一四)而可？」張孟談曰：「夫董閼于、簡主之才臣也，其治晉陽，而尹鐸循之，其餘教猶存，君其定居晉陽而已矣。」(一五)君曰：「諾。」乃召延陵生(一六)令將車騎，先至晉陽，君因從之。君至，而行其城郭及五官之藏，(一七)城郭不治，倉無積粟，府無儲錢，庫無甲兵，邑無守具。襄子懼，乃召張孟談曰：「寡人行城郭及五官之藏，皆不備具，吾將何以應敵？」張孟談曰：「臣聞聖人之治藏於民，不藏於府庫，務修其教，不治城郭。君其出令：

令民自遺三年之食，有餘粟者入之倉；遺三年之用，有餘錢者入之府；遺有奇人者，使治城郭之繕。（一八）」君夕出令，明日倉不容粟，府無積錢，庫不受甲兵。居五日，而城郭已治，守備已具。君召張孟談而問之，曰：「吾城郭已治，守備已具，錢粟已足，甲兵有餘，吾奈無箭何！」張孟談曰：「臣聞董子之治晉陽也，公宮之垣，皆以荻蒿楛楚牆之，其高至于丈，君發而用之，有餘箭矣。（一九）」於是發而試之，其堅則雖菌簬（二〇）之勁，弗能過也。君曰：「吾箭已足矣，奈無金何！（二一）」張孟談曰：「臣聞董子之治晉陽也，公宮令舍之堂，皆以鍊銅為柱質。（二二）君發而用之，有餘金矣。」於是發而用之。號令已定，守備已具，三國之兵果至，至則乘晉陽之城，遂戰三月弗能拔，因舒軍而圍之，決晉陽之水以灌之。（二三）圍晉陽三年。城中巢居而處，懸釜而炊，財食將盡，士大夫羸病。（二四）襄子謂張孟談曰：「糧食匱，（二五）財力盡，士大夫羸病，吾恐不能守矣。欲以城下（二六），何國之可下？」張孟談曰：「臣聞之，亡弗能存，危弗能安，則無為貴智矣。

君釋此計者，㉗臣請試潛行而出，見韓魏之君。」張孟談見韓魏之君，曰：「臣聞唇亡齒寒，今智伯率二君而伐趙，趙將亡矣，趙亡則二君為之次。㉘」二君曰：「我知其然也。雖然，智伯之為人也，麤中而少親，我謀而覺，則其禍必至矣。為之奈何？㉙」張孟談曰：「謀出二君之口，而入臣之耳，人莫之知也。㉚」二君因與張孟談約二軍之反，與之期日。㉛夜遣孟談入晉陽，以報二君之反。襄子迎孟談而再拜之，且恐且喜。二君以約遣張孟談，因朝智伯而出，遇智過於轅門之外。㉜智過怪其色，因入見智伯，曰：「二君貌將有變。」君曰：「何如？」曰：「其行矜而意高，非他時之節也，君不如先之。」㉝君曰：「吾與二君約謹矣，破趙而三分其地，寡人所以親之，必不我欺。兵之著於晉陽三年，今旦暮將拔之，而嚮其利，何乃將有他心！㉞必不然，子釋勿憂，勿出於口。」明旦、二主又朝而出，復見智過於轅門。智過入見曰：「君以臣之言告二主乎？」君曰：「何以知之？」曰：「今日二主朝而出，見臣而其色動，而視屬臣，㉟此必有變，君不如殺之。」君曰：「子置勿復言。」智過曰：「不可，必殺之；若不能殺，遂親之。」君曰：「親之奈何？」智過曰：「魏宣子之謀臣曰趙葭，韓康子之謀臣曰段規，此皆能移其君之計，君其與二君約，破趙國，因封二子者各萬家之縣一。如是，則二主之心可以無變矣。」智伯曰：「破趙而三分其地，又封二子者各萬家之縣一，則吾所得者少，不可。」智過見其言之不聽也，出因更其族為輔氏。㊱至於期日之夜，趙氏殺其守隄之吏，㊲而決其水灌智伯軍。智伯軍救水而亂，韓魏翼而擊之，㊳襄子將卒犯其前，大敗智伯之軍，而擒智伯。智伯身死軍破，國分為三，為天下笑。故曰：貪愎好利，則滅國殺身之本也。

【今註】㊀智伯瑤率趙韓魏而伐范中行滅之：智伯，名瑤，謚襄子。范，是范吉射，謚昭子。中行，是中行寅，亦稱荀寅。他的先祖荀林父將中行，子孫便以官為氏。謚文子。春秋時代，晉國范氏、中行氏、智氏、趙、韓、魏六家，世代為卿，並掌國政。范氏、中行氏滅亡，智伯逐出公，立哀公，遂強大專晉政。㊁韓康子：春秋時晉國的卿，名虎。㊂段規：韓康子的謀臣。㊃鷙愎：鷙，音ㄓˋ，驕傲不馴。戰國策作鷙，音ㄓˋ，凶猛。愎，音ㄅㄧˋ，剛愎自用。㊄與之彼狃四句：狃，音ㄋㄧㄡˇ，是習慣的意思。且，是必的意思。㊅智伯說：說，讀ㄩㄝˋ，借為悅。㊆魏宣子：應為魏桓子，春秋時晉國的卿，名駒。㊇趙葭：魏桓子的謀臣。葭，音ㄐㄧㄚ。淮南子作任登，說苑作任增，魏策及本書說林上作任章，趙策則作趙葭。㊈措兵：猶言用兵。㊉蔡皋狼：史記秦本紀及趙世家：「季勝生孟增，孟增幸於周成王，是為宅皋狼。」據各家解釋，周成王居孟增於皋狼，所以又稱孟增為宅皋狼。或又稱該地為宅皋狼，蔡蓋宅音之訛。今山西省離石縣境，有皋狼故城。又山西省武鄉縣西北五十里亦有皋狼故城。㊁趙襄子：春秋時晉國的卿，趙簡子的兒子，名毋恤。㊂張孟談：趙襄子的家臣，國語晉語作張談；史記趙世家作張孟同，大概是司馬遷避父諱所改。㊂與：讀第四聲，是參預的意思。㊃安居：是怎樣處置。㊄夫董閼于簡主之才臣也數句：董閼于，春秋時晉國趙簡子的家臣，為簡子治晉陽。閼，音ㄜˋ，或作安，二字古通。簡主，就是趙簡子，名鞅，趙襄子的父親。晉陽，故城在今山西省太原縣東北。尹鐸，趙簡子的家臣，繼董閼于治晉陽。循，是遵循的意思。㊅延陵生：趙襄子的官吏，事蹟待考。延陵似是姓。戰國策趙策，作延陵王，恐誤。㊆而行其城郭及五官之藏：行，是視察的意思。藏，讀ㄗㄤˋ，就是倉庫。五官之藏，就是各官署的庫藏。㊇遺有奇人者二句：遺，是留的意思。奇，讀ㄐㄧ，是多餘的意思。繕，修補。這兩句的意思是：留下自家工作必須的人手，還有多餘的人手，使他們作修補城郭的工作。㊈公宮之垣四句：公宮，似即官署。垣，圍牆。荻音ㄉㄧˊ，蒿，音ㄏㄠ，楛，音ㄏㄨˋ，楚，就是牡荊。太田方韓非子翼毳：「荻蒿二草，楛楚二木，皆可為矢。皆以荻蒿楛楚牆之，都是種植荻蒿楛楚等草木作圍牆。發，是砍伐的意思。⑳菌簬：應作箘簬，讀ㄐㄩㄣˋㄌㄨˋ，是一種美竹，質材甚勁，可以作箭。㉑奈無金何：前面說府無積錢，庫不受甲兵，所以這裏金不是指金錢，不是指甲兵，是指箭鏃。孟子離婁下：「抽矢扣輪，去其金，發乘矢而後反。」㉒公宮令舍之堂二句：令，是長官；令舍，是官邸。鍊銅，是精鍊的銅。質，是柱下石。王玉樹說文拈字：「礩，古通作質，從木從石，皆後人加也。」㉓三國之兵果至數句：三國，指智氏、韓、魏，此時雖未列為諸侯，實已具大國條件。乘，進攻。遂戰是繼續作戰。拔，是攻占。舒，舒緩，舒散。晉陽之水，指晉水，發源山西省太原縣懸甕山，分為三派，東流入汾河。智伯決以灌晉陽的是北派。㉔士大夫羸病：士大夫，這裏指官和兵。羸，音ㄌㄟˊ，瘦弱，是飢餓的樣子。病，是像有病。這句話是說官兵都餓得無力作戰。㉕匱：音ㄎㄨㄟˋ，是盡的意思。㉖下：投降。㉗君釋此計者：釋，放棄。者，語末助詞，表假設。㉘今智伯率二君而伐趙三句：二君，指韓康子、魏桓子。次，是繼續者。㉙智伯之為人也數句：麤中而少親，是性情粗暴，沒有仁愛心。而覺，猶言如覺。㉚人莫之知也：顧廣圻韓非子識誤：「之知，藏本作知之，策同。」古人文字，上面有否定副詞，賓語通常倒在動詞之上。所以以做之知為是。㉛二君因與張孟談約二軍之反二句：二軍，各舊本作三軍。王先慎韓非子集解：「三當作二，軍指韓魏之軍。趙既被圍，不待約也。」期，約定時日。㉜二君以約遣張孟談三句：以，用同已。因，用同猶，是仍舊的意思。朝，讀ㄔㄠˊ，是謁見的意思。智過，王先慎韓非子集解：「說苑貴德篇作智果，古今人表作智過，顏注即智果。」國語晉語記智宣子將以智瑤為後，智果諫以立瑤智宗必滅事。轅門，古時巡狩田獵，以車環繞為屏蔽，出入的地方，以車轅相向為門，叫做轅門。後用以稱營門，或衙署的外門。㉓其行矜而意高三句：行矜意高，意氣高傲，行動驕縱。非他時之節，禮貌不像以前那樣。先，是先發制人的意思。㉔兵之著於晉陽三年四句：著，讀ㄓㄨㄛˊ，附著。著於晉陽，就是包圍晉陽。旦暮，是不久的意思。嚮，讀第三聲，借為饗，又通享，是享受的意思。㉕而視屬臣：屬，讀ㄓㄨˋ，借為注。視屬，就是注視。㉖出因更其族為輔氏：更，讀第一聲，是改變的意思。更其族，就是改變他的姓氏。太田方韓非子翼毳：「左傳疏：族者，屬也，與其子孫共相聯屬，其旁支別屬，則各自立氏。釋例：別而稱之謂之氏，合而言之則為族。」輔氏，國語晉語：「智果別族於太史為輔氏（太史掌氏姓），及智氏之亡也，唯輔果在。」㉗殺其守隄之吏：其，指智伯。㉘韓魏翼而擊之：謂左右夾擊。

【今譯】　什麼叫做貪婪狠戾呢？從前智伯率領趙韓魏的軍隊攻打范氏和中行氏，把他們消滅了。回來休息了幾年，就派人向韓國要求土地。韓康子打算不給，段規勸諫說：「不能不給呀！智伯的為人，既貪婪驕傲，又剛愎凶狠。他來要求土地，君主若不給，他一定出兵攻打韓國，希望君主給與他。給與他後，便助長他討便宜的習性，又要向別國要求土地。別國一定有不允許的，智伯必然出兵攻打他。這樣，韓國就可以避免災難，靜候事態的變化。」韓康子說：「好罷！」就派人割讓一萬戶的縣分給智伯。智伯很高興，又派人向魏國要求土地。魏桓子打算不給，趙葭勸諫說：「智伯向韓國要求土地，韓國已經給與；現在向魏國要求土地，魏國不肯給與，這是魏國自逞強盛，以激怒智伯呀。如果不給，他一定派兵攻打魏國，不如給他。」桓子說：「好罷！」就派人割讓一萬戶的縣分給智伯。智伯又派人往趙國，要求蔡皋狼那塊地方，趙襄子不肯給與。智伯便暗中聯絡韓魏二國，預備攻打趙國。趙襄子把張孟談召來，告訴他說：「智伯為人，外表對人親近，心裏卻很疏遠。三次派人到韓魏聯絡，卻沒有到趙國來，他要派兵攻打趙國是無疑的。現在我們怎樣應付才好？」張孟談回答說：「董閼于，是簡主最能幹的官吏，他一生治理晉陽，他死後尹鐸又依照他的辦法治理，到現在他的政教還存在，君主只有遷都到晉陽了。」襄子說：「好罷！」就把延陵生召來，派他率領軍隊先到晉陽，襄子隨後進發。襄子到了晉陽，先視察城郭和各官署的庫藏，看到城郭不夠堅固，倉裏沒有糧食，府裏沒有財帛，庫裏沒有甲兵，城裏沒有守禦的設施。襄子非常恐懼，就把張孟談召來，對他說道：「我視察城郭和各官署的庫藏，都欠完具，我們怎樣應付敵人呢？」張孟談回答說：「我聽說聖人辦理政治，財物藏在民間，不藏在府庫；努力教訓人民，不修治城郭。請君主下令：人民留下三年自用的糧食，多餘的糧食送進公倉；留下三年自用的財帛，多餘的財帛納入公府；留下自家工作必須的人手，多餘的人手參加修繕城郭的工作。」襄子晚上發出命令，第二天倉裏不能再裝糧食，府裏無處再積財帛，庫裏無法再收甲兵。過了五天，城郭已經修好，守禦的設施也都就緒了。襄子又把張孟談召來問道：「我們的城郭已經修好，守禦的設施已經就緒，錢糧足用，甲兵有餘，只是沒有箭桿，怎麼辦呢？」張孟談回答說：「我聽說董子治理晉陽，官署的圍牆都是種植荻蒿楛楚等植物長成的，現在已經有一丈多高，君主取來應用，便有多餘的箭桿了。」於是把這些材料取來試用，都非常堅勁，即便箘簵作的箭桿，也不能比這更好。襄子說：「我們箭桿已經夠用了，沒有金屬作箭簇怎麼辦？」張孟談說：「我聽說董子治理晉陽，官署和邸舍的堂屋，都用鍊銅作柱下石，君主取來應用，便有多餘的箭鏃了。」於是把這些金屬取來，製成箭鏃應用。各種的號令都已發出，守禦的設施都已妥善，智伯韓魏的兵果然來到。到後立即向晉陽進攻，連續三個月未能攻陷。於是舒散軍隊，予以包圍，然後決開晉水，灌入城內。這樣圍困晉陽三年，城裏的人們，搭造高巢居住，吊起鍋子煮飯，糧食財物，眼看用完，官兵飢餓，無力作戰。襄子告訴張孟談說：「糧食吃完了，財物用光了，官兵餓壞了，我們恐怕無法再守了。我打算拿晉陽投降，你看向誰投降較好。」張孟談說：「我聽說：國家滅亡時，不能把他保全；國家危險時，不能使他安穩，就無須重用有才智的人了。君主若能放棄這種計畫，我請求秘密出城，謁見韓魏兩國的君主。」張孟談謁見韓魏的君主說道：「我聽說：嘴唇沒有了，牙齒就要受到寒冷。現在智伯率領你們攻打趙國，趙國就要滅亡了。趙國滅亡以後，接著滅亡的便是韓國和魏國了。」韓魏的君主說道：「我們也知道事情必然是這樣的。不過智伯的為人，粗暴殘忍，我們的計畫假如被發覺，大禍馬上就會到來，這怎麼辦呢？」張孟談說：「計畫從你們的嘴裏說出，只進入我一人的耳朵，誰也不會曉得的。」韓魏的君主和張孟談講好兩國的軍隊反攻智伯，並約定發動的日期。夜裏打發張孟談回到晉陽城內，報告相約的情形。襄子迎接張孟談，向他行禮道謝，又恐懼，又歡喜。韓魏的君主打發張孟談回去以後，仍舊謁見智伯，出來時在營門外面遇見智過。智過覺得他們的臉色不對，就進去謁見智伯說：「看韓魏兩國君主的樣子，恐怕要叛變了。」智伯說：

「怎樣看出？」智過說：「我看他們意氣高昂，行動驕恣，禮貌不像以前那樣，您最好先發制人。」智伯說：「我和韓魏兩國的君主相約，非常的確切，擊敗趙國以後，就把他的土地三國平分，我對待他們很好，他們絕對不會欺騙我。三國的軍隊圍困晉陽三年，現在馬上就可以攻占，分享勝利的果實，怎麼會忽生異心呢？一定不會這樣，你儘管放心，不要再說這種話。」第二天早晨，韓魏兩國的君主謁見智伯出來，又在營門和智過相遇。智過進謁智伯說：「您把我說的話告訴韓魏兩國的君主了嗎？」智伯說：「你怎麼知道的？」智過說：「今天韓魏兩國的君主謁見您出去時，看到我臉色就變了，視線一直盯著我，這一定是要叛變，您最好趕快殺掉他們！」智伯說：「你丟開這件事，不要再說了！」智過說：「不行！必須殺掉他們！假如不能殺掉他們，就要和他們更加親善。」智伯說：「怎樣和他們更加親善呢？」智過說：「魏桓子的謀臣叫趙葭，韓康子的謀臣叫段規，這兩人都能左右他們君主的計策，您若和韓魏兩國的君主約定，攻破趙國後，就封給趙葭和段規每人萬戶的縣分，這樣韓魏兩國的君主就不會變心了。」智伯說：「本來約定，攻破趙國，就把他的土地三人平分，現在又要封給趙葭和段規每人萬戶的縣分，我所得的就太少了，這是不可以的。」智過見智伯不肯採用他的意見，出來便改姓為輔，逃往他處。到了約定的那天夜裏，趙國派人殺死智伯守隄的官吏，反而決水灌向智伯的軍隊。智伯的軍隊因為防禦突來的水患，秩序大亂，韓魏兩國的軍隊左右夾攻，襄子率領軍隊迎頭痛擊，大敗智伯的軍隊，而把智伯捉住。智伯自己被殺戮，軍隊被殲滅，土地被瓜分，留給天下人做笑談。所以說貪婪狠戾，就成為滅國殺身的根由啊。

奚謂耽於女樂？昔者、戎王使由余聘於秦，㊀穆公㊁問之曰：「寡人嘗聞道，而未得目見之也。願聞古之明主得國失國常何以？」由余對曰：「臣嘗得聞之矣，常以儉得之，以奢失之。」穆公曰：「寡人不辱㊂而問道於子，子以儉對寡人何也？」由余對曰：「臣聞昔者堯有天下，飯於土簋，飲於土鉶，㊃其地南至交趾，北至幽都，東西至日月之所出入者，莫不賓服。㊄堯禪天下，虞舜受之，作為食器，斬山木而財之，削鋸修之迹，流漆墨其上，㊅輸之於宮，以為食器，諸侯以為益侈，㊆國之不服者十三。舜禪天下，而傳之於禹，禹作為祭器，墨漆其外，而朱畫其內，縵帛為茵，蔣席額緣，觴酌有采，而樽俎有飾，此彌侈矣，㊇而國之不服者三十三。夏后氏沒，殷人受之，作為大路，而建九旒，食器雕琢，觴酌刻鏤，四壁堊墀，茵席雕文，㊈此彌侈矣，而國之不服者五十三。君子皆知文章矣，而欲服者彌少，臣故曰儉其道也。」由余出，公乃召內史廖㊉而告之，曰：「寡人聞鄰國有聖人，敵國之憂也。今由余、聖人也，寡人患之，吾將奈何？」內史廖曰：「臣聞戎王之居，僻陋而道遠，未聞中國之聲。君其遺之女樂，以亂其政，而後為由余請期，以疏其諫。彼君臣有間，而後可圖也。」㊁君曰「諾。」乃使內史廖以女樂二八遺戎王，因為由余請期。戎王允諾，見其女樂而說之，設酒張飲，日以聽樂，終歲不遷，牛馬半死。㊂由余歸，因諫戎王，戎王弗聽，由余遂去之秦。秦穆公迎而拜之上卿，問其兵勢與其地形。既以得之，㊂舉兵而伐之，兼國十二，開地千里。故曰：耽於女樂，不顧國政，則亡國之禍也。

【今註】㊀戎王使由余聘於秦：戎，是我國古代西方的落後民族，繁衍於陝西甘肅涇渭二水流域，內分若干部落，在歷史較著名的是犬戎，或作畎戎；昆夷，或作混夷、緄夷、串夷等，有人說犬、昆、串，為一音之轉。聘，古代諸侯派大夫相互訪問叫做聘。由余，春秋時晉國人，逃亡到西戎，後又降秦，幫助秦穆公征服西戎十二國，秦穆公便成為西方的霸主。㊁穆公：就是秦穆公，春秋時秦國的君主，秦德公第三子，名任好，繼承他的哥哥成公做君主。任用由余百里奚蹇叔等賢才，國勢強盛，為春秋五霸之一。㊂不辱：松皐圓定本韓非子纂聞：「忘其不肖。」㊃飯於土簋二句：簋，音ㄍㄨㄟˇ，是盛黍稷肴饌的器具。鉶，音ㄒㄧㄥˊ，是盛羹的器具，土簋，土鉶，都是土製品，也就是瓦器。於，這裏用猶以字。㊄其地南至交趾四句：交趾，堯時交趾，指五嶺以南地帶，漢設交趾郡，則專指現在越南北部。幽都，似即幽州，今河北省北部和遼寧一帶地。都，民所聚居的地方。賓服，賓也是服從的意思。㊅斬山木而財之三句：財，通裁，是製作的意思。削鋸修之迹，太田方韓非子翼毳疑修在鋸削之上，文義俱順。流，是塗的意思。㊆益侈：是過於奢侈。㊇縵帛為茵數句：縵，沒有文彩的絲織品。縵帛，就是所謂素綢。茵，本來是席，這裏解作褥。蔣，草名。蔣席，是蔣草所作的席。額緣，乾道本作頗緣。各家解釋，都欠妥洽。今按：緣是邊飾。頗，是偏的意思，偏多，偏少，偏久，偏好，都可用頗。這裏是偏多或偏好的意思。觴酌，都是飲酒的器具。采，文采。樽俎，飲宴時盛酒肴的器具。彌，音ㄇㄧˊ，是更甚的意思。㊈夏后氏沒數句：夏后氏，禹受舜禪，國號夏，史稱夏禹，又稱夏后氏。路，是王者所乘的車，亦為車的通名。後多作輅。旒，音ㄌㄧˊㄡ，又作斿或游，旌旗附在竿上的直幅叫做縿，綴在縿上而飄揚的橫幅叫做旒。九旒，旗上有九個旒，是天子的旗。建，樹立。堊，音ㄜˋ，有顏色的土；用作動詞，就是塗飾。墀，音ㄔˊ，是塗飾過的地；用作動詞，也是塗飾的意思。雕，音ㄉㄧㄠ，借為彫，這裏是繪畫的意思。文，是花樣，後多作紋。㊉內史廖：內史是官名，廖是人名。顧廣圻韓非子識誤：「他書皆同，韓詩外傳作內史王繆，繆廖同字，王蓋姓也。」㊁臣聞戎王之居數句：道遠，顧廣圻韓非子識誤：「道，當依說苑作遼。」聲，音樂。遺，讀ㄨㄟˋ，贈送。請期，請求緩期歸國。疏，稀少。間，讀第四聲，間隙，隔閡。圖，謀取。㊂見其女樂而說之數句：其，這些。說，借為悅。張飲，就是設酒。張或讀第四聲，是設帷帳。不遷，戎是游牧民族，應逐水草遷徙；戎王因沈迷歌舞宴飲，不以游牧為事，而逐水草遷徙，所以下面說牛羊半死。㊂既以得之：以，同已。得之，獲知戎的兵勢地形。

【今譯】 什麼叫做迷戀女樂？從前戎王派遣由余到秦國訪問，秦穆公向他問道：「我曾聽到過治國的道術，可是不曾目睹實際的情形，請你告訴我古代的君主得國失國大都是什麼緣故呢？」由余回答說：「我曾經聽說：得國通常由於節儉，失國通常由於奢侈。」秦穆公說：「我不顧自己的愚昧而向你請教治國的道術，你只拿節儉回答我，這是什麼道理呢？」由余回答說：「我聽說，從前堯做天子，用土製的碗吃飯，用泥製的杯喝水。他的土地，南面到交趾，北面到幽都，東面到日出的地方，西面到日落的地方，人沒有不服從的。堯讓天下，舜做了天子，砍伐山上的樹木，製作各種器物，磨光削鋸的痕跡，再塗上油漆，運送到宮裏，以供飲食應用，諸侯們以為過於奢侈。便有十三國不肯服從。舜讓天下給禹，禹製作祭器，外面漆成黑色，裏面用紅色繪畫，褥墊用素綢作成，草席緣有美麗的花邊，酒器都有文采，食具都加雕飾，比較更為奢侈，便有三十三國不肯服從。夏朝滅亡，商朝興起，製作路車，上面樹立著九旒的旌旗；食器都加雕琢，酒具都有刻鏤；牆壁都加塗飾，褥席都作花樣，這越發奢侈，便有五十三國不肯服從。在上位的都喜愛美麗的裝飾，可是情願服從的卻越來越少，所以我說節儉便是治國的道術呀。」由余退出後，秦穆公便把內史廖召來，告訴他說：「我聽說鄰國有聖人，是本國的憂患。現在由余就是聖人，我非常焦慮，應該怎樣辦呢？」內史廖回答說：「我聽說戎王所盤據的地方，窮僻遙遠，沒有聽到過中國的音樂。請您贈送他許多歌舞的美女，以擾亂他的政治；並且為由余請求展緩回國的時日，使由余沒有機會進諫。他們君臣疏遠，然後纔能謀取。」秦穆公說：「對！」於是派內史廖贈送十六位歌舞的美女給戎王，就便為由余請求展緩回國的時日，戎王也答應了。戎王看到這些歌舞的美女，非常高興，搭起帳幕，擺設酒宴，天天欣賞歌舞，一年到頭不從事游牧，牛馬大半餓死。由余回來，勸諫戎王，戎王不肯聽從，由余便離開戎地，前往秦國。秦穆公親自迎接，立即任命他做上卿，詢問他戎王的兵力和地形。秦穆公全部明了以後，便派兵前往攻打，攻占十二個部落，擴展一千里土地。所以說：迷戀女樂，不理朝政，就會招致亡國的災禍啊。

奚謂離內遠遊？昔者、田成子㈠遊於海而樂之，號令諸大夫曰：「言歸者死。」顏涿聚㈡曰：「君遊海而樂之，奈臣有圖國者何！君雖樂之，將安歸？」田成子曰：「寡人布令曰：言歸者死，今子犯寡人之令，」援戈㈢將擊之。顏涿聚曰：「昔桀殺關龍逢而紂殺王子比干，今君雖殺臣之身，以三之可也。㈣臣言為國，非為身也。」延頸㈤而前曰：「君擊之矣。」君乃釋戈，趣駕而歸，㈥至三日，而聞國人有謀不內㈦田成子者矣。田成子所以遂㈧有齊國者，顏涿聚之力也。故曰：離內遠遊，則危身之道也。

【今註】㊀田成子：就是田恆，春秋時齊國的權臣。他的祖先陳公子完逃到齊國，改姓田氏，所以左傳稱為陳恒，史記則稱田常。他弒齊簡公，立平公，專齊政。田恆曾孫和立為諸侯，和子午遂代齊國。說苑正諫篇作齊景公。㊁顏涿聚：王先慎韓非子集解：「琢聚，說苑作燭趨，晏子春秋外篇作燭鄒，漢書古今人表作燭雛，左傳哀公二十三年又作顏庚。」左傳杜預注：「顏庚，齊大夫顏涿聚。」㊂援戈：是拿起武器。㊃昔桀殺關龍逢而紂殺王子比干三句：桀，夏朝末代的帝王。關龍逢，夏朝的賢臣。夏桀無道，關龍逢極力勸諫被殺。紂，商朝末代的帝王。王子比干，商紂的叔父，封於比，所以稱為比干。商紂無道，比干強諫，商紂忿怒說：「我聽說：聖人的心有七竅。」便把比干殺死，剖出他的心來看。三，用作動詞。之，指以上二事。三之，就是與之成三。㊄延頸：是伸頸。㊅君乃釋戈二句：釋戈，是放下武器。趣，讀ㄘㄨˋ，同促。趣駕，是趕快駕車。㊆內：讀ㄋㄚˋ，後多作納，是使他進入的意思。㊇遂：終於。

【今譯】什麼叫做離開首都，到遠方遨遊呢？從前田成子到海上遊玩，覺得非常快樂，於是命令隨行的大夫們：「有勸我回去的處死刑。」顏涿聚說：「您在海上遊玩，覺得非常快樂，怎奈下面有人圖謀您的地位！您雖獲得遊玩的快樂，可是怕要無家可歸了。」田成子說：「我已發出命令：有勸我回去的處死刑，現在你觸犯了我的命令。」拿起武器要殺顏涿聚。顏涿聚說：「從前夏桀殺死關龍逢，商紂殺死王子比干，現在您即便把我殺死，和他們合成三位為忠諫犧牲的官吏，也是很好的。我勸諫您，完全是為國家，並非為自己。」伸著脖頸走近田成子說：「請您動手罷！」田成子便放下武器，趕快駕車回去。回到首都三天，便聽說曾經有人計畫阻止田成子回首都。田成子所以終於取得齊國，完全是顏涿聚的力量啊。所以說：離開首都，到遠方遨遊，這是危害自己生命的作法呀。

奚謂過而不聽於忠臣？昔者、齊桓公九合諸侯，一匡天下，為五伯長，管仲佐之。㈠管仲老，不能用事，休居於家。桓公從而問之曰：「仲父家居有病，即不幸而不起，政安遷之？」㈡管仲曰：「臣老矣，不可問也。雖然，臣聞之，知臣莫若君，知子莫若父，君其試以心決之。」君曰：「鮑叔牙㈢何如？」管仲曰：「不可。夫鮑叔牙為人，剛愎而上悍。剛則犯民以暴，愎則不得民心，悍則下不為用。其心不懼，非霸者之佐也。」㈣公曰：「然則豎刁㈤何如？」管仲曰：「不可。夫人之情，莫不愛其身。公妬而好內，豎刁自獖以為治內。㈥其身不愛，又安能愛君？」曰：「然則衛公子開方㈦何如？」管仲曰：「不可。齊衛之間，不過十日之行。開方為事君、欲適君之故，十五年不歸見其父母，此非人情也。其父母之不親也，又安能親君乎？」公曰：「然則易牙㊇何如？」管仲曰：「不可。夫易牙為君主味，㊈君之所未嘗食，惟人肉耳。易牙蒸其首子㊉而進之，君所知也。人之情，莫不愛其子，今蒸其子以為膳於君，其子弗愛，又安能愛君乎？」公曰：「然則孰可？」管仲曰：「隰朋⑪可。其為人也，堅中而廉外，⑫少欲而多信。夫堅中則足以為表，⑬廉外則足以大任，少欲則能臨其眾，⑭多信則能親鄰國，此霸者之佐也，君其用之。」君曰：「諾。」居一年餘，管仲死，君遂⑮不用隰朋，而與豎刁。⑯刁涖事⑰三年，桓公南遊堂阜，⑱豎刁率易牙、衛公子開方及大臣為亂，桓公渴餒而死南門之寢、公守之室，身死三月不收，蟲出於戶。⑲故桓公之兵橫行天下，為五伯長，卒見弒於其臣而滅高名，為天下笑者，何也？不用管仲之過也。故曰過而不聽於忠臣，獨行其意，則滅其高名為人笑之始也。

【今註】㊀齊桓公九合諸侯四句：齊桓公，春秋時齊國的君主，齊襄公的弟弟，名小白。管仲，春秋時潁上人，名夷吾，字仲，謚敬，所以也稱為管敬仲。襄公被弒後，桓公即位，用管仲做宰相，富國強兵，尊王攘夷，成為春秋五霸的第一位。九，是多的意思，如九牛一毛，九死一生，腸一日而九迴，都不是九數，而是多的意思。九合諸侯，就是屢次召集諸侯會盟。一、是全部。匡，是正的意思。一匡天下，就是使動亂的天下全部走上正軌。伯，讀ㄅㄚˋ，同霸。長，是先的意思。五伯長，就是五霸的第一位。㊁仲父家居有病三句：仲父，齊桓公稱管仲為仲父，仲是字，父是尊稱。即，是假使的意思。起，是病愈。不起，不能痊愈，也就是死的意思。政安遷之，政事移交何人執掌。㊂鮑叔牙：春秋時齊國的大夫。年輕時和管仲友善，管仲事公子糾，鮑叔事公子小白。公子糾失敗，小白立為桓公，鮑叔推薦管仲做宰相，桓公便成為諸侯的盟主。㊃夫鮑叔牙為人數句：剛愎，剛強固執，不肯接受別人的意見。上，通尚，是注重的意思。悍，猛厲。不懼，沒有戒慎恐懼的心。㊄豎刁：春秋時齊國人，因齊桓公好女色，便自行割勢到宮裏服務，以接近齊桓公。後來和易牙開方亂齊。㊅公妬而好內二句：內，婦女。妬而好內，妬恨男子而愛好女色。獖，字又作豶，音ㄈㄣˊ，豕去勢曰豶。自獖，就是自宮，自行去勢。二柄篇、難一篇均作自宮。以為治內，王先慎韓非子集解：「為字衍，二柄篇、難一篇並無。」㊆衛公子開方：春秋時衛國的公子，事齊桓公，很受寵幸。㊇易牙：春秋時齊國人，善調味，齊桓公用為廚夫，很受親幸。㊈主味：管理膳食。㊉首子：就是長子。乾道本作子首。㊀隰朋：春秋時齊國的大夫，幫助管仲輔佐齊桓公稱霸天下。隰，音ㄒㄧˊ。㊂堅中而廉外：中，是心理，意志。堅，是堅強，堅定。外，指行為。廉，本意為堂屋的側邊，引伸為正直的意思。㉓表：標準，表率。㉔少欲則能臨其眾：臨，是治理。眾，指人民。㉕遂：終於。㉖而與豎刁：把國政授與豎刁。㉗涖事：涖，音ㄌㄧˋ，是臨的意思，字又作莅或蒞。涖事，就是視事，治事。㉘堂阜：春秋時齊國的地名，在今山東省蒙陰縣西北三十里。㉙桓公渴餒而死南門之寢四句：餒，音ㄋㄟˇ，飢餓。寢，君主燕息的宮室。公守之室，守，這裏是被守，被圍困。之，介詞，用同於字。太田方韓非子翼毳：「管子小稱篇：四子作難，圍公一室，不得出。公守之室者，圍公一室也。」收，指棺斂。蟲出於戶，是屍體腐爛，屍蟲爬到門外。

【今譯】　什麼叫做錯了事不肯聽從忠臣的直言呢？從前齊桓公屢次召集諸侯會盟，使動亂的天下都走上正軌，而成為春秋五霸的第一位，完全靠管仲輔佐。管仲年老，不能辦理國政，在家中休養。齊桓公前往詢訪說：「仲父有病在家中休養，假如不幸調養不好，政事移交那位執掌？」管仲回答說：「我已經老病昏聵，不值得詢問。不過我聽說：最了解官吏的是君主，最了解兒子的是父親，請您按照自己的想法說說看！」桓公說：「鮑叔牙怎樣呢？」管仲說：「不可以！鮑叔牙為人，剛強固執，行事猛厲。剛強，就會以暴力侵害人民，固執，就不易獲人民的愛戴，猛厲，人民便不肯給他驅使。他缺乏戒慎恐懼的心理，不是霸主的好助手。」桓公說：「那麼豎刁怎樣呢？」管仲說：「不可以！人類的天性，沒有不愛自己的身體的。您妒恨男子而愛好女色，豎刁便自行去勢，到宮裏服務。他連自己的身體都不愛，怎麼會愛君主呢？」桓公說：「那麼衛公子開方怎樣呢？」管仲說：「不可以！齊國和衛國中間，不過十天的路程。開方為要事奉君主，討君主的歡心，十五年沒有回去看望自己的父母，這太不近人情了。他連自己的父母都不愛，怎麼會愛君主呢？」桓公說：「那麼易牙怎樣呢？」管仲說：「不可以！易牙替君主辦理膳食，君主只有人肉不曾吃過，易牙便把他的長子殺死，加以烹調，獻給君主，這是君主知道的事情。人類的天性沒有不愛自己的兒子的，易牙竟把自己的兒子加以烹調，送給君主吃，他連自己的兒子都不愛，怎麼會愛君主呢？」桓公說：「那麼誰可以呢？」管仲說：「隰朋可以。隰朋為人，意志堅定，行為正直，沒有各種的嗜欲，卻有足夠的誠信。意志堅定，就可以表率羣倫，行為正直，就可擔當重任；沒各種的嗜欲，就可以治理百姓，有足夠的誠信，就可以親善鄰國，這是霸主的好助手，您就任用他罷！」桓公說：「好罷！」過了一年多，管仲死去，桓公終於沒有任用隰朋做宰相，而把國事授與豎刁。豎刁掌理國事三年，桓公到南部的堂阜遊玩，豎刁率領易牙、衛公子開方和一部分大臣作亂，桓公臥病在南門的寢宮，無人侍奉飲食，飢渴而死。桓公被圍困在寢宮，死在床上，三個月沒人棺斂，屍體腐爛，屍蟲慢慢爬到門外。起先，齊桓公的軍隊，是天下無敵的，因而成為五霸的第一位；結果反被臣下害死，聲名敗壞，被人譏笑，這是什麼緣故呢？就是由於沒有採用管仲的忠諫啊！所以說：不聽從忠臣的直言，一意孤行，便是敗壞名譽、受人譏笑的開端啊！

奚謂內不量力？昔者、秦之攻宜陽，韓氏急，公仲朋謂韓君曰：「與國不可恃也，豈如因張儀為和於秦哉？因賂以名都，

而南與伐楚，是患解於秦，而害交於楚也。」㊀公曰：「善。」乃警㊁公仲之行，將西和秦。楚王聞之懼，召陳軫㊂而告之，曰：「韓朋㊃將西和秦，今將奈何？」陳軫曰：「秦得韓之都一，驅其練甲，秦韓為一以南鄉楚，此秦王之所以廟祠而求也，其為楚害必矣。㊄王其趣發信臣，㊅多其車，重其幣，㊆以奉韓，曰：『不穀㊇之國雖小，卒已悉起，願大國之信意於秦㊈也，因願大國令使者入境，視楚之起卒也。』」韓使人之楚，楚王因發車騎陳之下路㊉，謂韓使者曰：「報韓君言弊邑㊁之兵，今將入境矣。」使者還報，韓君大悅，止公仲。公仲曰：「不可。夫以實告㊂我者，秦也；以名救我者，楚也。聽楚之虛言，而輕誣㊂強秦之實禍，則危國之本也。」韓君弗聽，公仲怒而歸，十日不朝。㊃宜陽益急，韓君令使者趣卒於楚，冠蓋相望，而卒無至者。宜陽果拔，為諸侯笑。㊄故曰：內不量力，外恃諸侯者，則國削之患也。

【今註】㊀秦之攻宜陽數句：宜陽，戰國時韓邑，在今河南省宜陽縣西五十里。公仲朋，顧廣圻韓非子識誤：「朋，策誤作明，當依此訂，他書又作馮。」太田方韓非子翼毳：「史記韓世家索引曰：『公仲，韓相國，名侈。』按侈朋字相似，當有一誤。」與國，互相交好的國家。張儀，戰國時魏國人，相秦惠王，遊說六國，使背蘇秦的縱約，連橫事秦。秦惠王死後，武王即位，羣臣讒毀張儀；六國又合縱叛秦，張儀便去秦相魏，後來便死在魏國。交，給與。禍交於楚，就是把災禍給與楚國，也就是嫁禍於楚。松皐圓定本韓非子纂聞：「韓襄王四年，秦使甘茂攻我宜陽，明年拔之，斬首六萬。然公仲請和事，史策載在宣惠王十六年，而發端作秦韓戰於濁澤，與此異。」今按：史記六國表，張儀死於魏哀王十年（近人錢穆考訂為九年），也就是韓襄王三年，自不能因張儀為和於秦。韓宣惠王十六年，秦敗韓修魚，虜得韓將鯁、申差於濁澤。這年是秦惠文王八年，張儀復相秦。足見公仲請和事史策載在宣惠王十六年是對的，這裏宜陽似為修魚或濁澤之誤。㊁警：告誡。㊂陳軫：戰國時夏人，喜於辯說，歷仕秦楚。又曾說魏韓趙燕齊五國合縱而戍魏韓之西邊以擯秦（見繹史卷百三十一）。㊃韓朋：公仲是韓國的公族，所以公仲朋又稱為韓朋。㊄秦得韓之都一數句：練甲，就是精兵。鄉，讀第四聲，同向。廟祠，是禱於宗廟的意思。㊅王其趣發信臣：趣，讀ㄘㄨˋ，同促，是趕快的意思。信，本意為傳言，引伸為傳言的人。信臣，就是使臣。㊆重其幣：幣，本意為帛，古多用為饋贈的禮物，所以引伸為禮物的統稱。重，是多或厚的意思。㊇不穀：猶言不善，是古時王侯的謙稱。㊈信意於秦：信，讀ㄕㄣ，假借為伸，是不屈的意思。信意於秦，就是對秦國不要屈意求和。㊉下路：下，是出的意思。戰國策秦策：「下兵三川。」下路，就是出國的道路。所以下面說，

「今將入境矣。」㈡弊邑：弊，通敝。邑，是國的意思。敝邑，猶言敝國。㈢告：顧廣圻韓非子識誤：「告當作苦，形近之誤，史記作伐。」吳汝綸點勘韓非子讀本：「告，當是害之壞字。」㈢輕誣：王念孫讀書雜志餘編，以為輕下不得有誣字，誣即輕字的譌誤，戰國策韓策、史記韓世家，俱無誣字可證。實則誣是毀譽不實，凡以無為有，以有為無，都叫做誣。秦有實禍，輕以為無，便是輕誣，誣字不是衍文，亦非譌誤。㈣十日不朝：朝，讀ㄔㄠˊ，是上朝見君。㈤韓君令使者趣卒於楚數句：趣，讀ㄘㄨˋ，同促。促卒，是催促出兵。冠蓋，指官吏的冠服車服車蓋。相望，是接連不斷。卒，是終久的意思。拔，攻取城邑。

【今譯】　什麼叫做不考量國內的力量呢？從前秦國攻打韓國的宜陽，韓國形勢危急，公仲朋向韓國的君主說道：「同盟的國家是不可靠的，不如透過張儀向秦國求和，送給秦國一個大城，和他一同向南攻打楚國，這樣秦國的侵略可以解除，而把災禍轉嫁給楚國。」韓國的君主說：「很好！」於是叮囑公仲前往秦國求和。楚王聽到這個消息，非常恐懼，便把陳軫召來，告訴他說：「韓國的宰相公仲朋將要往西方向秦國求和，現在怎麼辦呢？」陳軫回答說：「秦國得到韓國一個大城後，率領精銳的軍隊，和韓國的軍隊聯合，朝南攻打楚國，這是秦王經常向宗廟祭拜祈求的事情，對於楚國的危害是必然的。請大王趕快派遣使臣，多帶車輛，厚備禮物，奉送韓國說道：『我們的國家雖然弱小，現在已經調派全國的軍隊出發，希望貴國對秦國儘量強硬，不要屈意求和；並請派員到敝國來，看看敝國軍隊出動的情形。』」楚王便照陳軫的話辦理。韓國派使臣到楚國，楚王調派軍隊，布置在往韓國的路上，告訴韓國的使臣說：「請您回去報告貴國的君主，敝國的軍隊馬上就進入貴國了。」使臣回去報告，韓國的君主非常高興，便派人阻止公仲朋往秦國求和。公仲朋說：「這是不對的。秦國是以實力侵害我們，楚國是拿空言援救我們。聽信楚國的空言，輕忽強秦的實禍，這是國家危亡的根源啊。」韓國的君主不肯聽從，公仲朋很不高興的回家，十天沒有上朝。宜陽更加危急，韓國的君主派使臣往楚國催促救兵，一個接著一個，楚國的救兵卻始終沒有來到。宜陽終於陷落，這件事便成為諸侯各國的笑柄。所以說：不考量國內的力量，而依賴國外的諸侯，這是削弱國家的災患啊！

奚謂國小無禮？昔者、晉公子重耳出亡，過於曹，曹君袒裼而觀之。㈠釐負羈與叔瞻侍於前，㈡叔瞻謂曹君曰：「臣觀晉公子、非常人也，君遇之無禮，彼若有時反國而起兵，即恐為曹傷。㈢君不如殺之。」曹君弗聽。釐負羈歸而不樂，其妻問之曰：「公從外來，而有不樂之色，何也？」負羈曰：「吾聞之，有福不及，禍來連我。㈣今日吾君召晉公子。其遇之無禮。我與㈤在前，吾是以不樂。」其妻曰：「吾觀晉公子、萬乘之主也；其左右從者、萬乘之相也。今窮而出亡，過於曹，曹遇之無禮，此若反國，必誅無禮，則曹其首也。子奚不先自貳焉？」㈥負羈曰：「諾。」乃盛黃金於壺，充之以餐，加璧其上，夜令人遺公子。㈦公子見使者，再拜，受其餐，而辭其璧。公子自曹入楚，自楚入秦。入秦三年，秦穆公㈧召羣臣而謀曰：「昔者、晉獻公㈨與寡人交，諸侯莫弗聞。獻公不幸離羣臣，出入十年矣。其嗣子不善，吾恐此將令其宗廟不祓除，而社稷不血食也。(一〇)如是弗定，則非與人交之道。吾欲輔重耳而入之晉，何如？」羣臣皆曰：「善。」公因起卒，革車五百乘，(一一)疇騎(一二)二千，步卒五萬，輔重耳入之于晉，立為晉君。重耳即位三年，舉兵而伐曹矣。因令人告曹君曰：「懸叔瞻而出之，我且殺而以為大戮。」(一三)又令人告釐負羈曰：「軍旅薄城，吾知子不違也，其表子之閭。吾即以為令，令軍勿敢犯。」(一四)曹人聞之，率其親戚而保釐負羈之閭者七百餘家，此禮之所用也。(一五)故曹小國也，而迫於晉楚之間，其君之危猶累卵也，而以無禮蒞之，此所以絕世也。(一六)故曰：國小無禮，不用諫臣，則絕世之勢也。

【今註】㈠晉公子重耳出亡三句：公子重耳，春秋時晉獻公的兒子。獻公寵愛驪姬，殺世子申生，重耳逃亡各國十九年，才獲得秦穆公的幫助，回國即位為文公。周襄王二十八年，楚成王圍攻宋國，文公出兵援救，攻破衛國和曹國，在城濮把楚國擊敗，成為諸侯的霸主。曹，周武王的弟弟振鐸的封國，都陶丘，在今山東省定陶縣西北四里。春秋末期，被宋國吞併。曹共公聽說公子重耳駢脅，便在他洗浴時窺視。袒裼，都是去衣露體。左傳僖公二十三年及國語晉語的記載，大致相同。駢脅，是肋骨相連如一骨。㊁釐負羈與叔瞻侍於前：釐，讀ㄒㄧ，左傳國語作僖。釐負羈，春秋時曹國的大夫。叔瞻，左傳國語作叔詹，呂氏春秋作被詹，也許被是姓氏，叔是排行。是春秋時鄭國的大夫。這裏誤把叔瞻諫鄭文公的事情併入曹國。㊂即恐為曹傷：即，用猶則字，白話用就。傷，是害的意思。㊃有福不及二句：宋本注：「君有福未必及己，其禍之至，當連我也。」連，牽連，連累。㊄與：讀第四聲，是參預的意思。㊅吾觀晉公子數句：乘：讀ㄕㄥˋ，是車輛的單位。周朝的制度：天子地方千里，出兵車萬乘；諸侯地方百里，出兵車千乘。到了春秋戰國，諸侯兼併，大國亦有兵車萬乘。這裏萬乘之主，是指大國的君主。萬乘之相，是指大國的卿相。相，讀第四聲。誅，這裏是討伐的意思。奚，疑問副詞，是為什麼的意思。貳，別異。貳焉，是表示和曹共公不同。一說貳，是貳心。貳焉，是以曹大夫而和晉公子結納。㊆乃盛黃金於壺數句：盛，讀ㄔㄥˊ，是用器具裝東西。壺，大腹可盛流質的器具。充，是裝滿。餐，盧文弨羣書拾補，以為當作飧。飧，讀ㄙㄨㄣ，從夕食會意，是熟食的意思。璧，平圓而中有孔的玉石。遺，讀ㄨㄟˋ，是贈送的意思。㊇秦穆公：已見本篇奚謂耽於女樂節。㊈晉獻公：已見本篇奚謂顧小利節。㊉獻公不幸離羣臣數句：離羣臣，就是死的意思。出入，猶言上下或左右。出入十年，就是十年上下。其嗣子不善，指奚齊卓子被弒，晉惠公夷吾也不是優良的君主。宗廟，是天子、諸侯祭祀祖先的宮室。祓，音ㄈㄨˊ，本為祭以除災；掃除清潔，亦可用祓。祓除，就是掃除。社，是土神；稷，是穀神。社稷，是天子、諸侯祭祀土神和穀神的處所。血食，享受牲牢的祭祀。古代滅亡人國，首先毀滅他的宗廟和社稷。宗廟不祓除，社稷不血食，就是亡國的意思。㊁革車五百乘：革車，兵車。乘，讀ㄕㄥˋ。㊂疇騎：疇，音ㄔㄡˊ，是已墾治的田；未墾治的叫做荒。騎，讀ㄐㄧˋ，是騎兵。疇騎，是久經訓練的騎兵，也就是精騎。㊂懸叔瞻而出之二句：懸，是縋的意思。這句話是用繩索把叔瞻由城上送到城外。且，是將的意思。大戮，殺死陳屍示眾。㊃軍旅薄城數句：薄，是迫近的意思。違，是離開的意思。陶小石讀韓非子札記：「違，去也。言知子之賢，必不肯去國也。」表，表明，作記號。閭，里門。古代聚族而居，比戶相連，稱之為里。里有里門，稱之為閭。㊄率其親戚而保釐負羈之閭者七百餘家二句：保，這裏是被動式，是被保護，被保全，也就是避難。此禮之所用，這就是實行禮的效驗。㊅故曹小國也數句：迫，逼近。被晉楚兩國逼近，也就是夾在晉楚兩國當中。累卵，拿雞卵累積，最易傾仆，古多以喻危險。蒞，音ㄌㄧˋ，是施之於事。字本作涖，或作莅。

【今譯】　什麼叫做國家弱小卻顢頇無禮呢？從前晉國的公子重耳流亡在各國，經過曹國，曹共公讓他裸體洗浴，突然近前，觀看他駢連的肋骨。釐負羈和叔瞻在旁邊，叔瞻勸諫曹共公說：「我看晉公子，不是一個平常人，您對他沒禮貌，他一旦回國做了君主，派軍隊報復，恐怕曹國就要受害了，不如把他殺掉。」曹共公沒有聽從。釐負羈回到家裏，悶悶不樂。他的太太問道：「您從外面回來，一臉不高興的樣子，是什麼緣故呢？」釐負羈回答說：「我聽到過這樣的話：君主有福，未必輪到我；君主有禍，必至連累我。今天我們的君主召見晉公子，對他從沒禮貌，當時我也在場，所以我悶悶不樂。」釐負羈的太太說：「我看晉公子，一定是大國的君主；他左右的隨員，一定是大國的卿相。現在遭遇災難，流亡各國，經過曹國，曹國對他沒有禮貌；他一旦返國做了君主，一定派兵誅討對他沒有禮貌的國家，曹國大概就是第一個。你何不預先和他結納呢？」釐負羈說：「你說的對！」就把許多黃金裝在壺裏，再用食物把壺裝滿，上面放上一塊玉璧，夜裏派人送給公子。公子接見來人，行禮道謝，收下食物，卻把玉璧退還。公子從曹國到楚國，又從楚國到秦國。到秦國三年以後，秦穆公召集羣臣商議道：「當初晉獻公和我交好，諸侯各國都知道。晉獻公不幸去世，已經十年左右了，繼位的兒子很不好，我恐怕晉國的宗廟要荒廢，社稷會毀滅。到了這種地步，還不設法使晉國穩定，這便不合於和人交好的道理了。我想幫助重耳回晉國做君主，你們看怎樣？」羣臣都說：「很好！」於是調集軍隊：戰車五百輛，精騎兩千，步兵五萬，幫助重耳回晉國，立他做君主。重耳做了晉國的君主，三年以後，便率領軍隊攻打曹國。首先派人告訴曹共公說：「趕快把叔瞻用繩索從城上送下來，我要把他殺死，陳屍示眾。」又派人告訴釐負羈說：「晉國的軍隊已經到了城下，我知道你是一位好官吏，絕不會臨難逃走，請你在里門作個標記；我馬上下命令，里門上有標記的，誰都不許進去擾害。」曹國人聽到這個消息，率領親戚到釐負羈所住的里內避難的有七百多家，這就是作事有禮的效驗啊。曹國本來是一個小國，又夾在晉楚兩大強國中間，曹國的君主就像累積雞蛋那樣危險，作事還故意沒有禮貌，這便是他亡國絕世的根源。所以說：國家弱小，卻顢頇無禮，又不採納諫臣的意見，就是亡國絕世的現象啊。

卷七

主道

【釋題】本篇原為第一卷第五篇。以篇內所言，都是做君主的道術，便用「主道」做篇名。

【題要】本篇主旨，在以道家無為的道理，建立法家做君主的道術。韓子迂評說：「通篇論御臣之術，純是老氏作用。」又說：「人君惟虛靜無為，而羣臣各效其職，不敢擅權而壅蔽其上。此是一片文字，篇內用韻，俱古體。」全篇論做君主的道術，有三大要點：一為守虛靜，二為合形名，三為正賞罰，乃融會道名法三家的言論。近人多疑為漢初道家的作品。虛靜無為的道理，雖出於道家，但法家多用以說明做君主的道術，且本篇所論，除虛靜外，尚有形名與賞罰，和韓非思想，並無不合，惟文體用韻，和他篇不同，究否為韓非作品，不能無疑。

道者、萬物之始，是非之紀也。㊀是以明君守始，以知萬物之源；治紀，以知善敗之端。㊁故虛靜以待之，令名自命也，令事自定也。㊂虛則知實之情，靜則知動者正。㊃有言者自為名，有事者自為形，形名參同，君乃無事焉，歸之其情。㈤故曰：君無見其所欲；君見其所欲，臣將自雕琢。君無見其意，君見其意，臣將自表異。㈥故曰：去好去惡，臣乃見素；去智去舊，臣乃自備。㈦故有智而不以慮，使萬物知其處；有行而不以賢，觀臣下之所因；有勇而不以怒，使羣臣盡其武。㈧是故去智而有明，去賢而有功，去勇而有強。羣臣守職，百官有常，因能而使之，是謂習常。㈨故曰：寂乎其無位而處，漻乎莫得其所。明君無為於上，羣臣竦懼乎下。㈩明君之道，使智者盡其慮，而君因以斷事，故君不窮於智；賢者效其材，君因而任之，故君不窮於能；有功則君有其賢，有過則臣任其罪，故君不窮於名。是故不賢而為賢者師，不智而為智者正。臣有其勞，君有其成功，此之謂賢主之經也。㈡

【今註】㈠道者萬物之始二句：道，本來是道家稱說萬物發生和演化的道理的，法家用來作為君主治理國家天下的法術。老子第二十五章：「有物混成，先天地生。寂兮寥兮，獨立而不改，周行而不殆，可以為天下母。吾不知其名，字之曰道。」意思是說：有一個混混茫茫的東西，在天地形成以前就存在了。聽不見他的聲音，看不見他的形體，他獨立長存，永不變滅，循環運行，永不停息，可以說是天地萬物的根源。我不知道他的名字，勉強稱他為道。老子第三十七章：「道常無為而無不為。」意思是說：道永遠是順任自然的，可是沒有什麼事物作不成的。本書解老篇說：「道者，萬物之所然也。……萬物之所以成也。」始，萬物都由道而生，所以道是萬物的本體。紀，是規律、準則的意思。㈡是以明君守始二句：守，是求的意思。守始，就是探求本體。治，是研究的意思。治紀，就是研究規律。善敗，猶言善惡。端，是端緒、端倪的意思。㈢故虛靜以待之三句：虛靜，老子第十六章：「致虛極，守靜篤。」虛，是空虛、深藏、無成見。靜，是清靜、無欲、不急躁煩擾。待，是對待的意思。之，各舊本作令。松皐圓定本韓非子纂聞、高亨韓非子補箋、孫楷第讀韓非子札記，都以令字為衍文。陶小石讀韓非子札記：「案待令之令，當作之。有度篇云：『虛心以待令，而無是非也。』」乃指人臣言之。此言明君虛靜以待萬物，待下不當有令字。之字草書與令相似，又涉有度篇文，故之誤為令。揚搉篇云：「虛而待之，彼自以之。是其證。」據改。名事，松皐圓定本韓非子纂聞：「即形名也。言者，名也；事者，形也。二柄篇：審合形名者，言不異事也。」今按：這裏名似可解作名義，有名必有義，所以名是包括事物的稱謂和義理而言的。命，是說出的意思。令名自命，是使名義自然形成。令事自定，是使事情自然建立。㈣虛則知實之情二句：虛，是無，指君主無意見；實，是有，指言談的人有意見。情，是誠的意思。動，是行動，是靜的相反詞。正，是善的意思。這兩句是說：君主沖虛，就可以知道言談的情偽；君主清靜，就可以知道行動的善惡。之者二字是互文。㊄形名參同三句：參同，是會合比驗的意思。這三句是說：君主只消會合比驗，不必有所作為，一切都會作到真實無偽的地步。㊅君無見其所欲數句：見，都讀ㄒㄧㄢˋ，是顯露的意思，後多作現。將自，各舊本作自將。太田方韓非子翼毳，以為自將倒措，各書引用，多作將自。據改。雕，借為彫。彫琢，都是刻鏤花紋，增加美麗，金曰彫，玉曰琢。引伸為修飾的意思。表異，是自矜才能，表示異於眾人，以迎合君主的意旨。㊆去好去惡四句：好，讀第四聲。惡，讀ㄨˋ。見，讀ㄒㄧㄢˋ。素，是本真，本來的狀態，未加彫飾。去智去舊，各舊本作去舊去智。王念孫讀書雜志餘編，以為惡素為韻，舊備為韻。舊，古讀若忌。據改。舊，是故的意思。孫人和韓非子舉正：「智故同誼，實古人之恆言。管子去智與故，即此文之去智與舊，易故為舊者，與備協韻也。」大概智是出於智慧的智巧，舊是出於經驗的智巧。備，是戒慎的意思。㊇故有智而不以慮數句：處，猶言位分。有行而不以賢，王先慎韓非子集解：「當作有賢而不以行，與有智而不以慮，有勇而不以怒文法一律，下文去智去賢去勇，不作去行，是其證。」今按：王說似是。賢，本意為貝堅，引伸才能好德行好都可謂賢，這裏解作才能好。行，就是施行。因，依循。怒，是奮力的意思。莊子逍遙遊：「怒而飛，其翼若垂天之雲。」武，是勇力的意思。㊈習常：老子五十二章：「見小曰明，守柔曰強。用其光，復其明，無遺身殃，是為習常。」常，是常道，這裏可解作法度。習，借為襲，就是沿襲不絕。㊉寂乎其無位而處四句：寂，寂靜，靜而無聲。處，讀第三聲。漻，顧廣圻韓非子識誤：「讀為寥，正字作廫。」廫，空虛，空而無形。老子第二十五章：「寂兮寥兮。」竦，音ㄙㄨㄥˇ，是恐懼的意思。㈡是故不賢而為賢者師數句：正，是君長的意思。君有其成功，王先愼韓非子集解：「依文義文勢讀之，無功字為是，正、成、經，又相均也。」經，是常道，常法。

【今譯】道，是萬物的本體，價值的準則。明君探求萬物的本體，就知道萬物的來源；研究價值的準則，就知道善惡的端緒。因此，用虛靜的態度對待萬物，使名義自然形成，使事務自然建立。內心沖虛，就可以知道言談的情偽；本身清靜，就可以知道行動的善惡。使進言的自加解說，使辦事的自行表現，君主只消會合比驗，不必有所作為，一切都會作到真實無偽的地步。所以說：君主不要顯露自己的欲望；如果顯露自己的欲望，臣僚就會儘量裝扮，以迎合君主的欲望。君主不要表示自己的意見，如果表示自己的意見，臣僚就會顯弄異才，以適應君主的意見。所以說：君主摒除好惡，臣僚才會顯露本真；君主摒除智巧，臣僚才會自行戒愼。君主有智慧也不謀慮，使萬物呈現他們的位分；有才能也不施展，以觀察臣僚治事的準繩；有勇氣也不激奮，使百官發揮他們的勇力。因此，君主不用智慧卻更具聰睿，不用才能卻更有功效，不用勇氣卻更為強勁。羣臣盡忠職守，百官遵循軌度，按照他們的才能而予任使，這就叫做永遠沿襲常道。所以說：明君要寂靜得像沒有處在君位，空虛得臣民不知他在那裏，明君在上面好像沒有作為，羣臣在下面卻無不警懼。明君的治術，使有智慧的儘量提供謀慮，君主根據他們的謀慮決定事情，所以君主的智慧是無窮的；使有才能的儘量發揮才能，君主按照他們的才能予以任用，所以君主的才能是無窮的；有成就君主獲得賢名，有錯誤臣僚擔負罪責，所以君主的聲譽是無窮的。因此，君主不賢能卻可以做賢能的導師，不明智卻可以作明智的領袖。臣僚從事辛勞，君主享受成就，這就是明君的常道。

道在不可見，用在不可知。虛靜無事，以闇見疵。(一)見而不見，聞而不聞，知而不知。(二)知其言以往，勿變勿更，以參合閱焉。(三)官置一人，勿令通言，則萬物皆盡。(四)函其跡，匿其端，下不能原。去其智，絕其能，下不能意。(五)保吾所以往而稽同之，謹執其柄而固握之。(六)絕其望，破其意，毋使人欲之。不謹其閉，不固其門，虎乃將存。(七)不慎其事，不掩其情，賊乃將生。弒其主，代其所，人莫不與，故謂之虎。(八)處其主之側為姦匿，閒其主之忒，故謂之賊。(九)散其黨，收其餘，閉其門，奪其輔，國乃無虎。(一〇)大不可量，深不可測，同合形名，審驗法式，擅為者誅，國乃無賊。(一一)是故人主有五壅：臣閉其主曰壅，臣制財利曰壅，臣擅行令曰壅，臣得行義曰壅，臣得樹人曰壅。臣閉其主，則主失明；臣制財利，則主失德；臣擅行令，則主失制；臣得行義，則主失名；臣得樹人，則主失黨。(一二)此人主之所以獨擅，非人臣之所以得操也。

【今註】 ㈠道在不可見四句：老子第二十一章：「道之為物惟恍惟惚。」第三十七章：「道常無為，而無不為。」這就是說道的本體是不可見的，道的作用是不可知的。君主的道術也要像這樣，不可見，不可知。闇，是隱暗的意思。疵，音ㄘ，本意是小病，引伸為過失。㈡見而不見三句：這裏三個而字，都是比較連詞，用猶如字。㈢知其言以往三句：以往，猶言以後，參合，就是拿形名參合比驗。閱，是考覈的意思。焉，指示代名詞，用猶之字。㈣官置一人三句：置，各舊本作有。顧廣圻韓非子識誤：「揚搉篇有作置。」據改。官置一人，就是一人不兼官，一官不兼事。盡，是完備的意思。㈤函其跡數句：函，乾道本、趙本作函掩，茲從迂評本、凌本。盧文弨羣書拾補：「掩字疑是注。」今按：函借為含，是容或藏的意思。拾補疑掩字為注文誤入正文，是有道理的。原，王先慎韓非子集解：「當作緣，緣，因也。掩跡匿端，則下無所因，以侵其主。不能緣與下不能意同義，原緣聲近而誤。二柄篇云：『人主不掩其情，不匿其端，而使人臣有緣以侵其主。』作緣字，是其證。」今按：原為水本，從泉出厂下，後加水作源。引伸為一切事情的本原，用作動詞，就是推原的意思。意，猜度，又作億。論語先進：「億則屢中。」㈥保吾所以往而稽同之二句：保，是持的意思。所以往，就是意向，目的。稽，考察。稽同，考察是否相合。柄，是賞罰的權柄。㈦不謹其閉三句：閉，關閉門戶的器具。禮記月令：「修鍵閉」健是牡，閉是牝，就是門閂所插入的孔。虎，喻篡臣。㈧弒其主四句：代其所，是取代君主的地位。與，是順從的意思。㈨處其主之側為姦匿三句：處，讀第三聲。姦匿，各舊本作姦臣。王念孫讀書雜志餘編：「臣當為匿字之誤，匿讀為慝，謂居君側而為姦慝也。」據改。慝，音ㄊㄜˋ，是邪惡的意思。間，各舊本作聞。王念孫讀書雜志餘編、松皐圓定本韓非子纂聞，都以為是間字的誤寫。據改。間，讀第四聲，是窺伺的意思。忒，音ㄊㄜˋ，是過失的意思。⑩散其黨數句：餘，顧廣圻韓非子識誤：「當作與，下文輔虎其韻也。」收，借為糾，是糾舉的意思。史記商君列傳：「令民為什伍，而相收司連坐。」與，是黨與的意思。閉其門，是斷絕他的來往聯絡。奪，除去。輔，古時夾持車軸的木棍，引伸為助手的意思。⑪同合形名四句：形名，各舊本作刑名，顧廣圻韓非子識誤：「形讀為刑，揚搉篇同。」形刑二字古通，為免誤解，今改為形。名，是稱謂、聲譽、言論；形，是實質、事實。同合形名，是使形和名相合相同，就是循名責實的意思。審驗，是考察的意思。法式，就是法度的意思。擅為，以己意施為。⑫是故人主有五壅數句：壅，音ㄩㄥˇ，是阻塞不通的意思。臣閉其主，是官吏阻塞君主的耳目，使下情不能上達。臣制財利，是官吏控制財利。擅行令，是以己意發布命令。行義，猶言行善，較施惠的意義為廣。樹人，是培植黨羽。⑬臣閉其主則主失明數句：失明，是喪失明智。乾道本、趙本作失位，茲從迂評本、凌本。失德，是喪失德惠。本書二柄篇：「慶賞之謂德。」失名，是喪失聲譽。乾道本作失明，茲從迂評本、藏本、趙本。

【今譯】 君主的道術，在於沒有形象可以看見，他的作用也無從察覺，沖虛寧靜，無所施為，卻從隱暗中察看羣臣的過失。看到如同沒有看到，聽到如同沒有聽到，知道如同沒有知道。知道羣臣的言論以後，不要予以變更，而用參合比較的方法予以考核。每一官職設置一人主持，不使他們聯絡研議，以專責成，各種事物便都能完備。君主行事，要隱匿起端緒，掩蔽住形跡，羣臣便不能推原。要放棄自己的智慧，泯滅自己的才能，羣臣便無法揣度。按照自己的意向考核羣臣的言行是否適合，掌握賞罰的權柄而確切的執行。斷絕羣臣的奢望，破除羣臣的意圖，不要讓他們發生竊取權柄的野心。如果不留心自己的鍵閉，鞏固自己的門戶，就會有猛虎潛伏。不謹慎自己的行動，不隱匿自己的情意，姦賊就會發生。殺害君主的生命，奪取君主的地位，官吏人民便畏懼降伏，所以稱為猛虎。站在君主的左右，窺伺君主的過失，以便為非作惡，所以稱為姦賊。解散他的朋黨，糾舉他的黨徒，關閉他的門戶，剷除他的助手，國家便沒有猛虎。君主的道術大到不可限量，深到無法探測，觀察羣臣的形名是否相同，審驗羣臣的活動是否合法，擅自施為，即予誅戮，國家便沒有姦賊。因此君主有五種壅塞：臣僚掩蔽君主的耳目，是第一種壅塞；臣僚控制國家的財利，是第二種壅塞；臣僚擅自發布命令，是第三種壅塞；臣僚任意實施義行，是第四種壅塞；臣僚能夠培植黨與，是第五種壅塞。臣僚掩蔽君主的耳目，君主就會喪失明智；臣僚控制國家的財利，君主就會喪失德惠；臣僚擅自發布命令，君主就會喪失斷制；臣僚任意實施義行，君主就會喪失聲譽；臣僚能夠培植黨與，君主就會喪失徒眾。這些都是君主必須自行掌握的權柄，不是臣僚可以把持的。

人主之道，靜退以為寶。㊀不自操事，而知拙與巧；不自計慮，而知福與咎。是以不言而善應，不約而善會。㊁言已應，則執其契；事已會，則操其符。㊂符契之所合，賞罰之所生也。故羣臣陳其言，君以其言授其事，以其事責其功。㊃功當其事，事當其言，則賞；功不當其事，事不當其言，則誅。明君之道，臣不得陳言而不當。㊄是故明君之行賞也，曖乎如時雨，百姓利其澤；其行罰也，畏乎如雷霆，神聖不能解也。㊅故明君無偷賞，無赦罰。偷賞，則功臣墮其業；赦罰，則姦臣易為非。㊆是故誠有功，則雖疏賤必賞；誠有過，則雖近愛必誅。疏賤必賞，㊇近愛必誅，則疏賤者不怠，而近愛者不驕也。

【今註】㊀靜退以為寶：老子第四十五章：「清靜為天下正」，第五十七章：「我好靜而民自正」；第六十七章：「我有三寶，持而寶之，一曰慈，二曰儉，三曰不敢為天下先」。韓子的學說，是由老子發展而來的，所以以靜退為寶。所謂靜退，就是下文「不自操事」，「不自計慮」的意思。寶，是價值最高的物品和方法。㊁不言而善應二句：應，讀第四聲，是對於對方的言行，所產生的相對的言語和動作，也就是應答、反應的意思。老子第七十三章：「不爭而善勝，不言而善應，不召而自來」。會，各舊本作增。俞樾諸子平議，以為增字不可通，兩增字疑為會字的誤寫，會誤為曾，又誤為增。松皐圓定本韓非子纂聞，亦改曾為會，據改。老子第二十七章：「善結無繩約，而不可解」。

約，纏束。用語言文字纏束也叫做約，如契約、條約、公約等。會，是聚合的意思。㊂言已應則執其契二句：契，就是後來所謂契約、合同。古時刻木為契，剖分左右，權利人和義務人各執其一，以便他日向義務人拼合取信，責求履行義務。符，是古時國家用為憑信的物品。用竹木金玉等製作，上刻文字，剖分為二，朝廷外官各執其一。朝廷遣使傳命，須持半符拼合，以驗真偽。這裏執契操符，比喻可據以責求官吏的事功。㊃以其事責其功：乾道作事以，迂評本、趙本作以事。顧廣圻韓非子識誤：「按當作以其事」。據改。㊄功當其事數句：這裏當字都讀第四聲，本意是物值相等，引伸為相合相稱的意思。臣不得陳言而不當，乾道本無得字，茲從迂評本、趙本。陶小石讀韓非子札記：「此有脫句。據二柄篇當作『臣不得越官而有功，不得陳言而不當』，承上文功當其事，事當其言而言。」㊅是故明君之行賞也數句：曖，物雙松讀韓非子，以為同藹。藹然，潤澤的樣子。畏，借為威。解，免除。㊆故明君無偷賞數句：偷，是苟且的意思。荀悅申鑒：「明君不妄賞，非徒愛其財也，賞妄行焉，則善不勸矣。」墮，通惰，就是懈怠。易為非，就是輕易犯罪。㊇疏賤必賞：這四個字各舊本都沒有。王先慎韓非子集解，以為當有疏賤必賞四字。太田方韓非子翼毳：「張之象鹽鐵論注引有此四字。」據補。

【今譯】　君主的道術，寧靜謙退是非常寶貴的。不要親自辦理政事，但要知道政事的巧拙；不要擬議謀略，但要知道謀略的禍福。因此，君主無須多言，卻要善於反應；無須結合羣臣，卻要善於總會事體。對於羣臣的言論已有反應，就要掌握契券；事體已經總會，就要操持符節。羣臣所言所事，是否合於契券符節，便是獎賞和懲罰的根源。所以羣臣陳述自己的言論，君主按照他們的言論給與任務，按照他們的任務責求功績。功績合於他們的任務，任務合於他們的言論，就給與獎賞；功績不合於他們的任務，任務不合於他們的言論，就給與懲罰。明主的道術，羣臣不能超越任務而建立功績，發表言論而不合於任務。所以明主施行獎賞，就像豐沛的時雨，人民都受到潤澤；施行懲罰，就像威猛的雷霆，神聖都無法解免。因此，明主不隨便給與獎賞，不任意赦免罪刑。隨便給與獎賞，功臣就要懈怠工作；任意赦免罪行，姦臣就會輕易犯法。所以真正立有功勞，即便疏遠卑賤也一定給與獎賞；確實有犯過錯，即便親近喜愛也一定給與懲罰。疏遠卑賤的人有功必賞，親近喜愛的人有過必罰，疏遠卑賤的人就不會懈怠，親近喜愛的人就不敢驕傲了。

揚　搉

【釋題】　本篇原為第二卷第八篇。揚搉二字，各舊本作揚權。宋本注：「揚，謂舉之使明也；權，謂量事設謀也。」迂評注：「揚，明揚也，闡揚人君用權之事。」孫志祖讀書脞錄：「文選蜀都賦劉逵注：韓非有揚搉篇。今搉作權誤，注說非。」揚搉二字，曾見於莊子徐无鬼、淮南俶真、漢書敍傳，都是約略的意思，本篇乃撮舉人主治國御臣的要義，所以名為揚搉。據改。

【提要】　本篇主旨，大致和主道篇相同，在以道家的道理，發明君主治國御臣的要義。全篇舊分兩大段：從篇首到上下和調為第一段，說明君臣不同道：君執要，臣來效；君操名，臣效形。從凡聽之道到篇末為第二段，說明聽言須虛靜參伍，御臣須信賞罰，散黨與。本篇為有韻四言體，較主道篇更為整齊。雖用道家的道理以說明主術，然其歸結仍屬法家。梁啟超要籍解題及其讀法：「揚搉多用韻，文體酷似淮南子。」胡適中國哲學史大綱：則認為揚搉又另是一派法家所作。

天有大命，人有大命。㊀夫香美脆味，厚酒肥肉，甘口而病形；曼理皓齒，說情而損精。㊁故去甚去泰，㊂身乃無害。權不欲見，素無為也。㊃事在四方，要在中央。㊄聖人執要，四方來效；虛而待之，彼自以之。㊅四海既藏，道陰見陽。㊆左右既立，開門而當。㊇勿變勿易，與二俱行；行之不已，是謂履理也。㊈夫物者有所宜，材者有所施，各處其宜，故上乃無為。㊉使雞司夜，令狸執鼠，⑪皆用其能，上乃無事。上有所長，事乃不方。⑫矜而好能，下之所欺。⑬辯惠好生，下因其材。⑭上下易用，國故不治。⑮

【今註】㊀天有大命二句：自然有基本的律則，人事也有基本的律則。宋本注：「晝夜四時之候，天之大命；君臣上下之節，人之大命也。」㊁夫香美脆味數句：美、味、酒、肉，四字並列，美字應該是名詞，就是美饌的意思。脆，音ㄘㄨㄟˋ，字又作脃。脆味，是酥鬆適口的食品。病，乾道本、趙本、凌本作疾，茲從迂評本。曼，是輕細。理，是肌膚的紋理。曼理，是肌膚細美。皓齒，是牙齒潔白。曼理皓齒，是指美麗的女子。說，讀ㄩㄝˋ，借為悅。損，乾道本、趙本、凌本作捐，茲從迂評本。宋本注云：「香肥，所以甘口也，用之失中則病形；皓曼，所以說情也，耽之過度則損精；賢才，所以助理也，用之失宜則危君也。」㊂去甚去泰：老子第二十章：「是以聖人去甚，去奢，去泰。」甚和泰都是過當的意思。㊃權不欲見二句：見，讀ㄒㄧㄢˋ，是顯露的意思。素，是空虛，是把自己的意思深藏起來。松平康國韓非子國字解：「素，猶常也。」素無為，就是老子所謂「常無為」。㊄事在四方二句：四方，指各方面的臣僚；中央，指君主。要，讀第四聲。以一管眾為要，也就是樞紐總會的意思。㊅聖人執要四句：效，是奉獻的意思。以，宋本注：「用也。君但虛心以待之，彼則各自用其能也。」今按：以，似可解作進行、施為。㊆四海既藏二句：四海，就是四方，指各方面的官吏。藏，是物歸其所。陰陽，猶言動靜。王先慎韓非子集解：「道，由也。由陰見陽，謂由一己之虛靜，以見四海之動。」㊇左右既立二句：是設置左右近臣，使他們廣開進言效忠的門路。當，是受的意思。㊈勿變勿易四句：與，是隨的意思。二，指天的大命和人的大命。履，是實行的意思。理，就是道。㊉夫物者有所宜四句：有所宜，是有功能。有所施，是有作用。處，讀第三聲，是安排的意思。乃，各舊本作下。趙金海讀韓非子札記：「下字當作乃，以本篇三言上下而致誤。」據改。⑪使雞司夜二句：太田方韓非子翼毳：「莊子，見卵而求時夜；說苑，猶雞之視夜；

文選擬古詩，譬彼伺晨鳥，……時、視、伺、司，用字不同，而各有味。」今按：司，讀第四聲，借為伺，是察看的意思。狸，字又作貍，是野貓。莊子秋水：「騏驥驊騮，一日而馳千里，捕鼠不如貍狌，言殊技也。」似也用以稱家貓。㉒上有所長二句：陳奇猷韓非子集釋：「解老篇：『所謂方者，內外相應也』，則『上有所長，事乃不方』，猶言上有所長，不用下之所長，則君勞而臣佚，故為是事者，非內外相應以為之也。」㉓矜而好能二句：矜，自大。好，讀第四聲。好能，是喜歡表現自己的才能。下之所欺，這是被臣下欺騙的因素。本書主道篇：「去其智，絕其能，下不能意。」㉔辯惠好生二句：太田方韓非子翼毳：「辯，辯口也。惠、慧通，小智也。好生，謂婦人之仁，不忍姦佞之人而赦其罪也。商子說民篇：『辯慧，亂之贊也；慈仁，過之母也。』材，質性也。謂下因上辯慧好生之材性以為姦也。」㉕上下易用二句：宋本注：「上代下任，下操上權，則國不治。」

【今譯】　自然有基本的律則，人事也有基本的律則。香美的肴饌，鬆脆的食品，醇厚的酒漿，鮮肥的魚肉，嘴裏覺得好吃卻傷害身體；牙齒潔白、肌膚柔細的美女，心裏覺得愛悅卻損壞精力，所以一切事情都要避免過甚、過當，才不致受到損害。做君主的，權勢不要顯露，經常是無所作為的。一切事情由各方臣僚辦理，卻由君主掌握樞紐。聖主掌握樞紐，臣僚就會盡心盡力，無須多所申命，他們就會自然進行。各方臣僚安排妥當，君主便用虛靜的方法觀察他們的行動。君主設置左右的官吏，但要廣開門路，接受各方效忠和進言。依循自然的律則和人事的律則進行，不改變，不更易，這樣不停的進行，這就叫做行道了。物體都有他的功能，人才都有他的作用，物體人才都有適當的安排，君主便可清靜無為。就像使雞報曉，使貓捕鼠，官吏都能施展他們的才能，君主便沒有煩擾了。君主若有所擅長，往往自用其常，官吏便不易配合。君主若自尊自誇，喜歡表現自己的能力，官吏便逢迎欺騙。君主若喜歡賣弄自己的言談和智慧，或好施小仁小惠，官吏就會利用他的性格，為姦牟利。這樣上代下職，下操上權，上下顛倒，國家就很難平治了。

用一之道，以名為首。㊀名正物定，名倚物徙。㊁故聖人執一以靜。使名自正，令事自定。㊂不見其采，下故素正。㊃因而任之，使自事之；因而予之，彼將自舉之；正與處之，使皆自定之。㊄上以名舉之，不知其名，復修其形。㊅形名參同，用其所生。㊆二者誠信，下乃貢情。㊇謹修所事，待命於天。㊈毋失其要，乃為聖人。聖人之道，去智與巧；智巧不去，難以為常。㊉民人用之，其身多殃；主上用之，其國危亡。因天之道，反形之理，督參鞠之，終則有始。⑪虛靜以後，未嘗用己。⑫凡上之患，必同其端。信而勿同，萬民一從。⑬

【今註】㊀用一之道二句：一，就是道，法家所說的道，多指君主治理國家天下的法術。治理國家天下的法術，主要在審合形名，所謂名，是指稱謂、聲響、言論；所謂形，是指實質、事實，先有名，然後循名以責實，所以說：「用一之道，以名為首。」㊁名正物定二句：定，是確立，無可改變。倚，是偏斜。徙，是遷移改變的意思。名倚物徙，就是名不正則事不定。㊂故聖人執一以靜三句：自正，各舊本作自命。王先慎韓非子集解：「羣書治要引尸子分事篇：『執一以靜，令名自正，令事自定。』即韓非所本。」本篇上文，亦作名正物定，據改為自正。執一以靜，就是掌握治術，而以虛靜的態度予以審察處理。㊃不見其采二句：見，讀ㄒㄧㄢˋ，是顯露的意思。采，是彩色，引伸為人的儀表神態，就是所謂風采、神采。本書主道篇：「去好去惡，臣乃見素；去智去舊，臣乃自備。」采就是好惡智舊等神態。素正，是本來純正的狀態，未曾加以矯飾。㊄因而任之數句：事，動詞，是辦理的意思。予，讀第三聲，是給與的意思。舉，興作，舉辦。正，所以正不正，這裏指法術。與，這裏用猶以。處，讀第三聲，是處理、處置的意思。定，是確立、完成的意思。㊅上以名舉之三句：名，有名必有義，這裏姑且解作名義，是包括聲譽言論等而言的。舉，拔用。復，返回。修，是研治、考察的意思。顧廣圻韓非子識誤，以為當作循，似乎不對。形，是事實的意思。㊆形名參同二句：參，是參驗查證。參同，是參驗其同異。用其所生，太田方韓非子翼毳：「謂用賞罰也。主道篇：『言已應，則執其契；事已會，則操其符。符契之所合，賞罰之所生也。』」㊇二者誠信二句：二者，指賞罰。誠信，都是真實確切的意思。貢，奉獻。情，是真實、忠誠的意思。㊈謹修所事二句：切實作好君主應作的事，再聽候自然的發展。也就是盡到人的大命，而聽候天的大命。⑩聖人之道四句：老子第十九章：「絕聖棄智，民利百倍；……絕巧棄利，盜賊無有。」這裏聖智都是聰明的意思。巧，是詐偽亂真的意思。為，解作有。常，常道，常行而不變易。本書制分篇：「量之失，非法使然也，法定而任慧也。」慧就是智巧，不去智巧，將以智巧害法，則法失其常性，所以說「難以為常」。㊁因天之道四句：依循自然的律則，反求人事的律則，儘量探究參驗，終而又始，反復不已。督參，考察參驗。鞠，是窮究罪人犯罪的情形。則，用猶而。有，讀第四聲，用猶又。㊂虛靜以後二句：虛靜以後，各舊本作虛以靜後，依松皐圓定本韓非子纂聞改。虛，是空虛，也就是無意見。靜，是清靜，也就是無行動。以後，猶言於後。這兩句是說君主虛靜的在臣僚後面觀察，從不表現自己的意見和行動。㊂凡上之患四句：患，是病的意思。端，是事的意思。必同其端，是君主和臣僚作同樣的事。主道篇說：「明君之道，使智者盡其慮，而君因以斷事，故君不窮於智；賢者效其能，君因而任之，故君不窮於能。」照這樣看，君主和臣僚所作的事並不同樣。信，是考驗他們所作的是否真實。一從，是全都順服的意思。

【今譯】 君主運用治術，首先要注意名義。名義適當，事實纔能確立；名義不適當，事實就有偏差了。所以聖主用虛靜的態度掌握治術，使名義自然適當，使事實自然確立。不輕易顯露神態，臣僚無可捉摸矯飾，自然就素樸方正了。看才能任以官職，使他們自己去治理；就言論賦予任務，使他們自己去辦理，然後用法術督責他們，使他們都能完成自己的職任。君主依照他們的聲名拔用他們，如果對他們的聲名了解不夠，就要反轉來考察他們的事實。事實和聲名參驗的同異，就要施行賞罰，賞罰都很確切，臣僚纔會效忠盡力。切實作好君主應作的事，用以適應自然的發展，適切的掌握住國家樞要，這纔算是聖人。聖人治理國家，要摒棄聰慧和巧詐；假如不能摒除聰慧和巧詐，就很難建立常道了。人民應用聰慧和巧詐，自身會受災禍；君主應用聰慧和巧詐，國家必然危亡。依循自然的律則，反求人事的律則，儘量探究參驗，終而又始，反復不已。君主虛靜的在臣僚後面觀察，從不表現自己的意見和行動。所有君主的毛病，都是作臣僚所作的事情。假如專門考驗他們，而不和他們作同樣的事情，全國臣民就都順服了。

夫道者、弘大而無形，德者、覈理而普至。㈠至於羣生，斟酌用之；萬物皆盛，而不與其寧。㈡道者、下周於事，因稽而命，與時死生；㈢參名異事，通一同情。㈣故曰道不同於萬物，德不同於陰陽，衡不同於輕重，繩不同於出入，和不同於燥濕，君不同於羣臣。㈤凡此六者，道之出也。㈥道無雙，故曰一。是故明君貴獨道之容。㈦君臣不同道：下以名禱，㈧君操其名，臣效其形，形名參同，上下和調。㈨

【今註】㈠夫道者弘大而無形二句：弘，也是大的意思。覈，音ㄏㄜˊ，是考驗的意思。理，指萬物的性能。太田方韓非子翼毳：「道之在物曰理，明驗事實曰覈。」這兩句是說道的特質，最為弘大，無所不在，並且沒有形體，人類的感覺知覺不能接觸到。但道是確實存在的，由萬物的性能就能考驗出他是普遍存在的。道由萬物和人生顯現出來，便稱為德。㈡至於羣生四句：羣生，指萬物。斟酌，都是取酒的意思，就是由酒壺裏把酒倒到酒杯裏。倒酒時要考量倒多少，所以引伸為量度的意思。盛，讀ㄔㄥˊ，借為成，是形成的意思。與，解作隨。其，指萬物。寧，是休息、停止的意思。這幾句是說：萬物都酌取道的一小部分，便形成各種不同的物事。但萬物都有生有滅，道卻不隨著他們停息，消滅。㈢道者下周於事三句：周，是普遍的意思。稽，留止，也就是寄託的意思。命，命名，給與名稱。死生，猶言興廢。這三句的意思是：「道普及於世上的事物，由於道寄託的成分和分量不同，就產生了種種的名稱和性能，這些事物，都隨著時間的推移而興廢生滅。」㈣參名異事二句：拿名來參驗，事物各不相同，拿道來貫通，情理均為一致。一，就是道的意思。㈤故曰道不同於萬物數句：松皐圓定本韓非子纂聞：「道生萬物，德成陰陽，衡知輕重，繩正出入，和均燥濕，君制羣臣，皆由其不同於彼也。」德，是道由萬物和人生顯現出來的。道有積極和消極兩種作用，就是所謂陰陽，由於陰陽複雜的配合，便產生種種事物，所以德是由陰陽配合而成的。衡，是稱重量的器具，就是秤。繩，是木匠取直的工具。出入，是出於直線之外，或入於直線之內，就是彎曲不直。和，太田方韓非子翼毳：「爾雅釋樂：大笙謂之巢，小者謂之和。注，和十三簧者，所以調聲律也。聲音從時氣燥濕，說苑奉使篇：天有燥濕，絃有緩急，宮商移徙不可知。」今按：和似即沖和的意思，天候陰陽寒暖燥濕，配合適宜就是和。㈥凡此六者二句：太田方韓非子翼毳：「併道而言之。言六者同出於道，而分異其號耳。」道之出，猶言道所出。㈦道無雙三句：道是絕對無偶的，所以用一來表示。獨道，就是惟一無雙的道。容，就是老子二十一章「孔德之容」的容，可解作情勢，是包括形貌、性徵、動作而言的。㈧下以名禱：禱，求福。㈨上下和調：調，音ㄊㄧㄠˊ，是和諧的意思。

【今譯】道是極偉大而沒有形體的，德是道顯現在萬物和人事上面而普遍存在的。萬有都酌取些許的道表現出來，就形成各種不同的事物。這些事物都生生滅滅，道卻永遠繼續運行，而不隨著他們停息，消滅。道是普及於世上的事物的，由於道寄託的成分多寡的不同，就產生了種種的名稱和性能，這些事物，都隨著時間的推移而興廢生滅。拿名來參驗，事物各有不同；拿道來貫通，情理都是一致的。道是生長萬物的，所以和萬物各不相同；德是融會陰陽的，所以和陰陽各不相同；衡是識別輕重的，所以和輕重各不相同；繩是矯正出入的，所以和出入各不相同；和是調諧燥濕的，所以和燥濕各不相同；君是控馭臣僚的，所以和臣僚各不相同。以上六種事物，都是由道產生的。道是絕對無偶的，所以又稱為一。因此，聖明的君主最注重這獨一無二的作用。君主和臣僚的作業是絕不相同的：臣僚向君主求取名義，君主切實控制名義，臣僚便效忠盡力，名義和事實參驗符合，君主和臣僚便和諧融洽了。

凡聽之道，以其所出，反以為之入。㈠故審名以定位，明分以辯類。㈡聽言之道，容若甚醉。脣乎、齒乎，吾不為始乎？齒乎、脣乎，愈惽惽乎！㈢彼自離之，㈣吾因以知之；是非輻湊，上不與構。㊄虛靜無為，道之情也；參伍比物，事之形也。㊅參之以比物，伍之以合虛，㊆根幹不革，則動泄不失矣。㊇動之溶之，無為而改之。㊈喜之則多事，惡之則生怨。故去喜去惡，虛心以為道舍。㊉上不與共之，民乃寵之；上不與義之，使獨為之。㈡上固閉內扃，從室視庭。㈢咫尺已具，皆之其處。㈢以賞者賞，以刑者刑。㈣因其所為，各以自成。善惡必及，孰敢不信。㈤規矩既設，三隅乃列。㈥

【今註】㈠凡聽之道三句：高亨韓非子補箋：「出，謂言也，名也；入，謂功也，形也。此謂以其言責其功，以其名責其形也。……主道篇：『羣臣陳其言，君以其言授其事，以其事責其功。』又本篇：『君操其名，臣效其形，形名參同，上下和調。』並與此句同意。」㈡故審名以定位二句：是審度他們的言論來決定官位，考察他們的職分，以辨別善惡。分，讀第四聲，是職分的意思，就是職務上應該作的事。辯，通辨。類，是肖的意思。肖是善，不肖就是不善。㈢聽言之道數句：容，各舊本作溶。俞樾諸子平議以為當作容。容若甚醉，就是外貌好像酒醉，神志迷罔。脣齒，是用來說話的。吾不為始，是凡事我不先說話，愈，更甚。惛惛，是昏瞶的意思。㈣彼自離之：離，是陳列的意思。這裏是陳述意見。㈤是非輻湊二句：輻，是車輪由輪圈聚向車轂（穿車軸的圓圈）的直木。

湊，又作輳，是聚的意思。構，是交結會合的意思。這兩句是說：臣下陳述意見，或是或非，就像車輻會聚，君主卻不參與是非談論之中。㈥虛靜無為四句：情，指本質、內容。參伍，是多方考察。比物，是拿各種事物比較。形，指事物的表象。㈦參之以比物二句：太田方韓非子翼毳：「參，參錯也。伍，交互也。比，比類也。合，偶合也。物，有形也。虛，無形也。言有形之物，參錯之，以比類相準；無形之物，交互之，以偶合可數矣。」今按：虛，似即指道。此物，就是論理學上的類比法；合虛，就是論理學上的歸納法。㈧根幹不革二句：革，改變。泄，舊說多未洽。今按：泄，借為歇。方言十：「泄，歇也，息也。」動泄，就是動靜的意思。㈨動之溶之二句：溶，水安流貌。動溶，似即動靜的意思。改，是使之變化。這兩句就是老子五十七章「我無為而民自化」的意思。⑩喜之則多事四句：宋本注：「謂臣所陳言，君若喜之，彼必自媚益為其事；若乃惡之，彼必生怨而遂止。」「去喜惡以虛其心，則道來止，故為道舍。」舍，是居留的地方。⑪上不與共之四句：君主不和臣僚共為，無為則無敗，人民就會尊崇他。寵，是尊崇的意思。義，通議。莊子齊物論：「有倫有義」就是有論有議。獨為，就是專任的意思。⑫上固閉內扃二句：扃，音ㄐㄩㄥ，閉門橫木，俗稱門閂。固閉內扃，是把門關好，從裏面加上門閂，用以比喻函其迹，匿其端，無為的主道。庭，是堂寢正室，又堂前空地也叫庭，就是院子。從室視庭，就是「以闇見疵」「道陰見陽」的意思。⑬咫尺已具二句：咫，音ㄓˇ，周尺八寸。咫尺，是說距離很近。高亨韓非子補箋：以為之當作知。謂人主從室視庭，咫尺之差，具列目前，皆能知其處也。一說：咫尺，是量長短的法度，之，是往或歸的意思。謂法度已具，則羣臣皆歸其原位，而不相踰越。㈣以賞者賞二句：以，用猶可。孟子滕文公下：「今一見之，大則以王，小則以霸。」者，用猶則。論語季氏：「陳力就列，不能者止。」㈤因其所為四句：宋本注：「所為善惡，既各自成，善必及賞，惡必及刑，刑賞不差，誰敢不信。」信，是真誠的意思。㈥規矩既設二句：太田方韓非子翼毳：「規矩，喻法度也。凡方物，正其一隅，則餘三隅皆自正矣。」論語述而：「舉一隅不以三隅反，則不復也。」這是三隅二字的來源。三隅，猶言其他。列，使成行列。禮記禮運：「故事可列也。」鄭注：「興作有次第。」這兩句的意思是：法度建立以後，其他事物就次第興作了。

【今譯】君主聽取言論的方法，要依據他們所說的，反求他們所作的。所以審度他們的言論來決定官位，考察他們的職分以辨別善惡。聽取言論的方法，外貌好像酒吃得醉醺醺的，不願首先開口說話；說的時間越久，就越顯得昏迷不清了。聽取言論，要使臣僚自己任意陳述，君主自會懂得他們的真意。各種正反的意見像車輻向車轂會聚，君主卻不參與是非的爭論。虛靜無為是道的本質，參互比驗是事物的表象。多方比驗所有的事物，歸結以合於虛靜的心意。基本道理不改變，一切動靜便不會有所失誤了。使臣民自然動靜，君主用無為的態度任憑演化。君主對於臣僚，若表示喜愛，臣僚便獻媚而多事；若表示厭惡，臣僚便生怨而怠荒。摒除喜愛和厭惡，使內心空虛無物，而由道來充實。君主不和臣僚同樣工作，臣民纔會尊崇他；君主不和臣僚論議，使他們獨立自主的施為。君主虛靜無為，好像把房門緊緊關閉，從房裏向庭院觀看，事物就在很近的地方，一切情形便都瞭如指掌了。這樣窺察臣僚，該賞的就賞，該罰的就罰，賞罰都根據他們的作為，所以賞罰都是他們自己造成的。為善一定受賞，為惡一定受罰，誰還敢不竭誠盡力呢？法度既經確立，其他各種事物，就次第興作了。

主上不神，下將有因；其事不當，下改其常。㈠若天若地，是謂累解。㈡若地若天，孰疏孰親？㈢能象天地，是謂聖人。欲治其內，置而勿親；㈣欲治其外，官置一人。不使自恣，安得移幷？㈤大臣之門，唯恐多人。凡治之極，下不能得。㈥周合形名，民乃守職；㈦去此更求，是謂大惑。猾民愈眾，姦邪滿側。㈧故曰毋富人而貸焉，毋貴人而逼焉，毋專信一人而失其都國焉。㈨腓大於股，難以趣走。㈩主失其神，虎隨其後。⑪主上不知，虎將為狗。主不蚤止，狗益無已。虎成其羣，以弒其母。⑫為主而無臣，奚國之有。⑬主施其法，大虎將怯；主施其刑，大虎自寧。法刑苟信，虎化為人，復反其真。⑭

【今註】㈠主上不神四句：神，是像神那樣隱秘莫測。因，依傍，利用。當，讀第四聲。改，各舊本作考。高亨韓非子補箋：「考，當作改。蓋改譌為攷，攷變為考也。」據改。常，常道。㈡若天若地二句：累解，古今注解，均未妥洽。今按：累，本為係累、綁縛的意思，引伸為牽累、憂苦、災禍的意思。是謂，猶言是以。這兩句是說：君主要像天地的高厚，不可測度，羣臣不能因依改常，因此各種憂患，自然解消，正承上而言。㊂若地若天二句：是說君主要像天地的廣大，無所不覆，無所不載，無疏無親，大公無私。㊃欲治其內二句：高亨韓非子補箋：「內，謂宮中也。二柄、十過、難一諸篇，並言豎刁自宮為桓公治內，即其證。桓公置豎刁而親之，致有身死蟲流出戶而不葬之患，故曰置而勿親也。」㊄欲治其外四句：外，指宮外的官吏。官置一人，就是一人不兼官，一官不兼事，使各人有他的專司。恣，任意作為。移，變易或放棄。幷，是兼幷的意思。㊅大臣之門四句：多人：宋本注：「臣門多人，威權在之故也。」下不能得，是說政治優良，臣下不可能獲得結集朋黨。㊆周合形名二句：周，也是合的意思。形名，各舊本作刑名，依本書例改。職，按照本分應該作的事。㊇猾民愈眾二句：王先慎韓非子集解：「姦邪，指臣言。」謂狡猾之民益多，而姦邪之臣盈於左右矣。」㊈故曰毋富人而貸焉三句：富和貴，都是動詞的使動式。貸，施與。或以為借作貣，讀ㄊㄜˋ，是從人求物，似乎不對。逼，是威脅。都，是國城，國君所居。這三句的意思是：不要使臣太富，至於市惠人民；不要使臣太貴，至於威脅君主；不要專聽信一位大臣，至於喪失國家。㊉腓大於股二句：腓，音ㄈㄟˊ，俗稱腿肚，這裏似即指小腿。股，大腿。趣，借為趨。釋名：「疾行曰趨，疾趨曰走。」這兩句就是左傳昭公十一年「末大必折，尾大不掉」的意思。㊀主失其神二句：宋本注：「謂君可測知，則臣能為虎，隨後以伺其隙。」㊁主上不知數句：宋本注：「主既不知臣之為虎，則臣匿威藏用，外若狗然，所以陰謀其事。」孫楷第讀韓非子札記：以為為字應解作有。虎將為狗，就是虎將有狗，比喻權臣招致黨徒，以供驅策。下文「狗益無已，虎成其羣」，正承此而言。蚤，借為早。蚤止，是及早禁阻。以，用猶則。母，是物或力的根源，這裏指君主。㊂為主而無臣二句：臣皆為虎為狗，便可說是無臣。國家沒有良臣，必然滅亡，所以說「奚國之有」。而，解作如。奚，為何。之，作用是把賓語倒在動詞的前面。㊃主施其刑數句：寧，是安靜，安分守己，而沒有覬覦的妄念。苟信，各舊本誤作狗信。盧文弨羣書拾補：「苟誤作狗」，據改。顧廣圻韓非子識誤：「信，讀為申，申與下文人真韻。」今按：伸展之伸，初僅作申，又多借信字。王先慎韓非子集解：「此謂君主苟申其刑法，則臣昔之為虎者，皆反其真而為人矣。反其真，指臣言。」

【今譯】　君主假如不像神那樣隱秘，臣僚就會忖度君主的意圖，予以利用；君主行事偶有不當，臣僚就要趁機改變常道。君主要像天地那樣高厚，不可測度，各種憂患便因而解消。君主要像天地那樣寬大，普遍覆載，便沒親疏厚薄的偏私。能像天地那樣，就可以算是聖人了。君主要想辦好宮內的事情，設置左右近臣，卻不能過分親信；要想辦好國家的庶政，各種官職都設置一位專人，都要依循軌範任事，不許任意作為，怎麼會有怠棄官守或侵越職權的事呢？大臣的門庭，最忌奔走的人過多。政治辦到最好的地步，臣僚是不能聚眾結黨的。全國各種名義和事實都相適合，人民便都會按照本分作事，放棄這種治術而另求作法，那便是最大的迷惑。狡猾的人民越多，姦邪的官吏自然遍布左右。所以說：不要使臣僚財富太多，以致市惠人民；不要使臣僚地位過高，以致威脅君主；不要專門聽信一位大臣，以致喪失國家。這樣就像小腿大過大腿，便不能疾趨奔走了。君主假如不能像神那樣隱秘莫測，臣僚就會像猛虎跟在他的後面。君主不能及時察覺，猛虎就要慢慢招致黨與。君主如不早些制止，黨與越來越多。猛虎結成朋黨，就會篡弒君主。君主沒有忠臣義士，怎麼還能保有國家呢？君主實施法度，猛虎就會害怕；君主執行刑罰，猛虎自然服貼。假如法度和刑罰切實伸展，猛虎就會變成普通的人，又恢復他的本來面目了。

欲為其國，必伐其藂；不伐其藂，彼將聚眾。(一)欲為其地，必適其賜；(二)不適其賜，亂人求益。彼求我予，假仇人斧；假之不可，彼將用之以伐我。(三)黃帝有言曰：「上下一日百戰。」下匿其私，用試其上；上操度量，以割其下。(四)故度量之立，主之寶也；黨與之具，臣之寶也。(五)臣之所不弒其君者，黨與不具也。故上失扶寸，下得尋常。(六)有國之君，不大其都；(七)有道之臣，不貴其家；(八)有道之君，不貴其臣。(九)貴之富之，備將代之。備危恐殆，急置太子，禍乃無從起。(一〇)內索出圉，必身自執其度量。厚者虧之，薄者靡之。虧靡有量，毋使臣比周，同欺其上。(一一)虧之若月，靡之若熱。(一二)簡令謹誅，必盡其罰。(一三)毋弛而弓，一棲兩雄。一棲兩雄，其鬬嚬嚬。(一四)豺狼在牢，其羊不繁。(一五)一家二貴，事乃無功。夫妻持政，子無適從。㊅為人君者，數披其木，毋使木枝扶疏；木枝扶疏，將塞公閭。㊆私門將實，公庭將虛，主將壅圍。㊇數披其木，無使木枝外拒；木枝外拒，將逼主處。㊈數披其木，毋使枝大本小；枝大本小，將不勝春風；不勝春風，枝將害心。⑳公子既眾，宗室憂吟。㉑止之之道，數披其木，毋使枝茂；木數披，黨與乃離。掘其根，木乃不神。填其淵，毋使水清。㉒探其懷，奪之威，主上用之，若電若雷。㉓

【今註】㊀欲為其國四句：為國，猶言治國。藂，各舊本作聚。洪頤煊讀書叢錄：「按上下文皆合韻。此當作欲為其邦，必伐其藂，不伐其藂，彼將聚眾。邦叢合韻，邦字避漢諱改。叢，古字作藂，因譌為聚。」據改聚為藂。藂，音ㄘㄨㄥˊ，是草木聚生的意思，這裏用以比喻臣下交結朋黨。伐，是砍伐的意思。㊁欲為其地二句：地，古代官吏的采地。采，是官的意思。因官而享受那裏的租入，所以叫做采地。賜，賞賜。必適其賜，是賞賜采地必須和他的功勞相適合的意思。㊂彼求我與四句：是說亂臣要求增加采地，君主就照給，亂臣勢力強大，就等於把斧頭交給仇人。假之不可，是不可假之的倒句，因為可我叶韻的關係。這兩句是說：斧頭是不能交給仇人的，因為亂臣要用它殺害我。假，借給，也就是暫時交給。㊃黃帝有言曰數句：黃帝，是中國上古的聖王。先建國於有熊，後擊敗炎帝於阪泉，擊敗蚩尤於涿鹿，便成為中華民族最偉大的領袖。這時各種文化，都有顯著的發展。司馬遷著史記，便以為中國歷史的開端。今按路史後記五：「下匿其私，用試其主；上操度量，以割其下，上下一日百戰，故作巾几之銘。」松皐圓定本韓非子纂聞：「主利在見功而爵祿，臣利在無功而富貴，上下異利，故百戰也。」試，是試探的意思。割，是裁制、矯正的意思。㊄故度量之立數句：宋本注：「度量立，可以割斷下，故為主之寶。黨與具，可以奪君位，故為臣之寶。」㊅故上失扶寸二句：扶寸，亦作膚寸，都是古代長度的名稱。禮記投壺：「籌（矢），室中五扶（在室內所用投壺的矢長度是五扶），堂上七扶，庭中九扶。」鄭注：「鋪四指曰扶，一指案寸。」大概周朝平按一指是一寸，合併四指是一扶。尋常，國語周語韋注：「八尺為尋，倍尋為常。」宋本注云：「上失於度量，少有所失，下之得利，已數倍多矣。」㊆有國之君二句：都，左傳莊公二十八年：「凡邑有宗廟先君之主曰都，無曰邑。」大概都邑都是國君子弟和卿大夫的采地。左傳隱公元年：「都城過百雉，國之害也。先王之制，大都不過三國之一，中五之一，小九之一。今京不度，非制也，君將不堪。」便是說明大其都，臣將據以叛國的道理。㊇有道之臣二句：陳奇猷韓非子集釋，以為當作「有道之君，不富其家。」大概是對的。㊈有道之君二句：陳奇猷韓非子集釋，以為是衍文，似未必對。

貴，是位尊勢重，卻不一定封土大。㊉貴之富之數句：備，顧廣圻韓非子識誤，以為當作彼。今按備仍是具備的意思，是說臣下具備富貴等條件，就要取代君位。下一備字，解作防備。備危恐殆，就是防備災難，恐懼危亡。急置太子，宋本注云：「太子者君之副貳，國之重鎮，今欲備其危殆，必速置之，則禍端自息矣。」㊁內索出圉數句：內，指朝內。索，搜求邪惡。出，指各方。圉，音ㄩˇ，禁阻姦宄。厚薄，猶言輕重。虧，是減少。靡，是增多。這兩句是說：刑賞爵祿失於重的予以減輕，刑賞爵祿失於輕的予以加重。虧靡有量，有解作以，量，讀第四聲，是度量的意思。使臣，各舊本作使民。王叔岷韓非子集解斠證，以為民乃臣之形誤，比周、欺上，皆指臣言，與民無涉。據改。比周，指惡人阿黨營私。㊂虧之若月二句：月由盈而虧，物由冷而熱，比喻刑賞爵祿的損益，都應逐漸進行，借免弊害。㊂簡令謹誅二句：簡，舊多釋為簡省，與八說篇：「書約而弟子辯，法省而民萌訟」的意思不合。似應釋為簡明，明確。謹，嚴密。必盡其罰，是應罰必罰，罰必適當。㊃毋弛而弓四句：弛，音ㄕˇ或ㄔˇ，是弓不用時，把弓弦放鬆的意思，引伸為放鬆或放棄。而，人稱代名詞，用猶爾，讀第三聲。弓，這裏比喻君權。棲，本意為鳥止，人止息也可用棲。雄，是首領。兩雄，指君主和權臣。㘖，音ㄧㄢˊ。字本作㹜，為兩犬相齧相吠的意思，後又作犴、狺、齗、㘖、啀、㗂等字，音義都一樣。㊄豺狼在牢二句：豺狼，都是殘暴的野獸，這裏比喻權姦。牢，是養牲畜的欄圈，這裏比喻國家。羊，喻臣民。繁，通蕃，是蕃衍茂盛的意思。㊅一家二貴四句：貴，位尊的人。二貴爭發命令，家屬不知如何，事情便沒成就。夫妻爭主家事，子女便不知聽誰的話。適，前往。適從，是依照指示前往從事。左傳僖公五年：「一國三公，吾誰適從？」㊆數披其木四句：數，讀ㄕㄨㄛˋ，是屢次的意思。披，是折的意思。戰國策秦策：「木實繁者披其枝。」這裏似是修翦的意思。木，比喻大臣。扶疏，是枝葉繁茂的樣子。說文：「扶疏，四布也。」塞，是阻塞的意思。公閭，猶言君門。⑱私門將實三句：壅圍，顧廣圻韓非子識誤：「圍當作國，國與下文拒處韻。」王先慎韓非子集解，以為仍當作圍，文義屬上。圍與虛為韻。似以王說為是，本書有道篇說：「數至能人之門，不壹至主之廷，百慮私家之便，不壹圖主之國。」就是「私門將實，公庭將虛」的意思。圍，是環繞成周。權姦環繞成周，羣情便無由上達。所以壅圍就是壅蔽的意思。⑲無使木枝外拒三句：拒，廣雅釋詁：「拒，至也。」木枝外拒，是木枝向四面伸展，比喻私門黨羽，滋蔓橫生。主處，就是君主的地位。⑳毋使枝大本小數句：本，樹身，喻君主。枝，喻臣僚。春天草木生長，枝大葉多，春風一吹，根拔本倒。勝，讀第一聲，是力能承擔。春風，陳奇猷韓非子集釋，以為喻時機。心，是物的中央，這裏就是樹本，也用以喻君主。㉑公子既眾二句：公子，是君主的眾子，大都有封土勢位。宗室，是大宗祭祖的宮室。大宗是始祖的嫡長子孫。這裏便以宗室指君主的嫡長子孫，應該繼承君位的。吟，呻吟。蒼頡篇：「吟，歎也。」㉒木數披數句：數，讀ㄕㄨㄛˋ。木數披，舊本多作木枝數披。顧廣圻韓非子識誤，以為衍枝字，三字句，披離韻。據刪枝字。掘其根，各舊本作掘其根本。顧廣圻韓非子識誤，以為本字衍，三字句，根神韻。據刪本字。填其淵，各舊本作填其洶淵。俞樾諸子平議，以為洶字衍。此處皆上句三字，下句四字。據刪洶字。木乃不神：于省吾雙劍誃諸子新證：「神應作申，遂長也。」淵，深水，比喻匿姦的地方。這裏以淵清為韻。水深始清，填塞淵水，使淵水不深，姦邪便不能隱匿了。㉓探其懷四句：唐敬杲選注韓非子：「探其懷，謂探知大臣之實情。奪之威，謂剝奪大臣之威權也。」奪之威，之用猶其字。若電若雷，宋本：「威不下分，則君命神而可畏，故若電雷也。」

【今譯】　要把國家治理好，必須翦除臣僚的黨與，如不翦除臣僚的黨與，他們就會聚眾作亂。要把采地治理好，必須依照功勞封賜。若不依照功勞封賜，亂臣就會借機請求增益。亂臣請求增益，君主就能給與，亂臣勢力，日益強大，就好像把銳利的斧頭交給仇人。銳利的斧頭是不能交給仇人的，因為他們要利用銳利的斧頭殺害君主。黃帝曾經說過：「君臣上下，在一天當中就會爭鬭上百次。」臣僚隱匿自己的私心，來試探君主的意向；君主掌握國家的法度，以裁制臣僚的妄動，因此建立法度，是君主最好的辦法；結合黨與，是臣僚最好的辦法。臣僚所以不敢弒君奪位，就是沒有結成黨與呀。所以君主量度賜與，稍失寬厚，臣僚所得，可至十倍百倍？有國的君主，不使臣僚的封地擴大；有道的君主，不使臣僚的家財富有；有為的君主，不使臣僚的勢位貴盛。臣僚地大財富，位尊勢盛，一切具備，就要取代君主的地位。為了恐懼危亡，防備災難，應該及早建立太子，弒君奪位的禍亂便不致發生了。君主對於朝內，要儘量搜求邪惡；對於外方，要致力禁阻姦宄，這一切都要親自執掌權衡，刑賞爵祿，失於過重的要減輕，失於過輕的要加重，減輕加重，都要按照法度，不要使臣僚互相勾結，阿黨營私，共同欺騙君主。減輕要像滿月，形體逐漸虧損；加重要像旭日，熱度逐漸增強，法令要簡明，誅罰要謹密，使應賞應罰，沒有絲毫的差失。君主對於自己的權勢，一點兒都不能放鬆，不能讓一個地方有兩個頭領；一個地方有兩個頭領，就要像兩隻猛狗狂吠拼鬭。絕不容許權姦存留在國內，權姦存留在國內，善良的臣民便無法生息暢茂。一個家族兩位族長，事情就不易有成；夫妻爭主家事，子女就不知聽誰的話。君主對於大臣，就像栽培樹木，要時常加以修翦，不要使他枝葉過分茂盛。枝葉過分茂盛，就會阻塞君主的宮門。這樣臣僚漸漸干謁權臣，權臣的私門臣僚日益增多，君主的公庭臣僚日益減少，這樣君主就被壅蔽了。君主要時常修翦樹木，不要使樹枝向多方伸展，樹枝向多方伸展，就要威脅君主的地位。君主要時常修翦樹木，不要使樹枝大樹身小；樹枝大樹身小，到了春天，枝大葉多，樹身沒有承擔的力量，樹枝便毀掉了樹身。國家的公子眾多，大都有封土勢位，禍伏蕭牆，無怪宗室嫡長要憂苦悲歎了。防範這種禍亂的方法，就要時常修翦樹木，不要使他枝葉茂盛。修翦樹枝，大臣的黨與就自行離散。挖掘樹根，親貴的勢力就不會生長。填塞淵水，權姦的醜惡就無法隱藏。必須刺探權貴的真情，削奪權貴的威勢，君主如能善用治術，就會產生極大的威勢，像閃電雷霆那樣。

大　體

【釋題】　本篇原為第八卷第二十九篇。大體，含有兩種意思：一為整體，二為要領。治理天下，必須為整體著想，纔能提挈要領。因為篇首先說古之全大體者，便用大體做篇名。

【提要】　本篇主旨，是說為政必須執持大體，依循道法，使人無離法之罪，魚無失水之禍，纔是最好的治術。是一篇接近道家的法家言論。

古之全大體者，望天地，觀江海，因山谷，日月所照，四時所行，雲布風動。㊀不以智累心，不以私累己。㊁寄治亂於法術，託是非於賞罰，屬輕重於權衡。㊂不逆天理，不傷情性；不吹毛而求小疵，不洗垢而察難知；不引繩之外，不推繩之內；㊃不急法之外，不緩法之內。守成理，因自然，禍福生乎道法，而不出乎愛惡；榮辱之責，㊄在乎己，而不在乎人。故至安之世，法如朝露，純樸不散，心無結怨，口無煩言。㊅故車馬不疲弊於遠路，旌旗不亂於大澤，㊆萬民不失命於寇戎，雄駿不創壽於旗幢，㊇豪傑不著名於圖書，不錄功於盤盂，㊈記年之牒(一〇)空虛。故曰：利莫長於簡，福莫久於安。使匠石以千歲之壽，操鉤，視規矩，舉繩墨，而正太山；(一一)使賁育帶干將而齊萬民；(一二)雖盡力於巧，極盛於威，(一三)太山不正，民不能齊。故曰：古之牧天下(一四)者，不使匠石極巧，以敗太山之體；不使賁、育盡威，以傷萬民之性。因道全法，君子樂而大姦止。澹然閒靜，(一五)因天命，持大體，故使人無離法之罪，魚無失水之禍。如此，故天下少

不可。㊅

【今註】㈠古之全大體者數句：全大體，就是為政能執持大體，無或缺失。望、觀，都是看的意思，不過不僅是看，是看後受到啟發，而予以師取。天地，言無私覆私載。江海，言兼收並蓄。因，是如同或依照的意思。山谷，言高和深。日月所照三句：也都是說沒有偏私。呂氏春秋去私篇：「天無私覆也，地無私載也，日月無私燭也，四時無私行也。」又貴公篇：「陰陽之和，不長一類；甘露時雨，不私一物；萬民之主，不阿一人。」就是這幾句話的意思。㈡不以智累心二句：智，智巧。累，讀第四聲，牽累，使受損害。心，本性，也就是良心。私，私慾。己，本身，這裏指自己的人格。㈢寄治亂於法術三句：寄、託、屬，三字都是付託的意思。屬，讀ㄓㄨˇ。輕重，指事物價值的高低。權衡，是秤錘和秤桿，是稱量輕重的工具，這裏似可釋為衡量價值的準繩。㈣不引繩之外二句：繩，繩墨，木匠取直的工具，比喻規矩法度。引，擴展。推，移動。之，這裏用同於字。㈤榮辱之責：就是求取榮辱必備的行為，也就是獲致榮辱的因素。㈥法如朝露四句：散，不精明。後漢書黃瓊傳：「日闇月散。」不散，就是精明。結怨，就是積怨。煩言，是不滿意的言語。㈦故車馬不疲弊於遠路二句：這兩句話似指君上巡幸田獵。大澤，就是川澤山林等田獵的地方。古代田獵，並非單純的縱樂，是利用農隙，講習武事。㈧雄駿不創壽於旗幢：駿，太田方韓非子翼毳以為駿與俊音同通用。創，讀第一聲，是傷的意思。幢，音ㄔㄨㄤˊ，旗幢，指揮軍隊用的旗幟。㈨不錄功於盤盂：盤、盂，都是古代器具的名稱，上面多刻有文字，或稱述功德，或自我警惕。⑩記年之牒：牒，是古時刻字的木簡。史書可叫史牒，記載人或物而分類編列的叫做譜牒。太田方韓非子翼毳，以為記年之牒，就像竹書紀年之類。⑪使匠石以千歲之壽數句：匠石，匠人名石。莊子徐无鬼：「匠石運斤成風。」以，是有的意思。鉤，太田方韓非子翼毳：「所以為曲也。莊子：『直者中繩，曲者中鉤。』」規，是畫圓的器具。矩，是畫方的器具。操、舉，都是使用的意思。視規矩，是用規矩來察看，所以視也是運用的意思。太，和泰本為一字。太山，就是泰山，在山東省泰安縣北，為五嶽當中的東嶽，是我國古人心目中最高大的山。⑫使賁育帶干將而齊萬民：賁育，就是孟賁和夏育，都是古代的勇士。干將，是古時利劍的名稱。春秋時吳國人干將和他的太太莫邪，鑄成雌雄兩劍，雄的叫做干將，雌的叫做莫邪。齊萬民，使天下的人民齊一，都合於標準，不合標準的予以誅戮。⑬極盛於威：威原作夀，依下文不使賁育盡威，應作威。⑭牧天下：治理天下的人民。牧，本意為放牛，引申為治理。⑮澹然閒靜：閒靜，就是安靜而無活動。澹然，是安靜的樣子。⑯少不可：少，缺少，也就是沒有的意思。不可，是不善的意思。

【今譯】　古代能夠執持大體的天子，像天地覆載萬物，像江海兼收並蓄，像山谷的高深，像日月的普照，像四時的運行不息，像風雲的滋養羣生。不用智巧毀壞自己的天性，不拿私慾損害自己的人格。把天下的治亂付託給法術，把人類的是非付託給賞罰，把事物的高下付託給準繩。不違反天理，不傷害人性；不吹起茸毛尋找小疵，不洗去汚垢詳察隱病；既不把法度隨便擴大，也不把法度任意縮小；法令所有，絕不寬緩，法令所無，絕不苛求。依循自然，固守理法，禍福都由道法產生，而不由於君上的好惡；官民獲致榮辱的因素，在於自己，而不在他人。所以太平盛世，法度就像早晨的露珠，純樸清明，人民心裏沒有積結的怨恨，嘴裏沒有不滿的言語。因此天子的車馬不至在道路上疲弊，旌旗不至在山澤中迷亂，人民不至在敵寇前死亡，勇士不至在戰陣裏犧牲，豪傑的姓名無須記載在圖書，功勳無須雕刻在盤盂，以至編年的史冊沒有事情可記錄。所以說政治簡括的利益最多，社會安靜的福澤最久。給匠石千歲的壽命，教他拿著正曲直正方圓的工具，去修理太山，教孟賁、夏育帶著干將那樣銳利的寶劍，去整齊萬民；雖然智巧最好，威力最大，太山也無法修好，人民也不能齊一。所以古代治理天下的，不教匠石儘量使用智巧，以破壞太山的形狀；不教賁育儘量發揮威力，以損害萬民的性情。依循自然的道理，健全社會的法度，姦邪絕跡，善良都過著安樂的日子。天子澹泊無為，因任天命，執持大體，使人沒有違法的罪過，魚沒有失水的災殃，這樣，天下就很太平了。

上不天，則下不偏覆；心不地，則物不畢載。㊀太山不立好惡，故能成其高；江海不擇小助，故能成其富。㊁故大人寄形於天地，而萬物備；措心於山海，而國家富。㊂上無忿怒之毒，下無伏怨之患，上下交順，以道為舍。㊃故長利積，大功立，名成於前，德垂於後，治之至也。

【今註】㈠上不天四句：上，指天子；下，指萬民。上不天，心不地，是說上心不像天地那樣覆載。㈡太山不立好惡四句：立好惡，是有好惡存在。惡，讀ㄨˋ。助，增益。小助，指流入江海的小水。富，言水多。㈢故大人寄形於天地而萬物備二句：大人，地位高的人，指天子，人君。寄，暫寓。寄形於天地，是把天地的形勢存放在心裏。備，完成。措，各舊本作厝。龍宇純韓非子集解補正：「按厝字難通，字當作厝，借以為措，置也，與上文寄字義近。措厝二字，古音同通用。治要作措，改作本字也。」據改。於，這裏兩個於字，都作以字解釋。㈣上無忿怒之毒四句：毒，殘害，暴虐。伏，隱藏。伏怨，銜恨。患，禍亂。順，或作樸，作璞。今按似以作樸為佳。樸，本為未經製作的木材，引申為人類的本然狀態，不加虛飾與造作。舍，讀第四聲，是住所的意思，也就是生活的範圍。這兩句的意思是：上下都保持純樸的天性，一切遵循道法活動。

【今譯】天子的心理不像天那樣，就不能覆被萬民；不像地那樣，就不能承載羣生。太山對於土石沒有好惡，纔能造成他的高大；江海對於溪流沒有取捨，纔能造成他的深渺。所以天子心裏想望天地的覆載，萬物便能遂長；想望山海的高深，國家便能富足。君上不會發怒而殘害生靈，下民不會銜恨而製造禍亂。上下都保持純樸的天性，一切遵循道法活動，厚利紛紛產生，大功慢慢建立，名譽成就於生前，德惠傳留於後世，這樣，纔能算是最優良的治術呀。

觀　行

【釋題】本篇原為第八卷第二十四篇。篇中有觀行二字，就用來作篇名。觀行的意思，就是人君應以道術觀察臣下的活動。

【提要】本篇旨趣，近於道家，是否韓子的作品，不無疑問。全篇分為兩段：第一段說人類應該以道正己，就是拿自然的和社會的法則，來量度自己，糾正自己。第二段說因可勢，求易道，就是依循可能的形勢，尋求易行的途徑。

古之人，目短於自見，故以鏡觀面；智短於自知，故以道正己。㈠鏡無見疵之罪，道無明過之惡。㈡目失鏡，則無以正鬚眉；身失道，則無以知迷惑。西門豹之性急，故佩韋以自緩；㈢董安于之心緩，故佩弦以自急。㈣故以有餘補不足，以長續短之謂明主。

【今註】㈠目短於自見四句：短，不足，不善。道，自然的和社會的法則，姑譯為道術。㈡鏡無見疵之罪二句：見，讀ㄒㄧㄢˋ，是呈現的意思。疵，音ㄘ，小病，小的缺陷。惡，王先慎韓非子集解：

「各本作怨，藝文類聚、太平御覽、初學記引作惡，今據改。」㊂西門豹之性急二句：西門豹，戰國時魏國人。魏文侯時為鄴（在今河南省臨漳縣西）令，引河水灌田，革除河伯娶婦惡俗。豹性峻急，經常佩帶治熟的獸皮，以隨時提醒自己，性情應該舒緩些。韋，治熟的獸皮，質極柔軟。㊃董安于之心緩二句：董安于（或作閼于，春秋時晉國趙簡子的家臣。）性情迂緩，經常佩帶弓弦，以隨時提醒自己，性情必須激急些。董安于事詳本書難言篇注。

【今譯】古代的人，因為眼睛不便於觀看自己的美醜，所以用鏡子來照自己的容貌；智慧不善於識別自己的是非，所以用道術來糾正自己的行為。鏡子沒有呈現瑕疵的罪過，道術沒有顯明錯失的咎戾。眼睛失去鏡子，就不能整飾鬚眉；行為失去道術，就無法知道迷惑。西門豹性情峻急，所以經常佩帶柔軟的熟皮，以便隨時提醒自己，性情應該舒緩；董安于性情迂緩，所以經常佩帶緊張的弓弦，以便隨時提醒自己，性情應該激急。所以拿有餘的補助不足的，拿特長的接續過短的，這才能算是明主呀。

天下有信數㊀三：一曰、智有所不能立，二曰、力有所不能舉，三曰、強有所不能勝。故雖有堯之智，而無眾人之助，大功不立；有烏獲㊁之勁，而不得人助，不能自舉；有賁育㊂之強，而無法術，不得長勝。故勢有不可得，事有不可成。故烏獲輕千鈞而重其身，㊃非其身重於千鈞也，勢不便也。離朱易百步而難眉睫，㊄非百步近，而眉睫遠也，道不可也。故明主不窮烏獲以其不能自舉，不困離朱以其不能自見。因可勢，求易道，㊅故用力寡，而功名立。時有滿虛，㊆事有利害，物有生死，人主為三者發喜怒之色，則金石之士㊇離心焉。聖賢之測淺、深矣。㊈故明主觀人，不使人已難。明於堯不能獨成，烏獲之不能自舉，賁育之不能自勝；㊉則觀行之道畢矣。

【今註】㊀信數：是必然的道理。㊁烏獲：戰國時的力士。㊂賁育：就是孟賁和夏育，都是古代的勇士。㊃輕千鈞而重其身：古以三十斤為鈞。千鈞，用以形容最重。這句話的意思是：覺得千鈞很輕，反而覺得自己的身體很重。㊄離朱易百步而難眉睫：離朱，有的書作離婁，是古代視力最好的人，能夠在百步以外，看清毫毛的尖端。睫，音ㄐㄧㄝˊ，眼皮邊緣的細毛。眉睫，比喻最近的地方。㊅因可勢二句：王先慎韓非子集解：「此言因其可得之勢，求其易行之道也。」即承上勢不便，道不可而言。」可勢，就是現實的形勢有此可能。㊆時有滿虛：時，是時運的意思。滿虛，猶言盈虛，就是盛衰的意思。㊇金石之士：金石，比喻堅貞。㊈聖賢之測淺深矣：測，或作撲、作樸，似乎不對。聖賢測淺當逗。這句話的意思是：聖賢對於淺顯的事情，也要深入的量度。㊉賁育之不能自勝：各舊本自勝下有「以法術」三字，太田方韓非子翼毳：「是三字疑衍。」或係舊注誤入正文，予以刪除。今按：上文作「有賁育之強，而無法術，不能長勝。」這裏「自勝」似仍以作「長勝」為是。

【今譯】　天下有三種必然的道理：一是雖然明智，也有作不成的事業；二是雖然壯健，也有舉不起的物體；三是雖然勇猛，也有戰不勝的時候。所以具有唐堯的明智，假如沒有眾臣輔佐，便無法建立大功；具有烏獲的壯健，假如沒有別人幫助，便無法舉起自己；具有孟賁、夏育的勇猛，假如沒有法術的配合，便不能永遠戰勝。天下有不能改變的形勢，有無法達成的事情。所以烏獲能輕鬆舉起千鈞的重量，而舉不起自己的身體，並不是他的身體比千鈞還重，是形勢不方便啊。離朱很容易看清百步以外微細的東西，卻很難看清自己的眼毛，並不是百步近，眼毛遠，因為道理不可能啊。所以明主不拿不能舉起自己的身體使烏獲為難；不拿無法看到自己的眼毛使離朱受窘。依循可能的形勢，尋求易行的途徑，耗費的力量有限，可是功名便建立起來。時運有盛有衰，事情有利有害，人類有生有死，做君主的若為這三種事顯出喜怒的樣子，那些忠貞的屬下就要離心離德了。只有聖賢對淺顯的事物，也有深入的考量。所以明主觀察人物，絕不使人作他無法作到的事情。懂得唐堯不能獨建大功，烏獲不能自舉身體，孟賁、夏育不能永遠戰勝，觀察行為的方法就全都具備了。

卷八

解　老

【釋題】 本篇原為第六卷第二十篇。係對老子道德經加以解釋，所以拿「解老」做篇名。這是現存解釋老子最古的文字。

【提要】 本篇主旨，係擇取老子重要部分，詳細解釋它的意義，並未依原書次第，也不是盡取全文加以解釋。自司馬遷以為韓非的學問，歸本於黃老，舊日多信本篇是韓非作的。章炳麟國故論衡原道上說：「凡周秦解故之書，今多亡佚，諸子尤寡。韓子獨有解老喻老二篇，後有說老子者，宜據韓非為大傳，而疏通證明之。」胡適中國古代哲學史，則以為本篇是另一人作的。容肇祖韓非子考證，更指出本篇有些地方，和韓非基本思想不一致，以證明本篇不出於韓非。又本篇解釋老子，夾雜有儒家思想與法家思想，和漢魏以來的注解多有不同，現在注譯「解老」就不得不依據韓子舊有基礎跟著解釋了。

德者、內也，得者、外也。「上德不德」，㈠言其神不淫於外也。㈡神不淫於外則身全；㈢身全之謂德。德者、得身也。凡德者、以無為集，以無欲成，以不思安，以不用固。㈣為之欲之，則德無舍；㈤德無舍，則不全。用之思之，則不固；不固則無功，無功則生於德。㈥德則無德，不德則有德。㈦故曰：「上德不德，是以有德。」

【今註】㈠上德不德：這是老子第三十八章的文句。河上公注：「因循自然，……其德不見。」林希逸注：「有德而不自知其德化。」下面的德字，都是照本字解釋。這裏上句為「得者外也」，下句為「言其神不淫於外也」，則下面的德字，顯然應借為得。㈡言其神不淫於外也：神，是精神、智慧。淫，是浸淫不止，也就是任意求取的意思。㈢神不淫於外則身全：身，指人格而言。全，是完美，無瑕病。㈣以無為集四句：集，是聚集。成，是完成。安，是安穩。固，是牢固。㈤為之欲之則德無舍：舍，是止宿的地方。㈥無功則生於德：是說所以無功，乃由於欲有所得於外。德借為得。㈦德則無德二句：這兩句上面的德字，都借為得。是說人的心神，有所求取，便沒有於，或作有。德性；無所求取，纔有德性。

【今譯】德，是在內心具有的；得，是從外界求取的。所謂「上德不德」，就是說有上等德性的人，心神是不向外求取的。心神不向外求取，人格便會完美；人格完美，就叫做德性。德性，就是獲得完美的人格。一般有德性的人，都是靠無為來聚集，靠無欲來完成，靠不思慮而安穩，靠不應用而牢固。假如有為和有欲，德性便沒有著落，德性沒有著落，人格就不會完美。有所思慮和應用，德性便不牢固；德性不牢固，便沒有功效。沒有功效，便是由有所求取而產生的。有所求取便沒有德性，無所求取纔有德性。所以老子說：「有上等德性的人是不向外求取的，所以他纔具有德性。」

所以貴無為無思為虛者，謂其意無所制也。㊀夫無術者，故以無為無思為虛也。㊁夫故以無為無思為虛者，其意常不忘虛，是制於為虛也。虛者、謂其意無所制也。㊂今制於為虛，是不虛也。虛者之無為也，不以無為為有常。㊃不以無為為有常則虛，虛則德盛，德盛之謂上德。㊄故曰：「上德無為，而無不為也。」㊅

【今註】㊀所以貴無為無思為虛者二句：虛，是虛無。就是易繫辭上所謂：「无思也，无為也，寂然不動。」也就是荀子解蔽篇所謂：「人生而有知，知而有志，志也者，藏也。然而有所謂虛，不以所已藏害所將受，謂之虛。」制，是束縛、牽制的意思。㊁故以無為無思為虛也：故，是故意，有心。這句是說：故意用無為無思的手段達到虛無的境地。㊂虛者謂其意無所制也：無所，各舊本作所無。盧文弨羣書拾補：「所無疑倒。」上文亦作「無所制也」，據改。㊃不以無為為有常：不把無為當作經常考量注意的事。㊄虛則德盛二句：這裏兩個盛字，似應讀ㄔㄥˊ，借為成，是完成，完美的意思。㈥上德無為二句：這也是老子第三十八章的文句。無不為，老子河上公本、王弼本作無以為，嚴遵本、傅奕本、范應元本作無不為。各本末都沒有也字。

【今譯】　大家所以推重由沒有作為和沒有思慮而達到虛無的境界，主要是說他的心意不受任何事物的牽制。那些沒有道術的人，卻故意用沒有作為和沒有思慮做手段，以求達到虛無的境界。假如故意用沒有作為和沒有思慮做手段，以求達到虛無的境界，他的心裏便經常記掛著虛無，那就受虛無牽制了。真正作到虛無，是說心意不受任何事物的牽制。假如受到虛無的牽制，那就不是真正的虛無了。真正虛無的人沒有作為，是不把無為當作經常關注的事。不把無為當作經常關注的事，纔能真正作到虛無的境界。真正達到虛無的境界，道德自然完美。道德完美，就是道德最高的人。所以老子說：「道德最高的人沒有作為，卻沒有什麼事沒作成的。」

仁者、謂其中心欣然㈠愛人也。其喜人之有福，而惡人之有禍也，生心㈡之所不能已也，非求其報也。故曰：「上仁為之，而無以為也。」㈢

【今註】　㈠欣然：是高興的樣子。㈡生心：太田方韓非子翼毳：「猶云性也。於文生心為性，天命之謂性。」今按生心，即生於本心而不能已止。㈢上仁為之而無以為：以，是為（讀第四聲）的意思。無以為，是無所為而為。這也是老子第三十八章的文句。

【今譯】 仁，就是心裏高高興興的愛人。他喜歡別人獲得幸福，而厭惡別人遭遇災禍，是完全出自內心所不能抑止，並不是為了求得別人的報答。所以老子說：「上等仁人的作為，是無所為而為的。」

義者、君臣上下之事也，㈠父子貴賤之差也，㈡知交朋友之接也，㈢親疏內外之分也。臣事君宜，下懷上宜，子事父宜，賤敬貴宜，知交朋友之相助也宜，親者內而疏者外宜。㈣義者、謂其宜也。宜而為之，㈤故曰：「上義為之，而有以為也。」㈥

【今註】 ㈠君臣上下之事也：事，迂評本、凌本作禮，茲從乾道本、趙本。也，各舊本無，依松皐圓定本韓非子纂聞補。㈡父子貴賤之差也：貴賤，似指嫡正庶孽而言。㈢知交朋友之接也：相親曰知。知交，是較親密的朋友。接，是交往的意思。㈣臣事君宜數句：宜，是適當的意思。懷，是悅服的意思。內，親近；外，疏遠。㈤宜而為之：而，解作乃，然後，俗語用「纔」。㈥上義為之而有以為：有以為，就是有所為而為的意思。這也是老子第三十八章的文句。

【今譯】 義，就是君臣上下中間的事情，父子貴賤的差異，朋友故舊的交往，親疏內外的分別。臣僚事奉君主要適當，下級敬服上級要適當，兒子孝養父親要適當，庶孽尊重嫡正要適當，朋友故舊相互扶助要適當，關係近的親密關係遠的疏闊要適當。義就是適當的意思。一切行為覺得適當纔去作，所以老子說：「最義的人的作為，是有所為而為的。」

禮者、所以貌情也，羣義之文章也，君臣父子之交也，貴賤賢不肖之所以別也。㈠中心懷而不諭，故疾趨卑拜而明之；實心愛而不知，故好言繁辭以信之。㈡禮者、外飾之所以諭內也。故曰：禮以貌情也。凡人之為外物動也，不知其為身之禮也。㈢眾人之為禮也，以尊他人也，故時勸時衰。㈣君子之為禮，以為其身；㈤以為其身，故神之為上禮。㈥上禮神，而眾人貳，故不能相應。㈦不能相應，故曰：「上禮為之，而莫之應。」㈧眾人雖貳，聖人之復恭敬，盡手足之禮也不衰。㈨故曰：「攘臂而仍之。」㈩

【今註】㈠禮者所以貌情也四句：貌，是容態的意思。用作動詞，是表現出容態。王先慎韓非子集解，以為和飾同義。情，是心情，心靈的活動。羣義，是許多合於義的事情。文章，本為彩畫的意思，這裏可解作裝飾。禮記三年問：「三年之喪何也？曰：稱情而立文，因以飾羣（表明親屬關係），別親疏貴賤之節，而不可損益也。」禮記曲禮上：「君臣上下父子兄弟，非禮不定。」㈡中心懷而不諭四句：懷，是向慕、悅服的意思。諭，通喻，是了解的意思。使人了解，便是告訴、表達的意思。卑拜，是俯身而拜。信，讀ㄕㄣ，借為伸，是伸展的意思。這裏可解作表達、發抒。㈢凡人之為外物動也二句：凡，大凡，大概。為外物動，是受外界事物的刺激而活動。為，讀第四聲。身，解作修身，培養人格。之，用猶而。禮，解作行禮。㊃時勸時衰：時，解作有時。勸，是盡力；衰，是不盡力，也就是懈怠。㊄以為其身：為，讀第四聲。身，是修身。㊅故神之為上禮：神，古作申，是伸展，儘量施行的意思。之，用猶而。上禮，依老子第三十八章，上德、上仁、上義、上禮並列，應解作最有禮的人。㊆上禮神而眾人貳二句：上禮神，依注六解釋，貳，是有二心，就是時勸時衰，不能專一。應，讀第四聲，是響應、追隨的意思。㊇上禮為之而莫之應：這是老子第三十八章的文句。莫之應，是莫應之的倒文，就是沒有人追隨他。㊈聖人之復恭敬二句：復是再三的意思。盡手足之禮，太田方韓非子翼毳：「禮玉藻：『足容重，手容恭。』祭統：『手足不苟動，必依於禮。』」大概是指細微的禮節。㊉攘臂而仍之：攘臂，或解作振臂、奮臂，或解作攘袂，就是捲袖露臂，都是用力的意思。仍，或作扔，字異義同，是照舊或牽引的意思。依老子三十八章原文：「上禮為之而莫之應，則攘臂而仍之」，似以解作牽引為佳。就是眾人不應，就要強迫他們，使就於禮。

【今譯】　禮，是人類情意的表象，是各種義行的裝飾，是建立君臣父子的關係的，是顯示貴賤賢不肖的分別的。中心對人敬慕，人家不了解，所以用疾趨跪拜予以表達；真誠對人愛顧，人家不知道，所以用美言繁辭加以發抒。所謂禮，就是用外在的裝飾來表達內心的情意，所以說：禮是人類情意的表象。大凡人類受了外界事物的刺激而活動，並不知道這是為了修身而行禮。一般人行禮，只是為了尊敬他人，所以有時認真，有時懈怠。君子行禮，是為了修身；為了修身，所以儘量施行，而成為最有禮的人。最有禮的人儘量行禮，一般人卻三心二意，因而不能追隨行禮；由於一般人不能追隨行禮，所以老子說：「最有禮的人儘量行禮，卻沒有人追隨。」一般人對於行禮雖然三心二意，聖人卻再三敬慎的行禮，即便舉手投足的小節也不怠忽，所以老子說：「一般人不能追隨行禮，就要拿出力量強迫他們。」

道有積，而積有功；㈠德者、道之功。功有實，而實有光；仁者、德之光。光有澤，而澤有事；義者、仁之事也。事有禮，而禮有文；禮者、義之文也。故曰：「失道而後失德，失德而後失仁，失仁而後失義，失義而後失禮。」㈡

【今註】 ㈠道有積而積有功：積，各舊本作德。顧廣圻韓非子識誤：「德當作積。」據改。㈡失道而後失德四句：這也是老子第三十八章文句。顧廣圻韓非子識誤：「傅本及今本德經無（而後）下失字。」劉師培校老子：「據韓非子，則今本脫四失字。老子之旨，蓋言道失而德從而失，德失而仁從而失，仁失而義從而失，義失而禮從而失也。」而後以下四個失字，似不能沒有。

【今譯】 道是逐漸蓄積起來的，蓄積就有功效，德就是道的功效。功效要能充實，充實纔有光輝，仁就是德的光輝。有光輝要能慈惠，能慈惠纔有行事，義就是仁的行事。行事要有禮節，禮節要有彩飾，禮就是義的彩飾。所以老子說：「失去了道之後就失去德，失去了德之後就失去仁，失去了仁之後就失去義，失去了義之後就失去禮。」

禮、為情貌者也，文、為質飾者也。夫君子取情而去貌，好質而惡飾。㊀夫恃貌而論情者，其情惡也；須飾而論質者，其質衰也。㊁何以論之？和氏之璧，㊂不飾以五采；㊃隋侯之珠，㊄不飾以銀黃。㊅其質至美，物不足以飾之。夫物之待飾而後行者，㊆其質不美也。是以父子之間，其禮樸而不明，㊇故曰：「禮、薄也。」㊈凡物不並盛，陰陽是也；㊉理相奪予，威德是也。㊁實厚者貌薄，父子之禮是也。由是觀之，禮繁者、實心衰也。㊂然則為禮者，事通人之樸心者也。㊂眾人之為禮也，人應則輕歡，不應則責怨。㊃今為禮者，事通人之樸心，而資之以相責之分，㊄能毋爭乎？有爭則亂，故曰：「夫禮者、忠信之薄也，而亂之首乎！」㊅

【今註】㊀好質而惡飾：好惡二字，都讀第四聲。㊁夫恃貌而論情者四句：夫，是假設連詞。論，是評量的意思。須，通需，是用的意思。㊂和氏之璧：春秋時楚國人卞和，在荊山找到一塊璞玉，獻給楚厲王；厲王以為他是騙子，砍掉他的左腳。後來又獻給武王；武王又砍掉他的右腳。楚文王立，卞和抱著璞玉在山中痛哭。文王使人把璞剖開，裏面果有美玉，琢磨為璧，天下傳為至寶。事詳本書和氏篇。㊃五采：是青黃赤白黑五種顏色。采，後多作彩。㊄隋侯之珠：隋，周朝國名，字又作隨。隋侯，是隋國的君主。隋侯出行，見大蛇傷斷，給他敷藥；後蛇銜珠報恩，珠大徑寸，白而有光，世稱隋侯之珠。㊅銀黃：一般釋為金銀。松皐圓定本韓非子纂聞，以為銀黃是另一種寶物，就像珊瑚、琅玕之類。何晏景福殿賦：「點以銀黃，爍以琅玕」，以銀黃與琅玕對，知是一物，非謂銀與黃金。山海經：「集獲之水，其陽多丹粟，其陰多銀黃。」宋人小說以為其物貴於黃金。㊆夫物之待飾而後行者：夫，假設連詞。行，是應用的意思。㊇是以父子之間二句：樸，是質樸，不加文飾。明是顯明的意思。㊈故曰禮薄也：太田方韓非子翼毳：「經文云：『夫禮者忠信之薄』，下舉全文，故略於此曰禮薄也」。薄，簡薄，是不足的意思。㊉凡物不並盛二句：易理認為宇宙有積極的和消極的兩種力量，積極的叫做陽，消極的叫做陰。這兩種力量相互對待而變化，陰盛則陽衰，陽盛則陰衰，消息盈虛，循環不已，這裏用作不並盛的例證。㊀理相奪予二句：奪，是奪取。予，讀第三聲，是給與，和與字一樣。威，是威猛；德是恩惠。恩盛則傷威，威盛則傷恩，互為消長。㊁禮繁者實心衰也：王先慎韓非子集解：「禮繁者實衰，與實厚者貌薄對文，心字不當有，此緣下文樸心而衍。」陶小石讀韓非子札記：「心乃必字之誤。」㊂然則為禮者事通人之樸心者也：為禮者，指制作禮的人。事，于省吾雙劍誃諸子新證：「按事應讀作使，金文事、使同字，下事通人之樸心，事亦應作使。」使，是迫使，強迫人遵從自己的意思。通人，王先慎韓非子集解，以為是眾人。事，或解為從事，通，解為表達，然依上下文意研究，似有未洽。㊃人應則輕歡二句：應，讀第四聲，是應和、應答的意思。㊄而資之以相責之分：資，是給與的意思。分，讀第四聲，是分際的意思。㊅夫禮者忠信之薄也二句：這也是老子第三十八章文句。首，是起始的意思。

【今譯】禮是情意的表象，文是素質的裝飾。君子注重情意，而忽略表象；喜愛素質，而厭惡裝飾。假如依表象來審度情意，情意便比較低劣；拿裝飾來評量素質，素質便比較衰敝。為什麼這樣說呢？和氏的寶璧，不用五彩來點染；隋侯的明珠，不用銀黃來裝飾。因為它們的本質美麗到極點，任何東西都不足以增加他們的美麗。一切物品要等加以裝飾然後應用，它的素質便不是真正的美麗。因此，父子之間的禮節，簡樸而不顯明。所以說：情意深厚，表現的禮節卻是淡薄的。有些物質是不能同時旺盛的，陰氣和陽氣便是這樣；有些事理是互為消長的，威猛和恩惠便是這樣。實質越豐厚，表象越簡薄，父子之間的禮節便是這樣。由此看來，禮節繁備就是情意淡薄的表現。推行禮節的人，就是強制大眾質樸的情意的。並且一般人行禮，別人能夠應和，心裏馬上高興；不能應和，就要埋怨指摘。現在推行禮節的人強制大眾質樸的情意，又給與互相指摘的分際，能夠沒有爭執嗎？有爭執就會有禍亂，所以老子說：「禮是忠信的情意淡薄的表現，也是禍亂的起源。」

先物行，先理動之謂前識。㊀前識者、無緣而忘意度也。㊁何以論之？詹何㊂坐，弟子侍，有牛鳴於門外。弟子曰：「是黑牛也，而白題。」㈣詹何曰：「然、是黑牛也，而白在其角。」使人視之，果黑牛，而以布裹其角。以詹子之術，嬰眾人之心，華焉殆矣。㈤故曰：「道之華也。」嘗試釋詹子之察，㈥而使五尺之愚童子㈦視之，亦知其黑牛，而以布裹其角也。故以詹子之察，苦心傷神，而後與五尺之愚童子同功，是以曰：「愚之首也。」故曰：「前識者、道之華也，而愚之首也。」㈧

【今註】㈠先物行先理動之謂前識：梁啟雄韓子淺解：「爾雅釋詁：行，言也。」先物行，是還沒有觀察物象就發言。先理動，是還沒有探究事理就動作。之，用猶則。前識，是預知的意思。㈡無緣而忘意度也：緣，是因由、依據的意思。忘，王先慎韓非子集解，以為忘妄古通，這裏解作妄。度，讀ㄉㄨㄛˋ。意度，是以私意猜測。㈢詹何：據各書所載，大概是春秋時楚國人，懂得道術，以善釣在國內出名。㈣白題：題是額的意思。㈤以詹子之術三句：嬰，是纏繞的意思，這裏似可解作搏取。華，是美麗的意思。焉，解作而、卻。殆，是危險、有害的意思。㈥嘗試釋詹子之察：嘗，解作若。釋，是捨、放棄的意思。察，是明察的意思。㈦五尺之愚童子：古代以身長表年齡，古尺較今制為短，七尺是成年人的高度，五尺、六尺都是未成年的童子。㈧前識者道之華也二句：這也是老子第三十八章的文句。顧廣圻韓非子識誤：「今本德經無也字，傅本有，與此合。首皆作始。」

【今譯】 沒有觀察物象便發言，沒有探究事理就動作，這叫做前識。所謂前識，就是沒有依據而胡亂猜測。為什麼這樣說呢？有一次詹何坐在家裏，他的門徒站在旁邊，聽到門外有牛叫的聲音。一位門徒說：「這是一頭黑牛，額上有一塊白顏色。」詹何說：「對！是一頭黑牛，可是白色卻在牛角上。」派人到門外一看，果然是一頭黑牛，用白布纏在角上。拿詹子的術智，來搏取眾人的心意，雖然美妙迷人，卻是有害無益的。所以說：這是道的虛飾。假若放棄詹子的明察，而派一個無知的童子去看看，也知道那是一頭黑牛，而用白布纏在角上了。憑詹子的明察，耗費許多心神，然後纔和一個無知的童子有同等的功效，所以說：這是愚昧的起始。因此老子說：「所謂前識，是道的虛飾，也是愚昧的起始。」

所謂大丈夫者，謂其智之大也。所謂「處其厚不處其薄」者，行情實而去禮貌也。㊀所謂「處其實不處其華」者，必緣理，不徑絕也。㊁所謂去彼取此者，去禮貌、徑絕，而取緣理、情實也。㊂故曰：「去彼取此。」㊃

【今註】 ㊀所謂處其厚不處其薄者二句：處，讀第三聲，本來是居住的意思，這裏似可解作具有或應用的意思。今本老子，不處其薄和下文不處其華的處字均作居。厚，是指情實，就是誠懇的情意。薄，指禮貌，就是表面的儀節。㊁所謂處其實不處其華者三句：實，是指道理；華，是指虛飾。徑絕，是直捷判斷，就是無緣而妄意度。㊂所謂去彼取此者三句：去禮貌徑絕，各舊本脫禮字；情實上各舊本衍好字，據顧廣圻韓非子識誤增刪。㊃故曰去彼取此：是說大丈夫守此道德之厚實，而去彼禮智之華薄。這裏所解老子三句，都是第三十八章的文句。

【今譯】　所謂「大丈夫」，是說他們的智慧多。所謂「處其厚不處其薄」，就是應用真實的情意，而捨棄表面的儀節。所謂「處其實不處其華」，就是依據道理，而不直捷意度。所謂「去彼取此」，就是去掉表面的儀節和直捷的意度，而採行依據道理和應用真實的情意。所以老子說：「要去彼取此」。

人有禍則心畏恐，心畏恐則行端直，行端直則思慮熟。㊀思慮熟則得事理。㊁行端直則無禍害，無禍害則盡天年，得事理則必成功，盡天年則全而壽，必成功則富與貴。全壽富貴之謂福。而福本於有禍，故曰：「禍兮、福之所倚，」㊂以成其功也。㊃人有福則富貴至，富貴至則衣食美，衣食美則驕心生，驕心生則行邪僻而動棄理。行邪僻則身死夭，㊄動棄理則無成功。夫內有死夭之難，㊅而外無成功之名者，大禍也。而禍本生於有福，㊆故曰：「福兮、禍之所伏。」㊇

夫緣道理以從事者，無不能成；無不能成者，大能成天子之勢尊，㈨而小易得卿相將軍之賞祿。夫棄道理而妄舉動者，雖上有天子諸侯之勢尊，而下有倚頓、陶朱、卜祝之富，⑽猶失其民人，而亡其財資也。眾人之輕棄道理而易妄舉動者，不知其禍福之深大而道闊遠若是也，故諭人曰：「孰知其極。」㈡

【今註】㈠行端直則思慮熟：熟，是精密的意思。㈡思慮熟則得事理：得，是知曉、明白的意思。㈢禍兮福之所倚：王先慎韓非子集解：「老子明皇陸希聲本無之字。倚，因也。」因是依附或由來的意思。本節所釋的都是老子第五十八章的文句。㈣以成其功也：津田鳳卿韓非子解詁，以為這五個字是注解混入正文。孫楷第讀韓非子札記，以為這段文字，錯亂難讀，疑應為：「人有禍則心畏恐，心畏恐則行端直，行端直則無禍害，無禍害則盡天年；心畏恐則思慮熟，思慮熟則得事理，得事理則必成功。」以「人有禍則心畏恐」句總提，推其因果，心畏恐又分盡天年與必成功二義，以類相從，有條不紊。下文「盡天年則全而壽」承第一義；「必成功則富與貴」承第二義。後面「慈母之於弱子也，務致其福，務致其福則事除其禍，事除其禍則思慮熟，思慮熟則得事理，得事理則必成功，必成功則其行之也不疑，不疑之謂勇。」「思慮熟則得事理」句正與「得事理則必成功」句銜接，就是這段文字錯亂的明證。後面今譯便依照孫氏所說的次序。㈤行邪僻則身死夭：陳奇猷韓非子集釋：「御覽引作夭死。」夭，是少壯而死的意思。也是災厲疾疫的意思。左傳襄公三十一年：「盜賊公行，而夭厲不戒。」㈥夫內有死夭之難：內，指自身。難，讀第四聲，是災難的意思。㈦而禍本生於有福：王先慎韓非子集解：「上福本於有禍，與此對文，不當有生字。此緣上生字而誤衍。」㈧禍兮福之所伏：王先慎韓非子集解：「明皇陸希聲本無之字。」伏，是隱藏的意思。㈨大能成天子之勢尊：陶小石讀韓非子札記：「依下文天子下當有諸侯。」勢，是權力；尊，是高位。㈩而下有倚頓陶朱卜祝之富：倚頓，史記貨殖列傳作猗頓，是春秋時魯國的窮士，後來在猗氏南部從事畜牧和鹽鹽，成為巨富。陶朱，史記貨殖列傳：春秋時越國大夫范蠡，輔佐越王句踐滅吳雪恥後，化名鴟夷子皮，到齊國海邊墾殖。又遷往陶地，稱為陶朱公，通貨居集，十九年中，三致千金。卜祝，似指卜筮和巫祝。楊樹達集微居讀書記：「古時民智未啟，民信卜祝，故易致富。鹽鐵論散不足篇云：『為民巫祝，以取釐謝：或以成業致富。』蓋漢時沿戰國之俗如此，可以證。」或以卜祝為人名，惟未能詳考。⑪故諭人曰孰知其極：諭，是告訴的意思。其，指禍福。極，極限，最高限度。老子的意思，禍福都有極限，到達極限，就產生相反的作用，所以說「禍兮福之所倚，福兮禍之所伏。」「孰知其極」就是沒有人能夠知道禍極而為福，福極而為禍的道理。

【今譯】　人遇到災禍心裏就恐懼，心裏恐懼行為就端正，行為端正就沒有災禍，沒有災禍就能享受天年；心裏恐懼思慮就精密，思慮精密就明曉事理，明曉事理必能成就事業。享受天年就會健康長壽，成就事業就會富厚貴顯。健康長壽和富厚貴顯，就叫做幸福。而幸福是由災禍產生的，所以老子說：「災禍，是幸福依附的物事。」這就是說災禍可以使人成功。人有福分，富貴就會到來，富貴到來就能夠衣食美好，衣食美好就會產生驕傲的心，驕傲的心產生，就會行為邪僻而舉動悖理，行為邪僻就會疾厲死亡，舉動悖理就不能成就事功。本身有疾厲死亡的患難，身外又沒有成就事功的名譽，這便是最大的災禍。而災禍是由幸福產生的，所以老子說：「幸福，是災禍隱匿的處所。」

依據道理作事，沒有不成功的。所謂沒有不成功的，是說大的能夠成就天子諸侯的地位和權力，小的容易獲得卿相將軍的賞賜和俸祿。至於違背道理而輕舉妄動的，雖然在上有天子諸侯的權位，在下有倚頓、陶朱、卜祝的財富，還是會失去他們的人民和財富的。一般人隨便違背道理而輕舉妄動，是由於不知道禍福關係的重大和道理的深遠廣闊！所以老子告訴人說：「誰知道禍極為福、福極為禍的道理呢？」

人莫不欲富貴全壽，而未有能免於貧賤死夭之禍也。㈠心欲富貴全壽，而今貧賤死夭，是不能至於其所欲至也。㈡凡失其所欲之路而妄行者之謂迷，迷則不能至於其所欲至矣。今眾人之不能至於其所欲至，故曰：「迷。」眾人之不能至於其所欲至也，自天地之剖判㈢以至於今，故曰：「人之迷也，其日故以久矣。」㈣

【今註】 ㊀而未有能免於貧賤死夭之禍也：也，用猶者。㊁是不能至於其所欲至也：是，用猶則。㊂天地之剖判：傳說宇宙之初，未有天地，混沌如雞子，後天開地闢，陽清為天，陰濁為地。剖判，都是分離的意思。㊃人之迷也，其日故以久矣：這也是老子第五十八章文句。顧廣圻韓非子識誤：「今德經人作民，無也字、矣字，傅本與此合。故，皆作固，皆無以字。」王先愼韓非子集解：「王弼作人，與此同。陸希聲趙孟頫本作『民迷其日固以久矣。』」松皐圓定本韓非子纂聞：「故以，固已通。」

【今譯】 人沒有不想富貴健康長壽的，可是都不能避免貧賤疾厲死亡。心裏想要富貴全壽，現實卻貧病死夭，這就不能達到他們想要達到的目的。凡是失迷他們所要走的道路而亂走的就叫做迷惑。迷惑就不能達到他們想要達到的目的了。現在一般人不能達到他們想要達到的目的，所以說他們迷惑。一般人不能達到他們想要達到的目的，自從開天闢地一直到現在都是這樣，所以老子說：「人的迷惑，日子本來已經很久了。」

所謂方者，內外相應也，言行相稱也。㊀所謂廉者，必生死之命也，輕恬資財也。㊁所謂直者，義必公正，心不偏黨也。㊂所謂光者，官爵尊貴，衣裘壯麗也。今有道之士，雖中外信順，㊃不以誹窮謗墮；㊄雖死節輕財，不以侮罷羞貪；㊅雖義端不黨，不以去邪罪私；雖勢尊衣美，不以夸賤欺貧。㈦其故何也？使失路者而肯聽習問知，㈧即不成迷也。今眾人之所以欲成功而反為敗者，生於不知道理，而不肯問知而聽能。眾人不肯問知而聽能，而聖人強以其禍敗適之，㈨則怨。眾人多而聖人寡，寡之不勝眾，數也。㈩今舉動而與天下為讎，非全身長生之道也，是以行軌節而舉之也。㈡故曰：「方而不割，廉而不劌，直而不肆，光而不耀。」

【今註】㈠所謂方者三句：方，是端方的意思。墨子天志：「中吾矩謂之方。」內外相應，就是心口如一。應，讀第四聲，是應和的意思。稱，讀ㄔㄥˋ或ㄔㄣˋ，是符合的意思。㈡所謂廉者三句：廉，本來是有稜的意思，這裏似可解作廉介。必生死之命，是按照天命，該生必生，該死必死的意思。㈢所謂直者三句：義，是正當的行為。偏黨，黨之，用猶以字。恬，音ㄊㄧㄢˊ，恬淡，不慕榮利。㈣中外信順：中心誠信，外貌和順。㈤誹窮謗墮：各舊本作誹謗窮墮。孫楷第讀韓非子札記：「疑當作誹窮謗墮，與下侮罷羞貪，去邪罪私，夸賤欺貧，文同一例。」據改。窮，韓詩外傳：「獸窮則齧，鳥窮則啄，人窮則詐。」這裏似可解作詐偽，和上文信相反。墮，是墮落的意思。㈥侮罷羞貪：侮，輕慢。罷，讀ㄆㄧˊ，借為疲，是疲弱，無勇力的意思。羞，是恥笑的意思。㈦雖勢尊衣美二句：勢尊，是位高的意思。夸，借為誇，是誇耀的意思。楊樹達積微居讀書記：「夸賤欺貧之下，當接下文『故曰方而不割』云云。『其故何也』以下，至『是以行軌節而舉之也』，凡百六字，乃上節論『人之迷』一節之文錯簡在此。」㈧使失路者而肯聽習問知：物雙松讀韓非子：「謂聽於慣習之人，而問於知識之士也。」顧廣圻韓非子識誤，以為習當作能，見下文。㈨而聖人強以其禍敗適之：適，讀ㄓㄜˊ，同謫、讁，是譴責的意思。㈩寡之不勝眾數也：數，是必然的道理。㈡是以行軌節而舉之也：軌節，指道理法度。舉，是提挈引導的意思。㈢方而不割四句：割，割裂，似可解作損害。劌，音ㄍㄨㄟˋ，是刺傷的意思。肆，是放誕，任意妄言，就是論語訐以為直之類。也就是上文雖義端不黨，不以去邪罪私的意思。耀，是炫耀的意思。這四句也是老子第五十八章文句。

【今譯】　所謂端方，是指表裏如一，言行相符。所謂廉介，是指明辨生死，輕視資財。所謂骾直，是指行為公正，心無偏黨。所謂光榮，是指官爵尊貴，衣裘盛美。現在有道的君子，雖然內心誠信，外表順和，卻不訾議詐偽墮落的人；雖然能死節義，輕視資財，卻不侮慢懦弱，恥笑貪婪的人。雖然行為公正，心無偏黨，卻不排斥邪僻，責怪自私的人。雖然勢位尊貴，服飾盛美，卻不向貧窮的人炫耀，而欺壓卑賤的人。這是什麼緣故呢？假使迷失路徑的人肯向熟習的人打聽，向知道的人詢問，就不會成為迷惑了。現在一般人要想成功，反而失敗，是由於不懂道理，又不肯向懂的人詢問，向會的人打聽。一般人不肯向懂的人詢問，向會的人打聽，聖人卻硬用造成失敗和災禍的話譴責他們，於是引起他們的抱怨。一般的人多而聖人少，少不能勝多，是必然的道理。假如一個人的舉動和天下人為敵，那不是保全身體延長生命的辦法，所以行為要依循理法來引導天下的人民。因此老子說：「要端方，不要損害人；要廉介，不要刺傷人；要骾直，不要放誕；要光榮，不要炫耀。」

聰明睿智、天也，動靜思慮、人也。㊀人也者、乘於天明以視，寄於天聰以聽，託於天智以慮。㊁故視強則目不明，聽甚則耳不聰，思慮過度則智識亂。目不明，則不能決黑白之分；㊂耳不聰，則不能別清濁之聲；㊃智識亂，則不能審得失之地。㊄目不能決黑白之色，則謂之盲；耳不能別清濁之聲，則謂之聾；心不能審得失之地，則謂之狂。㊅盲則不能避晝日之險，㊆聾則不能知雷霆之害，狂則不能免人間法令之禍。書之所謂「治人」者，適動靜之節，省思慮之費也。㊇所謂「事天」者，不極聰明之力，不盡智識之任。㊈苟極盡，則費神多；費神多，則盲聾悖狂之禍至，是以嗇之。㊉嗇之者，愛其精神，嗇其智識也。故曰：「治人事天莫如嗇。」

【今註】 ㊀聰明睿智天也二句：聰明，這裏是指耳目的靈敏。睿，音ㄖㄨㄟˋ。睿智，是高度的智慧。天，是天生的，自然的。人，是人為的，非自然的。㊁乘於天明以視三句：乘、寄、託，都是倚靠憑藉的意思。㊂目不明則不能決黑白之分：王先慎韓非子集解：「分，當依下文作色。」㊃耳不聽則不能別清濁之聲：清濁，本來是水的清潔和渾濁。音樂亦有清濁，五音中羽為清，宮為濁。㊄智識亂則不能審得失之地：梁啟雄韓子淺釋：「得失之地，指成功或失敗在理論上的根據。鶡冠子：『理之所居謂之地。』」審，明悉。㊅心不能審得失之地則謂之狂：狂，是心中迷亂，無知妄行。㊆盲則不能避晝日之險：晝日，指白天。盲人看不見東西，即便白天遇到危險也不能避免。㊇書之所謂治人者三句：書，指老子。老子第五十九章首句：「治人事天莫若嗇。」治人，是治理人民，也就是治國的意思。適，是調適。節，是節度。省，讀ㄕㄥˇ，是節省。費，是損耗。㊈所謂事天者三句：天，天賦。事天，是善用天賦，也就是養生的意思。孟子盡心上：「存其心，養其性，所以事天也。」任，是作用、功能的意思。㊉是以嗇之：嗇，音ㄙㄜˋ，是不妄費，愛惜，保養的意思。

【今譯】聰明睿智是天生的，動靜思慮是人為的。人是靠天生的視力來看，靠天生的聽力來聽，靠天生的智慧來思慮。視力用得過多，眼睛就看不明；聽力用得過多，耳朵就聽不清；思慮過度，意識就會昏亂。眼睛看不明，就不能決定黑白的顏色；耳朵聽不清，就不能辨別清濁的聲音；意識昏亂，就不能知悉得失成敗的根由。眼睛不能決定黑白的顏色叫做盲，耳朵不能辨別清濁的聲音叫做聾，心靈不能知悉得失成敗的根由叫做狂。盲就是白天也不能躲避危險，聾就不能知道雷霆的災害，狂就不能免除人間法令的禍殃。老子書中所說的「治人」，是要調劑動靜的節度，減少思慮的消耗；所說的「事天」，是說不使盡聰明的力量，不用完智識的功能。假若使盡用完，消耗的精神就過多；消耗的精神過多，目盲、耳聾、狂悖的災禍就來了，所以要節省精神。節省精神，就是愛護精神，少用智識。因此老子說：「治人和事天，最好的辦法就是節省精神。」

眾人之用神也躁，㊀躁則多費，多費之謂侈。聖人之用神也靜，㊁靜則少費，少費之謂嗇。嗇之為術也，生於道理。夫能嗇也，是從於道而服於理者也。㊂眾人離於患，㊃陷於禍，猶未知退，而不服從道理。聖人雖未見禍患之形，㊄虛無服從於道理，以稱蚤服。㊅故曰：「夫謂嗇，是以蚤服。」㊆

【今註】㊀眾人之用神也躁：躁，是浮躁，是輕浮急疾的意思。㊁聖人之用神也靜：靜，是平靜的意思。㊂夫能嗇也二句：夫，用猶若。是，用猶則。㊃眾人離於患：離，用猶罹，是遭遇的意思。㊄聖人雖未見禍患之形：形，是顯現的意思。㊅以稱蚤服：稱，讀ㄔㄥˋ，是符合的意思。蚤，通早。早服，是早日依從道理。㊆夫謂嗇是以蚤服：盧文弨羣書拾補：「張本謂作惟，以作謂。凌本服作復，上下句皆同。」今本老子作「夫唯嗇，是謂早服。」謂，用猶惟。以，用猶謂。

【今譯】一般人應用精神很浮躁，浮躁就消耗的多，消耗的多就叫做奢侈。聖人應用精神很平靜，平靜就消耗的少，消耗的少就叫做節省。節省這種方法，是由道理產生的。假如能夠節省，就能依循道理了。一般人遭遇患難，陷入災禍，還不知道回頭，還不依循道理。聖人雖然沒看到禍患顯現，卻能虛心依循道理，以符合「早服」的作法。所以老子說：「由於聖人能夠愛惜精神，便能早日依循道理。」

知治人者，其思慮靜；㊀知事天者，其孔竅虛。㊁思慮靜，則故德不去；㊂孔竅虛，則和氣日入。故曰：「重積德。」㊃夫能令故德不去，新和氣日至者；㊄蚤服者也。故曰：「蚤服是謂重積德。」㊅積德而後神靜，神靜而後和多，和多而後計得，㊆計得而後能御萬物，能御萬物則戰易勝敵，戰易勝敵而論必蓋世，論必蓋世，故曰：「無不克。」㊇無不克，本於重積德，故曰：「重積德則無不克。」戰易勝敵，則兼有天下；論必蓋世，則民人從。進兼天下，而退從民人，㊈其術遠，則眾人莫見其端末。㊉莫見其端末，是以莫知其極。故曰：「無不克，則莫知其極。」

【今註】㊀知治人者其思慮靜：這就是主道篇所謂「人主之道，靜退以為寶。」本節所解，都是老子第五十九章的文句。㊁知事天者其孔竅虛：本書喻老篇：「空竅者，神明之戶牖也。……故曰『不出於戶，可以知天下；不闚於牖，可以知天道。』此言神明之不離其實也。」空，讀為孔。竅，音

ㄑㄧㄠˋ，也是孔穴的意思。這裏孔竅指人的耳目口鼻。虛，是空虛，就是沒有滯塞的意思。㊂思慮靜則故德不去：各舊本無則字。王先慎韓非子集解：「故上當有則字。」據增。故德，是原有的道德。㊃重積德：是不斷的積德。重，讀ㄔㄨㄥˊ，是重疊，多的意思。㊄新和氣日至者：陳奇猷韓非子集釋：「新字當衍。」㊅蚤服是謂重積德：今本老子是謂作謂之，河上公本作是謂。㊆神靜而後和多二句：和，是無偏激喜怒的沖和。計得，是謀慮得宜。㊇能御萬物則戰易勝敵數句：陶小石讀韓非子札記：「案此文本云：『能御萬物則戰易勝敵而論必蓋世；戰易勝敵，論必蓋世，故曰無不克。』下文云：『戰易勝敵則兼有天下，論必蓋世則民人從』，亦以二句對言，是其證也。今本中二句誤倒。」論必蓋世，言論一定壓倒世人。克，成功。㊈進兼天下而退從民人：梁啟雄韓子淺解：「人字下似脫『則其術遠』四個字。」從，是使人民服從。㊉其術遠則眾人莫見其端末：端末，是始末、原委的意思。

【今譯】　懂得治人的，思慮是平靜的；知道事天的，孔竅是通暢的。思慮平靜，原有的德性就不會喪失；孔竅通暢，就會天天吸入和氣。所以老子說：「要不斷的積蓄德性。」若能使原有的德行不至喪失，新來的和氣天天增進，就是及早依循道理的。所以老子說：「及早依循道理，就是不斷的積蓄德性。」積蓄德性，精神纔能平靜；精神平靜，和氣纔能增多；和氣增多，謀慮纔能適當；謀慮適當，纔能使用萬物；能夠使用萬物，用兵就容易戰勝強敵，發言就必定壓倒世人。用兵戰勝強敵，發言壓倒世人，所以說「沒有不成功的」。「沒有不成功的」，是從不斷的積蓄德性而來。所以老子說：「不斷的積蓄德性就沒有不成功的。」用兵容易戰勝強敵，就能把天下兼併；發言必定壓倒世人，就能使萬民服從。進取能把天下兼併，保守能使萬民服從，這種道理非常深遠，一般人是看不出原委的。看不出原委，就無法測度他的究竟。所以老子說：「沒有不成功的，就沒有人能測度他的究竟。」

凡有國而復亡之，有身而復殃之，㈠不可謂能有其國，能保其身。夫能有其國，必能安其社稷；㈡能保其身，必能終其天年，而後可謂能有其國，能保其身矣。夫能有其國、保其身者，必且體道。㈢體道，則其智深；其智深，則其會遠；㈣其會遠，眾人莫能見其所極。唯夫體道，㈤能令人不見其事極；不見其事極者，為能保其身，有其國。㈥故曰：「莫知其極，則可以有國。」㈦

【今註】㈠凡有國而復亡之二句：兩復字各舊本作後。陶小石讀韓非子札記：「兩後字皆復字之誤。」據改。殃，是災禍，也就是受到毀傷的意思。㈡必能安其社稷：社是土神，稷是穀神。古代天子諸侯必須建立社稷，按時祭祀，為人民求福報功。滅亡別人的國家，一定要毀掉他的社稷，所以用社稷的存亡，表示國家的存亡。㈢必且體道：且，是將的意思。體，體驗，自己實際去考驗。㈣

則其會遠：會，或解作領悟。津田鳳卿韓非子解詁，以為會當讀為ㄎㄨㄞˋ，是計算的意思。就像下文「人有欲則計會亂」的會字。㈤唯夫體道：各舊本僅有唯夫二字。顧廣圻韓非子識誤，以為唯夫下當有「體道」二字。唯，解作以。夫，解作其。㈥為能保其身有其國：為，解作乃，就是俗語纔的意思。㈦莫知其極則可以有國：這也是老子第五十九章的文句。各舊本重「莫知其極」四字。盧文弨羣書拾補疑為衍文，據刪。則，顧廣圻韓非子識誤：「今德經及傳本皆無。」

【今譯】凡是有國家而又滅亡，有身體而又毀傷，不可以說是能統有國家，能保全身體。能夠統有國家，一定能使他的社稷安穩；能夠保全身體，一定能把他的天年享盡，這樣纔可以說是能統有國家，能保全身體。能統有國家，保全身體的，一定會體驗道理。體驗道理，智慧就會深沈；智慧深沈，計慮就能遠大；計慮遠大，一般人就看不出他的究竟。因為他能體驗道理，所以能使一般人看不出他作為的究竟。能夠使人看不出作為的究竟，纔能保全身體，統有國家。所以老子說：「能夠使人不知道自己作為的究竟，纔能統有國家。」

所謂「有國之母」：母者、道也；道也者、生於所以有國之術。所以有國之術，故謂之「有國之母。」㈠夫道以與世周旋者，㈡其建生也長，持祿也久。故曰：「有國之母，可以長久。」樹木有曼根，㈢有直根。直根者、書之所謂柢也；㈣柢也者、木之所以建生也；曼根者、木之所以持生也。德也者、人之所以建生也；祿也者、人之所以持生也。今建於理者，其持祿也久，故曰：「深其根。」體其道者，其生日長，故曰：「固其柢。」柢固則生長，根深則視久，故曰：「深其根，固其柢，長生久視之道也。」㊄

【今註】㊀所謂有國之母數句：母，凡能產生事物的都可叫做母，也就是根本的意思。道也者生於有國之術。於，應解作「為」，不解作「從」。因為道最大，道生有國之術，而非有國之術生道。劉師培韓非子斠補：「下句『所以』上當補『生於』二字。」表明道是有國之母。本節所解，也是老子五十九章的文句。㊁夫道以與世周旋者：梁啟雄韓子淺解：「道以當作以道。」周旋，是和世人接觸應付的意思。㊂曼根：曼，漫衍，是向四面伸展。㊃直根者書之所謂柢也：各舊本根上無直字。俞樾諸子平議：「根上當有『直』字。上云曼根，有直根，此云直根者，下云曼根者，蓋承上而分釋之。韓子之意，以老子所謂深根固柢，根即曼根，柢即直根也。今奪直字，失其旨矣。」據補。書，指老子。柢，直根，俗稱鑽地根。㊄深其根，固其柢，長生久視之道也：顧廣圻韓非子識誤：「傳本及今德經皆無兩其字、也字，深上有是謂二字。」松皐圓定本韓非子纂聞：「呂覽重己篇、荀子榮辱篇、家語賢君篇、說苑修文篇，並有長生久視語。……高誘云：視，活也。」陳奇猷韓非子集釋：

「生則能視，死者無視，故高以視為活也。」

【今譯】 老子所謂「有國之母」，母就是道，道就產生統有國家的方法。因為道產生統有國家的方法，所以稱它為「有國之母」。若能依循道來應付世事，他建立生命的時間就比較長，保持祿位的時間也比較久，所以老子說：「具有有國之母，就能維持長久。」樹木有曼根，有直根。直根就是老子書中所說的柢。直根是樹木建立生命的基礎；曼根是樹木維持生命的因素。道德是人類建立生命的基礎；祿位是人類維持生命的因素。能夠依據理，祿位保持得比較久，所以說：「根要紮得深」。能夠履行道，生命延續得比較長，所以說：「柢要植得牢」。柢牢固生命就能緜長，根深厚，存活就能久遠。所以老子說：「根紮得深，柢植得牢，是長生久存的方法。」

工人數變業，則失其功；作者數搖徙，則亡其功。㊀一人之作，日亡半日，十日則亡五人之功矣。萬人之作，日亡半日，十日則亡五萬人之功矣。然則數變業者，其人彌眾，其虧彌大矣。㊁凡法令更則利害易，利害易則民務變，民務變之謂變業。㊂故以理觀之，事大眾㊃而數搖之，則少成功，藏大器而數徙之，則多敗傷；烹小鮮而數撓之，則賊其澤；㊄治大國而數變法，則民苦之。是以有道之君，貴虛靜而重變法。㊅故曰：「治

大國者，若烹小鮮。」㈦

【今註】㈠工人數變業則失其功二句：數，讀ㄕㄨㄛˋ，是屢次的意思。變業，是改變工作。功，是效果、作業。作者，指耕作的人，農夫。搖，是動盪不定。搖徙，就是遷徙不定的意思。亡，喪失。㈡其人彌眾二句：彌，音ㄇㄧˊ，是愈、益的意思，俗語用越。虧，損失。㈢凡法令更則利害易三句：更，讀第一聲，是變更的意思。利害易，是對人民的利害也有改變。民務變，是人民的業務也跟著改變。㈣事大眾：是使大眾作事。㈤烹小鮮而數撓之二句：烹，音ㄆㄥ，是煮的意思。小鮮，是小魚。數，讀ㄕㄨㄛˋ。撓，音ㄋㄠˊ，是攪亂的意思。賊，傷害。澤，王先慎韓非子集解：「按澤字誤，當作宰。割烹，宰夫之職。當烹時而頻數撓亂，則宰夫不能盡其烹飪之功，是謂賊害其宰。宰與睪形相似，因譌為睪，淺人不審，妄加水旁作澤耳。治要引作宰，明唐本韓子不誤。」或謂失其澤，是糜亂而失光澤。㈥貴虛靜而重變法：王先慎韓非子集解：「各本無虛字，而作不。按不字誤，重猶難也。貴虛靜而難變法，文曲而有致，作不則率然矣。治要、藝文類聚五十四、御覽六百三十八引靜上有虛字，不作而，茲據補改。」重變法，就是不輕易改變法令。㈦治大國者若烹小鮮：這是老子第六十章的文句。顧廣圻韓非子識誤：「傅本及今德經皆無者字。」凌本注云：「治國者擾之則民亂，烹鮮者攪之則味變。治大如烹小，靜以治之而已。」

【今譯】工人屢次變更工作，就會喪失功效；農夫屢次遷移耕地，就會損害生產。一個人工作，每日浪費半天，十日就損失五個人的功效。一萬人工作，每日也浪費半天，十日就損失五萬人的功效。這樣看來，屢次變更工作，人數越多，損失越大。大凡法令變更，人民的利害便發生變化；利害變化，人民的工作便跟著改變；人民的工作改變，便是社會職業的大變動。按照事理來觀察，使令大眾工作，又屢次予以改變，成就就很有限；儲存大型器物，卻屢次予以搬動，損傷便會很多；烹調小魚，屢次予以攪動，美味便被破壞；治理大國，常常變更法令，人民就感到苦痛。因此有道的國君，把虛靜看得很重要，不輕易變更法令。所以老子說：「治理大國，就像烹調小魚一樣。」

人處疾則貴醫，㊀有禍則畏鬼。聖人在上，則民少欲；民少欲，則血氣治而舉動理；㊁血氣治而舉動理，則少禍害。夫內無痤疽癉痔之害，㊂而外無刑罰法誅之禍者，㊃其輕恬鬼也甚。㊄故曰：「以道莅天下，其鬼不神。」㊅治世之民，不與鬼神相害也。故曰：「非其鬼不神也，其神不傷人也。」㊆鬼祟疾人之謂鬼傷人，㊇人逐除之之謂人傷鬼也。民犯法令之謂民傷上，上刑戮民之謂上傷民。民不犯法，則上亦不行刑；上不行刑之謂上不傷人。故曰：「聖人亦不傷民。」㊈上不與民相害，而人不與鬼相傷。故曰：「兩不相傷。」民不敢犯法，則上內不用刑罰，而外不事利其產業。⑩上內不用刑罰，而外不事利其產業，則民蕃息。民蕃息而畜積盛，民蕃息而畜積盛之謂有德，⑪凡所謂祟者，魂魄去而精神亂；精神亂則無德。鬼不祟人，則魂魄不去；魂魄不去，則精神不亂。精神不亂之謂有德。上盛畜積，而鬼不亂其精神，則德盡在於民矣。故曰：「兩不相傷，則德交歸焉。」⑫言其德上下交盛，而俱歸於民也。⑬

【今註】㊀人處疾則貴醫：處，讀第三聲，是在的意思。貴，是重視的意思。㊁則血氣治而舉動理：乾道本不重，迂評本、趙本、凌本只重「舉動理」三字。顧廣圻韓非子識誤，以為當重「血氣治而舉動理七字」。松皐圓定本韓非子纂聞，以為當作「血氣治則少疾病，舉動理則少禍害」。茲依識誤增補。血氣，是血脈和呼吸。治，是調適的意思。㊂夫內無痤疽癉痔之害：痤，音ㄘㄨㄛˊ，疽，音ㄐㄩ，癉，音ㄉㄢ，痔，音ㄓˋ，都是人體瘡癰腫痛的病。內，指生自體內。㊃而外無刑罰法誅之禍者：刑、罰、法、誅，都是國家制裁犯罪的手段。外，指來自體外。㊄其輕恬鬼也甚：恬，音ㄊㄧㄢˊ，恬淡，也是看輕的意思。㊅以道莅天下其鬼不神：莅，是臨的意思，這裏可解作治理。不神，是不靈，不起作用。本節所解，都是老子第六十章的文句。㊆非其鬼不神也二句：顧廣圻韓非子識誤：「傅本及今德經皆無上下兩也字。藏本傷下有人字是也，傅本及今德經皆有。」㊇鬼祟疾人之謂鬼傷人：「鬼祟疾人」，乾道本，迂評本、凌本作「鬼祟也疾人」，趙本作「鬼不祟也疾人」。顧廣圻韓非子識誤：「也字衍，鬼祟疾人四字為一句讀，與下文民犯法令同。又按人逐除之，上刑戮民，句例亦同。」據刪。祟，音ㄙㄨㄟˋ，是鬼神為禍。疾人，是有病的人。⑨聖人亦不傷民：顧廣圻韓非子識誤：「傅本及今德經民皆作人。」王先慎韓非子集解：「上當有非其神不傷人句。」⑩民不敢犯法三句：內，指人民的身體；外指人民的外物，也就是產業。利，是貪求的意思。其，指人民。這是說：人民如果不犯法，君主對人民的身體用不著刑罰，對人民的產業用不著貪求。⑪上內不用刑罰數句：蓄息，是人民繁殖增多。畜，通蓄。畜積盛，是因人民繁衍，稅源充足，國家的蓄積自然豐盛。梁啟雄韓子淺解：「聖人不傷民，民又不犯法，就使得民蓄國富，因而導致有德。」⑫兩不相傷二句：顧廣圻韓非子識誤：「傅本及今德經則皆作故。」王先慎韓非子集解：「兩上並有夫字。」交，是俱、都的意思。焉，指示代名詞，用猶之字，代人民。⑬言其德上下交盛二句：松平康國韓非子國字解以為這兩句不見老子，當為舊注混入正文，予以刪除。

【今譯】人在生病的時候，就尊重醫生；遇到災禍，就畏懼鬼物。聖人在上位，人民的欲望就會減少；欲望減少，就血氣調適，舉動合理；血氣調適，舉動合理，禍災自然就稀少了。假如體內不發生痤疽癉痔等病，身外不遭受刑罰法戮等禍，那就把鬼看得很輕淡了。所以老子說：「用道治理天下，鬼就沒有作用了。」太平時代的人民，不和鬼相互傷害。所以老子說：「不是鬼沒有作用，是鬼的作用不會傷害人啊。」鬼作祟，使人生病，叫做鬼傷人；人驅除病，叫做人傷鬼。人民違犯法令，叫做民傷上，君主刑戮人民，叫做上傷民。人民不違犯法令，君主就不會施行刑戮；君主不施行刑戮，叫做上不傷人。所以老子說：「聖人也不傷害人民。」君主和人民不相傷害，人和鬼也不相傷害，所以老子說：「兩不相傷。」人民不敢犯法，君主對人民的身體就不用刑罰，對人民的產業就不事誅求。君主對人民的身體不用刑罰，對人民的產業不事誅求，人民自然蕃衍興旺；人民蕃衍興旺，國家的蓄積自然豐盛。人民蓄衍興旺，國家蓄積豐盛，這就是有德的現象。大凡鬼物為祟，是使人魂魄離身，精神昏亂；精神昏亂，就是無德。鬼不對人作祟，人的魂魄便不離身；魂魄不離身，精神就不會昏亂；精神不昏亂就叫做有德。君主蓄積豐盛，不必多向人民誅求；鬼物也不擾亂人民的精神，人民便都變為有德了。所以老子說：「兩不相傷，則德交歸焉。」這就是說：君主、鬼物對於人民都不相互傷害，君主人民德都變為盛美，這種好處便都是人民的。

有道之君，外無讎怨於鄰敵，㈠而內有德澤於人民。夫外無怨讎於鄰敵者，其遇諸侯也有禮義；㈡內有德澤於人民者，其治人事也務本。㈢遇諸侯有禮義，則役希起；㈣治民事務本，則淫奢止。凡馬之所以大用者，外供甲兵，㈤而內給淫奢也。今有道之君，外希用甲兵，而內禁淫奢，上不事馬於戰鬥逐北，㈥而民不以馬遠通淫物，㈦所積力唯田疇。㈧積力於田疇，必且糞灌。㈨故曰：「天下有道，卻走馬以糞也。」⑩

【今註】 ㈠外無讎怨於鄰敵：讎，音ㄔㄡˊ，借為仇。敵，敵國，是平等的國家。㈡其遇諸侯也有禮義：各舊本也下有外字。顧廣圻韓非子識誤：「外字當衍，八字為一句。」據刪。㈢其治人事也務本：王先愼韓非子集解：「人當作民，下文『治民事務本』，即承此而言。務本，是務力農事。㈣則役希起：役，是戍邊，這裏解作戰事。希，是少的意思。㈤外供甲兵：堅甲利兵，軍事所用，因用以代軍隊或軍事。㈥上不事馬於戰鬥逐北：事馬，就是用馬。北，是敗的意思。㈦而民不以馬遠通淫物：乾道本、迂評本、凌本作「遠淫通物，」茲從趙本。王先愼韓非子集解：「禮王制疏：『淫，謂過奢侈。』是淫物為奢侈之物，謂不以馬遠致奢侈之物也。若作遠淫通物，則不辭矣。下文得於好惡，怵於淫物，怵於淫物，淫物連文，是其證。」㈧所積力唯田疇：疇，音ㄔㄡˊ，是耕地。田疇，就是農田的意思。㈨必且糞灌：且，是將的意思。糞，是施肥；灌，是灌水。⑩天下有道卻走馬以糞：這是老子第四十六章的文句。卻，是退回或停止的意思。走馬，是驛傳奔走遞送的馬。糞，本來是施肥，這裏解作耕種。

【今譯】 有道的君主，對外不和鄰國、敵國結仇，對內要向人民施惠。凡是對外不和鄰國、敵國結仇的，就會拿禮義對待諸侯；對內向人民施惠的，就拿務農治理百姓。拿禮義對待諸侯，戰事必然減少，以務農治理百姓，過度奢靡的事就不會發生了。馬所以有很大的用處，對外可以供給軍事需要，對內可以輸運奢靡物品。有道的君主，對外不發動戰爭，對內禁止奢靡物品，君主不用馬戰鬥追擊敗兵，人民不用馬輸運奢靡物品，只是集中力量從事農業生產。集中力量從事農業生產，一定要耕種和灌溉。所以老子說：「天下有道，把奔馳的馬匹交還給農民去耕田。」

人君無道，則內暴虐其民，而外侵欺其鄰國。內暴虐，則民產絕；外侵欺，則兵數起。㈠民產絕，則畜生少；㈡兵數起，則士卒盡。畜生少，則戎馬乏；士卒盡，則軍危殆。戎馬乏，則牸馬出；㈢軍危殆，則近臣役。馬者、軍之大用，郊者、言其近也。今所以給軍之，具於牸馬近臣。㈣故曰：「天下無道，戎馬生於郊矣。」㈤

【今註】㈠則兵數起：兵，是軍隊、戰事。數，讀ㄕㄨㄛˋ，是屢次的意思。㈡則畜生少：畜，讀ㄔㄨˋ，是家畜的意思。㈢戎馬乏則牸馬出：戎馬，是軍旅所用的馬，也就是戰馬。牸馬，各舊本作將馬。顧廣圻韓非子識誤：「將，當作牸，形近之誤。鹽鐵論未通云：『當此之時，卻走馬以糞。其後師旅數發，戎馬不足，牸牝入陣，故駒犢生於戰地。』即本於此也。……下文『於將馬近臣』誤同。」據改。牸，音ㄗˋ，是牝獸。㈣今所以給軍之具於牸馬近臣：各舊本於具字逗。松皐圓定本韓非子纂聞：「之，宜作者。具，謂將馬近臣取具足也。」今按：若於之字逗，則之用作者字，具，借為俱，是皆、全的意思。於，解作以，或為（讀第二聲）。若於具字逗，具，解作物品，於，解作為（讀第二聲）。㊄天下無道戎馬生於郊矣：這也是老子第四十六章的文句。顧廣圻韓非子識誤：「傳本及今德經皆無矣字，喻老無。」

【今譯】 無道的君主，對內暴虐人民，對外侵略鄰國。對內暴虐，就破壞人民的生產；對外侵略，就要屢屢出兵作戰。人民生產破壞，牲畜就會減少；屢屢出兵作戰，戰士傷亡必多。牲畜減少，戰馬就會缺乏；戰士傷亡，戰事就很危險。戰馬缺乏，就連母馬也被趕上戰場；戰事危險，就連君主護衛的官兵也要參加作戰。馬是軍隊裏重要的用品，郊是京城附近的地方。這時供應戰爭的人馬，都是母馬和君主警衛的官兵，所以老子說：「天下無道，連懷孕的母馬都用作戰馬，而在戰地生產小馬了。」

人有欲則計會亂，㊀計會亂而有欲甚，有欲甚，則邪心勝，邪心勝則事徑絕，㊁事徑絕則禍難生。由是觀之，禍難生於邪心，邪心誘於可欲。可欲之類，進則教良民為姦，退則令善人有禍。㊂姦起則上侵弱君，禍至則民人多傷。然則可欲之類，上侵弱君，而下傷人民。夫上侵弱君，而下傷人民者，大罪也。故曰：「罪莫大於可欲。」㊃是以聖人不引於五色，㊄不淫於聲樂；明君賤玩好而去淫麗。

【今註】 ㈠人有欲則計會亂：會，讀ㄎㄨㄞˋ。計會，是計算、謀慮的意思。㈡邪心勝則事徑絕：徑，乾道本、迂評本、趙本、凌本作經。顧廣圻韓非子識誤：「按經當作徑，上文必緣理，不徑絕也。陸行不緣理為徑，周禮云：禁徑踰者是也。水行不緣理者為絕，爾雅云：正絕流曰亂是也。」王先慎韓非子集解：「經徑二字義同。」據識誤改。事徑絕，就是走邪僻的路。㈢可欲之類三句：可欲之類，津田鳳卿韓非子解詁：「謂五色聲樂之類。」進，指積極方面；退，指消極方面。教，和令字相對，也是使令的意思。姦，邪惡悖亂的事。㈣罪莫大於可欲：這也是老子第四十六章的文句。罪，各舊本作禍。顧廣圻韓非子識誤：「禍當作罪，與上文大罪也相承。喻老不誤，傅本及今德經皆作罪。」據改。㈤是以聖人不引於五色：各舊本無於字，依太田方韓非子翼毳補。引，是引誘的意思。

【今譯】 人有欲望，思慮就會昏亂；思慮昏亂，欲望就更加強烈，欲望強烈，邪心就會猖狂；邪心猖狂，就會作出乖僻的事情，作出乖僻的事情，災難就會發生了。由此看來，災難由邪心發生，邪心由足以令人貪求的事物引起。許多足以令人貪求的事物，積極方面可以使良民為姦，消極方面可以使善人遭禍。姦亂發生，就會侵犯柔弱的君主；災禍來臨，就會傷害眾多的人民。那麼許多值得貪求的事物，可以侵犯上面的君主，可以傷害下面的人民。上侵君主，下傷人民，這是莫大的罪過。所以老子說：「災禍沒有比足以令人貪求的事物更大的。」因此，聖人不受各種美色的引誘，不貪戀淫靡的聲樂；英明的君主輕視愛玩的事物，拋棄過分美艷的享用。

人無羽毛，不衣則不犯寒。㊀上不屬天，而下不著地，以腸胃為根本，不食則不能活。是以不免於欲利之心。㊁欲利之心不除，其身之憂也。㊂故聖人衣足以犯寒，食足以充虛，㊃則不憂矣。眾人則不然，大、為諸侯，小、餘千金之資，其欲得之憂不除也。胥靡有免，死罪時活。今不知足者之憂，終身不解。㊄故曰：「禍莫大於不知足」。㊅

【今註】㊀不衣則不犯寒：犯，抵抗、戰勝。犯寒，就是禦寒。㊁上不屬天數句：屬，讀ㄓㄨˇ，著，讀ㄓㄨㄛˊ，都是附著的意思。太田方韓非子翼毳：「日月星辰，上繫於天；草木金石，下著於地。惟人不然，非借他物，則不能活矣。飲食入腸胃，而氣輸乎腠理，若草木之吸收養分，由根本而達於莖幹，故曰根本。」欲利，貪求利益。㊂其身之憂也：憂，憂患，災禍。㊃食足以充虛：虛，是肚子裏空虛。充虛，就是充饑的意思。㊄胥靡有免四句：胥靡，囚徒。有、時，都是或的意思。松皐圓定本韓非子纂聞：「謂囚徒之役於官者，期限滿則免除；死罪之人，或幸遇赦。惟欲利之為憂累也，沒世終身無解脫也。」㊅禍莫大於不知足：這也是老子第四十六章的文句。

【今譯】人沒有羽毛，不穿衣服就不能禦寒，上不附著於天，下不附著於地，全靠腸胃吸收養料，不吃東西就不能生活，所以不免有貪求利益的心。貪求利益的心不除去，這便是他們的憂患。聖人衣服只求能夠禦寒，食物只求能夠充饑，就沒有憂患了。一般人卻不是這樣，大的做到諸侯，小的積有千金的財產，他們貪求利益的憂患還是不能免除的。囚徒有時獲釋，死罪或幸得生，可是不知足的憂患，是永遠不能解脫的。所以老子說：「災禍沒有比不知足更大的。」

故欲利甚則憂，㊀憂則疾生，疾生而智慧衰，智慧衰則失度量，㊁失度量則妄舉動，妄舉動則禍害至，禍害至而疾嬰內。㊂疾嬰內則痛，禍薄外則苦。㊃苦痛雜於腸胃之間，則傷人也憯。憯則退而自咎，退而自咎也生於欲利。故曰：「咎莫憯於欲得。」㊄

【今註】㊀故欲利甚則憂：則，各舊本作於。據松皐圓定本韓非子纂聞、太田方韓非子翼毳改。㊁度量：度指丈尺，量指斗斛，本來是量度長短多寡的器具，這裏指考量是非輕重的標準。㊂疾嬰內：嬰，纏繞。㊃禍薄外則苦：薄，逼迫。乾道本、趙本則苦二字上重「痛禍薄外」四字，下重「痛雜於腸胃之間」七字，茲從迂評本、凌本，而補一苦字。顧廣圻韓非子識誤：「按此『疾嬰內則痛』為一句，『禍薄外則苦』為一句，下多複衍。」㊄苦痛雜於腸胃之間數句：腸胃，顧廣圻韓非子識誤，以為當作內外。憯，音ㄘㄢˇ，是痛甚的意思。顧廣圻韓非子識誤：「今德經作大，非，傅本與此合。」王先慎韓非子集解：「李約本憯作甚，說文：憯，痛也。古音甚憯同。」劉師培老子斠補：「解老、喻老二篇引大均作憯。解老云：『苦痛雜於腸胃之間，則傷人也憯，憯則退而自咎』，即釋此憯字之義也。憯與痛同，猶言禍莫痛於欲得也。老子古本亦必作憯，傅本猶然。今本作大，蓋後人以上語大字律之耳。」咎，是過錯。用作動詞，是責過的意思。禍莫憯於欲得，各舊本得作利。顧廣圻韓非子識誤：「傅本及德經皆作得。按當作得，上文云『欲利』，猶欲得耳；又云『其欲得之憂不除也』，仍作得字可證。喻老不誤。」以上所解是老子第四十六章的文句。

【今譯】 所以過分貪求利益就會有憂慮；有憂慮就會發生疾病；發生疾病，智慧就會衰退；智慧衰退，就會失去量度事物的標準；失去量度事物的標準，就會輕舉妄動；輕舉妄動，災禍就會來臨。災禍來臨，疾病又在身體內部糾纏。疾病在體內糾纏，就會感覺疼痛；災禍從外面逼迫，就會受到苦楚。疼痛苦楚，內外夾攻，對人的傷害就很嚴重。傷害得嚴重，就回轉頭來譴責自己。回過頭來譴責自己，是由貪求利益產生的，所以老子說：「罪過沒有比貪求利益更嚴重的。」

道者、萬物之所然也，萬理之所稽也。㈠理者、成物之文也；㈡道者、萬物之所以成也。故曰：「道、理之者也。」㈢物有理，不可以相薄。㈣物有理，不可以相薄，故理之為物之制。㈤萬物各異理。萬物各異理而道盡，稽萬物之理，故不得不化。㈥不得不化，故無常操。㈦無常操，是以死生氣稟焉，萬智斟酌焉，萬事興廢焉。㈧天得之以高，地得之以藏，維斗得之以成其威，⑨日月得之以恆其光，五常得之以常其位，⑩列星得之以端其行，⑪四時得之以御其變氣，⑫軒轅得之以擅四方，⑬赤松得之與天地統，⑭聖人得之以成文章。⑮道、與堯舜俱智，與接輿俱狂；⑯與桀紂俱滅，與湯武俱昌。以為近乎？遊於四極⑰；以為遠乎？常在吾側。以為暗乎？其光昭昭⑱；以為明乎？其物冥冥⑲。而功成天地，和化雷霆，⑳宇內之物，恃之以成。凡道之情，不制不形，㉑柔弱隨時，與理相應。萬物得之以死，得之以生；萬事得之以敗，㉒得之以成。道、譬諸若水，㉓溺者多飲之即死，渴者適飲之即生。㉔譬之若劍戟，愚人以行忿則禍生，聖人以誅暴則福成。故曰：「得之以死，得之以生；得之以敗，得之以成。」㉕

【今註】 ㊀道者萬物之所然二句：道是萬物生成的原理，是各種規律所依據的。所然，就是所以然。理，是條理、規律，也就是所謂紀。稽，是相合，這裏似可解為依據。㊁理者成物之文也：成，造成。文，是錯畫的意思，這裏似可解作形象、情態。㊂故曰道理之者也：顧廣圻韓非子識誤：「句有誤。按自上文道者萬物之所然也以下，不見所解何文。老子第十四章有云：『是謂道紀』，此當解彼也。紀，理也。」王先慎韓非子集解：「顧說是也。道字逗，紀理義同，故道經作紀，韓子改為理。」㈣物有理不可以相薄：杜奉符讀韓非札記：「楚辭注：草木交錯曰薄，此謂物各有理，不可混雜淆亂也。」㈤故理之為物之制：說郛引無為上之字。制，是準度的意思。㈥萬物各異理三句：萬物各有不同的規律，可是道把萬物的規律全包含在裏面，所以不能不隨時變化。㈦故無常操：常操，是固守不變。㈧是以死生氣稟焉三句：氣，質性。稟，是受意思。焉，解作於是；是，指的是道。斟酌，本來是斟酒的意思，事情考量可否去取也叫斟酌。㈨維斗得之以成其威：維斗，就是北斗，是眾星的綱維，所以稱為維斗。莊子大宗師：「維斗得之，終古不忒。」淮南子天文：「帝張四維，運之以斗。……北斗所擊，不可與敵。」所以說以成其威。得之，就是得道。㈩五常得之以常其位：五常，太田方韓非子翼毳，以為是五行，似乎不對。今按：五常似乎是淮南天文所謂五星。穀梁傳序疏：「五星者，即東方歲星，南方熒惑，西方太白，北方辰星，中央鎮星是也。」常其位，就是有一定的位置。㈡列星得之以端其行：端，是正的意思。行，讀ㄏㄤˊ，是行列的意思。㈢四時得之以御其變氣：御，是控制。變氣，指氣候的變化。㈢軒轅得之以擅四方：黃帝住在軒轅之丘，因稱軒轅氏。擅，是據有的意思。史記五帝本紀：「軒轅之時，神農氏世衰，諸侯相侵伐，暴虐百姓，而神農氏弗能征，於是軒轅乃習干戈，以征不享，諸侯咸來賓從。」㈣赤松得之與天地統：赤松子，是古代的仙人。統，孫詒讓札迻：「疑當作終，言壽與天地同長也。終統二字篆文形相近而誤。」今按：統有合的意思，壽與天地相合，似亦可通。㈤聖人得之以成文章：文章，指制度文物。㈥與接輿俱狂：論語微子：「楚狂接輿歌而過孔子。」接輿，春秋時楚國的賢士，因為天下大亂，假裝瘋狂，不問世事。⑰四極：是四面極遠的地方。⑱昭昭：是明亮的意思。⑲冥冥：是昏暗的意思。⑳和化雷霆：使雷霆的聲音變為平和。霆，音ㄊㄧㄥˊ，是疾雷的意思。㉑凡道之情二句：情，太田方韓非子翼毳：「實也，猶體用之體也。」不制，是沒有製作。不形，是沒有形象。㉒萬事得之以敗：事，乾道本、迂評本、趙本、凌本作物，大概緣上文而誤，茲從藏本。㉓譬諸若水：諸，指示代名詞，用猶之字。㉔渴者適飲之即生：適，是合的意思。這裏是適當、適度。㉕故曰數句：王先慎韓非子集解：「故下當有曰字。得之以死四句，老子各本無，蓋佚文也。」據補曰字。

【今譯】道是萬物生成的原理，是各種事物的規律所依據的。這些規律便造成各種事物的情態，道就是造成這種種情態的根由。所以說：「道就是把所有的事物綜合調整，使他們都具有規律。」萬物各有規律，而不可以互相侵擾；因為不可以互相侵擾，所以予以綜合調整，而成為萬物的準則。萬物各有不同的規律，可是這些不同的規律全包括在道的裏面。道包括萬物的規律，所以不能不因應變化。由於因應變化，所以永遠在變化過程中，而不能固執保守。由於道永遠在變化過程中，所以生物便稟受生死的質性，而永遠在生死變化中；人類便具有多種智慧，而永遠在考量去取中；各種事業也永遠在興辦廢滅中。天得到道，便能高高在上；地得到道，便能包容萬物；維斗得到道，便造成它的威力；日月得到道，便能永遠發光；五常得到道，就能據有一定的位置；列星得到道，就能端正它們的行列；四時得到道，就能調整氣候的變化；黃帝得到道，就能統有四方；赤松得到道，便能和天地同壽；聖人得到道，就能創制文物制度。道隨著堯舜變為睿智，隨著接輿變為顛狂，隨著桀紂變為衰滅，隨著湯武變為昌盛。以為它近嗎？卻常在遙遠的四極；以為它遠嗎？卻常在我們的身邊。以為它昏暗嗎？它的光輝卻非常明亮；以為它光明嗎？它的本質卻非常昏暗。它的功能足以開闢天地；它的平和，足以化解雷霆，宇宙內的事事物物，都靠它生長完成。道的真實情況，既沒有製作，也沒有形象，柔和軟弱，隨著時間，和萬物的規律互相適應。萬物得到它而生長、死亡，萬事得到它而失敗、成功。道好像水，失足溺水的人喝多就會淹死，天熱口渴的人適度飲用就能活命。道又好像刀劍，愚人用來洩憤行兇就會闖禍，聖人用來除惡誅暴就能造福。所以說：「得到道可以死，得到道可以生，得到道可以失敗，得到道可以成功。」

人希見生象也，而得死象之骨，案其圖以想其生也。㈠故諸人之所以意想者，皆謂之象也。㈡今道雖不可得聞見，聖人執其見功以處其見形。㈢故曰：「無狀之狀，無物之象。」㈣

【今註】㈠人希見生象也三句：希，是少的意思。生，是動；死，是不動。骨，是體的意思。案，是依據。想，是推想。㈡故諸人之所以意想者二句：諸人，是眾人。意想，就是臆度，臆測的意思。㈢聖人執其見功以處其見形：見，讀ㄒㄧㄢˋ，是顯露的意思。功，作用。處，讀第三聲，是審度的意思。其見形，原作「見其形」，似為誤倒，茲予改正。見，亦讀為ㄒㄧㄢˋ。㈣無狀之狀二句：

這是老子第十四章的文句。「無物之象」，古本老無子有作「無象之象」的。

【今譯】人很少見到活動的象，找到不動的物體，依據它的圖形，來推想活動的景象。所以一般人臆度出來的東西，都叫做象。道雖然聽不到，看不見，可是聖人根據它顯露出來的作用，來審度它的形象。所以老子說：「道是沒有顯露情狀的情狀，是沒有具體物象的形象。」

凡理者、方圓、短長、麤靡、堅脆之分也。故理定而後可得道也。㈠故定理有存亡，㈡有死生，有盛衰。夫物之一存一亡，㈢乍死乍生，初盛而後衰者，不可謂常。㈣惟夫與天地之剖判也俱生，㈤至天地之消散也不死不衰者，謂常。而常者無攸易，無定理。㈥無定理，非在於常所，㈦是以不可道也。聖人觀其玄虛，用其周行，強字之曰道，然而可論，㈧故曰：「道可道，非常道也。」㈨

【今註】㈠凡理者方圓短長麤靡堅脆之分也二句：理，就是上文所說的「成物之文」，也就是物體的形象。麤，音ㄘㄨ，通粗。靡，是細的意思。脆，是容易斷破。後字下，迂評本、藏本有物字，茲從乾道本、趙本。道，是講說的意思。㈡故定理有存亡：故，用猶顧字，是但是的意思。㈢夫物之一存一亡：夫，用猶凡字。一，是或的意思。一存一亡，是有時存有時亡。㈣不可謂常：常，是永恆不變的意思。㈤惟夫與天地之剖判也俱生：惟，是僅、只的意思。夫，指示形容詞，解作那。天地之剖判，已見本篇「人莫不欲富貴全壽」節注。㈥而常者無攸易，無定理：攸，解作所。無攸易，是無所變易。無定理，是沒有定形。㈦非在於常所：高亨韓非子補箋：「常所，猶言定處也。上文：道，以為近乎？遊於四極；以為遠乎？常在吾側，即非在於常所之義。莊子知北遊篇：『所謂道惡乎在？莊子曰：无所不在。』亦非在於常所之義。」㈧聖人觀其玄虛四句：玄，是深遠；虛，是空虛。用，是採取、採用的意思。周行，含有兩種意思：一、是全面運行；二、是循環運行。強，讀第三聲，是勉強的意思。顧廣圻韓非子識誤：「傅本第二十五章云：故強字之曰道，與此合，今道經無此二字，非也。」字，動詞，是給與名稱、稱呼的意思。然而，用猶「然則」。論，是講說。㈨道可道非常道也：這是老子第一章的文句。乾道本、趙本作「道之可道」，茲從迂評本、凌本。顧廣圻韓非子識誤：「傅本及今道經皆無之字、也字。」這裏第一個道字是名詞，是道理之道；第二個道字是動詞，是用言語說出的意思。常道，是永恆的構成宇宙的實體與動力。

【今譯】所謂形象，是指物體方圓、長短、粗細、堅脆等分別，形象確定，然後纔能予以講說。可是確定的形象，有存在和消滅，出生和死亡，興盛和衰落等變化。大凡物體或存或亡，忽死忽生，先盛後衰的，都不能稱之為常——永恆不變。只有那從開天闢地的時候產生，一直到天地毀滅，中間既不死亡，也不衰落，纔能稱之為常。常，是沒有變易的，沒有定形的。沒有定形，也沒有固定的所在，所以不能用言語來講說。聖人觀察它的深遠與空虛，根據它普遍而循環的運行，勉強稱它為

「道」，這樣就可以用言語來講說了。所以老子說：「道如果能用言語來講說，那就不是真正永恆的宇宙本體的道了。」

人始於生，而卒於死。始之謂出，卒之謂入。故曰：「出生入死。」㊀人之身三百六十節，四肢九竅、其大具也。㊁四肢與九竅、十有三。十有三者之動靜，盡屬於生焉；屬之謂『徒』也。㊂故曰：「生之徒，十有三。」㊃至其死也，十有三具者，皆還而屬之於死，死之徒亦十有三。故曰：「生之徒，十有三；死之徒，十有三。」凡民之生生，而生者固動，動盡則損也；㊄而動不止，是損而不止也。損而不止，則生盡。生盡之謂死，則十有三者皆為死死地也。」㊅故曰：「民之生，生而動，動皆之死地，亦十有三。」是以聖人愛精神而貴處靜。㊆此甚大於兕虎之害。㊇夫兕虎有域，動靜有時；避其域，省其時，㊈則免其兕虎之害矣。㊉民獨知兕虎之有爪角也，而莫知萬物之盡有爪角也，不免於萬物之害。何以論之？時雨降集，曠野閒靜，而以昏晨犯山川，則風露之爪角害之。事上不忠，輕犯禁令，則刑法之爪角害之。處鄉不節，㈡憎愛無度，則爭鬥之爪角害之。嗜欲無限，動靜不節，則痤疽之爪角害之。㈢好用其私智，而棄道理，則網羅之爪角害之。㈢兕虎有域，而萬害有原；避其域，塞其原，則免於諸害矣。凡兵革㈣者，所以備害也。重生者，雖入軍，無忿爭之心；無忿爭之心，則無所用救害之備。此非獨謂野處之軍也。聖人之遊世也，無害人之心。無害人之心，則必無人害；無人害則不備人，故曰：「陸行不遇兕虎。」入世不恃備以救害，故曰：「入軍不備甲兵。」遠諸害，故曰：「兕無所投其角，虎無所錯其爪，兵無所容其刃。」不設備，而必無害。天地之道理也；㈤體天地之道，㈥故曰：「無死地焉。」動無死地，而謂之「善攝生」矣。㈦

【今註】㈠人始於生數句：卒，是終止的意思。莊子大宗師：「古之真人，不知說（同悅）生，不知惡死，其出不訢（同欣），其入不距（同拒）。」亦以生為出，以死為入。本節所解，都是老子第五十章的文句。㈡人之身三百六十節三句：節，骨節，身體裏面兩骨相接，可以轉動的部分，也叫關節。竅，孔穴。九竅，是耳目口鼻七竅及排尿口、肛門的總稱。㈢四肢與九竅十有三數句：有，讀第四聲，借為又。各舊本三下有者字。王先慎韓非子集解：「者字緣下而衍。」據刪。屬，是有連帶關係。徒，是同類，相類似的。㊃故曰生之徒十有三：梁啟雄韓子淺解：「這一句似是韓子語，不是引老子文，曰字似是後人所增。」各舊本多作「生之徒也，十有三者」，王先慎韓非子集解：「也者二字皆衍。」據刪。老子第五十章凡三言「十有三」，本書解釋為四肢九竅，似不甚洽。王弼注：「十有三，猶云十分有三分。」有讀第三聲，大概是對的。㊄凡民之生生三句：生生，就是營生的意思。動盡則損，孫楷第讀韓非子札記：「盡字涉下生盡而衍。此謂一動即損，下文『而動不止，是損而不止也』，正承此言之。」㊅則十有三者皆為死死地也：上面的死字是動詞，下面的死字是形容詞。死死地，就是到死地去死。㊆是以聖人愛精神而貴虛靜：虛，各舊本作處。松皐圓定本韓非子纂聞，以為當作虛；虛靜下面當有「不愛精神而貴虛靜」八字。玆據纂聞改處為虛。虛，是空虛，深藏，無成見；靜，是清靜，無欲，不急躁煩擾。㊇此甚大於兕虎之害：兕，音ㄙˋ，是雌的犀牛。㊈省其時：省，讀ㄒㄧㄥˇ，是考察的意思。㊉則免其兕虎之害矣：其，解作於。⑪處鄉不節：處，讀第三聲。不節，就是不守禮俗矩範的意思。⑫則痤疽之爪角害之：痤，音ㄘㄨㄛˊ，疽，音ㄐㄩ，都是瘡癤之類的病痛。⑬則網羅之爪角害之：網羅，指政令法律。⑭兵革：猶言甲兵。革，本來是去毛的獸皮，古人用來作甲冑干盾等。⑮聖人之遊世也至天地之道理也：投其角，就是用它的角觸人。錯，通措。錯其爪，就是用它的爪抓人。容，解作用。刃，是兵刃銳利的部分。容其刃，是用它的鋒刃殺傷人。陶小石讀韓非子札記：「案此節文義舛錯，依道德經及本篇上下文考之

『無害人之心則必無人害，無人害則不備人』，解『陸行不遇兕虎，入軍不備甲兵』之義也。『入世（今本作山，依顧校改。）不恃備以救害』，當與『遠諸害』之文相屬。下云『不設備而必無害』，與此相承，即其證矣。今輒正其文云：『聖人之遊世也，無害人之心，無害人則不備人，故曰：『陸行不遇兕虎，入軍不備甲兵。』入世不恃備以救害，故遠諸害。故曰：『兕無所投其角，虎無所用其爪，兵無所容其刃。』不設備而必無害，天地之道理也。』」後面語譯便依照陶氏調整的文字。㈥體天地之道：體，體會，體察領會。㈦而謂之善攝生矣：攝生，是保養生命。

【今譯】人從出生開始，到死亡終結。開始叫作出，終結叫做入。所以老子說：「出生入死。」人的身體共有三百六十處關節，手足四肢和耳目口鼻前後陰等九竅，這是人體最重要的器官。四肢和九竅共為十三具器官，這十三具器官的動靜，都和生存有關聯；有關聯的事物便可以說它們是徒類，所以生存的徒類有十三具。等到死亡的時候，這十三具器官都反轉來和死亡發生關聯，死亡的徒類也有十三具。所以老子說：「生存的徒類有十三具，死亡的徒類也有十三具。」人類都想營求生活，而營求生活必須活動，活動就會受到損害，活動沒有休止，損害也就沒有休止，損害沒有休止，生機就會用盡，生機用盡，就叫做死亡，那麼十三具器官都會使人走向死地。所以老子說：「人類為營求生活而活動，活動就會走到死地，這種徒類也是十三具。」因此聖人愛惜精神，注重虛靜；假如不愛惜精神，注重虛靜，這種害處比老虎和犀牛要大得多。老虎犀牛生活有一定的區域，動靜有一定的時刻；避開它們生活的區域，計算它們出沒的時刻，就可免除老虎和犀牛的危害了。人只知道老虎和犀牛有角爪危害人，卻不知道萬物都有角爪，因而不能避免萬物的危害。為什麼這樣說呢？譬如時在雨季，霪雨連緜，曠野靜寂，清早或傍晚爬山過河，風露的角爪就會危害他。事奉君上沒有忠心，隨便觸犯禁戒，刑罰的角爪就會危害他。在鄉里生活，不守禮俗矩範，親愛憎恨，也沒有準度，爭鬬的角爪就會危害他。嗜好沒有限制，動靜不加檢點，病痛的角爪就會危害他。喜歡應用個人的智慧，不顧社會的公理，法令的角爪就會危害他。老虎犀牛有它們生活的區域，各種危害，也都有它們的來源。避開老虎和犀牛生活的區域，堵塞各種危害的來源，就可以免除各種危害了。刀劍和甲冑，是用來防備危害的，可是重視生命的人，雖然在軍隊裏面，也沒有忿恨爭鬬的心；沒有忿恨爭鬬的心，就用不著防備危害的東西。不僅在曠野和軍隊裏面是這樣，聖人在社會上活動，沒有害人的心理；沒有害人的心理就不會有人來危害；沒有人來危害，就用不著防備別人。所以老子說：「在陸地行走不會遇到老虎犀牛，在軍隊中生活無須準備刀劍和甲冑。」生活在世上不靠防備以消弭危害，各種危害便都遠去了。所以老子說：「犀牛沒有地方應用它們的角，老虎沒有地方應用它們的爪，兵器沒有地方應用它們的鋒。」不設防備，一定沒有危害，這是天地自然的道理。體會天地自然的道理，所以老子說：「沒有該死的地方。」活動而不走到該死的地方，這就叫做「善於保養生命」了。

愛子者慈於子，重生者慈於身，貴功者慈於事。慈母之於弱子也，務致其福；㈠務致其福，則事除其禍；㈡事除其禍，則思慮熟；思慮熟，則得事理；必成功，則其行之也不疑；不疑之謂勇。聖人之於萬事也，盡如慈母之為弱子慮也，故見必行之道；則其從事亦不疑；不疑之謂勇。不疑生於慈，故曰：「慈故能勇。」㊄

【今註】㊀務致其福：乾道本、趙本不重，茲從迂評本、凌本。㊁則事除其禍：事是從事的意思。㊂則得事理：得是知曉的意思。㊃見必行之道：乾道本不重，茲從迂評本、趙本、凌本。㊄慈故能勇：這是老子第六十七章的文句。

【今譯】喜歡兒女的，對兒女一定慈愛，珍貴生命的，對生命一定慈愛，注重事功的，對事功一定慈愛。慈母對於幼弱的兒女，盡力為他們謀求幸福；盡力為他們謀求幸福，便從事消除他們的禍害；從事消除他們的禍害，就會精細的思慮；精細的思慮，就能明達事理；明達事理，作事必定成功；作事必定成功，他的行動就不會猶疑；行動不猶疑就叫做勇敢。聖人對於各種事物，都像慈母為幼弱的兒女謀慮一樣，所以能看出必須遵行的軌道；能看出必須遵行的軌道，他的行動也就不會猶疑，行動不猶疑就叫做勇敢。不猶疑是由慈愛產生的，所以老子說：「慈愛，所以能夠勇敢。」

周公㊀曰：「冬日之閉凍也不固，則春夏之長草木也不茂。」㊁天地不能常侈、常費，而況於人乎！故萬物必有盛衰，萬事必有弛張，國家必有文武，官治必有賞罰。是以智士儉用其財則家富，聖人愛寶其神則精盛，人君重戰其卒則民眾。㊂民眾則國廣，是以舉之曰：「儉故能廣。」㊃

【今註】㊀周公：姓姬名旦，是周文王的兒子。輔佐周武王滅商，統一天下。周武王死後，成王年幼，周公攝政，平定武庚的叛亂，創作制度禮樂，天下大治。相傳周禮是他作的。㊁冬日之閉凍也不固二句：閉凍，似乎就是結冰。長，讀第三聲。㊂人君重戰其卒則民眾：重，是不輕易的意思。戰其卒，是使他的兵卒作戰。㊃是以舉之曰二句：舉，松皐圓定本韓非子纂聞，以為解作示；梁啟雄韓子淺解，以為解作總或言。今按：似可解作提出。儉故能廣，也是老子第六十七章文句。

【今譯】周公說：「冬天的冰凍結得不堅實，明年春天和夏天草木的生長就不會茂盛。」天地尚且不能長期奢侈靡費，何況人呢？所以萬物必定有盛有衰，萬事必定有鬆有緊，國政必定有文有武，官治必定有賞有罰。因此，智士節省自己的錢財，家裏就會富足；聖人珍惜自己的精神，精力就會充沛；君主不輕易使用軍隊作戰，人民就會眾多。人民眾多，國土就會廣大，所以老子提出這件事情說：「節儉，所以能夠廣大。」

凡物之有形者，易裁也，易割也。㈠何以論之？有形則有短長，有短長則有小大，有小大則有方圓，有方圓則有堅脆，有堅脆則有輕重，有輕重則有白黑。短長、大小、方圓、堅脆、輕重、白黑之謂理；㈡理定而物易割也。故議於大庭而後言則立，權議之士知之矣。㈢故欲成方圓而隨其規矩，則萬事之功形矣。㈣而萬物莫不有規矩，議言之士計會規矩也。㈤聖人盡隨於萬物之規矩，故曰：「不敢為天下先。」不敢為天下先，則事無不事，功無不功，㈥而議必蓋世，欲無處大官，㈦其可得乎！處大官之謂為成事長，是以曰：「不敢為天下先，故能為成事長。」㈧

【今註】㈠凡物之有形者易裁也易割也：裁，是翦裁；割，是分割。㈡短長大小方圓堅脆輕重白黑之謂理：上文說：「凡理者，方圓、短長、麤靡、堅脆之分也。」所謂理，大致是指萬物的形象和質料。㈢故議於大庭而後言則立二句：議於大庭，是在大庭裏和眾人議論事情。後言，是最後發言。立，是成立，就是被採用。眾人議事，倉卒先言，一定有疏漏的地方，容易被後發言的指摘駁斥；後發言的可參酌大家的意見，便容易成立。權議，是權衡利害得失然後發言。權議之士，是善於發言的人。㈣故欲成方圓而隨其規矩二句：這是說，要舉辦萬事，應遵照客觀的律則，就像木匠欲成方圓，而依循規矩一樣。形，是顯現的意思。㈤議言之士計會規矩也：會，讀ㄎㄨㄞˋ，也是計的意思。計會，猶言謀慮、權衡。㈥則事無不事二句：陳奇猷韓非子集釋：「謂為事則無不成其事，冀功則無不成其功也。」㈦欲無處大官：處，讀第三聲，是居的意思。大官，猶言高位。㈧處大官之謂為成事長四句：顧廣圻韓非子識誤：「傅本及今德經皆無為字，事皆作器，經典釋文作器，韓子自作事。」俞樾諸子平議：事器異文，或相傳之本異，或彼涉上文事無不事句而誤。至故能下有為字，則當從之。蓋成器二字相連為文。成器猶言大器，老子這兩句話，止是不敢為天下先，故能為天下長耳。長，讀ㄓㄤˇ，是首長，領導人。這兩句話也是老子第六十七章的文句。

【今譯】　凡是具有形體的物品，是容易裁製，容易分割的。何以這樣說呢？因為有形體就有長短、有長短就有大小，有大小就有方圓，有方圓就有堅脆，有堅脆就有輕重，有輕重就有黑白。長短、大小、方圓、堅脆、輕重、黑白，這就是萬物的形象，形象確定，物品就容易翦裁分割了。所以在大庭當中聚集眾人議事，最後發言的容易被採用，這是善於發言的人都知道的。要想製作方形或圓形的物品，必須依循規矩；要想舉辦各種事體，必須依循客觀的律則，這樣，作事的功效纔能顯現出來。萬事萬物都有律則，發表言論的人必須考慮它們的律則。聖人完全依循萬事萬物的律則，所以老子說：「不敢搶在天下人的前頭。」不敢搶在天下人的前頭，作事，沒有作不到的事；立功，沒有立不成的功，發言一定能夠勝過世人，這樣想不居高位，怎麼可能呢？居高位就是天下大事的領導人，所以老子說：「不敢搶在天下人的前頭，所以能夠成為天下大事的領導人。」

慈於子者不敢絕衣食，慈於身者不敢離法度，慈於方圓者不敢舍規矩。㈠故臨兵而慈於士吏則戰勝敵，㈡慈於器械則城堅固。故曰：「慈於戰則勝，㈢以守則固。」夫能自全也，而盡隨於萬物之理者，必且有天生；天生也者，生心也。故天下之道盡之生也。㈣若以慈衛之也，事必萬全，而舉無不當，則謂之寶矣。㈤故曰：「吾有三寶，持而寶之。」㈥

【今註】㈠慈於方圓者不敢舍規矩：舍，讀第三聲，借為捨，是捨棄的意思。㈡故臨兵而慈於士吏則戰勝敵：臨兵，猶言用兵。士吏，是指官和兵。㈢慈於戰則勝：顧廣圻韓非子識誤：「傅本及今德經於皆作以，傅本戰作陣，與各本全異。」㈣夫能自全也數句：顧廣圻韓非子識誤，以為這是解老子第六十七章「天將救之，以慈衛之。」不過韓子所引和各本老子不同。夫，解作若。全，是具備。自全，是自己具備上文所說慈愛的心理。盡隨萬物之理，是全都依循萬事萬物的律則。且，是將、會的意思。天生，是自然產生的東西。生心，產生的意識，依循客觀律則的意識。天下之道盡之生，是天下所有的道理皆因此而生。㈤若以慈衛之也四句：之，指上文所產生依循客觀律則的意識，以慈愛予以維護，不使放失。萬全，絕對妥善，毫無差爽。舉，舉動、行為。當，讀第四聲，是適當的意思。㈥吾有三寶二句：王先慎韓非子集解：「河上、王弼本吾作我，寶之，作保之，陸希聲、趙孟頫作保而持之，傅本與此合。」老子第六十七章：「我有三寶：一曰慈，二曰儉，三曰不敢為天下先。」韓子引這兩句總結前三段。

【今譯】愛惜子女的不敢缺少衣食，愛惜身體的不敢違反法度，愛惜方圓的不敢放棄規矩。所以用兵作戰，能愛惜官兵，就可以戰勝強敵；能愛惜器械，就可以固守城池。所以老子說：「能夠慈愛，攻戰可以勝利，防守可以堅固。」假如能夠具備慈愛的心理，又都依循萬事萬物的律則，一定會有自然產生的東西。所謂自然產生的東西，就是依循客觀律則的意識，天下所有的道理都是因此而生的。假如能用慈愛的心理維護它，不使放失，事務必定萬全，行動絕無差爽，這就可以說是最珍貴的東西。所以老子說：「我有三件最珍貴的東西（慈、儉、不敢為天下先），永遠掌握著它們，把它們當做至寶。」

書之所謂「大道」也者，端道也；㈠所謂「貌施」也者，邪道也；㈡所謂「徑」也者，佳麗也；㈢佳麗也者，邪道之分也。「朝甚除」也者，獄訟繁也。㈣獄訟繁則田荒，㈤田荒則府倉虛，㈥府倉虛則國貧，國貧而民俗淫侈，民俗淫侈則衣食之業絕，㈦衣食之業絕則民不得無飾巧詐，飾巧詐則知采文，知采文之謂「服文采。」⑧獄訟繁，倉廩虛，而有以淫侈為俗，⑨則國之傷也，若以利劍刺之，故曰：「帶利劍。」⑩諸夫飾智故以至於傷國者，⑪其私家必富。私家必富，故曰：「資貨有餘。」⑫國有若是者，則愚民不得無術而效之，⑬效之則小盜生。由是觀之，大姦作則小盜隨，大姦唱則小盜和。⑭竽也者、五聲之長者也；⑮故竽先則鍾瑟皆隨，⑯竽唱則諸樂皆和。今大姦作，則俗之民唱；俗之民唱，則小盜必和。故「服文采，帶利劍，厭飲食，而資貨有餘者，是之謂盜竽矣。」⑰

【今註】①書之所謂大道也者端道也：本節是解釋老子第五十三章的文字。端道，就是正道。②所謂貌施也者邪道也：貌施，高亨韓非子補箋：「此解老子『惟施是畏』之『施』字，則貌字不當有，蓋涉上文而衍。」施，讀一，是邪的意思。③所謂徑也者佳麗也：徑，各舊本作「徑大」，王先慎韓非子集解：「德經：『大道甚夷，而民好徑。』河上公云：『徑，邪不平正也。』此大字衍。」據刪。佳麗，王先慎韓非子集解：「謂服文采。」高亨韓非子補箋：「依文義佳麗為歧徑別名，可斷言也。佳，疑借為奊，說文：『奊，頭衺骫奊態也。』廣雅釋詁：『衺，奊也。』麗，疑借為邐。說文：『邐，行邐邐也。』段若膺曰：『邐邐，縈紆貌。』蓋歧徑為道之邪曲縈紆者，故謂之奊麗。古時字少，韓子乃以佳麗為之。佳㚖皆從圭聲，𨠚從麗聲，並音近通用。王說失之。」㊃朝甚除也者獄訟繁也：朝，讀彳幺ˊ，是宮殿。除，是整潔壯麗。韓子的意思，似以宮室壯麗，則賦歛沈重，賦歛沈重，則獄訟繁多。㊄獄訟繁則田荒：顧廣圻韓非子識誤：「德經作田甚蕪。」㊅田荒則府倉虛：顧廣圻韓非子識誤：「德經作倉甚虛。」㊆國貧而民俗淫侈二句：這裏兩個俗字都是動詞，是習染的意思。㊇飾巧詐則知采文二句：飾巧詐，就是儘量運用巧詐。服文采，王先愼韓非子集解：「王弼、河上公本采作綵，傳本與此合。」陳奇猷韓非子集解：「此文之意，蓋謂飾巧詐，則知用錦繡文采以欺詐他人。以服飾言，則衣錦繡；以辯說言，即八姦篇所謂『巧文之言』也。」㊈而有以淫侈為俗：有，讀第四聲，借為又。㊉帶利劍：是佩帶鋒利的寶劍以示威武，這裏以「國之傷也若以利劍刺之」來解釋，似欠妥洽。⑪諸夫飾智故以至於傷國者：諸，是數量形容詞，表不定的多數。夫，指示形容詞，猶俗語那。諸夫，解作那些。智故，猶言智巧。淮南子主術：「上多故則下多詐」，故就是巧偽之類的事。⑫資貨有餘：顧廣圻韓非子識誤：「資貨，下文作貨資，傳本作貨財，今德經作財貨，非。」⑬則愚民不得無術而效之：無，解作不。術，解作設法。這句是說愚民不得不用詐的方法來效尤。⑭大姦唱則小盜和：唱，領導歌唱；和，附隨歌唱，今讀第四聲。引伸一切作為的領導與附隨都可用唱和。⑮竽也者五聲之長者也：竽，樂器的名稱，有三十六管，管裏有簧，用以領導各種樂器。五聲，就是宮商角徵羽五種樂調。長，讀第三聲，是領導者的意思。⑯故竽先則鍾瑟皆隨：鍾，古多借為鐘。⑰故服文采數句：顧廣圻韓非子識誤：「故下當有曰字，德經無而、者、之、矣四字，竽作夸。」王先慎韓非子集解：「夸字無義，當依此訂正。」厭，通饜，是飽、滿足的意思。盜竽，就是強盜頭子。上以盜領導屬下，就像竽領導眾樂一樣。

【今譯】　老子書裏面所說的「大道」，是指的正道。所說的「施」，是指的邪道。所說的「徑」，是指迤邐的小道；迤邐的小道，是邪道裏面的歧路。所說的「宮殿非常壯麗」，是指賦斂沈重，獄訟繁多。獄訟繁多，田園就會荒蕪；田園荒蕪，倉府就會空虛；倉府空虛，國家就會貧困；國家貧困，民俗就會放辟邪侈；民俗放辟邪侈，衣食生計就會斷絕；衣食生計斷絕，就不能不使用巧詐的手段，使用巧詐的手段，就懂得儘量運用采飾，懂得儘量運用采飾，就叫做「服用文采」。獄訟繁多，倉府空虛，民俗又放辟邪侈，國家就會遭受傷害，就像鋒利的寶劍刺削一樣，所以老子說：「佩帶利劍。」那些運用智巧以至傷害國家的人，他們私家一定富足。私家富足，所以老子說：「財物有餘」。國家如果發生這種現象，愚民就不得不設法來仿效；愚民仿效，小的盜賊就產生了。由此看來，大姦產生，小盜便跟著起來；大姦倡導，小盜便跟著附和。竽，在音樂中居於領導地位，竽先吹奏，各種樂器便跟著響起；竽先倡導，各種樂器便跟著附和。現在大姦已經起來，一般人民便受他們的倡導，一般人民受到倡導，就會有小盜附和了。所以老子說：「服用文采，佩帶利劍，飲食豐足，財物有餘的人，就叫做『盜竽』——強盜頭子。」

人無智愚，莫不有趨舍。㈠恬淡平安，㈡莫不知禍福之所由

來。得於好惡，怵於淫物，而後變亂。(三)所以然者？引於外物，亂於玩好也。恬淡有趨舍之義，平安知禍福之計。而今也玩好變之，外物引之，引之而往，故曰：「拔」。(四)至聖人不然，一建其趨舍，雖見所好之物不能引，不能引之謂「不拔」。一於其情，(五)雖有可欲之類，神不為動，神不為動之謂「不脫」。(六)為人子孫者，體此道以守宗廟，宗廟不滅之謂「祭祀不絕」。(七)身以積精為德，家以資財為德，鄉(八)國天下皆以民為德，今治身，(九)而外物不能亂其精神，故曰：「修之身，(一〇)其德乃真。」真者、德之固也。(一一)治家者、無用之物不能動其計，(一二)則資有餘，故曰：「修之家，其德乃餘。」治鄉者、行此節，(一三)則家之有餘者益眾，故曰：「修之鄉，其德乃長。」(一四)治邦者、行此節，則鄉之有德者益眾，故曰「修之邦，其德乃豐。」莅天下者、(一五)行此節，則民之生莫不受其澤，故曰：「修之天下，其德乃普。」修身者、以此別君子小人；治鄉、治邦、莅天下者、各以此科，適觀息耗，(一六)則萬不失一。故曰：「以身

觀身，以家觀家，以鄉觀鄉，以邦觀邦，以天下觀天下。吾奚以知天下之然也，以此。」㈦

【今註】㈠莫不有趨合：趨，是向往、追求的意思。舍，讀第三聲，借為捨，是避免的意思。㈡恬淡平安：是心境淡泊平靜。㈢得於好惡三句：得，是貪求的意思。好惡，都讀第四聲。怵，讀ㄒㄩˋ，借為訹，是引誘的意思。淫物，珍奇玩賞的器物。變亂，是心境躁亂，不再淡泊平靜。㈣故曰拔：老子第五十四章：「善建者不拔。」拔，是拔除的意思。㈤一於其情：一，是專一的意思。情，是志念的意思。㈥神不動之謂不脫：老子第五十四章：「善抱者不脫。」脫，是脫落的意思。㈦為人子孫者三句：老子第五十四章：「子孫以祭祀不輟。」體此道，體察「善建者不拔，善抱者不脫」的道理。參看喻老第二節。㈧鄉：是行政區域的名稱。周禮大司徒：「五州為鄉。」鄭玄注：「萬二千五百家。」廣雅釋地：十邑為鄉，三千六百家。㈨今治身：今，解作若。治身，脩治一己的人格。㈩修之身：顧廣圻韓非子識誤：「今德經之下有於字，非；傅本無，與此合。下四句同。淮南子道應訓引此句亦無於字。」之，指善建不拔，善抱不脫的道理，也就是老子所謂虛極靜篤的道。⑪真者德之固也：真，各舊本作慎。高亨韓非子補箋：「慎當為悳。……悳，即道德本字。『真者德之固也』，正解老子『其德乃真』之真。若作慎，則不可通矣。」據改。⑫無用之物不能動其計：計，是財物出入的數字。⑬行此節：節，是節度、節制的意思。⑭其德乃長：長，讀ㄔㄤˊ，是多、善的意思。㊄莅天下者：莅，音ㄌㄧˋ，或作涖，俗作蒞。莅天下，就是治理天下。㊅各以此科適觀息耗：科，是法則的意思。適，孫人和韓非子舉正：以為應讀ㄉㄧˋ，與諦同，是詳審的意思。息耗，是生滅、消長的意思。㊆故曰數句：本節所解全為老子第五十四章的文句。顧廣圻韓非子識誤：「今德經奚作何，非；傳本作奚，與此合。也，皆作哉。」

【今譯】 不論聰明或愚笨的人，都有所追求，有所避免。心境淡泊平靜的，沒有不知道禍福的來由的。人由於好惡而貪求，又受珍玩的誘惑，心境就會變亂。何以會這樣呢？是由於外物的引誘和玩好的擾亂啊。心裏淡泊，就知道追求或避免的道理；心裏平靜，就懂得災禍和幸福的計量。可是現在的人們，被玩好所擾亂，受外物所引誘，喪失了本性，老子便稱之為「拔」。聖人卻不是這樣，既經決定追求或避免，即便看到喜愛的東西也不受誘惑；不受誘惑就叫做「不拔」。聖人意志專一，雖看到值得貪求的東西，精神也不會動搖；精神不會動搖，就叫做「不脫」。做子孫的體察這種道理，繼承先人的事業，宗廟的祭祀便不會斷絕，這就叫做「祭祀不絕」。個人以蓄集精神算是有德，家庭以蓄集貨財算是有德，鄉、國、天下以蓄集人民算是有德。若能修治己身，外物就不能擾亂他的精神，所以老子說：「拿這種道理修養己身，他的德性便能真實。」所謂真實，就是德性牢固，永遠不會散失。治理家庭，無用的事物不隨便開支，貨財就會富餘，所以老子說：「拿這種道理治理家庭，他的德性便會富餘。」治理一鄉，實行這種節度，富餘的家庭自然增加，所以老子說：「拿這種道理治理一鄉，他的德性自然更好。」治理一國，實行這種節度，各鄉有德的人就日益眾多，所以老子說：

「拿這種道理治理一國，他的德性就更為豐盛。」治理天下，實行這種節度，人民的生活便都受到恩澤，所以老子說：「拿這種道理治理天下，他的德性便普被羣生。」修養自身的，根據這種道理，分別君子小人；治理鄉、國、天下的，根據這種道理，觀察盛衰消長，就能萬不失一。所以老子說：「從個人觀察個人，從家庭觀察家庭，從鄉觀察鄉，從國觀察國，從天下觀察天下。我怎麼知道天下的情況呢？就是因為應用這種道理呀。」

喻　老

【釋題】　本篇原為第七卷第二十一篇。喻是譬喻。本篇是用歷史的故事來譬解老子微妙的意思，和解老篇略有不同，解老是以義釋老子，喻老是以事釋老子。本篇和解老都是發明老子思想的作品，不類純法家的言論，所以很多人懷疑未必是韓非作的。

【提要】　本篇主旨，在以事例說明老子的意旨。老子言簡意賅，不易通曉，本篇以事例譬解，便易於領會。所譬解的文字，多半是節取的，也沒有完全依照老子原文的次序。大部分是解老篇沒有解釋的，但也有解老篇已經解釋的。譬解多切合老子的意旨，但也有斷章取義，不合老子的意旨的。

天下有道，無急患，則曰靜，遽傳不用。㊀故曰：「卻走馬以糞。」㊁天下無道，攻擊不休，相守數年不已，甲冑生蟣蝨，鷰雀處帷幄，而兵不歸。㈢故曰：「戎馬生於郊。」㈣翟人有獻豐狐玄豹之皮於晉文公，㈤文公受客皮而歎曰：「此以皮之美自為罪。」㈥夫治國者、以名號為罪，徐偃王是也；㈦以城與地為罪，虞虢是也。㈧故曰：「罪莫大於可欲。」㈨智伯兼范、中行而攻趙不已，韓魏反之，軍敗晉陽，身死高梁之東，遂卒被分，漆其首以為溲器。(一〇)故曰：「禍莫大於不知足。」虞君欲屈產之乘，與垂棘之璧，不聽宮之奇，故邦亡身死。(一一)故曰：「咎莫憯於欲得。」(一二)邦以存為常，霸王其可也；身以生為常，富貴其可也。(一三)不以欲自害，(一四)則邦不亡，身不死。故曰「知足之為足矣。」(一五)

【今註】㈠則遽傳不用：則字下，各舊本有曰靜二字。太田方韓非子翼毳：「曰靜二字衍，與下文不離位曰靜相涉而錯出。」據刪。遽傳，中國古時，設置驛站，傳達書命，用車叫做傳，用馬叫做遽，步遞叫做郵。傳，讀ㄓㄨㄢˋ。㈡卻走馬以糞：卻，是退回或停止的意思。走馬，就是傳遽奔走遞送的馬。糞，是在田裏施肥，這裏應解釋為耕種。本節所譬解的都是老子第四十六章文句。㈢甲冑生蟣蝨三句：甲，古代軍人的護身衣。冑，是頭盔，也叫兜鍪。最初甲冑是用犀兕的皮作的，後來纔用鐵。蝨，音ㄕ，是寄生在人畜身上的小蟲子。蟣，音ㄐㄧˇ，是蝨的幼蟲。鷰，同燕。燕雀，都是小鳥，在屋梁上或屋簷下作窩。處，讀第三聲，是居住的意思。這裏指燕雀作窩。這兩句話是顯示兩軍對壘，時間已經很久。㈣戎馬生於郊：戎馬在戰地生產小馬，這意味著牡馬不夠用，連懷孕的牝馬也用做戰馬了。戎馬，是軍旅所用的馬，也就是戰馬。說文：距國百里為郊。吳澄道德真經注：「郊者，二國相交之境。」㈤翟人有獻豐狐玄豹之皮於晉文公：翟，借為狄，是北方落後的部族。豐，是大的意思。豐狐，就是大狐，楚辭說苑作封狐。玄，是黑而有赤的顏色。晉文公，是春秋時晉國的君主，名重耳，因驪姬之亂，逃亡各國十九年，回國即位，在城濮擊敗楚國，成為諸侯的霸主。左傳魯襄公四年（晉悼公四年）：「無終子嘉父使孟樂如晉，因魏莊子納虎豹之皮，以請和諸戎。」這裏說是晉文公，大概是傳聞有誤。㈥此以皮之美自為罪：此，指狐豹。自為罪，是構成自己的罪殃，災難。㈦大治國者以名號為罪二句：徐偃王，是周穆王時徐國的君主，子爵。水經注說：「偃王治國，仁義著聞，欲舟行上國，乃導溝陳蔡之間，得朱弓矢，以得天瑞，遂因名為號，自稱徐偃王，江淮諸侯，服從者三十六國。周王聞之，遣使至楚，令伐之。偃王愛民不鬬，遂為所敗。」㈧以城與地為罪二句：虞，周朝國名，周武王封虞仲於虞，故城在現今山西省平陸縣東北六十里。虢，音ㄍㄨㄛˊ，周朝國名，周武王弟虢仲所封，在現今陝西省寶雞縣東。後平王東遷，遷到上陽，稱為南虢，故城在現今河南省陝縣東南。另一枝遷到下陽，稱為北虢，在現今山西省平陸縣境。晉國到獻公時，開始強大，吞併鄰近小國。又派荀息拿垂棘的玉璧，屈產的良馬，向虞國假道攻打虢國，把虢國呑併。回來又滅掉虞國。事見左傳僖公二年和五年。本書十過篇也有記載。⑨罪莫大於可欲：災禍沒有比足以令人貪取的事物更大的。凡有價值的東西，都是令人貪取的對象，可能招災惹禍。⑩智伯兼范中行而攻趙不已數句：兼，是併或盡的意思。智伯，名瑤。春秋時代，晉國范氏、中行氏、智氏、趙、韓、魏六家，世代為卿，並掌國政。晉滅范氏和中行氏，智伯與趙韓魏瓜分了他們的土地。又率韓魏攻趙襄子於晉陽；趙襄子反聯合韓魏滅智伯。事詳本書十過篇。智，又作知。晉陽，故城在現今山西省太原縣東北。高梁，春秋晉地，在現今山西省臨汾縣東北。溲，音ㄙㄡ，字又作溲。溲器史記刺客列傳、戰國策趙策，均作飲器，所以或解作酒器，或解作溺器。用仇人的骷髏作酒器，似不如作溺器以洩忿較為近理。溲，本為便溺的意思；飲，是承受。飲器就是承受小便的器具。⑪虞君欲屈產之乘四句：欲，是貪欲的意思。屈產，地名，現在山西省石樓縣東南四里有屈產泉，那一帶是出名馬的地方。乘，讀ㄕㄥˋ，意為物數，車一輛，馬一匹，都可叫乘。垂棘，地名，出美玉，在現今什麼地方，待考。宮之奇，春秋時虞國的大夫，曾諫阻虞公假道。⑫咎莫憯於欲得：咎，是過錯、災害的意思。憯，音ㄘㄢˇ，解作痛、甚。⑬邦以存為常四句：以，解作能。存，是保全、保持。常，是普通、正常的意思。霸王，乾道本脫王字，茲從迂評本、趙本、凌本。太田方韓非子翼毳，引淮南子詮言訓：「國以全為常，霸王其寄也；身以生為常，富貴其寄也。」以為可字應依淮南作寄。寄，是偶然的意思。梁啟雄韓子淺解，以為韓非子的可和淮南子的寄，都是奇的誤字，奇是特殊的意思，和上面的常是相反詞，亦有見地。這裏兩個其字，都解作乃。⑭不以欲自害：各舊本脫以字，據陶小石讀韓非子札記補。㊄知足之為足矣：王本老子作「知足之足常足矣。」足，是滿足，無所欠缺。之為足，猶言則為足，就算完滿。

【今譯】 天下平治，沒有緊急的禍亂，驛馬傳車便用不到了，所以老子說：「把奔馳的馬匹交還給農民去耕田。」天下動亂，互相攻戰，一連幾年都不能休止，軍人穿的甲胄都有蟣蝨孳息，住的帷幕都有燕雀作窩，還是不能回家歸農，所以老子說：「連懷孕的牝馬都用做戰馬，而在戰地生小馬了。」

有一位狄人奉獻豐狐和玄豹的皮給晉文公，晉文公接過這兩件珍貴的禮物，歎息著說：「豐狐和玄豹，因為皮毛太美麗，而給自己造成了災難。」國家的君主有因為名號而造成災難的，徐偃王便是這樣；有因為城邑和土地而造成災難的，虞國和虢國便是這樣。所以老子說：「災難沒有比足以令人貪取的事物更大的。」晉國的智伯兼併了范氏和中行氏，又接連攻打趙襄子。最後韓魏背叛了智伯，幫助趙襄子作戰。智伯的軍隊便在晉陽大敗，本身被殺死在高粱的東面，土地也被趙韓魏瓜分。趙襄子還把他的骷髏加以油漆，作為便器。所以老子說：「禍害沒有比不知滿足更大的了。」虞國的君主貪圖屈產的良馬和垂棘的玉璧，不聽從宮之奇的諫阻，而假道給晉國，以至國家被滅亡，本身被殺戮。所以老子說：「錯誤沒有比貪得更嚴重的了。」國家以能保持為正常的狀態，稱霸稱王是特殊的；個人以能生存為正常狀態，大富大貴是特殊的。不以貪欲危害自己，國家就不會滅亡，個人就不會喪生。所以老子說：「知道滿足，自己的境況就算完滿了。」

楚王既勝晉于河雍，㈠歸而賞孫叔敖，孫叔敖請漢間之地、沙石之處。㈡楚邦之法，祿臣再世而收地，惟孫叔敖獨在。此不以其邦為收者，瘠也。故九世而祀不絕。㈢故曰：「善建不拔，善抱不脫，子孫以其祭祀，世世不輟。」㈣孫叔敖之謂也。

【今註】㈠楚莊王既勝晉于河雍：楚莊王，春秋時楚國的君主，名侶，是穆王的兒子。剛即位時，日夜為樂，後來纔勵精圖治，在邲擊敗晉國，為春秋五霸之一，在位二十三年。晉，各舊本作狩。太田方韓非子翼毳：「藝文類聚、淵鑑類函作晉，是也。」據改。河雍，史記：「莊王十七年，敗晉師於河上，遂至衡雍而歸。」河衡音近，河雍大概是衡雍之誤，現在河南省原武縣有衡雍城。這次戰爭，就是左傳魯宣公十二年晉楚邲之戰。邲，就是現今河南省鄭縣東六里的邲城。㈡歸而賞孫叔敖三句：孫叔敖，春秋時楚國人。兒時曾殺兩頭蛇。年長，代虞丘為楚相，三月大治。邲之戰，輔佐莊王擊敗晉軍，稱霸天下。漢間之地，史記滑稽列傳、淮南子人間訓、呂覽，都說孫叔敖死後，莊王纔把寢丘封給他的兒子。寢丘，漢固始縣，在今河南省沈丘縣東南，距漢水似不太近，不知是否有誤。㈢楚邦之法數句：邦，借為封。尚書蔡仲之命：「乃命諸王，邦之蔡。」論語季氏：「且在邦域之中矣。……而謀動干戈於邦內。」祿臣，就是封有田邑的官吏。瘠，土地不肥，生產力微薄，就是磽瘠的意思。㈣善建不拔四句：這是老子第五十四章的文句。建，是建立、建樹的意思。拔，拔除。抱，抱持。脫，脫落。這兩句雖就物體而言，實際是指事業。子孫以祭祀世世不輟，是子孫能世代承襲地位田邑，纔能繼續祭祀先人，而不致終止。

【今譯】　楚莊王在河雍擊敗晉國，回國以後，要拿土地封賞功勞最大的孫叔敖，孫叔敖請求封在漢水附近沙石磽瘠的地方。楚國封賞功臣的法制，封有土地的官吏，只能享受兩世，兩世以後，就要收回；只有孫叔敖的封地沒有收回。沒有收回的緣故，就是那塊地方太磽瘠了，所以傳到九代，仍可用那裏的收益來祭祀先人。所以老子說：「善於建立的不易拔除，善於抱持的不易脫落，子孫世世代代承襲這種成就，以祭祀先人，而不致終止。」大概說的就是孫叔敖這樣的人。

制在己曰重，不離位曰靜。㈠重則能使輕，靜則能使躁。㈡故曰：「重為輕根，靜為躁君。」㈢故曰：「君子終日行，不離輜重也。」㈣邦者、人君之輜重也。主父生傳其邦，㈤此離其輜重者也。故雖有代、雲中之樂，超然已無趙矣。㈥主父、萬乘之主，而以身輕於天下。㈦無勢之謂輕，離位之謂躁，是以生幽而死。㈧故曰：「輕則失根，躁則失君，」㈨主父之謂也。

【今註】　㈠制在己曰重二句：制，是裁制，決斷的意思，這裏是指君主的權力。重，是威重，權力大；輕，是輕賤，權力小。靜，安靜，不急躁煩擾。㈡重則能使輕二句：是權力大的就能役使權力小的，安靜的就能控馭浮躁的。躁，是輕浮急迫煩擾，是靜的相反詞。㊂重為輕根二句：大權是小權的根本，安靜是浮動的主宰。君，是君主、父親等能夠使令人的，這裏解作主宰。本節所譬解的是老子第二十六章文句。㊃君子終日行不離輜重也：行，行路。輜，是有帷幔的車子。輜重，是載運行李食具並可臥息其中的車子。㊄主父生傳其邦：主父，是戰國時趙國的君主趙武靈王，胡服騎射，兵力強勁，開拓了很多國土。在位二十七年，傳位給少子何，自號主父。長子章作亂失敗，逃往沙丘宮依主父。公子成、李兌率兵圍沙丘宮，主父餓死。㊅故雖有代雲中之樂二句：代，是現今山西省東北部和察哈爾省南部一帶。雲中，是現今山西省內長城以外和綏遠省東南部一帶。史記趙世家：「（趙武靈王）二十六年，復攻中山，攘地北至燕代，西至雲中九原。二十七年，傳國。而身胡服，將士大夫西北略胡地，而欲從雲中九原直南襲秦。（惠文王）三年，滅中山，起靈壽，北地方從，代道大通。還歸，行賞大赦，置酒，酺五日。」代雲中之樂，大概是指主父經營北方成功，置酒聚飲的事。超然，是遠離的樣子。㊆主父萬乘之主二句：乘，讀ㄕㄥˋ。萬乘，是指大國，有兵車萬輛。以身輕天下，是使自己在天下變成沒有權力的人。㊇是以生幽而死：幽，是囚禁的意思。指惠文王四年，公子成、李兌圍主父三月餘，而餓死沙丘宮。㊈輕則失根二句：失根，各舊本作失臣。老子，有的作本，有的作臣，有的作根。俞樾諸子平議：「永樂大典作『輕而失根』」，茲從俞說。

【今譯】　自己掌握權勢叫做威重，自己謹守地位叫做安靜。威重就能役使輕賤的，安靜就能控馭浮躁的。所以老子說：「威重是輕賤的根本，安靜是浮躁的主宰。」所以又說：「君子行路，是整天不離開車子的。」國家就是君主的車子。趙主父生前把國家傳給他的少子，就是離開了車子。雖然他有經營代和雲中成功，置酒聚飲的快樂，可是他已經遠遠的離開，不能控有趙國了。主父是萬乘大國的君主，卻使自己成為天下輕賤的人。沒有權勢就叫輕賤，離開地位就叫浮躁，所以被圍困沙丘，以致餓死。所以老子說：「輕賤便喪失根本，浮躁便喪失主宰，說的就是趙主父這樣的人。」

勢重者、人君之淵也。㈠君人者、勢重於人臣之間，失則不可復得也。㈡簡公失之於田成，㈢晉公失之於六卿，㈣而邦亡身死。故曰：「魚不可脫於淵。」㈤賞罰者、邦之利器也，在君則制臣，在臣則勝君。君見賞，臣則損之以為德；君見罰，臣則益之以為威。㈥人君見賞，而人臣用其勢；人君見罰，而人臣乘其威。㈦故曰：「邦之利器，不可以示人。」㈧

【今註】㈠勢重者人君之淵也：勢重，就是權勢。淵，是深水。魚有淵水，纔能生存，活動；人主有權勢，纔能生存、活動，所以說權勢是人主的淵水。㈡君人者勢重於人臣之間二句：做君主的，權勢建築在人臣的當中，喪失後就不能再行取得。間，讀ㄐㄧㄢ，是中間的意思。㈢簡公失之於田成：簡公，春秋時齊國的君主，名壬，為田常所弒，在位四年。田成，就是田常，左傳稱為陳恒。春秋時陳公子完以國難到齊國，改姓田氏，子孫世代做齊國的卿。傳到田常，弒齊簡公，立平公，獨掌齊國的大權，卒謚成子。傳到田和，列為諸侯。和子午，便把齊國全部吞併。㊃晉公失之於六卿：晉公，指晉國的公室。六卿，春秋時晉國范氏、中行氏、智氏、趙、韓、魏六家，世代為卿，並掌國政，稱為六卿。晉滅范氏和中行氏，智伯與趙韓魏瓜分了他們的土地。趙韓魏又合謀滅智伯，三家日益強大，列為諸侯。到晉靜公二年，三家滅晉，瓜分了晉國殘餘的土地。㊄魚不可脫於淵：各舊本淵上有深字。王先慎韓非子集解：「深字衍。唐諱淵改深，後人回改，兼存深字耳。上人君之淵，亦無深字，即其證。」據刪。本篇所譬解的是老子第三十六章文句。㊅君見賞四句：這裏和下面四個見字，都讀ㄒㄧㄢˋ，是顯示的意思。損，減少。德，恩惠。損之以為德，是把君主所要獎的減少一些，獎給自己要獎的人，作為自己的恩惠。㊆而人臣乘其威：乘，讀ㄔㄥˊ，是利用、假借的意思。㊇邦之利器二句：邦，本書內儲說下和老子各本作國，大概是漢朝避諱改的。示，顯露、炫耀。

【今譯】　假如把君主比做魚，權勢就是君主的淵水。做君主的，權勢建築在羣臣當中，一旦喪失就不能再行取得了。齊國的簡公便喪失給田常，晉國的君主便喪失給六卿，國家被消滅，個人被殺戮。所以老子說：「魚不能離開淵水。」賞罰是治理國家最有效的工具，君主掌握，就能控馭臣僚；臣僚掌握，就能克制君主。君主有意行賞，若先顯示出來，臣僚就酌予減損，分與他人，以作為自己的恩惠；君主有意行罰，若先顯示出來，臣僚就再予增加，以表現自己的威勢。君主顯示要行賞，臣僚就利用君主的權力；君主顯示要行罰，臣僚就假借君主的威猛。所以老子說：「治理國家的利器，不可輕易對人顯示。」

越王入宦於吳，而觀之伐齊以弊吳。㈠吳兵既勝齊人於艾陵，張之於江濟，強之於黃池，故可制於五湖。㈡故曰：「將欲翕之，必固張之；將欲弱之，必固強之。」㈢晉獻公將欲襲虞，遺之以璧馬；㈣知伯將襲仇由，遺之以廣車。㈤故曰：「將欲取之，必固與之。」起事於無形，而要大功於天下，㈥「是謂微明。」㈦處小弱而重自卑損之謂「弱勝強」也。㈧

【今註】㈠越王入宦於吳二句：越王，就是春秋後期越國的君主句踐，被吳王夫差擊敗，圍困在會稽山，忍辱求和，親自率領三百人到吳國，為吳王服役。回國後臥薪嘗膽，生聚教訓，終於滅吳稱霸。宦，是事奉人，作臣隸的工作。吳，周朝國名，春秋後期，開始強大，約有現今淮河以南，到浙江省東北邊境的土地，建都在姑蘇（今江蘇省吳縣）。傳到吳王夫差，擊敗越國，北上爭霸，被越王句踐所滅。觀，迂評本、趙本、凌本作勸，茲從乾道本。觀是示意的意思。齊，周朝國名，盛時約有現今山東省東北部和河北省東南邊境。弊，是疲困的意思。㈡吳兵既勝齊人於艾陵四句：艾陵，山東通志說：「在山東萊蕪縣東南。」張，是伸張的意思。江濟，是長江和濟水。濟水發源於河南省濟源縣西的王屋山，本來穿越黃河，到山東境內，和黃河平行入海，亦稱清河或大清河，到清朝咸豐時，下游被黃河所奪，現在只有河南省發源的一段。黃池，春秋時地名，在現今河南省封丘縣西南。

國語吳語：「吳王夫差，……乃起師北征，闕為深溝，通於商（宋國）魯之間，北屬之沂，西屬之濟，以會晉公午於黃池。」和晉定公爭為盟主，晉定公只好讓吳王先歃血。五湖，是太湖的別名，又有笠澤、震澤等名稱。湖跨江蘇、浙江兩省，春秋時吳越二國，以湖為界。國語越語下：「（越王句踐）遂興師伐吳，至於五湖。……三年，吳師自潰，……遂滅吳。」㊂將欲翕之四句：翕，音ㄒㄧˋ，本意為鳥斂翼，引伸為收斂、聚合的意思。這裏兩個固字，當讀姑，是先或暫且的意思。或讀為故，是故意的意思。下面必固與之，也是一樣。本節所譬解的，也是老子第三十六章文句。㊃晉獻公將欲襲虞二句：已見本篇第一節注八和注十一。遺，讀ㄨㄟˋ，是贈給的意思。㊄知伯將襲仇由二句：知伯，已見本篇第一節注十。仇由，各書或作仇猶、仇首、仇繇、厹由。春秋時國名，在現今山西省盂縣東北。盂縣有腥河，就是仇猶水，東流經仇猶山，上有仇猶君的廟。事又見本書說林下。廣車，是一種兵車，縱橫陳列，以作防禦阻固之用。㊅起事於無形二句：起事，就是始事，發動一件事。無形，沒有形迹。要，讀第一聲。要功，就是立功、成功的意思。㊆是謂微明：顧廣圻韓非子識誤：「是上當有故曰二字。」微，是隱約，還沒顯著。微明，是當事情萌動，還沒顯著時，已經看清楚。㊇處小弱而重自卑損之謂弱勝強也：各舊本作「處小弱而重自卑，謂損弱勝強也。」據顧廣圻韓非子識誤改。處，讀第三聲。重自卑損，深自謙抑。之謂，猶言是謂。弱勝強，老子原文作「柔弱勝剛強」。

【今譯】越王句踐到吳國服侍吳王夫差，便示意他攻打齊國，而使吳國疲困。吳國的軍隊在艾陵擊敗齊國以後，便讓他在長江和濟水當中儘量伸張，並在黃池和晉國爭強，因而能夠在太湖把他制伏。所以老子說：「要想使他收斂，一定要先使他伸張；要想使他衰弱，一定要先使他強盛。」晉獻公想要攻打虞國，先送給他玉璧和良馬；智伯想要襲取仇由，先送給他兵車。所以說：要想向他奪取，一定要先對他施與。在無形中發動事端，便能在天下建立偉大的功業。這就叫做「微明」——在隱微中看清事態的發展。站在弱小的地位，要能深自委屈謙抑，就是「柔弱制勝剛強」的道理。

有形之類，大必起於小；行久之物，族必起於少。㊀故曰：「天下之難事，必作於易；天下之大事，必作於細。」㊁是以欲制物者，於其細也。㊂故曰：「圖難於其易也，為大於其細也。」千丈之隄，以螻蟻之穴潰；百尺之室，以突隙之熛焚。㊃故白圭之行隄也，塞其穴；丈人之慎火也，塗其隙。㊄是以白圭無水難，丈人無火患。此皆慎易以避難，敬細以遠大者也。㊅扁鵲見蔡桓公，立有間。㊆扁鵲曰：「君有疾在腠理，㊇不治將恐深。」桓侯曰：「寡人無疾。」㊈扁鵲出，㊉桓侯曰：「醫之好治不病以為功。」⑪居十日，扁鵲復見曰：「君之病在肌膚，⑫不治將益深。」桓侯不應。扁鵲出，桓侯又不悅。居十日，扁鵲復見曰：「君之病在腸胃，不治將益深。」桓侯不應。扁鵲出，桓侯又不悅。居十日，扁鵲望桓侯而還走，桓侯故使人問之。㊂扁鵲曰：「疾在腠理，湯熨㊃之所及也；在肌膚，鍼石㊄之所及也；在腸胃，火齊㊅之所及也；在骨髓，司命之所屬，㊆無奈何也！今在骨髓，臣是以無請也。」居五日，桓侯體痛，使人索扁鵲，㊇已逃秦矣。桓侯遂死。故良醫之治病也，攻之於腠理，此皆爭之於小者也。夫事之禍福，亦有腠理之地，㊈故聖人蚤從事焉。㊉

【今註】㊀有形之類四句：類，指各種物體。大必起於小，像草木鳥獸等都是由小慢慢變大。行，是經歷的意思。行久，是歷時悠久。族，是聚或羣的意思，這裏可解作多。㊁天下之難事必作於易二句：作，是起、產生。細，是小的意思。本節所譬解的，是老子第六十三章文句。㊂是以欲制物者於其細也：是說想裁制事物，就要從事物的細小處著手。者，解作則。王先慎韓非子集解：「是以下有脫文，此當承上兩句言，乃與下引老子合。」㊃千丈之隄以螻蟻之穴潰二句：潰，音ㄎㄨㄟˋ，又讀ㄏㄨㄟˋ，是大水沖破隄防。突，烟囪。熛，各舊本作烟。王念孫讀書雜志餘編：「突隙之烟，不能焚室，烟當為熛，熛誤為煙，又轉寫為烟耳。舊本北堂書鈔地部十三引此正作熛。說文：熛，火飛也，讀若標。」據改。㊄故白圭之行隄也塞其穴二句：故白圭，各舊本作故曰白圭。顧廣圻韓非子識誤：「曰字當衍。」據刪。白圭，戰國時魏國人，一說周人。曾為魏相，長於治水和治生，大約和梁惠王、惠施時間差不多。孟子告子下：白圭曰，丹之治水也愈於禹。可能名丹，字圭。惟史記貨殖傳、鄒陽傳以為魏文侯時的官吏，以至戰國時前後有兩白圭的說法。行水，是巡視隄防。丈人，是老人的通稱。丈是杖的本字，後增木作杖。老人持杖，所以稱為丈人。㊅是以白圭無水難四句：這裏兩個難字，第一個讀第四聲，是災難的意思，第二個讀第二聲，是艱難的意思。敬，也是慎重的意思。遠，讀第四聲，用作動詞，是遠離的意思。㊆扁鵲見蔡桓公二句：扁鵲，本為黃帝時良醫的名字，春秋後期良醫秦越人，時人也稱他為扁鵲。蔡桓公，下文均作桓侯。史記、新序作齊桓公，文選七發注作晉桓公。文選養生論注：「史記：扁鵲療趙簡子，東過齊，見桓侯。東晳曰：『齊桓在簡子前且二百歲，小白後無齊桓侯。田和子有桓侯午。去簡子首末相距二百八年，史記自為舛錯。』臣瓚（曾注漢書，姓氏不詳）曰：『魏桓侯。』韋昭曰：『魏無桓侯。』今按：扁鵲療趙簡子，據史記的記載，在晉定公十二年左右，就是魯定公十年，周敬王二十年，西元前五〇〇年，同時或稍後，春秋各重要國家，都沒有桓公或桓侯。史記晉世家索引：「紀年以孝公為桓公，故韓子有晉桓侯。」今按：晉孝公元年，上距趙簡子之死，已八十多年，扁鵲不可能給他看病。只有魏文侯的父親魏桓子（世本說是父親，史記說是祖父，近人錢穆考訂，認為是父親），就是和趙簡子的兒子趙襄子及韓康子合謀滅智伯的人。史記趙世家：「（烈侯）六年，魏韓趙皆相立為諸侯，追尊獻子為獻侯。」如果魏文侯稱侯，也和趙國一樣，追尊他的父親為侯，那麼魏桓子就是魏桓侯了。時間稍後於趙簡子，扁鵲給他看病，較為可能，臣鄺魏桓侯的說法，也許是有來由的。有間，間是少時的意思。㈧君有疾在腠理：腠，音ㄘㄡˋ。腠理，是皮膚的文理。素問舉痛論：「寒則腠理閉。」似指皮膚排泄汗液的毛孔。㈨寡人無疾：王先慎韓非子集解：「各本無疾字。盧文弨云：『無下脫疾字，新序、史記扁鵲傳皆有疾字。』今依拾補增。」㈩扁鵲出：乾道本脫出字，茲從迂評本、趙本、凌本。⑪醫之好治不病以為功：史記作「醫之好利也，欲治不疾以為功。」⑫君之病在肌膚：肌膚，普通解作皮膚，這裏似可解作肌肉，較腠理為深入。⑬桓侯故使人問之：王先慎韓非子集解：「張榜本無故字。」陳奇猷韓非子集釋：「故字當衍，新序亦無。」⑭湯熨：今按：湯，似應讀第四聲，字又作燙。熨，音ㄩㄣˋ。湯熨，是用熱物在皮膚上按摩，使恢復出汗排泄的功能。⑮鍼石：中國以鍼刺病，最初用石鍼，後用金鍼。鍼石就是以鍼刺病的意思。⑯火齊：尹桐陽韓子新釋：「火，煎也；齊，和也，謂和諸藥而以火煎其水也。」史記倉公傳：「臣意飲以火齊湯，三飲而疾愈。」⑰司命之所屬：司命，星名，楚辭九歌有大司命、少司命。大司命，主知生死，輔天行化，誅惡護善。少司命，主災祥。所屬，就是統屬的事物。⑱使人索扁鵲，索，是尋找的意思。⑲夫事之禍福二句：是說事情的禍福，也像疾病一樣，有開始發生，尚未嚴重，易於治療的情況。⑳故聖人蚤從事焉：故聖人，各舊本作故曰聖人。顧廣圻韓非子識誤：「曰字衍，新序云：故聖人早從事矣，其明證也。」蚤，借為早。從事，就是辦理這種事情。

【今譯】 有形像的各種物體，大的一定由小的滋長而成；經過長期發展的物體，多的一定由少的生聚而來。所以老子說：「天下的難事，都是由易事聚成；天下的大事，都是由小事產生。」因此想創造事物，必須由淺易處著手。所以老子說：「謀求難事，要從易事作起；辦理大事，要從小事開端。」千丈長的隄防，由於螻蟻的洞穴而潰決；百尺高的樓閣，由於烟囪的飛火而焚燬。所以白圭巡視隄防，便堵塞螻蟻的洞穴；丈人防範火災，便塗補烟囪的縫隙。因此，白圭沒有水患，丈人沒有火災。這都是小心易事以避免難事，慎重小事以遠離大事。名醫扁鵲謁見魏桓侯，面對桓侯站了一會兒，便開口說：「君主已經生病，病在皮膚的毛孔，不治療恐怕會深入。」桓侯說：「我沒有病。」扁鵲走出桓侯的房門，桓侯說：「醫生都是好利的，常常治療沒病的人作為自己的功能。」過了十天，扁鵲再度謁見桓侯說：「君主的病已經進入肌肉，不治療會再深入。」桓侯沒有回答。扁鵲走出桓侯的房門，桓侯便顯出不高興的樣子。又過了十天，扁鵲三度謁見桓侯說：「君主的病已經進入腸胃，不治療會更深入。」桓侯沒有回答。扁鵲走出桓侯的房門，桓侯便顯出很生氣的樣子。又過了十天，扁鵲望見桓侯便趕快退走。桓侯派人去問他為什麼退走，他回答說：「病在皮膚的毛孔，用熱物慢慢按摩，就可以把病驅除；病進入肌肉，用鍼石砭刺，就可以把病驅除；病進入腸胃，用煎藥可以把病驅除；病進入骨髓，這是司命之神管理的事，人力無法挽回。現在君主的病已進入骨髓，所以我不再請求治療了。」又過了五天，桓侯渾身疼痛，派人尋找扁鵲；扁鵲已逃往秦國。桓侯不久就死去了。所以良醫治病，要趁病在皮膚的毛孔時治療，這就是要爭取病尚未嚴重的時間予以驅除。人事的禍福，也像疾病一樣，有開始發生，尚未嚴重的時機，所以聖人要趁早予以處理。

昔晉公子重耳出亡過鄭，鄭君不禮。㊀叔瞻㊁諫曰：「此賢公子也，君厚待之，可以積德。」鄭君不聽。叔瞻又諫曰：「不厚待之，不若殺之，無令有後患。」鄭君又不聽。及公子返晉邦，舉兵伐鄭，大破之，取八城焉。㊂晉獻公以垂棘之璧，假道於虞而伐虢。大夫宮之奇諫曰：「不可。脣亡而齒寒，虞虢相救，非相德也。今日晉滅虢，明日虞必隨之亡。」虞君不聽，受其璧而假之道。晉已取虢，還反滅虞。㊃此二臣者，皆爭於腠理者也，而二君不用也。然則叔瞻、宮之奇亦虞鄭之扁鵲也，而二君不聽，故鄭以破、虞以亡。故曰：「其安、易持也，其未兆、易謀也。」㊄

【今註】㊀晉公子重耳出亡過鄭二句：公子重耳，就是晉文公，已見本篇第一節注五。亡，是逃走的意思。鄭，是周宣王同母弟王子友的封國，約有現今河南省中部黃河以南的地方，戰國時被韓國吞滅。鄭君，是鄭文公。不禮，是不按照禮節接待。㊁叔瞻：春秋時鄭國的大夫，左傳、史記均作叔詹。㊂舉兵伐鄭三句：左傳僖公三十年：「晉侯秦伯圍鄭。」史記鄭世家：「晉秦共圍鄭。」都沒有取八城的話。㊃晉獻公以垂棘之璧數句：已見本篇第一節注八和注一一。㊄其安易持也二句：情勢安穩，容易保持；事故沒有顯露徵候容易籌畫。這兩句是老子第六十四章文句。

【今譯】　從前晉國的公子重耳逃亡到各國，經過鄭國的時候，鄭文公不按照禮節接待。鄭國的大夫叔瞻勸諫說：「這是一位賢能的公子，君主好好對待他，可以蓄積善行，日後必獲福澤。」鄭文公不肯聽從。叔瞻又勸諫說：「如果不好好對待他，不如把他殺死，不要給將來留下災患。」鄭文公也不肯聽從。等公子重耳返回晉國，做了君主，便率領軍隊，攻打鄭國，把鄭國擊敗，占領了八個城邑。晉獻公拿屈產的良馬和垂棘的玉璧，向虞國假道，攻打虢國。虞國的大夫宮之奇勸諫說：「這是不可以的。嘴脣沒有了，牙齒就會受寒冷的侵襲，所以虞虢兩國互相援救，並不是給與對方恩惠，實在是兩國必須相互依存，今天晉國滅掉虢國，明天虞國就跟著滅亡了。」虞國的君主不肯聽從，接受了良馬和玉璧，便假道給晉國。晉國滅掉虢國，回來又滅掉虞國。叔瞻和宮之奇這兩位大臣，都是能爭取病患開始發生的時機，而予以治療的，可惜兩國的君主都沒有聽從。照這樣說，叔瞻和宮之奇也是鄭國和虞國的扁鵲，無奈兩國的君主沒有聽從，鄭國因而挫敗，虞國因而滅亡。所以老子說：「情勢安穩，容易保持；事故沒有顯露徵候，容易籌畫。」

昔日、紂為象箸，而箕子怖：㊀以為象箸必不加於土鉶，必將犀玉之杯；㊁象箸玉杯，必不羹於菽藿，則必旄象豹胎；㊂旄象豹胎，必不衣短褐㈣而食於茅屋之下，則必錦衣九重、㈤廣室高臺。吾畏其卒，故怖其始。居五年，紂為肉圃，設炮烙，登糟丘，臨酒池，紂遂以亡。㈥故箕子見象箸以知天下之禍。故曰：「見小曰明。」㈦

【今註】㈠紂為象箸而箕子怖：紂，是商朝末代的帝王，嗜酒好色，暴虐無道，人民怨望，諸侯叛離。周武王率諸侯伐紂，紂兵敗自焚而死。象箸，是用象牙作的筷子。箕子，是商紂的叔父，名胥餘，封在箕（今山西省榆社縣東南），子爵，所以稱為箕子。商紂無道，箕子勸諫不聽，便假裝瘋狂，而被囚禁。周武滅商，封箕子於朝鮮。怖，是恐懼的意思。史記、淮南怖作唏，唏是哀痛不泣的意思。㈡以為象箸必不加於土鉶二句：鉶，音ㄒㄧㄥˊ，是盛羹的器具，形狀像小鼎。將，是用的意思。犀玉，是堅硬的玉石。杯，是盛羹或注酒的器具。㈢必不羹於菽藿二句：一定不以菽藿作羹。羹，音ㄍㄥ，是有汁的肉菜。菽，是豆類的總名。藿，是豆葉。菽藿，是粗劣的菜肴。旄，音ㄇㄠˊ，旄牛。㈣衣短褐：衣，讀第四聲，是穿的意思。褐，是粗布的衣服。短褐，或作裋褐。裋，音ㄕㄨˋ，是僮豎勞役所穿的衣服。㈤九重：楚辭九辯：「君門兮九重。」是說君主門戶多重，宮院深邃。重，讀ㄔㄨㄥˊ。㈥紂為肉圃數句：肉圃，就是肉林，是懸挂肉類，像園林中的花果那樣。炮烙，俞樾諸子平議，以為應作炮格。炮格有二義：一是酷刑；一是飲食奢侈之事，大概是設置銅格（格本來是木棍的意思），下面燒火，從肉圃取肉，放在格上，炮熟來吃。本節應解為第二義。糟丘，是積糟而成的丘陵。㈦見小曰明：這是老子第五十二章的文字。

【今譯】　從前商紂用象牙作筷子，箕子便開始疑懼了。他以為象牙筷子一定不會使用於泥土燒成的盛器，而使用於寶玉製作的杯盤；象牙筷子、玉石杯盤，一定不會使用於菽藿所作的菜肴，而使用於旄牛、象、小豹等肉食；旄牛、象、小豹等肉食，一定不會穿著粗布短衣，在茅草房屋下面食用，而是穿著錦繡的衣服，在重重門戶的宮院，廣闊的殿宇，高大的樓臺當中食用。我害怕發展到這種地步，所以一開始就非常疑懼了。這樣過了五年，商紂便製造肉圃，設置炮格，上糟丘瞭望，到酒池暢飲，商朝因而滅亡。箕子看到象牙筷子，就知道天下會有禍亂。所以老子說：「能夠看出細微的徵兆，就算是明察了。」

句踐入宦於吳，身執干戈，為吳王洗馬，故能殺夫差於姑蘇。㈠文王見詈於王門，顏色不變，而武王擒紂於牧野。㈡故曰：「守柔曰強。」㈢越王之霸也不病宦，武王之王也不病詈。㈣故曰：「聖人之不病也，以其不病，是以無病也。」㈤

【今註】　㈠句踐入宦於吳四句：句踐，就是越王句踐。入宦於吳，已見本篇第五節注一。身，親自。干戈，是武器的總稱。吳王，是吳王夫差。洗，借為先。洗馬，就是先馬，亦作前馬。是大人物出行，在馬前開路的。姑蘇，就是現在江蘇省吳縣。㈡文王見詈於王門三句：舊注多未洽。今按：王，就是最初的玉字，象眾玉在貫的形狀，後因和帝王的王字相混，乃加點作玉，用作偏旁仍作王。這裏應該是玉字。竹書紀年：商紂九年，「作瓊室，立玉門」玉門，是商紂宮室用玉石作的門。詈，呂覽、趙策、尸子等都作羈，似以作羈為是。羈，是拘繫的意思。文王見羈於玉門，就是西伯姬昌在商紂的玉門被拘繫。可能被拘繫以後，囚在羑里。呂覽首時：「王季歷困而死，文王苦之，有（又）不忘羑里之醜，時未可也。武王事之（商紂），亦不忘玉門之辱。」周武王亦不忘玉門之辱，可能就是西伯姬昌所不忘的羑里之醜。詈，音ㄌㄧˋ，是責罵的意思。周武王本身在玉門被責罵或拘繫，史無記載，可能性也不大。武王，就是周武王，名發，西伯姬昌的兒子，繼父為西伯。商紂無道，率諸侯東征，誅滅商紂，建立了周朝，謚曰武。牧野，在今河南省淇縣的南面，是商紂都城朝歌的近郊。㈢守柔曰強：這是老子第五十二章的文句。㈣越王之霸也不病宦二句：這裏兩個病字都是恥辱、缺憾的意思。㈤聖人之不病也三句：這裏三個病，一三兩個是名詞，是恥辱的意思。不病，是沒有恥辱。第二個是動詞，是感覺恥辱的意思。這是老子第七十一章的文句。今本老子原文：「聖人不病，以其病病。夫唯病病，是以不病。」

【今譯】越王句踐到吳國事奉吳王夫差，親自拿著武器，在前面給吳王開路，所以後來能在姑蘇把他殺死。周文王在玉門被商紂拘繫，完全沒有悲傷忿恨的樣子，到周武王便在牧野把商紂誅滅。所以老子說：「永遠保持柔弱的態度，纔是真正的堅強。」越王句踐成為霸主，事奉吳王夫差並不算缺憾；周武王統有天下，父親被拘囚也不算恥辱。所以老子說：「聖人是沒有恥辱的，因為他不認為那是恥辱，所以就沒有恥辱了。」

宋之鄙人，得璞玉而獻之子罕，子罕不受。㈠鄙人曰：「此寶也，宜為君子器，不宜為細人用。」㈡子罕曰：「爾以玉為寶，我以不受子玉為寶。㈢」是鄙人欲玉，而子罕不欲玉。故曰：「欲不欲，而不貴難得之貨。」㈣王壽負書而行，見徐馮於周。徐馮曰：㈤「事者、為也，為生於時，時者無常事。㈥書者、言也，言生於知，知者不藏書。㈦今子何獨負之而行？」於是王壽因焚其書而儛之。㈧故知者不以言談教，慧者不以藏書學。此世之所過也，而王壽復之，是學不學也。㈨故曰：「學不學，復歸眾人之所過也。」㈩

【今註】㈠宋之鄙人三句：宋，周朝國名，是周朝封給商朝的後代的，盛時大約有現今河南省商丘縣以東，到江蘇省銅山縣以西的地方，戰國時被齊、魏、楚三國瓜分。鄙人，是鄉野的人。璞玉，是未經琢磨的玉石。子罕，春秋時，宋國的樂喜字子罕，是宋戴公的兒子樂父術的後裔，充任司城的官職，又稱司城子罕，是宋國優良的大夫。㈡宜為君子器二句：應該給官吏作器物，不應該給小民來使用。㊂我以不受子玉為寶：子，第二人稱代名詞。㊃欲不欲二句：是希企能夠無所希企，不看重不易獲得的財貨。這是老子第六十四章的文句。㊄王壽負書而行三句：見徐馮於周徐馮曰，各舊本下徐字作塗，塗字句絕。顧廣圻韓非子識誤，以為周字句絕，淮南道應塗作徐。王先慎韓非子集解：「依淮南作徐是也。涂為徐字形近之誤，後人又加土於其下耳。」據改。王壽，陳奇猷韓非子集釋：疑即漢書古今人表中上之王慎，亦見孟子，慎壽音近。徐馮，疑即古今人表中之徐子，藝文志著錄徐子四十二篇，班固自注云：宋外黃人。戰國策魏策及史記魏世家：「外黃徐子說太子申百戰百勝之術。」史記集解：「徐子，外黃人也，外黃時屬宋。」照這樣看，徐子是梁惠王時候的人。周，是周天子直屬的地方，這時的周，只有現今河南省洛陽附近一帶。㊅事者為也三句：事功是人類的作為，作為是由時勢產生的，因應時勢便沒有一定的事功。時者，各舊本作知者，據顧廣圻韓非子識誤改。㊆書者言也三句：書籍是人類的言論，言論是由智慧產生的，有智慧的人便無須保藏書籍。這裏兩個知字都讀為智。㊇於是王壽因焚其書而儛之：太田方韓非子翼毳：儛，舞同。王壽俄然覺道之不在文字，中心喜樂，不知手之舞之，足之蹈之。」㊈故知者不以言教數句：藏書學，各舊本學作篋。陶小石讀韓非子札記：「篋，疑當為學，以俗音近而誤也。學與教文義相配，下文此世之所過也，而王壽復之，是學不學也，語意與此相承。」據改。此世之所過，這是世人認為錯誤的。復之，是又那樣作。學不學，是效法不學習的。㊉學不學二句：眾人認為不學是錯誤的，智者卻以學為錯誤，現在要效法不學的，再走向眾人認為錯誤的路。這兩句也是老子第六十四章文句。

【今譯】 宋國有一個鄉下人，找到一塊璞玉，奉獻給司城子罕，子罕不肯接受。鄉下人說：「這是很珍貴的寶物，應該給官吏作器物，不應該給小民使用。」子罕回答說：「你把玉石當作寶物，我卻把不接受你的玉石當作寶物。」這顯示鄉下人希企玉石，子罕卻不希企玉石。所以老子說：「希企能夠無所希企，不看重不易獲得的財貨。」王壽背著書袋出行，到周地拜訪徐馮。徐馮說：「事功是人類的作為，作為是由時勢產生的，因應時勢便沒有一定的事功。書籍是人類的言論，言論是由智慧產生的，有智慧的人便無須保藏書籍。現在你為什麼卻背著書袋出行呢？」王壽忽然領悟，就把所背的書通通燒掉，高興得手舞足蹈起來。所以明智的人不拿言談教導，聰慧的人不用藏書學習。這是世人認為錯誤的，可是王壽又照那樣作，這是效法那不學習的。所以老子說：「效法不學習的，再走向眾人認為錯誤的路。」

夫物有常容，因乘以導之。因隨物之容，故靜則建乎德，動則順乎道。宋人有為其君以象為楮葉者，㊁三年而成，豐殺莖柯，㊂毫芒繁澤，㊃亂之楮葉之中，而不可別也。此人遂以巧食祿於宋邦。㊄列子㊅聞之曰：「使天地三年而成一葉，則物之有葉者寡矣。故不乘天地之資，而載一人之身；不隨道理之數，而學一人之智，此皆一葉之行也。㊆故冬耕之稼，后稷不能美

也；豐年大禾，臧獲不能惡也。㈧以一人力，則后稷不足，隨自然，則臧獲有餘。故曰：「恃萬物之自然，而不敢為也。」㈨

【今註】㈠物有常容數句：常容，是一定的性態。性態，是包括表象、性能、活動而言的。乘，是趁著、就著、順著的意思。靜，安靜，是動的相反詞。建，是建立、培養的意思。德，是道由萬物和人生表現出來的。這句的意思是說：安靜就能培養出德性。㈡宋人有為其君為楮葉者：宋，春秋國名，已見前節注一。這句話有兩個為字，第一個讀第四聲，是給或替的意思。第二個讀第二聲，是製作的意思。象，是象牙。列子說符篇作玉，作玉較好。楮，音ㄔㄨˇ，是一種喬木，葉子像桑葉，樹皮可以造紙。㈢豐殺莖柯：豐殺，是說葉子的大小。莖柯：梁啟雄韓子淺解：以為在此指葉脈，莖是指葉上的主脈，柯指葉上的支脈。㈣毫芒繁澤：毫芒，解作葉毛，不好。芒，是物尖銳的部分，這裏似指葉邊的鋸齒，毫，是微細的意思。繁澤，是色澤濃厚美麗。高亨韓非子補箋，以為繁當作顏，聲近而誤。㈤此人遂以巧食祿於宋邦：巧，各舊本作功。顧廣圻韓非子識誤：「巧，列子作功。」功巧形近而誤，據改。食，受納。食祿，就是領受俸祿。㈥列子：戰國前期鄭國人，著有列子一書，然多後人竄入的偽作。㈦故不乘天地之資數句：乘，已見本節注一。天地之資，自然生成的質性。載，是施行的意思。身，是自身的才力。理，也是道的意思。數，定數，必然的趨勢。行，是行為、作法的意思。㈧故冬耕之稼四句：稼，是穀物。后稷，是唐堯時的農官，周天子的遠祖。美，各舊本作羨。羨是豐饒的意思。俞樾諸子平議：「羨當作美，字之誤也。下文云：豐年大禾，臧獲不能惡也。美與惡相對。」據改。禾，穀類作物，未秀叫做苗，已秀叫做禾。大禾，是禾苗碩大，發育良好。臧獲，奴婢的賤稱，是說沒有才能的人。㈨恃萬物之自然二句：恃，借為待，是等待、任憑的意思。這兩句也是老子第六十四章的文句，原文作「以輔萬物之自然，而不敢為。」

【今譯】 萬物都有一定的性態，人們只能就著萬物的性態加以輔導。由於就著萬物的性態加以輔導，所以安靜就能培養德性，行動就能順應道紀。宋國有一個人，用象牙給君主雕製一片楮樹的葉子，經過三年的時光，纔雕製完成。葉子的大小、葉上的脈絡，周圍尖銳的鋸齒和美麗的色澤，都非常精到，混雜在真的楮葉當中，是很難分辨出來的。列子聽到這件事說道：「假使天地三年纔生出一片葉子，那麼萬物有葉子的就很少了。」所以不順從自然生成的質性，而應用一己的才力；不依循自然發展的定數，卻學習個人的智慧，這都是雕製楮葉的作法。因此，在冬季種植穀物，即便后稷也沒法豐收；豐年茁壯的禾苗，就是奴婢耕作也不會荒歉。由此可見，只靠個人的才力，后稷也會感到不足；依循自然的發展，奴婢也會綽綽有餘。所以老子說：「要任憑萬物自然發展，卻不敢自己加以造作。」

空竅者、神明之戶牖也。㈠耳目竭於聲色，精神竭於外貌，故中無主；中無主，則禍福雖如丘山，無從識之。㈡故曰：「不出於戶，可以知天下；不闚於牖，可以知天道。」㈢此言神明之不

離其實也。㈣

【今註】㈠空竅者神明之戶牖也：空，讀為孔。竅，音ㄑㄧㄠˋ，也是孔穴的意思。這裏空竅指人的耳目口鼻。神明，是人類的精神。淮南精神：「夫孔竅者，精神之戶牖也。」戶牖，是門戶的意思。戶，是單扇門。牖，音ㄧㄡˇ，是窗子。㈡耳目竭於聲色數句：是說耳目的作用全部用在聲色上，精神的作用全部用在表面上，心裏便沒有主宰。中，是心的意思。丘，是低小的山。丘山，用以形容大。識，是辨別的意思。㈢不出於戶四句：這是老子第四十七章文句。原文作：「不出戶，知天下；不闚牖，見天道。」闚，同窺，是偷看的意思。㈣此言神明之不離其實也：實，太田方韓非子翼毳，以為指形骸。實室音通。心是神的室，身是心的室。神明不離其實，就是精神不淫於外。

【今譯】耳、目、口、鼻等孔竅，好像精神的門戶一樣。耳目的作用全部用在聲色上，便是精神的作用，全部用在外物上，心裏就沒有主宰。心裏沒有主宰，禍福雖然像丘山那樣大，也無法識別。所以老子說：「不走出門戶，能夠知道天下的事情；不從窗口向外看，能夠了解自然的律則。」這就是說精神是不能離開本位的。

趙襄主學御於王於期，俄而與於期逐，三易馬而三後。㈠襄主曰：「子之教我御，術未盡也。」對曰：「術已盡，用之則過也。㈡凡御之所貴，馬體安於車，人心調於馬，而後可以追速致遠。㈢今君後、則欲逮臣，先、則恐逮於臣。㈣夫誘道爭遠，㈤非先則後也，而先後心皆在於臣，尚何以調於馬？此君之所以後也。」㈥

【今註】㈠趙襄主學御於王於期三句：趙襄主，就是趙襄子，名毋恤，是趙簡子的兒子。御，是駕馭車馬。王於期，外儲說右下作王子於期，或作王子期，左傳作郵無恤。大約王良，字於期，子和于形近，誤作子期。食采於郵，亦稱郵良。無恤和於期聲近，所以又作郵無恤。是春秋末年善於駕馭車馬的人。俄，是不久的意思。逐，是競走的意思。三易馬，是懷疑馬不好，所以屢次交換馬匹。㈡用之則過也：應用御車的技術卻有錯誤。㈢凡御之所貴四句：貴，注重。馬體安於車，使馬的身體適合車，也就是使駕起車來沒有不適感。人心調於馬，是使自己的心意和馬的行動協調一致。追速，各舊本作進速。據松皐圓定本韓非子纂聞改。本書難勢篇亦作追速。㈣今君後則欲逮臣二句：後，落後。逮，追及。先，超前。逮於臣，被臣追及。㈤誘道爭遠：誘，是進的意思。誘道，就是在道路上奔馳。爭遠，比賽誰先到達遠處。㈥而先後心皆在於臣三句：皆，乾道本、趙本沒有，茲從迂評本、凌本。尚，乾道本作上，茲從迂評本、趙本、凌本。這節沒有引老子文，王先愼韓非子集解，以為當連下為一條。

【今譯】　趙襄子跟王於期學駕車，沒有多久，就和於期比賽，三次和於期交換駕車的馬，結果三次都落後。襄子問於期：「你教導我駕車，技術還沒教完嗎？」於期回答說：「技術已經教完，三次落後，是您應用的不對呀。駕車最注重的，是馬的身體和車要適合，自己的心思和馬的行動要協調，這樣纔能夠追趕得快。到達得遠。現在您落後就想趕上我，您超前就怕被我趕上。凡是在路上奔馳比賽，不是超前就是落後。當您超前或落後的時候，心思總集中在我身上，怎麼還能對馬驅策如意呢？這就是您三次落後的緣故啊。」

白公勝慮亂，㈠罷朝，倒杖策，而銳貫頤，㈡血流至於地而不知。鄭人聞之曰：「頤之忘，將何不忘哉！」㈢故曰：「其出彌遠者，其知彌少。」㈣此言智周乎遠，則所遺在近也。㈤是以聖人無常行也。㈥能並知，故曰：「不行而知。」能並視，故曰：「不見而明。」㈦隨時以舉事，因資而立功，㈧用萬物之能，而獲利其上，故曰：「不為而成。」

【今註】　㈠白公勝慮亂：白公勝，春秋時楚國太子建的兒子。伍子胥和太子建逃亡到鄭國，鄭人殺太子建，伍子胥便和勝逃往吳國。後楚惠王召勝回國，使居楚國的邊地，號為白公。白公勝請伐鄭報父仇，適晉伐鄭，楚使子西救鄭，白公勝大怒，便起而作亂，為葉公子高所敗，逃往山中自殺。慮為亂，是心裏計畫作亂之事。㈡罷朝三句：朝，讀ㄔㄠˊ，是君主治事的地方。過去官吏每天早晨，謁見君主，奏事議政，叫做上朝。朝罷，是上朝議事完畢，也就是退朝。倒，讀第四聲，是上下位置互換。杖，用作動詞，是持杖的意思。策，是馬箠。策端有針以刺馬，叫做錣（ㄓㄨㄟˋ）。銳，是尖銳，這裏指策上的針。貫，是刺入。頓，同頤，是面頰或頷下。策而，各舊本作而策。高亨韓非子補箋：「而策，當作策而，轉寫誤倒。罷朝倒杖策，句，而銳貫頓，句。謂倒持其策，而策銳穿其頤也。」並引淮南子、列子以為證。據改。㈢頓之忘二句：之，解作尚且。何不，各舊本作何為。顧廣圻韓非子識誤：「為，淮南子、列子作不。」據改。㈣其出彌遠者其知彌少：彌，音ㄇㄧˊ，是愈、越的意思。心裏思慮的越廣，所了解的就越少。本節所譬解的都是老子第四十七章的文句。老子原文沒者字。㈤此言智周乎遠二句：周，是遍的意思。乎，用猶於。遺，遺漏。㈥是以聖人無常行也：常行，是永遠不改變的行為。㈦能並知二句：並知並視，多解作普知普視，或不偏知，不偏視。似與「其知彌遠者，其知彌少」，有欠協調。今按並似可解作比類，就是以類相比。並知，是比類以知，所以不行而知。並視，是比類以視，所以不視而明。㈧隨時以舉事二句：依循時勢的演化來興辦事業，利用自然的質性以建立功績。

【今譯】　白公勝計畫作亂，退朝回來，手裏倒拿著馬箠，馬箠上的尖針刺入了面頰，血流出來滴到地上，他還沒有覺察。鄭國人聽到這件事說道：「自己面頰尚且不在意，還有什麼事會在意呢？」所以老子說：「那心裏思慮得越廣遠的，他所了解的就越少。」這是說遠處的事物考慮得越周遍，近處的事物就會有遺漏，所以聖人沒有永遠不改變的行為。能夠比類以知，所以老子說：「不用走出門戶，就能知道天下的事情。」能夠比類以視，所以老子說：「不用望出窗口，就能看清自然的律則。」依循時勢的演化來興辦事業，利用自然的質性，以建立功績，應用萬物的能力，而從中獲取利益，所以老子說：「不用作為就能成功。」

楚莊王莅政三年，㊀無令發，無政為也。右司馬御座，而與王隱曰：㊁「有鳥止南方之阜，三年不翅，不飛不鳴，嘿然無聲，此為何名？」㊂王曰：「三年不翅，將以長羽翼；不飛不鳴，將以觀民則。雖無飛，飛必沖天；雖無鳴，鳴必驚人。子釋之，不穀知之矣。」㊃處半年，乃自聽政，所廢者十，所起者九，誅大臣五，舉處士六，而邦大治。㊄舉兵誅齊，敗之徐州，㊅勝晉於河雍，㊆合諸侯於宋，遂霸天下。㊇莊王不為小善，故有大名；不蚤見示，㊈故有大功。故曰：「大器晚成，大音希聲。」㊉

【今註】㊀楚莊王莅政三年：楚莊王，已見本篇第二節注一。莅，音ㄌㄧˋ，字又作涖，或作蒞。莅政，是主持國策，也就是即位為君。㊁右司馬御座二句：右司馬，官名。呂覽重言，以為成功賈；史記楚世家，以為伍舉；新序雜事二，以為士慶；史記滑稽列傳，淳于髡說齊威王，也和這段話近似。御座，就是侍立在君主座位的旁邊。隱，隱語，俗稱謎語，隱藏本意，使人猜測。㊂有鳥止南方之阜數句：止，棲止，停留。阜，是小的山陵。翅，是拍動翅膀。史記楚世家、新序雜事二，無不翅二字。呂覽重言，不翅作不動。嘿，字又作默。嘿然，寂靜無聲的樣子。㊃三年不翅數句：羽翼，都是翅膀的意思。長，讀ㄓㄤˇ，是使翅膀生長。則，法則。觀民則，是觀察臣民是否守職守分。沖，俗作冲，借為衝，向前或向上猛進叫衝。釋，放置，置而不言。不穀，古時王侯自謙稱不穀，是說自己不能像穀那樣養民。㊄處半年數句：處，讀第三聲。處半年，是在現狀下過了半年。聽政，是辦理政治。處士，是有才學而沒出來做官的人。處，也讀第三聲。㊅舉兵誅齊二句：顧廣圻韓非子識誤：「史記六國表，楚威王七年，圍齊於徐州。」韓子誤以為莊王時事。徐，應作徐，今山東省滕縣東南有薛故城，戰國時稱徐州。徐，音舒。史記十二諸侯年表：「楚莊王十三年，滅舒蓼。」或許是由這件事致誤的。㊆勝晉於河雍：已見本篇第二節注一。㊇合諸侯於宋二句：楚莊王十七年敗晉軍於邲，二十年圍宋，城中食盡，宋華元出城告以實情，莊王便和宋國訂盟罷兵。二十三年卒。史記楚世家，十二諸侯年表，未載合諸侯於宋之事。㊈不蚤見示：蚤，借為早。見示，是對臣民顯露自己的意願。㊉大器晚成二句：這是老子第四十一章文句。偉大的器物是經過長期的製作纔成功的。洪亮的音響是不經常發出的。希，本意為帛不密，俗多作稀，是稀少的意思。

【今譯】　楚莊王即位，三年當中，沒有發布命令，也沒有處理政事。有一次，右司馬在他座位的旁邊侍立，用隱語對莊王說：「有一隻大鳥，落在南面的山丘上，三年的時光，沒有拍動翅膀，不飛也不叫，寂靜得沒有一點兒聲響，這是什麼鳥呀？」莊王說：「三年沒有拍動翅膀，是要使翅膀長大；不飛也不叫，是要看看下面活動的法度，雖然沒飛，要飛一定直上天空；雖然沒叫，要叫一定震驚眾人。你不要再說，我已經明白了。」又這樣過了半年，便親自處理政事，罷黜了十個官吏，升遷了九個官吏，誅罰了五個大臣，拔用了六個處士，國家便非常平治。派兵進攻齊國，在徐州把他擊敗；又在衡雍擊敗晉國，在宋國召集諸侯會盟，就成為天下的霸主。莊王不肯作微末的善事，因而成就大名，不肯早日顯示自己的意願，因而建立大功。所以老子說：「偉大的器物要經過長久的時間纔能成功，洪亮的音響是不會經常發出的。」

楚莊王欲伐越，莊子諫曰：㊀「王之伐越，何也？」曰：「政亂兵弱。」莊子曰：「臣患智之如目也，能見百步之外，而不能自見其睫。㊁王之兵，自敗於秦、晉，喪地數百里，此兵之弱也。莊蹻為盜於境內，而吏不能禁，此政之亂也。㊂王之亂弱，非越之下也，而欲伐越，此智之如目也。」㊃王乃止。故知之難，不在見人，在自見。故曰：「自見之謂明。」㊄

【今註】㊀楚莊王欲伐越二句：楚莊王，已見本篇第二節注一。顧廣圻韓非子識誤：「荀子楊倞注引無莊字。按莊王與莊蹻不同時，或此莊王亦謂威王也。」越，周朝國名，在現今浙江省杭縣以南地帶。傳到越王句踐，吞滅吳國，據有現今江蘇浙江兩省，和山東省南部，後被楚國吞滅。莊子，各舊本作杜子。顧廣圻韓非子識誤：「楊注引此杜作莊。」王先慎韓非子集解：「杜乃莊之誤，御覽三百六十六引作莊，下同。」文選注引作莊子，又作莊周子。據改。莊子，名周，戰國時蒙人。蒙，屬魏國，在今山東省荷澤縣東；一說屬宋國，在今河南省商邱縣東北。曾做過漆園吏，和惠施交好。楚威王使人迎聘為相，辭不肯往。著有莊子傳世。㊁臣患智之如目也三句：患智之，乾道本、趙本作愚患之智，迂評本、凌本作患之智。盧文弨羣書拾補：「愚字衍，張、凌本無；之智，當作智之，舊倒譌。」王先慎韓非子集解，據盧說刪改。茲從集解。睫，音ㄐㄧㄝˊ，是上下眼皮邊上的細毛。眉睫，是比喻迫近。㊂莊蹻為盜於境內三句：史記西南夷列傳：「始楚威王時，使將軍莊蹻將兵，循江上略巴、蜀、黔中以西。莊蹻者，故楚莊王苗裔也。」荀子議兵篇：「莊蹻起，楚分而為三四。」參以本節和各家引用考注的說法，可得結論：一、莊蹻是楚莊王的後裔，不是楚莊王的弟弟。二、初起為盜，後為將軍，率領軍隊向西南發展。至於為盜的是一莊蹻；為將軍的是另一莊蹻，時間稍後，仍待確考。㊃王之弱亂四句：非越之下，是不下於越的意思。而欲伐越，乾道本、趙本脫而字，茲從迂評本凌本。㊄自見之謂明：這是老子第三十三章文句。原文作「自知者明」，韓子上文是說自見，便把老子原文「自知」改成了自見，實際自知和自見，意思是一樣的。之、解作則。

【今譯】　楚莊王打算攻打越國，莊子勸諫說：「大王打算攻打越國，動因是怎樣的？」莊王說：「因為越國政治紊亂，兵力疲弱。」莊子說：「我很憂慮智慧就像眼力一樣，能夠看見百步以外的東西，卻不能看見自己的睫毛。大王的兵力，自從被秦國和晉國擊敗，喪失了幾百里的土地，元氣已經大受損害，這是兵力的疲弱。莊蹻在國內作亂，官吏無法禁阻，這是政治的紊亂。照這樣看，楚國政治的紊亂，兵力疲弱，不在越國之下，還想出兵攻打越國，這就是智慧就像眼力，只看見遠處卻沒看見近處呀。」莊王聽了這番話，便停止攻打越國的事。由此可見，人類明智的困難，不在於看清別人，而在於看清自己。所以老子說：「能夠看清自己就算是明智了。」

子夏見曾子，㊀曾子曰：「何肥也？」對曰：「戰勝，故肥也。」曾子曰：「何謂也？」子夏曰：「吾入見先王之義則榮之，出見富貴之樂又榮之，兩者戰於胸中，未知勝負，故臞。今先王之義勝，故肥。」㊁是以志之難也，不在勝人，在自勝也。故曰：「自勝之謂強。」㊂

【今註】㊀子夏見曾子：子夏，姓卜名商，春秋時衛國人。孔子弟子，長於文學。孔子沒後，講學西河，傳詩及春秋公穀二傳，魏文侯把他當老師看待。曾子，名參，字子輿，春秋時魯國南武城人。孔子弟子，領悟儒學一貫的道理，傳授給子思，述大學，作孝經，後世稱為宗聖。㊁吾入見先王之義則榮之數句：先王之義，史記樂書作夫子之道。榮，是光榮、美麗的意思。榮之，感覺那是光榮。淮南子精神訓，榮作說（悅）。臞，音ㄑㄩˊ，是肉少的意思，俗語用瘦。字又作癯。荀子正論篇：

「志意修，德行厚，知慮明，是榮之由中出者也，夫是之謂義榮；爵列尊，貢祿厚，形勢勝，上為天子諸侯，下為卿相士大夫，是榮之從外至者也，夫是之謂勢榮。」㈢自勝之謂強：這是老子第三十三章文句。原文作「自勝者強」。

【今譯】子夏拜訪曾子，曾子說：「你近來怎麼這樣肥胖呀？」子夏說：「我近來作戰勝利，所以肥胖起來。」曾子說：「你說的話，是什麼意思呀？」子夏說：「我回來看見先王垂示的正道，就覺得那是很光榮的；出外看見世俗富貴的享樂，又覺得那是很光榮的，這兩種意念在胸中交戰，未知勝負，所以消瘦。近來先王垂示的正道戰勝，所以肥胖起來。」因此，志慮的困難，不在於戰勝他人，而在於戰勝自己。所以老子說：「能夠戰勝自己就算是堅強了。」

周有玉版，紂令膠鬲索之，文王不與；費仲來求，因予之。㈠是膠鬲賢，而費仲無道也。周惡賢者之得志也，故予費仲。文王舉太公於渭濱者，㈡貴之也；而資費仲玉版者，㈢是愛之也。故曰：「不貴其師，不愛其資，雖知大迷，是謂要妙。」㈣

【今註】㈠周有玉版數句：周，商朝後期，古公亶父由邠遷岐，便以周為國號。傳到武王，誅滅商紂，而成為天下的共主。玉版，是用來刻文字，書冊命，錄箴戒的玉石。紂，是商朝最後一個帝王，已見本篇第八節注一。膠鬲，是商紂的賢臣。費仲，是商紂的諛臣。㈡文王舉太公望於渭濱：文王，姓姬名昌，繼父季歷為周國的君主。商紂時為西伯，積善施仁，被商紂囚在羑里。後得釋歸，諸侯歸附，三分天下有其二。他的兒子武王滅紂為天子，追尊他為文王。太公望，本姓姜，先代封於呂，子孫又以呂為氏，名尚，或謂名望，字尚父。西伯出獵，在渭水附近相遇，便把他載在車上，一同回來。立他為師。西伯死後，太公望輔佐周武王滅商，封於齊國。太公，大概是齊國人對他的尊稱。渭，是渭水，發源於甘肅省渭源縣鳥鼠山，東南流入陝西省，會涇洛諸水，在朝邑縣入黃河。㊂而資費仲玉版者：資，是給與財物的意思。本書內儲說下：「文王資費仲而遊於紂之旁，令之間紂而亂其心。」㊃不貴其師四句：資，是借資的意思。文王把玉版給與費仲，就是要藉取費仲的作用。要，是至極，妙，是微妙、奧妙。要妙，是極為微妙的道理。這幾句是老子第二十七章文句。蔣錫昌老子校詁：「還淳反樸，不貴師資，此乃聖人善救人物之法也。顧此法雖智，而世人則大惑不解，此其所以終成為精要玄妙之道也。」這是老子的本意。本篇以文王師太公、資費仲予以譬解，恰和老子原意相反。這裏似以貴師、愛資為應世要妙的道理。

【今譯】周國有珍貴的玉版，商紂派膠鬲前來索取，周文王沒有給與；費仲又來索取，文王就給與他了。因為膠鬲是位賢良，而費仲是個姦佞。周國不願賢良在商紂那裏得志，所以不給膠鬲，而給與費仲。文王從渭水旁邊起用太公，是由於對他的尊重；把玉版給與費仲，是由於對他的愛護。所以老子說：「不尊重所師禮的，不愛護所藉資的，雖然自以為智，其實是迷惑愚昧的，這是極為微妙的道理呀。」

卷九

人　主

【釋題】本篇原為第二十卷第五十二篇。因篇首有人主二字，內容亦係討論做君主的方法，所以用人主做篇名。

【提要】本篇主旨在提示做君主的要道。全篇分為兩段：第一段說明人主喪失權勢於臣下，便會身死國滅。第二段說明法術之士和權臣倖臣不能相容，人主多被權幸蒙蔽，而不能重用法術之士，實為禍亂的根源。本篇多用愛臣、二柄、孤憤、五蠹、和氏諸篇辭意，大概因為本書早有脫佚，本篇或出於後人增輯，以補足五十五篇的數目。

人主之所以身危國亡者，大臣太貴，左右太威㊀也。所謂貴者，無法而擅行，操國柄而便私者也。所謂威者，擅權勢而輕重者也。㊁此二者、不可不察也。夫馬之所以能任重、引車、致遠道者，以筋力也。萬乘之主，千乘之君，㊂所以制天下而征諸侯者，以其威勢也。威勢者、人主之筋力也。今大臣得威，左右擅勢，是人主失力；人主失力，而能有國者，千無一人。虎豹之所以能勝人，執百獸者，以其爪牙也；當使㊃虎豹失其爪牙，則人必制之矣。今勢重者、人主之爪牙也；君人而失其爪牙，㊄虎豹之類也。宋君失其爪牙於子罕，㊅簡公失其爪牙於田常，㊆而不蚤㊇奪之，故身死國亡。今無術之主，皆明知宋、簡之過㊈也，而不悟其非，不察其事類者也。㊉

【今註】㊀太威：威，勢力，作用。太威，就是作用太大。㊁所謂威者二句：劉師培韓非子斠補：「案威者下有脫文，以上文『無法而擅行』律之，當有『□□而□□』五字。擅權勢，是據有權勢。輕重，是使人或事物變輕或變重，也就是作威作福。㊂萬乘之主二句：乘，讀ㄕㄥˋ，是車輛的單位。周朝的制度，天子地方千里，出兵車萬乘；諸侯地方百里，出兵車千乘。到戰國時，大國都有兵車萬乘。㊃當使：猶言儻使。當和儻音近字通。㊄君人而失其爪牙：君，動詞，是做君主的意思。而，假設連詞，意思和如字一樣。㊅宋君失其爪牙於子罕：子罕，大約是宋國的大夫皇喜。本書內儲說下載皇喜和戴驩爭權，「殺宋君而奪其政。」詳見二柄篇注。㊆簡公失其爪牙於田常：田常，左傳作陳恒，史記作田常，春秋時齊國的卿，弑齊簡公，立平公，專攬齊國的政權，卒謚成子。田常曾孫和列為諸侯，和子午遂代齊國。㈧蚤：假借為早。㈨過：陶小石讀韓非子札記：「當為禍，古通用，禍承上文身死國亡言。」㈩不察其事類者也：事類，事情的相同。

【今譯】 做君主的為什麼會身死國滅呢？因為大臣太尊貴，近臣有威勢。所謂尊貴，是不顧法制，任意行事，掌握國柄，營謀私利。所謂威勢，是憑借權勢，作威作福。這兩種情形，不可不多加注意呀。馬所以能夠負重物，拖車輛，走遠路，就是因為有筋力。有萬輛兵車的天子，有千輛兵車的國君，所以能夠控制天下，征服諸侯，就是因為有威勢。威勢便是人主的筋力。假如大臣和近臣獲得威勢，等於人主失去權力；人主失去權力，還能保有國家的，一千個當中沒有一個。虎豹所以能為害人類，捕食百獸，因為牠們有銳利的爪牙；儻若虎豹失去爪牙，就要被人制服了。權勢便是人主的爪牙；人主假如失去爪牙，就像被制服的虎豹一樣啊。宋君的爪牙落在子罕手裏，簡公的爪牙落在田常手裏，而不趁早奪取回來，因而身死國滅。現在許多不懂治術的君主，都很清楚宋君和齊簡公的災禍，可是還不醒悟自己的作法不對，就是不注意事情的相同呀。

且法術之士與當途㈠之臣，不相容也。何以明之？主有術士，則大臣不得制斷㈡，近習不敢賣重㈢。大臣左右權勢息；則人主之道明矣。今則不然。其當途之臣，得勢擅事，以環其私；㈣左右近習，朋黨比周，以制疏遠㈤，則法術之士奚時得進用，人主奚時得論裁㈥？故有術不必用，而勢不兩立，法術之士焉得無危？故君人者、非能退大臣之議，而背左右之訟，獨合乎道言也，則法術之士安能蒙死亡之危㈦而進說乎？此世之所以不治也。明主者、推功而爵祿，稱能而官事，㈧所舉者必有賢，所用者必有能，賢能之士進，則私門㈨之請止矣。夫有功者受重祿，有能者處大官，則私劍之士安得無離於私勇而疾距敵，游宦之士焉得無撓於私門而務於清潔矣！此所以聚賢能之士，而散私門之屬也。㈩今近習者不必智。人主之於人也，或有所智而聽之，入因與近習論其言，⑪聽近習而不計其智，是與愚論智也。其當途者不必賢。人主之於人，或有所賢而禮之，入因與當途者論其行，聽其言，而不用賢，是與不肖論賢也。故智者決策於愚人，賢士程行⑫於不肖，則賢智之士奚時得用，而人主之明塞矣。昔關龍逢說桀而傷其四肢，⑬王子比干諫紂而剖其心，⑭子胥忠直夫差而誅於屬鏤。⑮此三子者、為人臣非不忠，而說非不當也，然不免於死亡之患者，主不察賢智之言，而蔽於愚不肖之患也。今人主非肯用法術之士，聽愚不肖之臣，則賢智之士，孰敢當三子之危，㈥而進其智能者乎？此世之所以亂也。

【今註】㈠當途：就是當道，權要。㈡制斷：是控制裁決的意思。和氏篇作擅斷。㈢賣重：賣，是犧牲他人或他物使自己權利，如賣國、賣友等。重，就是權力。賣重，是利用君主的權力，使自己獲利。㈣以環其私：本書五蠹篇說：「自環謂之私」，說文引用作「自營為私」，段玉裁注說：「二字（指環營）雙聲語轉，營訓市居，環訓旋繞，其義亦相通。」㈤疏遠：陳奇猷韓非子集釋以為指新進，新近尚未接近君主，所以謂為疏遠。㈥論裁：都是決定的意思。㈦蒙死亡之危：就是冒死亡的危險。蒙，借為冒。㈧推功而爵祿二句：推，推尋。稱，衡量。官事，都是職務的意思。㈨私門：就是私家的意思，指有權勢的官吏。㈩則私劍之士安得無離於私勇而疾距敵四句：私劍之士，指游俠。疾，通急。距，通拒。疾距敵，就是勇於抗敵。游宦，指游說之士。撓，音ㄋㄠˊ，是卻避的意思。屬，徒屬。㈡入因與近習論其言：因，用猶而字，後面入因與當途者論其行的因字也是一樣。㈢程行：量度人格。程，本意為量米穀，引申為量一切事物。行，讀第四聲，是品行的意思。㈢關龍逢說桀而傷其四肢：關龍逢，夏朝的賢臣。夏桀無道，極諫被殺。㈣王子比干諫紂而剖其心：王子比干，商紂的叔父，封於比，所以稱為比干。商紂無道，比干強諫，商紂忿怒說：「我聽說聖人的心有七竅。」便把比干殺死，剖出他的心來觀看。㈤子胥忠直夫差而誅於屬鏤：子胥，姓伍名員，春秋時楚國人。父親伍奢、哥哥伍尚，都被楚平王殺死，子胥逃到吳國，輔佐吳王闔廬和吳王夫差，破楚降越。曾勸諫夫差不要允許越王求和，又諫阻伐齊，夫差賜給他屬鏤之劍自殺。㊅當三子之危：當，擔當，承受。三子，指關龍逢、王子比干、伍子胥。

【今譯】 而且抱持法術的人，和當權在位的官吏，是不能相容的。怎樣知道呢？人主重用抱持法術的人，大臣就不能專斷朝政，近臣就不能利用君權，大臣和近臣的權勢消滅，君主的治道纔能顯明。現在的情形卻不是這樣，大臣掌握權勢，以營求自身的利益；近臣糾合黨與，以排斥新進的人物。這樣，抱持法術的人什麼時候纔能進用？君主什麼時候纔能自行裁決國政呢？所以抱持法術不一定被重用，同時又和大臣近臣勢不兩立，法術之士怎能沒有危險呢？假如人君不能排除大臣的意思，擯斥近臣的爭執，而同意於道法的言論，法術之士怎能冒死亡的危險貢獻寶貴的意見呢？這就是天下不能平治的緣故啊。賢明的君主推尋功勞而賜與爵祿，衡量才能而授以職任，所拔擢的必然是賢良，所任用的一定有才能，賢能的人能獲進用，私家的請託自然就停止了。有功勞的受重賞，有才能的做大官，豪俠之士怎能不放棄私勇而奮起拒敵呢？游宦之士怎能不卻避私門而保持清操呢？這就是聚集賢能，消弭私黨的方法呀。現在人主的近臣未必有智慧，當人主發覺某人有智慧，想予以採納時，便在宮裏和近臣研究，結果相信近臣的話，而不聽從智者，這是和愚人評量智者。人主的大臣未必是賢良，當人主發覺某人是賢良，想予以禮遇時，便在朝裏和大臣討論，結果相信大臣的話，而不重用賢者，這是和不肖評量賢者。因此智者的計策由愚人決定，賢者的品格由不肖衡量，賢智之士便無法進用，而君主的明智就被蒙蔽了。從前關龍逢諫說夏桀，被砍斷四肢；王子比干勸諫商紂，被剖出心臟；伍子胥忠諫吳王夫差，結果用屬鏤之劍自刎而死。這三個人，為官並非不忠誠，進言並非不適當，可是都不能免除殺身的災禍，這是什麼緣故呢？就是君主沒有察辨賢智的言論，而被愚昧姦邪的官吏所蒙蔽呀。現在的君主，不肯重用法術之士，專門聽信愚昧姦邪的官吏，賢智之士那個敢冒關龍逢、王子比干、伍子胥的危險，向君主貢獻他們的智能呢？這就是天下騷亂的根源啊。

用　人

【釋題】本篇為第八卷第二十七篇，因篇首有用人二字，就用來做篇名。

【提要】本篇主旨，在說明君主用人的方法。全篇略分八段：第一段，說明君主用人，必須循天、順人、明賞罰，使官吏都宜其能，勝其官，輕其任。第二段，說明執守法術、規矩、尺寸，即便中主拙匠，亦能萬不失一。第三段，說明明主應立可為之賞，設可避之罰；不可釋三易之數，而行一難知之心。第四段，說明明主應除人臣之所苦，而立人主之所樂。第五段，說明君主不可立難為而罪不及，官吏不能失所長而奉難給。第六段，說明內憎燕民，而外愛魯人，則燕不用，而魯不附。第七段，說明發矢中的，賞罰當符，則堯復生，羿復立。第八段，說明君主用人治國，應致力堵塞隙穴，不可徒事赭堊，以結束全篇。本篇思想，大體和法家相合；不過篇中厲廉恥，招仁義數語，和五蠹篇

「仁義用於古，不用於今」相反，篇首又有和飭令篇重出的文字，亦不無可疑。

聞古之善用人者，必循天、順人、而明賞罰。㈠循天則用力寡而功立，順人則刑罰省而令行，㈡明賞罰則伯夷盜跖不亂，如此則白黑分矣。㈢治國之臣，效功於國以履位，見能於官以受職，盡力於權衡以任事。㈣人臣皆宜其能，勝其官，輕其任，而莫懷餘力於心，莫負兼官之責於君。故內無伏怨之亂，外無馬服之患。明君使事不相干，故莫訟；使士不兼官，故技長；使人不同功，故莫爭。㈤爭訟止，技長立，則強弱不觳力，㈥冰炭不合形，㈦天下莫得相傷，治之至也。

【今註】㈠必循天順人而明賞罰：循天，依循天理。天理就是安危篇所謂自然。順人，順應人情。㈡順人則刑罰省而令行：省，讀ㄕㄥˇ，是少的意思。㈢明賞罰則伯夷盜跖不亂二句：伯明，明確。伯夷，是商朝末年孤竹國君主的長子，父親死後，和弟弟叔齊讓國，相繼出走，打算投奔西伯姬昌（後追尊為周文王）。西伯死後，他的兒子姬發伐紂，伯夷叔齊攔住他的馬勸諫。姬發滅紂，自為天子，便是周武王。伯夷叔齊認為這是可恥的事，便不食周朝的俸祿，餓死在首陽山。後世以為廉讓的代表人物。盜跖，春秋時柳下惠的弟弟。莊子盜跖篇說：「盜跖從卒九千人，橫行天下，侵暴諸侯，穴空樞戶，驅人牛馬，取人婦女，貪得忘親，不顧父母兄弟，不祭先祖，所過之邑，大國守城，小國入保，萬民苦之。」後世用為惡人的代表。白黑，猶言善惡。㊃效功於國以履位三句：效功，就是獻功，立功。履，是就的意思，位，指爵位。本書飭令篇：「效功取官爵。」見，讀為現。官，公眾。職，官職。權衡，猶言法度。㊄人臣皆宜其能數句：自「宜其能」至「故莫爭」又見於飭令篇。宜，是適宜、適用的意思。勝，讀第一聲，是勝任的意思。輕其任，是任務輕鬆、易於完成的意思。懷，是藏的意思。兼官，就是現在所謂兼職。兼職事多，便不易全部作好。伏怨，怨恨潛伏在心裏，等待時機發作。陳奇猷韓非子集釋，舉內儲說下楚商臣弒成王，鄭高渠彌弒昭公，為伏怨之亂。馬服，指戰國時趙將馬服君趙奢的兒子趙括。趙括自幼學習兵法，自謂天下無敵，和他的父親趙奢談論兵法，趙奢不能取勝。可是趙奢說：「將來覆滅趙國軍隊的，一定是趙括。」後來趙國和秦國在長平作戰，趙王誤信秦國間諜的話，用趙括代廉頗為將。藺相如和趙括的母親都曾諫阻，趙王不聽。秦將白起大敗趙軍，射殺趙括，把趙國降卒四十多萬活埋在長平。這是春秋戰國傷亡最慘重的戰役，完全由於趙括不宜其能，不勝其官所造成。干，是侵犯的意思。訟，是爭辯、攻訐的意思。技長，是才能優裕。㊅強弱不觳力：觳，讀為角，是競爭的意思。㊆冰炭不合形：陳奇猷韓非子集釋：「形，讀型。顯學篇：『冰炭不同器而久』，型器義同。冰炭不合型，喻不相侵犯也。

【今譯】　我聽說古代善於用人的君主，一定依循天理，順應人情，並且賞罰明確。依循天理，無須多費力量就可以建立功業；順應人情，不必多用刑罰就可以推行命令；賞罰明確，廉讓的人和貪暴的人就不至混亂，這樣，是非善惡，就可以分辨的清清楚楚了。政治清明的國家，臣民為國家建立功業以取得爵位，為公眾表現才能而接受官職，盡力遵循法度來辦理事務。才能獲得適用，官職能夠擔承，任務容易完成。大家心裏沒有保留餘力，沒有兼官的負擔，內部沒有潛伏怨恨的變亂，外面沒有像趙括那樣的慘敗。英明的君主要使職責不相侵犯，所以不會互相攻訐；要使官吏沒有兼職，所以才能都有餘裕；要使人民不同功業，所以不至發生爭鬬。這樣，官吏都具有充裕的才能，相互的爭訟完全平息，強和弱不會憑力量競爭，社會上沒有相反勢力的對立，天下的國家都不能予以危害，這纔是最理想的政治啊。

釋法術而任心治，堯不能正一國。㈠去規矩而妄意度，奚仲不能成一輪。㈡廢尺寸而差短長，王爾不能半中。㈢使中主守法術，拙匠執規矩尺寸，㈣則萬不失矣。君人者能去賢巧之所不能，守中拙之所萬不失，則人力盡而功名立。

【今註】㈠釋法術而任心治二句：釋，捨棄。任，各舊本無。王先慎韓非子集解：「御覽八百三十引心上有任字，是。下去規矩而妄意度，妄意度與任心治相對為文，明此脫任字，今據補。」茲依集解補任字。堯，是唐堯，中國古代的聖王。㈡去規矩而妄意度二句：規矩，規是畫圓的器具，矩是畫方的器具。妄，是亂的意思。意度，是以己意揣測。度，讀ㄉㄨㄛˋ。奚仲，夏禹時的車正。世本謂奚仲始為車。輪，車輪。又為車的代稱。王嘉拾遺記：「又副以瑤華之輪十乘。」㊂廢尺寸而差短長二句：差短長，是分別長短。王爾，淮南子本經訓注，以為「古之巧匠」。中，讀第四聲，是相合的意思。㊃拙匠執規矩尺寸：執，王先慎韓非子集解：「各本作守，治要、藝文類聚、御覽引並作執。」據改。執，也是守的意思。

【今譯】　放棄法術而憑藉自己的意念治理，唐堯也不能把一國平治；拋擲規矩而胡亂揣度，奚仲也不能造成一輛車子；廢除尺寸，而分別長短，王爾也不能使一半確合。假使中等的君主謹守法度，拙笨的工匠堅持規矩尺寸，作一萬件事也不會有一件差錯。做君主的若能放棄聖賢巧匠不易辦到的方法，而採行中主拙匠絕無差錯的方法，就能竭盡人力而建立功名了。

明主立可為之賞，設可避之罰。故賢者勸賞，而不見子胥之禍；㊀不肖者少罪，而不見傴剖背，㊁盲者處平而不遇深谿，愚者守靜而不陷險危，如此則上下之恩結矣。㊂古之人曰：「其心難知，喜怒難中也。」㊃故以表示目，以鼓語耳，以法教心。㊄君人者釋三易之數，㊅而行一難知之心，如此則怒積於上，而怨積於下。㊆以積怒而御積怨，則兩危矣。明主之表易見，故約立；其教易知，故言用；其法易為，故令行。三者立，而上無私心，則下得循法而治，望表而動，隨繩而斲，㈧因攢而縫，㈨如此則上無私威之毒，㈩而下無愚拙之誅。㈡故上居明㈢而少怒，下盡忠而少罪。

【今註】㈠而不見子胥之禍：子胥，姓伍名員，春秋時楚國人。父奢兄尚，被楚平王誣殺，子胥逃到吳國，輔佐吳王闔廬及夫差，破楚敗越。因勸諫吳王夫差勿許越國求和，又諫阻伐齊，夫差賜以屬鏤之劍自殺。子胥之禍，就是以忠諫受禍。見，是受的意思。㈡而不見傴剖背：傴，音ㄩˇ，是駝背的意思。史記宋世家、戰國策宋策、新序雜事四，都有宋康王（宋亡國的君主名偃）剖傴之背的記載，又見本書安危篇。這裏指無罪被殺。㈢則上下之恩結矣：君臣恩愛相互結合，就是君愛臣，臣亦愛君。㈣喜怒難中也：中，讀第四聲，是適合、適應的意思。㈤故以表示目三句：表、標幟，就是旌旗、符號之類。以表示目，就是以標幟使大眾用眼睛接受政府的意向。鼓，指鐘鼓，古代用以傳布號令、報告時刻。以鼓語耳，是以鐘鼓使大眾用耳朵接受政府的意向。以法教心，是以法度使大眾用心靈接受政府的意向。㈥君人者釋三易之術：三易，就是表易見，鼓易知，法易為。數，是術的意思。㈦如此則怒積於上二句：陳奇猷韓非子集釋：「以心治則喜怒隨心而變，下怨主之喜怒無常，上怒下不能從令。」㈧隨繩而斲：繩，木匠取直的工具，俗稱墨線。斲，音ㄓㄨㄛˊ，是砍削的意思。隨著墨線砍削，便不會有差錯。㈨因攢而縫：因，依照。攢，松皐圓定本韓非子纂聞，以為攢通劗，是剪衣的形狀，這句是說依照剪裁的形狀縫製，不會有差錯。劗，古剪字。⑩上無私威之毒：私威，不依法度而行罰。毒，是害的意思。㊁下無愚拙之誅：官吏依法辦事，不會有差錯，便不至因愚拙而被罰。㊂居明：是保持明智。居，乾道本誤作君，茲從迂評本、趙本、凌本。

【今譯】　明主建立可能作到的獎賞，設置可能避免的懲罰。所以賢能的人勉力求賞，而不會有忠諫被殺的災禍；平庸的人儘量避罪，而不會有無端剖背的刧難；盲目的人長在平地生活，而不至跌進谿谷；愚昧的人多方保持寧靜，而不至陷入危險，這樣，君主和官吏便能相互愛護了。古人說：「人的心理很難瞭解，因而喜怒便不易適應。」所以拿標幟使人用眼睛看，拿金鼓使人用耳朵聽，拿法度使人用心靈想。君主放棄這三種容易的方法，而全憑很難瞭解的心理行事，官吏便會怨恨君主喜怒無常，君主便會忿怒官吏不能從令。這樣，君主便蓄積很多對官吏的忿怒，官吏也蓄積很多對君主的怨恨，以蓄積忿怒的君主，控馭蓄積怨恨的官吏，君主和官吏都是很危險的。明主的標幟容易看見，所以約束能夠建立；教導容易瞭解，所以言語能夠聽從；法度容易遵循，所以命令能夠施行。這三件事能夠建立，君主便不會任意妄為，官吏可以依循法度治事，看著標幟行動，根據墨線砍削，按照剪裁縫製。這樣，君主便沒有任意威怒的毒害，官吏也不會因愚拙而受到誅罰。所以君主保持明智而很少忿怒，官吏儘量效忠而絕少罪刑。

聞之曰：「舉事無患者，堯不得也。」㊀而世未嘗無事也。君人者不輕爵祿，不易富貴，不可與救危國。㊁故明主厲廉恥，招仁義。㊂昔者介子推無爵祿，而義隨文公，不忍口腹，而仁割其肌。故人主結其德，書圖著其名。㊃人主樂乎使人以公盡力，而苦乎以私奪威。人臣安乎以能受職，而苦乎以一負二。㊄故明主除人臣之所苦，而立人主之所樂，上下之利，莫長於此。㊅不察私門㊆之內，輕慮重事，厚誅薄罪，乃怨細過，長侮偷快，㊇數以德追禍，是斷手而續以玉也，故世有易身之患。㊈

【今註】㊀舉事無患者二句：舉事，是興辦事業。患，是弊病的意思。㊁君人者不輕爵祿三句：易，也是看輕的意思。這兩句是說不惜拿爵祿富貴重賞有功的官吏。可與，猶言可以。㊂故明主厲廉恥二句：厲，勸勉，後多用勵。招仁義，松皐圓定本韓非子纂聞：「招，猶揭也。莊子：自虞氏招仁義以亂天下也，天下莫不奔命於仁義。」今按：這裏招字，仍應解作招引。招仁義，就是招引人民走向仁義。㊃昔者介子推無爵祿數句：介子推，亦作介之推，春秋時晉國人。晉國驪姬的禍亂，追隨公子重耳逃亡各國，路途窮乏，曾割自己大腿上的肉燒給重耳吃。經過十九年艱苦的歲月，重耳回國做了君主，就是晉文公。文公封賞追隨流亡各國的人，忘記介子推，介子推便奉母隱於介山。文公省悟，用盡方法，尋找不到，便放火燒山，希望他逃出來。介子推竟抱樹焚死。不忍口腹，趙海金讀韓非子札記：以為不字衍。這句是說介子推由於仁愛，忍口腹之欲，而割股以食文公。結其德，是懷念他的德惠。著其名，是記述他的名聲。㊄人主樂乎使人以公盡力四句：以，解作為（ㄨㄟˋ）。以私奪威，是為私利奪取君主的威權。以一負二，宋本注：「謂一身兩役也。」㊅莫長於此：長，是善的意思。㊆私門：指權臣的家。㊇長侮偷快：孫楷第讀韓非子札記，以為侮當作悔。悔，音ㄏㄨㄟˇ，是貪的意思。偷，苟且，暫時。長悔偷快，是常貪一時的快樂，和輕慮重事，厚誅薄罪，久怨細過，文同一例。宋本注，以為長輕侮人，偷取一時之樂，是不對的。㊈數以德追禍三句：數，讀ㄕㄨㄛˋ，屢次。追禍，是招來災禍。斷手，指不察私門之內至長侮偷快數句，續玉，指施行德惠。玉手雖美，不徒無用，甚至有害，所以有易身之患。易身，指被篡弒。

【今譯】　我聽說：「興辦事業，完全沒有毛病，即便唐堯也作不到。」可是世間隨時都有事業出現。做君主的不看輕爵祿富貴，用以重賞勇於立功的官吏，便不能挽救危亡的國家。所以英明的君主拿廉恥勸勉臣民，拿仁義引導臣民。從前介子推沒有爵祿，由於忠義而追隨文公流亡，忍住口腹，由於仁愛而割股奉獻文公食用，所以君主懷念他的善行，圖書記載他的聲名。做君主的由於能使人民為國家盡力而喜悅，由於官吏為私利奪取君主的威權而苦惱。官吏由於按照才能擔任職務而安適，由於一人擔負兩份責任而痛苦。英明的君主要除去官吏感覺痛苦的，而建立君主所喜悅的，君臣的利益，沒有比這更好的。假如不詳察權臣的內情，輕率的謀畫國家大事，對輕罪予以嚴重的誅罰，對小過心裏總存著怨恨，常常貪圖一時的快樂，並且屢次拿德惠招來災禍。這樣，就像砍斷原來的手而接上一隻玉手，不但無益，甚且有害，所以世間有君主被篡弒的禍亂。

人主立難為，而罪不及，則私怨生。㈠人臣失所長，而奉難給，則伏怨結。㈡勞苦不撫循，憂悲不哀憐，喜則譽小人，賢不肖俱賞，怒則毀君子，使伯夷與盜跖俱辱，故臣有叛主。

【今註】㈠人主立難為而罪不及則私怨生：立難為，是建立臣民不容易作到的法度。罪不及，是誰作不到就治誰的罪。生，乾道本作立，茲從迂評本、趙本、凌本。㈡人臣失所長而奉難給則伏怨結：失所長，是專長不能施展。不克以能受職，就會失其所長。奉，是奉行。給是足的意思。奉難給，就是奉行職任，力量不能達成。以一奉二，就會力有不足。伏怨結，是慢慢積結成為潛伏在心裏的怨恨。

【今譯】君主建立臣民不容易作到的法度，作不到的便治罪，臣民就會有私自的怨恨發生。官吏的專長不能施展，而奉行的職任力量又不能達成，慢慢就會積成潛伏的怨恨。勞苦的不予以撫慰，憂傷的不予以哀憐，高興的時候就稱讚小人，賢能的和庸鄙的同樣賞賜；忿怒的時候就詆毀君子，使廉讓的和貪暴的同樣受辱，所以有些官吏就背叛君主了。

使燕王內憎其民，而外愛魯人，則燕不用而魯不附。民見憎，不能盡力而務功；魯見說，而不能離死命而親他主。㈠如此，則人臣為隙穴，而人主獨立。㈡以隙穴之臣，而事獨立之主，此之謂危殆。

【今註】㈠魯見說而不能離死命而親他主：說，讀為悅。離死命，物雙松讀韓非子：「不問死生也。」㈡則人臣為隙穴二句：松皐圓定本韓非子纂聞：「為隙穴，謂挾篡盜之心也。」陳奇猷韓非子集釋：「喻老篇：『千丈之隄，以螻蟻之穴潰；百尺之室，以突隙之煙焚。故白圭之行隄也，塞其穴；丈人之慎火也，塗其隙。』是隄室因隙穴而壞。此文『人臣為隙穴』，謂壞主之國，如隄與室之穿隙穴。下云：『不塞隙穴而勞力於赭堊，暴風疾雨必壞。』正承此而言。」獨立，是孤立無助的意思。

【今譯】假使燕國的君主憎惡自己國內的人民，而喜愛魯國的人民，燕國的人民便不會為他效力，魯國的人民也不會歸附。燕國的人民被憎惡，便不肯盡力立功；魯國的人民受喜愛，也不肯不顧生死而幫助別國的君主。這樣，官吏就會從事破壞工作，君主便孤立無助了。以從事破壞的官吏，侍奉孤立無助的君主，這是最危險的國家。

釋儀的而妄發，雖中小不巧㈠；釋法制而妄怒，雖殺戮而姦人不恐。罪生甲，禍歸乙，伏怨乃結。故至治之國，有賞罰而無喜怒。故聖人極有刑法，而死無螫毒，故姦人服。㈡發矢中的，賞罰當符，故堯復生，羿復立。㈢如此，則上無殷夏之患，下無比干之禍，㈣君高枕，而臣樂業，道蔽天地，德極萬世矣。㈤

【今註】㈠釋儀的而妄發二句：儀的，都是射箭的標準。中，讀第四聲，是著於其上的意思。㈡故聖人極有刑法三句：極，讀為殛，是誅戮的意思。螫，音ㄕˋ。螫毒，都是毒蟲以毒害人，這裏就是殘害的意思。㈢發矢中的四句：中，讀第四聲。當，讀第四聲。當符，都是相合的意思。羿，音ㄧˋ。是夏朝有窮國的君主，最擅長射箭，篡奪夏相天子的地位自立，後被寒浞殺死。㈣則上無殷夏之患二句：殷夏之患，指夏桀、商紂的滅亡。比干，是商朝末代天子商紂的叔父，封於比，所以稱為比干。商紂無道，比干強諫，商紂忿怒說：「我聽說聖人的心有七竅」，便把比干殺死，剖出他的心來看。㈤君高枕四句：高枕，猶言安臥無事。蔽，覆蓋。道蔽天地，是說天地之間都受到他道的作用。極，是傳到的意思。

【今譯】丟開標準而隨便射箭，即便射中細微的東西，也不能算巧妙；丟開法度而隨便發怒，即便殺戮，姦邪也不會恐懼。犯罪的是某甲，受禍的卻是某乙，就積結成為潛伏的怨恨了。政治最完善的國家，只有賞罰而沒有喜怒。聖主按照刑法施行誅戮，對死者卻不加摧辱，所以姦邪都能順服。射箭都能射中標準，賞罰都能合於法度，就等於后羿復生，唐堯再世。這樣，君主就不會像桀紂的敗亡，官吏就沒有像比干的慘禍，君主可以高枕無憂，官吏可以安心供職，道術可以覆蔽人間，功德可以流傳萬世了。

夫人主不塞隙穴，而勞力於赭堊，㈠暴風疾雨必壞。不去眉睫㈡之禍，而慕賁育之死。不謹蕭牆之患，㈢而固金城㈣於遠境。不用近賢之謀，而外結萬乘㈤之交於千里。飄風一旦起，㈥則賁育不及救，而外交不及至，禍莫大於此。當今之世，為人主忠計者，必無使燕王說魯人，無使近世慕賢於古，無使越人以救中國溺者。㈦如此，則上下親，內功立，外名成。

【今註】㈠而勞力於赭堊：太田方韓非子翼毳：「赭，赤土，堊，白土，所以飾牆壁也。」赭，音ㄓㄜˇ。堊，音ㄜˋ。㈡眉睫：眉毛和睫毛都離眼睛很近，用來比喻迫近。㈢蕭牆之患：論語季氏：「吾恐季孫之憂，不在顓臾，而在蕭牆之內也。」蕭牆，是屏，大概就是大門裏面的照壁。後人因謂禍亂起於內部的，叫做蕭牆之禍。㈣金城：比喻堅固的城防或其他防禦設施。㈤萬乘：指有兵車萬輛的大國。乘，讀ㄕㄥˋ，是車輛的單位。㈥飄風一旦起：暴起的風，或解作旋風，用以比喻禍亂。一旦，是忽然有一天。㈦無使越人以救中國溺者：本書說林上篇，犂鉏告訴魯穆公說：「假人於越而救溺子，越人雖善遊，子必不生矣。」越，國名。夏朝少康封他的庶子在會稽，有今浙江省杭縣以南往東到海的土地。春秋後期，越王句踐滅吳稱霸，纔據有江浙兩省和山東省南部，後滅於楚。中國，古代中華民族生活於黃河中下游，四方為蠻夷戎狄等落後民族，所以自稱為中國。無使，各舊本使作思。依松皐圓定本韓非子纂聞改。

【今譯】　做君主的假如不堵塞隄防和牆壁的隙穴，卻辛辛苦苦的加以塗飾，遇到狂風急雨就會毀壞。不設法除去即將發生的災禍，卻渴望災禍發生時有孟賁、夏育那樣的勇士效死。不嚴密防範起自內部的禍亂，卻在邊遠的地方建立堅強的防禦設施。不採用朝中賢士的謀略，卻結交遠在千里的大國。有一天禍亂突然發生，孟賁、夏育那樣的勇士不能挽救，所結交的遠方大國也無法趕來，國家的災難，沒有比這再嚴重的。在今日這樣動亂的時代，為君主忠誠的計慮，必須使君主不要喜愛別國的人民，不要羨慕古代聖賢的作法，不要請遙遠的越國善於游泳的人，來營救跌到水裏就快淹沒的孩子。這樣，君主和臣民就能互相愛護，在國內功業建立，在國外名譽傳揚了。

守　道

【釋題】　本篇原為第八卷第二十六篇。守道，就是保全國家的方法。

【提要】　本篇主旨，在於建立法度，必須賞足以勸善，威足以勝暴，也就是說：要保全國家必須厚賞嚴刑。

聖王之立法也，其賞足以勸善，其威足以勝暴，其備足以完法。㈠治世之臣，功多者位尊，力極者賞厚，情盡者名立。善之生如春，惡之死如秋，㈡故民勸，極力而樂盡情，此之謂上下相得。㈢上下相得，故能使用力者自極於權衡，㈣而務至於任鄙；㈤戰士出死，而願為賁育；㈥守道者皆懷金石之心，以死子胥之節。㈦用力者為任鄙，戰如賁育，中為金石，則君人者高枕而守已完矣。㈧

【今註】㈠其備足以完法：備，設施。完法，乾道本、趙本作必完法，茲從迂評本。盧文弨羣書拾補：「凌本無必字非，法字疑衍。」按作完法是對的，意思是達成法律的效能。㈡善之生如春二句：作好事就像春天草木的生長，作壞事就像秋天草木的枯落。這裏兩個之字都作則字解釋。惡，讀さ丶。㈢上下相得：君臣相互適合。㈣權衡：稱量輕重的工具，引申為考量事情輕重得失的準則，也就是法度。㈤任鄙：戰國時秦國的力士。秦武王有力士，任鄙、烏獲、孟說，皆至大官。㈥戰士出死二句：出死，應為出死力的省略，就是不顧生命的拼鬬。賁育，就是孟賁、夏育，都是古代的勇士。㈦守道者皆懷金石之心二句：金石，比喻堅貞。子胥：就是伍員。父奢兄尚，被楚平王殺死，子胥逃到吳國，輔佐吳王闔廬攻入楚國的郢都，又輔佐吳王夫差擊敗越國。曾諫阻夫差接受越國請和，不聽。後夫差伐齊，子胥勸以釋齊先越，夫差賜以屬鏤之劍自殺。後九年越滅吳。㈧用力者為任鄙四句：這裏兩個為字，用猶如字。中為金石，就是心如金石。高枕，枕高則腦中血少，易於酣睡；以喻安閒無事，可以安臥。

【今譯】　聖王創制法律，它的獎賞能夠勉勵善行，它的威力能夠扼阻橫暴，它的設施能夠完成法律的效能。治世的官吏，立功多的地位就崇高，出力大的獎賞就豐厚，盡忠竭智的聲名就顯著。作好事就像春天草木的生長，作壞事就像秋天草木的枯落。所以臣民都能奮勉向善，盡心盡力，這就叫做上下相得。上下相得，便能使用力的依循法度儘量施展，作到任鄙那樣；打仗的不惜犧牲，作到孟賁、夏育那樣；施政的志操貞固，像伍子胥忠鯁而死。用力的都像任鄙，作戰的都像孟賁、夏育，施政的都心如金石，君主不用費力就可以把國家保持完好。

古之善守者，以其所重，禁其所輕；以其所難，止其所易。㈠故君子與小人俱正，盜跖與曾史俱廉。㈡何以知之？夫貪盜不赴谿而掇㈢金，赴谿而掇金，則身不全。賁、育不量敵，則無勇名。盜跖不計可，㈣則利不成。明主之守禁也，賁育見侵於其所不能勝，盜跖見害於其所不能取。故能禁賁育之所不能犯，守盜跖之所不能取，則暴者守愿，㈤邪者反正。大勇愿，巨盜貞，㈥則天下公平，而齊民㈦之情正矣。

【今註】㈠以其所重四句：所重所難指重刑，所輕所易指輕罪。㈡盜跖與曾史俱廉：盜跖，春秋時魯國柳下惠的弟弟，為天下大盜。曾，曾參，春秋時魯國人，孔子弟子，悟孔聖一貫的道理，傳授子思，後世稱為宗聖。史，史鰌，字子魚，又稱史魚。春秋時衛國的大夫。孔子稱讚他說：「直哉史魚！」㈢掇：音ㄉㄨㄛˋ，拾取。㈣計可：計算利益能否成功。㈤愿：音ㄩㄢˋ，謹厚。㈥貞：是正的意思。㈦齊民：猶言平民。

【今譯】古代善於保全國家的，拿人民看得最嚴重的事，禁阻他們看得最輕微的事；拿人民最畏懼的事，防範他們最疏忽的事。這樣，即便最壞的人，也不敢犯最輕的罪。所以君子和小人同樣正直，盜跖和曾史同樣廉潔。怎樣知道會這樣呢？貪婪的盜賊，不肯下陡峭的谿谷拾取黃金，因為下陡峭的谿谷拾取黃金，生命便很難保全。孟賁夏育不考量對方的力量，便未必能制勝，而長保勇敢的名譽。盜跖不計算利益能否取得，便不能達成他的欲望。明主執行禁令，要使孟賁夏育未必戰勝對方而受到制裁，盜跖未必取得利益而受到損害，就能防護賁育所不能侵犯的事體，保全盜跖所不能掠奪的財物，於是強暴的復歸謹厚，邪僻的反回正直，勇士不敢妄為，大盜自然向善，天下事無不公平，人民的心理也都變為純正了。

人主離法失人，則免於伯夷不妄取，而不免於田成盜跖之禍也。(一)今天下無一伯夷，而姦人不絕世，故立法、度量。度量信，則伯夷不失是，而盜跖不得非。(二)法分明，則賢不得奪不肖，強不得侵弱，眾不得暴寡。託天下於堯之法，(三)則貞士不失分，(四)姦人不徼幸；寄千金於羿之矢，(五)則伯夷不得亡，(六)而盜跖不敢取。堯明於不失姦，故天下無邪；羿巧於不失發，故千金不亡。邪人不壽，(七)而盜跖止。如此，故圖不載宰予，(八)不舉六卿(九)，書不著子胥，不明夫差。孫吳之略廢，(一〇)盜跖之心伏。人主甘服於玉堂之中，而無瞋目切齒傾取之患；(一一)人臣垂拱於金城之內，而無扼腕聚唇嗟唶之禍。(一二)服虎而不以柙，(一三)禁姦而不以法，塞偽而不以符；(一四)此賁、育之所患，堯舜之所難也。故設柙、非所以備鼠也，所以使怯弱能服虎也。立法、非所以備曾史也，所以使庸主能止盜跖也。為符、非所以豫尾生也，(一五)所以使眾人不相謾(一六)也。不恃比干(一七)之死節，不幸亂臣之無詐也；恃怯弱之所能服，握庸主之所易守。當今之世，為人主忠計，為天下結德者，利莫長於此。故君人者無亡國之圖，而忠臣無失身之畫。明於尊位必賞，㈥故能使人盡力於權衡，死節於官職。通於賁育之情，不以死易生；明於盜跖之貪，不以財易身，則守國之道畢備矣。

【今註】㈠人主離法失人三句：免，各舊本作危，茲依松皐圓定本韓非子纂聞改。禍也，乾道本作耳可也，趙本作禍何也，茲依迂評本、凌本。這三句話是說：人主離法失人，可免不妄取之伯夷的禍亂，而不能免田成盜跖的禍亂。伯夷，商朝末年孤竹君的長子，父死，與弟叔齊讓國，相繼逃走。曾諫阻周武王伐紂；武王滅商，恥食周粟，餓死首陽山。孟子稱為聖之清者。田成，即田常，左傳作陳恒，春秋時齊國的卿，弒齊簡公，立平公，專攬齊政，卒諡成子。田常曾孫和列為諸侯，和子午遂代齊國。㈡故立法度量四句：龍宇純韓非子集解補正：「量字衍，下量字當作諒，聲同而誤，諒亦信也。後人不知諒信當連讀，改諒為量，又於上文度下增量字。」尚有見地。㈢託天下於堯之法：把天下交給堯的法律治理。堯：中國古代的聖王，國號唐，史稱唐堯。㈣則貞士不失分：貞士，正直的人。分，讀第四聲，指應有的職位權利等。㈤寄千金於羿之矢：把千金交給羿的弓箭保護。羿，音一、，夏朝有窮國的君主，最善射箭，篡奪夏相天子的地位，後被寒浞所殺。㈥亡：失去。㈦邪人不壽：顧廣圻韓非子識誤：「藏本同，今本壽作售，誤。按上文云：『惡之死如秋』，此其義也。」㊇宰予：春秋時魯國人，字子我。孔子弟子，長於言語。史記仲尼弟子列傳：「宰我為臨菑大夫，與田常作亂，以夷其族，孔子恥之。」左傳無宰我與田常作亂的記載；惟哀公十四年，闞止與陳恒（史記作田常）爭權，陳恒殺闞止，並弒齊簡公。闞止，字子我，與宰予是一人，還是二人，古今學者，意見頗不一致。㊈六卿：春秋時晉國的范氏、中行氏、智氏和韓、趙、魏三家，世為晉卿，稱為六卿。爭權奪地，互相兼併，終分晉國。㊉孫吳之略廢：春秋孫武、戰國吳起，都精於用兵，著有兵法傳世。廢，棄而不用。⑪人主甘服於玉堂之中二句：甘服，似即老子『甘其食美其服』的意思。玉堂，指宮殿。瞋目切齒，都是怒恨的樣子。傾取，就是毀滅的意思。⑫人臣垂拱於金城之內二句：垂拱，垂衣拱手，是說無為而治。金城，喻城的堅固。扼腕，以手持腕，是失意或憤怒的表示。聚脣，蹙脣發聲。嗟，音ㄐㄧㄝ或ㄐㄩㄝ，唶，音ㄐㄧㄝˋ，都是歎息的聲音。⑬柙：音ㄒㄧㄚˊ，關閉猛獸的籠檻。⑭塞偽不以符：塞偽，防範詐偽的事。符，古時用為憑信的器物，以竹木金玉等製作，上刻文字，剖而為二，各執其一，以備勘合取信。⑮非所以豫尾生也：豫，是防備的意思。尾生，古代的信士。莊子盜跖：「尾生與女子期於梁下，女子不來，水至不去，抱梁柱而死。」尾生，複姓。漢書古今人表有尾生高，顏師古以為即微生高。⑯謾：讀ㄇㄢˊ，是欺誑的意思。⑰比干：商紂的叔父，封於比，所以稱為比干。商紂無道，比干強諫。商紂忿怒說：「我聽說聖人的心有七竅。」便把比干殺死，剖出他的心來看。⑱尊位必賞：即上文功多者位尊，力極者賞厚之意。

【今譯】君主若放棄法度，用錯官吏，清廉的伯夷雖不至為非作歹，卻不能避免田成盜跖的禍亂。

現在天下沒有一個像伯夷那樣的人，可是像田成盜跖那樣的姦邪隨時便會出現，所以必須建立法度。制度確實，伯夷便有所遵循，盜跖也不敢破壞。法律分明，才智高的便不能剝奪才智低的，力量大的便不能侵犯力量小的，人數多的便不能殘害人數少的。把天下交給堯的法律治理，正直的人不會失去位分，姦邪的人不能僥幸獲致；把千金交給羿的弓箭保護，伯夷便不會喪失，盜跖也不敢強取。堯的明察，在於邪姦無所隱避，所以天下沒有姦邪；羿的技巧，在於箭無虛發，所以千金不會亡失。這樣，姦邪便無法長存，匪寇便必須止息。因而圖書裏面便不會記載宰予爭權和六卿兼併的事，也不會記載子胥強諫和夫差使氣的事，孫吳的兵法可以廢棄，盜跖的貪心自然消滅。君主在宮殿裏享受豪華的生活，而沒有人瞪著眼睛，咬緊牙關，怨望激憤，準備予以傾覆；官吏在都城裏毫不費力就把人民治好，而沒有人握緊手腕，聚攏嘴唇，嗟歎噓唏，而暗中製造禍亂。要制服猛虎，卻不用籠檻；要禁止姦邪，卻不用法度；要防範詐偽，卻不用符節，這是孟賁夏育所憂慮，唐堯虞舜所感覺困難的。所以設置籠檻，並不是防備老鼠，乃是使怯弱的人能夠制服猛虎；建立法度，並不是防備曾參史魚，乃是使庸碌的君主能夠禁阻盜跖；製造符節，並不是防備尾生，乃是使大眾不相欺詐。不倚靠比干盡忠死節，不徼幸亂臣悔過輸情。要靠怯弱制服強暴的工具，要用庸主容易執行的法度。在當前這種時代，替君主忠心設計，為人民普施恩德，沒有比這更有利的。這樣，君主沒有亡國的憂患，忠臣沒有喪生的疑慮。知道功多尊位，力極必賞，便能使人依循法度而盡力，盡忠官職而死節，通曉賁育的勇敢，不輕易拿死亡代替生存；明白盜跖的貪婪，不隨便拿財富交換生命，保全國家的方法就齊備了。

三守

【釋題】 本篇原為第五卷第十六篇。三守，是三種君主必須保持的事。韓子迂評注說：「守固密，毋漏言；守獨威獨福，不聽他人毀譽；守自親政，毋移大臣。」這就是所謂三守。

【提要】 這是一篇短論，主旨在說明人主須完三守以止三劫。全篇分為兩段，第一段說明三守，就是毋漏言，毋聽毀譽，毋移柄。第二段說明三劫，就是名劫、事劫、刑劫。三守段重在說人主集勢的重要，三劫段重在說人臣擅權的危險。

人主有三守：三守完，則國安身樂；㈠三守不完，則國危身殆。何謂三守？人臣有議當途之失，用事之過。譽臣之情，㈡人主不心藏，而漏之近習能人，㈢使人臣之欲有言者，不敢不下適近習能人之心，而乃上以聞人主。然則端言直道㈣之人不得見，而忠直日疏。愛人不獨利也，待譽而後利之；憎人不獨害也，待非而後害之。然則人主無威，而重在左右矣。㈤惡自治之勞憚，使羣臣輻湊用事。因傳柄移籍，使殺生之機，奪予之要。在大臣，如是者侵。㈥此謂三守不完。三守不完，則劫殺之徵㈦也。

【今註】 ㈠三守完則國安身榮：完，完好，牢固。身榮，自身顯榮。㈡人臣有議當途之失三句：當途，就是當路、當道，也就是執政柄的，宰相。用，施行。用事，主持某些事務的官吏。譽臣，各舊本作舉臣。王先慎韓非子集解釋為眾臣。陶小石讀韓非子札記、松皐圓定本韓非子纂聞，以為舉是譽字的誤寫。譽臣，就是以稱譽進用的官吏。今按南面篇：「二勢者用，則忠臣不聽，譽臣獨任。如是者謂之壅於言，壅於言者制於臣矣。」譽臣似為稱揚君主的官吏，和諛臣差不多，與忠臣相對。諛臣所言多不實，所以這裏說人臣有議譽臣之情。情，就是實情。㈢而漏之近習能人：近習，左右親近的人。能人，君主認為有才幹，而獲寵信的人，猶俗言紅人。㈣端言直道：說正直話。㈤愛人不獨利也數句：這裏兩個獨字，都是獨自的意思。非，借為誹，荀子解蔽：「百姓怨非而不用。」重在左右，就是權在左右。㈥惡自治之勞憚數句：惡，讀ㄨˋ，厭惡。憚，借為癉。說文：「癉，勞病也。」輻，音ㄈㄨˊ，是車輪中的直木，從輪牙聚集到中心的轂。輻湊，是說人物會聚，就像輻湊於轂。用事二字，乾道本作之變，茲從迂評本、趙本、凌本。籍，或作藉，茲從迂評本。高亨韓非子補箋，以為籍和藉古時通用，藉是勢位。傳柄移籍，就是權勢下移的意思。機要，都是樞紐緊要的所在。奪，是剝奪的意思。予，讀第三聲，是給與的意思。㈦徵：預兆，事先表露的迹象。

【今譯】 人主有三種必須保持的事，稱為三守。三守保持完好，國家就會安定，自身就會顯榮；三守不能保持完好，國家就要衰亂，自身就要危殆。什麼叫做三守呢？第一，人臣中有的議論宰相的失誤，主管的過惡，諛臣的實情；人主聽了，不把這些話藏在心裏，而洩漏給近習和寵信，使人臣想進言的，不敢不迎合他們的意思，以便上達於人主。這樣，說正直話的便不易晉見人主，忠誠鯁直的官吏就慢慢疏遠了。第二，喜愛人不能自行賞賜，要等有人稱讚他然後賞賜；憎惡人不能自行處罰，要等有人毀謗他然後處罰。這樣，人主便沒權勢，權柄便落在左右的手中了。第三，厭惡親自處理國事的辛勞，而令羣臣共同處理國事，因而權柄勢力都轉移到臣下，使生殺予奪的權力操在大臣手裏，人主的權力便被侵害。這就是三守沒有保持完好，三守不能保持完好，就是人主被劫制殺害的預兆啊。

凡劫有三：有名劫，有事劫，有刑劫。㊀人臣有大臣之尊，外操國要，以資羣臣，㊁使外內之事，非己不得行，雖有賢良，逆者必有禍，而順者必有福。然則羣臣直㊂莫敢忠主憂國，以爭社稷之利害。人主雖賢，不能獨計，而人臣有不敢忠主，則國為亡國矣。㊃此謂國無臣。國無臣者，豈郎中虛而朝臣少哉？㊄羣臣持祿養交，㊅行私道而不效公忠，此謂名劫。鬻寵擅權，㊆矯外以勝內，㊇險言禍福得失之形，以阿主之好惡。㊈人主聽之，卑身輕國以資之。事敗與主分其禍，而功成則臣獨專之。諸用事之人，壹心同辭，以語其美，則主言惡者必不信矣。㊉此謂事劫。至於守司囹圄，禁制刑罰，人臣擅之。此謂刑劫。㊀三守不

完，則三劫者起；三守完，則三劫者止。三劫止塞，則王矣。㊂

【今註】㊀凡劫有三數句：名劫，各舊本作明劫。陶小石讀韓非子札記，以為明當為名字之誤。名劫就是由名稱而劫制君主，使君臣徒有其名，而無其實。意見很對，據改。事劫，就是由國事而劫制君主。刑劫，就是由刑罰而劫制君主。㊁外操國要二句：松皐圓定本韓非子纂聞：「外字疑誤。國要，政柄。」今按宮禁為內，君主后妃所居；外則指卿大夫。周禮天官內豎：「掌內外之通令。」外操國要，就是以卿大夫而掌握君主的大權。資，給與利益。㊂直：趙本、凌本、迂評本無直字，茲從乾道本。直是徑或竟的意思，極言不敢。㊃而人臣有不敢忠主二句：有，讀一ㄡˋ，同又。亡國，是具備滅亡因素的國家，就是應亡之國，必亡之國，並不是已經滅亡。㊄豈郎中虛而朝臣少哉：郎，通廊。廊是殿旁的房屋，所以朝庭亦稱廊廟，郎門就是宮殿的門。郎中虛，就是廊廟空虛。朝，讀ㄔㄠˊ，是君臣議事的地方。㊅持祿養交：獲取俸祿，供養黨與。㊆鬻寵擅權：鬻，讀ㄩˋ，是養育的意思。鬻寵，就是培養君主對自己的寵愛。擅，據有。㊇矯外以勝內：矯，假託。勝，克制。太田方韓非子翼毳：「借外國之權，而內脅君以求欲。」㊈險言禍福得失之形二句：險言，就是危言聳聽的意思。阿，是曲從苟合的意思。㊉則主言惡者必不信矣：顧廣圻韓非子識誤：「主，謂為主首也，與初見秦篇主謀意同。」主言惡者，就是倡導言惡的。不信，是不被聽信。⑪至於守司囹圄四句：囹圄，音ㄌㄧㄥˊ ㄩˇ，是周朝監獄的名稱。二柄篇說：「子罕謂宋君曰：『夫慶賞賜予者，民之所喜也，君自行之；殺戮刑罰者，民之所惡也，臣請當之。』於是宋君失刑而子罕用之，故宋君見劫。」便是刑劫的例證。㈢三劫止塞則王矣：止塞二字，趙本、凌本作者止，茲從乾道本、迂評本。塞，也是遏止的意思。王，讀第四聲，用作動詞，就是統治天下的意思。

【今譯】 通常人主所受的劫制有三種：一為名劫，二為事劫，三為刑劫。官吏據有大臣的高位，掌握國家大權，對羣臣儘量給與利益，使朝內朝外的事，非他不能施行，反對他的必然受禍，順從他的一定得福，即便有賢良的官吏，也不能發生作用。這樣，官吏們都不敢忠愛君主，憂慮國事，來為社稷的利害爭持。人主雖然優秀，不能獨自籌畫國事，官吏又不敢為君主效忠，這就成為必將滅亡的國家。這種國家，徒有官吏的名稱，實際沒有官吏。所謂沒有官吏，並不是廊廟空虛，朝臣缺少，乃是官吏領取俸祿，供養黨與，只謀自身的利益，而不為人主效忠。這就叫做名劫。人臣培養君主的寵信，竊取國家的大權，假託外國的勢力，控制國內的政治，儘量說明事勢的禍福得失，以聳動君主好惡的心理。君主聽了這種話，便用盡自身和國家的力量予以支持。事情失敗，君主同受災禍；事情成功，人臣獨獲利益。許多參與這件事情的官吏，大家心理相同，言辭一致，稱道事情的好處；倡導反對意見的，君主一定不會聽信的。這就叫做事劫。至於管理監獄、禁制和刑罰，由人臣專擅，便慢慢增加他的威權，這就叫做刑劫。三守不能保持完好，三劫就會發生；三守保持完好，三劫自然止息。三劫能夠遏止，就可以統治天下了。

功　名

【釋題】本篇原為第八卷第二十八篇。篇中乃談論立功成名的方法，所以拿「功名」做篇名。

【提要】本篇主旨，在於說明君主立功成名的方法。分為兩段：第一段，說明君主立功成名有四種重要的因素：天時，人心，技能，勢位。第二段，專論勢位的重要。

明君之所以立功成名者四：一曰天時，㊀二曰人心，三曰技能，四曰勢位㊁。非㊂天時，雖十堯㊃不能冬生一穗；逆人心，雖賁、育不能盡人力。㊄故得天時則不務而自生；㊅得人心，則不趣而自勸；㊆因技能，則不急而自疾；得勢位，則不進而名成。若水之流，若船之浮，守自然之道，行無窮之令，故曰明主。

【今註】㊀天時：易乾文言：「先天而天弗違，後天而奉天時。」天道依時運行，所以稱天道運行的情形為天時。㊁勢位：勢是權勢，位是地位，勢由位生，所以合稱勢位。㊂非：陶小石讀韓非子札記：「乃北字之誤，北讀為背，背亦逆也。」今按說文：「非，韋也，從飛下翄，取其相背也。」足見非本為相背的意思，陶說似無必要。㊃堯：就是唐堯，常和虞舜並稱，是中華民族最崇拜的聖王。㊄雖賁育不能盡人力：孟賁、夏育，都是我國古代的勇士。盡人力，是迫使人民盡力。㊅不務而自生：不須苦力耕作，穀物自然成長。㊆不趣而自勸：不用督促，就自行勉勵。趣，讀ㄘㄨˋ，是督促的意思。勸，勉勵。自勉，勉人，都可以用勸。

【今譯】 英明的君主立功成名的重要因素有四種：第一是天時，第二是人心，第三是技能，第四是勢位。不順天時，即便十位唐堯也不能使稻穀冬天抽穗。違逆人心，即便孟賁、夏育，也不能迫使人民盡力。所以天時配合，無須力作，穀物自然成長；人心嚮慕，不用督促，人民就自行奮勉；利用技術，不用急迫，工作自然迅速；獲得勢位，無須強進，功名自然成就。就像水的流行，船的浮泛，依循自然的法則，推進持續無已的政令，這樣的君主，就稱為明主。

夫㊀有材而無勢，雖賢不能制不肖，故立尺材於高山之上，而下臨千仞之谿，㊁材非長也，位高也。桀㊂為天子，能制天下，非賢也，勢重也。堯為匹夫，不能正三家，非不肖也，位卑也。千鈞得船則浮，錙銖失船則沈，非千鈞輕而錙銖重也，有勢之與無勢也，㊃故短之臨高也以位，不肖之制賢也以勢。人主者，天下一力以共載之，㊄故安；眾同心以共立之，故尊。人臣守所長，盡所能，故忠。以尊主御忠臣，則長樂生而功名成。名實相待而成，形影相應而立，故臣主同欲而異使。人主之患，在莫之應。故曰：「一手獨拍，雖疾無聲。」人臣之憂，在不得一。故曰：「右手畫圓，左手畫方，不能兩成。」故曰：「至治之國，君若桴，㊅臣若鼓，技若車，㊆事若馬。」故人有餘力易於應，而技有餘巧便於事。立功者不足於力，親近者不足於信；成名者不足於勢，近者已親，而遠者不結，則名不稱㊇實者也。聖人德若堯舜，行若伯夷㊈，而位不載於勢，⑩則功不立，名不遂。故古之能致功名者，眾人助之以力，近者結之以成，㊁遠者譽之以名，尊者載之以勢。如此，故太山㊂之功長立於國家，而日月之名㊂久著於天地。此堯之所以南面而守名，舜之所以北面而效功也。㊃

【今註】㊀夫：是假若的意思。㊁而下臨千仞之谿：臨，居上視下。仞，古以八尺為仞，或曰七尺。谿，澗谷，字亦作溪。㊂桀：夏朝末代的天子，常和商紂並稱，是中華民族所詛咒的暴君，後為商湯所滅。㊃千鈞得船則浮四句：古以三十斤為鈞，千鈞，言極重。六銖為錙，二十四銖為兩。錙銖，音ㄗ　ㄓㄨ，言極輕。勢，是力量、作用的意思。㊄天下一力共載之：一力，猶言合力。載，本為車船運送貨物，這裏指為君主工作。或謂借為戴。詩周頌絲衣：「載弁俅俅。」鄭箋：「載，猶戴也。」㈥桴：本作枹，音ㄈㄨˊ，擊鼓杖。㈦技若車：車，似指車夫。㈧稱：讀ㄔㄥˋ或ㄔㄣˋ，是適合或相當的意思。㈨伯夷：是商朝末年孤竹國君主的長子，和弟弟叔齊互相讓國，相繼出走。曾勸阻周武伐紂。武王滅商，自為天子，伯夷叔齊認為這是可恥的事，便不食周朝的俸祿，餓死在首陽山。孟子萬章篇稱讚他說：「伯夷、聖之清者也。」㈩位不載於勢：各舊本均作載於世。世，世人。陶小石讀韓非子札記：「世，乃勢字之誤，下文云：尊者載之以勢，是其證。」㈡近者結之以成：劉師培韓非子斠補：「（成）當作誠，上文助之以力，與前不足於力應；此與不足於信應，誠即信也。」㈢太山：即東嶽泰山，在山東曲阜縣北，是我國古人心目中最高大的山，因用以形容高大。㈢日月之名：乾道本、趙本名作明。顧廣圻韓非子識誤引王渭云：「文選解嘲引此作名，名字是，此皆以功名對言。」㈣南面、北面：古時君主的座位向南，君主聽政，面向南方，羣臣面向北方。

【今譯】　若只有才幹而沒有勢位，即便賢能也無法控制庸劣。把一尺長的木材樹立在高山的上面，下面靠近千仞的深谿，這木材便顯得很高，這不是它本身高，是地位高的緣故。夏桀做天子，能夠控制天下，並不是他本身賢能，是權勢大的緣故。唐堯做平民，不能治好三家人，並不是唐堯無用，是因為他的地位太低了。千鈞那樣重的東西，若得到船，就能浮在水面；錙銖那樣輕的東西，若失去船，必然沈入水底，並非千鈞輕而錙銖重，乃有無憑藉力量的分別呀。所以短的木材可以變成很高，是由於地位；庸劣能夠制馭賢能，是由於權勢。做君主的，人民合力擁護他，所以權勢鞏固；官吏同心支持他，所以地位崇高。官吏保持自身的優點，竭盡自己的才智，所以忠誠供職。以崇高的君主，駕馭忠誠的官吏，就可以長享安樂，成就功名。名和實相互依附而成立，形和影相互作用而存在，君主和官吏目標是一致的，只是任務有別而已。君主的憂慮，在於沒有臣民響應。所以說：「只用一隻手掌拍擊，雖然用力，也沒有聲音。」官吏的憂慮，在於不能專執一事。所以說：「右手畫圓，左手畫方，兩個不能一齊成功。」所以說：「政治優良的國家，君主就像鼓杖，官吏就像皮鼓；技能就像車夫，事務就像駟馬。」所以人民有豐富的力量，便容易為君主效力；君主有優越的技能，便能夠使事務完美。要想立功的，沒有充分的力量，左右親近，不能竭誠支助；要想成名的，沒有足夠的權勢，左右親近，雖然支助，廣大羣眾，卻未能團結，這是名義和實質不相適合的。聖人道德像堯舜，性行像伯夷，可是沒有世人擁戴的高位，功業就不能建立，名譽就無法成就。所以古代能建功立名的，萬民拿力量幫助他，親近拿誠信維護他，疏遠的稱讚他的名譽，尊貴的推崇他的勢位。這樣，像泰山那樣的豐功，長存在國家以內；像日月那樣的盛名，永著於天地當中。這就是堯做天子，獲致盛名；舜做大臣，建立豐功的道理啊。

安危

【釋題】　本篇原為第八卷第二十五篇。因為篇中有「安術有七，危道有六」兩句話，便用安危二字做篇名。

【提要】　本篇分為六段，每段各說明一種治國的道理：第一段，說明使國家安定的方法有七種，使國家危亡的方法有六種。第二段，說明挽救危亂的國家，必須接納逆耳的忠言。第三段，說明做君主的須力求作到唐堯那樣。第四段，說明安危在是非，存亡在虛實。第五段，說明明主整飭內政，對外便不會失敗。第六段，說明明主的治術，要適合法度，法度要適合人心。本篇有先王寄理於竹帛的話，乃明據先王；又有堯無膠漆之約於當世而道行，舜無置錐之地於後世而德結的話，為必定堯舜，因而有人懷疑本篇未必是韓非作的。

安術有七，危道有六。安術：一曰賞罰隨是非，二曰禍福隨善惡，三曰死生隨法度，㊀四曰有賢不肖而無愛惡，五曰有愚智而無非譽，㊁六曰有尺寸而無意度，㊂七曰有信而無詐。危道：一曰斲削於繩之內，㊃二曰斷割於法之外，㊄三曰利人之所害，四曰樂人之所禍，五曰危人之所安，六曰所愛不親，所惡不疏。

如此，則人失其所以樂生，而忘其所以重死。㊅人不樂生，則人主不尊；不重死，則令不行也。

【今註】㊀一曰賞罰隨是非三句：隨，是依循的意思。㊁有愚智而無非譽：王先慎韓非子集解：「非，讀為誹。」誹，是毀謗的意思。㊂有尺寸而無意度：尺寸，是準則的意思。意度，是以己意揣測。度，讀ㄉㄨㄛˋ。㊃斲削於繩之內：斲，音ㄓㄨㄛˊ，也是砍削的意思。繩，指規矩法度。這句是說在法度之內，破壞法度，也就是弄法以徇私。㊄斷割於法之外：斷割，都是摧殘破壞的意思。這句是說在法度之外，毀壞法度，也就是廢法而任意。㊅則人失其所以樂生二句：失和忘，都是喪失的意思。樂生，猶言好生。重死，猶言惜死，就是難於赴死。

【今譯】使國家安定的方法有七種，使國家危亡的方法有六種。使國家安定的方法：第一種是施行賞罰要按照是非；第二種是給與禍福要根據善惡；第三種是決定生死要憑恃法度；第四種是對人只看賢良和卑劣，沒有喜愛和憎恨；第五種是用人只管庸愚和聰智，不管毀謗和稱譽；第六種是行事只依循準則，而不以私意揣度；第七種是施政只講求誠信，而不事虛偽詐騙。使國家危亡的方法：第一種是弄法以徇私；第二種是廢法而任意；第三種是使眾人受損害而自取其利；第四種是使眾人受災禍而自以為樂；第五種是破壞眾人安適的生活；第六種是不和喜愛的人親近，不和憎恨的人疏遠。這樣，人民就會喪失對於生存的喜愛，對於死亡的畏懼。人民不喜愛生存，君主就不被尊崇；不畏懼死亡，法令就不能施行了。

使天下皆極智能於儀表，盡力於權衡，㈠以動則勝，以靜則安。治世使人樂生於為是，愛身於為非，㈡小人少而君子多，故社稷常立，國家久安。奔車之上無仲尼，覆舟之下無伯夷。㈢故號令者，國之舟車也。安則智廉生，危則爭鄙起。㈣故安國之法，若飢而食、寒而衣，不令而自然也。先王寄理於竹帛，其道順，故後世服。㈤今使人飢寒去衣食，雖賁、育不能行；廢自然，雖舜而不立。㈥強勇之所不能行，㈦則上不能安。上以無厭責已盡，則下對無有，無有則輕法。㈧法、所以為國也，㈨而輕之，則功不立，名不成。聞古扁鵲之治甚病也，㈩以刀刺骨；聖人之救危國也，以忠拂耳。㈡刺骨，故小痛在體，而長利在身；拂耳，故小逆在心，而久福在國。故甚病之人，利在忍痛；猛毅之君，福以拂耳。忍痛、故扁鵲盡巧，拂耳、則子胥㈢不失，壽安之術也。病而不忍痛，則失扁鵲之巧；危而不拂耳，則失聖人之意。如此，長利不遠垂，功名不久立。

【今註】 ㈠使天下皆極智能於儀表二句：儀表和權衡，都是標準和法度的意思。㈡治世使人樂生於為是二句：是，指合法的好事；非，指違法的壞事。這兩句是說：治世使人們願意生存而作合法的好事；也使人們愛惜生命，而不作違法的壞事。㈢奔車之上無仲尼二句：奔車和覆舟，都是比喻危急變亂的情勢。仲尼，是孔子的字，這裏指最有智慧的人。伯夷，商朝末年孤竹國君主的長子，和弟弟叔齊相互讓國而逃走。這裏指最能廉讓的人。㈣安則智廉生二句：智，智慧，和下面的鄙是相反詞。鄙，固陋，就是智慧少。廉，不貪，讓是由不貪產生的，和下面的爭是相反詞。㈤先王寄理於竹帛三句：理，指法度。竹帛，古代在竹簡木札上刻字，後來在縑帛上書寫，所以竹帛就是典籍的代稱。順，是合於自然的意思。服，是實行的意思。㈥今使人飢寒去衣食四句：今，解作若。賁育，就是孟賁和夏育，都是我國古代的勇士。舜，各舊本作順道。孫楷第讀韓非子札記：「順，當作舜，此文以舜與賁育對文。本書守道篇云：『此賁育之所患，堯舜之所難也。』語例正同。」今按：本篇前稱先王，後稱堯舜，這裏又與賁育對文，似以作堯舜為是。唐堯和虞舜，都是中國古代的天子，堯禪位給舜，舜禪位給禹。儒家推崇堯舜為最偉大的聖人，帝王的極則。㈦強勇之所不能行：強，讀第三聲，是勉強、強迫的意思。㈧上以無厭責已盡三句：厭，滿足，後多作饜。責，責求。對，回答。輕，忽視。㈨法所以為國也：為國，猶言治國。論語里仁：「能以禮讓為國乎，何有？」㈩聞古扁鵲之治甚病也：扁鵲，戰國時鄭（今河北省任丘縣北三十里鄭州鎮東門外有扁鵲故宅）人，姓秦，名越人。長桑君授以醫術，遂為當時名醫。秦太醫令李醯，知道自己的醫術不如扁鵲，派人把他刺死。

甚病，各舊本作其病。王先慎韓非子集解：「其字當為甚之殘缺字，甚病與危國相對為文，明其為甚之誤。下云：甚病之人，利在忍痛，作甚字，即其證。」據改。㈡以忠拂耳：忠，忠言。拂，是逆的意思。拂耳，是人不願意聽。㈢子胥：姓伍名員，春秋時楚國人。父奢兄尚，被楚平王殺死，子胥逃到吳國，輔佐吳王闔廬及夫差，破楚降越。因勸諫吳王夫差勿許越國求和，又諫阻伐齊，夫差賜以屬鏤之劍自殺。

【今譯】　假使人民都用盡智慧和力量遵循標準和法度，行動就能成功，保持就能安穩。健全的社會使人願意生存，而作合法的好事；愛惜生命，而不作違法的壞事，好人多而壞人少，所以社稷不會毀滅，國家永遠安定。狂奔的車上，不會有明智的孔子；翻覆的船下，不會有廉讓的伯夷。號令就像國家的車和船，安穩就會產生明智廉讓的人，危亂就會發生鄙陋爭奪的事。所以使國家安定的方法，就像餓了要吃飯，冷了要穿衣，不用使令就會那樣。古代的聖王把法度記述在典籍裏，這些法度都合於自然的道理，所以後世的人們都依照施行。假如使人們餓了不吃飯，冷了不穿衣，即便勇敢的孟賁和夏育也不能實行。廢棄自然的道理，即便聖明的唐堯和虞舜也無法成功。勉強勇敢的人去作行不通的事，君主便不能安靜了。君主以永不滿足的貪心，責求人民獻納已盡的財物，人民就要回答「再也沒有了，」這樣，人民便會輕視法度。法度是治理國家的利器，卻被人民輕視，事業便不能建立，名譽便不能成就。聽說古時的名醫扁鵲，治療重病，用尖刀刺骨；聖人挽救亂國，以忠言逆耳。用尖刀刺骨，局部雖有些疼痛，身體卻永遠獲益；以忠言逆耳，心裏雖有些煩擾，國家卻永遠得福。所以嚴重的病人，為了獲救而忍受疼痛；剛毅的君主，為了得福而接納忠言。能夠忍受疼痛，扁鵲纔能施展巧技；能夠接納忠言，子胥纔能不遭毀棄，這是使個人長壽、國家安定的方法呀。有病而不能忍受疼痛，良醫的巧技便不能施展；國家危亂，而不接納忠言，聖賢的良謨也不生作用。這樣，利益便不能長期延續，功名便不能永遠存立了。

人主不自刻以堯，而責人臣以子胥，是幸殷人之盡如比干。盡如比干，則上不失，下不亡。㈠不權其力而有田成，而幸其身盡如比干，故國不得一安。㈡廢堯舜而立桀紂，則人不得樂所長，而憂所短。㈢失所長，則國家無功；守所短，則民不樂生。以無功御不樂生，不可行於齊民。㈣如此，則上無以使下，下無以事上。

【今註】㈠人主不自刻以堯數句：刻，是深求的意思。子胥，已見前節注十二。殷人，指商朝的臣民。商朝傳到盤庚，遷都於殷（在今河南省偃師縣西），並改國號為殷，所以商朝也稱殷朝。比干，商朝末代天子商紂的叔父，封於比，所以稱為比干。商紂無道，比干強諫，商紂忿怒說：「我聽說聖人的心有七竅」，便把他殺死，剖出他的心來看。上不失，是說君不失國。臣不亡，是說臣不亡身。㈡不權其力而有田成三句：權，是稱量的意思。田成，春秋時齊國的權臣田常，謚成子。他的祖先陳公子完逃到齊國，改姓田氏，左傳稱為陳恒，史記則稱田常。他弒齊簡公，立平公，便掌握了齊國的政權。他的曾孫和立為諸侯，和子午便代有齊國。幸，是希求的意思。身，指人格品節。㊂廢堯舜而立桀紂三句：桀紂，就是夏桀和商紂，都是暴虐無道終致滅亡的天子，後世以為無道的君王的代表。立，是施行的意思。樂所長，是有長處而能發展。憂所短，是有短處而思補救。㊃以無功御不樂生二句：御，是統御、治理的意思。齊民，就是一般人民。齊，是貴賤相等的意思。

【今譯】　做君主的不力求作到唐堯那樣，卻責求官吏像伍子胥那樣進盡忠言，就等於暴君商紂希望商朝臣民都像比干那樣效忠，是絕不可能的。全體臣民都像比干那樣效忠，君上就不會失國，臣下也不至喪生了。不量度臣下的勢力，卻希望臣下的品節都像比干那樣，便會有像田成子那樣的權姦出現，國家就得不到一天的安寧了。放棄堯舜那樣的好榜樣，而施行桀紂那樣的壞政治，人民有長處而不能發展，有短處也不思補救。有長處而不能發展，國家便沒有建樹；有短處有不思補救，人民便不愛生存。以沒有建樹的君主，統治不愛生存的人民，對於一般人民是行不通的。這樣，君主便無法使令人民，人民也不會事奉君主了。

完危在是非，不在於強弱；存亡在虛實，不在於眾寡。故齊、萬乘也，而名實不稱，㊀上空虛於國，內不充滿於名實，故臣得奪主。㊁殷、天子也，而無是非：賞於無功，使讒諛以詐偽為貴，誅於無罪，使傴以天性剖背。㊂以詐偽為是，天性為非，小得勝大矣。

【今註】㊀故齊萬乘也二句：乘，讀ㄕㄥˋ，是車輛的單位。周朝的制度，天子地方千里，出兵車萬乘；諸侯地方千里，出兵車千乘。萬乘本指天子，春秋以後，諸侯兼併，大國亦有兵車萬乘，所以也用以指大國。稱，讀ㄔㄥˋ或ㄔㄣˋ，是適合的意思。㊁故臣得奪主：指田常。㊂殷天子也數句：「奪主殷天子也」六字，乾道本、趙本作「奪主殺天子也」，迂評本、凌本作「以成其篡弒也」。顧廣圻韓非子識誤，以為殺當作桀。戰國策、新序都說宋康王剖僂之背；史記宋世家：「於是諸侯皆曰桀宋」是以桀指宋康王，就是宋亡國的君主宋君偃。劉師培韓非子斠補：「顧說似非。……疑殺乃殷誤，與齊對文，指紂事言。下云使讒諛以詐偽為貴，謂用惡來費仲也；傴以天性見誅，即刳割孕婦諸事之變詞也，不必泥屬宋康。」據改，傴，音ㄩˇ，駝背。

【今譯】君主的安危，在於行事的是非，不在於國勢的強弱；國家的存亡，在於國力的虛實，不在於人民的眾寡。齊國是有萬輛兵車的大國，可是僅有虛名，君主沒有控馭國政的權勢，朝中的官吏，名實都不相配合，所以官吏能夠奪取君主的地位。商紂是統治萬民的天子，可是行事不講是非，對無功的隨便賞賜，使讒諛的人應用詐偽的方法而取得高位；對無罪的任意誅罰，使駝背的人由於天生的畸形而把背剖開。以為詐偽是好的，本真是壞的，因而西周小國就能制勝大邦了。

明主堅內，故不外失。失之近，而不亡於遠者，無有。㈠故周之奪殷也，拾遺於庭。㈡使殷不遺於朝，則周不敢望秋毫於境，㈢而況敢易位乎？

【今註】㈠明主堅內三句：堅內，是整飭內政。外失，是對外失敗。失之近，指內政錯亂。亡於遠，也是對外失敗的意思。而，乾道本、趙本誤作正；茲從迂評本、凌本。㈡拾遺於庭：太田方韓非子翼毳：「言其易也。」㈢則周不敢望秋毫於境：秋毫，鳥獸秋天新生的細毛，用以比喻極細微的事物。境，邊界。

【今譯】英明的君主整飭內政，對外便不會失敗。假如內政錯亂，對外還不致失敗，是從來沒有的。所以西周奪取商朝的天下，就像拾起遺失在庭院裏的東西那樣容易。假使商紂朝政沒有敗壞，西周便不敢在邊境有絲毫的企圖，又何況大膽的奪取天子的地位呢？

明主之道，忠法，其法忠心，故臨之而治，去之而思。㈠堯無膠漆之約於當世而道行，㈡舜無置錐之地於後世而德結。㈢能立道於往古，而垂德於萬世者之謂明主。㈣

【今註】㈠明主之道數句：忠法，陶小石讀韓非子札記：「忠，讀為衷，僖二十四年左傳，服之不衷，杜注：衷，適也。」臨，是治理的意思。治，各舊本作法。讀韓非子札記：「而法之法當為治，涉上文誤作法，則非其旨。」據改。㊁堯無膠漆之約於當世而道行：膠漆之約，是說約束很強固。㊂舜無置錐之地於後世而德結：錐的尖端很細微，置錐之地，是說極少的土地。結，是集結的意思。㊃能立道於往古二句：道，乾道本誤作遺，往古，乾道本誤作往名古，茲從迂評本、趙本、凌本。之，用猶則字。

【今譯】明主的治術，要適合法度，法度要適合人心，所以治理人民，人民便走上軌道，離開人民，便長留思念。唐堯在當時並沒有強固的約束，他的治術便能大行；虞舜在後世並沒有尺寸的土地，可是人民仍在懷念他的德惠。假如能夠在當時建立治術，而對萬世垂留德惠，就可以稱為明主了。

心　度

【釋題】本篇原為第二十卷第五十四篇。心度，就是人民心理的準則。太田方韓非子翼毳：「欲生於無度，禍萌於無禁。故明主明度於民心，立禁於民心。度明則易足，禁立則知畏，此治之本也。」

【提要】本篇可分三段：第一段說明主治國，在於明賞嚴刑，禁姦於未萌，服戰於民心。第二段說法與時轉則治，治與事宜則有功。第三段說王術在能閉外塞私，而行法自恃。本篇思想與五蠹、顯學兩篇相合，文字則不甚類韓非子。

聖人之治民，度於本，不從其欲，期於利民而已。㈠故其與之刑，非所以惡民，愛之本也。㈡刑勝而民靜，賞繁而姦生。故治民者，刑勝、治之首也，賞繁、亂之本也。夫民之性，喜其亂，而不親其法。㈢故明主之治國也，明賞則民勸功，嚴刑則民親法；勸功則公事不犯，親法則姦無所萌。㈣故治民者禁姦於未萌，而用兵者服戰於民心。㈤禁先其本者治，兵戰其心者勝。㈥聖人之治民也，先治者強，先戰者勝。㈦夫國事務先而一民心，專舉公而私不從，㈧賞告㈨而姦不生，明法而治不煩。能用四者強，不能用四者弱。㈩夫國之所以強者政也，主之所以尊者權也。故明君有權有政，亂君亦有權有政，積而不同，其所以立異也。㈡故明君操權而上重，一政而國治。故法者、王之本也，刑者、愛之自也。

【今註】㈠聖人之治民四句：度，這裏是動詞，是約束糾正的意思。荀子非相：「君子之度己則以繩。」於，用猶以。本，指法制。本篇後面說：「故法者王之本也。」從，讀ㄗㄨㄥˋ，通縱，是放任的意思。欲，謂民莫不喜佚惡勞，喜亂惡治，故不可縱。㈡故其與之刑三句：其，代名詞，代聖人。

惡，讀ㄨˋ，是害的意思。㊂喜其亂而不親其法：喜其亂，是喜歡任意活動，不受檢束。親，接近。親法，是行動接近法度，符合法度，也就是守法。㊃勸功則公事不犯二句：犯，是敗壞的意思。萌，本為草發芽，引伸為事發生。㊄服戰於民心：使人民心理願意作戰。服，是從事的意思。㊅兵戰其心者勝：謂使兵士心理願意作戰就會勝利。者，解作則。㊆先戰者勝：唐敬杲選注韓非子：「謂先戰心也。」㊇專舉公而私不從：專，是單獨的意思。舉，是拔擢的意思。公，是公正無私的人。私不從，就是不從私的意思。㊈賞告：就是賞告姦。史記商君列傳：「告姦者與斬敵首同賞。」㊉能用四者強二句：唐敬杲選注韓非子：「謂務先、舉公、賞告、明法也。」㊁積而不同二句：積，累聚。陳奇猷韓非子集釋：「明君聚權於一身，亂君散權於臣下。明君立政以法，亂君立政以意。用人篇云：釋法術而心治，堯不能正一國。」

【今譯】　聖人治理人民，用法度約束他們，絕不放縱他們的欲望，這完全是為他們的利益設想。所以設立刑罰，並不是殘害人民，而是愛護人民的根源呀。刑罰嚴正，人民就會安靜；賞賜頻繁，姦邪就會發生。所以辦理國事，刑罰嚴正，是治平的起點；賞賜頻繁，是動亂的源頭啊。人民的性情，喜歡放蕩，而不願依循法度。所以明主治理國家，賞賜確實，人民就努力事功；刑罰嚴厲，人民就謹守法度。人民努力事功，公務就不致敗壞；人民謹守法度，姦邪就無從發生。所以治理人民，要禁止姦邪在發生之前，用兵要使人民心理願意作戰。禁止姦邪在發生以前的，國家就能治平；使兵士心理願意作戰的，戰爭就會勝利。聖人治理人民，先事防治姦邪，所以國家強盛；早期涵濡戰志，所以戰爭勝利。處理國家大事，都要預作措施，使人民意念一致；專門拔擢公正的人，人民便不會徇私；獎賞告密的人，姦邪就不會發生；嚴明法度，政治就不致紊亂。能夠施行這四件事，國家就強盛；不能施行這四件事，國家就衰弱。國家所以強盛，是因為有政令；君主所以尊貴，是因為有權力。英明的君主有權力和政令，昏亂的君主也有權力和政令，因為權力是集中還是分散，施政是依照意志還是依照法度，結果便有很大的差別。因此，英明的君主掌握權力，地位隨之尊貴；統一政令，國家跟著就治平了。所以法度是領導天下的基本，刑罰是愛護人民的根源啊。

夫民之性、惡勞而樂佚，佚則荒，荒則不治，不治則亂，而賞刑不行於下者必塞。㈠故欲舉大功，而難致而力者，大功不可幾而舉也。㈡欲治其法，而難變其故者，㈢民亂不可幾而治也。故治民無常，唯法為治。法與時轉則治，治與世宜則有功。故民樸而禁之以名則治，世智而維之以刑則從。㈣時移而法不易者亂，世變而禁不變者削。㈤故聖人之治民也，法與時移，而禁與世變。㈥

【今註】㈠夫民之性數句：夫，用猶凡字，總指一切。惡，讀ㄨˋ，是憎惡的意思。佚，音ㄧˋ，是安樂的意思，通逸。荒，荒廢本業。下，各舊本作天下。顧廣圻韓非子識誤：「天字當衍。」據刪。

塞，阻塞不通，這裏似即衰滅的意思。㊁故欲舉大功三句：難，畏憚。而力，猶言其力。幾，讀ㄐㄧˋ，通冀。左傳哀公十六年：「國人望君，如望歲焉，日月以幾。」㊂欲治其法二句：其法，王先慎韓非子集解，以為應作民亂。舉大功，治民亂，相對為文。故，指故法舊俗。㊃故民樸而禁之以名則治二句：樸，樸實，沒有虛偽矯飾。名，解作命令。或以為毀譽之名，似非。世智，就是世尚智巧。顧廣圻韓非子識誤：「今本無世知二字，誤。按知讀為智，下當有而字。」據增，並改知為智，以免誤解。維，本為繫車蓋的繩索，這裏是拘繫、管制的意思。㊄時移而法不易者亂二句：法，各舊本作治。王先慎韓非子集解：「治不易，當作法不易。」據改。世變，各舊本作能治眾，顧廣圻韓非子識誤：「治眾二字誤，未詳所當作。」校釋以為能治眾三字當作世變，與時移相對為文。㊅法與時移二句：與，是隨的意思。世，乾道本作能，迂評本、趙本、凌本作治。顧廣圻韓非子識誤：「藏本同，今本能作治誤。」校釋以為作能亦誤，當依上文作世。

【今譯】人民的性情，大抵厭惡勞苦，喜歡安逸，安逸就要荒怠，荒怠就不易治理，人民不易治理，國家就陷於混亂，因此不能對臣民厲行刑賞的國家，一定慢慢衰滅。所以要想建立大功，卻害怕付出辛勞的，大功的建立是沒有希望的；要想整飭法度，卻害怕改變舊俗的，民亂的平治是沒有希望的。所以治理人民，沒有固定的方法，只有憑藉法度來治理。法度跟著時代演進，始能平治；治術適應社會需要，纔有功效。因此，人民樸實，用命令禁阻他們，就可以平治；人民巧詐，用刑罰制裁他們，就可以順從。時代演進，而不改變法度，國家必定混亂；社會變化，而不更易禁令，國家必定削弱。

所以聖人治理人民，法度跟著時代演進，禁令隨著社會更易。

能趨力於地者富，能趨力於敵者強，強不塞者王。㈠故王道在所開，在所塞，㈡塞其姦者必王。故王術不恃外之不亂也，恃其不可亂也。恃外不亂而立治者削，㈢恃其不可亂而行法者興。故賢主之治國也，適於不可亂之術。㈣貴爵則上重，故賞功爵任，而邪無所闞。㈤好力者，其爵貴，爵貴則上尊，上尊則必王。㈥國不事力而恃私學者，其爵賤，爵賤則上卑，上卑者必削。㈦故立國用民之道也，能閉外塞私而上自恃者，㈧王可致也。

【今註】 ㈠能趨力於地者富三句：趨力，各舊本上作越力，下作起力。顧廣圻韓非子識誤：「越，當作趨，下起力，起亦當作趨。」據改，趨力於地、趨力於戰，謂使人民趨赴耕戰。強不塞者王，謂富強儘量發展，就可以領導天下，建立王業。㈡故王道在所開二句：開塞，猶言興廢。這裏所謂開，就是使人民趨赴耕戰。太田方韓非子翼毳：「言王道在因時開塞，今時在塞浮辭而開力作，塞私義而開公道也。」㈢恃外不亂而立治者削：立治，各舊本作治立。松皐圓定本韓非子纂聞：「治立誤倒。言惟養外交，欲使鄰敵不肯亂我，恃此以立政治，故弱。」據改。㈣遠於不可亂之術：「乾道本適上有敵字。顧廣圻韓非子識誤：「張本、今本無敵字，按當云：道於不可亂之術。」劉師培韓非子斠補：「敵字衍，適謂專主。」適，讀ㄉㄧˊ。㊄故賞功爵任二句：爵，這裏用作動詞，是給與爵位的意思。任，擔負，這裏是任重責的人。關，是由的意思。㊅好力者其爵貴三句：陳奇猷韓非子集解：「好力，即上文趨力於地、趨力於敵。趨力於地、趨力於敵而進爵，則爵之進不易，故人貴之。人皆貴爵，則欲進爵者僅有耕戰一途，人皆盡力於耕戰，則國強而主尊矣。」㊆國不事力而恃私學者其爵賤三句：私學者，指言談辯說之士。陳奇猷韓非子集釋：「私學之士務為辯說以干主，朝為布衣，暮登卿相，高官尊爵，則爵之進也易，故人賤之。其欲進爵者，皆務為言談，不服耕戰，則國弱而主卑矣。」㊇能閉外塞私而上自恃者：閉外，松皐圓定本韓非子纂聞：「謂不恃外交也。」唐敬杲選注韓非子：「外，外國。閉外，使外國不能謀我也。」塞私，就是塞私學。上，君主。

【今譯】國家能使人民致力於耕作就富足，能使人民致力於戰爭就強盛，富強儘量發展，就可以領導天下，建立王業。領導天下，主要在於發展耕戰，阻塞姦邪；能夠阻塞姦邪，就可以建立王業。所以王術不靠外國不來侵害，而靠本身沒有被侵害的因素。靠外國不來侵害而建立政治，國家必定衰弱；靠本身沒有被侵害的因素而厲行法度，國家必定興盛。所以賢明的君主治理國家，專門致力不被侵害的方法。爵位被重視，君主纔能受尊重，所以賞賜有大功的，封授任重責的，姦邪便無由進身了。封賞致力耕戰的，爵位便被重視，爵位被重視君主便尊貴，君君尊貴便能領導天下。不封賞致力耕戰的而封賞致力遊談的，爵位便被輕視，爵位被輕視，君主便卑賤，君主卑賤國家必然衰弱。所以建立國家使用人民的方法，能夠不倚靠外國的不來侵害，而阻塞私學遊談的人，專靠本身施行法度，具備不被侵害的因素，就可以領導天下，建立王業了。

忠孝

【釋題】本篇原為第二十卷第五十一篇。忠孝本來是儒家的德目，本篇乃以法家的見地，予以論量，因以忠孝做為篇名。

【提要】本篇主旨在於上法而不上賢。儒家以堯舜湯武為賢，本篇卻以堯舜湯武為不忠不孝，而予以非難。道家以烈士為賢，本篇卻以烈士為離眾獨行，取異於人，而予以非難。全篇分為四大段：第一段說「廢常上賢則亂，舍法任智則危」。第二段說「賢堯舜湯武而是烈士」，足以致亂。第三段說治國不可為太上士不設賞，為太下士不設刑。第四段說霸王須恃治內以裁外，不恃離合從橫。本篇五次自稱為臣，大概是一篇上書。本篇思想，如非從橫，非恬淡之學，恍惚之言，多和五蠹篇相合，似為韓非所作，然亦有表示懷疑的。

天下皆以孝悌忠順之道為是也，而莫知察孝悌忠順之道而審行之，是以天下亂。㊀皆以堯舜之道為是而法之，是以有弒君，有曲父。㊁堯、舜、湯、武或反君臣之義，亂後世之教者也。堯為人君，而君其臣；舜為人臣，而臣其君；湯武為人臣，而弒其主，刑其尸；㊂而天下譽之。此天下所以至今不治者也。夫所謂明君者，能畜其臣者也；所謂賢臣者，能明法辟，治官職，以戴其君者也。㊃今堯自以為明，而不能以畜舜；舜自以為賢，而不能以戴堯；湯武自以為義，而弒其君長——此明君且常與，而賢臣且常取也。㊄故至今為人子者、有取其父之家，為人臣者、有取其君之國者矣。父而讓子，君而讓臣，㊅此非所以定位一教之道也。臣之所聞曰：「臣事君，子事父，妻事夫，三者順則天下治，三者逆則天下亂。」此天下之常道也，明王賢臣而弗易也，則人主雖不肖，臣不敢侵也。今夫上賢、任智、無常，逆道也，㊆而天下常以為治。是故田氏奪呂氏於齊，㊇戴氏奪子氏於宋。㊈此皆賢且智也，豈愚且不肖乎？是廢常上賢則亂，舍法任智則危。故曰：「上法而不上賢。」

【今註】㊀天下皆以孝悌忠順之道為是也三句：孝，是善事父母。悌，是善事兄長。忠，是事君竭誠。順，是順從理則。察，仔細研究。審，審慎。㊁皆以堯舜之道為是而法之三句：堯舜，就是唐堯和虞舜，都是中國古代的天子，堯禪位給舜，舜禪位給禹。儒家推崇堯舜為最偉大的聖人，帝王的極則。是以有弒君，後世篡位弒君，多假禪讓之名。曲父，乾道本作曲於父，茲從迂評本、趙本、凌本。王先慎韓非子集解：「按弒君、曲父相對，於字不當有。下舜見瞽叟，其容造焉，即承曲父而言。」曲父，是使父親受委屈、受壓抑的意思。㊂堯舜湯武或反君臣之義數句：湯武，就是商湯和周武王。夏桀暴虐無道，商湯把他誅滅，代有天下，而建立商朝；傳到商紂，暴虐無道，周武王把他誅滅，代有天下，而建立周朝，史稱湯武革命。或，解作有。君其臣，是使他的臣下作君主，指堯讓位給舜。臣其君，是使他的君主做臣下，指舜受堯禪。刑其尸：刑，是斬割殘毀人的肢體。史記周本紀：「紂自燔於火而死。……武王遂入，至紂死處，自射之三發，而后下車，以輕劍擊之，以黃鉞斬紂頭，懸之太白之旗。」㊃夫所謂明君者數句：畜，是順的意思。禮記祭統：「孝者畜也，順於道不逆於倫，是之謂畜。」這裏是統御官吏，使之順道。明法辟，是修明法度。辟，是法或刑的意思。㊄此明君且常與二句：這裏兩且字都是尚且的意思。㊅父而讓子二句：這裏兩戴，是擁戴的意思。㊆今失上賢任智無常逆道也：夫，助詞。上，同尚。常，常法。㊇田氏奪呂氏於齊：姜尚先代曾封於呂，所以又稱呂尚，輔佐周武王滅商，統治天下，封於齊國。到春秋時，陳公子完以國難逃到齊國，改姓田氏，子孫世代做齊國的卿。傳到田常，弒齊簡公，立平公，獨掌齊國的大權。傳到田和，列為諸侯。和子午，便把齊國全部吞併。㊈戴氏奪子氏於宋：宋為殷遺民微子啟的封國，本為子姓。後宋戴公的子孫，多以戴為氏。本書內儲說下：皇喜與戴驩爭權，遂殺宋君而奪其政。皇喜亦出於宋戴公，所以說戴氏奪子氏於宋。

【今譯】 天下人都以為孝悌忠順的道理是對的，可是不知道仔細考察孝悌忠順的道理而審慎的去實行，因而造成天下的混亂。都以為堯舜的道理是對的，而羣起效法他們，所以有君主被殺害，父親受委屈的事情。堯舜湯武或有違反君臣的道理，擾亂後世的教化的舉措：堯做君主，卻讓他的官吏做君主；舜做官吏，卻使他的君主做臣下；商湯周武原本都是臣下，卻殺害他們的君主，甚至摧殘君主的屍體，天下反而稱讚他們，這就是天下直到現在都不能安定的緣故啊。所謂聖明的君主，是能夠統御臣下；所謂賢能的官吏，是能夠修明法度，整飭官事，以擁戴君主。現在堯自己以為聖明，卻不能統御舜；舜自以為賢能，卻不能擁戴堯；湯武自以為行事合於正義，卻殺害君主，照這樣說，聖明的君主要常把君位讓給臣下，賢能的官吏要常奪取君位了。所以到現在，兒子有奪取父親之家的，官吏有奪取君主之國的。父親讓給兒子，君主讓給官吏，這不是鞏固君主的地位，統一臣民的教化的辦法呀。我聽說：官吏事奉君主，兒子事奉父親，妻室事奉丈夫，三樣順遂天下就會平治，三樣違逆天下就會混亂，這是一定的道理。假如聖主賢臣不改變這種道理，即便偶有凡庸的君主，官吏也不敢侵犯。現在尊崇賢人，任用智士，沒有常法，這是違反正道的，可是天下都用來治理國家，所以田氏奪去呂氏的齊國，戴氏奪去子氏的宋國。田氏戴氏都是既賢且智的，那裏是愚昧不肖的呢？照這樣看，毀壞正道，尊重賢人，國家就會混亂；捨棄常法，信任智士，國家就要危亡。所以說：「治理國家，要尊重法度而不尊重賢人。」

記曰：「舜見瞽瞍，其容造焉。」孔子曰：「當是時也，危哉天下岌岌！有道者、父固不得而子，君固不得而臣也。」㊀臣曰：孔子本未知孝悌忠順之道也，然則有道者進不為主臣、退不為父子耶？父之所以欲有賢子者，家貧則富之，父苦則樂之。君之所以欲有賢臣者，國亂則治之，主卑則尊之。今有賢子而不為父，則父之處家也苦；有賢臣而不為君，則君之處位也危。㊁然則父有賢子，君有賢臣，適足以為害耳，豈得利焉哉！所謂忠臣不危其君，孝子不非其親。今舜以賢取君之國，而湯武以義放弒其君，此皆以賢而危主者也，而天下賢之。㊂古之烈士，進不臣君，退不為家，㊃是進則非其君，退則非其親者也。㊄且夫進不臣君，退不為家，亂世絕嗣之道也。㊅是故賢堯舜湯武而是烈士，天下之亂術也。瞽瞍為舜父，而舜放之；象為舜弟，而舜殺之。㊆放父殺弟，不可謂仁；妻帝二女，㊇而取天下，不可謂義；仁義無有，不可謂明。詩云：「普天之下，莫非王土；率土之濱，莫非王臣。」信若詩之言也，是舜出則臣其君，入則臣其父，妾其母，妻其主女也。㊈故烈士內不為家，亂世絕嗣，而外矯於君，朽骨爛肉，施於土地，流於山谷，不避蹈水火，使天下從而效之，是天下徧死而願夭也。此皆釋世而不治者也。㊉世之所為烈士者，離眾獨行，取異於人，為恬淡之學，而理恍惚之言。㊀臣以為恬淡，無用之教也；恍惚、無法之言也。言出於無法，教出於無用者，天下謂之察。㊁臣以為人生必事君養親，事君養親不可以恬淡；人生必言論忠信法術，㊂言論忠信法術不可以恍惚。恍惚之言，恬淡之學，天下之惑術也。㊃孝子之事父也，非競取父之家也；忠臣之事君也，非競取君之國也。夫為人子，而常譽他人之親曰：「某子之親，夜寢早起，強力生財，以養子孫臣妾。」是誹謗其親者也。為人臣，常譽先王之德厚而願之，㊄是誹謗其君者也。非其親者，知謂之不孝；而非其君者，天下賢之，此所以亂也。故人臣毋稱堯舜之賢，毋譽湯武之伐，㊅毋言烈士之高，盡力守法，專心於事主者為忠臣。

【今註】㈠記曰數句：記，是記錄的書。漢書張敞傳：「受記考事。」注：「書也。」以下所引文字，見孟子萬章篇上，原文是這樣的：「丘咸蒙問曰：『語云：「盛德之士，君不得而臣，父不得而子。舜南面而立，堯帥諸侯北面而朝之，瞽瞍亦北面而朝之；舜見瞽瞍，其容有蹙。」孔子曰：「於斯時也，天下殆哉岌岌乎！」不識此語誠然乎哉？』」孟子馬上予以否定，「此非君子之言，齊東野人之語也。」瞽瞍，是舜的父親。造，讀ㄘㄨˋ，造蹙古通。造然，愁苦的樣子。岌，音ㄐㄧˊ。岌岌，動搖危險的樣子。㈡今有賢子而不為父四句：這裏兩為字，都讀第四聲，是助的意思。這裏兩處字都讀第三聲，是居的意思。㈢然則父有賢子數句：適，是僅的意思。焉哉，各本或作哉焉，哉字斷句，焉字連下讀。梁啟雄韓子淺解，以為應作焉哉，連上讀。所謂「忠臣不危其君，孝子不非其親」，乃說出某些人對於忠臣孝子的看法，是下面「賢而危主」；「進則非君，退則非親」的總冒。㈣古之烈士三句：陳奇猷韓非子集釋：「詭使篇：『好名義不仕進者世謂之烈士。』蓋好名義則以不進仕為高，故曰進不臣君；不進仕即不受君祿，不受君祿則家不富，故曰退不為家也。」㈤是進則非其君二句：陳奇猷韓非子集釋：「不臣其君，是以其君為不善而不事之；不為其家，是以其親為不善而不富之。」㈥且夫進不臣君三句：陳奇猷韓非子集釋：「外儲說右上，太公望殺狂矞華士曰：『彼不臣天子，是望不得而臣也，則望當誰為君乎？』故人不臣其君則亂也。不為家，家將貧困，無以為生，故絕嗣也。」㈦瞽瞍為舜父數句：放，放逐。象，是舜的弟弟，舜父瞽瞍後妻所生。而舜殺之，各舊本無舜字。王先慎韓非子集解：「依上文殺上當有舜字。」據補。舜放父殺弟，未知所據。惟史記五帝本紀，舜父瞽瞍與弟象屢欲殺舜，似亦非不可能。㈧妻帝二女：史記五帝本紀：堯以二女妻舜。二女，是娥皇和女英。㈨詩云數句：詩，見小雅北山篇。普，是遍的意思。率，是循的意思。濱，本意是水邊，這裏指土地的邊緣。率土之濱，指周邊以內的土地。信，是果真的意思。妾，尚書費誓：「馬牛其風，臣妾逋逃。」孔傳：「役人賤者，男曰臣，女曰妾。」妾其母，就是把母親當婢妾使喚。㈩故烈士內不為家數句：陶小石讀韓非子札記以為「亂世絕嗣」四字，當在「外矯於君」句下，和上文「且夫進不臣君，退不為家，亂世絕嗣之道也。」文義相同。矯，剛強而不肯低頭。朽骨爛肉，指人的身體，生則行動於土地，死則流失於山谷。烈士既不重視生命，所以不避蹈水火等災難。釋世，猶言舍世，遯世。治者，各舊本作治是。松皐圓定本韓非子纂聞：「者作是，寫者誤。」據改。㈡世之所為烈士者數句：為，借作謂。離眾，各舊本作雖眾，連上讀。顧廣圻韓非子識誤：「王渭曰：雖，當作離，四字為一句。」據改。恬，音ㄊㄧㄢˊ。恬澹，亦作恬淡，是不慕榮利的意思。恍惚，音ㄏㄨㄤˇㄏㄨ，是微妙不可捉摸的意思。㈢言出於無用三句：教，乾道本、趙本、凌本誤作數，茲從迂評本。天下謂之察，今按：莊子天下篇：「道德不一，天下多得一察焉以自好。」一察，謂察其一端，而不知其全體，也就是偏見的意思。察字上似脫一字。㈢人生必言論忠信法術：乾道本作「之人必言論忠信法術」，迂評本、趙本、凌本無之人二字。王先慎韓非子集解：「之人，當作人生，屬下讀。上文人生必事君養親，此作人生必言論忠信法術，人生誤作之人。趙本不思其誤，從而刪之，非也。以字依上文不當有。」茲據校改。㈣惑術：使人迷惑的學說。㈤常譽先王之德厚而願之：厚，是偉大、高尚的意思。願，是仰慕的意思。㈥伐：是功業的意思。

【今譯】　書籍裏面有這樣的記載：「舜受堯禪做天子，堯率領諸侯北面參謁，瞽瞍也北面參謁。舜看見瞽瞍，臉上露出憂苦的樣子。孔子說：『這時，天下動盪，是很危險的！其實，道術崇高的人，父親本來不能把他當作兒子，君主本來不能把他當作臣下呀。』」我認為孔子根本不懂孝悌忠順的道理。照孔子的意思，道術崇高的人，在朝就不做君主的臣下，在家就不做父親的兒子嗎？父親所以希望有好兒子，因為家裏貧窮，可以使他變為富足；父親辛苦可以使他變為安樂。君主所以希望有好官吏，因為國家動亂，可以使他變為平治；君主卑微，可以使他變為尊崇。假如有好兒子卻不為父親效力，父親居家就很辛苦；有好官吏卻不為君主效力，君主居位就很危險。照這樣說，父親有好兒子，君主有好官吏，只對自己有害，怎麼能獲得利益呢？一般人都說：忠臣不危害君主，孝子不非議父親。像虞舜由於賢能而奪取君主的國家，湯武由於義憤而放逐或殺戮君主，這都是好官吏危害君主的，可是天下人都稱讚他們。古代所謂烈士，進不事奉君主，退不籌謀家室。進不事奉君主，便是非議君主；退不籌謀家室，便是非議父親，這是破壞國家斷絕血嗣的作法。所以稱美堯舜湯武，而承認烈士的行徑為正當，便是擾亂天下的學說啊。瞽瞍是舜的父親，舜卻把他放逐；象是舜的弟弟，舜卻把他殺死。放逐父親，殺死弟弟，不可稱為仁德；強婚帝堯兩個女兒，並奪取他的天下，不能算是義行；不仁不義，不能稱為聖明。詩經裏面說：「整個天下，都是王的土地；土地沿邊以內，都是王的臣民。」果真像詩經所說，舜在天下便把他的君主做臣僚，在家庭便把他的父親做僕役，把他的母親做婢妾，而以君主的女兒做妻室。至於烈士，居家不籌謀家室，用世則矯抗君主，破壞國家，斷絕血嗣。朽骨爛肉的身體，生則行動於土地，死則流失於山谷，全不珍惜生命，輕易涉歷各種危險。假使天下都起來效法他們，那麼整個人類都將期待及早毀滅，這是放棄社會而不求治理呀。世人所謂烈士，乃率意獨行，不同流俗，研究恬淡的學問，探求恍惚的言論。我認為恬淡是無用的教化，恍惚是無法的言論，言論不合法度，教化不切實用，天下都認為是一種偏見。我認為人生必須事君養親，事君養親就不能恬淡，不求名利；人生必須講求忠信法術，講求忠信法術就不能恍惚，不可捉摸。恍惚的言論，恬淡的學問，是使天下人迷惑的學說呀。孝子事奉父親，不是要爭取父親的財產；忠臣事奉君主，不是要爭取君主的國家，假如為人子的常常稱讚別人的父親：「某人的父親，早起晚睡，努力賺錢，以撫養自己的子孫奴婢」，這是誹謗他的父親啊。假如做官吏的，常常稱讚先王人格崇高，仰慕深至，這是誹謗他的君主啊。毀謗父親的，大家都曉得指斥他不孝；毀謗君主的，卻稱讚他賢良，這就是天下紊亂的緣故啊。所以做官吏的，不稱揚堯舜的道德，不讚譽湯武的功業，不談論烈士的高尚，盡力守法，專心事奉君主的，纔能算是忠臣。

古者黔首悗密蠢愚，㊀故可以虛名取也。今民儇詗智慧，㊁欲自用，不聽上。上必且勸之以賞，然後可進；又且畏之以罰，然後不敢退。而世皆曰：「許由讓天下，㊂賞不足以勸；盜跖犯刑赴難，㊃罰不足以禁。」臣曰：未有天下，而無以天下為者，㊄許由是也。已有天下，而無以天下為者，堯舜是也。毀廉求財，犯刑趨利，忘身之死者，盜跖是也。此二者，殆物也；㊅治國用民之道也，不以此二者為量。㊆治也者，治常者也；道也者，道常者也。殆物妙言，治之害也。天下太上之士，不可以賞勸也；天下太下之士，不可以刑禁也。㊇然為太上士不設賞，為太下士不設刑，則治國用民之道失矣。

【今註】㊀古者黔首悗密蠢愚：黔首，古用以稱人民。黔，音ㄑㄧㄢˊ，黑色。黔首猶言黑髮，一說以黑布蒙首。史記秦始皇本紀：「二十六年，……更名民曰黔首。」史記會注考證：「呂氏春秋振亂懷寵大樂諸篇，李斯諫逐客書，及禮記祭義，黃帝內經，已用黔首字樣，則此稱不始於秦始二十六年，是歲徧及海內也。」悗，音ㄇㄣˋ或ㄇㄢˊ。密，借為謐。悗密，為雙聲聯緜字，是安靜的意思。㊁今民儇詗智慧：儇詗，音ㄒㄩㄢ ㄒㄩㄥˋ，為雙聲聯緜字，是狡黠的意思。㊂許由讓天下：許由，上古的高士，唐堯讓天下給他，不肯接受，逃到箕山隱遯。㊃盜跖犯刑赴難：盜跖，古時的大盜。一說是春秋時魯國柳下惠的弟弟。㊄無以天下為：就是不把天下當做自己的。松皐圓定本韓非子纂聞：「謂其不欲也。」㊅此二者殆物也：二者，指許由和盜跖而言。殆物，猶言危事。太田方韓非子翼毳：「殆，甚也。猶言尤物，謂不常有也。」㊆量：讀第四聲，是度量、標準的意思。㊇天下太上之士四句：太上、太下，各舊本都誤作太平。顧廣圻韓非子識誤，根據下文，以為應作太上、太下。松皐圓定本韓非子纂聞、太田方韓非子翼毳，也有同樣的意見。據改。太上之士，指許由；太下之士，指盜跖。

【今譯】古代的人民，安靜而愚昧，所以能用虛名籠絡他們。現在的人民，狡黠而聰慧，企圖自由活動，不聽從君上的命令。君主一定要用賞賜勸勉他們，然後纔肯前進；還要用刑罰嚇阻他們，然後纔不敢後退。可是世人都說：「許由推讓天下，賞賜便不能勸勉；盜跖犯法冒險，刑罰便不能嚇阻。」我認為沒有支配天下，而不要支配天下，許由便是這樣；已經支配天下，而不要支配天下，堯舜便是這樣。毀棄操守，妄求財利，干觸刑網，不顧生死，盜跖便是這樣。這兩種態度，對於天下，都是很危險的，治理國家，使令人民，不能拿這兩種人作標準。所謂治，是治理大眾的，所謂道，是引導大眾的，危險的事物，巧妙的言論，都是足以妨害治道的。天下最高尚的人，是不能用賞賜勸勉的；天下最頑劣的人，是不能用刑罰嚇阻的。可是為了最高尚的人不設賞賜，為了最頑劣的人不設刑罰，就失卻治理國家使令人民的大道了。

故㊀世人多不言國法，而言從橫。㊁諸㊂言從者曰：「從成必霸。」而言橫者曰：「橫成必王。」山東㊃之言從橫，未嘗一日而止也，然而功名不成，霸王不立者，虛言非所以成治也。王者、獨行謂之王。是以三王不務離合，而五霸不待從橫，察治內以裁外而已。㊄

【今註】㊀故：解作今，說見爾雅。㊁從橫：從，讀ㄗㄨㄥ，後多作縱；橫，又作衡。南北曰從，東西曰橫。戰國時六國位列南北，秦國在西。蘇秦說六國合力拒秦，稱為合從；張儀說六國西面事秦，稱為連橫。這是當時各國間兩大外交政策，遊說之士多採用他們的言論。㊂諸：各舊本作諸侯。顧廣圻韓非子識誤：「侯字當衍。」據刪。㊃山東：戰國稱六國為山東，因為在崤函以東。㊄是以三王不務離合三句：三王，指夏禹、商湯、周文武。離合，指和別國疏遠或親近。這三句各本文字頗有出入。趙用賢本作：「是以三王不務離合而正（乾道本正作止），五霸不待從橫而察，治內以裁外而已矣。」顧廣圻韓非子識誤：「合字句絕，橫字句絕，止字當衍，即五之形近而複誤耳。『察治內以裁外而已矣』九字為一句。」茲據校改。察，是用心審度的意思。

【今譯】現在世上的人們，多數不講論法制，而講論從橫。許多講論合從的說：「合從成功，一定可以稱霸。」許多講論連橫的說：「連橫成功，一定可以稱王。」山東六國講論從橫，不曾有一天停止，可是功名沒有成就，霸王的大業也未能建立，因為空言不能使國家富強呀。所謂王，是要具有最高的權威，能夠獨斷行事，纔可以稱為王啊。所以三王無須和別國疏遠或親近，五霸也不必合從或連橫，只用心整飭內政以裁制外敵罷了。

飭　令

【釋題】　本篇原為第二十卷第五十三篇。絕大部分和商君書靳令篇相同。飭，迂評本作飾，飾是飭的借字。王先慎韓非子集解：「秦本商子作飭，與此同。」飭令，是整飭命令，使能確切施行。因篇首有飭令二字，所以用做篇名。

【提要】　本篇主旨，在撮述商鞅的思想。全篇可分四段：第一段，說明飭令平法，行法由斷。第二段說明以刑治，以賞戰。第三段說明效功取爵，使無伏怨。第四段說明重刑少賞，則民死上。本篇文字，除自宜其能至故莫爭數句和本書用人篇重出外，其餘全同於商君書靳令篇，只是沒有靳令篇論六蝨與仁義的部分。歷來校商君書的多以為靳令篇勦取本篇，而校韓非子的又多以本篇勦取商君書。容肇祖韓非子考證：「本篇或係法家者流之餘論，其較完全者掇入商君書，其較刪節者掇入韓非子，既非商君所為，又非韓非所著也。」商君書雖非商君所手著，而為門客後學輯述商君言論而成，似無可疑。本書內儲說上：「公孫鞅曰：『行刑重其輕者，輕者不至，重者不來，是謂以刑去刑。』」和靳令篇與本篇相同，且指明是公孫鞅說的，足見靳令篇是商君的言論，而本篇是摘取靳令篇的。因本書有五蠹篇專論為害國家的人民，所以刪去論六蝨的文字。

飭令則治不遷，㊀法平則吏無姦。法已定矣，不以善言害法。㊁任功則民少言，任善則民多言。㊂行法由斷，以五里斷者王，以九里斷者強，宿治者削。㊃

【今註】㊀飭令則治不遷：治，各舊本作法。松皐圓定本韓非子纂聞依商君書改為治，據改。遷，商君書作留。遷是遷延，和留滯的意思相近。㊁不以善言害法：善言，指仁義道德的言論。害，各舊本作售。王先慎韓非子集解：「售，當作害，形近而誤。商子作害，是其證。」㊂任功則民少言二句：任，依憑。任功，依憑功效授與官爵。則民少言，人民就多作少說。下句是：依憑德望授與官爵，人民就少作多說。㊃行法由斷四句：由，各舊本作曲。顧廣圻韓非子識誤：「曲當作由。」據改。斷，判斷姦非。商君書說民篇：「國治：斷家王，斷官彊，斷君弱。……有姦必告之，……則事於斷家。……治國貴下斷，故以十里斷者弱，以五里斷者彊。家斷則有餘，故曰日治者王。官斷則不足，故曰夜治者彊。君斷則亂，故曰宿治者削。」五里，是較小的範圍，令民為什伍，互相伺察糾舉，這就是家斷。家人就是平民，家斷，也許就是民斷。民斷當日即可辨好，所以說是日治。九里，商君書去彊說民、靳令等篇，都作十里，可能是十里的誤寫。十里是較大的範圍，不行什伍，則須官斷。官斷事多，就要連夜趕辦，所以說是夜治。宿，是久的意思。君斷必須遷延時日，所以說是宿治。削，是削弱的意思。

【今譯】命令嚴厲，政治就不會遷延；法律公平，官吏就沒有姦邪。法律確定以後，不能拿仁義道德的言論加以妨害。依憑功勞授與官爵，人民便儘量努力；依憑德望授與官爵，人民便多肆言談。施行法律主要在判斷姦非：以五里為範圍，實行什伍察舉制度，由人民判斷姦非，便可以建立優良的秩序，進而統治天下。以十里為範圍，由官吏判斷姦非，尚可使國家富強。以國家為範圍，由君主親自判斷姦非，必須遷延時日，國家就要削弱了。

以刑治，以賞戰。厚祿以周術，國無姦民，則都無姦市。㈠物多末眾，農弛姦勝，則國必削。㈡民有餘食，使以粟出爵；爵必以其力，則農不怠。㈢三寸之管無當，不可滿也。授官爵，出利祿，不以功，是無當也。㈣國以功授官與爵，此謂以成智謀，以成勇戰，㈤其國無敵。國以功授官與爵，則治者省，言者塞，此謂以治去治，以言去言。㈥以功授官與爵，㈦故國多力，而天下莫之能侵也。兵出必取，取必能有之；按兵不攻，必富。㈧

【今註】㈠厚祿以周術三句：周術，各舊本或作用術，各家注釋亦多以用術為是。今按：術，就是法，也就是刑。周，是周密。周術，就是刑罰周密。厚祿所以接賞戰，周術所以接刑治。則，應在國無姦民的上面。有厚祿和周術的因，則有國無姦民，都無姦市的果。文字頗為緊湊，周術二字，沒有錯誤。國無姦民，乾道本作行都之過，茲從迂評本、趙本、凌本。王先慎韓非子集解：「商子正作國無姦民。」姦市，是姦商的意思。㊁物多末眾三句：末眾，乾道本作者眾，茲從迂評本、趙本、凌本。顧廣圻韓非子識誤：「今本者作末，按依商子是也。」物，指珍玩淫巧之物；末，指工商等業。弛，音ㄕˇ，或讀ㄔˊ，本作弛，是弓釋弦，引伸為廢怠的意思。勝，是盛多的意思。㊂民有餘食四句：出爵，猶言進爵。必字上面的爵字，各舊本無。王先慎韓非子集解：「爵字當重，商子作官爵，亦重，是其證。據增。」農，各舊本作震。顧廣圻韓非子識誤：「震當作農，見商子。」據改。㊃三寸之管無當數句：管，是中空外圓的盛器。三寸之管，是說盛器很小。無當，就是無底。這幾句是說：君主如果不按照功勞來賞賜，隨便把官爵利祿授與人，就像把水注入無底的小水管，永遠不會盈滿的。淮南子意林：「三寸之管而無當，天下弗能滿；十石而有塞，百斗而足矣。」可資參考。㊄此謂以成智謀二句：顧廣圻韓非子識誤：「成讀為盛；威，當作成，亦讀為盛。商子靳令篇作盛，去強篇作成。」據改威為成。成、盛，古字通。成智，就是極智。成勇，就是極勇。㊅則治者省四句：治者省言者塞六字，迂評本無，乾道本、趙本、凌本作治見者省言有塞。顧廣圻韓非子識誤：「見字當衍，有當作者。商子作治省言寡。」茲據刪改。塞，被阻塞。以治去治，是厲行政治，便沒有紛擾，慢慢可以減少治具。以言去言，是輕視言談，使言談無用，慢慢可以息滅言談。㊆以功授官與爵：各舊本作以功與爵者也。松皐圓定本韓非子纂聞：「與上宜有授官二字。」據增。者也二字疑衍文，並予刪除。㊇按兵不攻必富：按，抑止。富，各舊本作當。顧廣圻韓非子識誤：「當，當作富，見商子。」據改。

【今譯】 用刑罰治理人民，用賞賜鼓勵作戰。賞賜豐厚，刑罰周密，國家便沒有姦邪的人民，都邑便沒有姦邪的商賈。珍巧的商品漸多，工商的人民日眾，農業廢弛，姦邪充斥，國家就會削弱。農民有多餘的糧食，使他們奉獻糧食，博取官爵。獲得官爵全靠自己的血汗，農民一定勤苦不懈。君主如果不按照功勞來賞賜，隨便給與官爵和利祿，就像把水注入無底的小水管，永遠不會盈滿的。國家按照功勞授與官爵，這是用最高的智慧來謀畫，用最大的勇力來作戰，沒有那個國家能夠對抗的。國家按照功勞授與官爵，治理便會省力，言談便被阻塞，這就是厲行政治，慢慢可以減少治具；輕視言談，慢慢可以息滅言談。按照功勞授與官爵，人民儘量貢獻力量，所以國家的力量最為強大，天下各國就沒有能夠侵害他的。派遣軍隊出發，一定能把目標攻占，並且能夠長期保持；假如控制軍隊，不事征戰，國家一定變為富有。

朝廷之事，小者不毀。㊀效功取官爵，雖有辯言，不得以相干也，是謂以數治。㊁以力攻者，出一取十；以言攻者，出十喪百。國好力，此謂以難攻；國好言，此謂以易攻。㊂宜其能，勝其官，輕其任，而莫懷餘力於心，莫負兼官之責於君，內無伏怨。使事不相干，故莫訟；使士不兼官，故技長；使人不同功，

故莫爭。㈣

【今註】 ㈠朝廷之事二句：商子作「朝廷之吏，少者不毀也，多者不損也。」劉師培韓非子斠補，以為應依商子補多者不損四字。政、吏，古代本為一字，這裏似可解作治事。少者不毀，是功雖小而不予廢棄。多者不損，是功雖大而不予減損。㈡效功取官爵四句：效功，猶言獻功、立功。雖字上各舊本有廷字，據嚴萬里校正商君書刪。辯言，各舊本作辟言。商君書作辯言，據改。辯言是巧言，是動聽的話。辟言，是合法的話。干，是求的意思。謂，解作為。數治，猶言術治，也就是法治。㈢以力攻者數句：喪，讀第四聲，是損失的意思。難，是艱辛；易，是疏慢。㈣宜其能數句：自「宜其能」至「故莫爭」，和用人篇重出，惟本篇脫宜字，官作害，莫懷作道壞，兼官作乘宮，事作明者。松皐圓定本韓非子纂聞已依用人篇改正，據改。太田方韓非子翼毳：「其能以下五十三字，用人篇文，錯亂出於此。」故莫爭下，各舊本有「言此謂易攻」五字。顧廣圻韓非子識誤，以為涉上文而衍，據刪。宜，是適宜、適用的意思。勝，讀第一聲，是勝任的意思。輕其任，使他任務輕鬆，易於完成。懷，是藏的意思。兼官，就是現在所謂兼職。兼職事多，便不易全部作好。伏怨，怨恨潛伏在心裏，等待時機發作。干，是侵犯的意思。訟，是爭辯、攻訐的意思。技長，是才能優裕。

【今譯】 朝廷治事，功勞雖小，也不予廢棄；功勞雖大，也不予減損。官爵要拿功力求取；言論雖然動聽，也不能用以求取官爵，這就是全憑法術治事。用功力攻取，付出一分，可能取得十分；用言談攻取，付出十分，可能損失百分。國家好尚功力，這是使人以艱辛攻取；國家好尚言談，這是使人以輕慢攻取，要使才能獲得適用，官職能夠擔承，任務容易完成。大家心裏沒有保留餘力，沒有兼官的負擔，沒有潛伏的怨恨。要使職責不相侵犯，所以不會互相攻訐；要使官吏沒有兼職，所以才能都有餘裕。要使人民不同功業，所以不致發生爭鬪。

重刑少賞，上愛民，民死賞；多賞輕刑，上不愛民，民不死賞。㊀利出一空者，其國無敵；利出二空者，其兵半用；利出十空者，民不守。㊁重刑明民，大制使人，則上利。㊂行刑，重其輕者，輕者不至，重者不來，此謂以刑去刑。㊃罪重而刑輕，刑輕則事生，此謂以刑致刑，其國必削。㊄

【今註】㊀重刑少賞數句：重刑，人民不敢犯罪，受刑的便很少，這正是愛護人民。輕刑，人民易於犯罪，受刑的便很多，這正是不愛護人民。死賞，商君書靳令篇亦作死賞。俞樾諸子平議，引商君書去彊篇，以為應作死上。陳奇猷韓非子集釋：「死賞，謂民為賞而死，非為上而死，俞說非。」少賞，人民便重視賞，所以肯為賞犧牲；多賞，人民便不重視賞，甚至沒有功勞亦可得賞，所以不肯為賞犧牲。㊁利出一空者數句：利，指君主的慶賞。二柄篇：「人臣之情，非必能愛其君也，為重利之故也。」空，讀為孔，是施行慶賞的泉源。利出一孔，慶賞只由君主一人施行。利出二孔，是君主而外，另一權臣亦能實行慶賞。利出十孔，是若干官吏都能施行慶賞。民不守，商君書作其國不守，比較好。㊂重刑明民三句：使用重刑，要先使人瞭解，再用嚴厲的命令驅使人民，人民就會為君上的利益而努力。制，是君主的命令。㊃行刑重其輕者四句：輕者，指輕罪；重者，指重罪。以刑去刑，就是尚書大禹謨「刑期無刑」的意思。用重刑能使人民不敢犯罪，刑罰就可以棄置不用了。王先慎韓非子集解：「此下當有其國必強四字，與下其國必削對文。」所見甚是。㊄罪重而刑輕四句：事，亂事。如天下無事。致，是招致、引起的意思。

【今譯】用刑重，用賞少，這正是君主愛護人民，人民也肯為賞犧牲。用賞多，用刑輕，這正是君主不愛護人民，人民也不肯為賞犧牲。慶賞由君主一人施行，人民全為君主效力，國家便強盛無敵。君主而外，另一權臣也能施行慶賞，人民便只有一半為君主效力。若干官吏都能施行慶賞，人民便不為君主效力，國家便很難保全了。君主使用重刑，要先使人民瞭解，再用嚴厲的命令予以驅使，人民便會為君主的利益而努力。施用刑罰，對於輕罪必須從重處罰。輕罪不發生，重犯更沒人敢犯了。這就叫做施用重刑以棄置刑罰，這樣，國家必然強盛。假如對於重罪都從輕處罰，人民不知畏懼，便容易發生亂事，這就叫做施用輕刑以引起更多的刑罰，這樣，國家必然削弱。

制　分

【釋題】　本篇原為第二十卷第五十五篇。制分，就是制定刑賞必須分明的意思。

【提要】　本篇可分三段：第一段，說明刑賞必須嚴重而有分；第二段，說明止姦的方法，在於告姦連坐；第三段，說明治國必須任數不任人，任法不任慧。本篇思想和韓子相合，文字則不甚類韓子，似不無可疑。

夫凡國博君尊者，未嘗非法重而可以至乎令行禁止於下者也。㈠是以君人者，分爵制祿，則法必嚴以重之。夫國治則民安，事亂則邦危。法重者得人情，禁輕者失事實。且夫死力者、民之所有者也，人情莫不出其死力以致其所欲；而好惡者、上之所制也。民者好利祿而惡刑罰，上掌好惡以御民力，事實不宜失矣。㈡然而禁輕事失者，刑賞失也。其治民不秉法為善也，㈢如是則是無法也。故治亂之理，宜務分刑賞為急。治國者莫不有法，然而有存有亡。亡者、其制刑賞不分也。治國者其刑賞莫不有分，有持異以為分，不可謂分。至於察君之分，獨分也。㊃是以其民重法而畏禁，願毋抵罪而不敢胥賞。㊄故曰不待賞而民從事矣。

【今註】㊀夫凡國博君尊者二句：夫凡，都是總指一切的形容詞。下，各舊本作天下。顧廣圻韓非子識誤：「天字當衍。」據刪。㊁上掌好惡以御民力二句：掌，乾道本誤作賞，茲從迂評本、趙本、凌本。掌好惡，是抓住人民好惡的心理。御民力，就是使用民力。不宜，王先慎韓非子集解，以為是宜不的倒文。宜不失、是大概不會有差誤。㊂其治民不秉法為善也：其，假設連詞。秉，是執持的意思。秉法，就是守法。善，是仁愛德惠的意思。不秉法為善，是不遵循法度，而施與德惠。㊃有持異以為分四句：有持異以四字，迂評本作「有時以異」，乾道本、趙本、凌本作「有持以異」。盧文弨羣書拾補：「異以二字舊倒，今從張本。」陶小石讀韓非子札記：「持異二字，當為待共二字之誤，謂人主恃大臣左右共為賞罰也。外儲說右上篇云：『射者眾，故人主共矣。』又右下篇云：『賞罰共則禁令不行。』即此共字之義。下云：『至於察君之分，獨分也。』獨與共、文正相對，亦其證矣。三守篇云：『愛人不獨利也，待譽而後利之；憎人不獨害也，待非而後害之。』即此所謂待共以為分也。」今按：不必改字。持，就是持之有故的持，是主張的意思。異，指有刑賞的不同。獨，單獨。獨分，是對人的賞罰，就他們的情節，各有不同。㊄願毋抵罪而不敢胥賞：抵罪，是治罪，這裏是受刑。胥，王先慎韓非子集解：「胥與須古今字，須，待也。」

【今譯】 大凡國土廣博君主尊榮的，沒有不是法度嚴格，對於臣民，作到命令必能貫徹，防禁必能遏阻的。所以做君主的，分別官爵的高低，制定祿賜的多寡，法度必須嚴格而強厲。國家太平，人民就能安樂；政事紊亂，國家就會危亡。法度嚴厲，就能獲得人民的真情；防禁輕疏，就會失迷事故的實況。並且死力是人民所具有的，人情沒有不拿出死力獲致欲望的；好惡是君主所能制馭的，人民喜好利祿，憎惡刑罰，抓住人民好惡的心理，予以使令，事實大概就不會失迷了。所以防禁輕疏，事實失迷，是由於刑賞的差失啊。假如治理人民不依循法度，而施與德惠，這等於沒有法度。所以消除禍亂的道理，儘量使刑賞分明，最為急要。治理國家都有法度，可是有的存續，有的滅亡。為什麼有的滅亡？是因為制定刑賞不分明。治理國家都有刑有賞，有的認為有刑賞的不同，就是刑賞分明，其實這不能算是刑賞分明。明主的刑賞分明，是對人的刑賞，按照他們個人的情節，而各有差異。因此他的人民，重視法度，畏懼禁令，只希望不要受刑，而不敢期待獲賞。所以說，不用賞賜人民就都走上軌道了。

是故夫至治之國，善以止姦為務，是何也？其法通乎人情，關乎治理也。㈠然則微姦之法奈何？其務令之相規其情者也。㈡然則相闚奈何？曰：蓋里相坐而已。㈢禁尚有連於己者，里不得不相闚，惟恐不得免。㈣有姦心者不令得志，闚者多也。㈤如此則慎

己而闚彼，發奸之密。㈥告過者、免罪受賞，失姦者、必誅連刑。如此則姦類發矣。㈦姦不容細，私告任坐使然也。㈧

【今註】㈠是故夫至治之國數句：善，是擅長的意思。是何也，乾道本無也字，茲從迂評本、趙本、淩本。通，是順的意思。闚，是由的意思。㈡然則微姦之法奈何二句：「微姦之法」四字，乾道本作「去微姦之」，迂評本、趙本、淩本作「去微姦之道」。孫詒讓札迻以為應作「微姦之法」，去是法的壞字，校者不知，因移著微姦之上，今本道字乃後人臆增。微，是伺察的意思。微姦之法，就是伺察姦人的方法。據改。規，顧廣圻韓非子識誤，以為讀為闚ㄎㄨㄟ，闚，是探視的意思。㈢然則相闚奈何二句：然，各舊本無。王先慎韓非子集解：「則上當有然字，此與上然則微姦之法奈何句法一律。」據增。里相坐，里中有人犯法，同里連帶治罪。㈣禁尚有連於己者三句：尚，讀ㄊㄤˇ，假設連詞，通黨，後多作倘或儻。里，各舊本作理，顧廣圻韓非子識誤，以為當作里。據改。不得不，下不字各舊本無。據松皐圓定本韓非子纂聞及太田方韓非子翼毳補。惟恐不得免，惟恐被牽連而治罪。㈤有姦心者不令得志：得志，各舊本作得忘。劉師培韓非子斠補：「忘係作訖。作，古作乍，與亡相近，故乍訛為亡，後人又易為忘。不令得作，即不令姦心得起也。」松皐圓定本韓非子纂聞及太田方韓非子翼毳都改忘為志，志忘形近而誤。據改。㈥發姦之密：密，是隱密的意思。㈦如此則姦類發矣：類發，是都被舉發。㈧姦不容細二句：容，存留。細，小姦。私告，就是密告。任坐，宋本注：「任，保也，同里相保之人則坐之，故曰任坐。」今按：任，仍是擔任、承受的意思。任坐，就是承受連坐的罪刑。

【今譯】因此政治最清明的國家，善於用力制止姦邪，這是什麼緣故呢？因為他的法律根據治理，而又適合人情。那麼他偵察姦邪的方法怎樣呢？一定要使人民互相窺探作姦的實情。使人民互相窺探作姦的實情怎樣辦呢？大概是使各里的人民互相保證連帶治罪。禁令假如和自己有所牽涉，全里的人民便不能不互相窺探，惟恐同里犯罪，自己也會連帶治罪。有作姦犯科的企圖，絕不給他得逞，因為窺探他的人太多了。這樣，人民就會自行謹慎，絕不作姦犯科；並且注意窺探別人，舉發他們作姦的隱密。舉發姦邪的，不但免除罪責，並且可以獲得賞賜；疏漏姦邪的，一定要受連坐的處罰，這樣作姦犯科的就都被舉發出來。最小的邪惡都不能在社會裏存留，就是密告和連坐所獲致的成果。

夫治法之至明者，任數不任人。㊀是以有術之國，不用譽則毋過，㊁境內必治，任數也。亡國使兵公行乎其地而弗能圉禁者，㊂任人而無數也。自攻者人也，攻人者數也。㊃故有術之國，去言而任法。凡畸功之循約者難知，㊄過形之於言者難見也，㊅是以刑賞惑乎貳。㊆所謂循約難知者，姦功也；臣過之難見者，失根㊇也。循理不見虛功，㊈度情詭乎姦根，㊉則二者安得無兩失也。㈡是以虛士立名於內，而談者為略於外。㈢故愚怯勇慧相連，而以虛道屬俗而容乎世。㈢故其法不用，而刑罰不加乎僇人，㈣如此則刑賞安得不容其貳？故實有所不至，而理失其量。㈤量之失，非法使然也，法定而任慧也。釋法而任慧，則受事者安得其務？㈥務不與事相得，則法安得無失，而刑安得無煩？㈦是以賞罰擾亂，邦道差誤，刑賞之不分白㈧也。

【今註】㈠夫治法之至明者二句：陳奇猷韓非子集釋：「法字當衍。」任數，是應用法術。任人，是應用人的智慧。㈡不用譽則毋過：則毋過，迂評本、趙本、凌本作而得人之情，乾道本作則毋適。顧廣圻韓非子識誤，以為適和敵同字。王先慎韓非子集解，認為張本作過是對的。是說有術之國，不用人之譽則毋過。過即下「過形之於言者難見」之過。譽，是有聲譽的人，也就是賢智之人。㈢亡國使兵公行乎其地而弗能圉禁者：兵，指敵人的兵。公，公然，就是毫無顧忌。乎，介詞，解作於。圉，音ㄩˇ，是禁止的意思。㈣自攻者人也二句：人，是任人；數，是任數。任人則國亂，猶自攻其國。任數則國強，能攻人之國。㈤凡畸功之循約者難知：畸，音ㄐㄧ，本意為殘田，引申為偏邪。畸功，就是偏邪的事功，其目的為私而本非為公，其成就似有功而實非有功。也就是後面所謂功姦、虛功。循，依循。約，指準則，軌道。難知，不易辨識。㈥過形之於言者難見也：形，是表現的意思。盧文弨羣書拾補：「刑，舊校改形，本通用。」過惡表現於言談，而未見諸事實，較為難見。如說客巧辯麗辭，騁詐誤事即是。㈦是以刑賞惑乎貳：惑，是迷惑的意思。乎，用猶而字。貳，變易無常，也就是紊亂的意思。㈧失根：松皇圓定本韓非子纂聞：「下曰姦根，可見姦言邪說為過失之根本也。若聽其言，必試以事，則其失根可去也。」㈨循理不見虛功：松皇圓定本韓非子纂聞：「姦臣行事，匿情營私，若循常理推之，徒見其有功，而乖實之迹，終不可得而見也，必過加賞。如陳需召楚兵，翟璜召韓兵，微令敵國攻其國者姦也，因往講解卻敵軍者功也。能去國患，似循常約，然論其實，則皆構謀要賞，豈容誅乎？」陳需、翟璜事詳內儲說下。㈩度情詭乎姦根：度，讀ㄉㄨㄛˋ，是揣量的意思。詭，是詐騙的意思。乎，解作於。松皇圓定本韓非子纂聞：「辯士議事，巧言如流，若以常情度之，徒見其合理，而挾私之源，遂為難得而察也，必被詭誑。如蘇代譏齊王、潘壽說禹情，其實為子之游說，而外託乎正論也。」蘇代、潘壽事詳外儲說右下。㈡則二者安得無兩失也：二者，指刑賞。㈢是以虛士立名於內二句：虛士，指有虛功的人。談者，指說客。略，是智謀的意思。㈢故愚怯勇慧相連二句：相連，松皇圓定本韓非子纂聞：「謂無別也。」虛道，是無用的道理。屬，讀ㄓㄨˇ。屬俗，是勸誘眾人。容，喜悅。容於世，是取悅於世。㈣僇人：有罪的人。僇，音ㄌㄨˋ。㈤故實有所不至二句：故實二字，乾道本、藏本作實故，茲從迂評本、趙本、凌本。不至，各舊本無不字，依松皇圓定本韓非子纂聞補。實，指刑賞的實質，即有罪受刑，有功獲賞。至，是周到的意思。理，法度。失其量，是喪失權衡是非功過的效能。量，讀第二聲。㈥釋法而任慧二句：

釋，棄置。得，是曉解的意思。務，指事情的旨趣。㈦務不與事相得三句：得，是適合、適應的意思。煩，是亂的意思。㈥分白：王先慎韓非子集解：「白下脫黑字。用人篇『如此則白黑分矣。』說疑篇『為人主者，誠明於臣之所言，則別賢不肖如黑白矣。』皆有黑字，是其證。今按：白是顯明的意思。荀子榮辱：「身死而名彌白。」分白，猶言分明。

【今譯】政治清明的君主，應用法度不應用人的智慧。所以有法度的國家，不應用賢哲的智慧，就不至發生錯誤，境內必然平治，這就是應用法度的功效。亂亡的國家，任憑敵兵橫行於國內而無能禁阻，就是應用人的智慧而沒有建立法度的緣故。應用智慧，國家必將動亂，等於自攻其國；應用法度，國家必將富強，便能攻人之國。所以國家平治，要放棄言談，而應用法度。偏邪的功績，依循正軌建立，便很難辨識；臣庶的過惡，用巧言文飾，便不易看出，所以君主受其迷惑，刑賞就紊亂無常了。所謂依循正軌便不易辨識，是因為具有功績的表象；用巧言文飾便很難看出，是因為失迷過惡的根源。依循事理衡量，便很難辨識虛偽的功績；按照常情揣度，便易受姦桹的欺騙，那麼刑賞怎能沒有差錯呢？所以處士便在朝內建立功名，說客便利用外國施展謀略。因而明智和愚昧、勇敢和怯懦沒有分別，大家用無實的言談誘惑眾人，取悅世俗。所以法度不能切實施行，刑罰便不能絕對處分有罪的人，這樣，刑賞怎能不紊亂呢？所以有功的未必獲賞，有罪的未必受刑，法度便喪失量度是非功罪的效能。法度喪失量度是非功罪的效能，並不是法度本身的毛病，是法度確定以後還應用智慧的毛病。丟開法度而應用智慧，奉命辦事的人怎能了解行事的旨趣？行事和旨趣不相適應，法度怎能沒有失誤？刑賞怎能不會煩亂，政治差誤，就是刑賞不能分明的緣故。

愛　臣

【釋題】 本篇原為第一卷第四篇。因篇首有愛臣二字，便用來作篇名。愛臣，是君主左右嬖幸的官吏，其實本篇並非專論愛臣的文字。

【提要】 本篇主旨，在說明君主控馭官吏，須「盡之以法，質之以備。」韓子迂評說：「人主不得借權，人臣不得擅威。」可謂得其要領。全篇分為兩段：第一段，說君上的大害，在於諸侯的博大，和官吏的殷富。第二段說君主控馭官吏，當怎樣盡之以法，質之以備。文中自稱為臣，似為一篇上書。梁啟超要籍解題及其讀法，以為是韓非早年上韓王書。陳千鈞韓非子研究，以為是上秦王書，篇首愛臣太親，大臣太貴等語，乃指姚賈、李斯而言。

愛臣太親，必危其身。大臣太貴，必易主位。主妾無等，必危嫡子。兄弟不服，必危社稷。㈠臣聞千乘之君無備，必有百乘之臣在其側，以徙其民而傾其國。萬乘之君無備，必有千乘之家在其側，以徙其威而傾其國。是以姦臣蕃息，主道衰亡。㈡是故諸侯之博大，天子之害也；羣臣之太富，君主之敗也。將相之後主而隆家，此君人者所外也。㊂萬物莫如身之至貴也，位之至尊也，主威之重，主勢之隆也。此四美者，不求諸外，不請於人，議之而得之矣。㊃故曰人主不能用其富，則終於外也。此君人者之所識也。㊄

【今註】㊀愛臣太親數句：大臣，各舊本作人臣。陶小石讀韓非子札記：「人臣當為大臣之誤，與上文愛臣，下文主妾兄弟，各有所指。若泛言人臣，則與上下文不類矣。孤憤：『萬乘之患，大臣太重；千乘之患，左右太信。』人主：『人主之所以身危國亡者，大臣太重，左右太威也。』皆可證。太田方韓非子翼毳：「人，當作大。」據改。主妾，尊貴的女子可稱主，古妾稱妻為主母，禮以正室為主婦，主妾就是妻妾。漢書袁盎傳：「袁盎諫文帝曰：『今陛下既已立后，夫人迺妾，妾主豈可同坐哉？』」可以證明主是妻的稱謂。八經：「禮施異等，后姬不擬。」后姬，就是主妾。兄弟不服，宋本注：「君之兄弟，不相從服。」劉師培韓非子斠補：「按兄弟不服，與主妾不等對文，服即𠬝字，舊注非。」𠬝是治的意思，也就是有秩序、安定。㊁臣聞千乘之君無備數句：太田方韓非子翼毳：「凡臣聞云者，皆稱古人之語也。孟子：『萬乘之國，弒其君者，必千乘之家；千乘之國，弒其君者，必百乘之家。』與是語同。君曰國，大夫曰家。」乘，讀ㄕㄥˋ，是車輛的單位。徙其民，取得他的人民。蕃息，是滋生眾多的意思。衰亡，龍宇純韓非子補正：「亡當為匿之壞字。說文：『匿，亡也。是衰匿即衰亡之意。匿字古韻在之部，正與上文息、國、側、備、稷、服諸字為韻。」㊂後主而隆家二句：後主，是不重視國事。隆家，是使自己的家隆盛。外，是疏遠斥逐的意思。㊃議之而得之矣：王先慎韓非子集解：「議，當作義。義者，事之宜也，人君合其宜則得之矣。」㊄人主不能用其富三句：王先慎韓非子集解：「富之言備也，四美不備，則國非其有矣。」太田方韓非子翼毳：「終於外，言如魯昭公謀逐季氏不能，而奔齊如晉，在乾侯數年而薨。」識，讀ㄓˋ，是牢記不忘的意思。

【今譯】　愛臣太親近，一定危害君主的生命。大臣太尊貴，一定奪取君主的地位。后妃沒有等次，一定毀壞嫡子。兄弟不能安分，一定覆滅國家。我聽說：擁有千輛兵車的君主，假如不加防備，在他旁邊一定有擁有百輛兵車的官吏，爭取他的人民，傾覆他的國家。擁有萬輛兵車的君主，假如不加防備，在他旁邊一定有擁有千輛兵車的官吏，奪取他的權勢，傾覆他的國家。因此姦臣慢慢盛大，君主慢慢衰亡。所以諸侯的盛大，便是天子的災患；官吏的殷富，便是諸侯的禍害。將相假如不積極為君主效力，而積極發展自己的家門，這是做君主的必須疏遠廢斥的。一切事物都不如生命的寶貴，高位的榮顯，君主權柄的重大，君主勢力的強盛。這四種美事，君主無須向外求取，不必請人幫助，只要行事合宜，就可以獲得了。所以說：君主不能善用自己所具備的事物，結果就要被篡弒放逐。這是做君主的必須切記不忘的。

昔者、紂之亡，周之卑，皆從諸侯之博大也。㊀晉之分也，齊

之奪也，皆以羣臣之太富也。㈡夫燕宋之所以弒其君者，皆此類也。㈢故上比之殷周，中比之齊晉，下比之燕宋，莫不從此術也。㈣是故明君之蓄其臣也，盡之以法，質之以備。㈤故不赦死，不宥刑。赦死宥刑，是謂威淫，社稷將危，國家偏威。㈥是故大臣之祿雖大，不得藉城市；黨與雖眾，不得臣士卒。㈦故人臣處國無私朝，居軍無私交，其府庫不得私貸於家。此明君之所以禁其邪。㈧是故不得四從，不載奇兵。㈨非傳非遽，載奇兵者，罪死不赦。㈩此明君之所以備不虞⑪者也。

【今註】㈠昔者紂之亡三句：紂，商朝末代的帝王，嗜酒好色，暴虐無道，被周武王誅滅。周，是周武王滅商後所建立的王朝。傳到周幽王，被犬戎所弒，史稱西周。幽王子平王東遷洛陽，日益衰落，傳到周赧王，為秦所滅，史稱東周。當商紂的時候，西伯姬昌（後追尊為周文王）行仁政，諸侯多數願意服從他，三分天下有其二。周朝東遷以後，就到春秋時代，強國稱霸；等到戰國時代，七國稱王，周天子便漸失控馭天下的作用。從，是由的意思。㈡晉之分也三句：春秋時晉國的卿魏、趙、韓三家，勢力日益強大，到戰國時，魏文侯斯、趙烈侯籍、韓景侯虔，三分晉國，列為諸侯。春秋時陳公子完以國難逃到齊國，改姓田氏，子孫世代做齊國的卿。傳到田常，弒齊簡公，立平公，獨掌齊國的大權，卒謚成子。傳到田和，列為諸侯。和子午便把齊國全部吞併。㊂夫燕宋之所以弒其君者二句：王先慎韓非子集解：「子罕劫宋、子之奪燕。」松皐圓定本韓非子纂聞：「燕公孫操弒惠王，宋皇喜劫宋君。」史記趙世家：惠文王二十八年，燕將成安君公孫操弒其王。燕世家索引引述這件事將作相。皇喜劫宋君，宋大夫皇喜，和戴驩爭權，殺宋君而奪其政。詳見二柄篇注：此類，各舊本作以類。據孫詒讓札迻校改。㊃故上比之殷周四句：比，例證。殷，就是商朝。商朝傳到盤庚，遷都於殷，在今河南省偃師縣西，因改國號曰殷。比之齊晉下五字，各舊本無。松皐圓定本韓非子纂聞：「從山氏補之齊晉下五字。」據補。此術，指諸侯之博大和羣臣之太富。㊄是故明君之蓄其臣也三句：蓄，松皐圓定本韓非子纂聞：「畜同，養也。」盡，是全部。盡之以法，是一律用法律制裁。王先慎韓非子集解：「質，正也。備者，未至而設之，所以逆杜其邪心也。」陳奇猷韓非子集釋：「謂質其親戚妻子以備其變也。」㊅赦死宥刑四句：威淫，宋本注：「淫，散也。」陳奇猷韓非子集釋，以為淫借為遊，遊是散於外的意思。偏威，宋本注：「君威散，臣威成，故曰偏威。」㊆是故大臣之祿雖大四句：藉，各舊本作藉威。俞樾諸子平議，以為威字衍文，藉讀為籍。據刪威字。籍，是征稅的意思。黨與，指所屬官吏、親族、門客等。臣，私有。不得臣士卒，是不能私有軍隊。㊇故人臣處國無私朝四句：朝，讀ㄔㄠˊ，是會見的意思。古時官吏每晨到宮殿覲見，奏事議政，稱為早朝。私朝，似為卿大夫自行集會議事。居軍無私交，就是統帥軍隊，不能私自和外國交往。其府庫不得貸與私家，宋本注：「不欲令其樹福也。」如田成子私大斗斛區釜以出貸，就是例證。詳見外儲說右上。㊈是故不得四從二句：孫詒讓札迻：以為四與駟通。駟，四馬一乘。從，讀ㄗㄨㄥˋ，是從車。實則四從，應為多輛（四輛以上）隨從的車。奇兵，應為精銳的兵器。這兩句是說貴臣隨從車輛的事。史記商君列傳記述趙良的話：「五羖大夫之相秦也，……行於國中，不從車乘，不操干戈。」又說：「君之出也，後車十數，從車載甲（武裝兵士），多力而駢脅者驂乘，持矛而操闟戟者旁車而趨。」可以參看。㊉非傳非遽三句：傳遽，是古代傳送急速事物的辦法，以車曰傳曰馹，以馬曰遽曰驛。傳，讀ㄓㄨㄢˋ。傳遽須備非常，所以可載兵甲。者，各舊本作革，據松皋圓定本韓非子纂聞校改。㊁不虞：非意料所及。

【今譯】　從前商紂的滅亡，周室的衰微，都是由於諸侯的強大。晉國的被瓜分，齊國的被篡奪，都是由於官吏的殷富。以至燕相公孫操弒惠王，宋臣皇喜弒宋君，都是這一類的事情。所以古時拿商周作例證，中期拿齊晉作例證，近世拿燕宋作例證，衰亡篡弒沒有不是經由這條道路的。因此英明的君主對待官吏，不分貴賤，一律用國法制裁；防範周至，使他們不生邪心。不赦免死罪，不寬宥刑罰。赦免死罪，寬宥刑罰，君主的威嚴就會消散，國家的秩序就會紊亂，這就是所謂大權旁落了。所以大臣的俸祿雖然優厚，但不得征收城市的稅課；黨與雖然眾多，但不能私有軍隊。大臣在朝廷供職，不能自行集會議事；統帥軍隊，不能私下和外國交往；府庫裏的財物，不能隨便貸放他人，這都是英明的君主禁阻姦邪的方法。因此大臣外出，不能有多輛隨從的車子，侍衛不能攜帶精銳的兵器。除傳車驛騎而外，攜帶精銳的兵器，便治以死罪，絕不寬赦。這是英明的君主防範意外的方法呀。

卷十

初見秦

【釋題】本篇原為第一卷第一篇，是對秦昭王的上書，作者未能確考，前人誤入本書，以為是韓非使秦最初對始皇的上書，便拿初見秦作標題。本篇又見於戰國策趙策，開端有「張儀說秦王曰」六字。考張儀死於秦武王元年，篇中所舉各事，多在秦昭王時，當然不是張儀作的。宋沙隨（今河南省竟陵縣）程迥說：「非有存韓篇，故李斯言非終為韓不為秦也。後人誤以范雎書廁於其間，乃有舉韓之論。」且韓非於始皇十四年入秦，本篇所言秦事都在秦昭王時代，相距已二十多年，何以詳論舊事，而不略談近事？又書中七稱大王，亦當指昭王而言，韓非不應對始皇稱昭王為大王。近人考證，也多以本篇不是韓非作的。容肇祖韓非子考證，以為篇中所言長平之役，不免暗譏范雎，也不是范雎作的，而推證為蔡澤所作。以內容和時間考校，似較可信。大概本篇和存韓篇都是秦室的存卷，編者未加審究，就一併收入本書。

【提要】本篇主旨，在向秦王陳說破從成霸的策略。全篇分為五段：第一段，是說願盡忠把所知道的都陳述出來。第二段，是說六國合從，足以致亡；秦民奮死，便能成霸。第三段，歷舉秦國錯失成就霸王的機會，以證謀臣的不忠。第四段，是說長平之役，趙當亡不亡，秦當霸不霸，反促成天下合從，不可不慮。第五段，是說秦國當前情勢，倘謀略得當，仍可兼併天下，希望能進說破從成霸的策略。

臣聞「不知而言、不智，知而不言、不忠。」㈠為人臣不忠、當死，言而不當、亦當死。㈡雖然、臣願悉言所聞，唯大王裁其罪。㈢

【今註】㈠臣聞三句：松平康國韓非子國字解：「凡以臣聞或吾聞等詞起者，其下多為稱引古語。」王先慎韓非子集解：「秦策言下並有為字。」㈡言而不當：而，解作如。當，讀第四聲，是合理的意思。㈢臣願悉言所聞二句：悉，是詳盡的意思。唯，通惟，是希望、願意的意思。大王，應指秦昭王。裁，是決定的意思。

【今譯】我聽說：「不知道事情的道理就亂說，是不夠明智；知道事情的道理卻不肯說，是沒有忠心。」為臣的沒有忠心，應該處以死罪；說話不合道理，也應該處以死罪。話雖如此，我還是情願把我知道的，儘量陳述出來，請大王考量治我的罪。

臣聞天下陰燕、陽魏、連荊、固齊、收韓而成從，將西面以與秦強為難，臣竊笑之。㈠世有三亡，而天下得之，其此之謂乎！㈡臣聞之曰：「以亂攻治者亡，以邪攻正者亡，以逆攻順者亡。」今天下之府庫不盈，囷倉空虛，悉其士民，張軍數十百萬。其頓首戴羽為將軍，斷死於前，不至千人，皆以言死。㈢白刃在前，斧質在後，而卻走不能死也，非其士民不能死也，上不能故也。㈣言賞則不與，言罰則不行，賞罰不信，故士民不死也。今秦出號令而行賞罰，有功無功相事也。㈤出其父母懷衽之中，生未嘗見寇耳，聞戰，頓足徒裼，犯白刃、蹈鑪炭、斷死於前者，皆是也。㈥夫斷死與斷生也不同，而民為之者，是貴奮死也。夫一人奮死可以對十，十可以對百，百可以對千，千可以對萬，萬可以剋天下矣。㈦今秦地折長補短，方數千里，名師數十百萬。秦之號令賞罰、地形利害，天下莫若也。以此與天下，天下不足兼而有也。㈧是故秦戰未嘗不剋，攻未嘗不取，所當未嘗不破，開地數千里，此甚大功也。㈨然而兵甲頓，士民病，蓄積索，田疇荒，囷倉虛，四鄰諸侯不服，霸王之名不成，此無異故，其謀臣皆不盡其忠也。⑩

【今註】㊀臣聞天下陰燕陽魏數句：周威烈王二十三年，韓趙魏三家分晉以後，秦楚燕齊韓趙魏七國並強，連年征戰，史稱戰國。周顯王三十六年，蘇秦說六國合從禦秦，趙為從長。這裏乃以趙為主，陰燕陽魏，是說趙北聯燕國，南聯魏國。荊，是楚國的舊稱。固齊，是堅定齊國抗秦的心。因為戰國後期，齊秦互爭雄長，連合六國抗秦，本來是齊國所願意的。從，讀ㄗㄨㄥ，南北曰從，後又作縱，這裏是南北聯合的意思。西面，猶言西向，因為秦國在六國的西面。秦強，迂評本作強秦。㊁世有三亡三句：三亡，張文虎舒藝室隨筆，以為就是下面說的「以亂攻治者亡，以逆攻順者亡，以邪攻正者亡。」天下，指攻秦的六國。其此之謂乎，是大概說的就是這種意思。「以逆攻順者亡」六字，乾道本、趙本、凌本沒有。上言三亡，這裏不當少一句，茲從迂評本。㊂今天下之府庫不盈數句：府庫，都是存財物的地方。囷，音ㄐㄩㄣ。囷倉，都是存穀粟的地方，圓形的叫做囷，方形的叫做倉。悉其士民，是動員全體人民。張兵，猶言出兵。數十百萬，是數十萬乃至百萬，只是說多，並非實數。其頓首至言死二十字，迂評本、戰國策缺，茲從乾道本、趙本、凌本。頓首，或以為係頓首的誤寫，頡，直項。頡首，猶言抗首。或以為係頓足的誤寫。或以為拜頭叩地俯服聽命的意思。均欠妥恰。今按：太田方韓非子翼毳：「頓首，置章於首也。」頓，有貯藏的意思；章，章甫，古人戴的帽子。莊子說劍：「吾王所見劍士，皆蓬頭，突鬢，垂冠，曼胡之纓，短後之衣，……。」成玄英疏：「曼胡之纓，謂屯項抹額也。」屯項抹額，就是前抹上額，後遮頸項。這大概是古代劍士頭上的裝束。左思魏都賦：「三屬之甲，縵胡之纓。」或以為頓首就是兜鍪，也許近是。戴羽，王先慎韓非子集解：「文選羽獵賦：『賁育之倫，蒙盾負羽。』後漢書賈復傳：『被羽先登。』謂繫鳥羽以為標識也。戴與負被，其義一耳。」今按：王解似有誤，羽，是箭的意思。負羽、被羽，都是背負羽箭，並不是繫鳥羽以為標識。戴，是加於其上，又和載通，也是背負羽箭的意思。斷，是必，一定的意思。斷死於前，言必死於敵前。不至千人，松皐圓定本韓非子纂聞：「至當作止。不止千人，謂不寡也。」高亨韓非子補箋，以為至就有止的意思。㊃白刃在前數句：斧質，質又作鑕，是鐵椹。古代刑人，把人放在椹上，用斧頭砍斷。戰時前進有敵人白刃的攻殺，退後有督戰的斧質警戒。卻，是退走。也，用猶者字。㊄有功無功相事也：相事，高亨韓非子補箋：「爾雅釋詁：『相，視也。』此言有功無功，視事論定，無所阿私也。」相，讀第四聲。㊅出其父母懷衽之中數句：衽，音ㄖㄣˋ，或作袵，是衣襟的意思。懷衽，猶言懷抱。耳，助詞，用猶也字。舊本多以耳字連下讀，不對。頓足，用腳踩地，表示激奮。徒，是赤足。裼，音ㄒㄧˊ，是脫去上衣，也就是赤膊。蹈鑪炭，尹桐陽韓子新釋：「言犯火攻。」鑪，字又作爐，是燃炭的器具。墨子說守禦事云：「五步一竈，門有爐炭。」說苑立節：齊莊公伐莒，至莒城下，莒人以炭置地，杞梁華周二人立有間，不能入。」這都是古人用火防禦的事實。㊆夫斷死與斷生也不同數句：高亨韓非子補箋：「趨難而誓必死，謂之斷死；臨難而求必生，謂之斷生。」人死則一切希望、享受幸福，都已成空，所以說斷死與斷生不同。奮死，奮勇犧牲，拼命。夫，解作若。這裏四個對字，戰國策鮑本作合，姚本作勝。對，是當、對抗，意思較好。剋，通克，是勝的意思。㈧以此與天下二句：與，是敵的意思，俗謂對付。或謂與和舉古通用，舉是攻取的意思。不足，是說不難。兼，是併或盡的意思。㈨此甚大功也：甚，乾道本、趙本、凌本作其，迂評本作甚。王先慎韓非子集解，以為戰國策作甚是對的。「先言秦之功極大，為下霸王之名不成作反勢；若作其，則文氣平實，其當為甚之殘字。㈩然而兵甲頓數句：頓，借為鈍。兵甲頓，就是武器不堅利。病，身體疲弱，像有病。索，是空、盡的意思。疇，是耕治的田，也就是良田。異故，猶言他故。

【今譯】我聽說天下以趙國為中心，北面結合燕國，南面結合魏國，又聯絡楚國，堅定齊國，羅致韓國，訂立合從的盟約，打算向西和強大的秦國為敵。我心裏在嗤笑他們。天下有三種重要的敗亡因素，六國都已具有，他們的失敗，大概就是這種道理罷。我聽說：「以動亂的國家攻打平治的國家是要敗亡的，以邪惡的國家攻打端正的國家是要敗亡的，以悖理的國家攻打順理的國家是要敗亡的。」現在六國府庫的財物都不充足，倉廩裏的糧食都很空虛，動員所有的人民，出兵數十百萬，頭上戴起兜鍪，身上背著羽箭的做將軍，決心奮勇犧牲的，有上千的人，都口口聲聲的說要和敵人拼命到底。等到兩軍相交，前面是強敵的白刃，後面有督戰的斧鉞，他們卻狼狽逃走，不肯犧牲。這不是人民不能犧牲，是君主不能使他們犧牲。君主說怎樣可以得賞，到時卻沒有賞賜；說怎樣必須受罰，到時卻沒有刑罰，賞罰不能明確，所以人民不肯奮勇犧牲。秦國發出號令，便厲行賞罰，有功無功，全看事實決定。人民離開父母的懷抱，從來沒有遇到過敵人，聽說要打仗，激奮得跳起來，光著腳，赤著背，踏過地面的炭火，衝向閃亮的刀劍，和敵人拼命作戰，個個都是這樣。決心拼死和必要全生是大不相同的，可是人民情願去拼死，這是把為國犧牲看得太寶貴了。假如一人奮勇犧牲，可以對抗十人，十人可以對抗百人，百人可以對抗千人，千人可以對抗萬人，萬人就可以制勝天下了。秦國的土地，截長補短，有幾千方里，聲威遠播的軍隊有數十百萬，秦國的號令賞罰，地形利害，天下各國都不能相比。以這些優點，對付各國，天下是不難全部吞併的。因此，秦國作戰沒有不戰勝的，攻地沒有不取得的，抗拒沒有不擊退的，開拓了幾千里的土地，這實在是很大的成就。可是現在兵甲殘破，士眾疲弱，蓄積匱竭，田疇荒廢，倉廩空虛，四鄰諸侯，不肯順從，霸王的名義，都未能取得，這沒有別的緣故，只是由於謀臣都沒有竭盡忠心罷了。

臣敢言之；往者、齊南破荊，東破宋，西服秦，北破燕，中使韓魏，地廣而兵強，戰剋攻取，詔令天下。㊀齊之清濟、濁河，足以為限；長城、巨防，足以為塞。㊁齊、五戰之國也，一戰不剋而無齊。由此觀之，夫戰者、萬乘之存亡也。㊂且臣聞之曰：「削迹無遺根，無與禍鄰，禍乃不存。」㊃秦與荊人戰，大破荊，襲郢，取洞庭五湖、江南，荊王亡走，東伏於陳。㈤當此時也，隨荊以兵，則荊可舉；荊舉、則民足貪也，地足利也，東以弱齊、燕，中以凌三晉。然則是一舉而霸王之名可成也，四鄰諸侯可朝也。㈥而謀臣不為，引軍而退，復與荊人為和，令荊人得收亡國，聚散民，立社稷主，置宗廟，令率天下西面以與秦為難。此固以失霸王之道一矣。㈦天下又比意而軍華下，大王以詔破之，兵至梁郭下，圍梁數旬，則梁可拔，拔梁則魏可舉，舉魏則荊趙之意絕，荊趙之意絕則趙危，趙危而荊孤，東以弱齊燕，中以凌三晉。㈧然則是一舉而霸王之名可成也，四鄰諸侯可朝也。而謀臣不為，引軍而退，復與魏氏為和，令魏氏反收亡國，聚散民，立社稷主，置宗廟，令率天下西面以與秦為難。㈨此固以失霸王之道二矣。前者、穰侯之治秦也，用一國之兵，而欲以成兩國之功，是故兵終身暴露於外，士民疲病於內，霸王之名不成。此固以失霸王之道三矣。㈩

【今註】㈠齊南破荊數句：今按：史記田完世家六國表記田齊年世，顯有錯誤。孟子一書，在先秦典籍中，可信度最高。孟子見齊宣王，約在周慎靚王二年以後，對於燕噲讓國，齊人取燕等事，多有談論。史記記齊威王在位三十六年，死在周顯王二十六年；齊宣王在位十九年，死在周顯王四十五年；齊湣王在位四十年，死在周赧王三十一年。這樣，燕噲讓國，齊人取燕，便都在湣王十年左右，因此史記田完世家對這燕齊兩國最為重大的事件，沒有明白的交代。也因此司馬光資治通鑑上增威王十年，下減湣王十年，而移後宣王十年。呂祖謙大事記不增威王年數，但減湣王十年，加給宣王，以為宣王在位二十九年，這兩說雖可與孟子配合，但仍有漏洞。錢穆先秦諸子繫年，詳加考訂，以為太公田和之後，有田剡一世約九年，後為桓公午，在位十八年（史記以為在位六年）後為威王，在位三十八年（史記以為三十六年），宣王在位十九年，田剡、桓公、威王共多出二十三年，史記便都加給湣王，以為在位四十年，實則湣王在位僅十七年，較為近實。南破荊，荊是楚國的舊稱。周赧王十五年，西元前三〇一年，史記作齊湣王二十三年，錢氏考訂作齊宣王十九年，與秦韓魏擊楚，敗楚軍於重丘，割楚淮北之地。東破宋，周赧王二十九年，西元前二八六年，史記作齊湣王三十八年，錢氏考訂作齊湣王十五年，滅宋，宋王偃走死魏國的溫地。西服秦，周赧王十七年，西元前二九八年，史記作齊湣王二十六年，錢氏考訂作齊湣王三年，與韓魏攻秦，軍於函谷。北破燕，周赧王元年，西元前三一四年，史記作齊湣王十年，錢氏考訂作齊宣王六年，取燕，燕王噲及子之皆死。中使韓魏，前面所說與秦韓魏擊楚，與韓魏攻秦，就是使令韓魏的意思。以上數事，是以地勢而言，並不是以年代先後而言。地廣上各舊本有土字，戰國策作之君，連上讀。土字衍文，今刪。詔令，猶言號令。㊁齊之清濟濁河二句：河，黃河，自上游挾泥沙東流，水色混濁，所以說濁河。黃河因泥沙淤塞，多次橫決改道。戰國時的黃河，大約自宿胥口（在今河南省濬縣西南）東行，北合漳水，經現在河北省東南部至章武（在今河北滄縣沿海）入海。清濟，濟水，發源於現在河南省濟源縣西的王屋山，本來穿越黃河，到山東境內，和黃河平行入海，到清朝咸豐時，下游便被黃河所奪，現在只有河南省發源的一段。濟水本來是清的，亦稱清河或大清河，所以說清濟。限，是阻隔、界限。長城，管子輕重：「長城之陽，魯也；長城之陰，齊也。」在今山東省境內，西起平陰縣，沿泰山北麓，東南至諸城縣瑯琊臺黃海海邊。防門，在山東平陰縣東北。左傳襄公十八年：「晉侯伐齊，齊侯禦諸平陰，塹防門而守之廣里。」杜預注：「平陰城南有防門，於門外作塹橫行，廣一里。」塹，音ㄑㄧㄢˋ，是防敵的深溝，用作動詞是挖掘深溝。塞，阻遏，用作名詞，是險阻的地方，要塞。㊂齊五戰之國也四句：五戰，是五戰皆勝的意思，指上文南破荊、東破宋、西服秦、北破燕、中使韓魏而言。無齊，指周赧王三十一年，燕將樂毅率領五國的軍隊，在濟水西邊擊敗齊國；樂毅又獨率燕軍攻進齊國的首都臨菑，並陸續攻占齊國七十餘城，只剩莒和即墨兩城沒攻下。乘，讀ㄕㄥˋ，是車輛的單位。萬乘，古代天子有兵車萬乘，諸侯有兵車千乘。春秋時代，諸侯兼併，至於戰國，七強並立稱王，都稱為萬乘之國。㊃且臣聞之曰四句：乾道本、趙本、凌本無臣字，茲從迂評本。戰國策亦有臣字。削迹無遺根，戰國策作「削株掘根」。迹，本意是腳印，有形可見；引伸可以看到的事物都可叫做迹。根，潛藏地下，不易看到；但有根存在，還可以再生。這句話是說：剷除各種事物，都不要留下再生的因素。鄰，是接近的意思。無與禍鄰，是必須遠避禍源的意思。這裏根、鄰、存三字叶韻，大概是古代的諺語。迂評本注：「起下文秦破三國而不取，復與為和，是不除根也。」㊄秦與荊人戰數句：這幾句指周赧王三十七年，西元前二七八年，秦昭王二十九年，楚頃襄王二十一年，秦將白起攻楚，拔郢，燒楚先王墓夷陵，更東至竟陵，以為南郡。楚襄王兵散，遂不復戰，東北保於陳城。第二年，秦蜀中郡守張若取巫郡及江南為黔中郡。郢，音ㄧㄥˇ，是楚國的首都，在今湖北省江陵縣。洞庭五湖，就是洞庭湖，在今湖南省北部。禹貢錐指：「此湖自為五湖。」巴陵舊志：「洞庭湖，一名五湖。」盧文弨羣書拾補：「湖，策作都，一作渚。」恐未必是。江南，就是秦張若所取黔中郡，在今湖南省西北部，郡治在今沅陵縣，因在長江的南面，所以稱為江南。史記秦本紀：「（秦昭王）三十一年，楚人反我江南。」楚世家：「復西取秦所拔我江旁十五邑以為郡距秦。」都是指這一帶地方。荊王，就是楚頃襄王，楚懷王子，名橫，在位三十六年。東伏於陳，指楚頃襄王二十一年，白起攻楚，楚王兵散，東北保於陳城事。陳城，就是以前陳國的首都，今河南省東南部的淮陽縣。伏，各舊本作服。張文虎舒藝室隨筆：「當依策作伏。」據改。伏是潛伏的意思。㊅當此時也數句：隨，古和追通。隨荊以兵，就是率兵追擊荊王。舉，和拔的意思一樣，都是攻取那個地方。荊舉，各舊本作荊可舉，可字涉上而衍，今刪。弱，戰國策作強。王先慎韓非子集解：「弱齊燕與凌三晉對文。齊燕遠於秦，非兵力所能驟及。我滅敵勢強，則齊燕自畏而親附，故但言弱也。下文兩言弱齊燕，尤其明證。策誤。」凌，是侵侮的意思。三晉，春秋時魏趙韓三家，都是晉國的卿，到戰國開始時，魏文侯斯、趙烈侯籍、韓景侯虔三家，分晉各立為國，合稱三晉。朝，讀彳ㄠˊ，舊時諸侯見天子，官吏見君主。這裏是使來朝見的意思。㊆而謀臣不為數句：史記楚世家：「（楚頃襄王）二十三年，襄王乃收東地兵，得十餘萬，復西取秦所拔我江旁十五邑以為郡，距秦。二十七年（秦昭王三十五年），復與秦平，而入太子為質於秦。」秦本紀：昭王二十九年，王與楚王會襄陵。這年正是白起破楚。楚頃襄王兵散，遁保陳城的那年，秦楚好會言和，似不可能，恐有誤。立社稷主，置宗廟令，顧廣圻韓非子識誤：「策無稷字，以廟字句絕，令字屬下。」俞樾諸子平議：「策是也。收亡國，聚散民，立社主，置宗廟，皆三字為句。後人誤以令字屬上讀，成四字句，遂於上句加稷字配之耳。置宗廟令，義不可通。此言荊人置宗廟，非言其置令也。……下文云：令魏氏立社稷主，置宗廟令，稷字亦衍文，令下亦當有「率天下西面以與秦為難」十字。秦策闕此句，後人據以刪韓子，而令字誤屬上讀，故得僅存耳。夫率天下以與秦為難，故失霸王之道。若惟是收亡國，聚散民，立社主，置宗廟，則是魏之得，猶未足以見秦之失也。然則此句不可闕。因一字之幸存，而全句轉可據補。」王先慎韓非子集解：「令字下屬是也。立社稷主四字不誤。白虎通社稷篇云：『土地廣博，不可偏敬；五穀眾多，不可一一祭，立社稷而祭之』，故謂之社稷主。策無稷字，自是脫文。必欲以四句為對文，亦太泥矣。」今按：主，是神所憑依，也就是祭祀的象徵，不一定解作木主，以失，策作已無，下同。以通已。㊇天下又比意而軍華下數句：比意，各舊本作比周。顧廣圻韓非子識誤：「周當作意，下文云：天下皆比意甚固。策兩意字皆作志。」王先慎韓非子集解：「比意，猶言合謀。華下，太田方韓非子翼毳：「華陽之下也。」

華陽，是古華國的地方，春秋時屬鄭國，戰國時屬韓國，就是現在河南省新鄭縣東南的華陽亭。據史記秦本紀魏世家六國表和魏策：秦昭王三十四年，也就是魏安釐王四年，秦將白起，在華陽擊破魏國和韓趙的軍隊，斬首十五萬，魏將芒卯逃走，並進軍圍大梁。魏予秦南陽以和。兵至梁郭下，梁，是魏都大梁。郭是外城。舉魏則荊趙之意絕，魏在楚趙兩國的當中，攻占魏國，楚趙兩國聯結的意念就會消失。孤，各舊本作狐疑。顧廣圻韓非子識誤：「狐，當從策作孤，衍疑字，策無。」據改。㊈率天下西面以與秦為難：這十個字，各舊本和秦策都沒有，茲依俞樾諸子平議校補，說見本節注七。㊉穰侯之治秦也數句：穰侯，就是魏冉，戰國時秦昭王母宣太后異父弟。秦昭王立，先後四登相位，用白起為將，攻伐韓魏齊楚等國，使秦國領土擴張，功勞很大。先封於穰，稱為穰侯，又加封陶地。後昭王用范雎為相，便免相就封，死在陶地。欲以成兩國之功，各家說法，都欠合理。戰國策鮑注，以為指秦國和穰侯所封，似尚近實。今按：穰侯是宣太后異父弟，四登相位，私家富重於王室，後期致力對齊國用兵。所以范雎到秦國，上書的動因，就是穰侯為秦將，且欲越韓魏而伐齊綱壽，欲以廣其陶封。因此，范雎提出遠交近攻政策，得寸得尺，都是秦王的收穫。史記范雎蔡澤列傳，范雎曾說：「穰侯使者操王之重，決制於諸侯，剖符於天下，政適伐國（政適讀為征敵），莫敢不聽，戰勝攻取，則利歸於陶國，弊御於諸侯（御訓為嚮，也就是歸的意思）；戰敗則結怨於百姓，而禍歸於社稷。詩曰：『木實繁者披其枝，披其枝者傷其心。』大其都者危其國，尊其臣者卑其主。」照這段話看，穰侯後期對齊國用兵，大概是想在東方建立自己廣大的勢力，所以范雎說戰勝攻取，則利歸於陶國，並且直說他的封土是「陶國」，也就因為這段話，打動了秦昭王的心，解除了穰侯的大權，而取代了他的相位。所以成兩國之功，指秦和陶，似乎是對的。又戰國策秦策秦客卿造謂穰侯曰：「秦封君以陶，藉君天下數年矣。攻齊之事成，陶為萬乘長小國，率以朝天子，天下必聽，五伯之事也。攻齊不成，陶為鄰恤，而莫之據也。故攻齊之於陶也，存亡之機也。」也可以看出。暴露、疾病，戰國策作暴靈、潞病，黃丕烈札記，認為當依本書。

【今譯】我冒昧的說：早年齊國南面擊敗楚國，東面消滅宋國，西面制服秦國，北面攻取燕國，中央指揮韓魏兩國，土地廣大，兵力堅強，作戰必定勝利，進攻便能占領，天下各國，都聽從他的號令。齊國北面有混濁的黃河，西北有清澈的濟水，做為界限；南面有緜延的長城，西南有廣闊的防門，做為險阻。齊國是一個多次戰勝的國家，但一次戰敗，就幾乎滅亡。這樣看來，戰爭便是萬乘大國存亡的關鍵。古語曾經說過：「剷除各種事物，不要留下再生的因素，必須避免災禍的來源，災禍就不會發生了。」從前秦國和楚國作戰，秦將白起，大敗楚國，攻進楚國的郢都，占領洞庭湖附近廣大的土地，並取得長江以南許多城邑；楚頃襄王軍隊瓦解，逃避到舊日陳國的首都。當這個時候，秦國假如派兵緊追楚王，就可以消滅楚國。楚國消滅，楚國的人民可以儘量的撫馭，土地可以充分的利用，東面可以威脅齊燕，中央可以侵陵三晉，這樣一次舉動，就可以成為霸主或帝王，使四面的諸侯都來朝謁了。可是秦國的謀臣並沒有這樣作，率領大軍撤退，又和楚國講和，給楚國收拾殘破的國家，撫輯流散的人民，建立社稷，設置宗廟，使他又能率領各國向西面和秦國作對，這實在是秦國第一次錯過成為霸主或帝王的機會。天下各國又合謀進軍華陽，大王便下令出兵，擊敗他們，追趕到大梁郭外，只要圍困大梁幾十天，就可以把大梁攻破，攻破大梁，就可以占領魏國，魏國被占領，足以隔斷楚國和趙國，楚趙兩國聯結的意念就會消失，楚趙分離，趙國便陷入危險的境地，楚國也就孤立無援，東面可以威脅齊燕，中央可以侵陵三晉，這樣一次舉動，就可以成為霸主或帝王，使四面的諸侯都來朝謁了。可是秦國的謀臣沒有這樣作，率領大軍撤退，又和魏國講和，給魏國收拾殘破的國家，撫輯流散的人民，建立社稷，設置宗廟，使他又能率領各國向西面和秦國作對，這實在是秦國第二次錯過成為霸主或帝王的機會。從前穰侯治理秦國，獨掌秦國的大權，想用秦國一國的兵力，越過韓魏兩國，遠征齊國，以成就秦國和擴大自己封國的事業，因此使兵士終身在國外奔走征戰，人民連年在國內辛勞貧困，霸主和帝王的名號卻沒有取得，這實在是秦國第三次錯過成為霸主和帝王的機會。

趙氏，中央之國也，雜民所居也，其民輕而難用也，號令不治，賞罰不信，地形不便，上不能盡其民力，㊀彼固亡國之形也，而不憂民萌，悉其士民，軍於長平之下，以爭韓上黨。㊁大王以詔破之，㊂拔武安。㊃當是時也，趙氏上下不相親也，貴賤不相信也，然則是邯鄲不守；拔邯鄲，筦山東河間，㊄引軍而去，西攻修武，踰羊腸，降代、上黨；代四十六縣，上黨七十縣，不用一領甲，不苦一士民，此皆秦有也。㈥代、上黨，不戰而畢為秦矣；東陽、河外，不戰而畢反為齊矣；中山、呼沲以北，不戰而畢為燕矣。㈦然則是趙舉，趙舉則韓亡，韓亡則荊、魏不能獨立；荊、魏不能獨立，則是一舉而壞韓、蠹魏、挾荊，以東弱齊燕，㈧決白馬之口，以沃魏氏，是一舉而三晉亡，從者敗也。㈨大王垂拱以須之，天下編隨而服矣，(一〇)霸王之名可成。而謀臣不為，引軍而退，復與趙氏為和。(一一)夫以大王之明，秦兵之強，棄霸王之業，地曾不可得，乃取欺於亡國，是謀臣之拙也。(一二)且夫趙當亡而不亡，秦當霸而不霸，天下固以量秦之謀臣一矣。乃復悉士卒以攻邯鄲，不能拔也，棄甲負弩，戰竦而却，天下固已量秦力二矣。(一三)軍乃引而退，并於李下，大王又并軍而至，與戰不能剋之也，又不能及運，罷而去，天下固量秦力三也。(一四)內者量吾謀臣，外者極吾兵力。(一五)由是觀之，臣以為天下之從，幾不難矣。(一六)內者、吾甲兵頓，士民病，蓄積索，田疇荒，囷倉虛；外者、天下皆比意甚固，顧大王有以慮之也。

【今註】 ㈠趙氏中央之國也數句：趙國的首都邯鄲，在現今河北省南部邯鄲縣西南。燕國在北，齊國在東，楚魏在南，秦韓在西，所以說是中央之國。趙國從趙襄子到趙武靈王，曾先後滅代、中山、林胡、樓煩等國，這些人民，都是北方部族，而非三晉舊屬，所以說是雜民所居。輕，是輕浮，輕率，也就是意志不堅強。難用，是不宜用來作戰。地形不便，指趙都邯鄲，周圍沒有險固，四面受敵。上，各舊本作下。俞樾諸子平議：「下，當從策作上。惟以上言，故曰其民；若以下言，則但曰盡其力足矣。上文曰號令不治，賞罰不信，此正上之所以不能盡民力。」據改。㈡彼固亡國之形也數句：民萌，就是人民。萌，借為氓。顧廣圻韓非子識誤：「策作氓，本書例用萌字。」松皐圓定本韓非子纂聞：「趙孝成王四年（秦昭王四十五年，西元前二六二年），秦攻韓上黨，道絕，其民不欲降秦，於是上黨守馮亭遣人請降趙；趙受其降，為發兵於長平，以抗秦兵。事詳史記。」長平，在現今山西省高平縣西北。上黨，戰國時韓郡，在現今山西省東南部，郡治大約在今長治縣。㈢大王以詔破之：秦昭王四十七年（趙孝成王六年），使王齕攻趙，趙將廉頗，固守不戰。趙王誤信秦反間，以趙括代廉頗。秦王暗中派上將軍白起前往指揮，擊殺趙括，坑趙降卒四十萬於長平。事詳史記。㈣拔武安：王先慎韓非子集解，據戰國策高注，以為趙括封於武安，……秦將白起坑括四十萬眾於長平下，故曰拔武安。顯然是錯誤的。今按：趙封趙奢為馬服君，馬服是地名，在邯鄲西北，趙括大概是襲父封，也稱馬服。史記范雎蔡澤列傳：「又越韓魏而攻彊趙，北坑馬服」；本書顯學篇：「趙任馬服之辯，而有長平之禍」，馬服就是指趙括。秦將白起則稱武安君，趙將李牧亦封武安君。

這裏武安應該是地名，現在河南省最北部仍有武安縣，由上黨向邯鄲進軍，武安正好在途中。史記秦世家：「秦昭王四十八年（趙孝成王七年），……武安君歸，王齕將，伐趙武安、皮牢，拔之。」便是明證。㊄筦山東河間：筦，同管，是管束、控制的意思。山東，指太行山以東。河間，大概不是後來河間國或河間郡的地方（在現在河北省中部）。今按：史記張儀列傳：「趙入朝澠池，割河間以事秦。」索引以為指黃河和漳河中間的城邑，也就是趙國的南部，較為合理。㊅西攻修武數句：修武，本來是商朝的寧邑，周武伐紂，在寧邑勒兵，所以改名修武，就是現在河南省北部的獲嘉縣。現在也有修武縣，在獲嘉縣西面。羊腸，乾道本、趙本、凌本作華，茲從迂評本。顧廣圻韓非子識誤，以為當從策作羊腸。史記魏世家：「昔者魏伐趙，斷羊腸，拔閼與。」正義：「羊腸坂道，在太行山上，南口懷州（現在河南省沁陽一帶），北口潞州（現在山西省長治一帶）。」降代，乾道本、趙本、凌本作絳，茲從迂評本。顧廣圻韓非子識誤：「當從策作降代。」代，古國名，為趙襄子所滅，後置代郡，約有現今山西省東北部和察哈爾省南部。上黨，已見本節注二。大概白起擊敗趙括，坑趙降卒後，就進取武安，上黨所屬縣邑，大部尚未撫有。代四十六縣，盧文弨羣書拾補，以為四戰國策作三，大概是對的。上黨七十縣，顧廣圻韓非子識誤：七十，戰國策作十七，史記趙世家也說上黨「有城市邑十七」。不用一領甲，衣服一件叫做一領。荀子正論：「衣衾三領。」㊆代上黨不戰而畢為秦矣數句：代字上，乾道本、趙本、衍以字，茲從迂評本、凌本。這裏三個畢字，戰國策都作已。畢，是盡的意思。為，是屬的意思。東陽，大約是漢朝所設東陽縣的地方，也就是現在山東省西北部恩縣西北六十里的東陽城。河外，戰國策吳注：「蘇秦說趙云：東有清河；張儀說趙：告齊使興師渡清河，軍邯鄲之東，即此河也。」清河大概就是濟水，可能有一部分在齊趙分界地帶。東陽和清河以外，本來是齊國的地方，被趙國所侵占，趙國衰敗，齊國便可以奪回，所以加一反字。中山，春秋時為鮮虞國，大約有現在河北省保定以南，正定以北的地方，戰國初期，為魏文侯所滅，後又被趙武靈王所滅。呼沲，後多作滹沱。沲，同沱，音ㄊㄨㄛˊ。發源於山西省繁峙縣西面的泰戲山，東南流入河北省境，到獻縣納滏陽河，又稱子牙河，到天津由沽河入海。王先慎韓非子集解：「秦兵力所不及，則齊燕將分取之。此皆趙地，故下云趙舉。」㈧則是一舉而壞韓蠹魏挾荊以東弱齊燕：蠹，音ㄉㄨˋ，本意為木中蟲，引伸為害的意思。挾荊，各舊本作拔荊。據戰國策改。挾，挾制，是以強力使人順從。以東弱齊燕，舊本多作「東以弱齊強燕」，據戰國策改。㈨決白馬之口四句：白馬之口，就是白馬津，在現今河南省滑縣北，舊為河水分流的地方，現已堙塞。戰國策燕策蘇代說燕王：「決滎之口，魏無大梁；決白馬之口，魏無濟陽。」史記魏世家無忌說魏王：「決滎澤水灌大梁，大梁必亡。」後來秦將王賁引河溝灌大梁而滅魏，所決大概不是白馬之口而是滎澤。沃，戰國策作流。沃和流都是灌的意思。從者，是山東六國合從的策略。從，讀ㄗㄨㄥ。⑽大王垂拱以須之二句：垂拱，尚書武成：「惇信明義，崇德報功，垂拱而天下治。」是說天子垂衣拱手，不必多所作為，天下自然平治。須，是等待的意思。編，本意是以繩次簡，引伸有連結的意思。編隨，猶言相繼。⑾而謀臣不為三句：今按：史記白起王翦列傳：白起破趙軍於長平以後，韓趙恐懼，使蘇代厚幣說秦相應侯，勿亡趙以為武安君功，請許韓趙割地以和。於是應侯言於王，韓割垣雍，趙割六城罷兵。謀臣，指應侯范睢。下言見欺於亡國，就是指蘇代的事。不過秦本紀和白起傳記載的年月都有疑問，推測應該在秦昭王四十七年歲尾，四十八年正月罷兵。㊂夫以大王之明數句：戰國策「霸王之業」以上無棄字，曾作尊。曾，這裏解作尚。乃解，作卻、反而。陳奇猷韓非子集釋：「疑此當作『以大王之明，秦兵之強，霸王之業也，尊不可得，乃取欺於亡國。』尊，指霸王之尊。……今本棄字因兵字而衍，也又訛作地，尊誤為曾，義遂不可通。」亦有所見。㊂乃復悉士卒以攻邯鄲數句：史記趙世家：「王（趙孝成王）還不聽秦，秦圍邯鄲。」這說明了議和以後，秦國又進攻邯鄲的原因。據史記秦本紀魏世家：秦昭王四十八年（趙孝成王七年）十月，秦將王陵攻趙邯鄲，作戰不善。四十九年，秦派王齕代將，趙使平原君求救於楚。五十年，楚使春申君救趙，魏公子無忌亦奪晉鄙兵救趙，邯鄲圍解。負弩，乾道本作兵弩，茲從迂評本、趙本、凌本。竦，同悚，音ㄙㄨㄥˇ。戰竦，都是恐懼的意思。戰國策作戰慄。卻，乾道本脫，茲從迂評本、趙本、凌本。是退卻的意思。㊃軍乃引而退數句：退，乾道本作復，茲從迂評本、趙本、凌本。拜，是集合的意思。李下，乾道本作孚下，迂評本作季下，茲從趙本、凌本。戰國策亦作李下，高注：邑名，在河內（現在河南省黃河以北的地方）。現在是什麼縣邑，未能確考。史記秦本紀：「（秦昭王）五十年十二月，益發卒軍汾城旁。齕攻邯鄲不拔，去還奔汾軍。攻汾城。即從唐（張唐，人名）拔寧新中。寧新中改名安陽。」這裏的汾城，大概不是現在山西省的汾城縣或臨汾縣，應該在河南省北部安陽的附近，李下也應該在那一帶。及運，各舊本作反運或反軍，據顧廣圻韓非子識誤改。不能及運，就是饋運不繼。罷，讀為疲。㊄內者量吾謀臣二句：者，用猶則。極，是盡的意思。㊅幾不難矣：乾道本、凌本作幾不能矣，趙本作幾乎難矣，戰國策作豈其難矣，茲從迂評本。幾，解作殆。

【今譯】　趙國位於各國的中央，人民五方雜處，大都性情輕浮，不易驅使作戰。號令不嚴正，賞罰不明確，地勢不便於防守，君主和官吏又不能使人民充分效力，本來已經具備亡國的形勢；還不知顧念人民，出動全部軍隊，進駐長平附近，以爭取韓國的上黨地帶。大王命令白起，率領秦軍，大破趙國，並進占武安。那時趙國的君臣不知相互愛顧，官民不能彼此信賴，這樣，趙國的首都邯鄲一定無法保守。秦國攻下邯鄲，就可以控制太行以東，和黃漳兩河中間的地帶，然後率領軍隊，向西攻取修武，穿越太行山裏的羊腸坂道，降服整個上黨和代郡。上黨有七十個縣邑，代郡有四十六個縣邑，不使用一套盔甲，不勞動一個人民，這些地方便為秦國所有了。齊國和燕國也不會放過這大好機會，東陽和清河以外的地方，不用打仗，就被齊國收復；中山和滹沱河以北的地方，不用打仗，就被燕國占領了。這樣，就可以摧毀趙國；趙國摧毀，韓國必然滅亡；韓國滅亡，楚國和魏國便不能安穩的獨立；楚國和魏國不能安穩的獨立，這就是一次舉動便滅亡韓國，殘害魏國，控制楚國，而向東威脅齊國和燕國。再相機開決白馬津的河口，利用河水，沖灌魏國。這樣，一次舉動，就可以滅亡三晉。合從的辦法，也就全盤敗壞了。大王只須垂衣拱手的等待，天下諸侯一個跟著一個的降服，霸主和帝王的名義就可以取得了。可是秦國的謀臣沒有這樣作，率領大軍撤退，又和趙國講和。以大王的英明，秦兵的盛壯，不但丟失霸王的偉業，就連土地也沒有取得，反而被危亡的趙國所欺騙，這是謀臣愚陋的緣故。再說，趙國應該滅亡，卻沒有滅亡；秦國應該稱霸，卻未能稱霸，天下諸侯已經看透秦國的謀臣，這是第一種失敗。又出動大量軍隊，圍攻邯鄲，未能攻破。反而拋棄盔甲，背負弓箭，慌慌張張的逃走，天下諸侯已經看透秦國的軍隊，這是第二種失敗。於是秦國軍隊，全面撤退，在李下集合，大王又派兵到李下增援，和趙國楚魏的軍隊作戰，仍不能取勝，又無法繼續輸送補給，秦兵死傷疲困，無法支持，只好班師回國，天下諸侯已經看透秦國的國力，這是第三種失敗。諸侯各國，在內部看透了我們的謀臣，在外面耗盡了我們的兵力。照這樣看來，我認為天下各國合從抗秦，大概不難成功了。現在秦國內部，兵甲殘破，士眾疲弱，蓄積匱竭，田疇荒廢，倉廩空虛；外面天下各國，同心合意，堅強團結，希望大王慎重的考慮考慮！

且臣聞之曰：「戰戰栗栗，日慎一日，苟慎其道，天下可有。」㊀何以知其然也？昔者紂為天子，將率天下甲兵百萬，左飲於淇溪，右飲於洹谿，淇水竭而洹水不流，以與周武王為難。㊁武王將素甲三千，戰一日，而破紂之國，禽其身，據其地，而有其民，天下莫傷。㊂知伯率三國之眾，以攻趙襄主於晉陽，決水而灌之三月，㊃城且拔矣。襄主鑽龜數筴占兆，以視利害，何國可降。㈤乃使其臣張孟談，於是乃潛行而出，反知伯之約，得兩國之眾，以攻知伯，禽其身，以復襄主之初。㈥今秦地折長補短，方數千里，名師數十百萬。秦國之號令賞罰、地形利害，天下莫如也。以此與天下，天下可兼而有也。臣昧死願望見大王，㈦言所以破天下之從，舉趙，亡韓，臣荊魏，親齊燕，以成霸王之名，朝四鄰諸侯之道。大王誠聽其說，㈧一舉而天下之從不破，趙不舉，韓不亡，荊魏不臣，齊燕不親，霸王之名不成，四鄰諸侯不朝，大王斬臣以徇國，㈨以主為謀不忠者。㈩

【今註】㈠戰戰栗栗四句：太田方韓非子翼毳：「淮南子引堯戒曰：戰戰栗栗，日慎一日，人莫躓於山，而躓於垤。黃帝巾機銘曰：兢兢慄慄，日慎一日。」楊樹達積微居讀書記，以為這是六韜裏的文字，見於意林所摘引，今本六韜沒有。栗，借為慄。戰慄，是恐懼的樣子。苟，假設連詞，是若或誠的意思。㈡昔者紂為天子數句：紂，是商朝末代的暴君，為周武王所誅滅。將，讀第四聲。將率，都是統率的意思。飲，這裏兩個飲字都讀第四聲，是飲馬的意思。淇溪，就是淇水，源出河南省林縣東南臨淇鎮，經湯陰到淇縣入衛河。洹，音ㄏㄨㄢˊ或ㄩㄢˊ。洹谿，就是洹水，又名安陽河，源出山西省黎城縣，伏流到河南省林縣隆慮山復出，東流經安陽縣到內黃縣入衛河。淇水竭而洹水不流，是說商紂的人馬太多，把溪水飲盡。周武王姓姬名發，繼父昌為西伯，商紂暴虐，率諸侯誅滅商紂，建立了周朝，謚曰武。㊂武王將素甲三千數句：素甲，是著白色盔甲的軍隊。太田方韓非子翼毳，以為武王在喪服，故素甲。今按：西伯昌薨，次年為武王發元年。武王十三年誅滅商紂，說武王發在喪服，當然不對。國語越語：吳王夫差和晉定公會黃池，「萬人以為方陣，皆白裳，白旂，素甲，白羽之矰，望之如荼。王親秉鉞，載白旗，中陳而立。」照這樣看，著素甲不一定是服喪。國，太田方韓非子翼毳：「周禮注：國，城郭中也。」禽，通擒。傷，是憐憫的意思，亦可解為殺傷，顯示克紂很容易。㊃知伯率三國之眾三句：知伯，名瑤。春秋時代，晉國范氏、中行氏、知氏、趙、韓、魏六家，世代為卿，並掌國政。范氏、中行氏滅亡，智伯逐出公，立哀公，便強大專政。後來率韓魏攻趙襄子於晉陽，反為趙襄子連合韓魏所共滅，亦謚襄子。知，讀第四聲，後多作智。三國，指知氏、韓、魏，這時雖未列為諸侯，實已具大國條件。趙襄主，就是趙襄子，名毋恤。晉陽，故城在現今山西省太原縣東北。水，指晉水，發源於太原縣懸甕山，分為三派，東流入汾河。知伯所決以灌晉陽的是北派。三月，戰國策及本書十過篇都作三年。高亨韓非子補箋：「按史記六國表，趙襄子立四年，與智伯分范、中行地，五年敗智伯晉陽，以此計之，作灌之三月是也。」㊄襄主鑽龜數筴三句：鑽龜數筴，各舊本作鑽龜筮，顧廣圻韓非子識誤：「筮，當從策作數筴。按飾邪篇『鑿龜數筴，兆曰大吉』，凡三見，可證，此為脫誤。」據改。鑽龜，爇火灼龜甲，視其坼裂之文，以驗吉凶。莊子外物：「乃刳龜，七十二鑽，而无遺筴。」荀子王制：「鑽龜陳卦。」楊倞注：「謂以火爇荊菙灼之也。」筴，音ㄘㄜˋ，就是蓍莖，古人用以占筮。占兆，以占卜所表現的象，來推知吉凶。降，讀ㄒㄧㄤˊ，是和同的意思。左傳哀公二十六年：「六卿三族降聽政。」㈥乃使其臣張孟談數句：張孟談，趙襄子的家臣，國語晉語作張談；史記趙世家作張孟同，大概是司馬遷避父諱所改。潛行，是秘密出城，不使智伯察覺。潛，亦可解作涉水。乾道本作潛於行，衍於字，茲從迂評本、趙本、凌本。反，是背叛的意思。兩國，指韓魏。以復襄主之初，是恢復趙襄子原來的狀態。㈦臣昧死願見大王：昧，借為冒。冒死，就不顧死罪。㈧大王誠聽其說：誠是若的意思。㈨大王斬臣以徇國：徇，讀第四聲，是巡行示眾的意思。㈩以主為謀不忠者：各舊本作「以為王謀不忠者也」。顧廣圻韓非子識誤，以為當從策作「以主為謀不忠者」。據改。主，首要的意思。為謀，是設計的意思。

【今譯】　並且我聽到說：「小心戒懼，一天比一天謹慎。假若能夠謹慎辦理政治，天下都可以取得。」怎麼知道會這樣呢？從前紂做天子，率領天下百萬大軍，左面在淇溪飲馬，右面在洹溪飲馬，淇溪的水喝乾了，洹溪的水也不流動了，去和周武王作戰。周武王率領三千穿著素色甲冑的兵士，只打了一天仗，就攻破商朝的都城，把商紂捉住，占領了他的土地，統治了他的人民，天下的人民沒有為他悲傷的。智伯率智韓魏三國的軍隊，往晉陽攻打趙襄子，掘開河隄，使晉水灌入晉陽，經過三個月的時間，晉陽已到無法支持的地步。趙襄子用龜甲和蓍草占卜，看怎樣作比較有利，那一國可以連絡。於是派遣他的屬官張孟談，秘密涉水出城，破壞韓趙和智伯的盟約，取得兩國軍隊的合作，共同攻打智伯，把智伯捉住，趙襄子又恢復了原來狀態。現在秦國的土地，截長補短，有幾千方里，聲威遠播的軍隊有數十百萬；秦國的號令嚴正，賞罰明確，地勢便利，也是天下各國比不上的。拿這種優勢和各國爭勝，一定能夠兼併天下。所以我不顧死罪，希望謁見大王，陳述破壞天下各國的從約，攻破趙國，消滅韓國，楚魏臣服，燕齊親善，取得霸主或帝王的名義，使四方的諸侯都來朝謁的方術。大王假如聽從我的意見，一次舉動不能破除天下各國的從約，攻破趙國，消滅韓國，楚魏不來臣服，燕齊不肯親善，霸主帝王的名義不能取得，四方的諸侯不來朝謁，請大王把我當作為君主謀畫不盡忠心的首犯，把我殺死，傳首全國，以資警戒。

存韓

【釋題】　本篇原為第一卷第二篇，是韓非出使秦國，對秦始皇的上書，旨趣在於說明韓國不宜攻取，編者便拿存韓作篇名。史記韓世家：「王安五年，秦攻韓，韓急，使韓非使秦，秦留非，因殺之。」王先慎韓非子集解，以為秦本紀六國表韓非使秦在始皇十四年，就是韓王安六年。這次秦攻韓，秦本紀六國表沒記載。始皇十三年，用兵於趙，十四年定平陽、武城、宜安，而後從事於韓，那麼韓非使秦，應在韓王安六年，秦本紀和六國表的記載是對的。本篇舊與李斯上秦王書和李斯上韓王書合為一篇，大概是秦國官吏連類記錄在一起，編者便一併編入本書。其實存韓正文，只限於韓非上秦王書，李斯上秦王書乃駁議韓非上秦王書的，至於李斯上韓王書，實與本書無關。茲為讀者便利，仍將李斯兩書列為本篇附錄。

【提要】 本篇主旨，在勸秦攻趙，而為韓緩兵。全篇可分三段：第一段，說明不顧趙國的禍患，而侵略韓國，足以促成六國的合從。第二段，申述韓國未可輕易攻取。第三段，勸秦攻趙。

韓事秦三十餘年，出則為扞蔽，入則為蓆薦，㈠秦特出銳師取地，而韓隨之怨懸於天下，㈡功歸於強秦。且夫韓入貢職㈢，與郡縣無異也。今臣竊聞貴臣之計，舉兵將伐韓。夫趙氏聚士卒，養從徒，欲贅天下之兵，明秦不弱，則諸侯必滅宗廟，欲西面行其意，非一日之計也。㈣今釋趙氏之患，而攘內臣之韓，㈤則天下明趙氏之計矣。㈥

【今註】 ㈠出則為扞蔽二句：扞，音ㄏㄢˋ，字又作捍。扞蔽，都是障蔽的意思。蓆薦，都是草蓆的意思。津田鳳卿韓非子解詁：「扞蔽以衛其身，蓆薦以安其體，喻出入必為秦役也。」㈡秦特出銳師以取地二句：特，是僅的意思。取地而韓隨之，各舊本韓字在地字上，於之字斷句。王先慎韓非子集解：「韓字當在而下，取地，略地也。下文韓與秦兄弟，共苦天下。」據改。而韓隨之四字，應連下讀。隨之，猶言因之，是說韓國因為做秦國的障蔽而和天下結怨。㈢貢職：都是古時下級奉獻上級的意思。㈣夫趙氏聚士卒數句：從，讀ㄗㄨㄥ，南北曰從，東西曰橫。後多作縱。從徒，指蘇秦等提倡合縱的人。贅，音ㄓㄨㄟˋ，是會聚的意思。明，使知道，也就是告訴。弱，削弱。宗廟，古代天子諸侯祭祀祖宗的宮室。國家滅亡，宗廟必被毀壞。面，是面向的意思。非一日之計，物雙松讀韓非子：「蘇秦以來，趙為從長，故曰非一日之計。」㈤今釋趙氏之患二句：釋，是捨棄的意思。攘，是奪取的意思。內臣，內屬之臣，就是前文入貢職與郡縣無異的意思。㈥則天下明趙氏之計矣：物雙松讀韓非子：「謂天下益明白合從之利也。」

【今譯】　韓國事奉秦國，已經三十多年，戰時作秦國的屏蔽，平時作秦國的僕役。秦國只派遣精兵侵占土地，收穫都歸秦國享有，韓國卻因而和各國結下仇恨。並且韓國對秦國經常進貢效職，和秦國的郡縣一樣。近來我聽說秦國大臣的計畫，就要出兵攻打韓國。可是趙國召集兵卒，奉養合從的策士，聯絡各國的軍隊，說明若不削弱秦國，諸侯各國就會被他滅亡，想向西攻打秦國，這種謀畫，已經很久很久了。假如不顧趙國的禍患，而侵略業經臣服的韓國，諸侯各國就明白趙國合從的計畫是正確的了。

夫韓小國也，而以應天下四擊，㈠主辱臣苦，上下相與同憂久矣。修守備，戒強敵，有蓄積，㈡築城池，以固守㈢。今伐韓，未可一年而滅，拔一城而退，則權輕於天下，天下摧我兵矣。㈣韓叛，則魏應之，㊄趙據齊以為援，㊅如此，則以韓魏資趙假齊，以固其從，而以與爭強，㊆趙之福，而秦之禍也。夫進而擊趙不能取，退而攻韓弗能拔，則陷銳之卒懃於野戰，負任之旅罷於內共，㊇則合群苦弱以敵而共二萬乘㊈，非所以亡趙之心也。㊉均如貴臣之計，則秦必為天下兵質矣。㊁陛下雖以金石相弊，則兼天下之日未也。㊂

【今註】㊀而以應天下四擊：應，讀第四聲，是應付的意思。四擊，各方面的攻擊。㊁有蓄積：有，是多、豐富的意思。迂評本作存。㊂固守：乾道本、趙本、凌本作守固，茲從迂評本。㊃則權輕於天下二句：權，是勢力的意思。摧，是挫折、毀壞的意思。我兵，指秦國的軍隊。㊄韓叛則魏應之：應，讀第四聲，是響應，應援的意思。㊅趙據齊以為援：據，是依靠、仗恃的意思。援，各舊本作原。吳汝綸點勘韓非子讀本：「原，乃援之誤。」據改。㊆則以韓魏資趙假齊三句：資趙假齊，物雙松讀韓非子：「資，助也；假，藉也。言韓魏叛秦，則與齊趙合，是助力於趙，藉勢於齊也。從，讀ㄗㄨㄥ。與爭強，是與秦國爭強。㊇則陷銳之卒懃於野戰二句：陷銳，是破敵的意思。懃，一作勤，是勞苦的意思。負任之旅，是轉運輜重的徒眾。內共，各舊本作內攻。高亨韓非子補箋：「攻，當讀為共給之共。就是由國內轉運糧餉供給前敵。」罷，讀ㄆㄧˊ，借為疲。㊈則合羣苦弱以敵而共二萬乘：顧廣圻韓非子識誤：「王渭曰：當衍而共二字。」乘，讀ㄕㄥˋ，是車輛的單位。古代天子有兵車萬乘，諸侯之國，有兵車千乘。後來諸侯兼併，到戰國時代，大國都有兵車萬乘。這裏二萬乘，指趙齊兩大強國。全句的意思是：秦國糾合許多苦弱的兵和趙齊兩個強大的國家作戰。羣苦弱，即指上文陷銳之卒懃於野戰，負任之旅罷於內共而言。⑩非所以亡趙之心也：物雙松讀韓非子：「秦之本心，欲離從孤趙而後圖之也。」顧廣圻韓非子識誤：「趙當作韓。亡韓，貴人之計也。」陳奇猷韓非子集釋：「此應上貴臣之計，舉兵之將伐韓語。若此作趙，則上伐韓語無交代。且言趙氏之事，乃用以說明韓之不可伐耳。」㈡均如貴臣之計二句：龍宇純韓非子集解補正：「按均，猶皆也。均如，猶言盡如。」質，是射箭的目標，這裏是說秦國一定成為各國攻打的目標。㈢陛下雖以金石相弊二句：以，解作與。相弊，猶言同盡。兼，併吞。王先愼韓非子集解：「與金石相弊，謂與金石齊壽也。雖永壽而無兼天下之日，極言其非計。」

【今譯】　韓國是一個小國，可是要應付天下各方的攻擊，君主屈辱，臣僚辛苦，上下共同謀慮，整飭守備，警戒強敵，蓄積糧秣，構築城池，以資固守，已經很久了。所以攻打韓國，很難一年就把他滅掉。假如攻占一二城邑，便引兵退卻，秦國的勢力就被看輕，各國便聯合起來摧毀秦國的軍隊。韓國背叛秦國之後，魏國一定響應，趙國必然趁機拉攏齊國作為幫手。這樣，無異使韓國和魏國幫助趙國和齊國，加強合從的力量，來和秦國爭勝。這是趙國的福利，而是秦國的禍患呀。秦國向前攻打趙國不能獲勝，退後攻打韓國不能占領，攻擊強敵的士卒飽經野戰的辛勞，轉輸糧秣的部隊備感供應的委頓，聚合這些困苦疲弱的軍隊和趙齊兩大強國為敵，這不是秦國攻滅韓國的意願罷！假如完全按照秦國大臣的計策施行，秦國就必然成為天下各國共同攻打的目標。陛下即便能和金石同壽，也不會有兼併天下的日子。

今賤臣之愚計：㈠使人使荊，重幣用事之臣，明趙之所以欺秦者；㈡與魏質，以安其心；㈢從韓而伐趙，㈣趙雖與齊為一，不足患也。二國事畢，則韓可以移書定也。㈤是我一舉，二國有亡形，則荊魏又必自服矣。故曰：「兵者、凶器也，」㈥不可不審用也。以秦與趙敵衡，㈦加以齊，今又背韓，㈧而未有以堅荊魏之心，夫一戰而不勝，則禍搆矣。㈨計者、所以定事也，㈩不可不察也。趙、秦強弱，⑪在今年耳。且趙與諸侯陰謀久矣，夫一動而弱於諸侯，危事也；為計而使諸侯有意我之心，至殆也，⑫見二疏，⑬非所以強於諸侯也。臣竊願陛下之幸熟圖之。夫攻伐而使從者間焉，不可悔也。⑭

【今註】㈠今賤臣之愚計：賤臣，韓非自稱。愚計，乾道本作遇愚計，趙本、凌本作進愚計，茲從迂評本。王先愼韓非子集解：「按遇即愚之誤而衍者。」㈡使人使荊三句：荊，楚國的舊稱。幣，貨財。重幣，是多送貨財，也就是厚賂。用事之臣，是當權的大臣。明，說明。㊂與魏質以安其心：派遣公子到魏國做人質，使他不疑懼。㊃從韓而伐趙：從，使之隨從，就是率領的意思。㊄二國事畢二句：二國，指趙國和齊國。韓，乾道本、藏本作轉，茲從趙本、凌本。移，是古代一種官文書的名稱，這裏用作動詞。移書，就是傳書、傳檄。㊅兵者凶器也：這是國語越語上范蠡勸諫越王句踐的話。又老子第三十一章：「夫佳兵者，不祥之器。」㊆以秦與趙敵衡：敵衡，是抗衡的意思。㊇又背韓：背韓，是使韓國背叛。㊈夫一戰而不勝二句：夫，解作若。搆，通構，是交結會合的意思。㊉計者所以定事也：定事，是決定事情的成敗。㊀趙秦強弱：趙，各舊本作韓。松皐圓定本韓非子纂聞：「韓字誤，當作趙。伐韓則趙強，攻趙則秦強，成敗強弱，在此一舉。韓子意欲嫁禍於趙，使韓免於兵也。」據改。㊁為計而使諸侯有意我之心至殆也：意我，乾道本趙本作意伐，茲從迂評本、凌本。意，疑慮。我，指秦國。韓親秦，尚不免於被攻，諸侯當對秦國疑慮，而不自安。殆，是危險的意思。㊂見二疏：見，讀ㄒㄧㄢˋ，顯露。疏，是粗疏、拙劣的意思。二疏，指上文一動而弱於諸侯，和為計而使諸侯有意我之心。㊃夫攻伐而使從者間焉二句：從，讀ㄗㄨㄥ。從者，是主張合從的人。間，乾道本、趙本、凌本誤作聞，茲從迂評本。讀第四聲，是離間的意思。不可悔，是悔恨也沒用了。

【今譯】 現在依賤臣愚昧的計畫，派遣使者到楚國，多送貨財給當權的人，說明趙國屢次欺騙秦國的實情；派遣質子到魏國，使魏國安心；率領韓國攻打趙國，趙國即便和齊國聯合作戰，也不值得憂慮。摧毀趙齊兩國以後，韓國只要傳送一紙文書，就可以解決。這樣，秦國一次出兵，趙齊兩國便鑄成滅亡的形勢，楚魏兩國自然就會服從了。所以古人說：「兵刃是最凶險的器物」，不可不審慎的應用啊！秦國和趙國對抗，力量是差不多的，齊國當然幫助趙國，現在又迫使韓國背叛，再加無法堅定楚魏兩國的心意，使不親附趙國，假如一戰失敗，各方面的禍患便一齊聚來。計策，是決定事情成敗的，不可不仔細考量啊。趙秦兩國，誰強誰弱？今年就會決定了。並且趙國和天下諸侯暗中計畫削弱秦國，已經很久，假如剛一出兵就被擊敗，是很危險的；立定計畫使諸侯各國都對秦國疑慮，不敢信賴交結，那是多麼可怕呀！攻韓的計畫足以顯露這兩種拙劣，不是雄霸天下的辦法。我希望陛下仔細的考慮考慮！出兵攻伐韓國，而引起主張合從的人多方挑撥離間，悔恨也沒用了。

附李斯上秦王書㈠

「詔以韓客之所上書，書言韓之未可舉，下臣斯，臣斯甚以為不然。㈡秦之有韓，若人之有腹心之病也，虛處、則㤥然若居濕地，著而不去，以極走則發矣。㈢夫韓雖臣於秦，未嘗不為秦病。今若有卒報之事，韓不可信也。㈣秦與趙為難，荊蘇㈤使齊，未知何如？以臣觀之，則齊趙之交，未必以荊蘇絕也。若不絕，是悉秦而應二萬乘也。(六)夫韓不服秦之義，而服於強也。今專於齊趙，(七)則韓必為腹心之患而發矣。韓與荊有謀，諸侯應之，則秦必復見崤塞之患。(八)非之來也，未必不以其能存韓也為重於韓也，(九)辯說屬辭，飾非詐謀，以釣利於秦，而以韓利闚陛下。(一〇)夫秦韓之交親，則非重矣，此自便之計也。臣視非之言，文其淫說靡辯，才甚。(一一)臣恐陛下淫非之辯，(一二)而聽其盜心，因不詳察事情。今以臣愚議，秦發兵而未名所伐，(一三)則韓之用事者以事秦為計矣。臣斯請往見韓王，使來入見，大王見，因內其身而弗遣，稍召其社稷之臣，以與韓人為市，則韓可深割也。(一四)因令象武發東郡之卒，闚兵於境上，而未名所之，則齊人懼，而從蘇之計。(一五)是我兵未出，而勁韓以威擒，強齊以義從矣。聞於諸侯也，趙氏破膽，荊人狐疑，必有忠計。(一六)荊人不動，魏不足患也，則諸侯可蠶食(一七)而盡，趙氏可得與敵矣。願陛下幸察愚臣之計，無忽。」秦遂遣斯使韓也。(一八)

【今註】(一)附李斯上秦王書：各舊本無。韓子存韓正文，至「不可悔也」，業已結束。以下李斯上書兩篇，乃本篇附件，茲依松皐圓定本韓非子纂聞增兩節目，以便閱讀。㊁詔以韓客之所上書四句：詔，皇上的命令。韓客，指韓非。舉，攻取。下，動詞，是交付下級的意思。斯，就是李斯，戰國後期楚國上蔡人。和韓非同學於大儒荀卿。後入秦，由於秦相呂不韋的推引，得為客卿、廷尉。秦始皇平定天下，斯為丞相。奏定郡縣制度，下禁書令，變籀文為小篆。始皇崩，二世立，趙高誣陷李斯的兒子李由通盜，腰斬咸陽市，夷三族。㊂秦之有韓數句：腹心之病，指內臟的病。虛處，是平居無事。處，讀第三聲。恢，音ㄏㄞˋ。恢然，是憂苦的樣子。著，讀ㄓㄨㄛˊ，是附著的意思。以，解作若。極，通亟，是急速的意思。腹心之病附著人體，不予祛除，若或急走，病就會發作。㊃今若有卒報之事二句：卒，讀ㄘㄨˋ，後多作猝，是急遽的意思。卒報，猶言警報、告急。信，是信任的意思。㊄荊蘇：大概是人名，事迹未詳。這時出使齊國，尚未反命。㊅是悉秦而應二萬乘也：秦，各舊本作趙。顧廣圻韓非子識誤：「趙當作秦。」據改。這句話是說：竭盡秦國一國的力量，以對抗齊趙兩大強國。㊆今專於齊趙：秦國若集中力量對付齊國和趙國。今，解作若。㊇則秦必復見崤塞之患：見，讀ㄒㄧㄢˋ，後多用現。塞，本意為阻塞，引伸為邊疆要害的處所。崤，音ㄧㄠˊ，古多作殽。山名，在現今河南省洛寧縣北，大山中裂，絕壁千仞，中有路如槽，車騎不能並行，為函谷關東端。由東方進入秦國，這是必經的要道，所以戰國時六國攻秦，多半在這裏決戰。㊈未必不以其能存韓也為重於韓也：孫楷第讀韓非子札記：「也，猶者。此謂非之來，未必不以其能存韓者取重於韓。下文云：夫秦韓之交親，則非重矣，此自便之計也。是其義。」為，解作而。㊉辯說屬辭四句：說，讀ㄕㄨˋ。屬，讀ㄓㄨˇ，是連綴的意思。鈞，騙取。闚，同窺，是窺伺的意思。宋本注：「闚陛下之意，因隙而入說，以求韓利。」㊁臣視非之言三句：文，讀ㄨㄣˋ，是修飾的意思。淫說靡辯，猶言邪說巧辯。才甚，是頗有才智。㊂臣恐陛下淫非之辯：淫，是迷惑的意思。㊂秦發兵而未名所伐：名，動詞，是說明的意思。未名所伐，不說明攻打那一國。㊃因內其身而弗遣四句：內，讀ㄋㄚˋ，借為納，本為收入，這裏可解作扣留。遣，是使他回去。稍，是盡的意思。見廣雅釋詁。社稷之臣，指國家安危所繫的重臣。市，是交易的意思。物雙松讀韓非子：「與韓人約，以地易王，如市易然。」深割，儘量侵奪韓國的土地。㊄因令象武發東郡之卒數句：象武，顧廣圻韓非子識誤：「象當作蒙。蒙武見始皇本紀、蒙恬列傳。」今按：蒙武，是秦將蒙驁的兒子，蒙恬的父親。始皇五年，蒙驁攻魏，取二十城，置東郡，約有現今河北省南部、山東省西北部一帶地方。七年，蒙驁逝世，可能由蒙武代將，守東郡，始皇二十三年，蒙武和王翦攻楚，大破楚軍，殺楚將項燕。二十四年，滅楚，虜楚王負芻。闚兵，是派軍隊窺伺。之，動詞，是往的意思。蘇，就是荊蘇，秦國派遣使齊絕趙的。㊅趙氏破膽三句：趙氏，今按：依下文似應為魏氏。我國舊日以為勇氣是由膽生出的，破膽，是說非常恐懼。狐疑，狐性多疑，用以形容人臨事猶豫。忠計，對秦國效忠的計略。㊆蠶食：比喻逐漸侵占別國的土地，像蠶吃桑葉一樣。㊇秦遂遣斯使韓也：太田方韓非子翼毳：「此記者之詞也。」

【今譯】　附李斯上秦王書

「大王命令把韓非的上書，內容係陳述韓國不宜攻取，交給我李斯審議，我認為這種意見是非常錯誤的。秦國有韓國存在，就像人有內臟的病患，平時纏綿煩苦，和住居在低濕的地方差不多；假若不予祛除，到急劇行動的時候，就會發作了。韓國雖然臣事秦國，卻未必不是秦國的隱憂，一旦有緊急的事故發生，韓國是不能信賴的。現在秦國和趙國對立，秦國派遣荊蘇到齊國聯絡，還不知道結果怎樣。以我看來，齊國和趙國的國交，未必由於荊蘇而斷絕。假如不斷絕，秦國就要竭盡一國的力量來對抗兩個萬乘大國了。韓國所以臣事秦國，並不是由於正義，而是畏懼秦國的威力。秦國若集中力量，以對抗齊趙兩大強國，韓國就像內臟的病患，馬上就發作了。韓國若和楚國勾結，其他各國予以應援，天下諸侯共同攻打秦國崤塞的禍患，一定會再度出現。韓非這次到秦國來，乃是想用能夠保存韓國的功勞，取得韓國的崇重，所以運用優美的言辭辯說，掩飾他的詭計，以誘騙秦國，窺伺陛下的心理，而謀取韓國的利益。秦國假如和韓國親近，韓非就被崇重，這是他謀取自身利益的方法。我看韓非的上書，極力修飾他的邪說巧辯，是很有才智的。我恐怕陛下受他言辭的迷惑，沒有詳察事故的實情，就聽信他盜竊利益的意見。現在按照我愚昧的計策，秦國派遣軍隊出動，可是不說明要攻打那國，韓國當權的大臣害怕受攻，就會採行臣事秦國的辦法了。我請求陛下派我前往謁見韓王，勸他來秦國進見陛下。陛下接見韓王，即時把他扣留，不令回國；然後把韓國的重臣都召喚前來，拿韓王的安危去留作為交換，就可以儘量侵奪韓國的土地了。接著派遣蒙武率領東郡的軍隊，在邊境窺伺，可是不說出要往那個方向，齊國恐怕受攻，便會聽從荊蘇的意見，而和趙國絕交了。這樣，秦國的軍隊尚未出境，堅勁的韓國由於威力而成為俘虜，強大的齊國由於事理而迅即服從了。其餘的諸侯，聽到這種消息，魏國驚惶失措，楚國猶豫不定，一定都有向秦國效忠的打算。只要楚國不敢妄動，魏國是不值得憂慮的。那麼天下諸侯就可以逐漸侵蝕，而趙國也不難擊敗了。希望陛下對於我的計畫多加考慮，不要忽視。」秦王便派遣李斯出使韓國。

附李斯上韓王書

李斯往詔韓王未得見，因上書曰：㈠「昔秦韓勠力一意㈡以不相侵，天下莫敢犯，如此者數世矣。前時五諸侯相與共伐韓，秦發兵以救之。㈢韓居中國，㈣地不滿千里，而所以得與諸侯班位㈤於天下，君臣相保者，以世世相教事秦之力也。先時五諸侯共伐秦，韓反與諸侯先為雁行，以嚮秦軍於關下矣。諸侯兵困力極，無奈何，諸侯兵罷。㈥杜倉相秦，起兵發將以報天下之怨，而先攻荊。荊令尹聞之曰：夫韓以秦為不義，而與秦兄弟共苦天下；已又背秦，先為雁行以攻關。韓則居中國，展轉不可知。天下共割韓上地十城，以謝秦解其兵。㈦夫韓嘗一背秦，而國迫地侵，兵弱至今。所以然者，聽姦臣之浮說，不權事實，㈧故雖殺戮姦臣，不能使韓復強。今趙欲聚兵士，卒以秦為事，㈨使人來借道，言欲伐秦，其勢必先韓而後秦。且臣聞之，脣亡則齒寒。㈩夫秦韓不得無同憂，其形可見。魏欲發兵以攻韓，秦使人將使者於韓。(一一)今秦王使臣斯來，而不得見，恐左右襲曩姦臣之計，(一二)使韓復有亡地之患。臣斯不得見，請歸報，秦韓之交必絕矣。斯之來使，以奉秦王之歡心，願效便計，豈陛下所以逆賤臣者邪？(一三)臣斯願得一見前，進道愚計，退就葅戮，願陛下有意焉。(一四)今殺臣於韓，則大王不足以強；若不聽臣之計，則禍必搆矣。秦發兵不留行，而韓之社稷憂矣。臣斯暴身於韓之市，(一五)則雖欲察賤臣愚忠之計，不可得矣。邊鄙殘，國固守，鼓鐸之聲聞於耳，(一六)而乃用臣斯之計，晚矣。且韓之兵於天下可知也，今又背強秦。夫棄城而敗軍，則反掖之寇必襲城矣。(一七)城盡則聚散，聚散則無軍矣。(一八)城固守，則秦必興兵而圍王一都，道不通則難必謀，其勢必不救。(一九)左右計之者不周，願陛下熟圖之。(二〇)若臣斯之所言，有不應事實者，(二一)願大王幸使得畢辭於前，乃就吏誅，不晚也。秦王飲食不甘，游觀不樂，意專在圖趙，使臣斯來言，願得身見㊂，因急與陛下有計也。今使臣不通，則韓之信未可知也。㊂夫秦必釋趙之患，而移兵於韓。願陛下幸復察圖之，而賜臣報決。」㊃

【今註】㊀李斯往詔韓王二句：也是記者的文句。㊁勠力一意：勠，併力。各舊本作戮，戮，是借字。一意，猶言同心。㊂前時五諸侯相與共伐韓二句：松皐圓定本韓非子纂聞：「未聞，或云五字衍文。」王先慎韓非子集解：「韓世家：釐王二十三年，趙魏共伐韓，韓使陳筮告急於秦，秦昭王遣白起救韓，八日而至，大破趙魏之師。據六國表事在昭王三十一年。」今按：陳筮，戰國策韓策作田苓。六國表事在秦昭王三十四年，三十一年是集解的誤寫。㊃韓居中國：中華民族，古代建國於黃河中下游，四方為蠻夷戎狄等落後民族，因為自己在當中，所以稱為中國或中原，又稱中華。㊄班位：班是列的意思。㊅先時五諸侯共伐秦數句：五諸侯伐秦，細玩文意，時間應在上文秦發兵救韓之後，似即秦莊襄王四年，魏公子無忌率五國兵擊秦，秦卻於河外的戰役。雁行，按照次序前進，像飛雁的行列。先為雁行，就是諸侯攻秦，韓國作先鋒。行，讀ㄏㄤˊ。嚮，通向。嚮秦軍，就是向秦國的軍隊進攻。關，指函谷關。極，是盡的意思。罷，讀ㄅㄚˋ，歸去。㊆杜倉相秦數句：杜倉，人名，事跡未詳。這裏所載，攻荊，割韓十城事，以文意似應在五諸侯共伐秦以後，史記本紀年表都沒有確切的記載。今尹，楚國的官名，猶各國的卿相。兄弟，極言交結的親密。苦天下，使天下受痛苦。已，沒過多久。展轉，猶言反覆。上地，或言指上黨，或言指美地，似以美地之說近是。謝，表示歉意。㈧不權事實：權，是考量的意思。㈨今趙欲聚兵士二句：王先慎韓非子集解：「兵字疑衍。上文夫趙氏聚士卒，無兵字，即其證。」或謂卒連下讀，讀為猝，猝是急遽的意思。⑩脣亡則齒寒：見左傳僖公五年，喻休戚相關的意思。莊子胠篋作「脣竭則齒寒」。⑪魏欲發兵以攻韓二句：將，是送的意思。這是說魏國派使臣到秦國，約秦國一同攻打韓國；秦國想把魏國的使臣送到韓國，以表示對韓國的好意。⑫斯之來使四句：以，用猶乃字，奉，敬持，奉承。歡心，是愛護韓國的心。效，奉獻。便，是利益。便計，就是有利於韓國的策計。逆，是迎接的意思。豈陛下所以逆賤臣者邪，是說不接見李斯，不是迎接秦國使臣的禮數。⑬恐左右襲曩姦臣之計：襲，沿用。曩，音ㄋㄤˇ，是從前的意思。⑭臣斯願得一見前四句：得一見前，能一見於君王的面前。葅，音ㄐㄩ，字又作菹，是醢的意思，是古代最慘酷的死刑，殺人把骨肉弄碎，大概就是臠割或凌遲的意思。⑮臣斯暴身於韓之市：暴，讀ㄆㄨˋ，是暴露的意思。暴身，猶言陳屍。市，古時刑人必於市。⑯邊鄙殘三句：鄙，也是邊地的意思。殘，毀壞，這裏是被侵占。國，指京城。鼓，是一種樂器，用以節制聲樂，調度軍隊，聚散徒役等。鐸，是大鈴，金口金舌為金鐸，所以奮武事；金口木舌為木鐸，所以振文教。周禮地官鼓人：「以金鐸通鼓。」就是用金鐸傳達使普遍的擊鼓。聞，乾道本、趙本脫，茲從迂評本、凌本。⑰夫棄城而敗軍二句：敗軍，猶言退兵，掖，借作腋。腋，就是肘腋，指切近的地方。反腋，就是所謂內變，變生肘腋。⑱城盡則聚散二句：聚，眾人，聚散，就是人民逃散。乾道本聚散二字不重，茲從迂評本、藏本、趙本、凌本。⑲城固守四句：城固守，迂評本、藏本、趙本、凌本作使城固守。一都，王先慎韓非子集解：「或云：一字當在道字下，非也。古城邑大者皆謂之都，不必王所居。孟子云：『王之為都者，臣知五人』是也。……」今按：依上下文意，這裏似為王都。一，是獨一無二的意思。必謀，是必成的謀略。必不救，乾道本、趙本、凌本無必字，茲從迂評本。⑳左右計之者不周二句：周，各舊本作用。顧廣圻韓非子識誤：「用當作周，周密也。」據改。熟，精審。圖，謀慮。㉑有不應事實者：應，讀第四聲，是適合的意思。㉒身見：猶言親見。㉓今使臣不通二句：通，通達。不通，就是不能謁見陳言。信，誠信。㉔賜臣報決：報，是答覆的意思。決，是最後的決定。這句是請韓王給最後決定的答覆。

【今譯】附李斯上韓王書

李斯奉命前往曉喻韓王，未獲接見，便上書說：「從前秦韓兩國，同心協力，不相干擾，諸侯各國都不敢來侵犯，已經好幾代了。當初趙魏等國共同攻打韓國，秦國馬上出兵救援。韓國位居中原，領土不滿千里，所以能和各國諸侯地位平等，君臣相保，都是歷代君王教導後嗣服事秦國的力量。以前五國聯合攻打秦國，韓國反而和他們共同行動，做他們的先鋒，向函谷關進逼。由於各國兵疲力盡，無可奈何，纔各自撤兵歸去。等到杜倉做秦國的宰相，便調兵遣將以報五國攻秦的仇恨，首先向楚國進攻。楚國的令尹聽到這個消息說：『韓國明知秦國行事不合正道，卻和秦國密切結合，一同侵擾天下；隨後又背叛秦國，做各國的先鋒，進攻函谷關。韓國位在各國當中，反覆無常，很難逆料。』因而聯絡各國，迫使韓國割讓十個上等城邑給秦國，以表示歉意，而請求罷兵。韓國一次背叛秦國，就變得國步艱難，領土侵削，兵力衰弱，一直到現在。這是什麼緣由呢？無非聽信姦臣的讒言，未能就實際情勢多加考慮，後來雖然把姦臣殺掉，也不能使韓國恢復強盛了。現在趙國正在糾集士卒，並派人向韓國借道，說明要去攻打秦國。趙國攻打秦國，照形勢看來，一定要先征服韓國，然後再向秦國進兵。我曾聽到古人的名言：『人若沒有嘴脣，牙齒就要受到寒冷了。』所以秦韓兩國不能不共同應付患難，這種形勢是顯而易見的。魏國也想出兵攻打韓國，派遣使臣到秦國聯絡，秦國卻派人把魏國的使臣送到韓國。如今秦王派我李斯前來，陛下卻不肯接見。我恐怕陛下的臣僚沿襲以前姦臣的計策，使韓國又要發生喪失土地的災禍。我未能進謁陛下，回國報告秦王，秦韓兩國的國交必定斷絕。我來韓國出使，是承奉秦王愛護韓國的心意，想貢獻有利於韓國的計策；陛下不予接見，這是迎接秦國使臣的禮數嗎？我亟盼能夠謁見陛下一次，陳述我的愚昧計策，然後被凌遲處死，也是心甘情願的，希望陛下能夠允許。現在陛下把我殺死，對於韓國的強盛，沒有絲毫的裨益；假若不聽從我的計策，災禍就會臨頭。秦國必然出兵，晝夜不停的前進，韓國的社稷就很危險了。等我陳屍在韓國的市場，即便考量我的愚忠，那將毫無用處。邊境都已喪失，首都陷於困守，振鐸擊鼓的聲音清晰可聞，再想採用我的計策，那就太晚了。並且韓國的軍隊，在各國當中，最為微弱，是盡人皆知的，現在又背叛強大的秦國，引起戰爭。假如放棄前方的城邑，把軍隊撤退，內部的叛逆必然乘機襲取城邑。城邑喪失，人民必然逃散；人民逃散，軍隊就要潰亂了。假如固守前方的城邑，秦國一定派兵乘虛包圍韓國的首都，首都和前方交通斷絕，就很難有妥善的謀略，到了這種狀態，便無可挽救了。陛下的臣僚，對於韓國當前情勢，計畫有欠周密，希望陛下仔細予以考慮。倘若我這番話，有不適合事實的，希望賜予召見，使我在陛下面前，把心意儘量說出，然後交付刑吏，予以誅戮，也不算晚呀。秦王正在集中精神對付趙國，飲食不覺得味美，遊觀不覺得快樂，派我前來韓國，親自向陛下陳述，所以我急於謁見陛下，以便計議。現在我未能進謁，韓國對秦國有無誠意，便無法確定。秦國必然放棄趙國的禍患，移轉軍隊，攻打韓國。希望陛下再仔細考慮考慮，賜給我最後決定的答覆。

古籍今註今譯

韓非子今註今譯 下冊

編　　者一中華文化總會
　　　　國家教育研究院
註 譯 者一邵增樺
發 行 人一王春申
總 編 輯一李進文
編輯指導一林明昌
責任編輯一徐平
校　　對一鄭秋燕

營業經理一陳英哲
行銷企劃一葉宜如
出版發行一臺灣商務印書館股份有限公司
23141 新北市新店區民權路 108-3 號 5 樓（同門市地址）
電話：(02)8667-3712　傳真：(02)8667-3709
讀者服務專線：0800056196
郵撥：0000165-1
E-mail：ecptw@cptw.com.tw
網路書店網址：www.cptw.com.tw
Facebook：facebook.com.tw/ecptw

局版北市業字第 993 號
初版：1970 年 5 月
二版：1990 年 6 月
三版一刷：2018 年 12 月
印刷廠：沈氏藝術印刷股份有限公司
全套定價：新台幣 1600 元（二冊不分售）
法律顧問：何一芃律師事務所

韓非子今註今譯 ／ 中華文化總會，國家教育研究院編 ; 邵增樺註譯. -- 三版. --新北市：臺灣商務, 2018. 12

面 ; 公分. --（古籍今註今譯）

ISBN 978-957-05-3178-7（全套：平裝）

1. 韓非子 2. 註釋

121.671 107017917